银行业信息科技风险管理高层指导委员会
银行业信息化丛书

执行力

[美] 约翰·巴舍（John Baschab） [美] 乔恩·皮耶特（Jon Piot）◎著
银行业信息科技风险管理高层指导委员会◎译

（第二版）

清华大学出版社
北京

John Baschab   Jon Piot

The executive's guide to information technology, 2nd ed.

ISBN: 978-0-470-09521-8

北京市版权局著作权合同登记号　图字：01-2013-6997

本书封面贴有 Wiley 公司防伪标签，无标签者不得销售。

版权所有，侵权必究。侵权举报电话：010-62782989　13701121933

图书在版编目(CIP)数据

　　IT 执行力/（美）巴舍(Baschab, J.)，（美）皮耶特(Piot, J.) 著；银行业信息科技风险管理高层指导委员会译. —2 版. —北京：清华大学出版社，2015

　　（银行业信息化丛书）

　　书名原文：The Executive's Guide to Infoormation Technology

　　ISBN 978-7-302-41245-8

　　Ⅰ.①I… Ⅰ.①巴… ②皮… ③银… Ⅲ.①信息产业—工业企业管理—研 Ⅳ.①F49

　　中国版本图书馆 CIP 数据核字（2015）第 186270 号

责任编辑：张立红
封面设计：蔡小波
版式设计：方加青
责任校对：王荷琴
责任印制：王静怡

出版发行：清华大学出版社
　　　　网　　　址：http://www.tup.com.cn，http://www.wqbook.com
　　　　地　　　址：北京清华大学学研大厦 A 座　　　　　邮　　编：100084
　　　　社 总 机：010-62770175　　　　　　　　　　　邮　　购：010-62786544
　　　　投稿与读者服务：010-62776969, c-service@tup.tsinghua.edu.cn
　　　　质 量 反 馈：010-62772015, zhiliang@tup.tsinghua.edu.cn

印 装 者：三河市中晟雅豪印务有限公司
经　　销：全国新华书店
开　　本：185mm×260mm　　　　印　张：30.5　　　　字　数：390 千字
版　　次：2015 年 9 月第 1 版　　　印　次：2015 年 9 月第 1 次印刷
定　　价：108.00 元

产品编号：049773 -01

全、基础设施与运行维护、信息科技监管等主要领域，将为银行业信息科技人才培养提供一些基础、前瞻、实用的知识和信息。

展望未来，银行业信息化任务艰巨、时间紧迫。希望银行业在有关各方支持下，推动信息化工作更加积极主动、规范有效、科学前瞻，为我国银行业持续健康发展、提升服务水平提供坚实的支撑，为增强国家网络安全保障能力、提升信息化建设水平提供有力支持，为贯彻落实创新驱动发展战略、实现中华民族伟大复兴的中国梦做出积极贡献。

中文版致谢

《IT执行力》是《银行业信息化丛书》引进项目的第二本书，该书由银行业信息科技风险管理高层指导委员会与中治研（北京）国际信息技术研究院合作策划、翻译、审校，由清华大学出版社出版。在此，我们对参与翻译和出版的合作单位表示感谢！

这本书把信息科技管理从技术视角上升到企业经营管理高度，而且系统地将建立和执行信息科技战略的路线、方法、价值及最佳实践案例呈现给读者，是一本国际上经典的信息科技管理专著。为此，我们要感谢该书的作者约翰·巴舍（John Baschab）和乔恩·皮耶特（Jon Piot）两位著名的管理专家。

在丛书出版过程中，高层指导委员会领导对丛书的出版工作十分重视。要求丛书要立足银行业改革创新，服务经济转型和产业升级；银行业要坚持以"自主可控、持续发展、科技创新"为信息化发展方针，以支持我国经济转型和产业升级为发展方向，同步推进银行业信息化建设和信息科技风险管理，不断完善信息科技治理价值体系；将银行业信息科技治理理论体系研究同实践紧密结合，循序渐进，逐步形成信息科技的自主能力、创新能力和可持续能力。为此，高层指导委员会办公室多次召集专家召开研讨会，确定选题方向和项目管理，确保丛书出版质量和效率。在此，我们对所有参加《IT执行力》项目及其丛书出版项目的领导和研究人员表示感谢！

本书从选版、翻译、审核、校对到出版历时近一年。在本书的翻译、出版过程中，特别需要感谢的是中治研的陈天晴院长和建设银行信息技术管理部王申科副总经理，他们对本书的选版、翻译和审核做出了重要贡献。同时要感谢参与本书翻译、审核的苗博、李芳、刘述忠、方渝军、马庆、洪浩、赵成刚、肖政、侯惠文、胡秀红、韩兴等同志。最后，要感谢本书出版工作组的梁峰、包倩、刘洋、孙卫东、李长征、王东红、柳堤等同志的辛勤工作。

编委会

中文版前言

在中国银行业的信息化进程中，我国的银行基本上都经历了一个漫长的信息科技部门与业务部门、财务部门、后勤部门、管理层的磨合期，几乎所有的部门都与信息科技部门有过不同程度的磨合经历。那些磨合较好的银行，科技能够较快地为银行发展提供满意的动能，科技和业务表现得更加融合协调，业务发展明显较快。而那些长期没有磨合好的银行，往往会陷入"IT困境"，不能自拔，业务发展受到很大制约，信息科技风险凸显。鉴于这种情况，监管部门在不断加强银行业信息科技风险监管的同时，也推出了一系列强化信息科技综合治理的措施，如在银行建立首席信息官制度，旨在加强管理层对信息化的领导能力，有效提升信息安全意识和风险控制水平。通过借鉴国际上的先进管理理论和实践，为那些承担了重要责任，又面临各种困境的管理层和信息科技部门"开出一系列的处方"，提供一些专业的策略、方法和实务工具。

本书提供的方法能够帮助管理层方便地评价组织信息科技运营现状，编制信息科技绩效的持续改善计划，并提供了度量、评价和改善的具体方法。本书还可以帮助信息科技部门正确识别科技部门与业务部门之间产生的摩擦和误解，并给出了改善的方法，包括改善组织内部和与外部关联机构间协作的策略。

本书分为三个部分共十九章。

第一部分信息科技的战略定位，主要研究了站在组织的管理层高度看信息科技的状况，得出组织当前和未来的信息科技需求，成本和效益的关系，信息科技的目标、范畴及战略定位。针对信息科技管理一直被认为是"既非技术也非管理"的业务领域，财务或人力资源管理中的许多传统方法，基本不适合信息科技管理领域，而业务部门的激励和约束措施，在信息科技领域效果也不明显。作者认为其原因，一是信息科技的管理者往往缺乏企业经营理念和业务方面的训练，而非缺乏业务与技术融合观念和技术常识；二是企业没有形成企业高管、业务部门和IT部门有效的沟通语境，信息科技在企业中没有战略地位。这样信息科技很难有效服务于业务，导致业务与IT部门间相互抱怨，甚至一些信息科技部门会失去控制，出现重大项目浪费、投资失误、错失战略机遇和损害企业重大利益的情况。这部分主要面向与首席信息官打交道的所有领导，特别是首席执行官和首席财务官。

第二部分信息科技部门的定位和管理，是站在执行的角度看信息科技管理，包括：组织体系建设、首席信息官机制、标准、运营与基础设施、问题处理、应用系统管理、人力资源、外包策略、外包商选择等。这部分详细阐述了涉及IT有效管理的所有要素、关键实践、策略和战略。这里并非讲专业技术或部门职能管理，而是通过一些真实的"实战经典"，为IT经理、部门总监或首席信息官建立一种IT的经营概念，让他们用经营的理念管理员工、供应商、系统和预算。

第三部分深化管理，是站在绩效角度看信息科技的价值及价值优化。包括：科技与业务的融合、信息科技的费用管理、信息科技决策风险管理、需求及项目管理、绩效评价和治理价值等。这部分内容包含了信息科技精细化管理的操作工具和决策流程，解决了科技与业务融合的传统难题。提供了企业级的信息科技项目管理方法，包括如何与业务部门紧密协作、信息科技预算与成本管理、信息科技风险管理、需求管理、信息科技标准化制定和架构指导委员会。这部分内容描述的流程可以帮助企业的管理层成功地完成信息科技管理，并将信息科技的效能扩大到公司的战略发展领域。

本书是一本实操性较强的管理专著。衷心希望本书能够给在信息科技管理领域探索的管理者们带来帮助，为加快我国银行业及相关行业信息化发展，推动信息科技与银行业和其他相关行业的高度融合做出积极贡献。

序言

作为《难道IT真的不重要吗？》一书的作者，我非常了解你们的所思所想，而为《IT执行力》撰序也绝非一时兴起。那么到底IT重不重要？如果不重要，为什么管理者还如此重视？在此，我愿意从专业和个人两个角度来解释这个问题。

正如《IT执行力》一书所阐述的观点，信息技术带给我们的商业利益正在随着愈演愈烈的竞争不断被稀释，那些计算机软硬件方面的发明、创新很快就被竞争对手和外包商克隆了，以至于这些技术的真正发明者和创造者的利益降低了，他们的积极性会受到影响。同时，由于新技术研发的成本和风险很高，几乎所有的技术创新在转化为生产力的过程中，早期阶段效益往往不尽如人意，所以，我认为还是作为一个技术追随者比较保险一点。当购买成本已经降低，或等到相关技术标准、规范出台后再尝试也是一个好的选择。

如果说IT本身的重要性还有待讨论，那么IT管理的重要性却是毋庸置疑的！现在，几乎每个公司用于IT方面的投入至少占到其投资总额的一半。一些公司在IT管理方面的投入甚至占到公司全部支出成本的3%～10%。通常情况下，大型IT项目的失败率是比较高的，但是高风险也伴随着高收益。一个IT管理体系的成功往往需要长时间的努力，但是它给企业带来的优势也是长期的，而且，只有不断推进对IT资产和运营的优化管理，才能确保公司成本的不断降低和收益的逐步增加。

约翰•巴舍（John Baschab）和乔恩•皮耶特（Jon Piot）把IT管理从生硬的数据中心"搬到了"管理者的会议室里。当然，这并不意味着他们削弱了IT的技术属性，相反，此书更加彰显了约翰和乔恩作为技术型管理者深厚的技术功底和专业能力。他们用简洁的语言将信息技术的应用技巧讲给每一个管理者，帮助他们跨越技术与业务间的鸿沟。这是全面提升IT管理水平必须迈出的第一步。

今天，充分把握技术的商业化特征和理解商业的技术化趋势是同样重要的。从20世纪80年代初个人电脑问世以来，信息技术已经经历了许多重大变革。以往，信息技术往往隐秘在公司IT部门的系统中，现在越来越多的IT资源被部署在互联网上，并被广泛应用。公司利用信息技术在产品需求、应用和商业模式方面做出的重大转型，利用信息技术协调内部资源最大程度地利用，这些作用决定了IT在公司和市场中的新的定位和价值。

这就是为什么《IT执行力》第二版如此受欢迎的原因。该书第一版出版后的短短四年里，信息技术每时每刻都在发生着变化。当然，作者敏锐地注意到了这些变化，在第二版中增加了IT治理与执行、外包与离岸外包、开源软件与服务器虚拟化等新的重要内容。无论你是首席执行官、首席信息官，还是一名IT经理、业务经理、部门经理或是一名学生，无论你在IT方面遇到何种问题，我相信这本书一定会帮到你。这也是我想从专业技术角度阐明本书重要性的原因。

从我个人角度来说，2003年，我开始撰写《难道IT真的不重要吗？》一书，适逢《IT执行力》第一版同年正式出版，该书的出版为我提供了弥足珍贵的参考资料。换句话说，在此后的数月里，《IT执行力》第一版一书已然成为了我不可或缺的"文房之宝"，我视它为一把解开复杂IT难题的金钥匙。

最后，我想说能为《IT执行力》第二版作序感到万分荣幸！非常感谢约翰・巴舍（John Baschab）和乔恩・皮耶特（Jon Piot）给予的帮助。

尼古拉斯 G・凯尔（Nicholas G.Carr）

作者简介

作者有着40年丰富的信息技术管理经验，既有财富500强企业的管理经验，也有零售业、服务业和制造业等中等规模公司的经营经验。他们运用深厚的商业理论知识和丰富的实践经验，成功完成了几十项有关IT绩效与战略的咨询项目。

约翰·巴舍（John Baschab），获得阿拉巴马大学（University of Alabama）信息系统管理学位（MIS），这是他职业生涯的开端。因其在计算机领域的成就，曾获得享有盛誉的塞贝克奖（Seebeck Award）。此后在南方贝尔（BellSouth）的IT部门和计算机软硬件制造企业鹰图公司（Intergraph Corp）任职。在获得芝加哥大学商学院研究生院的行为科学硕士学位后，约翰加入了财富500强企业Booz-Allen & Hamilton公司芝加哥分公司。此后，他与另外两个伙伴乔恩·皮耶特（Jon Piot）和约翰·马丁（John Martin）一起创建了影响力创新公司（Impact Innovations Group），这是一家注册资本达100亿美元的私营IT服务公司。2005年，泰克尼索斯公司（Technisource）收购了这家公司。约翰现任泰克尼索斯管理服务公司总裁，同时出任南卫理公会大学（Southern Methodist University）的信息系统管理学兼职教授。

乔恩·皮耶特（Jon Piot），获得南卫理公会大学（Southern Methodist University）计算机科学学士学位，后加入安达信咨询公司（Andersen Consulting），从事计算机软件开发工作，并为财富500强企业提供技术咨询。后来成为DMACS国际公司副总裁。该公司是一家软件公司，其开发的Fox软件被微软收购。乔恩在哈佛商学院获得MBA学位后，加入管理咨询公司Booz-Allen & Hamilton信息技术战略部门，后与约翰·巴舍共同创立影响力创新公司（Impact Innovations Group）。2005年，泰克尼索斯公司（Technisource）收购了这家公司后，乔恩现任泰克尼索斯技术解决方案公司总裁。

英文版致谢

此书的付梓离不开我们的顾问、客户、朋友、家人、导师和学生的帮助与支持。感谢你们对此书的极大兴趣和给予的指导意见。同时感谢读者对本书第一版的大力支持。

在《IT执行力》第二版的编写、出版和发行等各个阶段，有许多同仁给予了我们很大的帮助。他们是：约翰·威利和桑斯出版公司（John Wiley & Sons）的编辑马特·霍尔特（Matt Holt）、尼尔·索尔肯（Neil Salkind）和他的B工作室团队以及约翰·罗森鲍姆（John Rosenbaum）。他们为《IT执行力》第一版和第二版的成功出版做出了不可估量的贡献。

我还要感谢泰克尼索斯（Techni source）团队和原公司的所有相关人员，你们曾经的努力为我们今天稳定的客户资源打下了良好的基础。

同时感谢北德州大学（University of North Texas）的布莱德·延森博士（Dr. BradJensen）、里昂·卡佩尔曼博士（Dr. LeonKappelman）和杰克·贝克尔博士（Dr. Jack Becker）以及来自南卫理公会大学（Southern Methodist University）的迪克·巴尔博士（Dr. Dick Barr），感谢他们为此书创造的学术影响力。我们还要感谢来自哈佛商学院（Harvard Business School）的琳达·阿普盖特博士（Dr. Lynda Applegate）、洛克资本集团（Roark Capital Group）的尼尔·阿隆索（Neal Aronson）、麻省理工学院（MIT）的埃里克·布莱杰弗森博士（Dr. Erik Brynjolfsson）以及盖理 J·费迪南德（GaryJ.Fernandes）和汤姆·尼伦（Tom Nealon），感谢他们对此书的大力推荐。另外，特别要感谢尼古拉斯G·凯尔（Nicholas G. Carr）为此书作序。

最后也是最重要的，必须感谢我们各自的家人：玛丽（Mary）、艾米丽（Emily）、威尔·巴舍（Will Baschab）、苏珊（Susan）、拉瑞（Lauren）、艾利森（Allison）和威尔·皮耶特（WillPiot）。没有他们的支持、耐心和付出，就没有这本书的面世。

英文版前言（第二版）

　　《IT执行力》第一版面世已四年，在这四年里，信息技术不断发生更新变化。为了与时俱进，我们在第一版的基础上融入了最近的信息技术和成果，力求做到推陈出新。经过大家的共同努力，《IT执行力》第二版终于如期同大家见面了！

　　《IT执行力》一书出版以来，一直在亚马逊"Top30"畅销书排行榜上，并且被全美十几所高校作为本科生和硕士研究生的指定教材。当然，我们也在自己的课堂上使用。一些新媒体和网站（如Slashdot.org）也开始关注这本书，并且给予了不少正面回馈。不仅在美国，《IT执行力》第一版曾被翻译成中文，并由电子工业出版社在中国独家出版发行。所以我特别感谢过去几年曾关注和关心此书的所有人。

　　说到为什么要出版《IT执行力》第二版，我认为可以归结为以下五点：

　　一是信息技术发展迅速，日新月异。IT应用在过去几年里经历了重大的机遇和挑战，得到了快速的发展，我们希望将这些年来在这一领域的最新研究成果与大家分享；二是从目前我们积累的实践和教学经验出发，一些具体的信息技术问题确实需要重新整理和阐述；三是希望将这些新的、重要的IT成果及时传递给那些充满期待的IT经理人和企业高管们；四是第一版的知识体系和框架有必要进行适当调整，为业务实践和教学实践提供更好的参考；五是我们也需要将该领域一些过时的数据进行必要的更新和完善。

　　在《IT执行力》第二版中，我们新增加了两个章节的文字内容、几十个表格，篇幅增加了一百多页，更新的内容约占第一版文字总量的35%。主要变动内容包括：

> ➤ IT治理与执行

> ➤ IT范畴与战略制定

> ➤ IT审计

> ➤ IT外包

- ➤ 离岸外包
- ➤ 数据中心管理
- ➤ 服务器虚拟化
- ➤ 安全管理
- ➤ 问题管理/服务支持平台
- ➤ 灾难恢复/业务持续性
- ➤ 开发方式
- ➤ 开发者效率
- ➤ IT运营机制管理
- ➤ QA测试
- ➤ IT风险管理与决策
- ➤ IT资产管理
- ➤ 应用程序发布管理
- ➤ 免费和开源软件（FOSS）
- ➤ IT组织规划
- ➤ 应用程序测试与管理
- ➤ 术语表

我们对文中成功建立的有效的、综合的IT治理体系感到非常欣慰，也希望更多的专业人士提出宝贵意见和建议，您可以通过以下方式联系我们：

John Baschab-jbascha@chicagogsb.edu

Jon Piot-jpiot@mba1995.hbs.edu可以登录的网页www.exeguide.com以获得新的、前沿的IT管理咨询和治理工具。

在书中反复使用的一些专业术语，这些术语适用于任何公司的IT部门。

术语	定义
智能体（Agent）	在服务器、桌面机或其他网络硬件上运行的小程序，用于反馈设备、监测或配置管理数据库。
应用系统（Application）	用于实现某种业务功能的软件。
后台系统（Back-office）	内部业务部门（如财务和人力资源部门）之间信息共享的应用程序；通常用于应收账款、应付账款、总账、固定资产和工资表。
博客（Blog）	一种由个人随时创建、发布和更新的网络评论形式，主题可具体、可多样，通常代表某个公司或机构。
业务（The business）	业务经理或用户，他们是公司的一部分，但不是IT团队的一部分。
业务持续性（Business continuity）	与灾难恢复相似，但专注于系统的可用性而不关注硬件、网络或软件的失效（与自然灾害相对）
业务单元（Business units）	公司的组成单元，其职能是产生收入或利润。
首席财务官（CFO）	公司财务的最高管理者，有时候被称为财务副总裁；在一些小规模公司中，首席信息官的汇报对象通常为首席财务官。
首席信息官（CIO）	公司信息技术的最高管理者。
配置管理数据库（CMDB）	记录所有硬件系统及其配置数据、以及运行于这些硬件上的软件和服务的详细清单。
信息技术控制目标（COBIT）	一套用于IT治理和管理的信息系统审计标准和流程。
客户关系管理系统（CRM）	一套用于企业跟踪销售和业务发展的管理工具。
数据中心（Data Center）	公司IT部门的服务器和网络设备物理所在地，是服务器机房、网络机房和设备机房的总称。
需求管理（Demand management）	确定客户需求，决定IT部门应当执行何种项目的流程。
灾难恢复（DR）	为应对不可预见的自然灾难或系统崩溃而提出的一套包括流程、计划、设施建设和系统配置在内的治理方案。
企业资源管理系统（ERP）	是一种大型软件，可为公司业务运营提供重要的功能性软件支持，通常具备后台支持功能（应收账款、应付账款、总账、固定资产和工资表）和从采购、库存、生产计划、计时再到客户管理等一系列的核心业务功能。

术语	定义
防火墙（Firewall）	协助确保信息安全的设备，通过它可以使企业内部局域网与因特网之间或者与其他外部网络互相隔离、限制网络互访，从而达到保护内部网络的目的。
免费和开源软件（FOSS）	一种免费或对其分发、修改和部署没有或很少限制的软件（免费使用）。
前置系统（Front-office）	可以根据业务类型、范围等不同变化需要进行适应性调整、用于支持核心业务功能（采购、库存、生产计划、计时和客户管理等）的应用程序。
职能部门（Functional group）	公司的管理部门，负责运营支持但不包括IT，例如人力资源、财务和营销部门。
服务平台（Help desk）	隶属公司IT部门的次级部门，主要负责帮助客户端解决IT相关问题和满足相关需求。
即时通讯（IM）	是一个终端服务，允许两人或多人使用网络即时的传递文字讯息、文档、语音与视频交流。但允许适当延迟，已成为电话或电子邮件的另一种替代。
基础设施（Infrastructure）	是指IT部门提供应用服务的基础范围，例如电子邮件、网络访问、文件存储、打印等。基础设施可以与应用对照，应用时软件基础上的业务处理和分析系统。
信息系统审计与控制协会（ISACA）	IT审计师国际认证组织，ISACA的信息系统审计和信息系统控制标准为全球执业者所遵从。
信息技术（IT）	指信息技术或IT部门本身。
IT部门（IT department）	公司内的主要IT单位，在本书也称为信息技术团队、IT团队、IT、管理信息系统部门。
CIO（IT director）	公司内最高的信息技术官，可与首席信息官（CIO）互用。
信息技术基础构架库（ITIL）	ITIL为企业的IT服务管理实践提供了一个客观、严谨、可量化的标准和规范。
信息技术改进计划（IT initiatives）	该计划包括为完成单一目标的多个项目。
IT管理层（IT management）	IT部门内的高级经理组，通常是CIO与其直接下属。
IT指导委员会（ITSC）	划分优先级、对IT项目作决策，解决IT存在的问题以及制定IT策略的公司内部机构，通常由非技术层面的高管组成。
IT服务管理（ITSM）	一套帮助企业对IT系统的规划、研发、实施和运营进行有效管理的方法，无需信息技术基础构架库认证组件。
中间件（Middleware）	中间件帮助交易、实体数据和触发事件等在系统间实现相互交换。
运营/基础设施（O&I）	运营和基础设施，包括为硬件、系统软件和网络服务的所有活动、系统、人员和政策在内。
运营（Operations）	IT部门的所有应用服务，包括所有基础设施。第8章和第9章专门讲述这个专题，有一个全面的定义。

术语	定义
操作系统（OS）	是计算机系统的核心，用以运行服务器、台式机、笔记本和其他网络设备的操作环境和支撑应用程序的运行环境。
补丁（Patch）	为应用程序（有时硬件设备）提供漏洞修复、缺陷升级的小程序。
项目管理部（PMO）	IT部门下负责管理和协调各项目组工作的机构。
投资回报（ROI）	一种估算投资对财务影响的财务分析方法。
软件即服务（SaaS）	一种通过Internet提供软件的模式，用户不用再购买软件，而改用向提供商租用基于Web的软件，来管理企业经营活动，且无需对软件进行维护，服务提供商会全权管理和维护软件。
软件生命周期（SDLC）	软件从确定客户要求、设计具体任务、建立技术框架、开发、测试和执行再到部署的全过程。
高管层（Senior management）	管理业务部门或职能单位及行政人员的人。一般包括组织内的两个高级管理层和所有的C级官员，如CEO、CFO和COO。
简单网络管理协议（SNMP）	用于监测和管理系统状态和配置的网络协议，常用于配置管理数据库和IT监测系统上。
面向服务的体系结构（SOA）	是一个组件模型，可以降低未来软件研发和完善的成本。
垃圾邮件（Spam）	UCE（unsolicited Commercial Email）的另一种说法。
系统（System）	计算机系统和应用系统。
总体拥有成本（TCO）	是公司某一个活动和IT部门某一领域所支出的总体成本（如服务器的TCO包括服务器用电成本）。
技术（Technology）	包括所有IT部门控制的硬件、软件、基础设施、通信系统等，包括IT部门控制和负责的所有项目和服务。
第一梯队（Tier-1）	相当于服务台
第二梯队（Tier-2）	第一梯队的升级。隶属公司IT部门的次级部门，主要负责解决Tier1无法完成的IT应用问题。
第三梯队（Tier-3）	第二梯队的升级。隶属公司IT部门的次级部门，主要负责解决Tier2无法完成的IT应用问题。
垃圾邮件（UCE）	主要指不请自来的广告推销邮件。
不间断电源（UPS）	在断电情况下用于为IT设备提供电力支持的电源设备（通常为蓄电池供电模式）。
供应商（Vendor）	任何向IT部门提供硬件、软件、产品或服务的外部提供者。
网络语音传输协议（VOIP）	通过网络传输语音的技术。
虚拟私有网络（VPN）	在广域网上通过特殊的加密通讯协议建立一条专有的通讯线路，将远端的局域网或个人终端连接起来。
虚拟磁带库（VTL）	基于磁盘系统却发挥磁带库效用的一种虚拟的软件和硬件，用于高性能的数据备份系统中。
Windows 管理规范（WMI）	微软开发的一项系统管理和监测的Windows 管理技术。

目　录

第4章　IT的范畴与战略定位

第二部分　IT部门管理

第5章　IT组织

第6章　首席信息官

第7章 IT标准

第8章　IT基础设施运营

第9章 IT问题管理

第10章 应用系统管理

第11章　IT人力资源

第12章　供应商选择

第13章　供应商管理与外包

第三部分　IT深化管理

第14章　业务交流

第15章 IT预算与成本管理

第16章　IT风险决策管理

第17章　需求管理和项目管理

第18章　IT绩效评价

第19章 IT治理

第一部分
IT的战略定位

第1章

IT的困境

困境：

困境是一种状态。是在诸多于己不利的条件中做出必须的选择。

——美国传统字典[1]

无论你做与不做，你都会受到谴责。——埃莉诺·罗斯福（Eleanor Roosevelt）[2]

几年前，我和家人在菲尼克斯度周末。我就像任何一个勤奋的技术顾问一样，手机从不离身。一个熟人打来电话，他是美国东南地区、一个中等规模企业的首席运营官（首席运营官）。他虽然知道我们在休假，却还是急于说出他的故事：

他说，我完全感觉不到IT部门的价值。我们有大量业务依赖于IT部门的项目支持，但是，IT部门似乎什么也做不成，使我们不但失去走在竞争对手前面的机会，而且已经明显落后。我们有150多个项目，但没有一个人清楚项目现在的运行情况、由谁负责、什么时间能够完成。我的管理团队已经对IT失去了信心。

每次过问他们的问题，他们都回答说需要更多的人手和资金。现在IT预算是两年前的两倍，员工数也是原来的两倍。我认为我们在IT方面的成本与收益严重失衡。我对技术了解不多，不明白问题的根源，不知如何走出困境。我看不到光明。

我给他介绍了以前我们遇到的一些类似情况。听了这些以后，他说："您对这种情况非常熟悉，就像亲身经历过，一定有解决的良方，看来问题可以解决了。星期一见！"

这不是第一个，也不是最后一个心存抱怨的客户。我曾接到不少这样愤怒的资深经理的电话，他们的IT部门已经变成一个失控项目的泥潭。他们都非常头疼无限度增加人员、设备和软件方面的投入。当然，这些向我抱怨的资深经理们后来都成了我们最好的合作伙伴。

我们所积累的经验不仅帮助他们提高企业的IT运营绩效和项目完成率，而且使他们的整个IT运营成本显著降低。虽然他们所处地域不同、业务和技术也不同，但这些案例的症状和这些问题产生的原因都是相似的，我们为能够帮助众多客户改进他们IT部门的绩效而感到荣幸。

以我们的经验可以归纳出这样的问题：为什么这些高管与IT部门关系很差？为什么他

---

[1] Copyright © 2006 by Houghton Mifflin Company，《美国英语传统辞典》第四版授权改编和复制。

[2] 埃莉诺·罗斯福（Eleanor Roosevelt），《妇女家庭杂志》第61期（1944年11月），第155–171页。

们在其他领域能表现出非凡的能力且获得成功？而在管理IT部门时，他们却成了没有经验的新手？为什么IT管理人员与企业高管的沟通如此困难？如果IT部门果真那么差，那企业为什么会容忍它，甚至给予它更多的资金支持？当然，提出这些问题是为了让IT管理者学会如何避免成为这种现象的受害者，高管们如何学会与IT团队合作，从而避免这些烦恼。

这本书的主题正是我们为各类客户服务的经验总结，对这些问题的看法和一系列可行的解决方案。这些客户的IT部门人数从10人到1000人不等，IT预算从100万美元到1亿美元不等，领域涉及零售业、制造业和服务行业。我们有幸拥有这样一群客户，他们曾有过烦恼经历，也有超前的理念和积极的行动，我们一起开拓前进、实施建议、积累经验。我们非常自信地说，这些方法产生了真实的、可度量的效果。我们希望大家可以放心地利用这些经验，去创造属于自己的价值。

1.1　IT的价值

现在，设立IT部门，在业务中充分利用信息技术优势，已经理所当然。过去，在美国一半多工作人员的记忆里，没有听说过哪个企业一开始就为信息技术而设立一个部门。IT部门是从企业的会计部门的数据处理业务中不断发展，逐步发展成一个职能部门。这个职能部门发展到能够支持和推动企业各领域的活动，其实经历了45年。在1983年到1998年间，从事与技术相关的工作人员数量增长比美国劳动力增长普遍快6倍。与IT技术相关的行业占美国经济的比重在1977年到1998年间翻了一番。实际上，与技术相关的服务几乎一夜之间成为了一个全球性的、数万亿美元产值的行业。[1]

联邦储蓄委员会的苏珊·施密特·拜耶斯曾这样说："人们现在越来越关注劳动生产率的问题，因为生产率的提高直接关系到人们生活水平的提高！"[2]高效的生产率意味着使用与原来同等的（或更少的）劳动力资源和资金投入而创造更多的回报。

技术投资推动美国劳动生产率发展的观点一直有争论。因为，过去技术投资的效果不总是那么明显。尽管美国主要的大企业在技术方面投资巨大，美国的劳动生产率在20世纪70年代中期到90年代初期却出现停滞不前[3]。技术上的巨大投资与生产率现实水平的非直接关联性导致了所谓的生产力悖论。针对这种现象，诺贝尔奖获得者、MIT的罗伯特·索罗教师曾在1987年总结说："如果不看生产率统计数据，哪儿都能看到计算机时代的影

---

[1]　C·A·米尔斯（C. A. Meares）和J·萨金特（J. Sargen）t，美国商务部技术政策办公室，更新：数字劳动力（华盛顿：美国政府印刷办公室，2000年9月）。

[2]　苏珊·斯密特·比斯（Susan Schmidt Bies）在马里兰州贝塞斯达的马里兰财务执行官论坛科技委员会之前的讲话（2006年1月18日），网址：http://www.federalreserve.gov/boardDocs/Speeches/2006/20060118/default.htm（2006年12月7日访问）。

[3]　凯文·J·斯特奥（Kevin J. Stiroh），"信息技术和美国生产力的复兴：行业数据怎么看？"纽约联邦储备银行员工报告第115号（2001年1月24日），网址：http://www.newyorkfed.org/research/staff_reports/sr115.pdf（2006年9月9日访问）。

子。"[1]最近的研究表明，技术运用对生产率的贡献已经很大程度地影响了美国及世界经济，尽管这种影响有些滞后。[2]

不同的研究者都得出了相同结论：从20世纪90年代中期，IT投资开始对美国经济和生产率的提升作用开始显现。从21世纪开始，IT投资进入加速阶段。在2000年早期，美联储为提高生产率发放的IT投资贷款接近500亿美元，这超过了90年代最后五年总计700亿美元投资的65%[3]（见图1.1）。

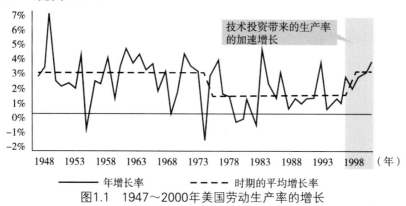

图1.1　1947～2000年美国劳动生产率的增长

（来源：纽约联邦储蓄银行，人力报告，No.115，1月24日，2001年）

美联储官员凯文·J斯特奥（Kevin J.Stiroh）的报告中总结道："IT生产和应用的行业发展水平数据显示出生产率的复苏状况。IT应用越密集的行业，生产率提高比其他行业更为显著。"这份报告甚至把生产率提高的原因大部分归结为技术的发展。"结果显示，实际上所有的生产率加速增长都发生在IT生产或应用密集的行业。"[4]

Business 2.0杂志对主流经济学家的观点转变进行了总结：

大批基础设施建设开始于1995年。在接下来5年的时间内，令人吃惊地是生产率每年提高2.8%，是前20年这一数据的两倍（这些数据听起来很小，但2.8%的增长速度，可以使生活水平每25年翻一番；以1.4%的速度，翻一番要50年时间）。[5]

2002年，索罗认为所谓的生产力悖论在某些方面已经消退[6]，美联储白皮书中也明确

① R·索洛（R. Solow），"我们小心为妙"，《纽约时报书评》（1987年7月12日）第36页。
② 凯文·J·斯特奥（Kevin J. Stiroh），"信息技术和美国生产力的复兴：行业数据怎么看？"纽约联邦储备银行员工报告第115号（2001年1月24日），网址：http://www.newyorkfed.org/research/staff_reports/sr115.pdf（2006年9月9日访问）。
③ 玛丽安·克巴苏·麦基（Marianne Kolbasuk McGee），"这是官方的：IT合情合理，"《信息周刊》（2000年4月17日）。保留所有权利。允许转载。网址：http://www.informationweek.com/782/productivity.htm（2006年12月10日访问）。
④ 凯文·J·斯特奥（Kevin J. Stiroh），"信息技术和美国生产力的复兴：行业数据怎么看？"纽约联邦储备银行员工报告第115号（2001年1月24日），网址：http://www.newyorkfed.org/research/staff_reports/sr115.pdf（2006年9月9日访问）。
⑤ 杰里·尤西姆（Jerry Useem），"然后，就在你认为'新经济'消亡的时候"，《商务2.0》（2001年8月）。
⑥ 道格拉斯·克莱门特（Douglas Clement），明尼阿波利斯联邦储备银行，"采访Robert Solow"，《地域》（2002年9月），网址：http://www.minneapolisfed.org/pubs/region/02-09/solow.cfm（2006年12月10日访问）。

显示美国经济越来越依赖信息技术，这表明信息技术已然成为美国经济增长的驱动力。[①]

劳拉·D·安德里亚泰森（Laura D'Andrea Tyson），加利福尼亚大学哈斯（Haas）商学院院长，克林顿政府国家经济顾问，曾在商业周刊中反复强调：生产率数据告诉人们最真实的故事。按照经济顾问委员会的研究，劳动生产率在1995～2000年间，相比1973～1995年期间的生产率增长，加速了1.6个百分点。这些加速主要源于信息技术方面的更多投资，以及由这些技术带来的效率提高。[②]

在波士顿大学的新经济会议之前的一次讲话中，前美联储主席阿兰·格林斯潘认为"美国市场引人瞩目的表现源于信息技术革命"。[③]前劳工秘书罗伯特·赖希（Robert Reich）说："劳动生产率的提高主要归功于非凡的信息技术，这是有目共睹的。"这就是"新经济引擎"。[④]

麻省理工学院的首席研究员埃里克·布莱恩约福森（Erik Brynjolfsson）花了几乎10年的时间研究技术投资与业务收益之间的关系。宾夕法尼亚大学沃顿学院（wharton School）的洛林·希特（Lorin Hitt）也得出这样的结论：在企业环境不变的条件下，信息技术投资，是劳动生产率提高的主要原因。Brynjolfsson说："比较而言，投资信息技术多的企业，劳动生产率提高更多，并且会持续提高。"[⑤]奥玛赫尼（O'Mahoney）和范·阿尔克（Van Ark）在2003年的一份研究报告中明确指出，那些强化信息技术利用的行业，其年劳动生产率从19世纪90年代早期的1.2%增加到了1995～2001年间的4.7%。同期，那些未利用信息技术的行业则出现了0.5%的负增长。[⑥]信息技术手段的应用与否的确产生了截然不同的结果。

不仅如此，从2000年到2005年的数据来看，同样印证了这一点。美国劳工统计数据显示，2000年到2005年间生产率不仅得到了持续增长，而且呈现出加速增长态势。增长率从2.5%到3.3%不等，甚至在制造业领域达到5%。20世纪90年代IT投资使得制造业成为最大的受益行业。（见图1.2）

---

① 乔根生（Jorgenson）和斯奥特（Stiroh），纽约联邦储备银行，"提高限速：信息时代的美国经济增长"（2000年5月1日），网址：http://econweb.fas.harvard.edu/faculty/jorgenson/papers/dj_ks5.pdf（2006年12月10日访问）。

② 劳拉·D·安德里亚·泰森（Laura D'Andrea Tyson），"新经济为何驻足于此"，《商业周刊》（2001年4月30日），http://www.businessweek.com/magazine/content/01_18/b3730032.htm（2006年12月10日访问）。

③ 艾伦·格林斯潘（Alan Greenspan），"信息技术革命"，（2000年3月6日），网址：http://www.federalreserve.gov/BOARDDOCS/Speeches/2000/20000306.htm。

④ 玛丽安·克巴苏·麦基（Marianne Kolbasuk McGee），"这是官方的：IT合情合理，"《信息周刊》（2000年4月17日）。保留所有权利。允许转载。网址：http://www.informationweek.com/782/productivity.htm（2006年12月10日访问）。

⑤ 玛丽安·克巴苏·麦基（Marianne Kolbasuk McGee），"这是官方的：IT合情合理，"《信息周刊》（2000年4月17日）。保留所有权利。允许转载。网址：http://www.informationweek.com/782/productivity.htm（2006年12月10日访问）。

⑥ M·O·马奥尼（M. O'Mahoney）和B·范·阿尔克（B. Van Ark），"产业视角下欧盟的生产力和竞争力"，向欧盟执委会企业总部的报告，2003（第82-83页），网址：http://www.ggdc.net/pub/EU_productivity_and_competitiveness.pdf（2006年12月10日访问）。

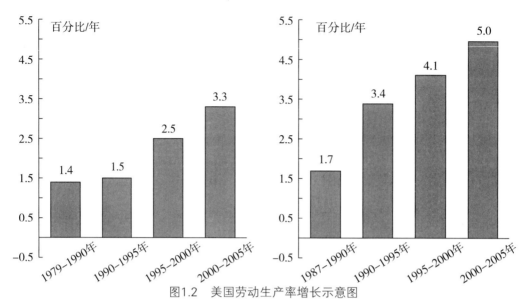

图1.2 美国劳动生产率增长示意图

（来源：美国劳工统计局，http://www.bls.gov/cps/labor2005/chart1-18.pdf.）

在过去的几年里，关于IT对生产率的影响方面的研究从未停止，而对于"劳动生产率决定于IT的应用"这一说法的争论也在继续。最近的研究从更细节的方面试图对生产率增长进行评估，而不仅仅考虑传统的经济和行业因素。尽管一系列宏观数字已经表明IT是生产率增长的驱动力，但是从企业层面和总数据分析结果来看，这样的结论为时尚早。美国国际经济研究所（Institute for International Economics）高级研究员、麦肯锡企业（McKinsey & Company）高级咨询顾问马丁·贝雷（Martin Bailey）曾在2003年对20世纪90年代的信息技术发展进行了回顾，他说："从某种程度上来看，与其说IT投资促进了经济的发展，不如说是经济的发展促进了IT投资。"他甚至对1995年IT行业的那次井喷式爆发泼了一盆冷水，他说："不要忘了，其实在1995年之前IT并没有对劳动生产率的增长产生多大影响。"[1]

施乐企业前首席信息官、首席IT专家和顾问保罗·斯特拉斯曼（Paul Strassmann）的立场更为强硬，他在分析了劳动生产率数据后说："企业管理中不可能应用到这些数据。这些骗人的数据是那些经济学家制造出来的为他们所用的数字游戏，丝毫不能解决问题。"他建议要进行更加深入细致的研究，拿出具体的措施来。他认为只有具体的解决方案才能最准确地说明企业财务状况，才能切实化解人们关于IT到底对美国私人企业的劳动生产率是增长还是减缩的争议。[2]

贝雷在2003年的另一份报告中总结道，经过大量更为细致具体的研究，我们发现无论是IT行业本身的劳动生产率增长，还是以IT为驱动力的劳动生产率增长，在20世纪90年

① 马丁·N·贝利（Martin N. Baily），国际经济研究所高级研究员，"最近的生产力增长：信息技术和其他创新的作用"，旧金山联邦储备银行经济评论，2004（第36页），网址：www.frbsf.org/publications/economics/review/2004/er35-42bk.pdf（2006年12月7日访问）。
② 保罗·斯特拉斯曼（Paul Strassmann），"生产力的事实和幻想"（1997），网址：http://www.strassmann.com/pubs/fnf/factnfantasy.shtml（2006年10月访问）。

代，信息技术在促进和加速劳动生产率增长方面确实发挥了重大作用。[①]

IT对美国经济生产率增长的数量到底有多大影响，现在尚无定论。但是，不管是研究员、学者还是经济学家，有两点他们是统一的，那就是：第一，1995年全美劳工生产率开始提高，并且从2000年开始加速增长；第二，即使不是大部分，但也有一部分的生产率增长需归功于企业对IT的创造、部署和有效利用。

我们没有必要仅仅通过那些学者、经济学家的抽象概念，如美国劳动生产率的概念来证实IT投资产生的结果。世界信息技术和服务联盟（WITSA）也曾这样表述："全球对【技术】的依赖程度在不断增长……在发达和发展中国家，【信息通信技术】已经成为了社会和经济发展不可或缺的力量。"WITSA分析指出，在2001年至2006年间，全球信息通信技术总支出增长了1万亿美元，在2006年达到3万亿美元的峰值。到2009年，预计全球总投入达4万亿美元。[②]很显然，企业的决策者们将来用于信息技术的预算也会越来越多。

企业对于在信息技术方面的重金投入所能带来回报的预期也持乐观态度。

销售预期增加、月底结算加快、供应链缩短、库存精细化管理和流水线式的客户沟通，这些都是过去25年来软硬件投入和努力的共同结果。比如：

> 通用电气，利用建立在信息系统基础上的功能支持，更加有效地监督企业的所有业务活动，这种技术产生的能力和报告系统，使得从前要花几周甚至几个月才能处理完毕的事情，现在很快就得到了结论。业务总监有实时的操控平台或"数据库"，这使他们主要业务经营指标的成绩更加显著，如销售结果、存货水平和订单状态等。整个系统的实施帮助他们获得了令人欣喜的财务指标：存货、应收应付账目节约10亿美元；网上交易节约68亿美元；GE估计数字化工程可节约成本16亿美元，非常令人惊喜。[③]

> Weirton钢铁企业，从一个13亿美元的钢铁制造企业，每吨钢铁消耗的劳动力时间，从6.5小时降到1.3小时。CEO把成本的降低直接归功于信息技术的实施。[④]

> Roadway快递企业，一个价值28亿美元的货运企业，应用了一套信息系统，这套系统可以为企业提供所有的、详细的内部运营跟踪记录。这套系统运用作业成本法（ABC）使企业可以全程追溯整个流程的发生成本和服务。它不仅使企业了解流程优化与成本降低的环节，而且也可了解客户服务的真实成本，这使他们能够对非盈利业务进行筛减。在IT方面的领先优势，使企业的运营收入显著提高了，2001年每吨业务的收入提高了4%，这是在确保市场份额的条件下实现的超额利润。[⑤]

---

① 马丁·N·贝利（Martin N. Baily），"信息技术和生产力：最新发现"，美国经济学会上的陈述（2003年1月3日），网址：www.petersoninstitute.org/publications/papers/baily0103.pdf（2006年12月10日访问）。

② 美国信息技术协会新闻稿（2006年5月2日），"全球信息通信技术支出超过3万亿美元"，网址：http://www.itaa.org/newsroom/release.cfm?ID=2338；世界资讯科技和服务联盟（WITSA）访问网址为：www.witsa.org（2006年10月访问）。

③ 戴维·林道夫（Dave Lindorff），"通用电气公司的实时推动"，《信息方略》（2000年11月访问）。

④ 玛丽安·克巴苏·麦基（Marianne Kolbasuk McGee），"这是官方的：IT合情合理，"《信息周刊》（2000年4月17日）。保留所有权利。允许转载。网址：http://www.informationweek.com/782/productivity.htm（2006年12月10日访问）。

⑤ 爱德华·科恩（Edward Cone）和大卫·F·卡尔（David F. Carr），"摆脱竞争"，《基线》（2002年10月），网址：http://www.carrcommunications.com/clips/roadway.pdf。

> 联合健康集团，一个资产180亿美元的保险企业，用技术驱动，流程再造的方式大幅度提高投资回报率，并且每年降低管理费用30多万美元。[①]

> KIAH，一个财务服务企业，在实施信息系统后，它的抵押贷款审批时间从4天缩短到10分钟。[②]

> Tsutaya，日本最大的CD和视频产品零售商。它运用客户关系管理系统CRM，数据仓库和无线技术，通过其附属部门Tsutaya在线（TOL），开始为客户提供新的服务。为充分利用日本大量的无线电话用户，TOL在短短的几年里获得250万的注册用户。TOL建立了注册用户个人娱乐评价系统，并将结果提供给其无线电话部门，包括音乐摘录、电影评论和电影推荐。TOL客户中使用移动服务消费的客户数量比非TOL客户多9%。在日本经济状况不好的情况下，通过满足个人用户复杂消费需求，TOL利润增长了48%。[③]

> CSX，一个价值80亿美元的直达运输企业。该企业引进了一套用于记录列车运营信息的"黑匣子"系统。它的无线下载数据功能实时记录工程师的操作信息并将信息实时传输给监管人员。监管人员对该信息进行评估后给予有用的反馈。通过这种技术的应用每年可以节约燃油成本680万美元。成本节约效果在燃油费涨价时显得尤为明显。[④]

> Dell，一个价值500亿美元的计算机硬件企业，使用甲骨文软件和Linux系统以取代和提高现有命令处理能力。戴尔计算机处理性能提高一倍，每年可创造超过1800万美元的利润。[⑤]

> Baptist Health South Florida，一个非营利性的医疗机构，使用一套用于监测病人情况并及时反馈给医护人员的系统。该系统缩短重症监护室（ICU）20%的人力耗时，并使死亡率降低了25%。[⑥]

> Atmos Energy，一个价值50亿美元的提供民用和商用天然气的天然气供应企业。该企业应用了甲骨文技术使得资产管理效率大大提高。每年节省超过10万小时的数据管理时间成本，并且人力资源配置得到优化。[⑦]

首席信息官杂志（首席信息官 magazine）每年会评选出100位（Top100）技术创新领军人物，表彰他们在科技应用和创新方面所做出的卓越贡献。各行各业（包括非盈利机构、州政府和联邦政府机构）都乐于看到通过技术应用来实现生产率的提高。

[①] 玛丽安·克巴苏·麦基（Marianne Kolbasuk McGee），"这是官方的：IT合情合理，"《信息周刊》（2000年4月17日）。保留所有权利。允许转载。网址：http://www.informationweek.com/782/productivity.htm（2006年12月10日访问）。

[②] 玛丽安·克巴苏·麦基（Marianne Kolbasuk McGee），"这是官方的：IT合情合理，"《信息周刊》（2000年4月17日）。保留所有权利。允许转载。网址：http://www.informationweek.com/782/productivity.htm（2006年12月10日访问）。

[③] 亚力山德拉·哈尼（Alexandra Harney），"始终在线"，《信息方略》（2002年2月），网址：http://www.cioinsight.com/article2/0,1540,122780,00.asp（2006年12月10日访问）。

[④] "2006年100强"，CIO，网址：http://www.cio.com/archive/081506/winners.html（2006年10月访问）。

[⑤] "2006年100强"，CIO，网址：http://www.cio.com/archive/081506/winners.html（2006年10月访问）。

[⑥] "2006年100强"，CIO，网址：http://www.cio.com/archive/081506/winners.html（2006年10月访问）。

[⑦] "2006年100强"，CIO，网址：http://www.cio.com/archive/081506/winners.html（2006年10月访问）。

IT创新不仅为办公提供了便利，而且使人们的生活也发生了巨大变化。比如移动计算机、无线网络、互联网搜索引擎、娱乐软件、黑莓手机、ipods、高速浏览器等等，这些高科技产品无一不是人们对信息技术不断投入和创新的结果。

简而言之，从制造业到财务、销售到客户的支持，从桌面办公自动化产品（诸如电子制表软件和文字处理）再到一些电子产品（如MP3播放器和单机游戏机），今天任何一个有理性的人都不会妄言未来的各项业务可以不用信息系统。

许多企业已经采用信息技术提高生产效率，降低运营成本，增加销售收入，为客户和供应商提供新的服务，建立新的竞争平衡。研究人员、教育工作者、经济学家、专家和一些重要的业务管理者、消费者均认为，信息技术方面的投资不仅是必要的，而且事实上，投资回报也是较高的。然而，巨大的困惑摆在那里：业务部门对IT的满意度不高，他们对IT的评价是令人吃惊的负面说法。

1.2 IT的不幸

尽管企业在信息技术投资中产生了惊人的成效，但在企业内部，IT部门仍被认为是企业蒙受失败、错失机遇和效率不高的主要根源。企业管理层对IT部门存在着更大的争议。许多企业的IT高层面临这样一个为难的处境，这个比喻像半开玩笑，首席信息官（CIO）头衔代表着职业生涯的结束。这种冷嘲热讽，不同于你听到的对企业其他职能部门或业务部门新提拔高管的个人嘲讽。很清楚，IT部门有问题。

众多的证据支持这一观点。从事技术研究与咨询的Standish 集团提供了一个有关IT不幸的重要调查报告，它对企业IT项目7年多的产出进行了详尽的分析。Standish 集团的研究人员从1994年开始对企业IT方面采取的行动进行周期性的研究。他们在广泛调查和深入研究后，发现企业IT部门实施项目失败率很高。有一半以上（53%）IT项目超期并超出预算，三分之一的IT项目被取消，项目实际超期平均是预期的两倍多（222%）。这样，很难计算失败项目的机会成本。[①]

Standish集团在1994年做过一项初步调查，难以置信的是，他们发现仅有不足16%的项目是在计划时间和预算内完成的。还发现，大企业的项目完成率更低，这一比例是9%。而在完成的项目中，只有42%的项目是按计划完成，成功交付。[②]

10年后，Standish 欣喜地发现这一比例上升到了29%，的确进步不小，但仍旧处于较低水平，[③]但项目投资额和信息技术的优先程度都显著提高了。Standish估计大企业项目开

---

① "斯坦迪什集团"的"问题报告"（马萨诸塞州雅茅斯港：斯坦迪什国际有限公司，1994），网址：http://www.standishgroup.com/sample_research/chaos_1994_1.php（2006年12月10日访问）。
② "斯坦迪什集团"的"问题报告"（马萨诸塞州雅茅斯港：斯坦迪什国际有限公司，1994），网址：http://www.standishgroup.com/sample_research/chaos_1994_1.php（2006年12月10日访问）。
③ 黛博拉·哈特曼（Deborah Hartmann），"访谈：斯坦迪什集团的Jim Johnson"（2006年8月25日），网址：http://www.infoq.com/articles/Interview-Johnson-Standish-CHAOS（2006年12月10日访问）。

发的平均成本高达200万美元，小企业的投资也超过了40万美元。[①]其他企业也确认他们在IT方面进行了大量投资。《信息周刊》（*Information Week*）在其一项对企业IT成本的长期年度调查中发现，这些IT投资占总收入的2%～9%，但平均占收入的3%～4%.[②]

KPMG咨询企业发现被调查者中87%的项目超出预算的50%，他们还发现45%的项目没有实现预期的效益，90%的项目超期。[③]Gartner Group在其2001年的一项调查中发现，几乎40%的IT项目没有产生预期的结果。同时，取消一个已经开展了一半进度的IT项目，其每年花费的成本至少100万美元。10%的IT项目团队无法获得任何收益。[④]

罗宾斯乔亚企业（Robbins-Gioia）在2001年对230多家企业的调查中显示，有超过1/3的企业应用了企业ERP系统。其中，51%的企业认为企业资源管理（ERP）并不成功，而接近50%的企业则表示他们懂得如何利用该系统提高其业务水平。[⑤]世界大企业联合会（Conference Board）在类似的调查中也发现，那些应用了ERP系统的企业中只有34%的企业感到"非常满意"。并且显示，他们的运营成本超出预算25%，维护成本也高出预期20%，40%的项目没有实现其年度目标。[⑥]

联合航空武器系统（JAWS）研讨会上的一份调查显示，美国国防部75%的软件研发预算（预算金额达270亿美元）几乎用在未来不会使用或在项目完成前就"流产"的系统上。相反，只有少的可怜的2%的项目会成功实施。[⑦]无独有偶，除了政府部门外，高德纳企业预测那些因IT项目夭折而蒙受损失的企业，其损失额更是高达750亿美元，占失败项目管理案例的60%。[⑧]

如果统计数据和调查结果还不足以证明的话，观察者只需要看一下过去几年IT失败的著名案例就明白了。对几个典型的失败案例的调查为我们提供了大量证据，这些证据表明实施IT项目是多么难，它们的失败会带来巨大的破坏。

> 丹佛国际机场：计划实施一种新技术的自动行李处理系统，以改善行李管理速度、准确性和吞吐量。这个复杂的系统由300多台计算机控制，由4000多辆自动跑在轨道上的行李车构成。这个项目要求投入2到3亿美元。项目的难度使机场推迟

① "斯坦迪什集团"的"问题报告"（马萨诸塞州雅茅斯港：斯坦迪什国际有限公司，1994），网址：http://www.standishgroup.com/sample_research/chaos_1994_1.php（2006年12月10日访问）。
② "信息周刊500份调查数据的多年比较显示IT趋势"，《信息周刊》（2006年9月12日），网址：www.informationweek.com（2006年12月10日）。
③ 毕马威（KPMG）项目风险管理和信息风险管理（1998），网址：http://www.kpmg.co.uk/kpmg/uk/IMAGE/PRMFINAL.PDF（2003年8月访问）。
④ "研究表明IT项目失败率高"，《会计学期刊》（2001年2月），网址：http://findarticles.com/p/articles/mi_m6280/is_191/ai_70423157（2006年12月10日访问）。
⑤ 罗宾（Robbins-Gioia）新闻稿（2002年1月28日），"ERP调查结果指出需要实现更大的成功"，网址：http://www.robbinsgioia.com/news_events/012802_erp.aspx（2006年12月10日访问）。
⑥ 美国经济咨商局，"ERP的趋势"（2001年6月），网址：http://sloanreview.mit.edu/smr/issue/2001/winter/1e/（2006年12月10日访问）。
⑦ 斯坦利·J·哲伯克（Stanley J. Jarzombek），"第五届年度联合航空武器系统支持、传感器和模拟研讨会（JAWS S3）"。会议记录（1999），网址：http://www.stsc.hill.af.mil/crosstalk/2002/04/leishman.html。
⑧ 詹妮弗·马特亚舒克（Jennifer Mateyaschuk），"培训解决项目管理需求"，《信息周刊》（1999年10月25日），网址：http://www.informationweek.com/758/project.htm。

11个月开放。在系统缺陷纠正时机场不开放，机场每延迟开放一天，城市为此付出的成本超过100万美元，整个延迟时间的成本甚至高于项目的最初投资。最终，机场安装了价值5 100万美元的传统行李传送带系统，机场才得以开门营运。[①]无奈的是，那个新系统的大部分零件只能被当作废铜烂铁卖掉了。[②]

➢ Hershey食品企业：为了提高产量，降低成本，改善客户关系管理，提高物流，企业设计了3个项目，计划同时替代Hershey的物流系统。尽管这样，在购买季高峰期销售下降12.4%，仅获得3/4的收入。[③]

➢ Nike：Nike实施了一套供应链生产线管理软件。然而，这套软件与客户需求供给不匹配，结果导致有的生产线缺货，有的却供大于求。Nike把它连续每季的收入下降1亿美元归咎于技术软件，这是大型软件项目的一部分，这个项目最终耗费了Nike 4亿多美元。[④]

➢ 华盛顿州登记部：实施了一个新项目，来完成对车辆的全自动注册、更新。这个项目预期投资4 180万美元，计划用时5年。然而，项目在3年后出现困难，成本增至5 100多万美元。这个项目在启动7年后终止。由于缺乏有效的指导和管理，结果白白浪费了4 000多万美元。[⑤]

➢ 密西西比信息技术服务部（ITS）：最初与咨询企业签订了1 100万美元的合同，在40个月之内，建设一个自动税务系统，为州政府（美国）自动征收36种税。然而，按照ITS的说法，在合同期的64个月之内没有一个税种实现自动征收。最初的建设设想失败了，这个事件还导致了官司，陪审团在2000年8月判决密西西比州4 750万美元的罚款。判决后几年间，双方合同金额降到1 850万美元。[⑥]

➢ 思科系统：为形成重要的战略竞争优势而建设的一个现代化的预测系统。然而，管理层对这个系统的信任却造成了收入大幅下降。不幸的是，经济损失未被注意到，从而导致账面价值减少22亿美元，8 500多人遭临时解聘，其股票每股下降至68.37美元。[⑦]

➢ FoxMeyer Drug：实施一个估计花费6 500万美元的高级企业资源管理系统（ERP）。目的是提高药品的分销效率。软件发布提了90天，牺牲了有价值的软件模块测试流程，放弃了业务流程的完善机会。结果软件的错误和存货预测的

---

① "斯坦迪什集团"的"问题报告"（马萨诸塞州雅茅斯港：斯坦迪什国际有限公司，1994），网址：http://www.standishgroup.com/sample_research/chaos_1994_1.php（2006年12月10日访问）。
② "Braunagel：美联航受困于行李传送系统"，《丹佛商业杂志》（2004年12月2日）。
③ 波利·施耐德（Polly Schneider），"另一场地狱之旅"，CIO（2000年2月15日），Copyright ©2002 CXO Media, Inc.允许转载，网址：http://www.cio.com/archive/021500_hell.html。
④ 克里斯托弗·科赫（Christoper Koch），"耐克公司状态好转"，CIO（2004年6月15日），网址：http://www.cio.com/archive/061504/nike.html。
⑤ 汤姆·菲尔德（Tom Field）、大卫·皮尔森（David Pearson）和波利·施耐德（Polly Schneider），"生死之间"，CIO（1998年11月1日），Copyright © 2002 CXO Media, Inc.允许转载，网址：http://www.cio.com/archive/120198/turk.html。
⑥ 安·贝德纳茨（Ann Bednarz），"IT不当行为"，《网络世界》（2002年4月8日），网址：http://www.networkworld.com/careers/2002/0408man.html。
⑦ 斯科特·贝里纳托（Scott Berinato），"思科怎么了"，Copyright© 2002 CXO Media, Inc.允许转载，网址：http://www.cio.com/archive/080101/cisco.html。

不准确导致了企业破产。[①]

> Tri Valley Growers：一个设计用来节约成本，提高生产率的软件。但是意外发生了，这套成本高于600万美元的系统，一些软件不能安装。在投资2 000万美元后，Tri Valley 拒绝再次支付软件供应商，并停止使用该系统。Tri Valley 提出了2 000万美元的诉讼请求，而它的软件供应商也反诉它违反合同。[②]

> W. W. Grainger Inc.：实施了一个用以提高利润，降低成本的软件系统。这套耗费至少900万美元的系统重复计算仓库存货，导致存货短缺。结果 Grainger销售收入2 300万美元，损失却有1 900万美元。[③]

> U.K. food retailer J Sainsbury：实施了一个耗资5.26亿美元的供应链系统，但从仓库到商店的供应环节上，系统运行失败。企业为此另外雇佣3 000名临时工通过人工的方式将货物重新上架。[④]

2005年，电气与电子工程协会（IEEE）发布了一份名为"耻辱榜"的表单，表中罗列出一些过去十几年中主要的IT失败案例。（见表1.1）这些项目本身的成本损失就超过50亿美元，还不算其他收入损失、赔偿等。[⑤]

表1.1 IEEE失败项目一栏表

年份	企业名	损失
2005	哈德森海湾企业（加拿大）（Hudson Bay Co.[Canada]）	库存系统问题导致3330万美元损失
2004-2005	英国税务局（U.K.Inland Revenue）	软件错误导致多付税款34.5亿美元
2004	阿维斯欧洲企业（英国）（Avis Europe PLC [UK]）	耗资5 450万美元之后最终放弃ERP系统。
2004	福特汽车企业（Ford Motor Co.）	耗资4亿美元之后最终放弃采购系统
2004	小塞恩斯伯里企业（英国）（J Sainsbury PLC[UK]）	耗资5.27亿美元之后最终放弃供应链管理系统
2004	惠普企业（HP）	ERP系统问题导致1.6亿美元损失
2003-2004	AT&T无线企业（AT&T Wireless）	客户关系管理系统（CRM）升级问题导致1亿美元的收入损失
2002	麦当劳（McDonald's Corp.）	耗资1.7亿美元之后最终放弃创新型信息采购系统

---

① 马尔科姆·惠特利（Malcom Wheatley），"ERP培训糟透了"，CIO（2000年6月1日），Copyright ©2002 CXO Media, Inc.允许转载，网址：http://www.cio.com/archive/060100_erp.html。

② 道恩·卡瓦莫托（Dawn Kawamoto）和翁·维利（Wylie Wong），"案例研究：甲骨文客户付出代价"，ZDNet新闻（2001年6月28日），网址：http://news.zdnet.com/2100-9595_22-530193.html。

③ 克雷格·斯特德曼（Craig Stedman），"ERP问题削减了固安捷公司的利润"，《计算机世界》（2000年1月7日），网址：http://www.computerworld.com/news/2000/story/0,11280,42976,00.html。

④ 罗伯特·N·卡特（Robert N. Charette），"软件为何失败"，《IEEE综览》（2005年9月），Copyright © 2006 IEEE得到使用许可，网址：http://www.spectrum.ieee.org/sep05/1685。

⑤ 罗伯特·N·卡特（Robert N. Charette），"软件为何失败"，《IEEE综览》（2005年9月），Copyright © 2006 IEEE得到使用许可，网址：http://www.spectrum.ieee.org/sep05/1685。

续表

年份	企业名	损失
2002	悉尼水务企业（澳大利亚）（Sydney Water Corp.[Australia]）	耗资3 320万美元之后最终放弃计费系统
2002	信诺保险（CIGNA Corp.）	CRM系统问题导致4.45亿美元损失
2001	耐克企业（Nike Inc.）	供应链管理系统问题导致1亿美元损失
2001	凯马特企业（Kmart Corp.）	耗资1.3亿美元之后最终放弃供应链管理系统
2000	华盛顿特区政府（Washington, DC）	耗资2 500万美元之后最终放弃城市工资管理系统
1999	联合公益基金会（United Way）	耗资1 200万美元之后最终放弃行政处理系统
1999	密西西比州政府（State of Mississippi）	耗资1 120万美元之后最终放弃税务系统；但获得了1.85亿美元的损害赔偿金。
1999	好时企业（Hershey FoodCorp.）	ERP系统问题导致1.51亿美元损失
1998	施耐宝企业（Snap-on Inc.）	订单录入系统问题导致5 000万美元的收入损失
1997	美国国税局（US Internal Revenue Service）	耗资40亿美元之后最终放弃税务系统升级改造项目
1997	华盛顿州政府（State of Washington）	耗资4 000万美元之后最终放弃车辆管理系统
1997	牛津医疗保险（Oxford Health Plans Inc.）	计费和申诉系统问题导致出现季度性损失和股价大跌，企业市值缩水34亿美元。
1996	亚利安太空（法国）企业（Arianespace[France]）	软件规格和设计缺陷导致价值3.5亿美元的Ariane 5火箭爆炸
1996	福克斯迈尔医药企业（FoxMeyer Drug Co.）	耗资4 000万美元之后最终放弃ERP系统，企业宣告破产
1995	多伦多证券交易所（加拿大）（Toronto Stock Exchange[Canada]）	耗资2 500万美元之后最终放弃电子交易系统
1994	美国联邦航空管理局（U.S. Federal Aviation Administration）	耗资26亿美元之后最终放弃高级自动化系统
1994	加州政府（State of California）	耗资4 400万美元之后最终放弃车辆管理系统
1994	化学银行（Chemical Bank）	软件错误导致共计1 500万美元的存款被扣除，使10万储户蒙受损失
1993	伦敦证券交易所（英国）（London Stock Exchange[UK]）	耗资8亿美元之后最终放弃金牛股票结算系统
1993	好事达保险（Allstate Insurance Co.）	耗资1.3亿美元之后最终放弃办公自动化系统
1993	伦敦救护中心（英国）（London Ambulance Service[UK]）	耗资1 125万美元之后最终于1990年放弃车辆调度系统；在耗资1 500万美元之后第二次尝试也宣告失败
1993	灰狗巴士企业（Greyhound Lines Inc.）	巴士预定系统在上线之初便经常发生崩溃，导致6 100万美元的收入损失
1992	Budget Rent-A-Car租车企业、希尔顿酒店、万豪国际和美国航空（Budget Rent-A-Car, Hilton Hotels, Marriott International, and AMR）	耗资1.65亿美元之后最终放弃旅行预定系统

（来源：IEEE《波谱杂志》,2005年9月 http://www.spectrum.ieee.org/sep05/1685/failt1.© 2006 by IEEE.）

即使上述这些案例是非常明显的IT失败案例，它们只在个别技术出版物上被简单地报道。Standish集团的综合分析显示他们不是个案而是规律。

人们对IT部门的不满却远远超出了对这些失败案例的不满。从服务支持平台到操作系统再到管理，有大量文件均反映出对企业IT部门各种层次的不满。马西和鲁迪在他们对信息系统外包的名为"从神话逐渐到现实（Information Systems Outsourcing：Myths，Metaphors,and Realities）"的调查中发现：在参加调查的13个企业中，只有2个认为他们的信息系统在企业成功中起关键作用。其余的11个企业都认为他们的IT部门是必需的，但同时也是企业沉重的成本负担。[①]

大家公认IT部门人员不友善、目空一切、轻视别人，"星期六夜晚实况"（译者注：这是美国一个著名的"talk show"节目）节目中将"尼克·伯恩斯描述为你们企业搞计算机的家伙"，这一形象的描述使之成为一般企业IT人员的特定形象，被人们永远记住了这个特征。

尼克（Nick）的形象甚至在一些评论中走向了极端，许多讽刺都出自这个节目：每个人似乎都知道他的企业里谁是尼克·伯恩斯。

技术工作者的负面形象甚至导致美国联邦政府制定了法令。美国商务部刊物中总结道："许多IT人受到曲解，被描述为一个负面的IT工作者形象"，建议在IT职业形象媒体上纠正并吸引其他工作人员进入IT领域。[②]

在许多企业里，尽管人们清楚地认识到IT对于运营与生产率的重要性，但实际情况是IT已经到了停滞不前的运营状态。一个首席信息官用"无名"的笔名在首席信息官杂志上写道："企业的很多人认为，IT部门的运营，在某些地方是与企业实际脱离的"。[③]

《首席信息官》杂志的一篇文章"IT游离的危险境况（"IT's Rodney Dangerfield Complex）"描述了业务因IT受挫的结果，引用一个大企业首席信息官的话"IT从其他部门得不到尊重"。还说IT是"游离于业务流程外的技术话题"，并且"这个部门的组织是不完整的，在项目管理、流程或生产中缺乏连贯性。"[④]

Standish集团进一步认为，在计算机行业，"失败被掩盖、忽视或被合理化"[⑤]，不幸的是，"游离的危险境况"所描述的IT部门正是相当多的企业IT的地位。

---

① 马西·拉瑟提（Marcy Lacity）和鲁迪·赫塞姆（Rudy Hirschheim），《信息系统外包：神话、隐喻和现实》（英格兰奇切斯特：约翰威立国际出版公司，1993），第190页。

② 凯文·J·斯特奥（Kevin J. Stiroh），"信息技术和美国生产力的复兴：行业数据怎么看？"纽约联邦储备银行员工报告第115号（2001年1月24日），网址：http://www.newyorkfed.org/research/staff_reports/sr115.pdf（2006年9月9日访问）。

③ 无名氏，"不满意"，CIO（2001年1月15日），Copyright © 2002 CXO Media, Inc. 允许转载，网址：http://www.cio.com/archive/011501/confidential.html。

④ "IT的Rodney Dangerfield情结"，《信息周刊》（2002年3月28日），保留所有权利，允许转载。

⑤ "斯坦迪什集团"的"问题报告"（马萨诸塞州雅茅斯港：斯坦迪什国际有限公司，1994），网址：http://www.standishgroup.com/sample_research/chaos_1994_1.php（2006年12月10日访问）。

1.3　烧钱的IT

《信息周刊》杂志在美国的顶尖企业中开展了一项耗时10多年的调查，调查关注于这些企业的IT费用。结果显示，许多美国企业每年要在与IT相关的领域内，花掉他们年收入的2%～9%。这一比例由于行业的不同而有所变化，但这一费用的平均水平一般在4%～5%之间。[①] 图1.3列出了不同行业的IT费用占企业收入的百分比。尽管IT费用占企业收入比例因行业而不同，但大多数行业的这一费用比例在2%～5%。

根据信息周刊杂志的资料，图1.4显示了这一比例在过去几年的变化趋势，企业花在信息技术上的投入在稳定增长，尽管在2001年有所下降。[②]

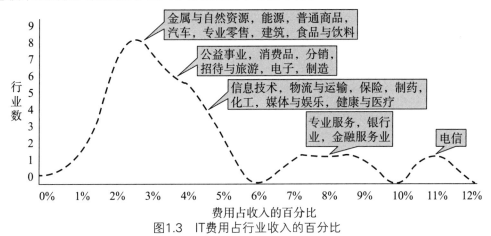

图1.3　IT费用占行业收入的百分比

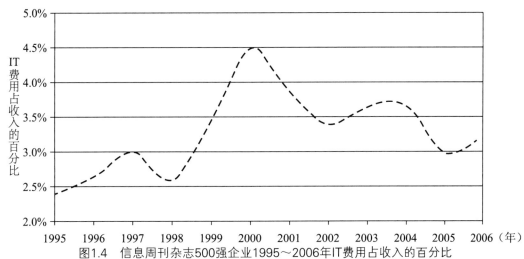

图1.4　信息周刊杂志500强企业1995～2006年IT费用占收入的百分比

（来源：信息周刊http://www.informationweek.com/iw500.）

---

① "信息周刊500份调查数据的多年比较显示IT趋势"，《信息周刊》（2006年9月12日），网址：www.informationweek.com（2006年12月10日）。

② "信息周刊500份调查数据的多年比较显示IT趋势"，《信息周刊》（2006年9月12日），网址：www.informationweek.com（2006年12月10日）。

前面提到的问题涉及企业的实际利益。即使是最低规模的IT投资，都应当考虑到IT成本的现实问题。占收入4%～5%的IT成本，在企业中必须得到有效管理。在这个平均范围内，IT成本通常是企业中最大的没有明确方向的费用之一。根据Hachett集团的研究，世界级的企业平均只花费收入的0.67%。[①]越是规模大的企业，其高管越重视IT上的大额投资和IT效益，他们要确保为IT烧的每一分钱都是有效的，都是高回报的。

1.4 IT满意度

评价企业是否有效应用IT的一个方法是，评估对IT整体的满意度水平，包括客户服务级别、业务成本、对业务的改善，或IT产生的其他绩效等。图1.5表示同类企业的成本水平与满意度的比较。

初始应用IT的企业位于图1.5西南角，他们的IT满意度较低，这和他们的低水平投入是一致的。为改善IT应用，获得本章提到的收益，企业开始技术投资，这使得企业在矩阵中向北移动。通常企业高层希望能找到移动到东南角的途径，在这个区域，IT成本控制在一个企业期望的合理水平，并且能够获得较高的满意度。

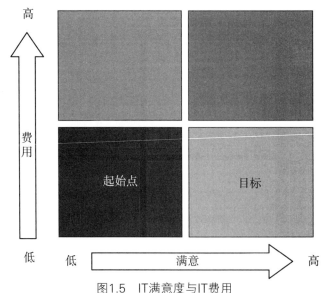

图1.5　IT满意度与IT费用

许多企业，增加的IT投资并没有产生预期的效益。与增加投资的较高期望相比，满意度停滞不前，甚至降低。通常，最好的情况是企业在满意度水平上获得大幅提高，但IT投资的基线从来不会停止变化，它甚至会回到以前的水平。如图1.6所示，许多企业最好的情况是永远停留在东北角的象限里，最坏是处于西北角"高投入，低满意度"的象限里。

IT满意度与高成本的结合，为改善IT部门提供了一个极其重要的分析平台。

---

① 　新闻稿"哈科特数字分析书籍"（2006年11月16日），哈科特集团www.hackett.com 新闻稿。

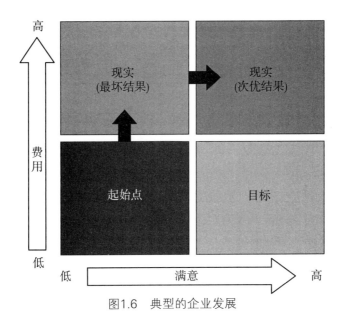

图1.6　典型的企业发展

1.5　IT的困境

今天，如果说企业绝对需要IT的话，那么为什么企业的高管层对IT职能部门的满意度这么低？为什么实际的和最终用户体验到的满意度那么低？为什么IT部门对顾问、应用软件供应商和硬件的供应商的满意度那么低？IT如何才能改变它的"尼克·伯恩斯"的形象，成长为企业必需的重要职能部门？

企业花掉年收入的9%投资在40年前根本不存在的职能部门，即使获得了令人难以置信的收益，却为什么仍然不能对投资和其价值满意呢？

遗憾的是，高管层经常忽视他们的危机。许多企业看起来总是处于一种困境中。他们必须投资信息技术，即使不为提高生产率，至少也是为了平等竞争。因为，在过去的20年间，技术投资是生产率提高的主要动力。

然而，研究与实践表明，IT部门在成本效益、满意度方面的失败，已经把IT部门甚至企业带入了困境。

每个企业对IT的投资虽不可避免，但没有抓住投资IT的本质。许多企业继续在失败的IT上烧钱，甚至使问题进一步升级。忽视问题或是注入更多的投资，这两种方式都不能从根本上解决这些问题。我们发现，这正是企业处于IT费用与满意度矩阵的西北角的主要原因。

第2章将讲述IT困境的症状、原因分析及解决问题的方法。并介绍了如何建立系统的、有效的IT管理机制，这些方法已经用于我们的客户，帮助他们移向矩阵的东南角。

IT的无效及其原因

> 商业不变的规律是：陈述就是陈述，解释就是解释，承诺就是承诺，但只有绩效是真实的。只有绩效是你信心、能力和勇气的最好的衡量指标。只有绩效能够带你享受成长的自由。
>
> 记住，绩效是你的现实目标。我给管理者的定义是：能改变绩效的人。给自己或他人任何的辩解都不能改变这一点。当你干的好时，所有的不愉快都会被忘记，惟有绩效这一点会让这个世界记住。更重要的是，你也会被记住。
>
> ——哈罗德·格林（Harold Geneen），CEO，ITT[①]

前一章介绍了企业高层与首席信息官面临IT困境的基本情况。这一章集中介绍IT无效的症状、原因，以及IT职能紊乱的根本原因：IT未来领导者的管理经验储备不足造成的执行力差距。

我们在不同的IT部门、不同的岗位上工作过，有技术支持、开发、管理、咨询与顾问等等。我们很幸运，我们从不同角度观察到一系列的IT无效、苦苦挣扎的现象。它们多数与特定技术的使用、企业经营的业务、外部市场环境或组织的大小等因素都没有什么关系。不管这些因素如何排列，相同的问题却在重复出现。

在这一章，我们给读者详细分类描述这些指标。待明白这些问题之后，我们开始回答第1章提出的问题：IT部门无效的根本原因是什么？

2.1 IT无效的症状

我们把观察到的IT困境的症状归纳为四类。这四类具有如下主要特征。

1. 满意度：业务方面对IT部门的满意及信任程度。

2. 预算：IT花费，包括内部资源成本、服务和资本支出。

3. 项目：IT对业务项目的支持，内部的软件与硬件配置。

4. 人员：IT人力资源管理，团队士气和IT组织。

本章涵盖了我们观察到的上述特征中的一些现象。这些现象列举下来会很长，但这也不能涵盖所有的IT无效现象。这些无效现象表现形式多样，主要表现为上述四类，最主要

---

① 哈罗德·S·杰宁（Harold S. Geneen）和阿尔文·莫斯考（Alvin Moscow），《管理》（纽约：双日出版社，1984）第285页。

是满意度，它是判断IT部门效果的最终指标。

2.1.1　满意度

评价IT最重要的标准是IT满意度。这要假设企业运行良好，高管层和业务部门的负责人都有足够的动力，并且能够最有效地开展他们的业务，为企业与股东创造经济价值。这个"看不见的手"，推动着每个业务部门朝着正确的目标努力。相应地，它也给IT部门施加压力，促使其为业务提供基础设施、应用软件、服务能力和创新动力，推动业务收入增加、成本降低或实现更好的控制。同时也假设业务部门的管理者都知道如何应用IT去实现业务目标和商业价值。假定在第1章中，过去30年间IT投资水平的统计是合理的，那么，如果业务部门的管理者有很强的动力推动企业收入和利润的提高，并且清楚地知道IT如何帮助他们实现这些目标，那么从业务角度就可以判断IT部门是否实现了那些目标。

许多企业的IT部门与业务部门联系很少，导致了IT部门及其员工给业务部门造成负面印象，上一章提到过。业务与IT部门的不联系和对IT服务不满意主要表现以下几方面。

> ➢ 业务部门领导（职能领导）对IT的绩效，以及IT对日常业务和业务创新的支持不满意。
> ➢ 业务部门对IT缺少信任，对IT承诺的项目完成时间或可能性持不满意或怀疑态度。
> ➢ 业务部门因其想法在IT部门不能实现或不被考虑而不快，他们感觉IT不"听话"。
> ➢ 业务部门看不到与整个企业发展战略一致的IT战略，他们感觉IT不是在帮助企业积极拓展业务。
> ➢ 业务部门不知道或不理解IT部门需要优先考虑哪些事。
> ➢ IT部门认为业务部门不尊重他们，忽视IT，没有让IT参与企业业务决策。
> ➢ 对IT部门的不满意，促使业务部门发展自己的独立的IT团队。
> ➢ 业务部门把丧失业务机会或项目失败归咎于IT部门的不作为或无能。
> ➢ 业务部门建立和实施系统时没让IT部门介入或帮助。
> ➢ 业务部门让IT参与决策流程，根本没有起到作用。
> ➢ IT部门自我封闭，不与业务部门或其他职能部门沟通交流。

2.1.2　预算

IT部门的第二个弱点与预算相关。规范管理IT投资（评价投资回报），这在本书多处都有论述。在讨论IT消费时，我们不仅要包括实际IT预算，也应包括企业内所有技术方面的消费，包括业务部门的技术消费，与技术相关的劳务、技术消费品、外包技术服务、硬件、软件消费和其他支出。

这些IT部门的领导通常对投资成本及效果不敏感。而他们的"客户"，一般是业务部门的经理，他们熟知成本是怎样影响他们部门或企业的利润率的。因此，他们能够熟练地评估成本。假如企业要求投资要有平均10%的利润，业务经理非常清楚地知道，每花1美元就意味着大约要获得10美元的收入才能满足利润要求。成本核算的概念（P&L-focused

view）意味着，应该仔细、冷静地审查企业在人员、服务或设备方面增加的投资。业务经理只有在确信这项投资是必要的，而且它给业务带来的回报要比其成本高时，他才会决定投资。接下来，他们会监督投资项目以确保实现预期的商业回报。

这些IT部门的领导和员工没有敏锐的成本意识。他们一般没有财务领域的经验，也从没有负责过损益表的两个方面——成本和收益的管理。例如，一个15人的IT部门的基层经理，递交了一份价值2万美元的服务器申购报告。尽管清楚的知道较低配置的型号也不要紧，但她对降格的反应是，"看，才2万美元，而我们有超过数百万美元的收入。"非常不幸，这常常就是IT部门的真实表现。我们提醒这位经理，购买这台服务器的费用需要销售部门的人员成功地售出20多万美元的产品和服务。

许多企业的IT预算被认为是"垄断资金"，不可以用于企业其他领域，即使这种投资效果会更好。例如，投资聘用更多的销售人员，或把资金收回财务，充作营运现金。这种现象在这些企业年末的财务预算使用中一一表现出来。IT部门要动用一笔未用的IT预算资金，而这项投资也许对企业是项不错的投资，但也许不是。典型的情况是，一些供应商为了年终销售目标，利用一些营销手段，如打折或回馈等，吸引用户的IT人员用他们剩余的IT预算采购他们可能需要，也可能现在不需要的产品或培训等。

此行为导致企业认为IT是一个资源消耗的无底洞。正如书中前一章所述，这些花钱的人对IT成本的草率态度，促使许多企业形成了现在对IT的态度。在一项由拉希迪（Lacity）和赫斯凯姆（Hirscheim）主持的IT满意度调查中显示，大多数企业认为"IT部门是必需的，但也是个难于负担的成本陷阱。"[①]

当然，与此相反的问题也存在，就是IT部门的投资不足。我们认为这种现象通常是由于IT管理者的胆怯所造成的，或是业务经理和高层管理人员的原因造成的，他们无法使其投资议程通过审批，他们不"相信"技术的价值。一个企业IT投资不足的结果与消费失控一样具有破坏性。企业无法获得有效应用信息技术带来的收益，毕竟在过去的5年间技术投资对生产率提高的贡献超过2/3。这些在技术领域投资不足的企业，相对于有着IT预算结构的企业，会面临更大的风险。他们会错失新市场的机会，现有的市场份额也会被那些懂得利用技术手段的竞争对手蚕食。这种企业的处境通常会螺旋式地下降，他们不愿投资技术的态度赶走了那些有天赋的技术专家，这些专家本可以帮助企业从有效的IT投资中实现超额收益或者保住市场份额。

IT部门的失效的典型症状是消费失控或投资不足，其中包括：

➢ 比同类企业在IT上花费更多（按占收入的百分比或其他相关指标）。

➢ IT预算逐季或逐年大幅增加，而业务量没有相应的增加。

➢ 在没有相关业务需求，或替代资本未收回的情况下，资本支出逐季或逐年大幅增加。

➢ 高成本的外购，特别是服务或咨询。

---

① 马西·拉瑟提（Marcy Lacity）和鲁迪·赫塞姆（Rudy Hirschheim），《信息系统外包：神话、隐喻和现实》（英格兰奇切斯特：约翰威立国际出版公司，1993）。

> ➤ 企业不能收回IT项目或其他消费的投资成本，或是成本超支（用于IT的资金回报不如投资于企业其他领域所获得的价值高）。
> ➤ IT对人员、服务、设备或软件的紧急需求持续不断发生。
> ➤ IT管理中，每季、每年的IT预算存在困难。
> ➤ IT部门预算不断发生巨大变更（正面的/负面的），特别是IT预算在治理层面的巨大变更；第3章介绍IT消费的关键驱动因素，并给出一套初级的衡量基准，用于企业的自评。
> ➤ 技术架构不能满足和实现业务的愿景。

2.1.3　项目

衡量IT部门的最好指标之一是其能否成功地管理项目。IT项目执行效果差是业务用户最大的抱怨之一。虽然许多IT经理及团队经常参与或精通项目管理，但实际结果不一定能够反映出他们最初的期待。

部分IT项目属于IT部门内部的（没有任何一个本部门外的人参与，例如服务器升级，发布电子邮件系统等），部分项目是外部的（包括与IT以外领域的各层次的合作，如补丁软件包的实施，自动销售软件的实施等）。我们没有发现内部项目和外部合作项目的成功率之间有明显的差异。这说明IT经理缺乏项目管理的基本经验。他们不是缺乏项目管理原则方面的经验，而是缺乏包括项目界定、投资回报（ROI）计算、业务价值认定、需求分析、绘制业务流程图、团队建设、制定计划、执行、跟踪和完成整个IT执行的经验。

IT无效的原因也归咎于一个宣传了相当一段时间的概念——业务部门是IT部门的客户。与这个概念对应的一些价值观是：IT团队接受了"客户永远正确的哲学"。没有谈判（或反对），IT团队不断接受业务部门提出的要求和项目。业务管理者十分合理地假定，IT部门接受了这些项目就完全有能力完成，否则IT管理层会拒绝这些要求。这些项目可能在项目开始前，就注定要失败。我们经常看到的是：IT部门签下了项目列表的第200个项目，4个月后，到了项目的最后期限，某一个业务经理提醒IT部门他们不满意了，他们是"客户"。这种现象周而复始地发生。

经常向我们寻求帮助的故事的主人公一般接受的项目达100多个。这些项目包括不同重要程度的项目（诸如"修复备份服务器上的系统钟"）和同一水平上的项目（"把服务器的Windows NT系统升级为Windows XP系统"）。IT管理者常常混淆他们要干的项目和他们目前的项目，飞蛾扑火般把两者混在一起。

最常见的是项目清单中出现重叠，子项目变成独立的项目。在我们与一个客户的服务中，仅消除重叠项目，我们就把它的项目清单从160多项降到了不足50项。例如，审计和购买服务器软件许可证，以及升级服务器存储能力，可以是一个更换服务器运行系统项目里的子步骤。

还有甚者，项目时间普遍变更，有些差到了没有期限。这些项目立项缺少最基本的理由，缺少主管，项目没有任何成本效益或投资回报分析。这就会产生了大量的劣质项目，这些项目还会对企业产生长期的负面影响。

最终，每个项目都在进行中，每个项目都有不同的里程碑，但离100%完成任务还差很远。在"客户永远正确的哲学"观点指导下，IT部门经常在一个项目尚未完工，又开始了另外一个项目。结果是IT部门陷入了一个充满矛盾的、似乎永远都无法完成的项目泥潭。

IT部门陷于项目泥潭的一般症状是：

> 在建项目没有清晰的项目成功标志，没有项目最后成功完工的记录。

> 有多个项目清单，没有统一的项目列表。

> 内部的IT项目与那些必须与业务部门合作的项目之间没有区别。

> 混淆需求与项目清单。

> 在建项目数量巨大（超过100项）。

> 在建项目没有项目合同。

> 在项目列表上的全部项目均取得了微小的成绩，而不是几个关键、重大项目取得了真正的、突破性的成功。

> IT团队的项目执行力与开工项目所需的劳动能力相比不匹配，IT团队的项目执行能力没有定量评价。

> 多个不协调项目同时进行。

> 没有一个基于商业价值、风险、现有系统评估和项目优先级排序的基础框架。

> 没有明确、细致的项目管理或项目职责分工。

> 项目文档不完整或丢失（如范围、需求、工作计划和交付）。

> 完工的项目质量差，可靠性低，经常需要修补、维护返工。

2.1.4　人员

通常在困境中的IT经理，他们应对困扰的第一个避难方法就是换人。

非特列·P·布鲁克（Fredrick P. Brooks）在关于IT项目管理与组织的经典著作《人月神话》（The Mythical Man-Month）中认为：给一个缺乏组织、管理混乱的团队扩充规模是一个成本高、效果差的处方[①]。其中，额外扩充的规模更容易遮掩原已存在的问题。而且对于组织而言，在短时间内吸收大量员工，并保持相应的生产效率是很困难的。

因为，困境中的首席信息官在管理上有很多困难，他们很难辨识谁是极有可能扭转局面的天才。新员工的能力一般不高，或者能力很高，但是缺乏对现状的了解和应对经验。通常，首席信息官求助于他们自己的社交圈子寻求新的员工候选人。这一步又将问题复杂化，在工作中容易混淆工作与个人的关系。

由于新员工招聘是应急反应的一部分，所以没有清晰的、经过深思熟虑的计划，以致于这些新员工没有明确的岗位职责。这种扭曲的组织结构图产生了职责重叠和责任空白，

---

① 弗雷德里克·P·布鲁克斯（Frederick P. Brooks），Jr.，《人月神话》（阅读，马萨诸塞州：程序员修炼之道，1995）。

会引起更严重的混乱。没有经验的新管理者很难应对组织的快速变化，即使经验丰富的员工也很难跟上快速变更的计划。

当一些"看清楚的人"意识到这种状态毫无希望时，IT部门将遭遇最后的打击。在新员工中，因为他们不了解情况而暂时士气高涨。而那些经验丰富的员工，因为看不到希望，士气很快低落。一些有能力的员工开始选择跳槽（常常是可能在团队中发挥最积极作用的团队成员）。接下来又是招聘，结果是团队的平均能力继续下降，再招聘更多的员工，结果是进一步加剧了问题的严重性。

首席信息官开始思考如何恢复士气。最终，这个IT内部的问题进入了高管层急办的议事日程，随之发生一个重大的部门调整。

下列人员配置问题是我们在多个客户身上发现的失败原因：

➢ 没有人对IT部门特别是IT管理层的工作结果负责。

➢ 消极的IT员工。

➢ 新员工比例大（30%以上的团队成员任期不到一年）。

➢ 运营支持与应用支持职责在组织图中没有清晰界定（或者完全没有界定）。

➢ 毫无联系的职位，没有标准化的职位、职责，在IT组织的任何层面都没有清晰的工作职责文件。

➢ IT部门知识更新速度快（或没有），员工中知识更新水平严重不均衡。

➢ IT部门内积聚了大量的牢骚。

➢ IT部门与企业其他部门之间沟通不够（或令人不满意）。

➢ 截然不同的两种士气：新员工士气高，老员工士气非常低落。

➢ IT管理者经验不足（没有部门全面的管理经验，或没有企业业务管理经验）。

➢ 部门招聘的新员工很少或根本没有经过相应的筛选。

➢ 新员工的候选人来自社交圈（管理者或其他IT成员的朋友、家庭成员，来自相同的社区或其他非工作关系）。

➢ 终身聘用的员工过多的休假或病休。

➢ 团队成员在家工作人数过多。

➢ 松散的管理（IT管理层很难发现员工的工作状态）。

➢ 业务部门与IT部门、IT部门内部之间持续的斗争。

2.2　IT无效的原因

IT无效可归咎于许多原因。每一个失败都可以找出许多的潜在原因（例如"项目实施失败是因为根本没有界定范围，并且在选择供应商之前没有进行需求调查"）。

IT无效最常见的原因分类如下：

➢ 业务混乱：由于内外压力造成的业务变更，使业务对IT部门的需求发生根本改变。

——改变商业模型：新的行业、新的经营模式、新的销售与分销渠道。

——外部经营条件的改变：更多的客户或供应商，或与客户和供应商有更多的业务。

——兼并行为：新业务部门被整合，带来了相关的人员、应用系统、数据、客户及供应商。

——信息孤岛化：业务分割，数据分散，系统各自独立。

——业务收益率的改变：高收益率驱使企业在IT领域投资，并给IT能力增加了压力，低利润率给IT成本管理增加了压力。

——企业快速的收入增长，要求IT随之做出新的、快速的反应。

——地域的不同对IT提出了更多的要求，如企业业务国际化；

——在运营、开发和数据库等应用领域采用不同技术，造成"技术混乱"，降低了整体的技术能力。

➤ 供应商管理：供应商的硬件、软件和服务不能满足业务需求，供应商选择不当、对现有供应商管理不够。

——企业在小规模时选择的供应商，没有随着企业规模的扩大而改变。

——没有对供应商进行很好的选择。

——对供应商的管理不够。

——很少或没有制定标准；大量不同的技术及供应商造成多技术标准的混乱环境。

➤ 人员配置及沟通：缺乏经验的、孤岛式的管理使IT团队与业务部门变得很疏远，业务部门用IT的无效做借口掩盖自身的缺点。

——业务部门的领导对IT没有兴趣，他们只把IT作为他们指责的对象。

——IT部门不愿努力改善与业务部门的关系。

——IT领导初次担任领导角色，在人员管理、企业成长和确定技术方向上缺少经验。

——CIO不能正确选择新员工来源，而求助于个人关系招募员工。

——IT部门缺少对"有用"人才的吸引力，难以招募有团队精神、有成就感的员工。这是超出技术能力的问题。

——在人员配置及招聘管理方面比较差，组织、职位及职责描述不清。

——IT部门的人员快速膨胀，一两年或在技术领域工作不到2～3年的员工占比高。

——应急决策多，导致IT部门的决策普遍不是最优的。

➤ 财务与风险管理：IT团队成员不清楚IT支出与收益、降低成本或增加收入的不同；没有成本效益平衡机制。

——没有计算或记录IT项目或IT支出的投资回报。

——没有历史项目的投资回报记录，没有拟建项目的投资回报分析。

——没有考虑企业利润的额外支出成本，不了解边际支出与边际利润。

——IT管理者习惯性给项目超额支出，项目被动完工。

——IT管理者陷入项目泥潭，被动地为失败项目或技术投资。

——CIO热衷于单一项目的一次性完美，而不是考虑整个企业的系统最优化。

　　所有这些原因在一定程度上解释了IT部门失败的原因。这与进化论有着同样的思路。重要的是，它明确区分了直接原因与根本原因。直接原因指的是对行为现象显而易见的解释，根本原因是隐藏在现象背后，推动直接原因变化的根源。

　　这个行为模式揭示了职能紊乱的IT部门失败原因，主要是缺乏有经验的高管层和IT领导。通常，为了整顿IT部门，企业的高管层和IT领导常常列举出这些问题的直接原因，这样做往往会使人们更加困惑，士气受挫，其实是这些根本原因和直接原因导致不断产生新的原因。

　　许多新的IT经理在痛苦地承担着他们的职责。他们的专业技能与管理能力要求的确存在着巨大的差异。

　　通常情况下，许多IT部门是按两个作业领域进行组织的：一个是运营领域，一个是应用领域。经理通常是从其中的一个领域中培训提拔的，因此，他没有经验管理本领域外的其他团队成员（甚至难与他们沟通）。

　　新的IT管理者对所负责的IT职能中的一半缺乏经验，管理这个职能所需的技能和知识是非常不同的。表2.1归纳了在升职到IT管理层之前，作为IT专业人员需要培养和掌握的技能，表2.2列举了作为成功的首席信息官或IT管理者需要的技能。

表2.1　升职前培养的技能

升职前的技能
系统需求分析与信息搜集
编程与系统开发
应用软件设计与管理
系统配置
业务流程文档化
技术实施
系统管理
系统绩效管理
技术、数据与应用软件结构设计与管理
有限的项目管理
向技术总监汇报

表2.2　升职后要求具备的技能

升职后的技能
管理IT组织运营与应用两部分
供应商选择、谈判及管理
招聘、评价、管理、激励、发展、提升及解聘团队成员
决策
成本控制
成本/效益分析，项目投资效益评估
预算编制
风险管理

续表

与业务部门及高管层沟通
资源管理与项目排序
IT组织设计
标准设定与执行
IT绩效评价
协调多个不同项目，与业务部门协同创新，内部职能协调
决策稀缺经济资源（人力、预算、时间）应用的最佳方案
保证基本的IT服务级别并保持在一个稳定的水平
首席执行官（CEO）、首席运营官（COO）或首席财务官（CFO）报告

作为应用管理经理、开发人员或者运营专家所具备的技能与作为成功的首席信息官所需要的技能之间的差异，是本章及前面一章讨论的IT困境的根源。

新晋升的首席信息官们发现，他们自己的作用完全不同于高级管理层对他们的期望。更令人烦恼的是，新首席信息官要经常向非技术专业人员，比如首席财务官（CFO）汇报，这意味着，首席信息官需要很多帮助，指导如何与之沟通，但通常他们得不到帮助与指导。

我们在过去的几年里对许多客户的研究发现：像执行力这么简单的概念就是IT部门问题的根本所在，对于我们服务过的高级经理来说，他们很难接受这一点。一些看起来不可能解决的问题，答案其实非常简单。这常使人们难以相信，特别是这些问题表面上看起来是技术的问题。

如果高级管理人员之间进行不太激烈的讨论的话，我们一般会把在这方面积累的经验告诉他们。多次实践证明，只要解决IT执行力问题，IT的许多表面问题就能很快得到解决。下面用两个案例来说明。

1. 我们的客户之一，一个软件开发企业，他们在内部应用支持及企业核心产品的开发方面依赖IT部门。在我们介入之前的一年的时间里，他的IT部门规模已经是原来的三倍。但许多项目停顿，几乎没有希望在近期完成，生产的产品不明确，甚至完全不能运行。内部和外部的用户都对IT团队失望至极。相应地，IT部门变得过分自卫，容易与客户争执。IT部门与业务部门之间的僵局似乎真的无法打破。

在与客户的高级管理团队及技术人员接触后，我们实施了本书中提到的基本管理原则，包括提高执行力，遏制成本，优化组织结构，施行需求管理和供应商管理。在3个月内，IT部门人员减少了大约70%，遏制了失控的成本，产品的精确性得到提高，失败问题得到解决，而且产品性能得到改善，超越了客户满意的基准。

2. 一个中等规模的制造企业在成本压力很大的情况下，IT部门提出他们的系统能力受限制，要求更新企业所有系统运行的硬件。这将威胁到企业的订单增长并且可能会使整个系统完全瘫痪。在不考虑大修带来的业务中断和风险的情况下，企业全部系统硬件更新的资本支出接近100万美元。

企业请我们改善IT部门管理，我们的第一个任务是找出降低系统负载的机会。存在系统能力问题的4年中，考虑了许多解决方案，但都没有实施测试。在很短的几周内，IT部门确定了一套解决办法，包括数据清理、数据库调优、严格地改写代码循环程序和其他方法的应用。这套方案使系统负载降低了大约40%，这使系统有足够的能力应付旺季甚至更多的业务处理。

这些案例成功的主要原因是执行力与管理水平得到基本改善。在每个案例中IT部门的基本要素未变：同样的系统、同样的技术、同样的硬件、同样的基础架构、同样的业务用户，最重要的是技术人员也是唯一变化的IT执行力，即在短时间内产生了戏剧性的变化。

在几年前的一份关于IT有效性的研究报告中找到用于佐证该理论的支持性论据。由于组织面临很高的风险，IT失败的根本原因也就成为了热议的话题。本研究报告同时证明了我们的结论是正确的，即IT失败的根本原因在于IT执行力不足。

保罗·斯特拉斯曼（Paul Strassmann），施乐企业前首席信息官，首席行业智库团成员。他对全美将近3 000家企业的IT费用支出做过一项分析统计。（见图2.1）图中显示出每一位员工的IT费用支出（按照企业规模规范其数据）与企业净资产收益率（衡量业务水平的标准）之间的关系。结果显示IT花费与财务结果之间无明确对应关系。相反，能够成功利用IT技术优势的企业则是那些具有良好IT（或其他）执行力的企业。

斯特拉斯曼写道：

少数人将费用与实际经济产出（例如，税后利润或经济附加值EVA）相关联后却发现出了问题。我曾对2 865家美国工业企业做过研究。首先将他们分成不同的案例（完全是随机分配），接着分别将每个案例中的每一位员工的IT费用支出与净资产收益率（ROE）作比较。图中黑点显示IT费用支出与经济产出毫无关系……因此执行力的本质在于各级管理者如何平衡和融合战略影响要素，从而使之产生有效的结果。[①]

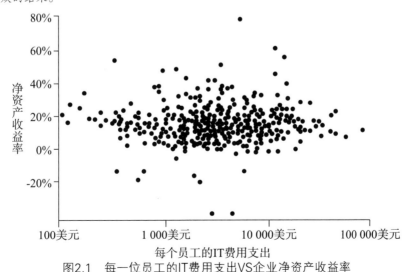

图2.1　每一位员工的IT费用支出VS企业净资产收益率

（图表由保罗·思特莱斯曼提供）

[①]　保罗·斯特拉斯曼（Paul Strassmann），《领袖杂志》（2002年冬），Peter Drucker Foundation。

其他的分析人员也有相似的发现。来自英国伦敦经济学院和麦肯锡企业的研究显示："对于管理水平最高的企业来说，IT投入的增加使得生产率提高20%……但是在管理欠佳的企业里，相同程度的IT增加却只能为生产率带来2%的提高。"[①]

2004年Gartner对MIT的艾瑞克·布莱恩约福森（Erik Brynjolfsson）进行专访，艾瑞克说：

> 大型IT项目中90%的成本和收益并非源于计算机硬件或软件本身，而是来自于企业组织结构和人力资源的优化重组。如果你想要收获良好的效果，则你需要了解组织结构和人力资源在业务流程变化方面所起到的作用。过去，有太多的CIO们局限地认为生产率的提高就是指如何扩充磁盘容量（Gb）和提高通讯传输能力（Mb）。事实上，这些都不是提高组织生产率的方法。相反，如何使客户对服务满意、如何节约供应成本以及允许各层级组织开展创新活动和提高附加值的程度才是组织结构优化重组的核心。[②]

马丁·贝利（Martin Bailey），国际经济研究所高级研究员。他写道："所有实现成功IT投资的企业都是清楚地了解自身问题和机遇的企业……成功IT应用的另一个标准是其成果应当是可量化和可监控的。"[③]做正确的事情并得出可量化的结论，但这对于恰当的IT执行力来说也是有条件的。

如果把IT无效的责任推到首席信息官的身上（更准确地说是归咎于首席信息官大多缺乏管理方法），那就会忽略高级管理层对此应承担的责任。

我们发现尽管IT被当作和人力资源、财务与会计、市场营销等一样的职能部门，但它也具有业务部门的特征。IT部门不同于其他部门，它需要了解每一个业务部门、每一个职能部门的工作流程，并与它们相互沟通。在许多方面，IT部门像整个企业的神经中枢。

正如第1章所讲，IT部门运用的技术已经成为企业生产率提高的最大动力，它是构成企业成本降低、收入提高等方面优势的关键因素。最好的情况下，IT是企业形成竞争优势、提高生产率，形成新能力的引擎；最差的情况下，IT会成为某些企业最大的没有直接目标的支出。然而许多案例中，高级管理层仍拒绝关注IT，所有IT部门的管理既不是按照一个职能也不是按照一个业务部门进行的。这是由许多原因造成的，包括没有兴趣、对如何管理技术问题没有把握或者不了解IT如何帮助业务等。在每个案例中，这都造成了IT管理团队士气低落，产生怨恨、被排斥的情绪。

在为我们的一个客户服务的过程中，我们费了很大劲才使高层关注IT问题。为了让他们认识到IT部门的重要性，我们把企业8个战略业务单位的预算按规模降序排列，然后，

---

① 约翰·范·瑞恩（John Van Reene）和阿拉法拉·萨顿（aRaffaella Sadun），"信息技术和生产力：不是你做什么，而是你怎么做"www.statistics.gov.uk/articles/nojournal/sadun_bvr25.pdf（2006年12月10日访问）。

② 埃里克·布伦乔尔森（Erik Brynjolfsson），采访高德纳公司研究员Ken McGee（2004年10月13日），网址：http://www.gartner.com/research/fellows/asset_124138_1176.jsp。

③ 马丁·N·贝利（Martin N. Baily），国际经济研究所研究员，"最近的生产力增长：信息技术和其他创新的作用"，旧金山联邦储备银行经济评论，2004（第38页），网址：www.frbsf.org/publications/economics/review/2004/er35-42bk.pdf（2006年12月7日）。

把IT部门按照预算规模加到这个序列中的适当位置。如果IT被当做业务部门的话，它是企业的第四大业务单位，排在其他一些小的业务单位之前。面对这样的分析，所有高级管理人员都认为，从占企业成本的比例来看，IT部门没有得到高级管理层的足够重视。

2.3 速效的IT管理

尽管我们在书中，完整地叙述了对IT部门实施有效管理的方法，但仍有人向我们索要简版的管理办法。以下管理步骤包括五个领域，可以作为一些IT部门的"速效药"。

1. 改善IT管理

➤ 建立IT指导委员会机制，并把它看作"虚拟的首席技术官（CIO）"，它领导CIO并提出建议，帮助快速解决IT部门与业务部门之间的问题。

➤ 委员会应由5~10个业务领域的高级管理人员组成，他们必须每次都参加会议。

➤ 聘用合适的CIO，提高IT管理层的管理才干。

➤ IT指导委员会应当负责发现CIO候选人的来源，并聘用一个新的高级管理者，而不是一个高级程序员。

➤ 整理IT部门组织结构，消除不明确的组成部分，在应用管理与运营管理之间严格划分责任，做到没有重叠，也没有空白。

➤ 每一个员工的桌边，都应贴上一个不到一页的职位与职责的说明文件。

2. 增加项目管理规范

➤ 建立一个唯一的，得到论证的主要项目清单。

➤ 决定每个项目的收益或投资回报。

➤ 不能提高收入，降低成本或改善业务控制的项目要删除。

➤ 按收益、难度、当前系统的适当性排序，产生一个按影响力排列的项目清单。

➤ 评价IT部门自身的项目能力。

➤ 按照IT部门能力，限制开工项目数量。

➤ 确定的项目数既不要太小，也不要使IT部门为难，应该从项目实际可以完成的角度来确定。

➤ 从IT部门选派一个专门的人员负责项目的管理与执行，让他们每周报告一次项目的进展情况。

➤ 每一个团队领导，要为完成分配的项目制定一个清晰的工作计划，包括工作任务、时间表、交付要求、从属关系以及明确定义需要的资源。

3. 管理供应商

➤ 确定好的、功能强的产品供应商，确定哪些供应商会因费用膨胀、没有收益的产品、服务或付费工作时间延长而耗尽IT预算。

> ➢ 与优质的供应商签约，不好的剔除。

> ➢ 由于供应商具有排他性，所以企业要坚持签订满意的合同及定价。

> ➢ 在部门内把技术平台统一化，更容易对项目进行管理及执行。

> ➢ 与供应商努力谈判达成一个最好的价格，并在售后继续管理供应商。

> ➢ 询问供应商内部如何评价客户的满意程度指标，并要求他们在一个合理的间隔时间内提供这个报告。

> ➢ 如果他们不知道如何评价自己，则把他们剔除。

> ➢ 如果他们做出了评价，那么保证让他们定期报告并给予明确的反馈，帮助他们提高服务级别。

4. 财务管理/预算

> ➢ 认识到在IT上每花费1美元，需要企业产生10美元的收入来承担。

> ➢ 要树立"为企业设法节约资金"光荣的观念，只保留必须的资本支出要求。尽管困难，但CIO必须成为高级管理层的业务资源，提出通过运用IT、降低企业整体运营成本的各种途径。

> ➢ 如果预算发生变更，应提前向高级管理层解释，并对预算外资金需求或运营支出直接提出警告。

> ➢ 避免出现预算编制流程中典型的代理问题，与CFO（首席财务官）建立信任。这个问题使IT团队背上了不断索求的坏名声。

5. 改善与业务部门的关系

> ➢ 采用每周1～2天的IT主要团队成员与业务部门的会谈，开展"换位思考"，减少相互指责。

> ➢ CIO应当每周有两次与业务部门总监、职能部门总监或IT指导委员会成员共进午餐的安排。

> ➢ 在IT团队成员的评价流程中，加入业务客户关系管理效果的考量。

有了恰当的IT与业务部门的关系，以及高级管理层的热情参与，IT部门才可以更好地管理企业。为证明IT部门可以使整个企业变得更强大，请允许我引用以前的一个客户（首席财务官）的话：我们今天是一个完全不同于昨天的企业。这一切始于IT。（在完成工作的基础上）我们已经将IT重组入企业运营的每一个阶段，并将继续优化我们的流程。

第3章

IT成本

谁也不能要求我们违反规则而偏袒一方。

——温斯顿. 邱吉尔Winston Churchill[1]

世界上仅有两种品质：高效和无效；因此也就有两种人：有用的和无用的人。

——乔治·伯纳德·肖，约翰布尔的其他岛屿，1904，第四章

George Bernard Shaw,John Bull's Other Island,1904,Act IV[2]

本章概述企业IT费用标准制定的流程。文章中提出IT费用的一般决策和综合目标，并提出多种计算标准的方法，同时介绍对每种方法的赞成与反对的意见。本章讲述按行业划分IT费用的历史演变趋势。

本章是围绕IT成本基准化的流程进行组织的。首先，文章介绍一些美国企业IT费用。其次，概述多种标准制定的方法，讨论IT费用的关键驱动因素，以及接下来为实现费用标准化而做出的努力。最后，分析随着企业的发展实现的规模经济，并根据企业业务战略为规范IT费用提出建议。

这里讨论的费用标准化方法是对IT费用的指导性方法，而不是为某一个特定企业推荐的具体方法。第一，行业组织提供的数据只是初步的原始数据，IT管理者必须对这些信息进行独立的分析，搜集同类组织的信息，理解这些数据中的深层含义以及它们之间的相互关系。第二，最好将该分析同时作为一个合理性的测试。即测试现在合理的IT费用标准是否需要根据多方面的因素（如行业，同类组织的费用和其他某个企业的特性）确定？制定标准的底线应当是IT管理者必须能证明所有花费在技术上的费用以及其为业务带来的利润是合理的。

本章强调了有效管理IT费用的重要性，它是组织费用最大的组成部分之一，同时也是管理中经常处理不当的地方。

3.1　IT成本的重要性

分析中，我们要根据IT部门的产出和这一产出需要的投入来评价首席信息官的工作。在这样的情况下，产出是提高生产力，增加利润，提升用户满意度，加强企业竞争优势，

---

[1]　温斯顿·斯宾塞·丘吉尔（Winston Spencer Churchill）在下议院的讲话（1926年8月31日）。

[2]　乔治·本纳·夏（George Bernard Shaw），《约翰·布尔的其他岛屿》第四章（1904）。

形成新的收入来源的有效技术。投入是指劳动力和资金方面的投入。

不幸的是，衡量这两个变量的传统方法是无效的。根据IT部门费用需求，一般比较容易获得IT投入。但是，真正的总投资额则需要对一些IT部门之外的IT费用进行调查研究。这些费用投入通常不被人注意，同时对产出的测量也不精确。虽然结果看起来很清晰，但是在已知IT费用而未知IT产出的情况下，确认IT费用的合理性及其与业务利润的精确联系是非常困难的。

接下来是在行业基础上判断IT费用的合理性。当然，这个流程是有缺陷的，它会产生许多非常不同的IT费用比率及建议。

由于同类的IT费用数据很难找到依据。所以，有的企业经常会没有根据地建立IT预算，有的是参考前一年的预算标准。有的企业还会受到高技术竞争对手的挑战（这些竞争对手通过整合客户和供应商，节省巨大的成本开支），而变得无所适从。

总之，首席信息官掌握如何制订IT费用标准，并提出实现企业的战略目标的一般性费用水平是非常重要的。

本书第17章和第19章中会进一步阐述在成本和收益的基础上如何规划IT项目以及改进规划的商业价值。

3.2　IT费用标准制定

据统计，美国企业在IT上的投资增长迅速。大约40%的非住宅商业投资用于IT投资。从1959年以来，美国企业对IT的实际投资以每年16%的速度不断增长。[1]这样的增长速度确实令人惊讶。与此同时，企业的管理层试图确定增长的费用与生产力、利润和竞争优势的线性关系。正如第1章所描述的，在IT费用和生产力之间的关系问题被提出多年之后，经济数据最终显示出了IT费用和较高生产力之间的关系。

持续增长的成本、IT费用和利润之间缺乏清晰的对应关系，以及巨大的运营费用是造成IT整体成本增加的原因，同时也是企业高级管理层最关心的问题。这也正是第1章中提到的导致IT困境的原因。根据行业的变动和企业的具体情况，IT费用可占到企业总收入的1%～10%。例如，企业每年10亿美元的收入中，可能有1000万到1亿美元的费用要花费在信息技术上。这种"适当"的IT费用在数量上的差异，可以通过多种不同的宏观因素包括行业、规模、竞争和客户满意度等解释。

面对巨大的支出和相应的财务问题，很多企业对直接IT成本的实际消费数量仍然没有明确的理解，而对那些分布在整个企业组织结构中的隐藏的间接IT成本就更没有清晰的认识了。他们对如何制定IT费用标准缺乏认识——是以在相应的领域他们是否超出消费为判断标准还是以在应有的消费之内进行判断？

一般情况下，企业高级管理层并不知道如何确定他们的IT成本。怎样的IT费用是合理的？哪些因素将产生可预见的IT成本？通常，企业的高层管理者只将IT预算的历史趋势作

---

① 凯文·J·斯特罗姆（Kevin J. Stiroh），"'新经济'中的信息技术和生产力"，纽约联邦储备银行在伦敦商学院的演讲（2006年6月1日）。

为判断费用是否合理的标准，这是不够的。

IT运行预算不仅是企业最大的支出之一，而且将来会成为企业唯一的一项大额开支。据Gartner企业统计，2000年的资金预算费用中信息技术占30%。美国商务部的报告显示该比例将上升到50%。[①]

过去10年中造成费用上升的主要因素包括客户转换、"千年虫"问题的补救、企业资源管理（ERP）的实施、电子商务、互联网、客户关系管理（CRM）、移动处理和无线技术改进计划的实施。在过去的10年里，不断增长的人力资源消费、软件成本和外部服务供应商费用已经超过硬件价格降低带来的成本节约，而IT业利润也在增长，运营环境越来越复杂。

理解现有的IT费用是至关重要的，它是评价企业IT费用有没有超支的第一步。建立适当的IT费用标准是一个困难的过程，它需要仔细地分析并了解关系背景。类似平均IT费用占收入的比率这样一个简单的标准，只能作为进一步研究的起点，还有很多其他因素需要考虑。本章重点介绍一些最重要的因素。

保罗·斯特拉斯曼（Paul Strassmann）是IT投资商业评价领域的首席专家，也是《计算机世界》杂志的评论员，他曾强调：IT费用不是一个行业特征，而是一个特定企业的运作业务。企业的首席信息官应该停止通过一种简单（和简易操作）的途径来解释企业的IT费用计划。不要期望他人告诉你什么样的费用是恰当的开支，而是要清楚地知道成本能给企业带来多大的利润。[②]

无论如何，在这些高水平的费用标准基础上，首席信息官至少可以确定IT部门运营费用的范围。

3.3 IT费用——趋势、比较和标准

我们接下来分析一流的IT研究企业的IT投资趋势资料，并与相应的IT费用进行比较。同时提供一些样本企业IT费用的历史数据并预测未来的费用。正如我们所指出的那样，首席信息官们应当根据自己企业的独特环境决定它们各自的适用性。

除此以外，我们将提出一个制定企业IT费用标准的方法。文中还讨论了很多方法，包括同等水平的收入、员工、费用比率和其他因素的企业之间的比较。

我们还介绍了如何计算IT费用以及识别隐藏IT成本回报的方法，并提出按预算类别（硬件、软件、服务、资源等）确定平均IT费用的标准。

3.3.1 IT资金预算

资金预算是指用来把需要长期折旧的资产的费用成本摊派到资产实际使用的时间上。例如，一个使用期15年的制造设备就是资金预算项目之一，它会影响现金和资产平衡表。只要资产在一段时间内需要折旧，则资本预算项目就会影响损益表。资本资产通常是长期

---

① 库尔特·波特（Kurt Potter）和卡洛琳·勒瓦瑟（Carolyn LeVasseur），"IT支出：其历史和未来"（Stamford, CT: 高德纳咨询公司，2002）。
② 保罗·斯特拉斯曼（Paul Strassmann），"误导性的度量"，《计算机世界》（2002年7月1日）。

资产，不会在一个正常的业务周期中买入或卖出。一般地，资本资产项目包括固定资产，比如土地、厂房、设备、办公家具和其他固定设备。

对IT部门来说，资本支出包括购买硬件、设备和软件包，有时还要包括应用开发的费用。在很多情况下，会计原则允许在那些大项目中对需要较长时期才能实现其价值的大部分费用实现资本化。第17章将详细讨论这个流程。

因为企业存在大量的现金支出，而且资本预算中IT部分通常与大项目有关（例如硬件的更新，购买台式电脑和其他系统的升级等），所以值得细查资本资产的费用支出趋势。

图3.1描述行业IT费用在IT资金预算中所占的比例。它包括从2002年到2010年这8年中的情况。并且显示美国经济中的IT费用支出将会在2010年翻番，从3 000亿美元增至5 000亿美元。企业显然希望能从技术和系统的投资上得到较大的回报，并相应地分配支出。[①]

按行业的资本费用趋势提供了某些基准信息，首席信息官应当像对待企业其他投资项目一样，对待每一笔关系到资金预算的项目。也就是说，这些项目必须能为企业创造财务价值，产生高于企业投资费用的回报，能够高于企业规定的基准投资回报率，或者比企业内其他可能的项目投资的回报率高。如果投资项目不能达到这个标准，那么它就是一个不能考虑的项目。事实上，一位竞争者在新硬件或者是ERP系统上的花费只与企业需求稍有关系，但知道竞争者们在哪方面投资，知道他们的支出对成本、价格和他们将要为客户提供的服务意味着什么，则是非常有用的。在了解了相同条件的企业后，如给定的员工基础、提供特定服务和供应商的服务等条件，企业是否投资，以及是否与竞争对手势均力敌，对企业来说都是可以选择的。

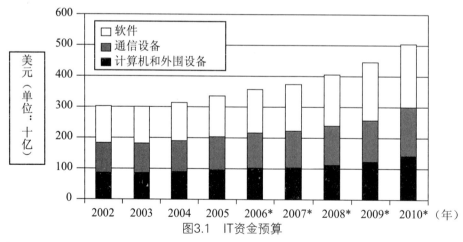

图3.1　IT资金预算

（来源：弗雷斯特集团）

3.3.2　IT总费用

过去20年时间里，北美企业中的IT费用有显著上升。（见图3.2）在这期间，技术上不断地改进使得IT部门给他们的企业带来了新的发展，但同时也造成了IT费用的增长。

[①]　库尔特·波特（Kurt Potter）和卡洛琳·勒瓦瑟（Carolyn LeVasseur），"IT支出：其历史和未来"（Stamford, CT：高德纳咨询公司，2002）。

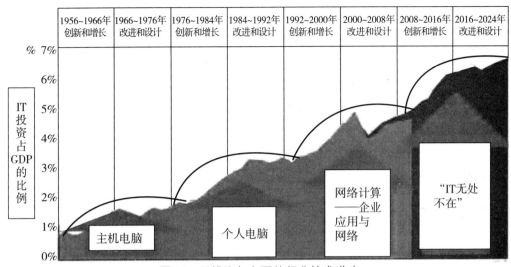

图3.2　IT投资与主要的行业技术进步

（来源：克里斯托弗·麦恩斯，弗雷斯特集团，《未来变革的种子》，2005年6月24日，Copyright @ 2005，弗雷斯特研究公司）

　　20世纪80年代早期，桌面上的个人计算、办公自动化和客户服务器系统的出现引发了大量的IT投资。这种大量的投资随后体现在20世纪90年代中期的ERP软件投资（e.g., SAP, Peoplesoft, Lawson, JD Edwards, Oracle）、解决"千年虫"技术问题、网络的广泛使用、电子商务以及20世纪90年代后期到21世纪早期的CRM和无线平台的实施上。从2001年到2003年，IT费用戏剧性地下降。但是，由于90年代后期的投资激励，IT费用又出现恢复性增长。在经历了过去20年投资的巨大波动之后，出现投资衰退也是可以预计的。随着20世纪90年代后期巨大的市场回报的结束以及接下来的经济寒冬，企业则需要花费时间来处理前期IT投资和节约开支带来的问题。尽管如此，IT生产力的提高以及IT费用的增长是毋庸置疑的，并且仍将在未来的十年中得以增长，预计IT费用占GDP的比例也会增加。

　　信息周刊中的数据证明了我们的观点，即IT费用在2000年到2001年间达到峰值。（见图3.3）

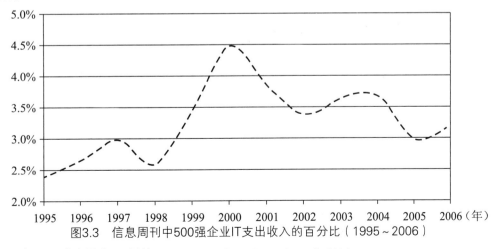

图3.3　信息周刊中500强企业IT支出收入的百分比（1995～2006）

（来源：《信息周刊》，网址：http://www.informationweek.com/iw500.）

因为大企业，尤其像金融服务业的大企业，一般都存在高额的IT费用，因此也抬升了其成本的平均水平。对使用这些统计表的用户来说，重要的是控制行业和规模带来的影响，正确地分析这些信息。2005年和2006年中的多数调查显示，IT费用的年增长率为5%～10%。这种趋势有望在未来十年得以延续，但其后期增长率将放缓。

美林证券（Merrill·Lynch）在2006年中期发布的对首席信息官的一项调查进一步证实了上述观点。首席信息官们对在2006年和2007年分别实现5.2%和4.8%的年增长率充满信心。他们在"笔记本电脑、应用软件、网络存储、网络设备和安全"方面加大了资金预算。该调查同时预测IT岗位的薪资水平将增加3%～5%。[①]

3.3.3　IT花费的绩效

显然，IT费用不能凭空而定。IT费用必须有所回报。最终目标是在IT上每增长一单位费用就能为业务创造一份适当的回报。这可以从多个角度进行分析，以便制定IT费用标准。其中包括：

> 客户满意度：客户是否对服务支持水平满意？

> 财务成本/收益分析：收益可否证明投资的合理性？

> 与同类组织相比较的财务绩效：你的IT费用是多于还是少于其他的竞争者？

> 投资回报/资产回报（对整体和对个别项目）：项目是否能在恰当的时间内产生足够多的回报？

> 高级主管的目标实现水平：IT是否在数量和质量上满足高级主管的要求？

IT花费映射到IT效果上，就可以说明IT的质量。（见图3.4）企业有意识地选择低投资战略，那么高效（低成本）且用户满意度相对较低的项目也是可取的。相反，高成本、用户满意度低和效果差的项目则是不可取的。IT费用和整体的用户满意度之间通常有一定的对应关系（例如，图3.4中的A点和C点）。那些发现自己偏离这种线性关系的企业（图3.4中的B点和D点），要么是其具有异乎寻常的效果，要么是其IT部门无效。

在这张图上找到并了解企业所处的位置是非常有意义的。确保IT费用和用户满意度之间的紧密联系，确定企业可接受（或必需的）水平对企业IT整体战略来说是至关重要的。

本书还介绍了确保IT费用为企业创造适当回报的其他标准。第12章、第15章和第17章中明确阐述了IT投资回报的问题。第18章要解决的问题是如何评价服务质量、用户满意度和其他IT绩效指标。

---

① 玛丽·克兰（Mary Crane），"市场扫描：调查显示2006年支出较高"《福布斯》（2006年5月31日），网址，http://www.forbes.com/markets/emergingmarkets/2006/05/31/hewlett-packard-ibm-0531markets02.html（2007年1月1日访问）。

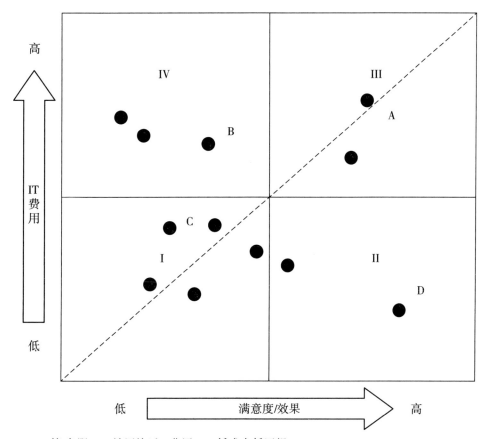

第I象限——效用接近IT费用——低成本低回报
第II象限——高效率目标的消费与高效果及高满意度
第III象限——通过IT获得竞争优势
第IV象限——受罚象限——采用增加大量费用的方法来达到高效率；但是差的
          决策、管理和执行，导致了高成本低产出的恶性循环
图3.4 IT满意度与IT费用

3.3.4 定义IT费用和识别隐性成本

对IT费用各组成部分的评价会因企业的不同而不同，甚至在同一个企业也会有变化，这使得IT费用的比较分析和趋势分析更具挑战性。那么IT费用评价应当包括资产支出还是只包括损益表的支出？它是否包括IT部门的成本和业务部门的IT费用？技术花销背后的隐含成本又是什么？类似电话等与技术相关的支出是否也包含在内？

在分析中，我们认为涉及IT费用的支出包含以下几点：

➢ IT项目、硬件、软件和服务的资本支出。

➢ IT服务和外包：外部服务费用（IT咨询、研究服务、托管等）。

➢ 薪水和红利。

➢ 应用系统：支持现有业务系统的应用系统的运行和升级成本。

➢ 维护和管理：IT人员的成本与系统运行和维护的基本成本。

> 通信费用：小企业（收入低于一亿美元）的通信费用。

隐性的IT费用加大了分析的难度，无效的IT部门形成了项目和技术投资的困惑，导致IT部门以外的业务部门IT费用预算占整个IT费用的10%～20%，相当于占企业收入的0.5%～1%。在业务部门利用IT实现一些关键创新时，经常会产生一些"迷你"的IT部门，需要额外的IT供应商和软硬件投资，而所有的这些成本都未被包含在IT预算中。这就隐藏了一部分IT费用，部门间相互不协调的技术选择也加重了IT的无效性。

总之，IT预算加上隐藏在业务部门和其他职能部门的IT成本才是企业的IT总费用。

我们曾帮助一个价值4亿美元的媒体企业制定IT预算。通过集中信息系统的预算，我们发现IT费用大约占收入的5%。随即我们开始与每一个业务部门讨论IT费用。讨论过程中，我们向业务部门的总管理者提出了一个具有启发性的问题："如果不包括IT部门提供的服务，那么像应用系统或程序设计这样的技术花费占本部门收入的比例是多少？"几乎所有的部门管理者都这样回答："大约5%。"在分析了业务部门的组织图和财务报表之后，我们确定他们说的是对的，在各种服务、应用和硬件上的费用占收入的4%～5%。最终的结论是：IT预算占收入5%的企业，总的IT费用却占收入的9%。很显然，9%的花费绝对超出了企业的合理费用范围，且这个数字使企业管理者更加难以看到IT费用的效果。此分析最终可以成功地降低成本。

据Gartner. Inc.估计，这种情况遍及大多数的企业。除去与IT相关产品和服务的预算，剩下的平均费用占企业总IT费用的10%。[①]

在确定企业范围的整体IT费用时，要把很多隐性的支出作为IT预算的一部分考虑。其中包括：

> 业务部门或职能部门的IT人员（例如，市场部门的网站开发人员、财务部门的报告编制人员和业务部门内台式电脑支持人员）；
> 外部服务供应商（例如，IT承包人、主机托管、技术咨询企业执行系统以及业务部门或非IT部门的软件）；
> 软件（例如，由销售部门采购的销售自动化软件和市场部门用信用卡或订购单购买的Photoshop软件和苹果电脑）；
> 硬件/IT固定投资（例如，主管生产的副总裁不喜欢标准的笔记本，用信用卡或订购单订购）。

有几个方面原因造成了"隐性的"IT费用。如果企业具有以下特征，则其隐性的IT费用将会升高。

> IT和业务部门的松散整合；有关需求和优先权方面的内容沟通较少；
> IT低于平均交付水平，迫使业务寻找新的替代者；
> IT中迟缓的决策和购买流程形成了项目、硬件获取和其他业务需求的瓶颈；

[①] 杰夫·瑞尔金（Jeff Relkin），"有效评估和控制项目成本的10种方法"，TechRepublic（2006年5月31日），网址：http://articles.techrepublic.com.com/5102-10878-6078705.html（2007年1月1日访问）。

➢ 坚持使用较差的企业技术标准（软件、硬件和台式电脑）；

➢ 松散的企业购买流程和标准；

➢ 分布式、地理环境不同的业务运作；

➢ IT执行力弱。

良好地管理企业需要不断地整合IT费用，至少确保IT费用各组成部分都是可确定的，从而更加便于管理。

3.3.5　IT费用水平的估算

IT出版物中有许多关于费用调查的结果。对那些不能适应特殊环境的IT投资趋势进行分析或许可以帮助我们大体了解其宏观经济行为。但是，它们并不能帮助每一个具体企业制定费用计划。与同类水平的企业进行比较以及综合考虑企业的特殊信息将有助于获取一个更加精确的答案。

虽然行业内没有一个统一的评估IT费用水平的合适的方法，但是如下的几个行业可接受的方法应当能够为管理层提供一个评判的出发点：

➢ 同等水平企业IT费用占收入比例的比较（行业或其他可比较的因素）；

➢ 按企业规模（收入）比较IT预算；

➢ 同等水平企业每个员工的IT费用的比较（行业或其他可比较的因素）；

➢ 首席IT投资专家保罗·斯特拉斯曼（Paul Strassmann）在关键IT费用驱动因素基础上提出公式。[①]

无论使用什么方法，评价企业IT费用目标水平的最初的步骤是相同的：

1. 目前的IT费用基准。因为此分析是基于目前的支出水平，因此它是全面的。其中包括：

a. IT成本基准：目前IT预算中固定部分；

b. IT成本的变量：IT预算中可变部分——业务需求水平、服务级别要求和目前批准的项目工作等引起的变动；

c. 企业内业务部门和职能部门的所有IT成本（参考上述隐藏IT费用的定义）。

2. 把这些成本分派到不同的预算类别中。费用中标准高的类别包括硬件、软件、人员（薪水、奖金和培训）和外部服务。其他的费用需要根据具体企业和IT部门的环境来划分。把成本归类到主要种类中，可以便于以后分析不同类别之间的恰当比例（例如，硬件和软件的费用比以及人员成本和硬件的费用比）。（见第15章）

3. 选择一组企业规模、行业、地理位置或业务运作等方面水平类似的企业。如果有可能，请选择公众企业。可以从企业公开披露的财务文件中获得很好的收入和费用数据。

收集完这些基本数据后，我们可以任意选用之前的四种比较方法进行分析。下面将依次讲解每一种方法。

[①]　保罗·斯特拉斯曼（Paul Strassmann），《被浪费的计算机》（新迦南，CT：信息经济学出版社，1997）第320页。

IT费用占收入比例的标准制定。

所有行业，IT费用占收入的平均比例是3.5%。然而，结果显示"对某个具体行业来说，不存在一个必需的IT费用比例来保持企业竞争力。"[1]包括著名的信息周刊、Gartner集团和Forrester在内的各种研究组织，他们为确定按行业IT费用占收入比例的标准做了很多努力。（见表3.1）对某一个企业来说，根据这种高水平的评估标准，确定企业适当的IT费用是非常有用的；而特定行业的特定环境、竞争范围和财务状况对费用的实际数据影响也很显著。如果考虑前一步中同等水平企业之间的比较，而不是考虑整个行业，那么结果就会精确得多。企业的高级管理者不能根据这些计算结果机械地增加或减少IT预算，相反，他们应当把该比例作为解释企业费用为什么变多或变少的一般性标准。

表3.1 各行业IT费用占收入的比例

弗雷斯特行业分组	IT投入操作占收入的比例	IT费用占收入的比例	IT投入操作占收入的比例	IT费用占收入的比例	IT投入操作占收入的比例	IT费用占收入的比例	IT投入操作占收入的比例	IT费用占收入的比例	IT投入操作占收入的比例	IT费用占收入的比例	人均总量（美元）
制造	2.5	3.3%	2.2%	2.8%	1.9%	2.4%	1.5%	1.9%	1.3%	1.6%	6 274
零售	3.1	4.1%	2.7&	3.6%	2.3%	3.1%	1.4%	1.9%	0.9%	1.2%	1 439
批发	1.5	2.1%	1.5%	2.0%	1.2%	1.6%	0.9%	1.2%	0.5%	0.7%	2 936
运输&物流	3.5	4.5%	3.1%	3.9%	2.7%	3.4%	2.1%	2.7%	1.5%	1.9%	4 370
专业服务	3.7	4.8%	3.5%	4.5%	3.3%	4.3%	3.0%	3.9%	2.4%	3.1%	8 996
建筑工程	1.7	2.1%	1.5%	1.8%	1.0%	1.3%	0.6%	0.8%	0.4%	0.5%	2 724
媒体、艺术&娱乐	2.0	3.7%	1.9%	2.5%	1.5%	2.5%	2.3%	3.1%	2.7%	3.7%	4 351
公共设施	1.6	2.3%	1.6%	2.2%	1.5%	2.1%	1.3%	1.8%	1.0%	1.4%	7 985
通信	4.7	6.4%	4.3%	5.8%	3.9%	5.3%	3.4%	4.7%	3.0%	4.1%	18 469
金融&保险	5.8	8.2%	5.9%	8.3%	4.9%	6.9%	3.8%	5.4%	3.3%	4.7%	21 396
金融服务	6.4	8.8%	6.4%	8.8%	6.3%	8.7%	5.7%	7.8%	4.5%	6.2%	29 498
保险	3.0	4.3%	3.0%	4.2%	2.8%	4.0%	2.0%	2.9%	1.2%	1.7%	7 677
平均值	3.1	4.2%	3.0%	4.0%	2.8%	3.8%	2.7%	3.6%	2.6%	3.5%	5 753

（来源：弗雷斯特研究，Copyright @ 2005，弗雷斯特研究公司）

---

[1] 保罗·斯特拉斯曼（Paul Strassmann），《被浪费的计算机》（新迦南，CT：信息经济学出版社，1997）第320页。

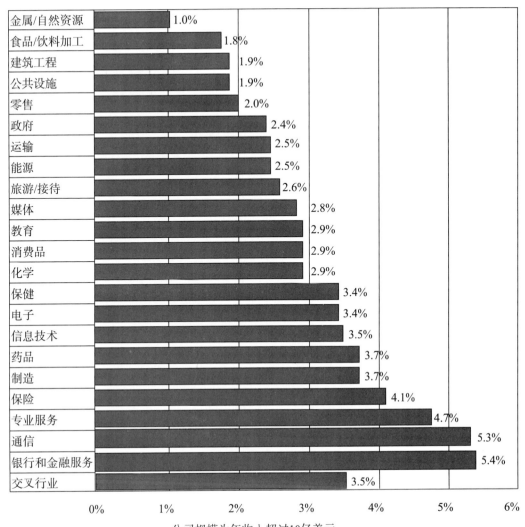

公司规模为年收入超过10亿美元

图3.5 不同行业和企业规模中IT费用占收入的比例

（来源：霍华德·鲁宾和杰德·鲁宾，"2006年全球IT标准服务趋势与发现"，高德纳公司，网址：www.gartner.com/teleconferences/attributes/attr_140228_115.pdf.图中的数据不一定代表高德纳公司的最新观点。）

从图中可以看出，所有行业平均IT费用占收入的比例大约是3.5%。表3.1和图3.5显示了一些行业水平的趋势。需要注意的是，图3.5中所显示的每一栏对应不同规模的企业。（例如，按员工人数计算的企业规模）即不同的百分比归因于不同的企业规模。图3.5中仅包含年收入达10亿美元的企业。

同时，值得注意的几个方面的问题如下所示：

> 知识工人高度集中的行业，IT费用在收入中的比例更高。

> 相反，拥有大量体力劳动员工的行业具有较低的IT费用。

> 数据分析和技术集中的行业具有较高的IT费用比（例如，金融服务业）。

> 高利润率的行业（金融服务业）比低利润率的行业（销售业）具有更高的IT预算。

> 依赖技术提供产品和服务的行业，IT费用所占收入的比例也较高（例如，媒体）。

员工IT费用标准制定

这种方法假设IT成本是由企业的知识工人人数、专家人数或企业中使用计算资源的员工人数造成的。

表3.2和图3.6显示了按行业每个员工的IT费用，这为IT团队提供了另一个对比现有的和已计划的IT费用的依据。[①]

表3.2 按行业统计每个员工的IT费用 （美元）

弗雷斯特行业分类	每个员工的IT费用
制造业	6 274
初级生产	2 999
消费品	5 372
化学和石油	17 671
高科技产品	13 563
工业产品	4 302
零售和批发业	1 727
零售	1 439
批发	2 936
商业服务	6 836
运输和物流	4 370
专业服务	8 996
建筑工程	2 724
媒体、娱乐和休闲	4 354
公共设施和通信	14 627
公共设施	7 985
通信	18 469
金融和保险	21 396
金融服务	29 498
保险	7 677
公共事业	5 187
公共服务	2 512
政府	12 498
均值	5 753

（来源：弗雷斯特公司。）

以下几点值得关注：

➢ 知识员工集中的行业中每个员工的IT费用相对更高；

➢ 到目前为止金融服务业员工的IT开销最高；

➢ 需要考虑这样一个事实，在很多行业（例如零售业）中，员工大多数是体力劳动者，而不是知识工人。以最终用户为基础的计算将会更有效；

➢ 所有行业平均每个员工的IT费用在10,000到14,000美元，这个平均数严重地偏向了那些大客户。

① "行业每个雇员的IT支出"（Metricnet META集团的一个部门，2001）。

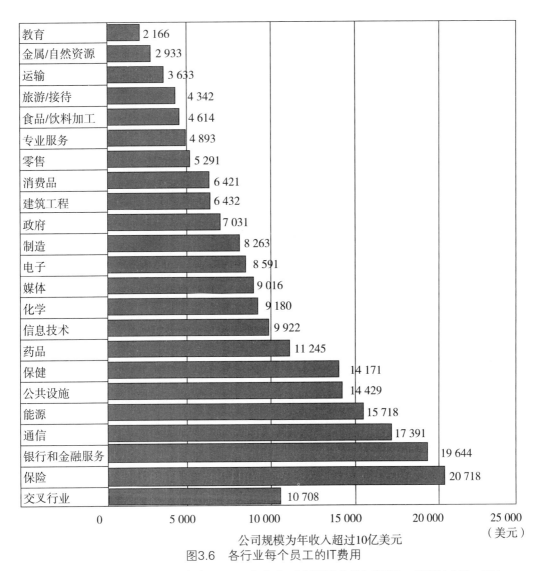

公司规模为年收入超过10亿美元

图3.6　各行业每个员工的IT费用

（来源：霍华德·鲁宾和杰德·鲁宾，"2006年全球IT标准服务趋势与发现"，高德纳公司，网址：www.gartner.com/teleconferences/attributes/attr_140228_115.pdf.图中的数据不一定代表高德纳公司的最新观点。）

　　另一个相关的分析方法则是计算企业IT员工占总员工数的比例。虽然此数据不产生任何费用因素，但是它可以提供一个支持企业运营的IT员工数的情况。许多企业外包某些职能。外包的员工数不包括在表3.1显示的计算中，否则分析就失去了意义。从表3.3中可以看出所有行业人员的这些比率的平均水平在2.2%～4.6%。[①]其中大企业完成IT职能有明确的人员规模效应，这也是值得关注的。图3.7显示了根据各个行业分组的人员比率，正如我们所想的，类似金融服务和保险这样信息集中的行业就会出现一个高比率。

_____

① "公司中的IT员工比例"（META集团和鲁宾系统，1998）。

表3.3 按企业规模划分IT人员占总员工数的比例

弗雷斯特行业分类	企业（千名以下员工）（6-999名员工）	Enterprise企业（千名以下员工）（1,000名以上员工）
制造业	2.4%	2.2%
初级生产	1.1%	1.0%
消费品	2.9%	2.5%
化学和石油	2.0%	1.7%
高科技产品	4.7%	3.9%
工业产品	2.6%	2.2%
零售和批发业	1.8%	1.6%
零售	2.1%	1.7%
批发	1.6%	1.4%
商业服务	3.7%	3.3%
运输和物流	3.0%	2.5%
专业服务	4.4%	3.7%
建筑工程	2.0%	1.4%
媒体、娱乐和休闲	3.3%	2.5%
公共设施和通信	1.5%	4.3%
公共设施	2.1%	2.0%
通信	5.5%	4.9%
金融和保险	7.7%	6.9%
金融服务	9.6%	8.5%
保险	3.7%	3.3%
公共事业	5.6%	5.1%
公共服务	5.4%	5.0%
政府	4.7%	5.1%
均值	4.0%	3.4%

（来源：弗雷斯特公司。）

与相近规模企业比较性标准制定

随着企业投资规模的减小，要想与行业平均水平比较，确定正确的IT费用则会变得更加困难，这是因为这些数据大部分都源于上市企业。上市企业一般都有较多的员工和较高的收入。随着企业规模的扩大，IT预算和人员不断增加，企业开始考虑规模化运营带来的利益。这里提供的比较数据更难以适用于3000万美元或更少收入的中型企业。

对比大小相仿的企业确定IT费用标准的方法，更适用于小规模企业。表3.3中提供的数据显示了一些不同业务规模的费用标准。[1]值得关注以下几点：

> 大部分行业的IT费用调查都是从上榜财富杂志的1000家企业中获得的（小业务量不能在IT费用上产生规模效益）；这种估算方法可能会更实用。

> 因为小型和中型业务的企业有不同的支出模式和IT需求，所以在制定费用标准时

---

[1] 芭芭拉·高莫斯基（Barbara Gomolski），"中型企业峰会"（Stamford，CT：高德纳公司测量服务，2002）。

应当考虑到企业的规模。

> 当员工数量达到大约500人的时候，企业就可以初步看到IT上的效益经济带来的好处。

> 少于20名员工的企业平均的IT费用大约占收入的1.7%。

> 有100名员工的企业，平均IT费用占收入的比例大约是4.7%。员工数量的增加会导致IT费用的上升。

> 员工数在251～500的企业IT费用大约占收入的6.7%。

> 员工数在501～1000的企业IT费用大约占收入的5.4%。

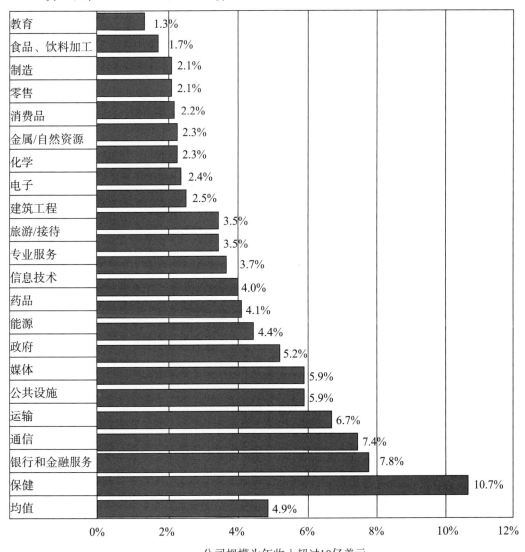

公司规模为年收入超过10亿美元

图3.7　组织内IT人员占总员工数的比例

（来源：霍华德·鲁宾和杰德·鲁宾，"2006年全球IT标准服务趋势与发现"，高德纳公司，网址：www.gartner.com/teleconferences/attributes/attr_140228_115.pdf.图中的数据不一定代表高德纳公司的最新观点。）

关键IT费用影响因素标准的制定

在《被浪费的计算机》一书中，施乐的前任首席信息官，企业IT投资价值的首席专家保罗·斯特拉斯曼（Paul Strassmann）提出了另外一种计算IT费用的方法。这种方法是一种建立在影响IT费用的特定业务属性基础上的回归分析方法。[①]斯特拉斯曼（Strassmann）指出，当企业有共同特征和相似的员工结构时，可以用很少的变量预测IT费用的适当水平。其中员工结构包括专业人员、办公室工作人员和工人的比例。

Strassmann的线性方程方法：

IT预算=K+（A×SG&A）+（B×税后利润）+（C×台式电脑数）
+（D×专业人员数）-（E×企业官员数）

在这个等式中，IT预算估计值可以根据以下变量计算：

K=固定的IT预算——那些不变的量

A,B,C,D,E=适用于同等水平企业的每种IT费用类别的权重

SG&A=企业销售费用，一般费用和管理费用

台式电脑数=整个企业配置的台式电脑的数量（包括目的相同的笔记本电脑）

专业人员数=企业内知识工人数量

企业官员数=企业内经营主管人员数量

这个等式隐含了很多结论。首先，企业内所有的信息专业人员购买计算机和支持计算机引入是造成IT成本的主要原因。其次，企业管理人员是IT的主要用户，他们的成本（薪水和红利）包含在了企业销售费用（SG&A）的算式中。同时，他们的高额薪水在SG&A中占有较大比重（未按比例分配），因此获得IT资金的支持力度也较大。企业管理人员的IT费用是来自于SG&A账户的，所以该线性方程所产生的结余资金将用于支持他们计算需求。不过"负进入"算式会对结余资金进行纠正。[②]该算式中的"负进入"是指-（E×企业官员数）。除此之外，企业管理人员的IT成本还体现在其台式电脑和专业计算设备中。

首席信息官必须确定公式中每个变量的值，以计算可用的IT预算，这给管理者提出了挑战。然而，斯特拉斯曼（Strassmann）的方法是基于广泛调查的基础上得到的，所以非常值得研究。

3.4　IT成本的关键驱动因素

我们在本章的前面部分谈到了一些IT成本的关键驱动因素。表3.4将着重介绍一些在分析企业IT费用以及在了解IT成本支出的驱动因素时企业应当考虑的问题。

[①]　保罗·斯特拉斯曼（Paul Strassmann），《被浪费的计算机》（新迦南，CT：信息经济学出版社，1997）第320页。

[②]　保罗·斯特拉斯曼（Paul Strassmann），《被浪费的计算机》（新迦南，CT：信息经济学出版社，1997）第319～327页。

表3.4 IT成本的关键驱动因素

IT成本驱动因素	注释	影响领域
行业	➤ 有些行业需要较高的IT投入，例如航空业——飞机订票系统。	➤ 一般费用
企业规模（销售、收益、终端用户数量、终端用户的类型）	➤ 企业收入。 ➤ 知识工人的数量。 ➤ 专业人士的数量。	➤ 一般费用 ➤ 支持 ➤ 资本项目
每个知识工人的计算机数	➤ IT成本随着员工使用计算机的数量增加而增加。	➤ PC的购买 ➤ 支持
内部运营的复杂性	➤ 由于不需要支持系统，功能外包可以降低IT成本。 ➤ 成本主要来自服务。 ➤ 计算机集中的基础设施环境增加成本。	➤ 人员 ➤ 硬件 ➤ 维护 ➤ 集成
历史的资本费用	➤ 以往的资产费用并不会导致成本的上升，然而不断上升的折旧将影响IT预算。例如，企业购买了一个大型主机，在设备的使用周期内需要计算3—5年的折旧。	➤ 折旧 ➤ 资产支出
当前经济/市场状况	➤ 经济上的压力会增加降低成本的压力。 ➤ 利润高的企业会在IT上花更多的钱。	➤ 人员 ➤ 企业一般管理费用
主动竞争	➤ 主要的商业改造项目——例如，供应链再造——是带来IT花费的主要原因。	➤ 人员 ➤ 软件 ➤ 硬件
客户或供应商的要求	➤ 客户或供应商可能要求电子数据传送和其他形式的与计算机有关的信息传递，那么在这个压力下IT的费用在短期内会大幅上升。	➤ 软件
兼并行为	➤ 兼并行为将导致IT整合成本上升。 ➤ 长期的潜在的规模经济。	➤ 人员 ➤ 整合
基础设施的老化	➤ 随着基础设施使用年数的增加，维护支持的费用上升。	➤ 维护
集中/分布的IT运营	➤ 由于缺乏控制和规模边际效益，分布的IT运营将增加IT的成本。	➤ 人员 ➤ 软件 ➤ 硬件
平台的数量	➤ 成本的增加与支持平台的数量有关。 ➤ 标准化环境有助于降低IT成本。	➤ 人员 ➤ 维护
应用系统的复杂性	➤ 应用系统的复杂性引起较高的维护成本。	➤ 维护
应用系统的老化	➤ 应用的年份与维护的成本相关。	➤ 维护
集中采购和分散采购	➤ 由于缺乏控制和不能规模采购，零散的IT采购导致IT成本的上升。	➤ 人员 ➤ 软件 ➤ 硬件
标准化	➤ 标准化的环境、技术平台和工具有助于降低IT成本。	➤ 硬件 ➤ 支持/维护
引入的核算计费机制	➤ 核算计费机制（例如市场定价）可以驱使业务部门行为理性，有助于降低IT成本。	➤ 一般开销

3.5　规模效应

规模效应对成本水平有重要影响，因而，在某些原因下预算合适的IT费用时，规模效应应当作为一个重要因素考虑。首先，在制定IT成本预算时，了解企业的费用是否达到规模效应和什么时候达到规模效应是至关重要的。其次，企业规模的增长（以及由此产生的IT的增长）能够降低总成本占收入的比例，但是总成本量很有可能会绝对增长。规模效应中的技术和IT项目包括如下内容：

> ➢ ERP系统：这些系统有着很高的进入成本。随着企业的成长，这些系统能够在不增加或增加很少开销的情况下，支持企业业务的增长，并减少IT成本占总成本的比例。另外，当企业变得更大时，以企业规模申请的软件许可获得的折扣还有助于进一步减少成本。

> ➢ 服务支持平台基础设施：在大型的组织里，服务支持平台的固定成本——特别是基础设施——为大量用户提供支持。因此当企业增长时，服务支持平台所支持的用户量的增长是唯一可变成本的构成。

> ➢ 管理团队：当企业生产出更多的产品以及收入增加时，IT管理团队的固定成本在企业、在较大的组织内杠杆作用更明显。

> ➢ 购买：大企业通过统一购买和大规模采购获得更高的折扣收益。

> ➢ 开发工具和基础架构管理：对大规模的团队来说，开发工具和基础架构的成本基本没有或很少增加，因而其起到杠杆作用。

以下这些变动成本项目，大都随着企业员工数量的增加而增加，但是这些项目与规模经济无关，不必特别关注。

> ➢ 台式机：由于折扣，单个台式机的价格可能会降低，但是企业还得为员工购买额外的设备。

> ➢ 网络：随着员工基数的增加，网络将需要增加容量和投资。

> ➢ 电话：随着员工人数的增加，电话线、宽带和备份能力需要增加。

> ➢ 电子邮箱服务器：需要增加服务器、带宽和备份能力。

> ➢ 终端用户许可费：当员工数量增加或企业业务量增加时，新的软件许可证费用和员工费也要增加。

> ➢ 终端用户支持：当员工数量增加时，需要提升终端用户的台式电脑支持能力。

还有一点需要强调的是，如果IT环境过于复杂（例如，多个复杂的平台，而且同时缺少标准，见图3.8）将会发生非规模效应（如平均成本上升）。我们在第7章中会有详细说明。

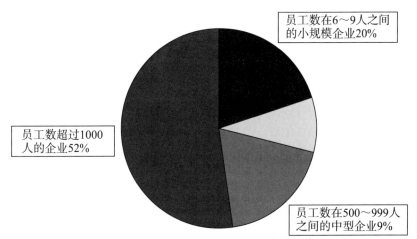

员工数在6～9人之间
的小规模企业20%

员工数超过1000
人的企业52%

员工数在500～999人
之间的中型企业9%

图3.8　按美国企业规模划分的企业IT费用支出的比例

（来源：弗雷斯特公司。）

3.6　IT成本与企业战略的融合

制定费用基准的一个重要原因，就是它能够提供一种相互的关系背景。有了这个相互关系背景就可以将这些标准的评价和建议提供给高层的管理人员和IT指导委员会。那么，我们主要考虑的方面之一是企业高层执行的业务战略，该战略也应当被董事会和利益相关者们认可。

有一个评估说明，处在收获阶段的企业与处于建设阶段的竞争对手相比，企业的技术成本会比较低。但是这一评估并不能说明企业的IT成本一定会相应地增长。不论竞争对手的计划是什么，对于在低成长阶段的企业来说，即使是最低限度的费用都是非常重要的。

因此，当提出费用基准数据时，首席信息官应当考虑到企业业务战略所处的阶段，并与其他有类似业务特征的企业比较，即理想中的类似企业的业务战略要相似。任何情况下，首席信息官应当针对特定的业务战略调整成本标准。图3.9显示了IT费用支出的变化趋势（该变化与收入和资本开支方面的业务变化有关）。当收入增长速度超过IT费用支出时会出现两种结果：一是企业获得了IT资产的有用价值（扩展性），二是IT部门并未创造有用价值，从而应当接受相应的惩罚（例如，减少投入）。在投资象限中观察你的部门所处的位置，并理解为什么你的IT费用会处于该水平。如果你很不幸地正好处于受罚象限中，那么对于IT部门来说，则应当适时采取适当的措施来增加价值。

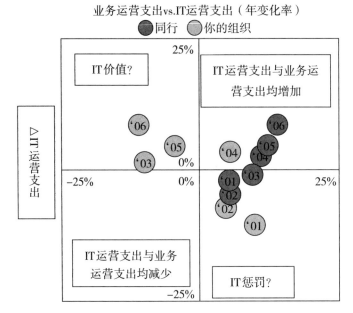

△业务运营支出

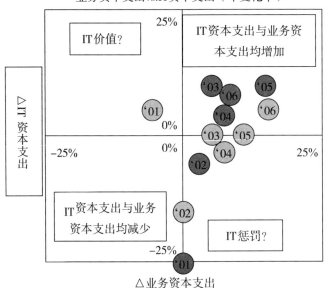

△业务资本支出

图3.9　IT费用vs.企业收入增长与资本支出

（来源：霍华德·鲁宾和杰德·鲁宾，"2006年全球IT标准服务趋势与发现"，高德纳公司，网址：www.gartner.com/teleconferences/attributes/attr_140228_115.pdf.图中的数据不一定代表高德纳公司的最新观点。）

3.6.1　根据成本标准采取行动

在了解了先前提到的需要注意的要点后，首席信息官应联合IT指导委员会开始在成本标准的基础上采取行动。如果计算出来的成本范围与现在的成本水平接近，则无需采取新的行动。如果计算出来的成本范围比实际的水平高得多或者低得多，那么就应当研究接下来所要采取的措施了。

> 如果成本标准非常高，企业可以根据他们的商业价值选择潜在投资，或者对技术需求进行总结。显然，每一个技术投资都须建立在自身的价值上。然而在过去，高层领导和IT部门总是在支持技术发展和增加前瞻能力时反应较慢。这也就解释了为什么企业总是与同等的标准水平不相符；

> 如果成本标准非常低，在调查提高生产力和消除额外成本方法的同时，高层领导应当详细地分析IT成本，并将IT成本进行优先排序。虽然低的成本标准会诱使企业想要快速缩减IT 成本，但是比同等水平高的成本标准只能说明IT成本有降低的可能性，企业应当认真核查一下技术上的花费。

3.7　IT成本决策

评估和确定IT成本标准可为企业的IT成本和投资提供关键依据和标准。它也为IT管理层和IT指导委员会了解同等企业的IT成本水平和战略奠定了基础。同时使得企业对IT成本有了深刻的了解，使得企业对在IT上花的每一分钱都了如指掌。无论培训结果如何，企业应当只把钱花在那些能够符合所有商业价值标准的项目上，并且这些项目必须是按照第17章所提到的排序优先的项目。

第4章

IT的范畴与战略定位

战略做的再好，也需要结果检验。

——温斯顿·丘吉尔[1]

实用主义者……厌恶抽象和不足、厌恶口头解决办法、厌恶糟糕的推理理由、厌恶固定的原则、封闭的系统以及所谓的绝对事物和起源。实用主义者喜欢具体和充分、喜欢事实、喜欢行动，喜欢力量。

——威廉姆·詹姆斯[2]

IT的定位和战略是一个难分难解的话题。如果没有清晰界定IT部门在整个企业中的作用和职责范围，就无法制定IT战略计划和参与组织的总体战略。本章着眼于阐述该范围，另外还介绍了IT的战略重点。这是一个不同于战略规划的专业，战略规划通常与整个组织一同完成。它取决于组织的总体计划和目标，而且特别针对组织和IT部门。相反，在所有IT部门中都有许多战略问题应当由首席信息官管理。我们在这里阐述了这些问题。本章最后讨论了各种IT行业战略方法论的使用，例如信息技术基础设施库（ITIL）和IT服务管理（ITSM）。

4.1　IT定位的重要性

确定IT部门的定位、工作范围，以及与其他部门的关系是有效管理IT部门的关键步骤。首席信息官必须清晰IT部门在整个企业中的作用及其行为概念、模型，才能制定和执行IT战略。

虽然各个企业的IT战略不同，但是构成IT战略的要素都是相同的。首席信息官和IT部门如果忽视这些要素，就会遇到第2章所述的困境。本章将证明我们的想法，并且提出了将战略要素做到部门日常工作中的具体建议。

4.2　IT工作范围

对IT工作范围的充分认识是IT决策的基础。IT工作范围的概念模型会为IT决策提供依

---

[1]　温斯顿·斯宾塞·丘吉尔（Winston Spencer Churchill）（b.1874, d.1965），广泛归结。

[2]　威廉·詹姆士（William James）（b. 1842, d.1910），《实用主义：对一些旧思维方式的新命名》（纽约：Longman Green and Co.，1907）。

据：组织、人员配备、支出、项目，以及最重要的，管理层的重视。附表4.1列出了我们的模型。我们将分别阐述该模型的每一个组成部分。

4.2.1 治理视角

IT的定位是从IT治理角度提出的，包括企业和IT部门内的决策和政策制定。所有其他IT组成部分都将从治理角度中确定他们的重点。IT治理回答了以下问题：

➢ 什么是企业的适当服务水平？

➢ 什么样的人员配备和技能支持既定服务水平的系统运行？

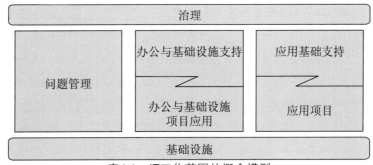

表4.1　IT工作范围的概念模型

➢ 什么是最佳的软件和硬件资产投资组合？

➢ 最佳外包商（硬件、软件、咨询和招聘服务）选择标准是什么？

➢ 如何发挥外包商的最大优势？

➢ 应当实施哪些重点IT项目？

➢ 应当同时承担多少个IT重点项目？

➢ 应当何时扩大现有员工规模，以推进IT项目实施？

➢ 哪些内部或外部障碍妨碍IT部门的成功？应当如何应对？

➢ IT资本预算和运营预算怎么做？

➢ 将采用何种标准来度量绩效？

➢ 什么是最佳IT运营规则（针对企业内部和外部的所有参与者）？

IT治理活动主要由首席信息官负责，由IT指导委员会（ITSC）协助。IT治理还包括IT员工的招聘、管理、评估和培训以及内部部门和外部组织沟通。第5章概述IT组织设计。第14章讨论与企业的内部沟通。第16章介绍风险管理。第17章介绍如何确定IT重点。第18章阐述IT度量指标。第19章详细阐述了IT指导委员会的相关内容。

4.2.2 问题管理

问题管理是日常汇总和处理问题以及满足企业终端用户请求的过程，也称为第一级或服务台。通过电话、电子邮件或其他通信方式收集问题、解决问题或满足请求或者将问题提交给企业的不同部门解决。对问题进行系统化的跟踪，以确保问题得以最终解决。同时编写报告说明企业绩效的管理、根本原因分析、量化服务水平和人员水平。

第9章详细介绍了问题管理的流程、系统、人员配备和方法。第5章介绍了人员配备的职责和工作流程。

4.2.3 运营和基础设施基线支持与项目

运营和基础设施（O&I）是指获得、保持和管理企业使用的硬件和系统软件。它涵盖各种设备，包括服务器、台式机、笔记本电脑、移动设备、路由器、交换机、电缆设备、磁盘和磁带存储、物理设施（数据中心）以及用于管理这些设备的软件工具。

基线支持与项目之间存在重要的差异。基线支持活动是为了运行高性能、安全和有效基础设施所需的最低限度的活动。这包括保持当前备份、系统软件更新、桌面维护、网络监控和资产管理。根据项目的具体性质、重要性、任务的独立性与经常性来区分项目。比如，为了提高性能而实施的网络升级属于常规的办公与基础设施项目。为更新所有超过5年的终端用户电脑而实施的台式机更换项目则属于另一个项目（可能不具有常规性）。

这个区别很重要。它有助于IT部门了解运行所需的最低的人员配备水平。超出该水平的所有人员配备都应当通过企业实施的产生投资回报的项目验证其合理性。每一年的基线支持所付出的工作量为预算过程提供了依据。该IT项目必须具备用于跟踪基线和项目活动所用时间的准确流程。许多因素影响着基线支持的水平。有效的执行标准、先进的设备和有效的办公与基础设施管理实践降低了所需的基线支持工作量。不同的IT环境、大量的地点和终端用户及设备将增加基线支持工作量。多年来，导致所需的基线支持水平变化的两个最大驱动因素就是IT部门完成的项目结果以及经营规模的变化。一些项目降低了复杂性以及所需的工作量，而其他项目必然会增加所需的IT工作量。同样，经营规模变化（更多的收入、更多的员工和更多的地点，或反之亦然）影响着基线支持。首席信息官必须要全年跟踪劳动力信息以及这些变化的影响以确定来年的支持水平。

通常，办公与基础设施内的大多数劳动都是基线支持活动（大约占到总劳动量的60%到80%）；基础设施维护往往会需要付出更大的工作量，产生的项目以定期升级、更新和增长为主。

第11章将介绍如何评估IT人员配备水平。第7章讨论IT标准。而办公与基础设施基线支持和项目支持的职责范围将在第8章中详细阐述。第15章讨论IT预算。第5章则介绍组织结构、职责和责任。

4.2.4 应用基线支持与项目

在应用领域，基线支持与项目劳动力之间存在相同的差异。通常，应用程序所需的基线支持等于或小于办公与基础设施所需的劳动力，尤其是对于稳定的、很少变化的长期应用而言。应用基线支持领域大部分都与重点项目相关，这些项目往往是高投资回报机会的来源。

应用基线支持活动能够确保应用程序的稳定性、定期清理数据、通过卖方定期提供的补丁升级软件以及对外部费率数据实施更新。例如税务表和装运费率。

应用程序基线支持和项目在跟踪、预算和人员配备方面的影响与之前谈到的办公与基础设施领域的情况相同，逐年变化的驱动因素也类似。对应用领域的改进有利于应用项目所需的劳动量分布更加灵活，如高投资回报的项目和企业快速增长证明了以顾问和承包商的形式引入临时劳动力和专业技能的必要性。

4.2.5　IT范围

本书后文中介绍的所有IT职责和活动都包含在所列范围类别之内。每一章将专门探讨某一特定领域的最佳实践。首席信息官应当运用这一概念框架来定义IT的职责和责任，以及管理每一个领域的活动和各个领域之间的互动。附表4.2列出了每一章和IT范围要素之间的关系。

表4.2　各章的覆盖领域

章节	治理	问题管理	办公与基础设施基线	办公与基础设施项目	应用基线	应用项目	基础架构
第1部分：信息技术效力							
1. IT困境	■			■	■	■	
2. IT无效的来源和原因	■						
3. 信息技术成本	■						
4. IT范围和战略	■	■	■	■	■	■	■
第2部分：IT部门管理							
5. IT组织	■	░					
6. 首席信息官	■						
7. IT标准	■		■		■		■
8. IT问题管理		■	■				
9. IT运营和基础设施							
10. 应用管理							
11. IT人力资源	■					■	
12. 厂商选择	■			■			
13. 厂商管理	■			■	■		
第3部分：执行官IT管理							
14. 业务通信	■						
15. IT预算和成本管理	■						
16. 风险管理和决策	■			░			░
17. 需求管理和优先级	■			■		■	
18. 绩效度量	■			░		░	
19. IT治理	■						

■ 表示为本章中的重点阐述内容
░ 表示为本章中的次重点阐述内容

4.3　确定IT战略重点

IT战略议题在流行的行业出版物中已经被广泛讨论。如"如何与企业统一起来"并且"具有战略性"，"将企业作为客户来对待"等问题的无休止讨论表明了这一议题的困难程度。我们已经评估了数十家IT部门，并且采访了数百位IT员工和高级执行官。我们发现了评估最成功IT运营的普遍行为和重点。这一节将阐述我们对这些行为和重点建立的模型。

4.3.1　IT实用原则

最好的首席信息官会通过实用原则来确保IT部门的基线业务在尽可能低的成本上高效率运行。良性的运营使他们能够有机会专注于与企业高层建立有效的工作关系、深入认识企业、招聘最佳的人才以及时刻关注对企业具有重要意义的行业与技术的发展。这些专注确保首席信息官能够识别、提倡和实施有意义的、能够改变企业的倡议。如果首席信息官将时间和资金用来"救火"或者用于错误的地点上，必然导致部门绩效下降、终端用户和高管层的满意度降低，而且还会遭遇以下卡通画中描绘的职业危险。

作者沃尔特・格思里（经过作者以及克里莫森・怀特许可后使用，www.cw.ua.edu）。

构建一个牢固、无障碍的IT运营基线（基础设施、核心应用、问题管理、办公与基础设施以及应用基线支持）是首席信息官工作的重中之重。如果这些领域没有有效运行，企业就无法对战略项目或其他高价值领域产生兴趣。遗憾的是，首席信息官往往容易分散注意力，而且会打乱这些重点的顺序，在基础面得以稳定之前会担心战略的统一性。正如卡通画中所描绘的，首席信息官必须首先是一个实用主义者，确保自己首先担心的是"粮"。企业高管喜欢实用主义者，尤其是在IT领域。有远见的实用主义者会找到一群热切的听众。没有实用意识即使有远见也不会有听众。

马斯洛明确了人的需求的基本层次。[①]最基本的需求是生理需求，比如，空气、食物、水和衣服。下一个层次是安全和居住需求，然后是爱情归属、自尊，最后是自我实现。这个需求层次暗含的观点是每一层需求都必须要按顺序满足。每一层需求的实现取决

---

① 亚伯拉罕・马斯洛（Abraham Maslow）《人类动机论》《心理学理论》第50卷（1943）第370–396页。

于下一层需求的合理实现。如果你没有空气，食物和水就没有什么意义。如果你没有食物和水，那么住房就不重要，以此类推。

我们为类似于马斯洛需求层次理论的IT重点划分设计了一个概念模型。图4.1显示了这个层次结构，与马斯洛的需求层次结构相对应。这个层次结构分为五个自下而上的层次。第1层到第3层（最下面的三层）是在内部专注于运营、基础设施和应用方面。最上面两层是以治理和发展为导向。

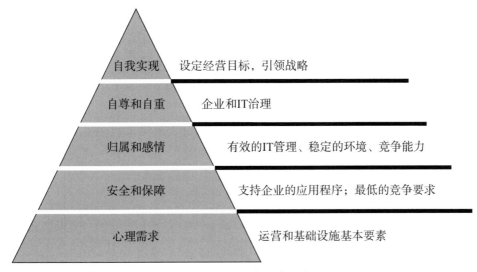

图4.1　IT的需求层次

第1层：运营和基础设施

这个结构的第一层是为了给企业提供基本公用服务所需要的所有信息、人员、流程和基础设施。这些公用服务包括：

- 桌面和笔记本电脑
- 桌面软件（基本办公生产力——文字处理软件和电子表格软件）
- 电子邮件
- 打印
- 文件传输
- 网络访问/互联网访问
- 网络基础设施设备（防火墙、路由器和交换机）
- 移动性（移动电子邮件）
- 应用服务器和操作系统（OS）软件
- 适当容纳计算硬件的设施
- 电话
- 有效远程办公支持
- 合理安全的网络和系统

> ➤ 先进的硬件，以确保可靠运行
> ➤ 足够的员工负责实施问题管理、办公与基础设施基线支持和有限的办公与基础设施项目（每年1到2个项目）

这些应用被视为"开灯"应用；与任何公用程序一样，如果你不能提供这些应用，任何人都不会在意这个层次结构中的其他内容。这意味着首席信息官必须从硬件、软件、流程和人员配备的角度构建强大的第一层能力。在此之前，花时间处理任何其他问题都是徒劳的。

第一层需求存在人员配备和预算方面的影响。首先，首席信息官应当找一个高效率的人负责IT部门的办公与基础设施部分。如果这个岗位上的负责人工作效率不高，就会妨碍高价值领域的进展。其次，首席信息官应当确保获得适当的预算分配，以实现有效的基础设施建设。如果没有预算，首席信息官就会持续采取防御态度。这些情况下，我们建议至少要获得IT指导委员会的明确许可，认同公用服务没有达到标准，极端情况下还要考虑找到一个不同的职位。如果不能够实现基础层面充分的投入，那么因此导致的持续弱势地位就会给职业发展造成限制，而且也会使人有挫败感。

第2层：支持企业的应用

一旦满足了对稳定的基础设施的需求，IT层级结构的下一层就是建立支持企业的基本应用。这些应用通常被称为"后台"和"前台"系统。

后台系统提供基本会计职能和其他内部行政职能。基本能力包括应收账款（AR）、应付账款（AP）和总账（GL）。这些通常作为一个整体出现，因为它们密切结合，而且需要一个共同的数据库。

前台系统用于企业的运营。它们的功能根据支持的行业或企业类型而存在广泛的差异。例如，制造企业的典型功能包括订单录入、客户数据库、制造规划、存货管理和经销。服务企业可能需要计时系统。金融服务企业则需要信贷决策和贷款处理。应收账款部分偶尔也会成为前台系统的一部分，因为这一部分与客户管理和订单录入的关系非常密切。

在第二层次上，前台和后台领域均提供基本功能。如果通过成套软件应用来提供这些功能，则它们将以最低水平的定制化和配置来实施。系统能力是企业经营所需的基础能力，且同样适用于行业参与者的水平。这些在系统中几乎没有竞争优势。

如果成套软件、前台和后台系统来自不同的供应商，甚至前台软件包可能来自两家或多家供应商。系统通常不具有前台和后台系统之间的内置通信功能，或者前台系统的不同模块之间的内置通信功能（即，系统集成）。即使系统被集成，集成也将采用定期的批量传输形式，而不是实时同步的方式。系统通常具有不同的相似数据库，即使被合理使用，可能也无法发挥其最大能力。

在办公与基础设施领域，第三层将包含充分的文件（操作手册）、严谨的厂商合同、有效的数据、网络和系统安全构件。在人员配备方面，将提供足够的人员从事问题管理、办公与基础设施和应用基线支持以及有限的办公与基础设施和应用项目。治理只专注于成本控制、有限需求管理和厂商管理方面。通常，在这一层，治理往往未获得企业高管层的充分重视。

第3层：有效的IT管理

第三层将致力于提高应用程序对企业的实用性。处于第三层的企业具有以下特点：

> 成套系统或定制系统能够满足核心前台和后台需求。企业将充分利用成套系统的能力，采用定制和配置方式创造强大的独特功能；

> 用于行政管理和扩大核心前台和后台系统能力的应用程序已经被实施。行政管理系统包括人力资源支持、营销系统、资产管理、合同管理、知识产权管理、文件管理等功能。核心业务能力包括预测、高级存货管理、预测交换、供应商/客户整合、经销规划和路线优化。推动企业发展的系统（比如客户关系管理（CRM）和销售管理系统）已经到位；

> 所有应用程序都充分集成，运用频繁的批量数据传输、实时异步数据传输或复杂的中间件通信系统。对于诸如客户、产品或存货信息等常用数据，则采用一个公用数据库。应用程序能够普遍访问查询数据和交易数据；

> 总体应用水平达到行业领先或市场领先，应用功能在整个企业内有效使用。IT在与相同行业的其他企业相比具有竞争力；

> 支持系统基础设施具有可靠性和冗余性。办公与基础设施服务非常先进，其中包括有效的灾难恢复、数据中心管理、操作手册、系统监测、配置管理和系统管理工具。实施适当的问题管理流程和相关的报告流程；

> 人员配备水平将为办公与基础设施和应用提供完全基线支持，而且还能够同时实施多个办公与基础设施应用项目。

第4层：IT治理

在第四层上，所有的IT决策都应当支持企业经营战略。这些决策在人员配备、预算、项目、应用体系架构和办公与基础设施支持决策的各个层次上都能够体现出来。治理重点应当贯穿于所有决策。例如，一个联网硬件所需的能力、扩展性和可靠性存在巨大差异，取决于企业是一家增长速度慢的小型制造企业还是一家大规模的金融服务企业。经营重点为回答以下问题提供了依据：

> 需要购买什么样的硬件？

> 需要招聘什么样的员工？

> 需要设定何种人员配备水平？

> 需要与哪些供应商合作？

> 如何分配资本预算和运营预算？

> 完成哪些项目？

> 同时实施多少个项目是比较适当的？

IT部门还具备如下特点：

> IT管理与项目管理能力已建立。需求管理有条不紊地进行，而且IT工作的重点集中在高回报率的项目上。可同时进行适当数量和规模的项目。项目完工率合理，长期项目不发生不必要的拖延。需求管理满足经营相关性和高投资回报率。

> IT部门已经建立了IT治理指导委员会，并且定期举行会议。确保第19章中所述有关IT治理的所有专题都已到位而且有效。

> 已实施所有重要的治理政策。IT部门意识到而且能够成功的遵守所有相关的行业法规或企业内部要求。

> 首席信息官与高管层保持着有效的联系。高管层认为首席信息官反应速度快而且工作有效。

> IT预算在行业平均水平的±20%范围内，而且花费合理。

> 定期的用户满意度调查可持续提供关于IT问题管理、系统可用性和系统质量方面的满意评价结果或更高的评价结果。

> 人员配备水平适合行业需要。由于工作满意度高而且具备相关培训和发展计划，所以员工的流失率低。与平均报酬和技能水平相比，员工配备水平高于平均水平。

对于IT部门来说，达到第四层所面临的最大的困难就是需要确切地认识业务需求和企业实现最高生产力的关键因素。做到这一点需要深入了解企业经营方式以及企业管理者的关注点。这就进一步要求首席信息官和IT部门与商业用户保持有效的工作关系，并且将大部分时间用于满足商业用户的需求。许多首席信息官在努力将IT与业务相匹配的过程中发现，企业内部往往存在相互矛盾的信息和工作重点。做到业务与IT匹配的诀窍之一就是，使企业的IT战略与业务战略相统一。如果IT部门能够认识到这一点，他们就能很容易地达到第四层。

第5层：IT引领战略

常见的IT管理的相关资料显示第四层为首席信息官的最高目标。但是，我们认为这个层次结构中还应当存在另外需要实现的一层，即第五层。第五层使得IT部门超越原有的仅仅致力于确定和实现企业目标的模式，从而上升到一个新的高度，即通过发现运用新技术和IT服务的机会来帮助企业提高IT绩效和经营绩效，实现企业战略转型。

这是一个关键的分水岭。多年来，IT部门一直秉承着"企业是他们的客户"的理念。这一理念指导许多相应的行为，比如"客户永远是对的"，"客户回报"及其他的服务导向等。当然，这种观点也是恰当的，因为IT部门应当始终努力在预算范围内提供最高质量的服务。尽管如此，它却忽视了IT部门的领导和引领能力。

对于从IT中获得最大价值的企业而言，他们的首席信息官不仅了解和服务于企业，而且还将这种认识和高超的管理能力与应用技术相结合起来，推动企业高投资回报率项目的实施。如转型项目，在这些企业中，首席信息官既是高管层的同事，也是执行官团队中关键的成员。首席信息官经常设定治理目标，引入竞争者、供应商、客户以及行业外的企业创意来改善经营业绩。

处于第五层的企业必然会通过IT部门获得最高的满意度和利益，而且在行业内也容易取得最好的业绩。他们从IT支出中获得高额的回报，从技术中获得强大竞争优势。

4.3.2　总结

我们发现，我们的建议有时并不被IT从业人员认可。追求IT层级结构的最低层往往被认为是索然无味的苦差事。但是，在IT领域，我们仍然建议您先学会"走"，再想着"跑"。与我们合作过的IT部门（他们往往问题缠身）存在的一个共同问题是：在IT层级结构中的前三层上均没有使上劲儿，所以无法在最上面两个层级上实现任何有意义的成就。

4.4　IT管理方法

本章着重介绍用于考虑IT业务范围和制定该范围内的决策重点的两个概念模型，以及近些年来出现的许多流行的IT管理方法，这些方法值得引起首席信息官的重视。

第19章介绍了与治理职能明确相关的方法。

4.4.1　信息技术基础设施库

信息技术基础设施库（ITIIL）的前身是英国政府商务部（OGC）于20世纪80年代开始施行的IT管理流程。它是一组经过多年开发的IT管理概念和实务，是一个全面用于信息技术服务管理的流程导向型框架。它通常是以办公与基础设施为重点，适合用于我们在概念模型中定义的基线支持活动，且在一定程度上适用于软件管理（变更管理、版本管理）。它不仅定义了IT职能的最佳实践和流程，而且还严格定义了IT业务中常用的概念。目前，信息技术基础设施库（ITIIL）以八本系列丛书的形式提供。每本书都指向一个ITIL主题。

许多软件供应商都在他们的软件中融入了ITIL原则和流程。这些原则和流程已变成办公与基础设施基线支持导向的系统工具。IT专业人员都可以从ITIL认证管理委员会获得ITIL认证，该委员会由英国商务部和其他考试机构组成。培训企业着力于提供ITIL认证的准备工作，同时提供相关的咨询服务。该认证确定三个级别（基础、从业人员和经理），但不是我们在美国看到的普遍应用的认证。截至目前，只有200名ITIL基础级认证专业人员的姓名列在一家第三方（自愿）的ITIL注册网站（www.itlibrary.org）上。

ITIL处在不断发展的过程当中。《计算机世界》杂志和Gartner Group指出，被调查者中有85%的人认为ITIL是IT管理的关键部分甚至是非常关键的部分。39%的被调查者将ITIL用于内部流程管理中[①]。

---

① 加里·安塞斯（Gary Anthes），"ITIL流行起来"，《计算机世界》（2005年10月31日）第42页，网址：http://www.computerworld.com/managementtopics/management /story/0,10801,105761,00.html。

由于ITIL涵盖的IT服务很广泛、很深入，且具有学术性，所以一些IT从业人员往往认为它的应用过于繁冗。使得许多部门只能单独或混合采用某些原则。英国商务部出版过一本名叫《ITIL小规模实施》（ISBN：0-11-330980-5）的专刊。有时，它的框架同样被认为过于普通，不适用于专业用途。我们认为，ITIL原则对实现本章第一层及第二层的活动能力有帮助，但是与第三层及以上各层的相关性不大。我们建议首席信息官要评估ITIL的哪些部分对于办公与基础设施基线应用支持业务的实质改进具有应用价值。

4.4.2　IT服务管理

IT服务管理（ITSM）关注终端用户（客户）的观点，是IT管理中的一门哲学。IT服务管理没有管辖机构或者特定的书面标准，因此其定义比其他竞争性的方法在结构上更加松散。虽然IT服务管理与ITIL框架的一些子部分采用相同的术语，并且涵盖了一部分的相同范围，但是他们确实是不同的两个框架。与ITIL一样，IT服务管理适用于本章中的办公与基础设施和应用基线支持以及框架的第一层和第二层领域。IT服务管理最适用于设定服务水平协议（SLA）以及在终端用户需求方面确定预算、人员配备和工作重点。

4.4.3　ISO/IEC20000

ISO20000是国际标准化组织（ISO）的一套IT管理流程国际标准。国际标准化组织是一家由150多个成员国组成的非政府国际组织，每个国家一名代表。其使命是提供一套通用的标准，促进国际商业和管理。该标准取代之前的IT服务管理标准BS15000，虽然ISO20000标准与ITIL标准在很大程度上重叠且依赖ITIL标准，但是，它作为一家国际认证机构却能够维护更大的价值。ISO20000标准由两部分构成，ISO20000-1（规定了IT服务管理的10个关键领域）和ISO20000-2（包含用于实施ISO20000-1所定义领域的实务技巧）。ISO20000-1的正式使命是"促进一体化流程法的采用，有效地提供管理式服务，以满足企业和客户的需求。"[1]这两个标准均适用于各种组织（不论组织规模和结构如何）提供对标准执行程度的度量指标。

核心办公与基础设施和应用基线支持活动的国际标准对于改进这些活动具有一定的适用性。但是，由于严格遵守ITIL、ISO和ITSM标准所带来的边际收益在不断减少，因此合规和审计就成为完全采用该标准后所能获得的最主要的价值。

4.4.4　ISO/IEC17799

ISO17799标准是国际标准化组织针对IT安全提供的审计标准。它涵盖了信息安全和保密的十几个领域，包括风险评估与控制以及合规政策。该标准具有相关的ISO27001认证，且包括了有关ISO17799标准的实施与改进的建议。因为17799标准完全着眼于安全，所以

---

[1]　国际标准化组织，网址：www.iso.org。

它对于总体IT管理来说并不全面。第8章的安全管理部分阐述有关ISO17799的安全问题，第19章则阐述合规主题。

4.4.5 信息与相关技术控制目标

信息与相关技术控制标准（COBIT）是信息系统审计与控制协会（ISACA）和IT治理协会（ITGI）的产品。它提供了确保IT在组织内最佳应用的框架，以及执行IT流程和控制措施的最佳实践指导准则。它于1992年创建，后来进行了多次修订。

最新版（第四版）于2005年末发布，包含了四个主要领域：计划与组织、获取与实施、交付与支持以及监测与评估。其中包含34个子领域。COBIT是用于《萨班斯—奥克斯利法案》（SOX）合规的公认标准，第19章对此做出阐述。COBIT标准旨在确保监管合规，并通过对IT的有效运行发挥其最大价值。我们认为COBIT是与首席信息官有关的最完整的框架之一，也是最密切对应于本书所述的有效IT管理观点的框架。

4.4.6 扎克曼企业体系架构

扎克曼框架由约翰·扎克曼于1987年首次开发，并在此后多次更新（表4.3）。该框架采用一个36格的表格对IT体系架构方法进行规定。表格由六行（范围、经营模式、系统模型、技术模型、组成部分和运行的企业）和六列（主体、内容、时间、地点、原因以及方式）组成，分别对应数据、功能、网络、人、时间和动机。该框架还规定了企业系统需要支持的业务流程，将其适当地进行分类和统一。尽管该框架着眼于企业体系架构（通常指一个应用导向领域），但是其范围仍包括非IT部分，比如人、流程和时间，该框架因此成为首席信息官总体IT战略工具包的补充。

最佳IT管理有许多模型和框架，同时新的模型和概念也不断出现。我们建议通过实用原则和本章中的重点来看待所有的这些模型和概念。互联网上有许多资源可以提供与IT管理框架相关的详细信息。如：

> 包含ITIL、COBIT和ITSM相关内容的网站：www.wikipedia.org
> 英国商务部ITIL官方网站：www.itil.co.uk
> IT服务管理论坛：www.itsmf.com（一家为ITIL从业人员、供应商和企业设立的非营利性组织。该机构在30多个国家设立分部。）
> 用于ISO20000合规和审计的摘要及可购买的标准文件：www.iso.org
> 关注ISO2000、ITIL和ITSM问题的特别兴趣小组：www.15000.net
> IT治理协会：www.itgi.org
> 信息系统审计与合规协会：下辖170家分会和5万名IT专业人员，致力于IT治理问题的研究，与IT治理协会合作制定和推广COBIT：www.isaca.org
> 扎克曼框架推广协会：www.zifa.org.

表4.3　扎克曼企业应用框架

（来源：扎克曼框架优化研究所，允许转载）

第二部分
IT部门管理

第5章

IT组织

> 你会发现政府是一种组织，它不善于处理重要的事情，就连小事情也处理不好。
>
> ——约翰·肯尼思·加尔布雷思[①]

本章阐述IT部门的组织要素，定义IT人员的岗位与职责，以及在现有系统和应用软件成功运营的同时，按时完成IT项目所必须的部门内部及部门之间的必要沟通。组建IT部门的途径有多种方式，我们推荐一种已经在许多企业得到验证的特殊结构。本章提出组建IT部门的两个主要方面：组织结构以及在这种组织结构下的职责分工。

对于组织内部人员来说，充分理解IT组织中不同的岗位和职责是困难的，而对于IT部门以外的人来说更是感觉困惑。技术的多样性和它们之间相互的复杂关系，要求有一个相应的复杂的组织来进行管理，这个组织应能够管理复杂的技术环境，实现高水平的服务，同时支持业务运营。创建这样的组织是一个非常艰巨的任务。而这个组织的任务目标也包括很多方面：从IT组织的工作到系统日常维护；从用户问题的解决到系统问题的解决，再到一系列无休止的系统提升要求；以及伴随外部供应商驱动的软件和硬件升级、维护和安全要求，相关的新技术评估等。这一切使得组织建立相关的优先级变得非常困难，维护现有系统与满足业务无尽要求之间的平衡成为企业的一项重大挑战。

5.1 部门管理的重要性

IT部门的组织直接影响IT快速满足业务需求的成败。一个结构合理并有很强协调能力的IT组织，能管理许多复杂的业务，并快速应对新业务的需求变化，同时能够确保服务级别，并成功完成重要的项目。相反，结构不合理、协调能力差的IT组织，是企业缺乏快速解决问题的敏捷能力和保障业务发展所必须的服务能力的主要原因。

一个不能充分发挥潜能的IT组织，其最普遍的症状之一就是没有很好地进行组织设计，结果导致整个团队处于混乱无序的状态，并使得IT业务使用者陷入困惑。岗位和职责的重叠、空缺导致业务运营缺乏组织，导致IT部门内部的混乱无序。组织的无序性阻碍了团队有效地实施项目，阻碍了IT部门对需求的优先排序以及供应商管理，甚至影响到IT部

[①] 感谢约翰·肯尼斯·加尔布雷斯（John Kenneth Galbraith）。

门维持本单位业务或向外部合作伙伴承诺的最基本的服务水平。

岗位和职责的混乱，不可避免地导致多个团队成员同时承担了同样的职责，出现未经授权的项目，造成工作懒散和职责空缺。不幸的是，这种资源浪费使得最重要的职能几乎没有资源可用。这种无序也影响到对责任的担当。

了解成功的组织结构，清晰地定义组织的岗位和职责，积极地进行绩效管理与评价，是企业各部门通用的方法。通常，IT管理者大多是由于他们的专业水平高而被提拔，但他们不具备领导整个组织所需要的管理技能。结果就是首席信息官了解技术但并不了解业务，不知道怎样和业务部门进行沟通，不知道怎样组织、管理和激励团队，不懂得怎样有效地组织整个部门。本书的第2章、第6章、第12章和第19章中将对这些问题进行进一步的讨论。

更麻烦的是，许多新提拔的IT管理者要么来自于IT部门的运营领域，要么来自于应用领域，他们不具备管理整个部门的应有经验。对于一个管理者来说，了解多个领域的知识并且精通一个或两个领域是非常平常的，但对IT所有领域的知识都非常了解的管理者则是少之又少。另外，要想保持对一两个领域的渊博知识，需要大量的阅读、训练和亲身经历对新技术的实践。在IT组织中，管理者变换岗位是平常的事情。一般来说，离开专业18个月后，他就不再是该领域的专家了。系统硬件、软件和网络在不断地更新，对于一个经理来说，要想更多地掌握各部门采用的全部技术，并把更多精力投入到建立有效的组织结构中是非常不容易的。

本章的核心是企业中IT部门的组织结构。组织中的岗位和职责必须是清晰的，从而保证团队可以有效地合作，为业务提供其所需的IT能力。

5.1.1　IT部门组织概述

IT部门效率低下的一个主要原因是没有合理地进行组织，缺乏清晰的岗位、职责定义。由此而引起的混乱导致了职责重叠和空缺、职责不清，并很难分清每个人对自己行为应承担的责任。本书中这一部分将阐述一种组织IT部门的标准方法，详细描述IT部门的主要构成部分：管理、运营、应用、开发、服务台、基础设备支持和管理支持。之后我们将探讨每一构成部分与其他部分及业务之间的关系，并说明将每一构成部分组织起来的最佳途径。

一个效率低下的IT部门，其运作成本相当高。正如第2章所阐述的，一个组织无序的部门，是IT执行力低下的另一种表现，这将导致发生各种各样的失败。令我们记忆深刻的一个案例是我们为这个客户重新组建了原来特别混乱的IT部门。由于这个客户的IT部门职责和岗位不明确，所以很难说清哪个员工应实际负责某个项目或系统。当我们和一个朋友吃午饭时，客户开车来找我们。我的朋友恰巧在同一个镇上有个小企业。朋友说我们一定是忙于这家企业的改组，因为这家企业的三个IT员工，以前通常每周会有三个下午去他的办公室兼职，但最近他们没有时间去。

IT组织不力和职责不明确，典型地表现为：项目超期、经常有计划外的系统维护、未设置分线服务台、大量的松散时间和令人厌烦的项目。

5.2 IT部门的组织结构

图5.1 列出了标准结构的IT部门主要构成要素。按照企业的规模大小，首席信息官可以向高级副总裁、首席财务官、首席运营官或者直接向首席执行官报告。

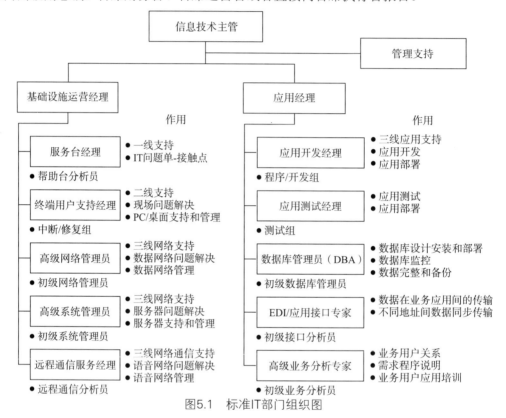

图5.1 标准IT部门组织图

按最简单的层次划分，IT部门由两部分组成：运营（称为IT基础设施运营）和应用（称为应用管理或应用开发和支持）。相应地，IT组织结构由基础设施运营经理和应用经理两人以直接报告的方式向首席信息官汇报：这种结构假设了这两个关键岗位的任职人员具备很强的执行力和管理技巧。基础设施运营经理负责计算机环境、维护、升级以及安全等日常管理；应用经理则负责与业务应用、改进及升级相关的所有事务。

我们已经观察到这样的一个趋势：首席信息官保持着太多的直接报告关系。作为IT评价的一部分，我们经常会发现一个首席信息官面对五个甚至更多的直接报告（例如应用开发、用户支持、运营、网络管理和远程通信管理）。首席信息官面对太多的直接报告时，将花费大量的时间处理这些日常事务，仅剩下很少的时间与企业其他组织（如销售、生产等）的领导进行交流，因此不能有效地为IT组织制定长期的架构和战略，不能有效地监控项目并向关键决策者报告那些给业务带来长期收益的项目进展情况。看起来他们忙里忙外，实际上他们并没有把握工作重点。

在运营和应用的组织内部，应当设立专门的技术或职能领域专家小组。运营组由服务台（help desk）、终端用户支持团队（end-user support teams）、数据网络管理员（data network administrators）、系统管理员（system administrators）和远程通信网络管理员（telecommunications network administrators）组成。应用组包括应用开发团队（application development teams）、测试团队（testing teams）、数据库管理员（database administrators）、电子数据交换专家（EDI specialists）和业务分析员（business analysts）。本章将对上述每一个岗位进行详细分析。

这里所说的组织有着明确的分工，但由于组织的两个主要组成部分之间存在多个交叉点，随着时间的推移，两个组成部分的分界线会变得模糊。为确保每个小组能够完成他们的既定目标，而不是简单地将责任推给其他小组，关键是要对每个小组的工作进行监控和衡量。经理和每个小组成员都应当明白他们要对自己团队的成败负责。为加强责任感，必须采用不同等级的薪资水准和其他的一些激励机制。

本章的剩余章节将对隶属于两个组的岗位与职责进行阐述。

5.3　IT基础设施组与运营

IT运营组负责着IT系统的日常维护。这些系统（桌面、电子信件、文件和打印服务、网络）的不同用途特征使得该组对用户的满意度具有重要的影响。IT运营组按职能或技术被划分为五个主要部分：服务台、终端用户支持、网络管理、系统管理和运营以及远程通信服务。每个组织都聚集在IT组的职能或技术的一个部分，大企业（如拥有1000名以上的员工）可能进一步将这个组细分为几个领域。比较普遍的做法是，将该组的功能划分为运营、安全管理、变更控制、灾难恢复和需求管理等。

5.3.1　服务台

服务台是企业员工遇到问题时最早接触的IT组织。从业务角度看，对大多数员工来说服务台代表了IT组织的形象，它与用户关系紧密（无论事实是否如此）。从IT角度看，服务台是尽可能解决用户问题的第一道防线，是对业务用户的问题进行识别并做出记录的核心点（central point）。它有助于用户与运营组进行沟通交流，对重要中断和关键问题做出迅速响应，对非紧要问题进行及时协调。服务台通常被认为是管理和解决问题的第一线（first tier）。

对几乎将服务台淹没的所有问题进行合理分类，要求服务台的成员掌握广泛的知识和技能。团队成员必须按照规定运用可将问题自动化解在萌芽状态的方法。了解并成功分离问题后，要有能力和权利对此问题予以解决，或者将其分派给支持的后台（二、三线）来解决。这通常要求服务台必须和IT运营组的其他团队及终端用户进行交流与合作。

用户可能会呼叫服务台，并报告说"我无法进入客户订单系统。"这是一个典型的服务请求。一个看似简单的服务请求——修复客户订单系统访问——实际上需要一个相当复杂的诊断流程，以判断在相互作用的系统构成中哪一部分（或哪些部分）可能是问题的原因。

问题可能出在业务用户的PC本身，也可能出在和业务用户PC相连的网络连接上，或者可能是服务器有问题。当了解到不同类型的硬件、软件和不同配置的复杂性后，我们就很容易理解为什么服务台不可能通过电话来解决问题。服务台必须协调其他团队共同努力，以尽快地、准确地识别和解决业务用户的问题（这取决于问题的棘手程度）。

对服务台进行优化，是服务台经理的一项主要任务。这个流程是从建立一个单一的业务用户与其沟通的平台开始的。如果设置多个服务台，则会导致业务用户在有问题时不知道呼叫哪一个服务台，并引发对IT部门的指责。对于多个服务台的协调来说，无论是按照技术、地理位置或问题类型等进行组织的，其协调成本都是很高的。服务台的一个重要的特征是地理位置相近，物理上相似，这样员工可以在工作中的第一时间得到训练，员工在工作中把握趋势、随机应变和灵活处置的能力也就得到了锻炼（如利用"电子邮件"帮助处理问题），并且他们之间容易建立起纯粹的友谊。多个交互点的结果会使业务用户感到迷茫，IT经理很难跟踪问题的发展趋势及服务台的执行情况。

服务台在与业务用户首次接触时，应当尽可能多地解决用户的问题。这不仅降低了IT部门的负担，而且还能显著地提高终端用户的满意度。而如果仅仅是简单搜集问题的相关信息并传达到IT组织的其他团队去解决，这样会产生大量的问题。服务台必须准确地诊断问题并将其转移到相关的小组。尽管如此，终端用户在处理问题时仍存在对IT职责了解不清的情况。我们可以通过对问题解决的统计数据来评价和提高一线解决问题的能力，识别最常见的呼叫原因，并在此基础上采取一系列措施来减少这类呼叫。

通常，大中型企业选择使用呼叫等待路由选择系统（inbound call routing system）（例如，"按1表示计算问题；按2表示电话或语音信箱问题；按3表示开设新账户"）。在一个中型企业中，这种典型的低成本方式，称为自动呼叫分配器（ACD）。而在大型企业中，它可能是一部配置完整、具有明显特征的电话程控机（参见远程通信服务组的讨论）。这种系统的采用能使业务用户根据自动线路的提示找到最可能帮助他的人，同时它还能提供呼叫统计，这有助于分析求救问题的趋势。可以变更ACD更新状态信息，并在重要中断期间通知呼叫服务台的业务用户。在大型企业中采用这些系统能大大提高服务台的工作效率。但我们应当巧妙而恰当地使用这些系统，因为它们会使IT团队与终端用户隔离，从而使得用户难以与服务台联系。

采用全部特征（full-featured）的服务台应用软件有助于高效地管理服务台的业务。该软件功能包括：用户呼叫管理、问题解决进度跟踪、问题开放/关闭控制、紧急问题升级、终端用户问题状态自动更新和提供服务台的绩效报告。无论基于程序包还是手动的系统，问题的基本信息都必须记录下来，以便与有问题的业务用户沟通。

除此之外，对IT进行专门分类也是非常必要的。例如，问题的最初诊断，业务影响的范围，用户的紧急程度以及问题的最后解决。如果服务台无法解决问题，则应当在最初的诊断阶段进行问题测试识别，缩小问题产生原因的可能范围，并在服务台无法解决的情况下确定接下来应当由谁负责解决该问题。业务影响的范围决定了问题的紧急程度和应该使用的资源，对系统和网络问题的处理应当优先于对单个业务用户问题的解决。当服务台的工作人员收到众多个人电话呼叫时，必须先确定哪些是系统和网络范围的问题。我们同时应当将问题最终的解决方案记录下来，因为这样做对量化最初误诊问题的数量是非常有用的，并且有助于分析其根本原因，避免以后出现同样的问题，并为解决某些特殊的问题提供最佳的实践资料。

各种服务台应用软件都能提供很多包括从最简单的到高度复杂的功能。最简单的软件价格较低且合理，即使那些小的IT部门也负担得起这笔费用。然而较复杂的软件包虽然价格偏高，但它提高了与客户协调沟通的能力、增加了用户满意度和根本原因分析功能，由此获得的利益远远超过软件包的实施成本。

与此同时，服务台还往往作为新IT员工的培训基地。新员工在这里可以广泛地接触到企业所使用的所有系统和应用软件、信息技术、企业组织及其他业务。但是，服务台岗位的高流动性使员工很难掌握到系统或应用的细节。新员工在服务台工作的头一个月内没有固定的岗位，一般视业务情况需求而定。服务台的日常工作强度会使员工筋疲力尽，因此，设定恰当的目标、使员工心怀期望、并且明确其调动日期，能在一定程度上减轻员工对工作感到厌倦的风险（burn out risk），并为他们提供有动力的目标。所有员工及其为业务用户服务的水平应当受到服务台经理的监督。

对于IT组织的新成员来说，快速拓展自己的知识技能是非常有价值的。由于新成员缺乏足够的知识和经验，不能使呼叫服务台的业务用户在第一次电话询问时就得到妥善的帮助，这通常会使业务用户感到非常沮丧。因此我们把有经验的服务台的员工与IT新员工混编在一起，这样不仅可以为新员工提供指导，促进学习，而且可以降低业务用户不满的可能性。就实践方面来说，定期轮换服务台员工，让他们负责不同的服务台领域，可以使员工对这些周而复始的工作不再感到繁重和厌倦。对于服务台的新员工来说，与有经验成员的互动是一个快速学习的重要机会。

当服务台人员不能通过电话处理业务及用户出现的问题时，他必须将问题传送到另外的IT运营小组来帮助进行诊断和解决。这些小组包括终端用户支持、网络管理、系统管理、应用管理和远程通信服务等。第9章将详细介绍有关服务台管理及流程的内容。

5.3.2　终端用户支持/中断修复组

终端用户支持/中断修复组负责计算机硬件维护，并对客户（终端用户）进行回访。这一组是管理和解决问题的第二线。经理通常根据小组规模、员工人数、企业地理位置分布、呼叫问题的复杂度和呼叫量将成员分成若干小组，这些小组分别支持特定的地理位置、技术、应用或者业务组。他们往往和业务用户住在同一地区，以缩短到达需要帮助用户面前的时间，为用户和IT部门的交流提供一个更好的交互平台。在大型企业内部，每个小组都要求有一位领导为该小组的行为负责。

和服务台一样，负责终端用户支持的员工必须拥有包括运营和应用领域的多种技能。解决问题的技能、方法和逻辑思维等，对于系统地解决问题也是同样重要的。当然，熟悉标准系统、应用软件和网络可以提高洞察力，这种洞察力是实施实时技术更新测试、识别业务用户IT问题产生原因的必要要求。通常对系统经验的要求集中在业务用户桌面的计算机硬件和软件方面，而不是屏幕后的服务器系统。总之，终端用户支持组的员工负责所有的设备、客户方的应用系统及运用于用户桌面计算机的局部软件，负责新设备的配置、现有设备的维护和桌面设备及软件的升级。如第7章（IT标准）所述，跨组织的硬件、系统软件和应用的标准化水平，是服务台和终端用户支持小组成员希望看到的最好状况。差异悬殊的环境对支持部门来说是一种挑战，因此为了向终端用户提供周到的服务，通常要求支持部门员工具有比一般人员更高的技能水平。

为了确保用户满意，除了与支持系统相关的技术能力要求之外，与其同等重要的是与客户（用户）友好相处的技巧，以及建立与业务用户富有成效的工作关系的能力，终端用户支持小组成员可能发现许多问题的产生是因为对业务用户缺少培训造成的。因此，对于终端用户支持小组成员来说，通常需要手把手地培训业务用户正确地使用各种应用软件，以减少产生额外问题而呼叫的可能性。

此外，支持小组成员解决问题的方法和行为与他们的技术同样重要。不幸的是，在终端用户看来，IT人员留给终端用户的印象却是非常傲慢的。这不仅损害了IT与业务部门之间的关系，而且最终损害了IT服务的有效交付。因为支持小组成员没有帮助用户学会自己解决一些基本问题。运营经理应当确保把软技能（soft skills）作为一项主要的评价考核指标运用到人事招聘过程中。同时，软技能也是正在推行的评价流程的组成部分，是部门内部晋升的要求之一。

我们在一个混乱的IT组织内部常常会看到这样一种现象：业务用户绕过服务台服务的标准程序，而不断地直接呼叫终端用户支持小组中的高级成员。这显然是错误的，这种现象最终挫伤了IT团队中最需要的士气和耐心，而士气和耐心恰恰是IT团队最需要保持的。这种现象表明了设立一个可信赖的用户关注的小组的重要性。

有时，企业将他们的终端用户支持小组置于其支持的业务部门的报告体系之下，目的是使IT部门更多地响应业务的需要。虽然它是一个合理存在的组织方式，但这样的组织方式也预示了IT部门内部存在着一些严重的问题。正如一个客户所说的"销售部门的工作就是销售。我不想经营我自己的IT工作室，除非IT部门不能提供用户所要求的服务水平。"

对业务部门内设IT支持团队的这种庇护，会出现IT部门无法控制的安全和管理问题，它同时也产生了为满足系统变更而对协调和沟通能力的新要求。不仅业务用户必须注意到即将发生的变化，而且支持团队成员也要简化细节，并且时刻准备可能被要求执行或测试这些变更。当修改（modifications）和系统变更出现错误时，这种指责就会变多，并产生谁应对问题负责的争论。进一步说，即使业务在相关领域内的可能的规模经济没有成功，但其职业轨迹、培训和发展对这个团队也是有好处的。总之，业务部门内嵌入式的IT团队是IT部门工作效率低下的主要标志。如果将问题揭示出来，就可能大大节约成本并提高服务水平。尽管如此，这种模式的优点远远不及其消极的影响（包括高成本、缺少协调和沟通）。

IT组织人员培养典型模式是，在服务台工作12~24个月后，将其调任到终端用户支持组工作。终端用户支持组成员一般要花费2~5年学习掌握企业所使用的系统、应用软件和网络等相关的一些技巧和知识。再经过3~6年的工作，当他们有足够的经验后，这些成员就可以被任命为团队领导或在本组织内平级调动。

5.3.3 网络管理组

网络管理组管理所有业务需要的网络数据通信。网络按职能划分为两大类——局域网（LAN）和广域网（WAN）。在一定的商业区域内相连接的网络称为局域网，连接不同商业区域的网络称为广域网。例如，一个局域网连接了达拉斯（Dallas）所有工厂的PC、服务器、打印机和外围设备，而广域网连接了达拉斯和芝加哥（Chicago）。我们之所以使用专业术语是因为这样简单且能够被普遍接受。在网络的特定领域应用了不同的技术。例如，电线、电缆或其他无线设备连接的局域网——所有这些可以在同一地区内使用。类似地，广域网可以用帧中继、VPN和点对点等方式连接。

网络管理员负责局域网内所有的配线、集线器、局域网安全以及广域网的线路租用、路由器、网关、防火墙和安全等事宜。他们监控网络的运行情况，并在网络拥堵到开始影响系统的性能前进行容量升级。我们需要一系列专业知识以完成这个任务，这些专业知识包括网络硬件、网络介质（不同容量和性能且类型不同的电缆）、网络协议（定义信息如何在不同计算机之间进行传输）、保护信息的加密技术和防火墙安全技术。网络管理员需要花费大量的时间，通过实践和培训才能具备这些硬件、软件和配置方面知识。

网络硬件、软件的费用和服务费占了每年IT预算的很大部分，特别是那些分布在不同地区的企业。利用广域网远程连接，需要从电信企业租用数据线，数据线要有足够的容量来处理企业全部的数据信息。一个优秀的高级网络管理员会彻底调查所有通过广域网的应用访问和数据传输。网络管理员利用这些信息可以决定在这种情况下使用最佳的介质和容量与电信供应商进行谈判。恰当的需求评价、技能规划和实施后流量引导都能使每月的线路租用费用明显降低。

网络基础架构会牵涉到很多供应商（如本地回路、本地电话企业、帧中继供应商和ISP），这使得准确确定费用和网络应用很困难。典型账单的复杂性和将记录的内容与实际提供的服务对应起来的难度会使问题变得更复杂。事实上，通过对大客户进行调查分析后得出结果表明，他们的网络管理员并不清楚在用的租用线路的数量、容量和每月的总费用。他们只是每月接收租用线路的账单，然后支付费用，并不核实实际连接的线路或享受的服务。

从工作在局域网层次的初级网络管理员开始做起是网管典型的职业道路。掌握学习多种技术、介质和协议的技巧需要花费几年的时间。一般情况下，从初级网络管理员晋升为高级网络管理员进而负责广域网管理通常需要5～7年的实践，并且要经过特定的网络培训。

根据中小型企业的IT环境特点，系统管理员同时也是网络管理员。随着计算机环境范围的扩展和日趋复杂化，确保操作的可靠性和系统的可用性，需要管理员增加专业的技术知识和其他技能。

5.3.4　系统管理与计算机运营组

系统管理和计算机运营组负责管理、监控、调整和运行所有的IT服务器及系统软件。这些服务器和系统软件构成了用于运行企业应用系统和数据的基础设施。这些系统包括电子服务器、文件服务器、网络服务器、打印服务器和开发、测试、生产及失效接管应用服务器。每一种服务器都以组织制定的要求和标准所需的不同技术为基础。例如，电子邮件服务器可能使用微软技术，而网络服务器可能使用基于UNIX系统，文件和打印服务器可能基于Novell技术，而生产应用软件可能存储在主机服务器。

系统管理员要具备管理所有业务服务器所必需的技能。其职责包括新设备的部署、现有设备的维护、服务器和操作系统或系统软件的升级、企业重要数据的周期备份、能力规划、灾难恢复计划、用户特征管理、用户变更和系统安全防护。需要管理员详尽了解系统软件管理这些重要业务基础设施的功能。这对于诊断复杂系统失效和有效关闭安全漏洞非常实用。

一个优秀的系统管理员需要提前管理服务器系统，他们通过系统监控工具、参加网络讨论组以及访问那些对他们技术发展有益的网站，以降低生产期间服务器出现问题及受到安全侵害的可能性。管理员要随时监控系统的运行，跟踪服务器工作量的增加，要在由于性能不足而影响业务绩效之前确定好需要增加的额外容量。因此，系统管理员负有双重职责——在工作期间他们必须在线以保证随时发现服务器出现的问题。在工作之余或周末，他们必须完成所有的维护和系统升级工作。

在大型或小型企业中，很少有系统管理员周期性地在主要系统升级间隔期间安装相应的软件补丁，即使这是弥补系统安全漏洞所必须的。如果一个管理员在每12个月到18个月的仅有一次的主要升级之前仍未及时安装补丁，那么计算机系统环境大部分被暴露在黑客面前，这些黑客就会因兴趣（出于控制或炫耀的欲望）或利益（数据窃取）试图进入系统。为了进入系统，这些黑客会了解每个操作系统的安全补丁，并且系统地寻找尚未安装补丁和正确配置的机器。由于配置、测试和升级现有的业务应用系统及操作系统需要很多时间，因此这会使系统在2～3年的时间内一直暴露在黑客攻击环境中。

在系统维护和升级前，管理员必须和业务部门及其他部门进行沟通协调，以确保系统在正常工作时间之外的其他时间段也能正常运行。例如，最近有家客户的业务用户对周末加班时系统不能正常工作感到烦恼。该用户不知道在这种情况下应当联系IT部门的哪个员工，然而IT部门对这个业务需求并不知情。他们表示如果知道周末有人加班，他们一定会修改系统的维护时间。

上述案例是一个典型的IT部门与业务部门之间缺少沟通的例子。对IT部门最普遍的抱怨之一就是沟通问题。因为升级是复杂的，并且有一定风险，因此管理员需要提前制定升级计划并努力完成。即使这样，他们也很容易忽略与相关系统影响或中断有关的用户团体的沟通。因此，每一个可能引起停工的系统项目都应当提前与业务用户沟通。

系统管理和计算机运营组同时负责引入新技术到生产环境中的协调工作。经过培训和有实践经验的高级系统管理员通常非常谨慎，他们会详细地计划测试以确保在不对生产环境运行造成影响或中断业务的情况下完成新技术的切换，最终目的是确保所有的服务器都能正常工作。第9章将讨论生产环境的系统变更及变更管理流程。系统管理员要管理这个流程，确保所有变更都经过测试以及回滚程序的适当运行（例如，如必要的话，重新恢复环境的方法）。

服务器硬件和系统软件支持是非常复杂的。与其他第三层级的IT功能一样，它要求有专业的技术知识来理解现用系统的详细内容。为"调整内核（tune a kernel）"而充分了解基于UNIX系统的内部运转与了解怎样"获得一个主机系统的内幕"是截然不同的，且同时拥有这两种广博知识的人很少，因此一般组织都希望专家了解他们所有被使用的服务器。尽管如此，对于一些小企业来说，把责任细分到这种水平，其成本效益未必就好。我们的建议是在购买决策中考虑技术劳动力的附加费用，尽量减少组织中不同处理平台的数量和对不同技术平台及人员的要求。人员数量问题可通过对系统管理员进行交叉培训或（在需要的基础上）使用合同工以降低费用的方式来解决。

在大型组织中，系统运营组中可能包括一批运营人员。这些运营人员负责管理系统操作功能（如，打印、程序组工作和用户在线会议）。运营人员在服务器上分管不同的工作（打印、批处理或在线处理），以确保具有对许多重要资源进行恰当调度处理的能力，并且确保能够准确地实现和完成其功能。运营人员工作的另一个重要内容是确保应用处理能力的可行性。例如，在这个月的最后一天（星期五）接到了大量的订单，这时运营人员就应当将计算机处理能力转移到在线销售部门，以使计算机系统能够迅速地处理这些订单。同时运营人员还可将重要票据（例如，发票）优先打印。运营人员有必要最大化利用CPU和其他计算资源以确保应用软件的平稳使用。而在较小的企业里，服务器自动将不同的请求优先排序，消除对全职人员的需求来实现这些功能。

系统管理员的典型的职业道路是从最初的培训开始的，这为他们掌握其所支持服务器的相关知识奠定了基础。新的系统管理员在资深团队成员的悉心指导下学习工作，积累经验，树立信心并逐步承担起相关责任。简单地"交钥匙"会把组织置于风险之中，因为新管理员需要时间来了解可使系统变更风险最小化的流程，需要时间了解特定系统配置的细微之处，从这一点上来说，对服务器知识水平的要求因机器的不同而不同。

在成为资深管理员之前，一个新的系统管理员一般需要4～7年的实践工作，且取决于服务器处理环境的复杂性和交叉培训所期望达到的水平。在大型组织内部，经理需要跨多个地区协调资深系统管理员的工作，使他们对新的管理员团队进行管理。

5.3.5 远程通信服务组

许多企业发现购买和经营自己的电话系统是非常经济实用的。远程通信组管理所有电话和与其相关的服务。服务项目包括电话、语音信箱系统、传真机和视频会议系统。这一组必须采用与网络管理组管理数据网络相似的程序，对系统使用、宽带消费、语音和视频网络的安全进行监控。

远程通信服务要求了解电话交换硬件（程控交换机PBX）和软件配置，建筑物内的布线和设备分界，中继线的容量，呼叫中心配置，语音信箱系统配置和管理，视频会议设备及语音视频宽带的相关要求。没有相关知识的人员无法使电话服务顺利进行。

通常，由服务台处理用户打入的电话求助和提出服务的请求，维持与业务用户的单点接触。可是，很少有服务台成员拥有解决问题的知识、经验以及权利去变更这些系统，他们只能将通过语音远程通信收到的要求直接传送到远程通信服务组。在一些大型企业内部，远程通信服务组可以轮流指派团队成员到服务台了解远程通信的要求和问题。通常情况下，他们所要求的技能是非常专业的。远程通信支持通常全部或部分外包给专门的供应商。总体来说，服务台可以作为电话系统问题的第一道防线，并且有权利安排外包的供应商尽快修复出现的问题。

远程通信服务人员通常从建筑物内的布线服务开始学起，再加上在其他领域学习拓展专业技术知识，这通常至少需要几年时间。另外，程控交换机（PBX）供应商所提供的专业培训是了解系统基本知识的一般途径。如果在工作中能得到高水平人员的直接指导，那么这将帮助他们打下坚实的技术基础。一般在4～7年后，初级远程通信人员就可以"出师"了，成长为一名合格的高级远程通信分析人员。

5.3.6 运营经理

运营经理负责对IT运营组中所有团队的绩效考核，同时必须对其管辖领域所使用的技术有基本的了解。组织和管理团队是其重要的技能，而计划、设定合理的服务级别、管理员工以及积极参与则是运营经理最具代表性的职责，也是其作为实干家的具体表现。

IT运营经理视察IT系统的日常运行情况，目的是解决用户问题并使效益最大化。有了IT运营经理，首席信息官就可以更多地关注IT部门的战略方向，而不是整天充当日常事务上的"灭火（putting out the fires）"队员。因为一旦运营中断，就会引起整个组织的高度关注（当电话中断、收不到电子邮件或网络打印机不能工作时，就会影响企业中的每个人），因此IT运营经理在确保顺利实现部门设备的功能且不给业务带来消极影响方面起到了关键的作用。

在非常小的组织中，系统/网络管理员可能也是运营经理。随着业务的扩大，该层级的专用管理资源在对保持监控、指导IT组织运营、管理人员以及向首席信息官报告的团队领导人数控制方面均起着重要的作用。如果首席信息官直接收到五个以上的报告，则他应当考虑设立一个IT运营经理的岗位。

5.3.7　IT运营中的责任

IT运营组负责第8章和第9章中所描述的所有流程事宜。主要的运营流程则由几个组共同负责。运营流程中的责任分配如下：

1. IT运营经理负责

 * a. 系统需求管理流程

 * b. 灾难恢复功能

 c. 所有的管理流程

2. 服务台经理负责

 a. 服务台功能

 b. 问题管理流程

 c. 在标准运营程序/问题诊断流程中输入变更

3. 终端用户支持经理负责

 a. 问题管理流程（中断修复部分）

 b. 固定资产管理流程

4. 高级网络管理员职责

 a. 问题管理流程（第三级网络支持部分）

 b. 局域网/广域网管理流程

 * c. 安全管理流程（全部）

5. 高级系统管理员负责

 a. 问题管理流程（第三级网络支持部分）

 b. 系统管理流程

 c. 电子邮件管理流程

 d. 操作员管理

 e. 变更控制流程

 f. 资产管理流程（服务器设备）

 g. 注册管理（添加、变更、删除）

 h. 安全（服务器部分）

6. 远程通信服务经理负责

 a. 远程通信管理

    b. 问题管理流程（第三级远程通信支持部分）

    c. 安全（远程通信部分）

带 * 的程序根据企业规模和系统的复杂性，实际上可以划分为一个独立的小组。例如，大型企业中会在许多IT运营经理中专设一个安全经理。

5.3.8　IT运营结构和人员水平的关键驱动因素

决定IT运营结构和人员水平的五个关键因素：

1. 支持的终端用户数量

2. 支持的系统数量

3. 地理分布和支持地点的数量

4. 支持要求（例如，每周5天、每天8小时或每周7天、每天24小时）

5. 处理环境的复杂性——不同类型的应用、系统和网络的数量

表5.1 是在我们了解跨行业不同企业的实际情况的基础上编制的。该表以所支持的终端用户数为基础，粗略估计中小型企业IT运营人员配置情况。这些数字都是估计的，调查其他企业可以更好地理解企业是超过还是低于竞争对手，并且使员工了解到这些是如何影响成本结构和长期竞争的。第8章将论述估算大型组织所需人员配置水平的具体方法。

表5.1　中小型IT部门要求的典型的IT运营资源

资 源	企业规模（员工数量）				
	0 ~ 25	25 ~ 50	50 ~ 100	100 ~ 200	200 ~ 400
首席信息官	—	0.25	0.5	0.75	1
网络/系统工程师	—	0.5	0.75	1	1.5
网络/系统管理员	0.25	0.5	0.75	1	2
服务台督查员	—	—	0.5	1	1
初级网络/系统管理员	0.5	1	1.5	2	3
服务台/桌面支持	1	2	3	4	6

在一个小型组织中，每一个岗位都聘用一个职员在经济上是不合算的，通常复杂的处理环境也不允许这样做。随着企业规模的扩展和IT处理环境的日趋复杂，我们将需要更多的资源来恰当地管理和维护IT处理环境。

5.4　应用开发和支持

应用开发和支持组负责维护所有建立在由运营组提供的基础设施之上的应用系统。应用组支持产品应用，收集对功能进行改善或追加的要求，提供详细的说明书，开发新系统功能，测试新旧编码的衔接，并把所有变更整合到生产环境中。同时该组负责所有应用的管理、升级、部署以及问题解决和协调工作。由于大多数的以业务为导向的大型项目是由该组计划并实行交付，所以，对其实现有效管理就必须在新的开发活动和应用支持基线之

间巧妙地寻求平衡。

IT应用开发和支持组通常由5～6个主要的团队组成：应用开发、应用支持（在某些组织中可能和应用开发合为一体）、应用测试、数据库管理、电子数据交换（EDI）/应用接口以及业务分析。每一个团队都分别关注其对应的某一个应用系统、功能或业务技术需求。

5.4.1 应用开发团队

应用开发团队在业务分析人员收集和提供的业务需求资料基础上，对应用系统进行支持和改进工作。在较小的组织中，业务分析人员和应用开发人员通常是"两块牌子，一套人马"，即均由同一团队的人员担任。而业务应用程序可能是用户内部开发的，也可能是他们从第三方购买的针对特定业务部署而专门定制的。

应用开发人员通常擅长某个专门技术或软件的开发。这些技术包括面向对象的技术、网络导向的技术、客户/服务器开发的技术、企业应用配置和用户定制技术（例如，ERP,CRM）、电子数据交换和应用接口开发（应用结合）技术。

IT开发组通常围绕应用的三大类别进行相关技术开发。每一类分别使用不同的技术以交付能够满足所有业务需求的功能。这三大类别包括：

1. 面对客户的应用：包括基于网络的客户访问系统、订单输入和订单处理系统以及内部客户服务系统；

2. 生产支持：提供一系列的供应链应用系统（例如采购、生产、存储、存货和物流）；

3. 业务支持：与业务实现一体化的典型的内部系统（例如人力资源和会计系统）。

为了管理和提高业务应用水平，应用开发团队成员会根据不同的技能参与到上面三个不同的领域中去。该团队负责对现有业务应用系统的新需求进行开发，同时升级和安装第三方应用软件补丁。并且在进入正式生产领域前测试现有和新的应用功能，为已投入使用的业务应用系统提供支持。随着业务系统规模和复杂程度的增加，必要时可要求开发人员专注于三大类别中某一类的应用开发工作，同时允许他们在交叉应用接口领域进行合作。

我们通常做到业务应用系统与团队组建的一对一，但也可以对多个团队成员进行交叉培训，从而共同支持特定的应用系统。这样做也存在着风险，导致该应用系统的所有权不清晰。因此，我们在部署每一个系统时，必须划清应用系统改善项目的移交和整个应用系统管理的产权和职责范围。

IT开发组必须事先明确地与IT部门、IT指导委员会以及业务用户进行沟通，告知他们新系统配置部署的时间。为了确保每个人都清楚新系统的部署时间及功能，开发组必须在IT组织内部以及IT组织和业务组织之间进行沟通。无论在什么情况下，应用系统的主要变更都应当通过IT指导委员会进行协调。

另外，新系统容量部署必须考虑到业务周期的敏感性，并且应当尽量减少对最繁忙业务周期的干扰。例如，我们的一个客户，70%的业务量发生在11月份和12月份的假期期间，在此期间，企业不允许开发组对任何系统或应用进行变更。因此该企业要求IT应用开发组将系统变更的时间确定在9月底之前。

最近我们发现了一个有趣的现象，即第三方提供的针对用户定制的软件应用在逐步减少或消除。这些定制软件主要包括企业资源计划（ERP）系统（如SAP,JD Ewards或PeopleSoft）以及客户关系管理（CRM）系统（如Siebel）。由于企业投入了大量的时间和资源到这些软件包上，而且用户所花费的定制费用很高，再加上随之出现的越来越多的麻烦，这些导致了每年一次的对第三方产品的升级无法与费用昂贵的用户定制系统匹配起来。当供应商停止技术支持时，企业就必须自己维护旧的系统，或投入更多的时间和资源来完成取消用户定制的移除、系统安装升级或打补丁等事宜，同时要花费更多的成本在最新的软件版本下重建用户定制系统。

因此，客户更愿意安装接近标准化的、即买即用的新的第三方软件。在某些极端情况下，那些已经投资用户定制应用系统的企业会退订所选择定制好的用户系统，或者直接改变相关业务流程以满足新软件的要求。这种做法对于软件供应商和他们的用户来说是互利的。

5.4.2 应用支持组

中型组织内可能设有应用支持组，它独立于应用开发组。应用支持组负责重要业务应用系统的日常运营。应用支持组的组织结构与开发组的结构平行，目的是为了确保能够明确地划分上线应用软件系统的所有权和责任归属。

大型企业的应用开发组和支持组一般也是独立存在的。而在较小的组织内，支持应用的职责则归于终端用户支持组或者应用开发组。如前所述，服务台和终端用户支持组分别提供一线和二线的技术支持。业务应用的三线支持则来自于应用支持组。

开发组负责识别、开发、测试和配置IT新功能，他们通过提高效率或技术创新以及提供竞争中的差别化策略来提高企业的IT能力。当开发组集中精力开发新功能时，支持组则在维护现有版本并提供如前所述的三线技术支持。支持组和开发组相互独立，对于组织具有积极意义。首先，它避免了开发人员在工作中分心，使他们能够集中精力从事新功能的开发。否则，开发组将不断地被没完没了的支持任务所打断。如果这样，开发周期将不可避免地被延迟，为兑现如期交付所做的努力也将付之东流。其次，当两个组的功能被整合在一起时，我们无法区分问题的责任划分。当一个组承担两项职能时，就很容易把对没有按期完成项目的责任归咎于过多要求上。如果团队花费太多的时间专注于新技术开发而没有足够的时间提供支持服务，那么很容易向客户提供低质量的服务。只有将这两项功能分配到两个小组上，这样可以使职责清晰，每个组也能更高效地工作。两个组的划分也为队员提供了从支持组到开发组的职业发展道路。

5.4.3 应用测试

应用测试团队负责对业务应用模块的变更和升级进行测试，消除发现的问题并确保与其他模块的兼容性。应用测试可分为许多层次：第一层次为单元测试（unit），开发人员在开发时对模块中的编码进行测试。接下来是第二层次，我们称之为集成化测试（integration），这时测试团队会整合不同的模块并测试它们之间的功能是否相互匹配。最后，随着这些应用模块与其他内部和外部系统的链接，测试人员将所有应用模块放在一起进行一次完整的测试，即系统测试（system testing）。

但实际上，在进行系统部署前，几乎没有一个开发组有足够的时间对全部的业务应用进行测试。他们通常在系统运行前一周才开始测试，这就导致系统不能被彻底测试。因此系统在应用时就很容易出现问题。一个成功的应用开发组通常会将30%的时间用于应用测试。这样做可使应用系统在运行中几乎不会出什么大的问题，而且在实施后的环境中系统管理将变得更容易。

应用测试组也应当允许业务用户与其一起进行应用功能的测试，用户参与测试的目的是为了确保那些最常用功能不会出现任何的系统问题。此外，还应当允许业务用户在使用应用系统前能够进入新的系统，这样他们就可以提前熟悉环境并逐渐树立拥有、运用新系统的信心。

完整应用测试的另一个重要作用是通过加强测试来识别系统的可测量性、容量的限度和灾难性的失败点。系统应用前，掌握这些有关重要领域的知识可以有效地监控系统性能，并避免灾难性事件的发生。系统管理员和应用开发人员与其在问题出现后不得不停止其业务运行，倒不如在问题出现之前就预判可能出现的问题。

在小型应用开发组中，应用测试小组可能是由部分开发人员、数据库管理员和系统管理员组成。在大型业务或小型企业的重大系统首次公开上线前，可能仅由一个单独的人员或由一个独立团队来完成对该应用的整体测试。

5.4.4 数据库管理员

数据库管理员（DBA）负责设计数据库架构，安装数据库软件，参与开发组的设计与开发活动，确保数据完整，对业务应用所使用的重要数据库软件进行监控并优化其性能。生产环境和开发环境数据库是他们负责的两个主要的数据库。同时，数据库管理员所负责的大型关系数据库也是非常复杂的系统，因此可以说在IT团队中数据库管理员（DBA）是对技术技能要求最高的岗位之一。

由于关系数据库的复杂性，管理员需要具备专门的技能，具备什么样的技能要根据数据在业务中所使用的数据库技术来确定。就像IT部门负责运营方面的系统管理员一样，DBA要求掌握数据库的相关知识，以便对数据库进行有效的控制、管理和协调。尽管如此，我们说找到一个合适的数据库专家（如Oracle DBA）其实并不比找到一个精通Oracle、Informix、Sybase和DB2的专家更困难。数据库性能的好坏对系统性能影响较大，但在可行的系统和失败的系统之间仍存在差别。

在大型组织中，DBA常常被分成开发DBA和生产DBA。开发DBA既要关注现有数据库的结构变更及升级，又要为新的应用要求设计新数据库模型。而生产DBA负责监控和协调数据库的运行，确保维护生产环境中数据库的完整性。

5.4.5 电子数据交换（EDI）/应用接口专家

电子数据交换（EDI）专家负责企业内部应用数据的交换及其与外部战略伙伴间的数据准备和交换工作。在跨业务、跨合作伙伴间的数据库及系统通信中，应用整合是一个重要的工作阶段。每个业务系统和应用系统对数据形式都有其特定的要求。应用系统内部接口被事件激活，并在需要的基础上（异步地）或在特定的时间内传送数据，输送大量急需处理的内容（批处理）。EDI专业人员也是信息编译方面的专家，他们可以使这些信息被接收系统理解。除此之外，他们还必须掌握数据传输进程，以保证大量数据的传输不会在同一时间出现从而影响传输速度，避免由于个别机器、数据库或网络的负荷过大导致数据传输失败。应用接口专家必须擅长信息传输管理或系统连接的各种工具和技能。随着业务传输速度的加快和时间压力的加大，不同系统间的异步的实时通信也会越来越多，而这是必要的。

5.4.6 业务分析组

业务分析员的工作直接面向业务用户，需要理解系统如何应用，发现系统应用给业务带来最大利益的机会。业务分析员主要服务于两类用户：业务用户和IT部门的应用开发人员。

通过定期会议及召开需求收集会议，业务分析员与业务用户建立并保持联系。他们必须理解客户内部的业务流程及在业务流程中如何应用IT，以及如何应用IT能够使业务流程更有效。为了促进业务系统价值提升、用户定制和升级，业务分析员必须积极主动地搜集、记录这些信息和要求。此外，在系统实施之前，业务分析员需对客户业务进行跟踪并帮助客户对应用变更或提升系统的要求进行优先排序和测试，这样可以保证对高价值信息的存取以及系统的正常运行。

业务分析员的工作是极具挑战性的。它不仅要求分析员为了能够预料、识别、编制详细目录而掌握业务流程和应用技术的知识，而且还要求他们能够清晰地描述业务用户可能需要但不能清楚表达出来的系统变更。例如，自动存储客户信息区域的变更（系统功能的一个微小变更）可能改变业务用户的使用程序，并且为处理每个订单节约一些时间。期间，业务用户可能并不认可它的可行性，因此，业务分析人员有义务识别这些变更并将它提出来进行讨论和评价。

同时，业务分析员应与应用开发组开展密切合作。为日后程序员能够创建详细的程序说明书，业务分析员有义务事先编写出一份满足应用要求的详细的需求文件。事实上，在开发任何系统之前，应用开发组都要求有一个高度详细的需求文件。编制需求文件的过程是非常复杂的，为保证需求描述正确，并能应用到系统说明书的编写中去，分析员往往需要对需求内容反复斟酌，并且提炼出他们与业务用户和应用开发人员开会讨论时确认的关键内容。

5.4.7 应用经理

应用组经理负责应用开发工作并且对组中所有团队的工作给予支持。应用经理除了需要对所管辖领域使用的业务系统整体了解之外，还需要具备组织和团队管理的能力。任务分解后的优先权排序、团队管理和项目执行是应用经理的职责所在。

应用经理根据IT指导委员会设定的项目优先次序指导团队工作。为了能够高效、准时且经济地将优先项目交付给客户，应用经理必须对IT业务系统的中期交付情况进行检查。应用经理的存在可以使首席信息官得到解放，使其将所有精力集中于对整个企业的IT战略指导和对IT部门资金管控的关注点上，而不是整天担心在未来3个月内功能升级、资金交付等问题。

在非常小型的组织中，起初可能由一个起带头作用的开发人员或测试人员充当应用经理的角色。但随着业务的增长，企业设立一个专门的岗位由专职人员对资源进行管理是非常必要的。这样不仅可以保持对IT应用组的监控和指导，而且可以减少直接向首席信息官进行汇报的人员的数量。当首席信息官直接接受四个以上不同应用相关人员的汇报时，就应当考虑增设一个应用管理的岗位。

5.4.8 IT开发结构和人员水平的关键驱动因素

决定IT应用组结构和人员水平的5个关键要素：

1. 应用系统数量
2. 系统数量
3. 使用的不同技术的数量（例如，数据库、操作系统、接口工具）
4. 系统接口的数量和复杂性
5. 必要的系统变更的数量和复杂性

在大多数环境中（假定系统是相对稳定的），随着不同应用软件的数量及其复杂性的增加以及系统和技术的发展，需要更多专业人员来维护和提升这些业务应用系统。复杂的系统中常常存在由于错误而引发的微妙且难以诊断的漏洞，因此我们需要再次增加技术人员以提供基础支持。技术支持人员的数量分配主要由使用的系统和技术决定：如果采用相似系统和相同的技术，那么一个开发人员就能够相对稳定地支持多个应用。但是，如果存在大量的系统接口和不同的技术引入，那么所需的用于新旧两种系统的人员数量就会增加。

由于IT应用开发组常常抱怨他们人手短缺，因此确定企业的人员配置水平，为企业和IT领域内要求优先实施的项目提供有效服务就成为首席信息官和IT指导委员会亟待解决的问题。

人员配置的"适当"水平取决于不同的因素，如对重要的业务应用系统升级，新技术的引入以及IT组织的变更。如果上述任何一个因素发生了变化，应用开发组就应当对人员水平和技术设备开展调查以决定是否增加人员。如果影响人员规模的基本面没有改变，即业务没有增长或技术平台的复杂性没有改变，但出现人员快速增加或IT频繁要求增加人员的情况时，我们说这是IT部门陷入困境的一个紧急信号。在这种情况下，IT指导委员会应当保证首席信息官在不出现工作失误的前提下，从基础上提高人员的技术水平。人员配置水平还需要考虑那些经核准需开发的项目的预计开发时间等因素。

5.4.9　运营和应用组职责划分

我们已经揭示了这样一个普遍事实，即中小型企业中的IT部门不区分应用组和运营组职责。

通常应用开发人员由于其对工作安排的优先次序混乱不清形成了职责不分的局面。他们把自己置身于是应当每天处理没完没了的产品问题还是集中精力开发下一个新软件的矛盾之中。虽然大多数的产品问题必须立即解决，但由于业务用户经常性地增加开发需求（如增加一个小任务），从而导致应用开发人员不得不相应修改项目计划。承担新功能开发任务的人员反而不断地承担"救火（fire fighting）"任务，资源因此减少，这就不可避免地导致开发超期。另外，将已分配负责某个特殊任务的程序员转而指派其从事开发工作会导致与此相关的转换成本增加，同时也浪费了不少时间。令人感觉滑稽的是，这也为开发组错过新版本或新功能交付期限提供了一个适当的借口。

为避免这种情况的发生，工作人员应当坚持应用开发流程并规范时间，同时将最重要的需求融入到提升版本的流程当中。IT部门就要求改进部分的优先级别和可行性与业务部门进行沟通，重要的是显示出IT对业务用户的要求已做出了响应，而不需要通过停止IT程序而实现目标。

正如我们将要在第11章所讨论的，清晰地定义每一组的职责并防止职责重叠是一个很好的策略。尽管如此，有时应用组的人员会充当运营领域的补充力量，他们的技术知识发生重叠且在应用领域中具有应急功能。因此，我们允许运营组按照一般水平需求设置人员而不是以最高水平需求为标准进行设置，这有利于降低所有的IT费用。当应用团队被要求支持运营团队时，尽管这种方案可能只降低某些项目的成本，但这种对费用的平衡通常是有利的。这种方案特别适合小型组织，因为减少一个或两个员工对成本的影响是很可观的。

5.5　首席信息官和管理支持

首席信息官负责IT组织的方方面面，从日常运营到长期战略，从IT架构到用户定制开发。该岗位要求具备技术理解、领导、管理技巧和业务知识的综合能力。本书第6章将深度阐述首席信息官的重要特征。

获得行政支持对于IT部门来说至关重要，就如同其他任何一个业务部门获得该支持一样。刚刚起步的IT部门可能只需要一个略懂简单IT技术的秘书就够了，而当公司IT部门发展壮大时，拥有一个精通技术的行政助理对于首席信息官及其员工来说又是何等的宝贵。在一个有序运行的组织里，如果该行政助理能够获得相关经验，接受正规的培训并有一定任期，将很有机会加入到终端客户服务的大家庭中。

5.6　其他的IT组织问题

5.6.1　IT人员是雇员和合同工的组合

现在，想要聘用掌握新技术人员的难度在不断加大，因此与IT人员签订合同的做法也变得越来越普遍。本书的第11章将对该问题进行更详细的论述。储备额外的人力资源以保证优先项目的完成和储备现有IT团队中稀缺的具有独特技术知识的人才，是与聘用人员签订合同的根本原因。

第一种情况下，管理人员发现那些被IT指导委员会定义为高度优先的项目常常由于缺乏额外人员的帮助而导致搁浅。这时，聘用外部合同工来临时增强业务能力就显得尤为必要了。甚至在某些情况下，外聘合同工起着特殊的作用（如测试、需求搜集），他们可以为现有系统提供基础支持，以使其他全部人员的大部分时间投入到优先度高的项目中去。

第二种情况下，管理人员发现新项目中常涉及新技术（至少对现有IT团队而言是新技术），因此需要聘用具备新技术经验的临时合同人员参与到项目当中，发挥他们的技术优势，并在工作流程中对现有IT团队进行培训。

无论在哪种情况下，IT经理的工作都应当保证自己能够控制项目及其所采用的技术。在当前团队不具备项目的需求技术时，我们可以选用短期合同工（如3～12个月），这样不仅确保了工作的正常进行，促进了员工间的学习与交流，同时可以有效防止因合同工或供应商提供帮助时间过长而形成对他们的过度依赖，而且还有益于建立对生产率和性能的质量测评标准。此外，IT经理应当明确合同工与全职IT员工之间的关系，通过恰当的考核标准衡量合同工的业绩，以保证合同工给企业带来的利益最大化。

5.6.2　IT责任

IT运营组和IT应用组的责任受不同关键驱动因素控制。

IT运营经理应当做好如下工作：

1. 建立明晰的岗位和职责制度；建立与终端用户进行单点交互以防止其为获得某种答复或解决方案而操纵IT组织（虽然是迫不得已的）；划清终端用户问题的责任人；建立问题状态的沟通程序（如应用中断期、终端用户疑难问题、系统变更等）；明确问题处理的转送标准和新的权属接受标准、问题解决和用户满意参数等。

2. 测试服务台的响应次数，终端用户问题（类型和解决时间），终端用户满意度等级，以及系统、网络和应用的中断期。

3. 对快速解决终端用户问题，识别并且消除引起问题的根本原因，使意外故障最小化的人员进行嘉奖。

IT应用经理应当做好如下工作：

1. 建立明晰的岗位和职责制度；明确个人应用软件的所有权和新软件开发所有权的归属；制定有挑战性的项目完成期限，提升应用系统能力；确定实施日期、测试时间和可行的开发时间（追溯以前的工作：从实施日期到建立检验点和里程标）；确保有恰当而充足的时间进行测试；

2. 检测运行中重要的里程标和检验点，检验已交付的、试运营及正式运营中发现的问题；

3. 筛选按期完工并实现重要里程标的项目，以及新开发的出现问题最少的项目，并奖励其开发人员；

4. 提倡并保证采用正确的应用开发方法以降低风险和提高质量，同时确保依据工作量聘雇合同工的原则性；

5. 保证IT需求管理原则与应用开发的优先级及其调整的一致性。

5.6.3 大型企业需要考虑的因素

本章所描述的组织架构和职能均与企业规模相关。大型企业组织架构的透明性和复杂性决定了它们通常侧重于组织架构中的工作分工。以下是一些在组织架构中通常需要考虑的因素：

1. **架构**：在中小型企业中，首席运营官的职责还包括定义并负责信息、技术（基础设施）和应用的架构工作。而在大型组织中，该职责则由专职人员独立承担，该人员通常被称为首席技术官（CTO）。首席技术官负责定义和开发未来3～5年的内部系统架构。之后，这个架构将被发送给不同的经理去"执行"，在一段时期后实现系统的部署。IT部门建设或者实施的所有系统都要坚持这个架构路线图。对于技术型企业（如软件开发），首席技术官可以不归属于IT部门，他可以直接向首席执行官报告，而且他主要关注面向客户的技术架构或者是已经实际销售给客户的"产品"。

2. **安全**：在某些企业中，安全管理可以是一个全职的岗位，但其取决于系统的数量、进入企业网络的访问点数量以及企业经营业务的数量。例如，财务服务企业应当设置一个独立的专职安全管理岗位，该岗位是否归属于IT部门均可。安全人员负责监控、限制潜在的、没有授权的用户进入企业网络。安全人员具体负责防火墙设备运行、安全监控软件、密码设置策略、访问策略、口令策略、物理访问限制和探测以及监控内部人员的欺诈行为。

3. 审计/会计控制：为避免出现问题，大型IT组织须从常规管理中分离出一个独立的控制职能。尤其对于从事财务管理的企业来说（如银行），要特别关注内部人员欺诈行为，因此成立一个独立的监管部门或小组是十分必要的。该小组的职能包括审查项目批准请求、评价项目计划、跟踪项目进度以及与项目计划进行对比等IT审计工作。它可直接向首席信息官或向财务/审计部门汇报工作。除此之外，它还具有风险管理职能，保证大型项目遵从既定的方法，降低项目风险并审查涉及敏感系统的项目安全情况。为能更加有效地发现欺诈行为，该小组可开展定期和不定期的项目审计。

4. 项目管理办公室（PMO）：超大型的IT组织内通常出现多个项目同时启动的情况，管理人员需要集中对这些项目进行协调、跟踪和汇报。因此有必要成立一个项目管理办公室（PMO）对项目进行跟踪和矫正。这样做不仅可以同步管理项目，避免项目进展出现偏差，而且还可以规避各个项目间产生的无谓竞争。研究证明PMO可以在很大程度上促进IT项目的高效执行。

5. 业务分析专家组：大型IT企业的首席信息官可以单独成立一个业务分析专家组，负责与业务终端用户沟通，搜集客户需求，完善现有系统，确保用户对系统和应用运行的满意度。根据业务部门和客户群的不同，IT组织可从不同业务部门抽调具体领域内的专业人士组成业务分析专家组。

6. 集中式与分布式：在大型组织中，IT运营的集中与分布一直是争论的热点。在企业IT部门内部，集中化可以加强控制，降低IT成本；而分布式的控制则更多体现在业务部门层次和潜在的用户层次。集中与分布的平衡需要对这两种模式进行深入分析，以便在特殊情况下更好地运用它们。当业务部门技术要求相似、运营质量要求一致、并在运营中始终保持不变时，运用集中化模式就更为适当。此外，如果业务部门想以最低的IT运营成本运行且共享资本密集的基础设施和人员，那么集中化模式也是最好的选择。反之，如果企业存在技术要求不同的业务部门，且IT系统交付主要依赖运营时间的环境时，运用分布化模式则更适合。同时，当业务部门具有高度独立而复杂的客户群，并且其产品很少能与其他业务部门共享技术时，分布式工作也是最好的选择。在大多数组织中，人们对集中化的IT运营没有太多的异议，但IT应用组到底运用何种模式则取决于自己的实际考虑和选择。

7. 按业务职能、应用类型、业务部门和/或地理位置进行组织：包括应用开发和维护组在内的应用组的组织方式是多样化的。在之前的讨论中我们已经介绍过一种组织方式。企业规模越大，组织方式就越多元化。一些企业按照应用组的功能进行组织（如财务应用、供应链应用等），一些企业则按照业务部门分类进行组织（如在线商品目录、零售和批发），还有些企业则根据地理区域的不同进行组织（如东海岸、西海岸、欧洲、南美洲等），或者将三种方式结合起来进行组织。组织方式的最终确定与成本、所要求的专业技术、行业知识水平，职能要求、组织规模以及终端用户所在地和需求有关。

5.7 总　　结

事实上，应用支持和运营支持的分离是IT部门的最佳组织形式。首席信息官要确保小组间以及各小组内部对岗位和职责界限的清晰划分。如果由于职责的重叠和缺失而造成IT部门在服务范围内的无序，那么我们说该组织在项目交付和用户满意度方面是不合格的。作为创建高效的IT部门的重要杠杆，合理的组织及对职责的明晰划分与出色的IT领导、IT需求管理、技术标准、供应商管理、风险管理和财务管理是同等重要的。此外，在大型IT组织内部可能设置诸如首席架构师、IT审计组以及我们前面讲过的项目管理办公室和业务分析专家组等其他具体的职能岗位。但不管哪个岗位，切记首席信息官一定要确保直接向他汇报的部门不要超过5个，甚至更少。

资　　源

阿普尔盖特（Applegate）、琳达・M（Lynda M.）、F・沃伦・麦克法伦（F. Warren McFarlan）和詹姆斯・L・麦肯尼（James L. McKenney），《企业信息系统管理》（纽约：McGraw-Hill/Irwin，1999）。

哈里斯（Harris）、斯图尔特・葛露普（Stuart Galup）和盖伊・尼米罗（Guy Nemiro），《IT组织：构建世界级基础设施》（新泽西上萨德尔里弗：普伦蒂斯・霍尔出版社，2000）。

第6章

首席信息官

组织不能真正完成任何事情，计划也不能完成任何事情。管理理论其实并不是太重要的，成功或失败归因于你的人员。只有吸引最好的人才，才能完成最伟大的事业。

——科林·鲍威尔将军（Collin Powell），联合主席团主席（已退休），美国前国务卿[①]

本章阐述首席信息官（首席信息官）在组建和管理一个高效IT部门的重要性。内容包括首席信息官的作用，该职位对IT部门生产力和能力的影响，揭示最有能力的首席信息官应具备的技能和经验，以及他们如何分配自己的时间等等。对于IT部门人员来说，这一章为大家介绍了想要晋升成为一个合格的首席信息官所需的技能，同时为高级管理层招聘或提拔首席信息官提出了几点建议，并且探究了首席信息官误入歧途导致其与业务需求脱钩的原因，以及如何有效地利用IT指导委员会取代或扩大首席信息官的职权。

6.1 首席信息官的重要性

我们发现，那些担当首席信息官角色的人员，其个人品质是唯一对IT部门整体效率影响最大的因素。无论这个角色被称为首席信息官，还是简单地称为信息系统副总裁，这个人通常负责企业最大的运营部门（按费用划分），且业务触及企业每一个角落。要想在这个职位上发挥有效作用，任职者必须具备多方面的管理技能、沟通技巧、激励能力和政治头脑。这个人的执行力对IT部门的成功起着关键作用。正如第2章所述，最好的情况下，IT部门是竞争优势的源泉，对整个企业的生产力起着积极的影响。最坏的情况下，他们却成了企业在时间和预算消耗上的无底洞。最近的一个案例表明，使IT部门陷入困境（失败的项目、资金浪费和丧失机会）的最终原因是由于高层IT经理缺少执行力。

由于该职位要求技术和非技术技能的完美结合，因此识别理想的候选人是有挑战性的，并且对于非技术的高级管理团队人员来说是一件令人恼火的事情。

内部提拔的候选人虽然通常具备技术技能，但缺少必要的管理技能和沟通技巧。而招聘外部的候选人则需要高昂的费用并且比较困难，特别是对于比较小的企业而言。即使确定并聘用了合适的人选，这个职位的行为也经常会导致出现一些不利于整个组织的利益冲

[①] 克林·鲍威尔（Colin Powell），普遍认为是"18项领导力原则"讲座。

突和代理问题。"明星"级IT经理的事业动机经常与整个企业的激励文化不一致。本章为识别、选择和激励合适的人选担任这一重要角色提供了必要的指导。

6.2 首席信息官的关键作用

大卫·富特（David Foote）是富特合伙企业（Foote Partner）的管理合伙人。该企业是一家从事技术研究和管理咨询的顾问企业。大卫曾说，"当今首席信息官们承受着巨大的压力，从很多方面来看它都是一个最困难的行政工作。IT贯穿整个业务，而且首席信息官们必须对各种各样的业务和业务模式做出反应。"[①]2000年初的一项研究就曾预测："人类在未来三年内会产生更多的信息，这些信息将是过去30万年的总和。"[②]现在，所有企业正不断地制造着各种各样的信息，这需要IT技术对这些与日俱增的信息进行分析、处理和分发。如此大量的信息终将由首席信息官来"埋单"。

这种说法是真的。在大多数组织中，首席信息官是仅次于首席执行官的最具变数且政治上最复杂的职位。首席信息官的职责涵盖了非常宽广的领域，管理诸多功能的应用，包括允许业务使用它的基础系统（网络、台式计算机、电子邮件）、用于业务计划和管理的应用系统（预测、生产、财务系统），以及用于发展业务以取得竞争优势的应用系统（面向客户的系统、客户关系管理应用系统）。这些重要且广泛的职责也意味着首席信息官是领导企业且能给企业带来真实变化的唯一人选，这个角色极具挑战性。

虽然这个职位本身具有潜力，但由于它承担着巨大压力以及职业透明度高的原因，首席信息官常常受到外界的诽谤。19世纪60年代末出现首席信息官职位，但直到80年代才被广泛接受。首席信息官不可与首席财务官（首席财务官）的职位同日而语，因为首席财务官的职位可追溯到古代贸易时期，从某些方面可以说首席财务官已经存在了数千年之久（尽管职位不同）。首席财务官和企业的其他职位（如销售副总裁、生产副总裁）都是根深蒂固的，他们都有各自的权力基础。相反，首席信息官职位在传统上被认为是秋天的猎物，属于弱项管理中的一个增加成本的内容。而三分之一的首席信息官在一年内失去工作，其中60%的首席信息官觉得他们的工作是有风险的。幸运的是，历史观念已然成为历史，首席信息官已经变成了受到尊重的企业高管之一。最新的数据表明，在整个90年代，首席信息官任期的统计数据从之前广泛报道的18个月得到了提高。尽管有调查显示首席信息官任期高达5、6年[③]，但仍有数据显示首席信息官任期时间还比较短。据权威技术杂志Optimize

---

① 明迪·布罗杰特（Mindy Blodgett），"The CIO Starter Kit" CIO杂志（1999年5月15日），Copyright © 2002 CXO Media, Inc.允许转载。网址：http://www.cio.com /archive/051599/kit.html。
② 加州大学伯克利分校，SIMS（2003年10月27日），网址：http://www2.sims .berkeley.edu/research/projects/how-much-info-2003/execsum.htm（2006年12月13日访问）。
③ 阿兰·E·奥尔特（Allan E. Alter），"2006 CIO作用调查：问题是取得成就而不是生存"，《信息方略》（2006年4月6日），网址：http://www.cioinsight.com/article2 /0,1540,1963698,00.asp。

Magazine[1]和行业顾问委员会（Industry Advisory Council）[2]公布的数字，首席信息官每年的平均流动率为28%~35%。

如第2章所述，在大多数企业中技术投资是一笔最大的间接性投资，而且在过去的5年中它推动了美国经济生产率的发展。即便如此，IT部门（特别是IT项目）给人的印象是它几乎没有带来什么真正的商业效益，反而成了花钱的无底洞。其实，导致这种效率低下的直接原因有很多，但最根本的原因在于缺少执行力和对IT部门的关注。

我们最常遇到的咨询案例主要集中在帮助客户提高IT执行力方面，大量客户可以对这一观点给予验证。当首席信息官经过有效训练，或者因失败由他人接替，并且其为IT制定的可靠的战略计划被实施之后，客户IT部门的效率确实有所提高。

在所有成功的案例中，技术还是原来的技术，人员还是原来的人员，供应商也没有任何改变，只有IT部门经理的执行力是我们帮助其作出的唯一改变。逐渐地，IT部门的关注点发生了改变，流程也得到了改善，整个部门的运行也变得非常顺畅。这些被重复使用的"控制经验"已经毫无疑问地证实了IT执行力是决定部门成功的关键因素。

6.3 挑战才能

首席信息官面对的最大挑战是其晋升道路仍然受到传统升职途径的限制，即从IT部门内部晋升。70%的首席信息官是IT专业出身。[3]事实上，塑造IT运营或应用领域高级执行者所必要的技能训练并不一定适用于培养首席信息官。虽然从内部候选人提拔确定首席信息官人选看起来最符合逻辑，但我们看到这种选择常常是失败的，因为他们很难适应新角色，缺乏新职位所要求的技能。

大部分首席信息官候选人在晋升前从事应用管理（如应用总监或高级项目经理）或运营（如运营总监或高级网络经理）工作，他们具备这些职位所要求的相应的技术知识，并有着向相似技术背景的经理提交报告的经历。然而，晋升后所要求的技能则完全不同，这时的技能侧重在执行力、沟通、计划、财务控制、销售和管理等方面。表6.1列出了晋升前的角色所要求的或应具备的几种技能，表6.2列出了晋升后的角色所要求的或应具备的几种技能。而且，新晋升的首席信息官要经常向非技术型领导（如首席执行官、首席财务官或首席运营官）汇报工作。综上所述，在这些新要求的各种技能、新的工作压力、变化后的工作关系以及这个职位固有的难度等多种因素共同作用下，我们说首席信息官的高失败率也是在所难免的。

① 阿瑟·兰格（Arthur Langer），"不断成长的未来CIO"《优化杂志》，问题22（2006年7月）。
② 工业顾问委员会，"IAC/CIO工作组报告"（1996年7月15日）。
③ 泰德·斯莫利·鲍温（Ted Smalley Bowen），"完整CIO的职业之路"，CIO（2004年10月1日），网址：http://www.cio.com/archive/100104/hs_verdict.html。

表6.1　晋升前应具备的技能

晋升前的技能
汇集和分析系统要求
编程和系统开发
应用设计和管理
系统配置
业务流程文档化
技术实施
系统管理
系统绩效管理
技术、数据和应用结构设计与管理
有限的项目管理
向技术经理汇报的上下级关系

表6.2　晋升后应具备的技能

晋升后的技能
IT功能的应用和运营部分的管理
选择供应商、谈判和管理
聘用、评价、管理、激励、开发、晋升和解聘团队成员
决策
费用控制策略
成本/效益评估、项目经济评价
预算
风险管理
与业务部门及高级管理层沟通
资源和项目优化
IT组织设计
标准设置和执行
IT评价和效率
协调多个、分散的项目，提倡业务部门和内部功能的交叉
决定稀缺经济资源（人员、预算、时间）的合理利用
维护IT基础服务级别
向非技术业务经理（如COO或CFO）汇报的上下级关系

　　由于内部IT人员在技能方面的不足，因此许多企业尝试从外部聘用首席信息官。但是，这种做法也同样存在风险。当某个大企业面试外部候选人的时候，它很容易成为那些曾被其他企业所"抛弃"人选的"收容所"。我们想象一下，当某人在某个企业升职后，却因为能力不足又离开，他实际上获得了在其他企业被聘用晋升的机会。可问题是，在他两年任期之后或在他被发现能力欠佳之前，他又忙着寻找另外的对他感兴趣的下一家企业，或许这个企业愿意聘用他且为其提供"晋升"的机会。

　　对于中型企业而言，他们的IT部门比较小，并且在这方面的资金投入也不多，因此他们想吸引到最好的人才并不容易。如果一个优秀的业务领导具备表6.2中列出的所有经验和技能，那么他不可能到一个小型或中型的IT部门工作——即使被任命为首席信息官。大部分的中小型企业不可能简单地仅凭职位水平和机会就能够从外部吸引到最好的专业人才。一个潜在的高水平候选人也有可能认为自己不能给组织带来显著的变化。

那么大型企业的情况又是怎样的呢？其实大型企业经常受到IT部门坏名声及IT部门内部晋升空间小的困扰。财富杂志500强企业中，只有7%的企业将首席信息官列为五种薪酬最高的领导之一①。虽然从预算和人员职责角度来看首席信息官这个职位是非常重要的，足以吸引高水平的人才，但他们往往缺少前进的动力，缺少被提升为高管（如首席运营官，首席执行官和部门SVP）的机会。

我们称之为"格劳乔·马克思问题"（Groucho Marx）。Marx曾经有个非常著名的嘲讽："我不想只是成为任何一家俱乐部的成员而已"。应用到首席信息官上，就意味着任何愿意接受这个工作的人明显地可能是一个错误的候选人，特别是在中型企业内。一个人接受一个无法给企业带来任何影响或者几乎没有提拔机会的工作，那么这个人可能是在寻找闲职，或者他没有足够的悟性来理解这个职位的涵义。首席信息官 Insight杂志在2006年做过一项针对首席信息官的调查，结果显示41%的首席信息官们正在或打算在未来一年内寻找新"东家"。②为了吸引最优秀的人才，高级管理必须确保IT部门是一个"A级选手"都想参加的"俱乐部"。高级管理团队应当注意IT部门内部晋升的转换难度，并且应当和内部提拔的首席信息官一起工作，帮助他们完善在这个职位所需的技能。

我们还观察到，工资平等是企业提高首席信息官职位吸引力的另一个因素。当一个企业吸引到一位优秀的首席信息官后，所提供的报酬通常与该职位不匹配。在世界500强的企业里，支付给首席信息官的报酬与支付给其他管理者的基本持平。而对许多小型或中型企业而言，首席信息官需要保证建立和管理高效的IT部门，因此他要求的报酬水平可能比高级管理团队的其他成员要高。许多企业针对这个问题会有相应的对策。他们往往先聘用一个相对昂贵的"扭转局面的专家"作为临时的首席信息官来帮助或稳定该部门，之后再寻找一位长期的首席信息官作为管理者取代那位临时首席信息官。

高管层无论在任何情况下都必须保证，除需要具有吸引力的环境以外，还应当提供一个有竞争力的工资结构，以保证吸引最优秀的人才。我们说，在首席信息官身上每投资1美元就要使其通过对IT的有效管理为企业带来数倍的回报。

最后，企业应当预防首席信息官角色中隐藏的代理风险。虽然我们发现一个企业克服重重困难，通过有竞争力的薪酬吸引到了一流的首席信息官，但随后会发现他们自己又陷入了更深的两难境地。因为一位有进取心和事业心的首席信息官通常也是一位创建者，他们想建立新系统、提高人员水平以及提升和实施系统。但糟糕的是，有些首席信息官只

---

① 金姆·纳什（Kim Nash），"CIO如何跨越巅峰"，《基线杂志》（2002年9月4日），网址：http://www.baselinemag.com/print_article2/0,1217,a=30663,00.asp。

② 阿兰·E·奥尔特（Allan E. Alter），"2006 CIO作用调查：问题是取得成就而不是生存"，《信息方略》（2006年4月6日），网址：http://www.cioinsight.com/article2 /0,1540,1963698,00.asp。

是简单地将目前的职位作为他们职业生涯中的垫脚石。这样的首席信息官通常以其个人职业发展利益为基础做决策，而不是优先考虑企业利益。他们期望在离开本企业后，能够去其他的企业中获得更高收入的职位，所以他们耗用企业资源积极努力地工作，不停地在系统创建和大规模业务管理创新领域中积累着经验，对业务本身的成效却不管不顾。然而，在现实中我们已经看到一些首席执行官或首席财务官会因发展业务为由，严格限制技术开支，甚至要求IT部门只作为一个纯粹的"系统维护"部门而存在。综上所述，这样的企业注定很难留住或吸引到IT管理的A级选手。

正如整书全文所表达的，IT部门所关注的投资回收率的增长，能够为企业创造巨大的价值。然而，我们看到的那些出自于企业高管层授权的对费用管理失控的做法打击了首席信息官的积极性。因此，为避免这种情况的发生，我们说保证首席信息官与高级管理团队动机的一致性是非常关键的。当首席信息官用最低的成本为组织提供最适合的服务，保证IT部门的每一份努力都集中在降低成本、提高收入和管控业务上时，企业应给予奖励。高级管理团队应与首席信息官协同合作，使首席信息官的个人利益动机让位于企业业务发展，或者使IT内部能够真正接受并理解所谓的"维护"战略。

技能的要求、薪酬水平的限制、吸引优秀人才的困难，以及代理风险的存在等因素构成了对人才引进的挑战，这是高级管理层必须清楚的。这就要求很多企业的高级管理层给予IT部门比以往更多的关注，并对首席信息官这个角色进行重新审视。可见，合适的首席信息官人选对于建立有效的IT部门的重要性，可谓"成也萧何，败也萧何"！

6.4　职责和所需技能

首席信息官负责所有的IT策略和跨业务部门的信息系统整合。Gartner企业对首席信息官这个角色进行了大量的研究并总结出下列职责：

> 业务IT融合规划程序：协调完成业务IT融合规划程序。

> 应用开发：协调企业和业务部门，分支机构的创新活动，开发新的应用系统并维护已有应用系统。

> IT基础设施和架构：运行并确保投资有效的支撑业务运营。

> 确定来源：对外购或自建IT服务或技能等有关的投入进行决策。

> 合作伙伴：建立并维护与主要的供应商及顾问的战略伙伴关系。

> 技术转换：组织促进技术转换，推进客户及供应商与企业合作更轻松便捷的技术应用，以及能使收入和利润得到最大化的技术应用。

> 客户满意度：与内部和外部客户进行交流和沟通，保证和提升客户满意度。

> 培训：为所有的IT用户提供培训，保证对现有和新系统的有效应用。[1]

---

① CIO管理研究中心，"CIO的使命"，Copyright © 2002 CXO Media, Inc. 允许转载。（Stamford, CT：高德纳资讯公司测量服务，1999年4月23日）。

与广泛的商业客户、外部供应商和工作伙伴的交流、沟通和谈判，使得首席信息官这个角色极具复杂性。首席信息官需要理解并影响多方面的不同的群体。他们包括：

> 高级管理层
> 业务部门总经理
> 外部商业伙伴、客户和供应商
> 职能副总裁
> 业务流程经理；
> 专业IT人员
> 终端用户
> 供应商和服务提供者

以上每一组人群可能有着不同的需求和议程安排，于是首席信息官与他们之间可能面临着工作上的冲突，因此，首席信息官针对不同的人群就要使用不同的沟通技巧，以便实现有效的交叉管理。首席信息官必须拥有协调不同议程安排和整合全企业技术的能力。这种良好的协调技能需要首席信息官在表达、谈判、冲突解决、人事管理和政治斡旋等方面所积累的经验。

一个新首席信息官必须对新任务能够快速倾力投入并取得成功，快速理解不同的利益相关者所提出的议程范围。不幸的是，许多首席信息官之所以得到这个职位并不是由于他们的管理头脑，而是由于与之相关的技术知识。没有以前的管理经验和老练的沟通技巧，一个新上任的首席信息官就可能遇到严重的问题，这些问题会层出不穷而且随着时间的延续呈指数级递增。于是，这些问题导致了第2章所讨论IT危机外部特征的出现。而这些危机信号又可能导致实际业务的失败，使高级管理层对IT部门产生不满，进而导致IT改组和首席信息官离职。许多IT专家半开玩笑地说，首席信息官的缩写代表着"职业的终结（Career Is Over）"。

一个成功的首席信息官应当具备卓越的复合才能，这些才能包括广博的技术知识、业务战略理解、业务/人员管理、财务计划和预算方面的经验，以及沟通与销售技巧。首席信息官对它们当中的任何一项技能的缺失，都会阻碍其工作的有效开展。

首席信息官应当对企业的业务策略、行业前景、竞争程度以及业务部门、商业伙伴、企业倡议及企业程序进行深入了解。虽然这些通常需要在工作一段时间后才能全面了解，但是对于一个刚上任的首席信息官而言，他必须迅速融入新角色，及时掌握这些信息并熟悉企业的业务背景。如果新任首席信息官以前负责过企业业务开发工作，且有战略咨询经验，那么他就会具有更敏锐的洞察力。

首席信息官还必须具备项目和人员管理方面的丰富经验（除表6.2中对首席信息官所要求的技能以外）。首席信息官最好曾经亲自管理过5～10个与技术相关的项目，并且可以证明他全程参与过，按时按计划地实现了预期的结果。而且这些项目中至少有几个是跨业务部门、跨功能组以及多方合作的项目。

决定首席信息官成功与否的其他主要因素还包括业务流水线管理和盈利损失（P＆L）负责制。如果职能经理没有P＆L的管理经验，那么他们对基准成本和效率等问题就缺乏敏感性。理解和获取这种敏感性的最好方法是要求经理人员在一定期间内对企业的营收和损失直接负责并交付结果。一旦首席信息官具备了这种经验，他将更容易获得其他业务部门领导的信任。在理想的情况下，首席信息官应当是一位MBA，他坚定地把其理念和技能集中在业务需求上。虽然在这个职位上拥有MBA学位并不是成功的必要因素，但单从传统商业概念（如谈判、投资分析等）方面来说，MBA课程中所学的知识还是非常有用的。

首席信息官在成本/效益、赞成/反对、及商业价值方面也要有所了解。首席信息官可以不需要知道怎样写程序或管理数据库服务器，但他应当知道某种特定平台的优势和劣势所在，以及它们是怎样影响业务的。他应当能够快速理解一项技术方案是如何对增加收入、减少成本，或者对业务（和降低风险）提供更多的管理控制的。理论上来说，首席信息官应当在这之前最好能参与到更多的涉及技术评估、技术选择、自建/购买决策、系统实施、在用系统运营管理等的项目当中去。首席信息官的经验也最好能跨多个业务部门、功能和技术平台。

除此之外，首席信息官还需具备良好的沟通和时间管理技巧。沟通技巧包括耐心倾听不同小组的需求，说服他人的能力，激发关键员工的潜力，与各利益相关者进行有效谈判的能力，推销自己理念的能力，以及与不同团体之间建立友好关系的能力。由于巨大的压力和给予首席信息官职责的不断变化，因此他必须在不同的客户间有效地管理好自己的时间。时间管理是一项基本的技能，它通过有效的优先排序、会议、授权和人员管理等来实现。

6.5　成功的首席信息官们如何分配时间

对大多数成功首席信息官的研究发现：一个成功的首席信息官将他们的大部分时间花在制定计划和沟通上，而很少花时间去"做"。对于新提拔的首席信息官而言，由于该角色具有挑战性，于是他们当中许多首席信息官去管理和执行他们认为最轻松的任务（通常是项目战术性的执行或改进）。具有执行能力当然是好事，并且执行力也是一个理想的首席信息官所需具备的综合技能的一部分，但这种消极的做法只能说是首席信息官遭受打击后的"避难所"。

首席信息官应当在与业务部门经理沟通、首席信息官定位及人员管理上倾注大量时间。最好的首席信息官聘用"A级选手"领导他们的团队，通过把任务委派给有能力的团队，使其帮助管理部门的日常琐事，这样首席信息官就有充足的时间规划更大的蓝图，并保证他与需要完成这个蓝图的业务部门建立信任关系。

以一个我们熟悉的成功的IT经理为例，他每天在午餐时间后与企业业务部门的经理一起慢走。这种每天花半小时与管理团队进行沟通的好处，是他与业务用户保持了紧密关系，同时营造出一个业务至上的高效的IT部门。

新任首席信息官应当在头30天的时间对IT部门进行全面评估，随时书面记录评估过程，并对所有组成部分（如组织、技术结构、应用结构、项目和预算等）给出客观评价。之后，再用接下来的30天做出一个3年期的战略计划。在整个为期60天的时间里，首席信息官应当制定出与业务部门和职能部门每一个领导见面交谈的时间表。这样就完全梳理出当前整个业务对IT的满意度水平，也能了解到业务所需要的技术。最后，新任首席信息官必须向IT指导委员会和业务部门介绍该计划，然后制定详细的实施计划，从而改进部门在关键领域的空白，最终实现战略计划的宏伟目标。

在竞争性活动的时间分配上，需根据企业和IT组织规模的不同而有所差异。首席信息官的时间可以被分割成以下五个部分：

1. 行政和财务管理时间。
2. "做"技术工作或管理项目的时间。
3. 与高级管理层培养与建立关系的时间。
4. 与组织其他部门交流和介绍IT部门的时间。
5. 领导和培养高级IT人员的时间。

这5类时间分配都是同等重要的。通过培养与高级管理层的关系，参与管理企业全部业务以及把所做活动高质量地记述在直接报告中，首席信息官的工作可以获得最大的支持并产生重要的影响。

财务和行政管理的事情看起来似乎很重要，但它们从来不是重大成功的催化剂。如果做得不好，它们反而产生一些负面效果。一个成功的首席信息官知道如何优化或减少花在这些事情上的时间，没有哪个人会将10%的时间花费在这上面。尽管时间减少了，但他们仍然能做得很好。

花在技术工作或项目管理上的时间，很大程度上取决于企业和组织的规模。一个小企业，由于预算的限制，首席信息官可能不得不亲自处理这些工作。即使这样，首席信息官用来"做"的时间最多也不应该超过40%，否则他们将不再是首席信息官，而更像是一个受到赞扬的经理。这样的后果是，大部分具有IT战略性的功能将可能失败或落到首席财务官肩上，或最终由其他人来负责IT。IT部门将不会有好的表现，首席信息官也不会受到重视。甚至由于他的这种糟糕的表现而遭受指责。在一个员工超过15人的中型IT组织中，首席信息官用于"做"的时间总量应当最多不超过10%。为什么是10%？因为首席信息官的知识储备必须跟上技术发展的步伐，至少与他们所领导的其他人员的水平相当。首席信息官将得益于自身的技术优势而获得其他人员的尊重。即使花在"做"上的时间并不是最优的，但这个"10%"将有助于首席信息官熟悉其部门所做的工作。

首席信息官要想参与到业务中，就必须与高级管理层建立和培养关系，这是非常重要的。如果首席信息官没有与其他的业务部门领导建立良好关系，那么他就不可能是一位好的IT领导者。在与其他部门领导的接触中，首席信息官可以不断地学习一些业务知识和销售理念，从而提高业务部门的收入或降低其成本。逐渐地，首席信息官将成为企业高级领导团队中的有价值的一员。花时间在对业务部门的次序排列测试上可以保证IT部门工作的优先性和项目实施质量。大部分情况下，这些活动可能花掉首席信息官 30%～50%的时间。

对于IT部门而言，要想赢得整个组织对自己的尊重，与企业交流沟通以及积极介绍IT部门是相当关键的。通过教授IT部门其他人员如何"推销"自己的部门，首席信息官也将从中受益。提倡全面交流和建立关系的文化，将有助于首席信息官实现这一目标。一般来说，这项功能需花费10%～20%的时间才能很好地完成。

领导和培养高级IT人员是一项高增值活动。部门员工表现得越好，首席信息官将从他领导的人员中获得的利益就越多。通过提高高级人员水平，IT部门的绩效也将大大提高。首席信息官为员工设定目标，提供愿景、建立管理架构以及帮助员工解决他们的问题和困难。首席信息官还要使其员工承担责任，或者通过培训使他们做得更好，以及当他们表现很差时劝告其离开企业。根据组织规模的大小，首席信息官工作周时间的20%～30%将投入到这项工作中。

显然，时间投入的比例因企业规模和个人能力的差异而不同。因此，首席信息官应当对这五类中的每一类都认真考虑，决定采用什么样的时间分配可以更好地实现效益最大化和成本最小化。花在企业外部的时间（如与行业内的同行、客户和供应商建立关系）也是很重要的，不应被忽略。但不提倡在这方面花过多的时间。

6.6 选择首席信息官

招聘和挽留理想的首席信息官人选有一定难度。这项工作必须以一种吸引最好候选人的方式进行，这需要高级管理团队的成员重新思考这个职位的管理范围和影响。高级管理层应当先自己问自己，"我能接替这项工作吗？"如果回答是否定的，那就没有理由不相信首席信息官才是最好的人选；虽然首席信息官这项工作与技术相关，但并不意味着候选人没有事业心，或者笃定其不顾及高级管理团队中其他类似人员的利益。实际上，事实正相反。最好的人选应当自己清楚如何才能发展他们的职业生涯，因为他们想在这个位置上影响整个企业的决策。

如前面所述，成功的候选人的技术基础一定是扎实的。他们在IT部门工作过并且有应用管理和IT运营两方面的实践经验。他们拥有团队管理、人员培训发展和业务培训经验，以及经证实的可计量的结果交付能力，这些都奠定了他们成为最佳人选的基础。

很多首席信息官招聘失败的原因是由于过度重视需要的相关技术技能，而忽略了一个理想人选所应具备的执行力、业务、交流和管理能力。在一个特定的企业里，虽然对操作系统、应用和其他技术环境的特殊知识的掌握是必要的，但与候选人交付成果能力、工作优先安排能力以及与业务部门沟通和管理人员的能力相比仍处于次要地位。

另一种常见的招聘失败的情形（特别是对于成长型的企业而言）是他们招聘了一个擅长"建立"组织的候选人。举一个例子来说，我们与一个最近刚刚获得首席技术官/首席信息官职位的候选人面谈了一次，但他说他的工作开始不久就失败了。这是一家资金特别充足，内部应用和主要生产线高度依赖技术的企业，而这个候选人负责所有的技术问题。当问及他在企业中创造的最重要的业绩时，他自豪地说，"我在1年内建立了一个300多人的IT部门"。其实，太多的首席信息官候选人只关注他们"建立"了什么，而不是他们怎样利用预算、人员和资源为企业增加利润和减少成本。一个有效的招聘应当寻找可以为企业带来成果而不是要求"建立"什么的候选人。

在面试潜在的首席信息官候选人时采用计分卡将有助于改善选择流程，确保候选人具备专门的技术知识。这个计分卡包括以前提到的所有领域的主观标准和组织必要的价值评价标准。表6.3是一个评估潜在首席信息官候选人的计分卡样例。

表6.3 CIO评估积分卡样例

标准	分数
IT运营管理经验	
IT应用管理经验	
客户开发经验（通过部署收集需求）	
项目管理/团队执行力	
利润和损失责任制	
部门预算责任	
非IT业务管理责任	
人员管理经验（被管理的人员数量）	
供应商管理经验	
供应商选择经验	
业务培训（高级程度，其他）	
大学毕业生和研究生学位培训	
口头和书面交流	
高级管理团队的参与	

记住，对候选人简历和背景的筛选不应当被忽视。在外部招聘时，为了迅速确定人员来源、开展面试和结束招聘工作，企业往往忽视对所招聘的首席信息官进行最基本的筛选。候选人应当向企业提供他们的简历和证实过的教育背景，以及信贷检查、犯罪记录等正常的背景信息。这个程序通常由企业的人力资源部（HR）来协调。人力资源部有标准的程序来完成背景筛选。此外，还可以使用其他诸如IQ测试（测试自然状态下的智商），心理和行为测试（测试是否适合高级管理团队）以及情景面试（测试工作模式决策）等价值度高的筛选方法。最后，企业首席执行官、首席财务官应当在社交中（如共进午餐、晚

餐、打高尔夫等）与最终候选人再进一步交流一下，以确定他是受大家喜爱的且符合组织文化要求的候选人。

6.7 影响首席信息官角色的其他因素

随着业务发展变化，首席信息官的角色及其所需的技能也在发生着变化。其角色主要受企业规模、运营范围和地理位置等因素的影响。

那些运营范围较小的企业，其IT部门规模通常也较小（10~50个人），预算也较少（100万~500万美元）。在这个规模基础上，首席信息官可以更多地关注单个项目管理，并且拥有前面所讨论的更大的创新权。此规模程度的优点在于，首席信息官通常与业务和职能部门的所有领导保持较好的私人关系。指导委员会对该职位的潜在候选人进行评价说，小规模企业能够在经验水平和报酬之间做出权衡。他们对例如P&L经验和项目管理方面的要求并不严格，这有助于扩大候选人的范围和降低整体报酬成本。

通过机构孕育或收购，企业在不断扩张，IT部门也将在规模（50~200人）和范围（500万~2 000万美元）上得到扩张。鉴于此，首席信息官需要掌握以下几点能够保持组织效率的主要技能：

> 学会让其他人办事。CIO需要修改他的组织结构，更有效地将职责委派给小组的高级经理。如果CIO不能学会委派任务的技巧，他可能会陷入时间不够用，不能集中精力解决更重要的高层次问题的尴尬境地。此外，他也不可能与高级管理层保持同一水平。

> 学会判断并能够吸引最优秀的专业人员。随着业务的快速增长，CIO不可能有足够的时间了解每一位潜在的新员工。他只能用很少的时间与每一位潜在的新员工进行交流。为此，他必须学会依据客观衡量标准和外部人力资源专业人员的帮助来鉴定和评价人员。

> 培养和管理人员。CIO需要更多地关注其成员的发展需求（如奖励优秀的员工，解聘表现糟糕的员工）。

> 关注主要问题。在小的IT部门里，CIO可能要了解特定项目的细节。但他需要保持清醒的头脑，避免当部门成长壮大后或重要问题出现时他仍陷入微小的细节之中。

> 保证所有项目是高效的。CIO需要保证所有项目的关注点至少集中在：（1）成本降低；（2）收入增加；（3）加强业务控制（降低风险）这三个方面的某一个方面上。

> 开发和管理合作伙伴。CIO需要通过IT指导委员会和非正式会议与业务领域建立牢固的关系，以保证满足不断变化和成长的需求。

最终，IT部门人员可能增加到200人以上、每年的预算超过5000万美元。在这个阶段，无论根据企业的地理分布还是运营分工划分，该企业都已属于大型的企业。随着企业的持续增长，首席信息官更应该接近"理想的首席信息官"的形象。他工作的重点应当从一个大型项目管理员的角色转移到真正的企业领导者上。工作内容中的内部管理将越来越少，但外部协调会变得越来越多，其更多的是充当企业内部与外部的桥梁角色。

如前所述，随着企业变化，首席信息官的角色必须随之变化。IT指导委员会应当判断：现任的首席信息官是否想改变他的角色，并具备这种改变所必需的技能和经验。如果以上两个条件有一个未能满足，请不要在出现严重问题之前浪费时间去尝试做什么。这时指导委员会应当提前找到一个更适合该职位的新任首席信息官。

影响首席信息官成功的其他主要因素还包括行业和地理分布。教育和政府部门的优秀首席信息官所需具备的技能与非官方机构的首席信息官所需技能略有差别。如联邦政府和州政府以及教育机构的预算流程与私营企业的预算流程是不同的，其IT的任务通常也是不同的。进一步说，联邦或州政府机构首席信息官的产生是出于政治考虑而被任命的，其过程一般与那些从代理机构员工中产生的首席信息官截然不同。

正如美国总审计署（GAO）的一项研究表明："实现有效的首席信息官组织，"[①]"政府机构的管理者都是政治任命的，他们通常更多地关注国家政策问题，而不是为了获得期望的政策和项目成果而寻求基本能力的发展"，"对于联邦首席信息官来说，联邦预算流程只能给首席信息官争取资金带来阻碍，而这在私营企业中是没有的。"最后还说，"联邦资金支付水平相对固定，使得政府很难吸引和留住有才能的首席信息官，从而使其负责开发和维护那些被建议的系统。"联邦政府IT领导职位具有挑战性的说法一点也不过分。我们可以拿出两份由GAO做的供州或联邦政府首席信息官阅读的有关首席信息官角色的报告。一份名为《执行者的向导：帮助首席信息官实现最大化的成功》（GAO-01-376G），另一份名为《首席信息官：实现有效的首席信息官组织》（T-AIMD-OO-128）。

无论在哪种情况下，这些组织的理想首席信息官都应当了解诸如预算经验和政治经历在内的对工作能够造成影响的因素。在私营企业里，虽然其所要求具备的技能相对稳定，但对首席信息官来说能够掌握特定行业的技能一直是非常重要的。

6.8　获得晋升

如果说由于缺乏本章所述的应具备的技能导致新晋升的首席信息官工作失败，不得不终结自己的职业生涯，那么他的失败将会成为新上任经理的经验教训。因此对于做好充分准备的新首席信息官来说，一定要掌握核心技能，避免成为新角色的受害者。事实上，有

---

① 大卫·L·麦克卢尔（David L. McClure），"首席信息管：实现有效的CIO组织"（第14页），GAO/T-AIMD-00-128（华盛顿：美国总审计局，2000年3月24日），网址：www.gao.gov/cgi-bin/getrpt?GAO/T-AIMD-00-128。

好多新上任的经理往往坚持他以前"实干家"的角色，而忽视了成为一个成功首席信息官所应具备的新技能。

新任首席信息官必须填补自身在业务、高级管理技能方面的空白。首先，了解他之前没有充分经历过的IT业务，无论运营部分还是应用部分。下一步，学习作为高级管理团队成员所需要掌握的技能。他们可以通过非正式的场合（如午餐会议）或正式地通过IT指导委员会等渠道来学习这些技能。最后，首席信息官要学习业务的构成以及他们如何与IT部门的目标保持一致。例如，一个生产性企业的首席信息官应当详细了解产品预测、采购管理、生产、存货和财务等环节之间的关系以及它们是如何相互影响的。

6.9 IT指导委员会的角色

在第19章我们将用整章的篇幅介绍IT指导委员会的角色。解释IT指导委员会是如何帮助首席信息官走向成功以及保证反映在IT部门的项目、服务级别、人员和预算上的业务优先级的重要性。

在一个水平极差或缺少首席信息官的企业中，作为过渡的IT指导委员会却是一个有效的支持者，在找到一个合适的首席信息官之前它充当"虚拟首席信息官"的角色。许多情况下，IT指导委员会都是和外部顾问一起工作的，这时外部顾问也充当起临时首席信息官。

任何情况下，IT指导委员会的存在使首席信息官候选人确信对IT的正确管理是高级管理层首要考虑的问题，IT应当被看作业务促进剂而不是成本泥潭。当潜在候选人的观点在组织中受到高管层与职能业务部门领导的重视时，他们就会更加自信。

6.10 评价首席信息官

为了防止首席信息官过多地关注系统增长，保护对所有业务的创新尝试，首席信息官应当制定激励措施。让首席信息官负责增值绩效评价（如ROI）有助于将关注点放在恰当的领域。然而，这不足以阻止首席信息官用心构思项目，使不必要的支出正当化。奖励补偿直接与评价挂钩（如减少企业纸张的消耗、作为生产率的指标增加员工的人均收入、ROI成果），这些评价资料是通过工作中IT绩效程序而独立收集的。同时，奖励增加企业价值的首席信息官，反之惩罚那些减少企业价值的首席信息官，通过这些激励机制可以使降低代理风险。一位在世界500强企业工作了八年的首席信息官曾说，"我们要对美金（预算）坚贞不渝地忠诚，抵制那些不忠诚于企业的经理人"[1]。换句话说，我们要基于成本预算来管理企业人员，以此实现业务收益。这样，首席信息官的职业生涯才能长久。

---

[1] 汤姆·斯坦纳特·思雷尔克德（Tom Steinert-Threlkeld），"什么比你的员工更重要？"《基线杂志》（2005年5月），网址：http://www.baselinemag.com/article2/0,1540,1812014,00.asp。

本书第18章将对主要的评价方法（KPIs）进行讨论。评价要以工作为基础，并作为与HR人力资源专家一起制定的薪资激励计划的参数。

任职期内的首席信息官应当在企业建立起良好的关系，高效地完成他的使命。除按照评价标准评价其工作外，还应当鉴定首席信息官与主要利益相关者之间所建立关系的数量和质量。本书的主旨之一就是强调IT与业务和职能部门的整合需求。为了实现这个目的，首席信息官与利益相关者之间必须培养私人关系。在指导委员会的组成过程中，组织可能先有首席信息官，但首席信息官需要努力保证所建立关系的稳步发展和维持。

首席信息官实现这一点的方式之一是进行定期的自查（一般为季度审核）。考虑的问题包括：

> 你是否阅读过最近的企业财务报告？
> 你能否列出主要的财务指标（如收入、利润）？
> 你能说出企业五个最大的客户吗？
> 你知道企业最大的五个竞争对手的商业策略吗？
> 你能列出这个行业的五大发展趋势吗？
> 你能勾画出企业组织结构图中最高的三个层次吗？
> 在过去的一个月里你是否遇到过客户并且和客户进行交谈？
> 根据名字你能否识别出利益相关者的秘书或接待员？
> 在过去的一个月里，你是否一对一地接待过所有业务部门的领导？（或至少接待过一次）

如果首席信息官对以上所有问题不能做出肯定或者适当的回答，那么他需要付出更多努力去建立关系并提高他的组织战略眼光。

6.11　首席技术官

首席技术官（首席技术官）的涌现出现于 20世纪90年代后期，特别是在科技互联网企业内。首席技术官职位的组织模式分为许多种，主要模式有以下两种：（1）他与首席信息官一起向首席执行官或企业其他高管汇报工作。（2）首席技术官向首席信息官汇报工作，即是首席信息官的下级。

第一种模式在科技企业内较为常见。在这种模式下，首席技术官面对的是客户，他是客户产品研发的负责人，而首席信息官主要负责企业内部的技术管理工作。在如此清晰的职责划分下，首席技术官更多承担的是客户首席技术战略师的角色。该种模式适用于网络应用、软硬件和提供在线业务的企业。

第二种模式则适用于其他类型的企业，特别是传统业务企业。传统业务企业内部不适宜设立两个技术高管，通常只有一人全权负责企业IT业务。如设立两个技术高管，则可能出现职责不清、重叠和冲突，以及互相推诿责任的情况。对企业来说，这无异于自取灭亡。该种模式确保了首席信息官是企业唯一的技术高管、IT战略领导和IT部门负责人，他是企业IT开支和管理的唯一人选。这时的首席技术官将作为首席信息官的初级IT架构师向首席信息官汇报工作，同时协助首席信息官完成产品管理和决策，确保企业在首席技术官身上的投入都"物有所值"。中小型非科技企业内通常不设有首席技术官职位，而在大型企业内则可能设有专职的首席技术官，相关工作由专人负责，或者由多个高级经理共同承担首席技术官的职责。

那么首席技术官是如何为企业创造价值的呢？这得从首席技术官所需具备的技能和所需承担的责任说起：

> 架构战略、设计和规划（例如，SOA）。
> 平台决策和转移（例如，主机转移到客户/服务器等）。
> 科技创新（例如，设计客户自助服务技术）。
> 企业技术推广（例如，内部研发技术的推广）。
> 长期技术研究（例如，研究将企业内部资料完好保存10到20年的方法）。
> 架构安全（例如，确保系统在未来5到10年的安全性）。
> 确保网络、应用和硬件的一致性（例如，确保IT经理所实施的应用与架构战略保持一致）。

如果企业内部未设有首席技术官职位，那么可将与该职位相关的职责分配给IT部门内的其他高级经理去做。如果企业是科技企业，则可将相关职责分配给提供技术产品的产品经理们。

6.12   与首席技术官有关的组织

在美国设立有许多全国范围内的或地方性的首席信息官组织。这些组织旨在为首席信息官们提供一个可与同行在线交流思想、分享经验以及高水平管理培训的平台。主要的首席信息官组织包括：

> 信息技术人才协会（AITP）：电话：（800）224-9371；网址：www.aitp.org 该协会可提供信息技术执行力、专业化发展和个人规划等方面的帮助。
> CIO执行委员会：www.cioexecutivecouncil.com 该机构专门为各成员提供可信赖的、非差别化对待的资源，帮助他们实现业务增长、对立法机构形成影响以及共同促进组织发展。
> IT基础设施管理协会（ITIM）：www.itimassociation.com 该组织致力于成为IT基础设施建设领域的先锋组织，为IT部署、管理和基础设施建设专业人员提供帮助。
> 地方性技术组织——这些组织通常由当地商会或其他机构自助。例如，达拉斯沃斯堡市技术商业委员会（DFWMTBC）、乔治亚技术协会（TAG）以及北弗吉尼亚技术委员会。每个主要的城市都会有一两个标志性的技术协会。

- 信息管理协会（SIM）：电话：（312）527-6734；邮箱：SIM@simnet.org；网址：www.simnet.org 该协会是全美最权威的IT高层管理协会之一。主要提供IT战略策略咨询、学习培训机会以及同行间网络交流平台等服务。
- "科技女杰"组织（Women in Technology）：电话：（818）788-9484；邮箱：member-info@corp.witi.com; 网址：www.witi.com。WIT是全美鼓励女性从事IT商业与科技工作的最权威的协会之一。

第7章

IT标准

> "请告诉我，从这儿我应该走哪条路？"艾丽丝问。
>
> "那要看你想去哪儿？"猫说。
>
> "我并不在意去哪儿——"艾丽丝说。
>
> "那么无所谓你走哪条路，"猫说。
>
> "只要我能到一个地方。"艾丽丝又说。
>
> "你已经确定了要做的事情，"猫说，"但愿你走得足够远。"
>
> ——刘易斯·克莱奥，（Lewis Carroll）艾丽丝漫游仙境[1]

> 最好的标准就是成为"百里挑一"中被挑出的那一个。
>
> ——肯·奥森，数字设备企业联合创始人[2]

IT标准与指导设定是指为组织的技术平台的所有要素（硬件、软件、外围设备、开发语言、操作系统、桌面系统、网络协议和电话）制定、分发、应用和遵从的一整套标准文件。

尽管IT标准与指导设定经常在混乱中被IT部门日常运营中所做出的许多其他决策淹没，它的确是对IT部门的总体生产力和效率影响最大的决策因素之一（灵活处理业务变更和应对新要求）。更进一步说，IT标准模型通常决定了劳动和资本支出的大部分潜在成本。

但是，选择恰当的IT标准，为所有技术路线选择方向，对于IT执行力是极大的挑战。因为多方面的因素和限制，阻碍了我们的洞察力。同时，技术以不同的方式交互作用，在技术寿命周期中会出现不同的转折点，因此掌握包括从硬件到开发语言再到网络协议等各种不断变化的基本技术知识本身就具有挑战性；另外从IT部门内部和外部鉴别出真正有效的供应商和产品也是一件难事，尤其是在变动的、不确定的竞争环境下。

此外，所有系统都是随着业务发展逐步建立起来的，而不是在一个整合的、标准化的IT环境下一蹴而成的。已应用相关技术时间越长或者业务模型发生巨大变化的企业，技术多样性水平就越高。多样化水平对首席信息官控制现有技术运行和决定未来变化时间的能力提出了挑战，这进一步加剧了IT标准制定的困难。

这意味着对技术指导方针和标准化的制定总是无法达到IT经理所期望的完美程度，或者甚至是接近完美都很难。IT经理只能不情愿地接受现实。虽然这个任务具有挑战性，

---

[1] 路易斯·卡罗尔（Lewis Carroll），《爱丽丝梦游仙境》第六章，"小猪和胡椒粉"（纽约：企鹅普特南出版社，1865）。

[2] 感谢肯·奥尔森（Ken Olsen），网址：http://www.quotationspage.com/quote/4679.html。

但IT经理必须想出一种能使IT部门效率最大化的办法，致力于针对所有技术部门设置、编制、应用和遵从统一的标准。

7.1 IT标准的重要性

以标准化为中心所做的决策对部门能力和生产力都有极大的影响。在处理有关IT效率的合同期间，我们从客户的高级管理团队中看到了很多典型的针对IT部门效率的抱怨，特别是他们对项目延期竟然有各种各样的抱怨。

当我们采访首席信息官时，他往往这样说：

我们努力完成项目，但从来没有看到过任何好的结果。我们给项目制定了很好的计划并遵守正常的项目管理规则。我们有敬业的团队，清晰的目标和业务部门的支持。但工作环境的复杂性却阻碍了我们的工作。我们有两套会计系统、两套客户关系管理（CRM）系统。一套用来自动记录销售情况，另一套是服务台系统。我们还有用于生产管理的客户系统以及用Java和ASP编写的网站。此外，我们还有几套诸如Solaris，Linux，Windows和OS/2的操作系统。所有系统都与客户编码和批处理接口相连。尽管我们计划很好，但每次开始新项目的时候总有意料之外的情况导致系统中断或者发生错误。由于错综复杂的系统交互作用而导致意外发生延期，即最简单的项目停滞，复杂的项目几近"流产"。即使我们花费大量的时间处理这些问题，也没能找到一种适用于我们系统的易于管理的有效方法。

当听完这位首席信息官的讲述后，我们立即明白了为什么该IT部门在完成项目上总有困难。

正如你看到的，这不仅是大企业中经常发生的事，即使在一些技术环境不太复杂的小企业中也一样会发生。在这个实例中，客户是一个年收入不到7000万美元的小企业。最终，他们找到了一种减少这种混乱现状的方法，建立了一套适合企业的技术标准，并使企业的能力、灵活性和成本得到了很好的平衡。

通过制定标准、设置IT指导方针可使IT部门平稳地发挥作用，虽然设置IT指导方针是整个IT战略难题中的一部分，但并不是唯一的难题。项目优化和管理、IT组织设计、预算和成本分析、供应商选择和人员配置，对于开发整个技术战略都是同等重要的概念。这些主题作为全部IT指导方针的内容将在其他章节中进行讨论。本章将着重介绍供IT部门使用的技术标准平台的问题，及如何移植现有平台并有效利用新技术。

7.2 技术领域的标准制定

对组织采用的任何一种技术都应当制定标准，特别是IT部门负责的部分。

技术标准决策通常是在将相互依赖、相互关联的技术进行分类的基础上做出的。某种特定操作系统的选用限制了网络协议的使用；选用某种CRM包也限制了运行它所需要的硬件范围。在这些情况下，认识并在充分考虑领域内外所有技术的基础上做出对应的决策是非常重要的，这才可以确保技术分类的整体性无偏差。

　　一般地，关于诸如技术可分成几大类的问题，可以从表7.1（技术分类目录样例）中找到答案。这些目录因企业不同而存在差异。对于一个特殊的组织来说，建立一个客户目录应当考虑样例目录的起始点。

表7.1　技术分类目录样例

目录	技术
处理硬件和服务器	台式电脑 手提电脑 掌上电脑 网络储存/存储局域网 服务器
应用软件	软件包（ERP,CRM,其他特定的解决方案） 客户开发软件 应用整合/中间件 电子邮件
系统软件	操作系统 病毒检测/消除 系统监控 系统绩效管理 配置管理 网络服务
开发	开发语言 数据库 数据库开发标准（规范化原则） 编码规范
基础设施和设备	架设电缆（布线） 设备储存（机架/支架）（rack/shelves） 环境控制
网络	路由器 网络集线器 防火墙 配线架（patch panel）
外围设备	不间断电源（UPS） 网络打印机 桌面（本地）打印机 磁带文件备份 介质刻录（CD可读写光盘/dvd可读写光盘）
外部服务	咨询（应用/技术区域 局域网/广域网布线）

7.3 技术标准制定框架

我们开发了一个基础框架，该框架可在组织开发他们自己的技术标准流程中使用。为了提高对不同组织的适应性，这个框架可能要求个性化一些，但不管怎样，它都应当为每个技术经理提供一个有用的开端。图7.1列出了以考虑中的组织范围和特定技术的选择为起点的整个流程。虽然任务的细分程度在不断变化，但应当制定足够高的标准才有意义。（例如，尽管每个部门制定的标准存在潜在差异，但针对台式电脑的标准应当在企业的水平上定义。对服务器的标准制定则应当依据不同的服务器而有所不同，这取决于服务器支持什么应用系统。）

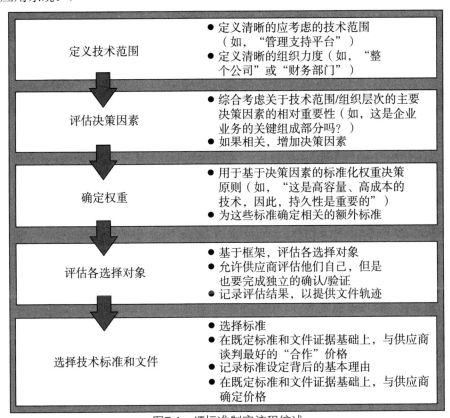

图7.1 IT标准制定流程综述

在决定技术分类之后应当对标准的决策因素进行评估。决策因素包括制定技术标准选用原则的相关重要信息。例如，如果考虑使用的技术是企业范围内的ERP系统的服务器技术，则根据这一配置的特征，我们为这个服务器设置的标准一定要具有高度的可靠性。如果技术是应用在由若干数据录入员使用的"超级难用终端设备"上时，则其成本和持续性就比可靠性重要得多。表7.2详细描述了每一个潜在的决策因素。

表7.2　IT标准制定的决策因素

因素	描述
任务的关键程度	➤ 业务依赖系统的程度。关键任务的系统通常是驱动业务核心部分的应用系统。例如，订单录入、生产管理或客户服务以及其他一般非应用任务的关键系统（包括电话、局域网/广域网和电子邮件）。 ➤ 不同企业对任务关键程度的定义不同。确认系统的关键程度要求对业务运营和技术组成部分有深刻的理解。
单元容量	➤ 业务拥有的和IT支持的技术单元数量 ➤ 一般而言最适用于硬件的，如台式电脑、手提电脑、打印机、掌上电脑，或者其他人工控制的处理平台，以及高容量的用于台式电脑的软件组成部分（办公室自动化、呼叫中心工具等） ➤ 低容量一般意味着一些因素（如单元成本或可靠性等）可能不重要 ➤ 通常高容量表明单元成本、使用容易程度和行业适用性是重要的决策标准
支持区域的稳定性	➤ 业务部分或组织所采用技术的变更率（如核心业务部门流程多年未变，相对于不明确的且具有快速变化要求的"创业启动"的环境） ➤ 标准重要性的驱动水平（例如，现有系统的业务适用性、持续性和升级途径）如果需求快速变更，那么升级途径就显得不重要 ➤ 灵活性的高水平驱动——系统能应对业务的变化，能适应其他用途
资产的预期寿命	➤ 预期资产可持续使用多久 ➤ 系统回收期或低寿命资产的回收期。如打印机和快速周转的易耗品（打印纸或墨盒） ➤ 具备一段时间后为寿命短的资产重新制定标准的能力，并描述在标准分析上做出的努力 ➤ 如果资产的寿命很低（消耗性的），成本和快速重新获得是应考虑的主要因素 ➤ 如果资产生命周期很长，物理耐受性和可管理性则很重要
客户定制水平	➤ 评价配置该系统增加的劳动（成本） ➤ 例如，高水平用户定制要求用户化程度高，使台式电脑的配置可以与目标工作环境相匹配或者满足因正确操作而需要合理配置的系统管理软件的要求；低水平用户定制则插上并操作外围设备即可（如打印机或鼠标）
与其他系统的接口	➤ 指技术各组成部分与其他系统之间的接口数量、频率、复杂性和容量 ➤ 专门运用在应用系统组成部分及与组织外部的供应商和用户处的接口 ➤ 例如，如为了与供应商实现合作预测，而使用高频率、高容量的EDI接口处理交换存货情况；而每年从固定资产系统中打印出折旧计算表，以便每月手工计入总账系统则只要求低容量/低复杂程度/低频率的接口
当前和未来交易量的要求	➤ 系统完成的业务量、业务频率和业务复杂性 ➤ 当前要求和未来估计要求 ➤ 高的一方的可测量性及可靠性与低的一方的成本要求 ➤ 例如，高业务量：以客户为导向的企业用来记录工作的打印机（如银行的需求）；低业务量：周期性地用Excel摘录以前的销售数据，供市场部进行分析

续表

因素	描述
组织成长计划	➤ 业务增长战略计划 ➤ 地理扩张、收购竞争企业、供应商收购或用户的垂直兼并或出售业务部门或整个企业 ➤ 若发生收购或出售，则推测系统的用户化水平以减少合并费用 ➤ 若发生剥离业务部门，则推测系统业务部门整合的水平
用户基数的规模/类型	➤ 对所有用户定制数量的评估 ➤ 用户类型（"有能力的技术高手"或"计算机菜鸟"） ➤ 应用特征：业务部门或者业务功能 ➤ 地理特征：地理范围广或国际化的用户总部相对于范围狭窄而集中的用户总部 ➤ 确认技术支持要求、持久性、使用友好性和成本等因素

对决策因素的分析可以确定哪种原则对标准来说比较重要。在每次评价时应当使用相同的标准进行评价，因为使用决策因素的不同会导致结果重要性的不同。表7.3描述了根据相关决策因素在标准制定时所应遵循的原则。

表7.3

因素	描述
成本	➤ 技术组件成本 ➤ 包括取得成本、安装成本、培训成本和维护成本；包括向固定成本模型的转化成本，以及加速折旧的影响 ➤ 有关成本的详细内容请见本书以下内容
行业应用	➤ 在技术领域中的应用水平（即该组织或公司在技术领域中的竞争力） ➤ 例如，MS Exchange作为在技术领域中广泛采用的邮件平台；JD Edwards则作为面向终端生产商的ERP系统
兼容性/互通性	➤ 兼容性水平或与现有技术的互通性 ➤ 例如，MS网络信息服务为企业提供服务器和台式机的window 2000系统部署。在Lotus Notes/Domino平台上开发基于Lotus Notes企业标准的群软件/电子邮件系统
劳动力储备	➤ 评估生产技术组件的国内/当地劳动力储备和成本 ➤ 例如，以SAP或PeopleSoft为代表的大量ERP系统研发专业人才储备；被认为是"死角"或"无趣"的低可用性的专业技术人员
升级途径	➤ 基于技术升级的外包商和市场透明度水平 ➤ 总体上，那些拥有大量客户和庞大的第三方支持的大型外包商，其技术升级途径比较明晰 ➤ 升级途径通常与系统生命周期有关，详细内容见本书下述相关内容 ➤ 例如，西贝尔公司基于ERP和CRM系统的技术升级途径较为明晰；对于老旧主机/遗留应用或非认证外包商所提供的新服务而言，其技术升级途径通常不明晰。
现有生命周期	➤ 嵌入技术产品或服务的生命周期；对升级途径、劳动力储备及行业应用的反应

续表

因素	描述
稳定性	➤ 统计由不同的技术组件和测试方法所造成的运行失败次数，及每次失败之间的平均时间；通过一系列的输入来检测输出的连贯性；其他统计 ➤ 应对应用中的技术组件的复杂性，特别是对重要"活动组件"的应对 ➤ 与产品生命周期密切相关（嵌入产品生命周期的时间越长，其产品稳定性越高） ➤ 例如，带有多个冗余组件（电源、磁盘阵列电源、处理器和存储原件）的高稳定性、高可用性的容错服务器（如Sun Enterprise Server 10000）；低稳定性的通用台式机
扩展性	➤ 技术组件处理超额工作的能力 ➤ 例如，咨询服务机构拥有经验丰富的专业人员来应对超额的工作；在线交易处理系统中在一定的时间窗口期内处理激增交易的能力
灵活性	➤ 技术组件在不同或不相关的任务中的适用性 ➤ 例如，服务器硬件可作为电子邮件、网站或应用服务器
时期/可用性	➤ 现有技术组件的可用性 ➤ 外包商提供技术组件的交付周期 ➤ 高可用性：零售或网购（1-0.5天）PDA配置存量；低可用性：高端服务器需要提前四周的生产和配置周期
支持	➤ 来自实力雄厚的外包商或第三方的对技术组件的咨询与支持服务 ➤ 例如，管理和应用Great Plains会计软件的咨询公司
客户、供应商和竞争对手	➤ 客户、供应商和竞争对手使用的系统/标准 ➤ 例如，供应商所使用的类似的预报及存货管理系统
易操作性	➤ 非高度复杂的技术组件；终端用户对系统学习及使用的难易度评判 ➤ 对技术组件提供技术支持的水平 ➤ 易操作性：商用电子邮件系统；低操作性：工程用高度定制化产品的采购录入系统
耐用性	➤ 技术组件（通常指硬件）的耐用性 ➤ 恶劣环境（生产车间、海下使用、移动/负重）中的耐用性 ➤ 例如，通过外加套管来加固设备免受撞击，采取措施避免生产车间受粉尘污染
易管理性	➤ 技术组件的易管理性 ➤ 使用远程管理工具；利用系统使用方面的相似性来减少后期培训成本；使用已有工具/流程来管理新增系统 ➤ 例如，使用已有的远程管理工具来管理新增的桌面系统

换句话说，当完成了对标准的选择之后，就进入到分析对比阶段，然后从被考虑的技术子集中进行单一选择。图7.2描述了决策因素是如何影响技术标准化选择原则的重要度和权重。

本章其余内容向大家提供那些根据因素划分的不同而罗列出的不同的技术案例，并对图7.2中出现的权重比例进行解释。

选择原则

决策因素	成本	行业应用	现有的相容性系统	劳动的可获得性	升级途径	当前所处的生命周期的	可靠性	可测量性	灵活性	时间选择性/	可获得的支持	其他人应用情况	易用性	持久性	易管理性
任务的关键性		■	■	●	●	●	●	■			■	●	●	●	
单元容量	■	■		●	●	●				■	●				■
支持区域的稳定性		●	■		■				■						●
资产预期的生命周期	■			●					●			●		■	●
用户化水平		●			■	●						■			
与其他系统的接口		■			●	●	●					●	■		
当前、未来业务量					■	●		■			●		●		
组织成长计划	●	●						●				■			
用户总部的组织规模	●		●	●				●					■	■	●

■ 最重要的标准　　　　● 次重要的标准

图7.2　决策因素和标准权重矩阵

7.3.1 决策因素：任务的关键程度

举例：生产计划管理系统，仓储与物流系统以及ERP系统的硬件。

首要考虑的内容

➢ 可靠性：可靠性是当系统中断，导致业务不能正常进行时首要考虑的因素。

➢ 劳动力获得：必须存在一个可用的经过充分培训的、可更替的技术劳动力资源库以保证系统的持续运行。

➢ 升级途径：为了保证系统升级的可持续性，供应商要有一个明确的升级途径；如果系统是业务运营的核心，那么供应商必须确保对该系统新硬件和运行能力升级的易实施性和低风险性，这是很重要的。

➢ 当前所处的生命周期：在技术的生命周期中，过早和过晚的技术应用可使组织的关键业务运营面临可靠性问题，或者会使该技术成为"没有出路"的技术。

> 有效支持：充满活力的第三方劳动市场的存在保证了提高劳动生产率工具和辅助支持的可获得性，并防止供应商获得垄断的利益。

其次应考虑的内容

> 行业应用：是指你所在的行业中被技术专家和多个业务所采用的重要的关键任务系统。作为行业标准而被技术部门使用的平台会影响系统的长期可靠性和生存能力。某一技术的一个完善的用户群的存在可以促使供应商不断完善其系统的可靠性。同时，可以考虑组织一个有目的的座谈会来分享系统应用的经验，或通过不断向供应商支付维护费用，为系统的某一附加功能提供资金支持。

> 一致性/兼容性：新系统应当与现有系统兼容，以保证整个技术平台顺利地运行。接口持续的不兼容，特别是从产生入站处理（inbound transaction）的系统到核心系统，容易给关键任务系统带来问题。

> 可测量性：如果业务的变更要求增加给定的技术组件，那么我们可以通过对业务关键任务组成部分进行适当的测量来降低业务风险，而不需要替换原组件。

> 利用竞争对手：竞争对手所使用的某种既定技术可以对考虑中的标准制定提供参考。

> 易使用性：关键任务的业务系统应当具有高度易用性，以保证用户群更容易采用这个系统，并从中获得最高劳动生产效率。

> 持久性：关键任务系统在物理上应持久耐用，特别是在运动、生产或其他艰苦的环境中。业务驱动系统是指要么应当具有持久性，要么具有易替代性，且用很少的配置和附加劳动就可轻易使用的系统。

7.3.2　决策因素：单元容量

举例：配送司机的掌上电脑、大型咨询组织的咨询师所用的手提电脑、桌面反病毒软件和桌面打印机。

首要考虑的内容

> 成本：对于购买单元容量高的元件，单位成本即使发生很小的变化也会引起成本的很大变化；因此，获得最低的单元买价是关键。

> 行业应用：因为在组织技术中将被广泛应用，如果行业标准发生变化并需要新的能力时，那么成本和长时间的设备替换将成为制约因素。从理论上说，行业应用水平高则对应一个较低的购买价格。

> 采购时机/可获得性：高容量的设备（特别是硬件）可能需要频繁地进行更换/维护。理想情况下，这些设备很容易从不同地方的供应商或者分销商存货中得到。

> 易管理性：大单元容量随着容量需求的逐渐增大可能造成对系统管理的失效；最优的单元容量系统几乎不要求IT的管理或干预。

其次应考虑的内容

➢ 升级途径：因为在大容量的系统中可能投入大量的资金，所以供应商提供途径升级以保证最长的使用期，这一点是非常重要的。

➢ 当前所处的生命周期：当系统在其生命周期中持续运行时，系统标准、配置和成本不可避免地会发生变化，这表明高容量的系统正处于其技术生命周期的"完全使用"或"稳定状态"阶段。

➢ 可靠性：当成千上万个单独的单元放在一起进行可靠性检验时，即使很小的一个失检也会让IT部门感到头疼。

➢ 可获得的支持：因为组织内部和分散的地理区域内经常会配置一些高容量的单元，所以应当保证系统在任何一个区域内都能很容易地获得供应商或分销商所提供的远程支持。长期来看，组织对高单元容量的系统一般都进行了大量投入，因此支持的可获得性是一个重点考虑因素。

➢ 易使用性：由于很多大单元容量的系统是以终端用户为导向的，因此在这种情况下应当考虑它的易使用性。我们说，在易使用性方面的一个小小的改进就可能给用户带来巨大的方便。

➢ 持久性：如果大单元容量系统的持久性不强，那么IT小组可能要陷入无休止地对已损坏设备的更换工作中。而且，由于单元组件通常是批量购买的，因此会集中出现很多单元都缺乏持久性的情况，这样会使IT部门原本就繁重的工作"雪上加霜"。

7.3.3 决策因素：支持区域的稳定性

举例：从新业务部门或者积极改进业务模型的业务部门到业务流程变更很少和技术要求稳定、成熟的业务部门的所有活动范围都需要获得稳定的支持。

首要考虑的内容

➢ 现有或计划使用系统的兼容性/互通性：如果技术支持的业务区域比较稳定，那么在对系统投入时应当考虑与现有或者计划使用技术的兼容性或易接入性。对于一个稳定的业务区域来说，如果系统需求不高，则意味着这些系统可以长期配置。类似地，如果业务区域变化很快，假定业务需求变更也很快，则IT部门在技术选择上要花费更多的时间。

➢ 灵活性：如果被支持的业务区域经常发生变化，则我们更多地需要关注系统升级、重新配置、客户化和其他方面的灵活性问题。这可以保证当业务需要变更时，至少能够收回对业务所进行的部分技术投资。

➢ 升级途径：我们应当清楚在发生变更的业务区域内其所用技术的升级途径。通常在这种情况下，其他客户的软件包、服务或者产品也正经历相同的变更，因此，基于这些新的需求，供应商应当提供升级服务。

其次应考虑的内容

> 行业应用：行业应用影响长期成本、升级途径、相关系统的整合和第三方技术支持水平。对于进行长期技术投资的稳定业务区域，应该考虑行业应用水平。

> 易管理性：对于在变更少的业务区域内所使用的技术，由于该技术可能在一个静态的、不变更的配置下被长期应用，所以应当考虑它的易管理性。这意味着易管理的系统从长期来看可以降低IT部门运行成本。

7.3.4 决策因素：预期的资产生命周期

举例：耐用的高容量打印机、彩色打印机墨盒和掌上电脑。

首要考虑的内容

> 成本：如果资产的生命周期短（特别是消耗型的资产），则可能需要重复性地对其进行购买。这种情况下，它的成本是主要考虑因素。

> 时间选择/可获得性：如果资产的使用寿命很短，那么供应商应当缩短其供货周期以及扩大其供货区域范围，以便使用户的设备得到及时更换。

> 持久性：如果期望设备的服务期足够长，那么该设备必须经久耐用，使其整个生命周期内的维修频率和磨损程度最小化。

其次应考虑的内容

> 劳动力的获得：如果技术是长期的，那么就要充分考虑具有技术才能的劳动力后备力量的可获得性。如果技术是短期的，则劳动力的可获得性不是重要因素。

> 灵活性：长期应用的技术则要求它能够适应不断变化的业务情况或提供不同角色的服务，因此高度的灵活性和适应性是要考虑的因素。

> 易使用性：从长期来看，如果该技术容易上手，则用户的劳动强度就能减轻。

> 易管理性：为了减轻IT支持负担，长期资产应当做到容易管理。

7.3.5 决策因素：客户化水平

举例：高度客户化的订单输入系统以及与之相反的大众化普通总分类账软件包。

首要考虑的内容

> 劳动力的获得：如果系统是高度客户化的，则支持和管理系统需要的大量有才能的技术人员必须是可获得的。

> 可获得的支持（供应商、第三方）：类似一个大型的第三方支持市场可确保IT部门拥有补充资源以支持高度客户化的系统。

其次应考虑的内容

> 行业应用：高水平的行业应用确保供应商或厂商能提供一个比较容易配置的系

统，并且为客户化提供更多的选择权。

> 升级途径：一个安装劳动量最少的、支持客户化的供应商升级途径对于高度客户化的系统是很关键的。一般来说，软件维护费可以为组织提供系统升级的经费支持。如果由于系统大量客户化而导致升级不能实现，那么软件维护费就白花了。

7.3.6 决策因素：与其他系统的接口

举例：通过电子数据交换（EDI）与ERP系统供应商共享信息的预测系统。通过提供库存位置和库存单元（SKU）信息使用户了解产品库存情况的库存系统以及从外部订单系统接收用户信息的CRM系统。

首要考虑的内容

> 行业应用：行业（技术或者业务）的应用水平常常决定了与第三方供应商提供的其他系统的接口数量。如果系统已成为行业标准，那么供应商将拥有资源以保证系统与相关硬件或软件的连接。行业应用也促使相关系统的供应商或第三方开发与系统兼容且良好操作的接口或技术。

> 用户、竞争对手或供应商对系统的使用：当与其他系统的接口问题涉及诸如供应商或客户的外部实体时，（例如，预测或库存信息交流，或者其他的EDI处理业务）这些外部实体对系统的选择可能影响到未来所使用技术的选择。那些来自相同供应商的系统，或是被证明的外部合作伙伴所使用的可与现有系统顺利兼容的系统均是优先考虑的系统。

其次应考虑的内容

> 升级途径：为了实现系统的数据输出或数据输入，以及使系统紧跟其他系统的升级或变更的步伐，我们应当清楚该系统供应商的升级途径。

> 当前所处生命周期的位置：由于其他的下游系统可能需要依赖我们所关注系统的上线或其他信息，因此我们需要确保该系统处于主流的或处于生命周期中的稳定状态，且具有已证实的处理能力。

> 可靠性：同样，为保证所有平台的可靠性，系统必须能够可靠地发送并接收数据，避免影响到与其他系统的连接。

> 可获得的支持：最后，由于存在影响相关系统的潜在因素（如"多米诺效应"的潜在失败因素），我们应当能获得建设可靠接口所需要的供应商的支持。

7.3.7 决策因素：当前和未来需求的业务量

举例：季节性强的和在节假日或者特殊活动中业务量提高的鲜花经销商；交货时间长且业务处理量变化不大的非季节性商品的生产商。

首要考虑的内容

> 升级途径：在系统将来易受大量业务影响的情况下，当未来增加系统容量时，倘若供应商升级途径明确且具有增加额外容量而费用增加较少的能力，此时组织可以购买目前所需容量的系统。

> 可测量性：系统应当能够轻松地处理当前需求的业务量（包括季节性或其他因素导致的业务高峰）。系统还应当能够应对交易基准数量的长期增加。同时，我们应当对所有技术组成部分（如订单处理软件及其包括CPU、处理器、存储器和网络适配器在内的硬件）的可测量性进行评价，以避免技术的某个特殊组成部分在某一低限时出现瓶颈。

其次应考虑的内容

> 当前所处生命周期的位置：处于生命周期成熟阶段的产品已经具备较高的处理大量业务的能力。

> 时间选择/可获得性：在计划外增加容量或者基线容量突然发生快速变化的情况下，对系统或产品进行升级应当是很容易的。

> 用户、竞争对手或供应商对系统的使用：竞争对手以相似的使用模式或容量应用产品、服务或者系统地说明实际技术能力是恰当的。

7.3.8　决策因素：组织增长计划

举例：收购的竞争对手或者供应商使用了不同的业务支持技术。业务在地理区域上的扩张以及进取型的组织增长计划。

首要考虑的内容

> 灵活性：如果组织打算进行收购竞争对手、地域扩张、垂直合并或变更业务模型等行动时，支持业务的系统应当具备适应性和灵活性来实现这些变化，同时确保因变化而对现有业务和新增业务的投资的影响最小化。

> 用户、竞争对手或供应商对系统的使用：如果收购目标（或买主）使用的是一组特殊的技术，那么购买相同或类似的技术会方便未来的整合或合作。

其次应考虑的内容

> 成本：如果扩张计划涉及增加现有系统的容量或者提供额外系统（如为收购的竞争对手的销售人员提供新的手提电脑），则处理容量增加的成本或单元成本应当最小化或由供应商提前做出保证。

> 行业应用：高普及率行业的业务应用技术，意味着对供应商或竞争对手来说是最可行的方案，或者对兼并者来说是最具吸引力的方案。这使得进行业务交易时保证发生再培训或变更的几率最小化。

> 可扩展性：主要业务系统应当有额外业务处理能力以支持强大的扩张计划（地域扩张、收购或者组织增长）。

7.3.9 决策因素：用户基数的规模/类型

举例：从跨地域、跨职能业务部门的大客户到仅有十来人的小客户。

首要考虑的内容

> 易用性：我们应当对基础用户所采用的系统的易用性足够重视。因为他们通常所处地域分散、水平不一、数量众多（特别是普通技术用户）。需要降低培圳及再培训费用的成本并使终端用户能够对系统进行最有效的使用。

> 耐用性：我们应当保证大量用户所使用的系统（特别是在艰苦的环境下，如工厂、运输交通工具和旅游销售平台上）的耐用性。并在有损坏或数据丢失的情况下对明显的损坏进行自行修复。

其次应考虑的内容

> 成本：拥有大量用户的技术配置应当寻求最低的单元成本，特别是对一些可消耗的或周转率高的商品而言。而当不同类型的用户间大范围使用系统的情况下，对于成本的考虑应当置于持久性和可靠性因素之后考虑。

> 与现有或未来计划使用系统的兼容性/互通性：系统应当与现有或未来计划使用系统之间有效地兼容。大量广泛的系统部署使得本系统与企业其他系统互相操作的难度急剧增大。

> 时间选择/可获得性：对于远程用户或地域分布广的用户而言，供应商或分销商应当保证新系统或更换系统的可获得性。

> 劳动力的获得：在每一个地域内都应当拥有大量随时可用的技术人才，因此选择技术标准时建议给知名供应商和高度标准化技术给出更多的权重。

> 可靠性：广泛使用的系统和大量用户采用的系统应当高度可靠。

> 可扩展性：系统应当在其使用期间和使用高峰时能够应对大量的变化。对那些拥有大量用户的且不能提供额外处理能力的系统配置进行快速替换是比较困难的，并且价格非常昂贵。计划使用或正在运行的技术应当保证其有足够的处理能力满足未来的业务量需求。

> 灵活性：由于更换广泛使用的系统的成本昂贵，因此理想的技术应当具备低廉的升级成本或重新配置的灵活性，以应对业务的变更。

> 易管理性：从支持和配置的角度，确保对大容量单元系统或广泛分布的系统的易管理性，避免IT人员的负担过重。

这一部分的分析避开技术产品和服务的大量数据不谈，重点集中在决策团队收集和评价相关信息上。为了进一步减少收集数据的负担，决策框架建立之后，团队可要求相互竞争的供应商（或其他外部顾问）根据相关标准对他们进行评价。最终，经过反复斟酌的决策框架、定义清晰的决策标准以及一组乐意帮忙的供应商共同构成了这个简明的标准制定流程。

之后，该标准制定流程应当与制定标准时所采用的决策因素和原则的权重一起作为标准化手册的组成部分编写进文件中。后续内容会对文件编写流程进行详细说明。接下来，团队应当开始与供应商进行谈判，争取获得最优惠的价格以控制成本。将标准文件化对于供应商来说就是要求在工作中严格执行标准流程，并且保证以后的业务就是一个简单的程序化处理流程。一般来说，供应商愿意与选择标准化的用户共同承担费用成本。

基于对各领域标准价值评价的共识，技术经理也应当集中精力致力于每一个区域的标准制定。从成本、生产力和IT效果的视角出发，运用80/20法则到标准制定中意味着标准制定的重点放在了对业务运营有最大影响的系统构成上。而为一项短暂的或无任何意义的技术制定详细的标准是不值得花时间的。

标准化制定实例见总结部分。

7.3.10 成本原则

在每一轮的标准制定和采购决策中，成本都是一项重要的因素。通常，技术组成部分的成本是整个项目估算的一部分。关于项目成本、供应商选择和谈判策略的详细论述，请参见第17章、第12章和第13章。这里只包含技术成本应主要考虑的因素和技术标准制定的重要部分。

要理解技术组成部分的真实拥有成本，所需的分析要比表面取得成本的分析多得多。我们应当对取得的全部成本和工作管理程序进行更详细的分析，这就是常说的总体拥有成本（TCO）。一个完整的分析应当包括以下成本：

> 获取成本：最初取得所有技术组成部分的总成本；

> 安装成本：配置、用户化、整合、实施和应用技术组成部分要求的附加；

> 劳动（内部的和外部的）成本；

> 供应商维护费：按年付费。由于供应商维护费是维护协议中的一部分，因此终端用户有权要求供应商提供技术支持、升级或要求加入到产品开发流程，通常属于应用系统的组成部分；

> 培训成本：IT人员和终端用户的技术组成部分的培训成本；

> 劳动力成本：内部劳动力成本（增加人员的工资），也包括外部提供服务的人员的劳动力成本。如果要求对技术组成部分分级或者需要额外支持，则增加的内部或外部资源的成本也属于相关成本；

> 稳定状态成本模型变更：组织中IT预算所有部分的任何成本增加（或者成本节约）。这些成本存在于不同成本类型中，包括劳动力（增加的人员）、消耗品（如纸张、电源）、设备（增加的空间）和容量（网络、处理器）成本；

> 加速折旧：有时候，实施给定的技术组成部分将导致现有系统或者系统组淘汰。这种情况下，新系统部署之后，以前设备资本化数额的折旧将加速并被视为支出。至于随之产生的财务问题和会计问题，IT人员应当与财务部门和首席财务官一起解决。

7.4　免费开源软件

几乎所有关于标准和软件选择的讨论中，都可以并且也应当提出是否以及何时采用免费开源软件（FOSS）的问题。对于采用FOSS方案取代和扩大应用程序、操作系统、工具和开发平台，存在许多种选择。

FOSS是一个通用名，用于指无偿开发人员支持的应用系统。虽然免费软件和开源软件之间存在一些重要的差异，但是二者的共同之处是没有成本，而且都有一个志愿者群体无偿从事软件的加强、升级和支持。显然，没有许可成本但是却拥有广泛网络支持的高质量软件对于组织而言是一个非常有吸引力的选择，尤其是鉴于商业企业提供的专有软件的较高成本。FOSS可以很容易地在线提供给任何希望使用这种软件的终端用户。FOSS软件的群体开发性质意味着，它的功能可以非常快速的扩展，而且能够快速应对机会和威胁。

FOSS软件在企业环境中广泛应用，历史悠久。理想的情况下，FOSS可以作为商业软件的理想替代品，最糟糕的情况下，FOSS软件会成为"害群之马"。

FOSS概念已经存在二十多年了。它的起源是从类似Unix操作系统开始的GNU，其明确的目标就是"开发一个足够大的免费软件群体，在没有任何收费软件的情况下满足用户的需求。"[1]1998年，Bruce Perens 和Eric S. Raymond发起了开源倡议，目的是促进开源系统的应用。

1997年，艾瑞克 S·雷蒙 （Eric S. Raymond）创作了一篇题为《大教堂和巴扎》的有关FOSS软件的散文。这篇散文后来在1999年以书籍的形式出版。在他的这个作品中，雷蒙定义了软件开发的两种模型。在"大教堂"模型中，一个小规模的专门团队负责完成项目。"巴扎"模型则依赖一个广泛分布的公共团队，这个团队是由数十名或者更多的开发人员组成。雷蒙指出，复杂的巴扎式的开发模式会取得成功，因为"许多双眼睛能够找到解决复杂性的途径。"公开的源代码受到了充分的审查，从而提高了软件开发速度和检验速度。

早期的开放源倡议以操作系统为重点，因此，这些操作系统是如今最成熟的FOSS产品。早期开放源倡议受到了业余爱好者和学术界的欢迎，但是因为各种原因很难在企业环境中立足，其中的主要原因是担心劳动力的可获性以及缺乏以FOSS平台为导向的企业应用程序。

---

① 维基百科贡献者，"GNU项目"，维基百科，自由的百科全书，网址：http://en.wikipedia.org/wiki/GNU_project （2006年10月5日访问）。

FOSS软件在企业环境中的应用在过去的几年里一直在不断增长。如今，FOSS软件正在大举进军企业界，而且可以作为任何企业的标准评估的一部分。

FOSS软件存在一种特殊的文化元素，FOSS软件的决定性特征就是其支持者的热情。这是意料之中的。

FOSS软件项目是群体性项目。这些项目由志愿者实施，需要志愿者的高度专注和智慧。自然而然，开发群体感受到自己成果的强烈归属感。这种感受进而伴随着（混杂着）其他目的，比如可能被私营部门评估者认为是不相关的政治观点。

开发者和终端用户群体的热情既是FOSS软件的一大优势，也是一大劣势。FOSS软件可以被表征为一种运动或哲学，它因此就带来了好坏兼有的后果。FOSS软件的信奉者往往自称为"革命者"，营造出反建制的氛围。支持者将FOSS文化看作是理想主义、民主和公平的文化，而将商业软件看作是呆板、独裁主义和令人窒息的产物。维基百科对《大教堂和巴扎》一书的解读将其描述为开放源运动的"体现"。FOSS项目往往由偶像人物发起，这些偶像人物拥有"大于生命"的声望以及社会政治目标。免费软件基金会（FSF）网站这样描述FOSS软件："免费软件运动是一场社会运动，而不是一桩生意，它所寻求的成功并不是市场成功。"①那些不习惯群体软件项目的杂乱无章的意识形态的首席信息官们和企业决策者们往往厌恶FOSS软件，这种情绪阻碍了高质量FOSS软件在企业中的应用。

FOSS软件推广面临的另外一个阻碍是，一直以来企业都更加重视功能，而不是形态。然而，FOSS群体一直以来都认为，必须要通过富有吸引力的简单用户界面来促进FOSS软件的广泛采用。

乌班图（Ubuntu）基金会创始人兼知名的FOSS倡导者马克·沙特尔沃斯（Mark Shuttleworth）这样写道："美是一种特点。如果我们希望全世界接受免费软件，我们必须要让免费软件变得更美。"②图7.3描述了FOSS软件的分类法和生态体系，显示了主要应用领域中的FOSS软件。按照FOSS运动的反建制基调，这幅图将微软（许多FOSS信奉者眼中的终极建制者）置于中心位置，其产品被与之竞争的FOSS软件团团包围。

FOSS 软件的好处：

➢ 价格：FOSS通常没有软件费；有些情况下，企业可能会收取传播费或支持费。

➢ 可靠性：巴扎开发模式意味着软件中的错误数量更少，因为开发人员的人数更多，而且源代码是公开的。

➢ 创新：同样，巴扎开发模式可能具有高度的创新性，因为它集中了更大的开发群体的创意才能。

➢ 许可：大多数FOSS软件许可都为产品的最终用户提供了广泛的权利；专有系统通

---

① 自由软件基金会（FSF），网址：http://www.gnu.org/philosophy/words -to-avoid.html。

② 马克·沙特尔沃思（Mark Shuttleworth）的博客，网址：http://www.markshuttleworth.com/archives/63（2006年12月访问）。

常具有相对苛刻的许可协议条款；专有软件允许版权所有者跟踪软件的使用情况或者窥探终端用户的系统；FOSS软件则不是这种情况。

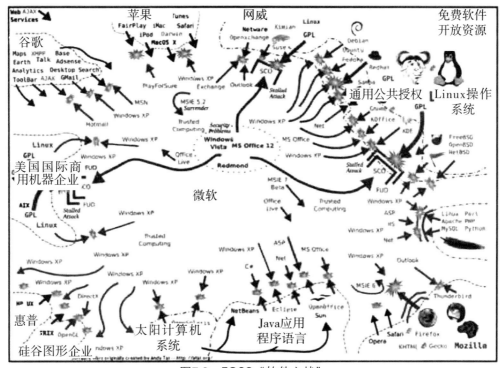

图7.3　FOSS "软件之战"

（Stephen Hilton供图，http://mshiltonj.com/software_wars. Reprinted with permission.）

➢ 合规：因为FOSS是免费的，所以IT人员不需要努力确保执行软件许可协议。

➢ 更新：对于获得积极支持的FOSS项目，大量开发人员通过新版本提高了软件错误修补速度和软件功能。

➢ 互操作性：因为FOSS系统不是商业系统，所以不会对系统信息访问设定限制，而且这种系统会遵守与其他系统的开放记录接口，从而很容易整合到复杂的应用体系架构中，降低转换成本。

➢ 可修改性：所有免费的项目和许多开放源项目都规定用户有权使用和修改源代码；这意味着FOSS项目可以成为定制开发工作的起点，而且FOSS可以很容易根据企业的具体要求进行定制。

➢ 可扩展性：随着组织的扩大，专有软件需要支付额外的许可费；FOSS则不然。尽早实施FOSS项目的组织可以在组织规模增长的过程中降低成本。办公自动化应用程序尤其如此，因为这种应用程序的用户人数很多。

7.4.1　FOSS选项

企业环境中采用的几乎任何应用程序都有许多同等的FOSS替代品。图7.4着重显示了几类应用程序以及主要的FOSS选项。FOSS的最显著的用途就是操作系统领域，在这个领域中，过去多年里开发了大量的Unix变体。FOSS还通过阿帕奇主导了网络服务器市场。

可用的FOSS系统的数量覆盖了计算机应用的整个范围，从数据库到软件开发语言，再到图形软件包和游戏。

免费软件基金会提供的免费软件名录列出了十几种类别的5000多种免费软件包。

同样，领先的FOSS传播网站Sourceforge拥有13万多个注册项目和140万名用户。显然，FOSS面临的挑战之一不是软件包的可用性，而是如何在众多可用选项中做出选择。

大量互联网档案馆保存了几乎全部的FOSS项目，并且提供了可下载的代码、文件和可执行文件。其中最重要的就是Sourceforge（www.sourceforge.net）。免费软件基金会（www.fsf.org）也提供了免费软件项目的一个很好的资源。

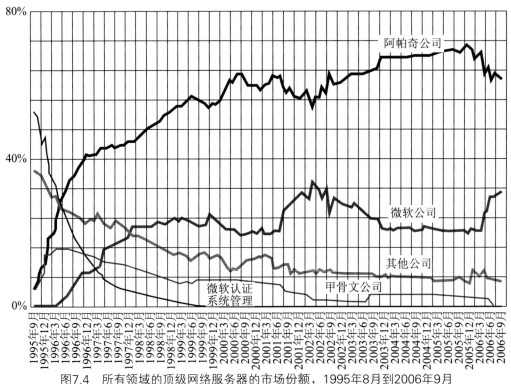

图7.4　所有领域的顶级网络服务器的市场份额，1995年8月到2006年9月

（Netcraft供图,www.netcraft.com.）

目前为止，最著名、最流行的FOSS倡议是：

➢ Linux，一种高度可靠的服务器和桌面操作系统，过去几年来在企业环境中强劲增长并且广泛应用。eWeek在2006年中发布的一份报告预测："Linux将在下一年取代Unix成为首选的甲骨文操作系统。"[1]领先的IT研究机构"国际数据企业"表

---

① 丽莎·瓦阿斯（Lisa Vaas），"Linux向领先地位努力前行"，《每周电脑报》（2006年4月10日）第30页。

示，Linux在2005年第4季度在全球新服务器市场中拥有超过10%的份额。[①]

- ➤ 火狐，火狐是一种开放源浏览器，自2004年推出以来在浏览器市场中取得了15%的惊人份额。[②]这款浏览器已经被下载了2.5亿次。[③]阿帕奇网络服务器是处于主导地位的服务器，拥有近60%的市场份额。图7.7显示了阿帕奇在过去10年的网络服务器市场份额。

- ➤ OpenOffice.org（OOo）是一种免费桌面应用系统，包括文字处理、电子表格、演示软件和数据库应用程序。2004年，计算机科学企业发布了弗雷斯特的评估结果，即OOo在桌面应用领域已经达到了14%的市场份额。[④]2005年，扬基集团指出，OOo的前身——StarOffice系统——在中小企业中取得了19%的市场份额。[⑤]OpenOffice.org报告称，这一软件已经被下载了8000多万次。[⑥]OOo的最重要的特点之一就是采用非专有开放格式来存储关联文件，这种格式被称为“开放文件格式”（ODF）。这个特点提供了各种应用程序之间的可移植性，并且允许终端用户根据自己的需要操作文件。OOo有许多不同的语言版本。[⑦]

- ➤ MySQL是一个可靠的多用户关系免费软件数据库，据报道，其安装次数达到了600万次。[⑧]2005年末推出的全版本（5.0）被《智能企业》杂志称为“企业级用途的真正竞争者”，而且“MySQL不能再被看作是有限的部门数据库。”[⑨]它是常用网络服务LAMP（Linux/Apache/MySql/Php-Python-Perl）体系架构的一个关键组成部分，从而实现了广泛的应用和传播。

目前有超过10万个FOSS项目，真正的挑战是找到相关的FOSS软件。卡内基·梅隆通过www.openbrr.org网站上的“商业就绪性评级”模型为企业内FOSS项目适用性评估提供了服务。我们还在表7.4中分类盘点了一些最著名的FOSS产品。

---

① IDC新闻稿“全球服务器市场”（2006年2月22日），网址：http:// www.idc.com/getdoc.jsp?containerId prUS20074406。

② OneStat.com，“全球使用份额”（2006年7月9日），网址：http://www.onestat.com /html/aboutus_ pressbox44-mozilla-firefox-has-slightly-increased.html。

③ 普及火狐！网址：http://www.spreadfirefox.com。

④ 计算机科学公司，“开放源码：开展交易”（2004年9月），网址：www.csc.com/features/2004/uploads/ LEF_OPENSOURCE.pdf。

⑤ 杰伊·罗斯塔德（Jay Wrolstad），“OpenOffice.org 2.0版本延迟”，《顶尖科技新闻》（2005年10月13日）网址：http://www.toptechnews.com/news/OpenOffice-org-2-0-Release-Delayed/story.xhtml?story_id 03100339SMZN。

⑥ Open Office.org，《市场份额分析》，网址：http://wiki.services.openoffice.org /wiki /Market_Share_Analysis （2006年11月访问）。

⑦ “Openoffice.org位列世界十大使用最广泛的语言”（2006年8月27日），网址：http://ooonewsletter. blogspot.com/2006/08/openofficeorg-is -available-in-ten-most.html。

⑧ 维基百科贡献者，““MySQL”，《维基百科，自由百科全书》，网址：http://en .wikipedia.org/wiki / Mysql（2006年12月18日访问）。

⑨ 雅克调查，“MySQL升级定位企业部署”，《智能企业》杂志（2005年11月）第13页。

表7.4　选定的FOSS系统

领域	应用	备注
操作系统	BSD Unix	20世纪70年代最初在伯克利建造的Linux的伯克利分发版本；它的各种变体包括OpenBSD（1995）、Dragonfly BSD（2003），FreeBSD（1993）和NetBSD（1994）
	Linux	由Linus Torvalds最初开发的类似于Unix的操作系统，最初于1991年开发。Linux是最常用的FOSS操作系统。各种变体包括Slackware（1993）、Debian GNU/Linux（1993）、openSUSE、Red Hat/Fedora Core（1994）、Gentoo（1999）和Ubuntu（2004）。Ubuntu是专为台式机终端用户设计的linux软件包，近期大受欢迎。
系统工具	Nagios	系统监控
	VNC	远程桌面访问
	WINE	MS Windows软件模拟
	阿帕奇	网络服务器（大多数网络服务器采用LAMP平台（Linux/Apache/mySQL/PHP-PERL-PYTHON的缩写）
台式机	OpenOffice.org	OpenOffice是典型的台式机终端用户应用的替代；它包括文字处理、电子表格、演示/图表和数据库程序。虽然该系统最初是专有软件，但是在2000年被当时的所有者"太阳微系统企业"制作成开放源软件。此后进行了许多次系统的和部分的更新。
	火狐	Mozilla企业开发的网络浏览器，2004年发布，到2006年下载次数超过2亿次。
	Democracy Player	台式机视频播放器，支持各种视频格式。
	KDE	K桌面环境；在Unix和变体操作系统上提供GUI和桌面应用。
	GNOME	一种免费软件桌面系统和开发平台，用于Unix及其变体。
	GIMP	GNU图像操作程序——照片和图形编辑器和创作工具。
	Inkscape	开放源图形编辑应用程序
	TeX/LaTex	排版和文件制作：该系统最初于1984年创建，现在提供许多编辑和附加软件包。
	GAIM	即时通信桌面工具。
企业应用程序	SugarCRM	客户关系管理系统，有免费版本和专有版本。2004年出现，以PHP和MySQL为基础。
	OPenbravo ERP	企业资源规划系统，具有核心财务、采购、存货管理、制造和销售职能，面向中小企业。
	phpBB	论坛/讨论管理系统
	eGroupWare	多用户网络群组软件应用程序：电子邮件、地址簿、日历、任务表和其他功能。
数据库	mySQL	流行的多线程、多用户开放源数据库系统，1995年发布。
	PostgreSQL	1986年推出的开放源数据库系统。
开发语言	FOSS脚本编写，开发环境和编译器	Perl, PHP, Python, Ruby, Tcl, GCC

7.4.2　FOSS许可

在FOSS界，人们对命名法则和什么是"免费"软件仍然存在一些争议。免费软件运动先驱认为，必须要区分软件价格（免费）和软件使用的限制（无限制）。在FOSS领域，如果要真正成为免费软件，软件的用户应当拥有完全不受限制的权利，能够以他们认为适当的任何方式使用和修改软件。免费软件基金会将软件领域分为"免费软件"和"专有软件"，并且因此将免费软件定义如下：

> 免费软件就是指，用户可以自由地运行、复制、传播、研究、更改和改进软件。更确切的说，对于软件用户而言，它拥有四种自由度：

> 目的，自由运行程序（自由度0）；

> 自由研究程序的运行方式并且根据你的需求改造程序（自由度1）。源代码的获取是这一点的前提；

> 自由传播拷贝，从而可以帮助其他人（自由度2）；

> 自由改进程序，向公众发布你的改进程序，让整个社会获益（自由度3）。源代码的获取是这一点的前提。

> 当用户拥有所有这些自由度，软件就是免费软件。因此，你能够向任何地方的任何人自由传播拷贝（不论有无改进，不论是免费还是收取传播费）。能够自由地做这些事情意味着，你不需要获取许可或者为这种许可支付相关费用。[①]

这种免费软件定义类似于开源软件，但是不同于开源软件，开源软件对于软件的发布或改造设定了各种限制。存在大量的许可方案，例如GNU公共许可证（GPL）、GNU宽松公共许可证（LGPL）和BSD许可证。免费软件许可证有几十种变体。考虑FOSS在企业中的运用时，重要的是要认识到你拥有的权利、根据你的需求改造和修改系统的方式以及系统转换的前提条件。

7.4.3　在企业IT部门证明FOSS的价值

首席信息官一直以来都难以在企业环境中推广FOSS软件。其中部分原因是企业文化和FOSS文化的格格不入（如前文所述）。由于解决方案的支持和完整性等原因，也出现了其他问题。这些问题通过日益扩大的完整开源软件库得到了解决（如上文所述）。另外一个阻碍就是许多开源应用程序中明显缺乏润饰。2006年初Linux世界博览会上的一位发言人指出："开源不具有专业的外观，这个群体需要更加精通商业，从而在商业软件厂商一直占据的领域中取得突破。"[②]

最后，高级管理层决策者还没有意识到FOSS软件的价值。这也不足为怪，因为专有软件企业预算的大部分都用在了广告和宣传上。而FOSS通常是通过草根阶层的口碑效应

[①]　自由软件基金会（FSF），得到使用许可，网址：http://www.gnu.org /philosophy/free-sw.html。

[②]　"Ponytails对开放源码造成伤害"，企业开放源码新桌面，（2006年3月29日），网址：http://linuxworldexpo.com.au/press_detail.asp?PRID=1014。

和行业媒体文章而成长起来。

呆伯特（卡迪人物）DILBERT.（来源：Scott Adams/United Media. © by Scott Adams. United Feature Syndicate, Inc发行，获得再版许可）

我们建议通过以下途径向非技术类高级管理层推广FOSS软件：

> 解释FOSS软件免费的原因。商务人士天生警惕免费的东西，认为免费的产品要么是质量差，要么就是产品没有吸引力。解释说明FOSS软件开发人员的动力——强烈的社会责任感、对赞誉的渴望、社会精神以及开发自己选择的创新系统所带来的满足感，这些都是经理人可以理解的动力源泉。

> 为支持模式辩护。软件的终生投资的大部分都在于软件实施后的支持和提升工作。经理人知道这一点。对于业务关键性应用，解释说明如何提供支持以及IT部门获得源代码的好处。用具体的数据来比较FOSS和专有软件的人工费率或者其他度量指标，比如FOSS软件与商业软件的求职简历数量或招聘广告数量的比较。向管理层证明，可以获得支持，而且支持的费用也不高。

> 在优点、逻辑和投资回报上竞争，而不是在意识形态上竞争。倡导者往往热衷于判断FOSS软件的优越性。虽然有必要对推荐的系统保持热情，但是也应当为董事会以外的立场保留热情。高级管理层决策者最相信的是逻辑论证和投资回报。

> 避免听起来像是业余爱好者。谨慎措辞，并且以商业语言为导向。假定高级管理层不熟悉你推荐的Linux系统的最新版本，而且也没有密切关注最近有关晦涩的开放源系统优点的争论。始终把握明确的主题和广泛的事实，而且只有在被问及的时候才准备好详细阐述。

> 提供历史背景。虽然FOSS只是最近才受到企业界的重视，但是FOSS已经拥有了20多年的研发历史。向管理层表明你所推荐的系统具有统一的开发路径，这样做会让管理层信服。

> 不要光说不练。有关系统推荐的讨论很抽象，人们喜欢看到具体的事务并且亲身体验。FOSS系统的演示可以成为获得管理层支持的转折点。

7.4.4　FOSS资源

有许多FOSS资源。其中一些最著名的资源包括：

> 通用公共授权：http://www.gnu.org
> 高等计算机系统协：http://www.usenix.com
> 《企业开放系统期刊》：http://www.eosj.com
> 开源倡议：http://www.opensource.org
> 免费软件基金会：http://www.fsf.org
> 《大教堂与巴扎》：http://www.catb.org
> 开源版本：http://www.sourceforge.net
> 资讯科技网：http://slashdot.org
> 鲜肉网：http://freshmeat.net
> 开放软件商业就绪度评级：http://www.openbrr.org
> 《企业开放源杂志》：http://opensource.sys-con.com

7.5　产品生命周期分析和技术标准制定的建议

当确定技术的发展方向时，技术产品的生命周期是一个重要的考虑因素。

大多数技术产品的生命周期以及生命周期与成本和可靠性之间的关系，对大多数技术经理来说是相当容易理解的。技术生命周期变更的速度依据不同的产品而有所差异，但一般来说是比较快的。图7.5列出了一件产品或一项服务的典型使用情况和衰退周期概况，以及使用水平与成本和可靠性之间的关系。

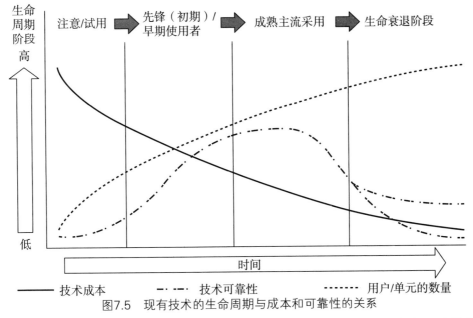

图7.5　现有技术的生命周期与成本和可靠性的关系

图7.5描述了典型的产品生命周期中几个主要指标之间的关系。曲线表示该技术的所有用户数量（或部署的单元数量）。成功的技术产品与大多数其他产品一样都是从客户先

了解和试用再到采纳并接受，从而在一段时间后重复这个流程。换言之，用户开始注意新的服务或产品，之后有限度地使用或测试它。只有当产品得到广大用户接纳和认可后，才能广泛使用。因而，产品处于生命周期的哪一阶段的主要决定因素是由测试使用用户或使用单元的水平决定的。

应用水平和生命周期各阶段的循环是其他两个主要因素的驱动。随着业务量的增加，技术成本逐渐下降，这时供应商达到规模经济并产生经验曲线效应，这两者的结合能够降低总成本。由于竞争产品和服务的进入，成本也会压低。同样，供应商根据终端用户的反馈对产品不断改进，随着时间的推移其可靠性会提高，并且规模和经验效应也会开始对生产和运输产生积极的影响。

大多数供应商都敏锐地观察到了产品的生命周期现象，他们积极完善服务以确保其用户处于曲线的恰当位置。重点是，终端用户应当感到满意，因为他们购买的产品或服务，无论其可靠性、成本还是接受度都处于自己选择的最佳时点。

对生命周期最基本的理解有助于确定技术发展方向和标准。首先IT经理必须了解当前所用技术所处的生命周期阶段，从而对每个技术组成部分做出适当的投资决策和退出决策。其次，当增加新技术或更换技术时，有必要明确生命周期阶段的投入时机，这可以保证技术有最长的寿命和最少的成本以及产品或最好服务的可靠性和有用性。

从内部观点来看，技术经理（特别是一个新升职的或新招聘的技术经理）应当对现有系统进行评估，了解它们所处的生命周期。图7.6对该评估框架进行了描述。

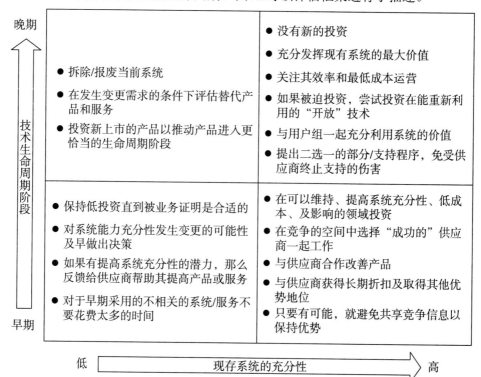

图7.6　现有技术生命周期评估框架

为了对当前运用的每一种技术做出一系列决策，在某些情况下，经理必须首先将这些技术分成几个小组（从业务角度来看，这样做非常有意义）。例如，CRM系统应当作为ERP的一部分进行评估还是单独评估？支持ERP运行的硬件应当与应用系统一起进行分组还是单独考虑？这样经过反复斟酌得到的决策结果才有普遍意义并且是合理的。再比如，财务系统生命周期终结时的决策应当考虑支持它运行的硬件以及终端用户的硬件情况。

进行恰当的分组取决于一些因素，如系统的使用年限、系统间的相互依赖性、系统的功能性、客户化水平和系统的数量。通常，分组在很大程度上可由简化分析的单项技术组成。经理应根据不同的情况逐一进行分组。

下一步，根据以下两个主要特征对每一组技术进行评估。这两个特征间接表明了每一个分组应当采纳的行动方案。第一个，以之前的成果和研究作为指南对技术分组所处的技术生命周期进行评估。但这种评估需要经理进行一些判断，并且这种方式有可能需要获得供应商、顾问、用户组、研究组织和行业出版物等方面的外部信息（参见本章后面的内容：进行分析前收集数据的有关网址和其他信息源）。第二个特征是现有系统的能力充分性水平。对现有技术进行分组的四种方案分别是：

1. 早期阶段/现有系统的低充分性：IT小组应当只对这些系统进行小额投资（如培训、支持、附加配置）。如果这些系统表现出有提升的希望，则IT小组应向供应商提供信息帮助改善系统，并以获得未来折扣或者尽早看到第二版本为交换条件。

2. 晚期阶段/现有系统的低充分性：在本象限中，系统应当以优先更换为目标。在对所需服务或产品进行评估之后，再决定对其技术进行完善、升级还是更换。潜在的替代系统应当处在其生命周期的早期阶段，以使更换系统的有用时间最大化。

3. 早期阶段，现有系统的高充分性：在本象限中，无论进行投资还是与供应商进行合作，系统都是最佳状态。这时系统具有最长的"腿"，即具有明显的优势来推动这些系统朝着成本最低、收益最高的方向发展。在本象限中，IT部门应当加大对现有系统技术的投资，并且与供应商合作，参与到产品开发流程以获取长期折扣或优惠。

4. 晚期阶段/现有系统的高充分性：具有高充分性但处于生命周期晚期的技术应当由IT部门"经营"以充分发挥其价值，同时减少新投入。将这些系统重点放在高效、低成本的运作之上，从而节约投资资金用于影响程度更高、处于生命周期早期阶段的产品上。很多情况下，处于生命周期末期的稳定系统还是能够为业务提供持续性的支持。尽管如此，供应商或许会停止支持这些"夕阳"系统。那么，这时IT小组就应当通过制定接替支持计划，识别技术人才并部分储备起来，同时与其他组织共同组建有能力支持该技术的团队，对该系统进行技术支持和维护，直到其生命周期结束。

图7.7描述的是上述每种技术方案的真实案例，以及基于这个框架，客户如何选择技术和标准的制定。

作为一个技术经理，在决策新的投资或者对报废的技术组更换时，应当考虑技术产品或服务的生命周期。当评估这些投资和它们所处的生命周期时，与现有技术方法类似的一个框架是非常有用的。图7.8列出了建立在技术组成部分对业务关键程度及其相关费用的影响基础上，考虑新投资所采取的方法。

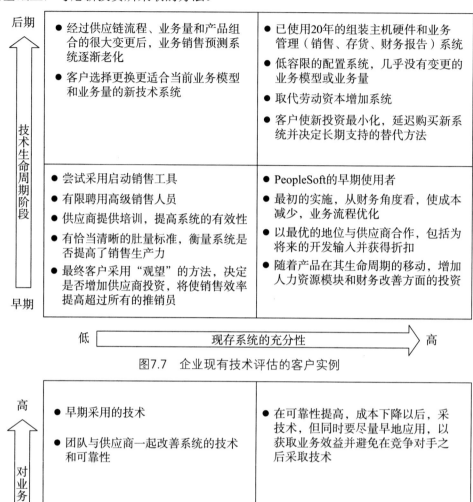

图7.7　企业现有技术评估的客户实例

图7.8　新的或技术变更的生命周期评估框架

这个框架采用费用支出水平和对业务运营的影响，促使做出应投资在技术生命周期中哪一点的决策。根据技术分组和收集的数据，采用与现有系统生命周期分析相似的方法，进行这种分析。

新系统可以根据对业务的影响进行评定，放在左侧坐标轴。一般而言，应该根据系统从提高收入、减少成本，或取得对业务更好控制的贡献等角度进行测评。横轴测定技术分组的选择，主要依据它们的成本，包括所有相关成本要素（参见本章前面关于成本讨论的技术分组成本部分）。

业务影响和投资水平评价是有挑战性的，特别是生命周期早期的产品，鉴定它们的拥有成本和业务效益可能很困难。在前面的分析当中得知，供应商、行业小组、同类企业、出版物和其他相关的资源在进行最完整的成本评估中具有重要作用。同时，成本评估可帮助企业首席财务官了解全部拥有成本，明确该投资与其他投资机会的差别，以及确定其优先顺序。对新投资或投资更新可进行如下分组：

> 对运营影响低/投资水平低：应当进一步调查，确保正确理解业务影响。如果对业务运营影响低且没有显示出潜在变化，则不应该采用该技术。在这个区域的投资决策对于IT组织来说其成本低，对企业的破坏风险也低，但它可以把风险转给IT部门，产生一个巨大的IT机会成本风险。

> 对运营影响低/投资水平高：应当避免使用昂贵但对业务几乎没有任何影响的技术。正如技术在它的整个生命周期中运行一样，随着成本下降、可靠性提高及产品性能的变更，应当周期性地对技术进行重新评估，判断它是否移动到不同的象限。

> 对运营影响高/投资水平低：处于生命周期早期阶段的系统、产品或服务，没有充分性或充分性不够时，应当对现有系统平台上的相似系统、产品或服务进一步调查。如果新系统显示有发展前途，则IT小组可以花一些时间与生产系统的供应商进行交流。这意味着供应商可以进一步精炼其产品或服务，并且使之作为产品试运行的测试场所。通过早期帮助有前途的供应商，使系统能力充分性的欠缺能够尽快地被弥补，使客户与供应商的关系得到加强，保证除了获得早期技术使用者的价格折扣外，还能进入到工作流程的产品开发当中。如果在低投资的情况下，系统又对业务产生了高度影响，则组织应该尽快地采纳该技术。

> 对运营影响高/投资水平高：大多数对业务有高度影响的技术，也要求对取得、配置、实施进行充分投入。当这些技术已经成熟且被IT部门密切跟踪时，应当对其进行调查，以便随着产品进入到其生命周期中的最佳阶段，这时投资接纳也就水到渠成了。了解技术成本和其对业务的影响，可以使1T部门确定最理想的拐点，即成本最小时，业务影响和可靠性最大。

对新技术或技术变更评估后，接下来建议找出进入技术产品生命周期的最佳时点。图7.9提供了特殊客户的新技术/技术变更评估的样例。

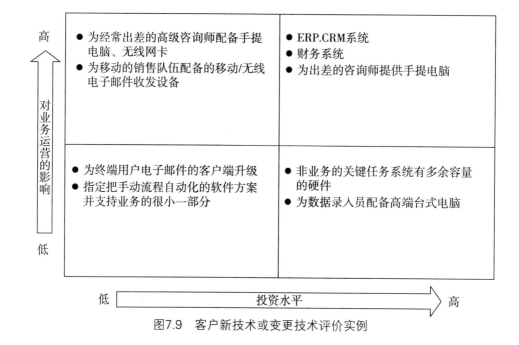

图7.9 客户新技术或变更技术评价实例

7.6 与业务部门沟通IT标准

通过前面的分析确定了IT标准后，作为与整个组织沟通的开始，应当把它们清楚地记录下来。图7.10列出了编制和沟通标准的全部流程。

编制标准后的第一步，是在IT部门内部对其进行讨论并确认生效。这一步确保标准进一步得到精炼，与实际技术团队成员要求形成匹配，以便发现标准中任何潜在的矛盾和困惑。并且最重要的是，使IT团队意识到标准的责权。责权意识有助于确保IT部门每位成员掌握他在向内部及外部解释和坚持标准时背后的理论基础。在保证整个组织坚持标准方面，IT人员也处于第一线。IT评价流程可能是一个不断重复的流程，包括多次的文件修改，以及与部门或子团队之间持续进行的交流评价。

IT部门完成标准文件制定之后，下一步需要IT指导委员会批准标准（有关指导委员会的更多内容见第19章）。这一次评价确保最高业务经理理解并支持标准。因为IT从不起眼的地位制定标准，并成为所有部门所承认的业务决策，在这一过程中，获得高级经理评价并签字是非常重要的。IT指导委员会应当能评价标准、产生标准所用的数据及分析其所用数据的流程。因为坚持IT标准对部门生产力有巨大影响，委员会必须知道标准制定的重要性，以及在标准制定工作中，IT部门的所有高水平努力。

像IT部门评价流程一样，IT指导委员在IT标准制定事情上，也遵循了这样的反复流程。这个流程可能发现组织内以前隐藏的系列非标准技术，或者引起全方位的讨论。每一种情况，对部分业务来说，这一层次的讨论和评价都是健康有益的，并且可进一步使各方面都接受这个标准。

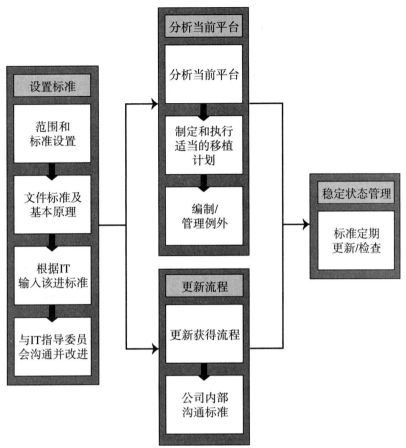

图7.10 IT标准编制沟通和更新流程

评价的最后一步，将经批准的塑封的标准（或更新的标准），交由IT指导委员会成员或企业高级管理团队成员签名。这一步的象征性大于实际意义，这种被相关关注方签名的方法是引起各利益相关者关注的一种非常有效的方法。在一个决定上签名的重要性还体现在，它迫使态度不明确和不同意的人关注该标准，这样使得他们也能够同意。我们建议所有重要的文件都走这一步，包括编制标准文件。指导委员会修订和批准文件后，IT部门的成员也应当签名。

紧接着，IT应当与所有业务领域合作，处理采购的情况，确保IT标准被认可，并在所有新设备购买及更新购买流程中得到遵守。在很多小型组织中，采购业务往往被一个小的、集中式的小组或者IT部门掌管。可是，在较大型的组织中，找到所有的采购点也是一种挑战。把组织带到一个同类的、标准化环境的一个重要因素是找到所有这些的关键点，并保证买方理解这些标准和标准背后的原因。

建立标准后，应当评估现有技术平台的移植计划。技术或者平台接近其生命周期终结，或者至少接近企业的使用年限，预示着企业有了更换完全不同技术的机会，这种技术必须经过深思熟虑，且具有兼容性。本章前文讨论过的分析流程包括产品生命周期分析和技术标准制定。

最后的步骤是保持标准"常青"。今天的标准并不是静态的。新技术的可获得性、新业务的出现、竞争市场的变化、用户和供应商的要求及技术成本的变更都将导致IT所建立的标准的过时。作为整个IT计划编制流程的一部分，在所需要的基础上，标准编制流程应当每季度重复进行一次。本章中讨论的生命周期分析流程，对技术的优先排序标准来说也是一种有益的方式。任何一种情况下，在建立和强化标准的流程中，应当保持IT指导委员会与业务部门合作，为低成本、高生产力的IT部门创造一个最好的环境。

7.7 强化IT标准

在标准被制定成文件并在IT及业务部门内进行交流后，应当对标准进行强化。具体指创建一个遵循标准的环境，在该环境中使坚持标准成为一个最容易做到的行为流程。为使业务和IT遵循标准，要求标准必须有明确的编写依据及其论证，有合理的供应商交货时间，在批准和获得流程中有清晰的联系和支持。通常，业务用户对他们不理解的、任意的和反复无常的，甚至起阻碍作用的IT标准是无法接受的，但要他们努力围绕标准，建设一条阻力最小的道路，则IT一定会获得标准化的效益。

建立强化标准的途径应当遵循以下主要原则：

➢ 清晰地编写分发给业务和IT部门的标准；
➢ 清晰地记录每一条标准背后的基本理由/论证；
➢ 符合标准的批准和购买流程；
➢ 业务高级管理层对标准的支持；
➢ 周期性的沟通以补充标准；
➢ 通过经常回访和更新，保证标准的相关性和对业务变更的响应；
➢ 掌握一种处理标准例外的常识性方法。

尽管如此，过分严格地强化标准通常达不到预期的目标。没有一个高质量的标准编制和传达，没有得到业务部门的签字认可，或是采购流程与组织的意愿冲突等都会导致IT部门的巨大损失。如果IT与业务部门管理团队的关系不好，而业务部门又盛行非标准采购，那么IT部门失去了一个与业务部门共同解决问题的机会。更糟糕的是，使自己陷入一个混乱的环境。在各种情况下，有首席财务官、采购部门及IT指导委员会的支持，将有助于保证进一步地坚持标准化。

当设置的标准出现例外时，它应当和设置的基本理由一起编进标准文件，并提交给指导委员会。这样可以增加人们对IT的理解，理解真正"例外的"业务，将例外的原因作为将来的参考文献被保留下来。

当IT发现例外时则遵循相同的步骤。这种情况下，对拥有成本，现有或计划项目的潜在变更也都应当被归入文档，并提交给IT指导委员会。对于IT部门来说，重要的事情是其应当继续与业务部门一起实现成本减少及标准化目标。而没有使标准化成为一种束缚。

在客户向我们咨询的过程中遇到过几种标准例外。一种例外是"高级领导和前沿技术产品"。这些用户通常是新技术及试验产品的早期使用者，这些新技术、新产品要么非常有趣，要么有提供额外生产力的潜力。他们可能是硬件也可能是软件。大部分情况下，这种类型的例外相对来说是无害的，除非IT花费了太多的注意力支持它们。

另一个例外是针对高容量产品的，它们的成本是主要因素。例如，我们的客户之一，它为业务部门的戴尔台式机、手提电脑和服务器的硬件建立了标准。可是，某个业务部门（如呼叫中心）只从事大量执行强度低、重复性的处理任务时，那么当低强度的任务和高容量的要求结合在一起时，只会使得他们为呼叫中心购买最便宜的计算机。为了减轻支持成本和时间浪费，损坏的计算机只能用更新的款式替换，在工作空闲的时候报废或修复。这样一来，降低了总体业务成本，依据常识做出了硬件标准的例外处理。

第三种例外出于满足客户某种需求。例如，大型或者重要的用户要求用某种网络协议或某种软件整合他的系统。在这种情况下，取悦这个重要用户或者为能够平稳处理与大多数用户的业务，我们通常要求制定例外标准，或者为长期支持用户建立一种附加标准。

7.8 你接管了一个"高度差异的环境"时该做些什么

很多情况下，在相同或一个新企业中，首席信息官需要接管一个"高度差异的环境"或者"混乱"的环境。对于首席信息官来说，主动地处理这些问题或处理一些由环境造成的混乱问题是非常关键的。这些混乱好比一个泥潭，项目以失败告终，经理的职业生涯也将到头。

改变这种状况，不可避免地涉及到改变IT部门的文化，这增加了挑战的复杂性和风险。更糟的是，来自业务部门的支持很低，同时需要对业务与IT部门进行大量教育。这些问题和挑战必须尽快得到解决，否则首席信息官将被"千刀万剐"。如果经过大量努力后，文化理念和流程的障碍仍不能克服，至少经理可以在很快了解这些状况之后转移战场。

在整个流程中，首席信息官应当在企业历史、限制、潜在成本和向标准转移的成本效益方面获得业务部门经理和财务部门/首席财务官的帮助。同时，因为参与了流程和标准建设，业务部门和首席财务官也会更加认可最后的标准成果。

7.8.1 首先，理解"为什么"

第一步，了解清楚形成现有环境的决策历史。充满很多例外的环境通常源自一系列的一次性决定，这些决定在个别实施时有意义，但并不适合IT部门的所有情况。我们可以通过采访IT人员、商业用户、采购和财务部门了解标准背后的历史，或者通过采购决策来判断从前的技术决策背后的真实原因。因为历史上做出临时决策的情况也是时有发生，因此了解整个历史背景有助于新经理正确做出决策。采访和收集数据的流程也有助于首席信息官了解IT部门内部和外部面临的潜在竞争。

7.8.2 记录每一件事

一个技术平台覆盖很多领域（硬件、应用包、客户应用、系统工具、网络和服务台），因此做到及时全面的记录才能对各个领域进行更好的了解。通常，现有系统的文件详尽不一、过期年限不同且可获得部分差异很大，因此建立自己的服务器覆盖区示意图、应用目录和应用功能可以帮助我们建立上下文联系，脱离混乱的格局。

7.8.3 标准化影响

在掌握技术环境的范围和差异之后，首席信息官应当对非标准技术运营或生产力成本进行定量描述。描述要按照影响程度的大小顺序进行，以使最大的影响可以最早被识别并且产生作用。首席信息官需要详细划分出技术要求等级。

典型的分析可以很简单，例如"IT部门需要三名额外的全职员工才能支持两个相同业务部门的不同财务系统。财务系统的合并每年将节约大约20万美元的成本。"

7.8.4 迁移计划

有适当的数据基础和环境成本控制后，我们应当制定一个迁移计划。该计划要做得足够详细，以便实现对时间、依赖性、资源和成本的合理控制。同时对项目进行优先排序，这样可以最小的风险和努力获得最大的收益。对于最高优先级的项目而言，除成本和效益分析外，我们还应当进行投资回报分析。第17章将详细讨论项目计划和投资回报率（ROI）分析的问题。

7.8.5 设定期望值

这一步要求对IT部门所能提供支持并成功完成项目的能力设定期望值。IT与业务部门应当以合作的态度就期望目标进行沟通。由于这种沟通（或许是标准的程序）很容易被业务部门理解为"IT的抱怨"，因此，在期望值设定之前，经理应当对环境的影响进行量化，以数据为基础进行全面分析。IT部门在业务用户间树立起一个有责任感的良好声誉是非常关键的，这样可以避免被指责，同时也能有效地完成差异环境的整合。

IT指导委员会是设定期望值的主要负责人。其中，环境评估和计划应当作为早期议事日程的一部分。

最后，首席信息官要与IT部门内部人员讨论分析技术混乱的根本原因，以及想要改变它所需采取的措施。IT经理使团队成员知道有这样一个计划，并且了解计划有清楚的目标，以及允许他们继续为业务部门提供帮助，所有这些都将使IT经理受到高度评价。同时，团队成员要清楚，当环境阻碍生产力时，应当围绕环境重新规划他们的工作，而不能把环境作为延期或降低服务级别的借口。

7.8.6　计划实施

在迁移计划被优化、设定预期和被圆满完成之后，我们就可以开始实施该计划了。但通常存在许多诸如成本、时间、资源容量、业务要求等约束因素，以及阻碍快速迁移的其他因素。因此，迁移过程应当是利用有利时机依次进行的。

在一个存在差异的环境中，成本或业务要求的原因经常会使标准化的努力无法落实。这种情况下，首席信息官应当从长计议，对处于报废状态的、生命周期末期的设备首先进行小范围的推动落实。

首席信息官应当与供应商为降低成本并获得免费资源以实现项目顺利迁移而共同努力。如果供应商认为客户按照标准完善它的产品或服务是认真而利好的，那么供应商将努力配合这些迁移工作。否则，供应商将不可能成为一个适合的供应商。

7.9　总　　结

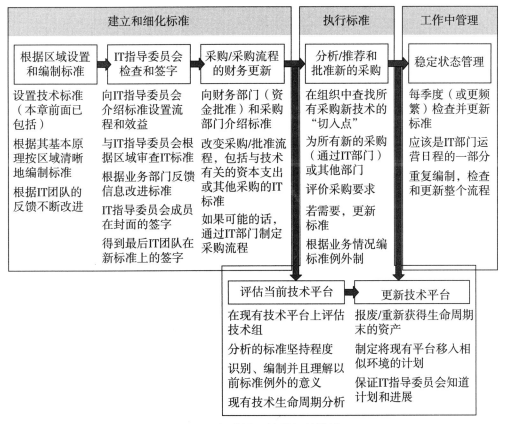

图7.11　标准设置流程起始综述

制定IT标准将是一个精疲力尽的过程，对首席信息官来说它要求付出巨大的努力；对IT和业务部门来说，它要求双方清楚地理解其长期效益。该过程的目的是建立一组标准，允许IT部门以最小成本管理IT并创造最大效益，以及确保技术平台一直处于使业务的投资回报率最好的生命周期上。

图7.11简单地重述了本章讨论的整个流程。图中列出了标准制定、分析当前平台、优化采购流程以及保持标准更新等步骤的主要组成部分。

7.10 评估技术标准的信息资源

首席信息官应当利用各种研究和信息资源不断充实IT系列标准。这些研究提供了最新信息，可用来完成产品生命周期分析，用适当原则对竞争性的IT标准进行评估。

> 行业分组：通过行业分组获取资源。主要在特殊的技术领域或者在行业中的某些竞争性组织中进行（例如，ERP用户组、制造行业特殊利益组）。

> 技术出版物/行业出版物：通过行业内的许多可信的独立出版物获取资源。《信息周刊》和《CIO杂志》是行业内的权威出版物。其他还包括《基线》（Baseline）和《最优化》（Optimize）两本杂志。

> 供应商：技术供应商是其产品的主要信息源，并且他们经常提供一些有关竞争性产品和服务的补充性附加信息。虽然内容和数据更自然地倾向于供应商自身，但数据仍是有价值的，并有助于发现供应商竞争对手的盲点。

> 同类企业：来自于相同行业的或者其他组织相似的（规模-收入或员工、地理区域、技术平台）企业的技术经理是一个往往被忽略的信息源。客观地说，他们具有特殊价值。与这类企业建立平等关系，不仅能了解他们制定决策的流程及其基本原理，而且还能跃过初级数据直接获取更核心的数据。

> 行业技术网站：在技术行业中聚集企业级别问题的网址能够发现额外的信息，包括。

——CIO杂志：www.cio.com

——CMP传媒：www.techweb.com

——计算机商业评论：www.cbronline.com

——E-WEEK：www.eweek.com

——技术界（Tech Republic）:www.techrepublic.com

——达尔文杂志：www.dafwinmag.com

——分析家观察：www.analystview.com

> 终端用户网络日志：客户驱动的记录技术和技术企业的网络日志通常是一种没有偏见的内部人员的信息汇总。虽然从记录中分离出事实需要花费一些努力，但这恰恰是CIO工作所要研究的部分。特别引人注意的且最受欢迎的技术日志可从以下渠道获得：

——Slashdot.org

——Techdirt.com

——news.com

——techrepublic.com

——hardocp.com

——anandtech.com

——zdnet.com

正由于它们是一些未经编辑的、未被过滤的终端用户的意见，所以这些记录是具有高度启发性的信息资源。

> 技术研究企业：有这样一种全面而成熟的行业研究企业，它们致力于帮助其他企业设定其技术方向以及帮助其选择技术标准。由于这些企业所提供的信息通常附有高质量的分析报告，因此它们高昂的咨询费用经常使其他企业望而却步。但在这个行业中名列榜首的企业包括：

——阿伯丁集团

——AMR研究企业

——Forrester研究企业

——Gartner集团

——Giga信息集团

——国际数据企业

——META集团

> 财务分析：通常，大部分的大型投资银行都拥有一个或多个全职的分析人员，他们掌握了全部市场中的竞争供应商信息，这种信息是无法用价格衡量的。这些信息包括供应商和整个市场的信息，也包括关于某个产品特定信息。分析人员通常要花费大量时间和终端用户进行探讨，因此他们所提供的信息是最新也是最客观的。如果客户企业已经与银行业建立了关系，那么这无疑是一个很好的起点。如果没有，那么也不必担心，因为你可以从各种座谈会上看到这些专业分析人员忙碌的身影，或许他们正在某个地方聆听来自某一用户对其产品和服务的意见反馈呢。

第8章

IT基础设施运营

如果你能做到，那就不是吹牛。

————迪子·迪安（Dizzy Dean）[①]

不能靠你将来能做的事来树立你的威望。

————亨利·福特（Henry Ford）[②]

IT运营是指由IT部门提供的服务能力，与专业术语"IT基础设施"同义。IT运营包含硬件、网络、网络安全、企业安全、通信、用户管理和电子邮件系统的管理。

本章概述有效管理IT运营部门的主要实践经验，以及工作的主要流程和部门职责。详述了衡量成功的标准，并关注如何使业务风险最小且使用户更加满意。

针对最普遍的、重复性的任务，介绍了进行有效运营管理的方法——执行标准运营程序（SOP）。本章内容还包括通过流程改进和诊断系统问题进行根本原因分析，以提高服务质量的技术。此外，还涉及一些确定运营领域恰当的人员级别的方法。

最后，本章简要概括了改进IT运营及吸引组织关注的成功方法。当发生服务中断时，作为一个提供服务的供应商通常其运营部门只会受到负面的抨击，而很少受到积极的认可。本章旨在帮助IT部门增加运营透明度，提高其服务水平以及获得企业积极的评价。

8.1 IT运营的重要性

IT运营领域是从传统的IT部门分离出来的两个主要领域之一。这两个主要领域是：运营和应用领域。由于用户更加专注于应用项目和业务驱动的电子商务、网络开发和软件包等方面，所以软件开发和应用领域更受到用户和领导的关注；另外，除非新IT应用系统的基础设施是新的或者更新的，否则几乎没有业务用户会关心IT基础设施。实际上，IT运营对客户满意度的影响，若不比应用对客户IT满意度的影响更大，至少也是相同的。如果电子邮件或电话系统坏一天，那么IT运营领域将收到各级用户的大量关注。如果EDI或其他

---

① 杰伊·H（Jay H.）"晕头的"Dean，"个人简介—Dean"，网址：http://www .hickoksports .com/biograph/ deandizz.shtml（2002年12月19日）。

② 亨利·福特（Henry Ford），"亨利·福特语录"，网址：http://www.quotationspage.com/quotes /Henry_ Ford（2002年12月19日访问）。

任何类型的电子商务，在业务处理高峰期即使暂停1小时，那么企业也将会由于没有订单处理能力而瘫痪。

IT运营组遭受着"灰姑娘"综合症的痛苦。当服务正常运行时，不会受到表扬，因为性能正如所期望的一样表现。在运营领域很少发生诸如业务部门的员工赞扬IT部门的工作，即使这个组实现了最高的目标（如无中断、快速响应时间）。业务部门就像是灰姑娘的异父姐妹，他们要求IT部门"做这，做那"，即从掌上电脑（PAD）到大型主机计算系统的大量维修要求。批评的"暴雨"淹没了这个本不是客户服务导向的组织。一年365天，服务可能是稳定的，并且运转良好，但如果仅有一天IT故障——特别是在关键期间，例如，一个季度的最后一天——那么，运营组和IT部门的整个形象将颜面扫地，满意度将大打折扣。

服务的失败能够很快对大量的客户、供应商和内部人员造成消极的影响。网络中断、服务器失败、电子邮件系统死机，以及被损坏的台式电脑都能明显降低整个企业的生产力。

IT运营管理职能的性质决定了运营团队即使在有效工作并取得了巨大的成功时也不见得为人所知。这意味着IT部门应当围绕IT运营领域的成功，主动着手建立公众关系，以便在工作完成得很好时获得积极的认可，积累在业务用户中的信誉。系统中断在一定程度上困扰着运营小组，因此，信誉的建立能够提供一些缓冲，降低消极的公众关系因系统中断而对IT造成的影响。

除系统失败外，对客户满意度影响第二大的可能是IT服务台。服务台不断地与业务用户进行接触。响应时间、人员的服务态度、随访及后继的服务等级，以及问题处理速度等都是影响客户满意度的全部日常因素。只要对企业高层员工用户的要求搞砸一次，则服务台就会败坏整个IT部门的名誉。

其他影响用户基础设施的几个因素包括用户管理、能力规划、灾难恢复和安全。IT运营组日常的大量成本支出是一个很危险的信号，我们应当同应用组一样对其严格管理。

8.2 运营范围

运营具体表现为下面的流程和领域，如图8.1所示。以下将对各领域中各部分的重点的管理实践和关键的成功因素作简单描述。

表8.1 IT运营综述

IT运营范围
局域网/广域网基础设施管理
系统管理
系统监督
安全管理
数据中心管理
通信管理（电子邮件和其他电子通讯系统）
通信设备及管理

续表

IT运营范围
灾难恢复（业务连续和意外事故计划、备份和存储程序、测试计划）
IT资产管理（配置管理、合同和软件分发管理、库存）
日常系统运营（成本回收、设备、工作进度安排、系统绩效管理、产品控制、质量保证）
变更控制（变更请求、变更影响分析、测试计划）
需求管理（服务级别管理、服务请求管理、工作量监控）
问题管理和要求（服务台，见下一章）

8.2.1　局域网/广域网的基础设施管理

局域网/广域网的基础设施管理，具体表现为对企业网络基础设施的设计、执行、管理和监控。网络管理指监控所有网络基础设施（网络集线器、路由器、交换机等）的组成部分，以及与外部网络（ISP，帧中继等）的任何连接或接口的管理。网络监控有助于警示网络管理员注意网络潜在的任何问题，并帮助网络管理员提前采取措施以避免网络的中断。

局域网/广域网的网络基础设施还包括任何拨号上网、远程访问连接或企业可能存在的虚拟个人网络（VPN）的管理。这有助于提高企业的生产力和将重要信息传递给需要者的信息可达性。

与此相关，要求具备两类专业人员，即局域网（LAN）专业人员和广域网（WAN）专业人员。LAN专业人员应具备的知识包括：服务器的网络设置和桌面操作系统，如微软Windows XP所需的网络协议、路由器和其他网络设备（网络集线器和连接桥）。他们负责设计和建立办公室局域网、配置内部网址、设置无线路由器和网络集线器、监控网络和管理容量。

WAN专业人员负责连接网络硬件（路由器）到帧中继、ISP互联网和其他的远程通信/数据供应商网络。WAN专业人员应具备网络设备故障检查知识，并擅长与供应商一起工作。他们一般使用第三方工具监控WAN，负责将Web服务器和域名服务器（DNS）连接到互联网。

下面的最佳实践经验对网络管理非常有用：

> 在网络平台上进行标准化。如果可能的话，避免混杂太多的供应商、硬件、管理系统和协议。一段时间后，把以前的多个平台运行的环境转移到同一个相同环境。如第7章所述，标准化的效益将高于转移成本。多技术混合运行将使网络管理复杂化，增加潜在的难以诊断的出错风险；

> 保证网络支持人员使用网络监控工具。如果发生网络失败或出现其他问题时，这些工具能提前主动提醒网络支持人员的注意。并不是所有的数据中心都以24/7模式来配置人员，在网络出现问题的情况下，技术支持人员可以被及时通知到非常重要；

> 在网络领域内变更管理流程可造成严重后果。如果不小心改变了网络配置（如，

域名服务器、内部IP列表），将很快爆发网络混乱。在认识到这些变更会在一定时间内通过互联网传播的情况下，完成外部IP地址和域名服务器（DNS）的任何变更要注意相应的实施策略，规定网络配置的所有变更都应当被事先讨论和记录，并配备适当的回滚程序；

> 确保几小时以内完成网络的主要变更，变更最好在星期四或星期五晚上进行（如果有问题，网络可能停机一整天；放在星期四晚上可以有一天的业务时间进行校正）；

> 警惕互联网上媒体流的使用和端对端的文件共享系统。用户的这些行为会占用共享网络的带宽。如出现类似行为，制定策略限制他人在你的网络上使用流媒体，利用防火墙有选择性地过滤非业务协议；

> 保证网络员工受到他们网络领域内的必要培训，并获得相关证书。这有助于对员工技能的了解，并保证你们内部的资源能够跟上网络前沿。网络技术变更很快，一个有计划的培训和开发项目，可以保证网络团队能为企业提供最好的服务。

WAN专业人员不仅需要具备与LAN专业人员相似的技能，而且需要具有管理供应商的才能。管理远程通信供应商需要专业经验。远程通信供应商通常提供WAN监控服务，在内部监控之前，这些服务能识别和修复网络问题。但是，我们应当留心规定供应商提供监控和正常运转时间的服务水平协议，特别是有关系统中断的惩罚条款。而且，即使供应商保证监控和正常运转时间，网络团队至少也应当进行必要的监控，对供应商的执行情况进行监督。一旦出现中断，要积极联系并管理你的远程通信供应商。供应商通常将开启问题追踪记录，当问题解决后再通知你。这时，如果网络工程师能够积极通过呼叫要求其加快修复的话，那么问题就有可能提早得到解决，你的行动成功影响了修复时间，并从中提高了管理供应商的水平。如果问题严重，团队就要尽早通知通信企业的高级经理。

网络团队至少应当每2年审查一次远程通信供应商，并创建需求说明书（RFP）以方便重新选择供应商。远程通信费率变化频繁，企业通过重新谈判可以有效降低运营成本。此外，至少每年重审一次网络架构，保证用最低的成本使用接口技术。第12章和13章将讲述供应商的选择和管理。

8.2.2 系统管理

系统管理具体表现为对一个企业的系统软件和服务器的监控和管理。系统管理员要保证系统在最佳水平上运行，操作系统及时打补丁及发布更新，执行日常备份，确保服务器容量满足业务需要，防止服务器出现意外中断。如果在小型企业中没有设置专门的安全人员，那么系统管理员将承担企业范围内的系统添加、变更和用户信息删除以及用户档案管理的工作。对于业务部门来说，系统管理是非常重要的，因为它确保支持业务所需的系统的有效运行。主动的系统管理和监控有助于避免系统死机。

> 为加快公共流程，管理团队应当建立针对常规系统的管理流程（例如，能力规划、存储应用、CPU应用）的检查清单和检查程序；

> 保证系统的持续管理且管理流程被充分记录在案，团队应当为尽可能多的系统管理建立常规管理流程；

> 大型部门中，系统管理资源能够根据他们所支持的（例如，主机、中列数、Windows NT, UNIX、AS/400. Vax VMS和其他）技术进行划分。简化环境和减少平台数量能极大地降低支持成本且简化对单元的管理。

补丁管理

几乎所有的系统软件、操作系统、工具甚至是嵌入式芯片软件都需要定期更新或定期打补丁。这些更新用来：

> 添加新功能；

> 提升性能；

> 增加与其他系统的新接口；

> 修补缺陷或错误；

> 修补出现的安全漏洞；

> 提供已经变更的应用程序内的更新数据（例如，税务表、邮资费率）。

大多数系统厂商都有专门的补丁下载和应用方法，通常是通过互联网或者软件内的内置接口实施。

IT团队必须要管理补丁的应用，以确保系统的运行性能达到最高水平，并具有最大的补充功能。最重要的是防止安全威胁。根据高德纳企业的估算，所有安全威胁中大约有90%都是由于补丁管理失败所致。[1]IT团队必须科学地评估和应用补丁。在最糟糕的情况下，一次错误的补丁或者一台计算机就会影响整个网络的运行，给IT部门造成大量的工作负担。

为了实施这一任务，IT部门应当根据正在更新的系统的关键性以及更新中包含的变更的程度和重要性考虑以下做法：

> 明确所有被支持的系统（尤其是业务关键性系统）的补丁何时到位；

> 明确从何处获得补丁以及如何使用补丁；

> 在使用补丁之前完全了解每个补丁的内容；进行互联网搜索或其他适当的研究，以确定其他人是否遇到过补丁的问题；

> 评估补丁对于被支持系统的有用性和适用性，确定是否应该使用补丁；

> 评估与定制、配置以及可能受到补丁影响的接口的任何潜在冲突；

> 可行情况下，在有限环境中测试补丁，然后将其投入全面生产；

> 盘点所有受到影响的机器和系统；配置管理数据库（CMDB）的实施能够对这项任务起到很大的帮助作用；

> 以正确的顺序使用补丁（新补丁往往依赖于之前的补丁）；

> 在使用补丁时遵循正常的生产系统变更控制流程（在打补丁之前创建备份、在非工作时间打补丁、让应用程序厂商的工作人员待命以便随时解决问题）；

---

① 大卫・F・卡尔（David F. Carr），"补丁管理"，引用高德纳集团研究，《基线》杂志（2005年5月）第75页。

> 制定补丁的取消计划，在出现问题的情况下将系统退回到之前的版本；
> 在同一个补丁水平让所有机器运行一个特定类型的软件（操作系统等等），以保持标准并且避免单独版本产生的任何问题。

最常用的补丁是服务器和桌面操作系统补丁。这些补丁是企业内最常用（每一台计算机都有一个操作系统）和最复杂的软件，而且需要定期升级。大规模IT部门应当评估补丁分发执行软件的投资价值。与监测和配置管理数据库（之后讨论）一样，软件可以采用客户端代理软件，或者不采用代理软件，各有优缺点。

配置管理

配置管理是指记录和跟踪有关IT部门负责的计算机设备的相关信息。配置管理通常通过配置管理数据库（CMDB）系统完成。这种系统将IT系统配置信息的收集、存储、报告和比较过程自动化。

表面看来，这个过程看似简单。IT部门应当知道自己拥有哪些类型的设备以及设备上运行的程序。实际上，做到这一点很难。首先，需要收集大量的不断变化的数据。即使是小型组织也会有几十台服务器和网络设备，以及几百台计算机和外围设备。这些设备分别又有几十个必须跟踪的配置项目，这意味着IT部门要负责跟踪数千个乃至数十万个数据点。此外，配置定期发生变化，这意味着信息必须要更新而且与之前的配置进行比较。这在大企业中的确是不小的挑战，因为大企业有数百个应用程序、服务器和设备以及数万个终端用户计算设备，而且分布在多个地点。处于不断变化中的企业、业务量的增长、办公地点的增设或者并购活动都增加了复杂性。

其次，在许多企业中，IT部门没有完全控制资产的增置工作。企业的不同部门可能建立了自己的计算环境，包括移动设备、网络、服务器、台式机、笔记本电脑以及生产应用程序。这项工作可能是在正式批准的采购流程之外完成的。虽然这种做法有害，但是在任何规模的企业中，这都是不可避免的。IT部门负责找到、记录并且参与管理这些资产。不论这些资产的采购方式如何，IT部门最终要负责确保高级管理层能够有效和安全的运行这些设备。虽然这项工作具有挑战性，但是即使是一个简单的配置管理数据库的维护也非常重要，因为这种数据库影响到了IT管理领域内的许多方面。配置管理数据库产生和使用的信息量会非常大。IT部门必须要确保认识到受影响领域的关联，并且针对每个领域将这种关联结合到IT管理流程中。配置管理数据库的主要目的是支持和改进这些工作中的每一项工作：

> 服务台：配置管理数据库可以让服务台在出现问题或接到报修电话时提供完整的IT设备蓝图，从而提高响应性，另外还可以缩短服务台通话时间，使信息更加准确，因为坐席不需要向终端用户询问配置信息。
> 问题检修和诊断：同样，第二线和第三线可以更高效地诊断系统问题，因为他们获得了导致问题出现的系统的详细配置信息，而且还获得了整个IT部门基础架构的蓝图方面的更加广泛的语境信息。

> ➤ 安全：通过提供所有类型的设备的完整清单，可以全面分析和处理存在开放端口、安全漏洞、开放网络连接等问题的各个设备所造成的安全风险、识别IT部门之前未知或者没有控制的存在安全风险的流氓设备；

> ➤ 资产管理：提供设备实际清单，根据采购记录或财务部资产清单与设备存货进行比较；可以反馈给财务部和采购部进行折旧以及资产的更新、或报废；

> ➤ 审计：识别所有设备和相关的配置信息，以便快速响应内部和外部审计信息请求；

> ➤ 监测：盘点所有系统以及系统上运行的生产流程，这有助于将这些系统和生产流程添加到企业监测工具中，而企业监测工具是高效率IT部门所必需的。

> ➤ 许可证的执行：通过识别所有资产、操作系统和应用程序，可以参照购买的软件许可证进行相互检验，以确定合规水平。

> ➤ 系统与网络管理：识别网络上的未获批准的流氓应用服务器，确定哪些服务器没有采用最新的安全补丁，操作系统或应用程序更新；识别并通知受到系统变更影响的相关方，以便在生产更新期间实现更全面的变更控制。

> ➤ 灾难恢复：只有全面盘点生产系统及其配置（尤其是容量）才能够实现正确的灾难恢复规划；这有助于创建一个规模和配置适当的灾难恢复环境。

> ➤ 保险：如果因为损坏或被盗而发生损失，配置管理数据库可以为了保险的目的提供相关项目的精确信息。

有效配置管理数据库的关键特征。配置管理数据库至少必须提供一个用于存储每台计算机、设备和应用程序的相关信息的资源库。必须记录的信息多种多样，应该包括磁盘容量、使用、类型、速度、CPU大小、内存大小和类型、网络接口硬件、外围设备、端口、网络地址、操作系统类型、最后一次重启、运行时间、补丁水平、应用程序名称、安装日期、进程、线程、运行的程序、内存的使用（按进程或应用程序）、CPU使用情况（按进程或应用程序）、网络性能，吞吐量、操作系统产生的错误和报警、访问权和应用程序接口。

最有效的配置管理数据库将自动通过彻底扫描从网络上的有源装置填充这些字段，彻底扫描可以产生和更新这种信息以及其他信息。这种自动恢复过程有两种实施机制。第一种机制采用被动网络扫描，这种扫描检查网络流量并且使用每个装置上的操作系统提供的标准内置服务产生的信息。简单网络管理协议（SNMP）和Windows管理体系机构（WMI）是用于报告配置信息的装置的最常见的被动协议。

第二种方法是在每个装置上运行小型应用程序。这些软件代理可以提供有关系统的详细信息，并且可以被定制，从而报告被动协议无法提供的信息。

上述的每一种方法各有风险和好处。被动搜索工具不需要系统管理员事先知晓每个装置的存在性，每一台机器上也不需要做出额外的努力。此外，这种工具采用标准化格式报告信息，这种格式很容易被配置管理数据库工具接受。基于代理的配置搜索可以提供更详细的信息，而且可以通过将更新内容推送到CMDB服务器的方式实时做到这一点。但是，它们也使用一定的服务器容量，而且会引入复杂性风险（一台机器上运行的额外应用程序）以及安全风险（应用程序提供系统信息以及对外部查询的访问）。总体而言，被动搜索工具是自动映射未知网络并且全面管理系统的适当方式。基于代理的CMDB工具最适用于具体的业务关键性应用服务器，因为这些服务器需要实时、具体的应用程序信息。在每一种情况下，最佳的配置管理数据库都拥有自动模板，可以通过角色定义从装置中自动获取数据，比如数据库服务器、应用服务器、邮件服务器和网络管理服务器（图8.1）。

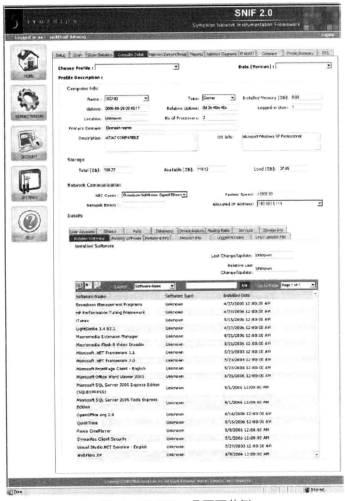

图8.1　CMDB工具页面范例

（来源：CMDB工具页面Symphion供图，www.symphion.com.）

配置管理数据库发现和管理的数据应当很容易在各种类型的装置和所有字段之间搜索到。它应当按照主要类别产生报告，例如机器类型、操作系统和设备角色。最有用的系统将针对给定的时间点存储每一种设备的配置信息，并且以报告的形式显示特定设备的任何变化。

服务器虚拟化

IT部门支持的应用程序和功能的数量以及服务器的数量通常不断增加。服务器虚拟化（一种在一个硬件上运行多个单独操作系统环境的方法）是解决服务器数量增长问题的有效方法。

服务器数量越多越不可取。每增加一个硬件都会导致大量的递增（以及快速贬值）的资本支出。每增加一个硬件都会给环境引入一个故障点，而且增加了环境的总体复杂性，使得问题更加难以得到诊断和解决。额外的服务器还占用数据中心的物理空间，需要额外的供电、不间断电源以及空调设备。每一台服务器还有自己的CPU、内存和存储资源，因为这些资源具有分散性，所以可能会无法充分利用。

许多应用程序在自己的操作系统环境中运行（因此，不与其他应用程序争夺操作系统资源）时能够达到最佳的性能。IT部门一直以来都愿意承担额外硬件的成本和复杂性，来获得每台服务器上简单应用环境的好处。结果导致许多数据中心拥有大量的服务器，所有这些服务器都没有得到充分的利用。

服务器虚拟化系统可以使一台特定的服务器创建多个独立环境。每一个应用都有自己的单独环境，服务器数量显著减少，在用的服务器得到了更好的利用。大多数IT专业人员都知道，服务器虚拟化的概念和好处充分体现了主机操作系统的概念和好处——服务器虚拟化因此不是一个新概念，而只是老概念的新应用。

典型的服务器整合项目可以将数百台服务器缩减到数十台（图8.2）。

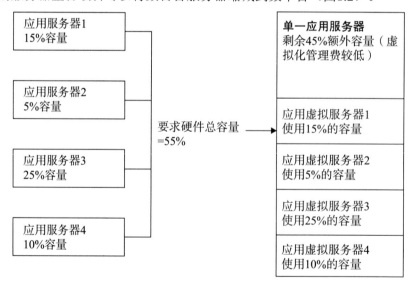

容量 = CPU、内存、磁盘和网络的总体使用
假定以上所有应用服务器都具有大致相同的配置。
图8.2　服务器整合概念模式

服务器虚拟化的主要好处是显而易见的——服务器数量越少，产生的热量就越少、用电量就越少，占用的数据中心的空间就越少。解决数据中心的这些问题已经变得越来越重要，因为小型物理服务器的部署导致了硬件密度增加。大量密集的服务器的冷却和供电成本高，而且也很复杂。此外，减少服务器的数量可以降低IT基础设施的总体复杂性，并且减少故障点的数量。最后，服务器整合能够通过抵消部分需求而充分利用企业购买的硬件。另外还有其他许多好处：

> ➢ 灾难恢复：服务器整合后，通常会有足够的备件用来创建灾难恢复环境；在每一种情况下，都可以减少用于创建和管理热、温或冷备份环境所需的服务器的数量（因此，降低了一次性费用和长期费用）；
> ➢ 业务连续性：通过适当的硬件配置（共享磁盘存储），大多数虚拟操作管理系统都提供了将虚拟环境转换到另外一个物理环境运行的工具；这种功能可以在主要服务器硬件失效的情况下实现快速恢复；
> ➢ 容量管理：通过将运行环境在物理服务器之间转换，IT部门能够很容易地针对特定环境提供额外的内存或CPU容量；
> ➢ 快速部署：可以通过消除硬件订购和安装交付周期来快速部署新应用程序；
> ➢ 可转移性：如果必须转移硬件的位置，减少服务器的数量可以简化这项任务；

虽然服务器整合的好处是显而易见的，但是也有一些注意事项：

> ➢ 主服务器必须足够可靠（因此也必然昂贵）；
> ➢ 环境管理的许多好处（将环境在服务器之间转移）都取决于所有服务器访问的、单独、共享的磁盘存储；
> ➢ 对于在一台物理服务器上运行的环境，可能存在共用物理资源（端口、专用硬件装置、磁盘存储）的瓶颈争用；
> ➢ 一些应用程序不适合进行虚拟化，因为它们具有特定的要求（持续访问所有硬件、高交易量、已知的代码缺陷等）；
> ➢ 许多第三方厂商不支持它们的应用程序在虚拟化环境中运行；
> ➢ 第一线到第三线故障检修更加困难，因为更有可能发生微妙的问题。例如，诊断影响所有环境的硬件问题，以及诊断只影响一个环境的应用问题；
> ➢ 多环境管理工具仍然不成熟；需要能够同时变更多个环境，而不是登录每一个环境；
> ➢ 一个物理硬件问题同时影响多个环境和应用程序；
> ➢ 生产变更（正午重启、维护窗口）影响更多的应用程序，需要更广泛的沟通和解释；
> ➢ 导致更大的许可复杂性；应用程序和操作系统许可证结构可能不支持虚拟化环境，需要重新谈判或重新架构；
> ➢ 整合项目可能需要额外的一次性资本支出才能够获得未来的利益，此外还可能加速整合服务器的折旧，这个问题应该与首席财务官协调处理。

正在实施服务器虚拟化的IT部门仍然是先驱，因为只有大约5%的企业采用了这一模式。[①]有许多商业方案和FOSS方案可以用于创建和管理虚拟化服务器环境，这些环境容易识别和适用于多种商业操作系统和FOSS操作系统。

分支机构支持

系统管理的最后一个分支就是为分支机构或远程办公室提供系统支持。这通常是一项

---

① 《网络世界》，2006年8月21日，第46页。

困难的任务，因为无法通过物理方式访问相关系统。远程办公室如果处于一个不同的时区或者面临不利的本地条件（供电、网络、技术和技术工人的获取），就会增加任务的难度。

IT团队必须关注一些基本要素来减轻这种工作量。首先，他们应当确立一个可靠的远程系统登录方法。正如"服务台"部分中所述，远程访问终端用户系统和其他远程硬件的能力非常关键，有许多高度可靠的商业应用程序和FOSS应用程序可以用来解决这个问题。选择的任何应用程序都应当为登录以及控制装置和受控装置之间的网络通信提供适当的安全保障。其次，建立可靠的本地支持。这种本地支持通常是由一名来自本地的骨干员工承担，这名员工有兴趣、意愿和能力来参与有限的IT支持。现场员工通常可以实施必要的简单任务（服务器重启、设备移动）。对于更加复杂的需要用到现场劳动力的任务，可以确定一家可靠的咨询企业或者与一家代理机构签约，以便及时获得技术工人。

远程办公室可以用资本取代劳动力。通过购买可靠的基础设施（特别是可靠的供电、数据通信和远程通信服务）以及高质量的联网设备，可以将问题最小化。还可以尽量减少分支机构的设备总量。

尽可能整合分支机构的数据和通信服务提供商，以降低行政管理难度、实现批量折扣并且简化故障报告流程。尽可能将流程和技术标准化，从而尽量降低故障检修和维修工作量。特别是对于台式机支持，将台式机硬盘或者台式机运回并且完全重新安装标准软件，这种做法通常比远程修复更加容易。确认数据存储在本地硬盘上的时间并且为备份做好准备（参见本章中"灾难恢复"部分有关备份策略的讨论）。

8.2.3 系统监控

系统监控是通过系统化的方式持续评估系统，以确定系统的运行状态。有效的系统监控确保IT部门在系统发生问题期间有尽可能多的时间做出回应。

各种FOSS软件和商业软件可以提供系统监控能力。这些系统的有效性、特点和成本存在差异。一些重要的功能包括：

> 基本"向上或向下"通知——说明当前网络是否可以看见某特定装置；

> 系统上运行的特定程序的状态或者特定运行统计数据的状态，例如登录的用户人数、网络吞吐量或者磁盘剩余容量；

> 基于进程监视器或统计监视器临界值的报警；针对绿/黄/红状态设定的临界值；应对报警进行设定，从而能够通过电子邮件或文本信息发送报警；

> 各装置的趋势和历史报告信息；该信息可用于设定适当的运行和报警临界值以及在停运期间进行问题检修；

> 各种服务器和操作系统的定制默认值；生产应用服务器、电子邮件服务器、数据库服务器、电话硬件和联网设备都有需要监控的各种特定的进程和统计数据。

图8.3显示了企业级监控系统的输出。理想情况下，监控在IT部门服务器环境外进

行。例如，通过一个单独的主机托管设施实施。这就消除了影响监控该系统及其警报能力的系统化故障的可能性。属于被监控环境一部分的监控系统带来的好处是有限的。

IT部门选择和实施了监控系统后，系统应当整合到问题管理系统中。应当为系统监视器警报分配第9章所述的严重级别。持续时间超过特定临界值（分钟数）的生产系统问题，其严重警报应当在服务台上自动产生问题标签。然后，服务台通过明确的问题上报流程将问题告知给二三线支持和IT管理层。这样一来，系统监控就转化为IT部门的快速适当的行动。

系统监控趋势信息可以探测出网络或者CPU存在的安全异常问题。这种信息还提供了磁盘、内存、CPU和网络容量的系统使用趋势信息，用于有效的容量规划。

我们强烈建议对所有生产设备都实施按流程监控和具有数据统计分析的监控系统。强化故障监测、安全管理、容量规划、事先问题通知，以及IT部门内有关正确控制的知识和现状改进，使系统监控成为高效率IT部门的一个关键能力。对员工使用企业技术情况的监控是一个独立的问题，需要由政策部门与企业法律顾问协商解决。

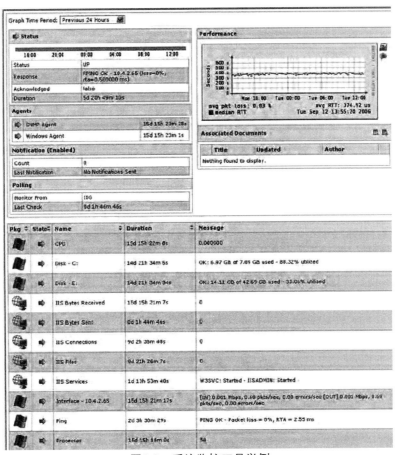

图8.3 系统监控工具举例

（来源：监控页面Contego Solutions供图，www.contego.net.）

8.2.4　安全管理

安全管理指为保护组织免受内部和外部的威胁而采取的一系列措施。具体包括用户管理（添加、变更和删除系统用户）、安全防火墙的安装支持和监控、病毒防护、指令检测、安全策略和程序、数据加密以及防止对系统未授权的使用和滥用。

这项功能可以保护企业资产和信息不被讨厌的入侵者和未经批准的用户访问及破坏。安全管理包含所有保护网络、服务器和应用的必要行动。它可以对内部和外部的人员通过授权和设置相应的应用及数据访问级别来确保安全处理。该功能可看作是企业范围内初级用户和管理员的安全策略。安全管理的三个关键组成部分包括：建立有效的用户添加、变更、删除流程，防火墙实施和病毒防护管理。它的主要目标是为经授权的用户方便访问系统和应用，准许经授权的信息自由流入流出网络，同时阻止未授权的行为和程序发生或者在内部系统上运行。

来自企业内部和外部的物理和电子安全威胁的多样性使得安全管理成为了一个复杂的课题。特定应用程序、系统、网络或装置的安全规格超出了本书的范围。我们在此介绍的是企业制定安全计划过程中必须要考虑的一般原则。

系统安全不容忽视。系统安全问题带来的成本远远超过实施合理安全措施所需的投资。中小型企业通常在这一方面做出了相对较大的努力。虽然这些企业可能拥有的设备、场所和员工数量较少，但是他们拥有的设备通常与大企业拥有的设备一样复杂（因此也一样脆弱），小企业采用的企业级防火墙可能仅在容量或数量方面与大企业采用的防火墙存在差异。

持续威胁　IT环境和安全威胁的性质经常发生变化。因此，应当将安全管理看作是一个长期的过程，而不是一次性可以解决的问题。一些因素使安全管理更具有挑战性：

- ➢ 系统要求的速度越来越快，而网络带宽则通常要求较大的额外容量，因此，系统入侵会不太明显，而且会更快速的完成入侵；
- ➢ 高度可移植的大规模数据存储（USB硬盘、闪盘）易于获取。这意味着大量数据很容易通过物理方式带入或带出经营场所；
- ➢ 设备的可移动性增强。终端用户经常使用手机、笔记本电脑和家用电脑来访问组织的网络和应用程序，意味着这些设备存在更大的安全隐患；
- ➢ 远程访问的要求更高。旅行中的终端用户和远程办公的终端用户需要远程访问系统，从而要求IT部门提供安全的访问途径；
- ➢ 内部系统之间以及不同企业之间的互动增加。系统需要采用能够促进通信和降低脆弱性的体系架构，实现跨组织之间的交互。

虽然IT产生的价值的大部分来自于这些技术进步，但是每一项技术进步通常也带来了相应的安全问题。

卡内基梅隆大学的互联网安全中心CERT（计算机紧急响应小组）生动地描绘了这种不断变化的安全视图。该中心是第一个计算机安全事件响应小组。CERT在2000年到2003

年期间报告的计算机安全事件的数量增长了六倍（图8.4）。事实上，2003年之后，计算机安全事件数量变得非常多，以至于CERT开始跟踪其他更有意义的统计数据。图8.5显示了针对台式机、笔记本电脑和服务器的恶意程序的快速增长。

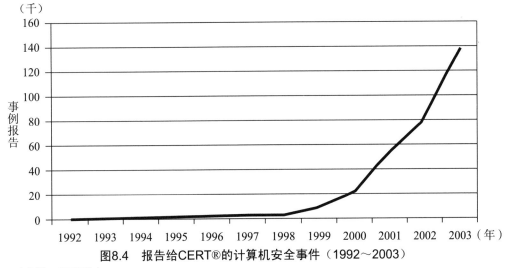

图8.4　报告给CERT®的计算机安全事件（1992～2003）

（来源：CERT®.）

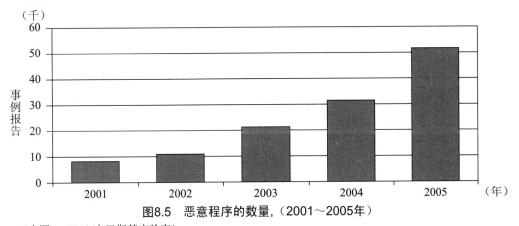

图8.5　恶意程序的数量，（2001～2005年）

（来源：eWeek/卡巴斯基实验室）

安全漏洞的后果 系统安全漏洞的后果轻则是相对良性的，重则具有毁灭性。IT安全问题的结果分为以下几个方面：

> 擅自使用资源；
> 失去系统控制；
> 系统无法使用；
> 数据损毁；
> 数据被盗；
> 欺诈性的使用可信系统/伪装。

前些年，企业主要担心资产损失或数据损毁。最近，客户信息或其他个人信息的泄漏成为了一个最重要的关注点（表8.2）。隐私权信息交流中心估计，在过去的15个月期间，安全问题导致超过5500万人的个人信息被泄漏。[①]这种数据意外泄漏导致的难堪、负面报道以及法律责任会给企业造成破坏性的影响以及高昂的代价。这种事件已经数十次成为了新闻头条，首席信息官没有理由不保护好保密的客户数据。

常见威胁来源 企业中有许多常见的IT安全漏洞。大多数安全漏洞都与外围系统和人为因素有关。中央服务器通常是安全的，原因很明显：中央服务器容易识别、控制和保护。安全问题来自于不断变化的系统边界，而且外围系统由于要支持重要的生产过程（包含必须要保护的数据）而对中央系统访问，从而带来安全威胁。

表8.2 典型的安全威胁类型

威胁	内部/外部威胁	威胁的后果
带病毒的电子邮件	外部来源，内部使用	会感染读取电子邮件的系统，随后在整个系统中传播。
网络病毒	外部	会通过不受保护的端口进入，破坏整个网络。
基于网络的病毒	内部浏览外部网站	会损害实施浏览的系统，随后影响其他内部系统。
网络服务器攻击	外部网络服务器	如果网络服务器被破坏，黑客可以进入到网络内部的其他系统。
拒绝服务攻击	外部	外部服务（比如网络、电子邮件和ftp）会变得不可用。如果攻击路由器，整个网络会停止运行。
网络用户攻击（内部员工）	内部任何地方	传统的边界防火墙对这种攻击无能为力。内部分隔防火墙可以帮助控制损失。

（来源：Christopher Leidigh，《网络安全基本原理》，© 2005 APC.）

IT部门应当防范的一些最常见的漏洞包括：

➤ 对终端用户系统的攻击：终端用户台式机和笔记本电脑是易于受到攻击的目标。这些设备相对于其他IT设备而言数量更多，包含了大量的数据和密码，而且可以提供获取企业其他服务器应用程序和数据的通道。因为采用共用操作平台的计算机的数量众多，所以可以对数百万台计算机同时发起一次攻击。针对这些目标的常见威胁包括木马程序、病毒、击键记录器、浏览器转向、间谍软件、恶意软件和隐藏程序。所有这些威胁都是为了一种目的，即攻击者试图颠覆系统的控制权而从中牟利。IT部门面临的挑战是，攻击者只需要破坏一个系统，而IT部门需要提供100%的保护。

➤ 外围网络设备：连接网络的设备（例如打印机、瘦客户端、小开关和集线器）往往在保护范围之外，因此易于受到攻击。连接网络的任何设备都是一个潜在的威胁，应当为其制定一项安全计划。

➤ 小型应用漏洞：企业的一个部门或者少数用户使用的小型应用往往容易受到安全攻击。企业往往重视保护企业范围内的应用程序（通常具备有效安全性）。小众

[①] 贝丝·舒尔茨（Beth Schultz）和为何不同于普通空调"，APC白皮书56，rev. 2003-2，第12页。©APC。

市场厂商提供的应用程序可能不具有大型应用程序的严格安全标准，但是应用程序在企业网络中可能被授予高级管理特权。破坏这些系统很容易，而且可能不被察觉。

➢ 社会工程：也称为托，是指试图通过操纵个人来破坏系统。IT专业人员一直以来都在防范典型的社会工程方法，例如给终端用户打电话，假装自己来自IT部门，以获得他们的密码。其他典型的社会工程手段包括筛选垃圾，以及通过伪装成员工来获取物理访问。虽然这些手段非常危险，但是仍然有新的社会工程手段不断出现。近期的一个例子是，一家安全审计企业将许多廉价的小型USB闪存装置留在企业经营场所的各个地方。倒霉的员工捡起这些"礼物"，立即将其插入台式机，从而启动了软件攻击程序。

➢ 未经授权的/未知的平台：在大规模组织中，各个部门会安装未经授权的应用程序。因为这些应用不属于IT总体架构的一部分，所以这些服务器和系统没有打补丁、没有受到监控，因此容易受到攻击。

➢ 数据盗窃：客户个人数据和业务数据正在成为窃贼的目标，这些窃贼希望利用客户的身份信息来实施盗窃。直接面向消费者的企业特别容易受到这种攻击。客户数据被盗会给企业带来毁灭性的损害。美国20多个州都制定了法律，规定企业在发生客户数据被盗后必须在合理的时间内告知客户与其他州的居民，有业务往来的企业要遵守这些州的法规。[a]例如，《加利福尼亚州SB1386》规定，泄漏加州居民信息的安全事件必须要予以公开披露。

➢ 内部威胁：大多数IT威胁管理都着眼于消除外部威胁，但是，内部人员（员工、供应商和其他可信第三方）也会造成有意或无意的威胁。IT部门必须采取合理的预防措施，防止系统和数据被内部人员窃取或破坏。

➢ 模糊网络边界：传统意义上，网络可以通过确保物理控制来得到控制。如今，系统在企业物理边界之外也很容易被访问，例如：通过移动设备和笔记本电脑访问企业网络。此外，终端用户只需添加一个无线网络集线器就可以无意间将网络扩展到企业的物理边界之外。

➢ 新技术：采用的新技术可以产生意外的安全风险，例如，IP电话应用技术需要对其进行特殊的安全考量。

IT安全预防措施 IT部门应当采取许多常识性的预防措施和技术预防措施。虽然大多数IT部门认为安全攻击的概率很小，但是一旦发生安全攻击，损失将是巨大的，而且必须采取所有合理措施应对。遭受安全攻击的IT部门如果不采取以下容易实施的措施，就难以确保安全：

➢ 实施全套标准保护措施：首席信息官应当了解IT部门面临的常见威胁及规避威胁的常用方法（杀毒软件、防垃圾邮件软件、恶意软件管理、防火墙、系统威胁监控、入侵探测等等）。商业软件和FOSS软件许通常会提供用于管理这些威胁的

---

① 以法莲·施瓦茨（Ephraim Schwartz），"针对入侵的预算"，《信息世界》（2006年4月10日），第14页。

工具。IT部门应该确保为所有设备制定安全计划——台式机、笔记本电脑、服务器、网络设备和移动系统。

➤ **构建多道防线：** 仅仅加强网络边界的安全还不足以满足需要。专家建议构建多道防线。例如，采用防火墙保护网络不受外部攻击，在防火墙被攻破后采取额外的服务器级和应用级保护措施。

➤ **确保物理安全：** 适当保护IT物理环境，尤其是数据中心（现场）和所有IT设备室。远程设施也应具备充分的安全，至少应当在所有IT设备机柜上上锁。本章的"数据安全管理"部分提供了有关IT资产物理安全的额外信息。

➤ **粉碎打印文件：** 纸面上的所有敏感信息都必须要粉碎。IT部门应当与粉碎服务提供商合作，在IT部门的各个便利的位置设置上锁的垃圾桶。

➤ **实施合理的密码管理政策：** 终端用户通常喜欢容易记住的密码，因此这种密码不是很安全。实施密码政策，规定必须采用非常安全的密码（例如，大小写以及一些非字母字符的结合），并且定期作废密码。将密码分享的风险告知终端用户，邀请终端用户参与安全工作。培养密码问责文化。通过各种途径帮助用户记住密码。如果终端用户认为密码规则过于繁琐，他们就会将密码写下，将便签贴在展示板上，让每一个人都看到。

➤ **采用适当的身份验证方法：** 系统验证的严格程度应当与风险相对应。对于从内部网络设备登录，采用一个安全密码就可以满足需要。对于从网络外部登录的用户，可能需要额外的验证。身份验证方法包括密码、物理令牌（刷卡和远红外身份标签）和生物特征识别。尽可能采用一种签字技术。这种技术可以简化用户管理、终端用户体验，并且降低用户安全特权设定中的潜在错误。

➤ **采用自动发现工具：** 采用网络设备自动发现工具来识别网络上的所有设备。定期自动扫描网络的结果应与之前的结果进行比较，以识别危险（以及潜在危险的或不安全的）服务器、台式机和其他设备。特别关键的是未经授权的无线网络集线器。一个良好的配置管理数据库工具（本章其他部分讨论过）具备自动发现扫描的功能。

➤ **与小众市场供应商合作：** 对于企业内采用的小型应用程序，与供应商恰谈，了解他们的安全模式。他们会提供一系列已知漏洞的列表，与他们合作通常可以识别未知问题。必要时，运用网络安全来隔离小型应用程序，这样就可以避免一个应用程序损害整个网络。

➤ **补丁管理和监控：** 如本章其他部分所述，严格的补丁管理是修补系统已知漏洞的关键。网络监控系统的使用有助于通过发现异常趋势来识别可能受损的系统。

➤ **加密数据、电子邮件和网络流量：** 可考虑采用加密方法，提高安全性，尤其是对于敏感数据、电子邮件和网络流量。各种咨询产品和第三方产品都可以满足这一需求。这些产品提供了各种级别的安全性，同时也具有各种水平的计算能力和复杂性。

> **评估移动设备的防盗服务**：移动设备（例如带有网络连接和敏感数据的笔记本电脑或PDA）是最重大的安全风险之一。应当评估并在适当情况下采用能够远程删除数据（并且报告遗失项目位置）的服务。

> **适当记录系统访问和事件的细节**：确保系统产生适当的详细日志文件，以便在发生系统入侵的情况下实施调查取证。例如，数据中心钥匙卡访问记录、数据库访问记录、系统登录日期/时间/用户名记录。

> **定义和实施适当的用户安全特权**：基于办公、应用程序和基础设施系统设计的角度安全要有区别。终端用户（和IT用户）系统特权应当根据用户的角色设立。这样做可以降低终端用户或IT工作人员账户被盗造成的损失，将内部破坏的风险最小化。

> **变更供应商默认密码**：大多数系统、应用程序和设备都带有供应商设定的默认密码。IT部门必须变更所有这些密码，即使是看似不重要的密码，例如外围设备的密码。网络上存在安全漏洞的任何设备都可能构成潜在威胁。攻击者甚至能够利用很小的安全漏洞来实施破坏。

> **消除系统上运行的非关键服务**：操作系统往往运行着对于服务器核心功能没有关键作用的网络服务和应用程序。这就增加了网络复杂性，并且增加了另外一个风险点。每一种配置中都应将其关闭。

> **制定被入侵设备的处理政策**：当设备被入侵时，需要完全重建设备。大多数情况下，无法确定设备是否恢复安全，实施彻底清理的合理性也无法得到证明。被恶意软件或病毒感染的终端用户台式机和笔记本电脑尤其如此。

> **妥善处理设备**：废弃的设备往往包含保密数据或安全配置信息。更多细节参见本章的"资产管理"部分。

> **教育终端用户**：终端用户的教育是一道关键的防线，因为终端用户的行为是安全风险的最常见来源之一。应当使终端用户知晓电子邮件安全（不要打开可疑附件）、互联网浏览注意事项（网上下载程序时一定要谨慎）、可靠密码的使用、登录计算机共享的风险以及如何避免社会工程行为。总之，在没有获得IT部门批准之前，给网络增加设备一定要谨慎。

> **实施定期审计**：IT部门应当聘请一家知名的计算机安全咨询企业，实施定期审计。这有助于识别安全漏洞、量化弥补漏洞的成本并且提供有关安全问题的有效治理的证据。

> **评估第三方安全风险**：大企业的IT部门有其他各种利益相关方——外包服务提供商（劳动力或应用程序）、承包商、境外工人以及顾问等。首席信息官必须确保与他们签署的合同和协议适当涵盖了企业安全问题和保密要求。首席信息官在建立新的关系之前应提出尖锐的问题，而且对当前供应商也这样做。

> **接待来访者**：企业内的现场来访者如果能够自由使用网络，就有可能会损害网络

的安全。企业的供应商、客户和访客可能每天来到现场。网络的开放访问（无线或有线）会导致严重的无意或有意安全漏洞。IT部门应该事先为来访者安排网络访问、打印以及不影响内部安全制度的互联网访问。

> 保管系统密码：企业的一到两名人员有权使用和知晓所有IT设备的密码和钥匙。这可以防止首席信息官或系统管理员带着所有信息突然离开并且造成潜在的服务器锁定。

数据防盗规划 作为灾备计划的一部分，首席信息官应当与ITSC和法律顾问合作，制定一些基本的数据防盗计划和政策。这个团队可以帮助识别可能发生的数据盗窃的类型以及每种情况下应如何应对（例如，如果含有敏感数据的笔记本电脑丢失该怎么办？如果数据因为网络攻击而丢失该怎么做？）。

企业应当事先找到有相关经验的公关企业或者在这种事件期间能够提供服务的公关企业员工。企业还应确定发言人以及在什么情况下公布数据被盗事件。

同时，确定在什么情况下通知执法部门。美国联邦调查局近期开展的一项调查发现，只有25%的企业在发生数据安全事件后通知了执法部门，尽管65%的企业表示他们可能将未来的网络犯罪案件报告给联邦调查局。[①]

最后，系统和数据保护措施必须采用容易理解的格式记录在案。IT部门还应保存第三方安全审计记录。在公共数据被盗期间，表明企业采取了合理的预防措施。

与任何紧急情况一样，在公共关系危机和IT紧急事件期间，即使笼统的应急计划也能够起到重大的作用。

其他考虑因素 首席信息官、法律顾问和ITSC应当知晓企业系统和数据安全方面的法律法规。美国的一些常见的法规包括：[②]

> 萨班斯·奥克斯利法案：规定了企业信息保存期限和内容；
> 《1996年健康保险携带和责任法案》（HIPAA）：规定了患者医疗信息的使用、保存和格式；
> 《家庭教育权利和隐私法》（FERPA）：规定了学生记录的隐私性；
> 《金融现代化法案》（GLBA）：规定了金融机构的客户信息。

国家标准与技术协会（NIST）信息技术实验室所属的计算机安全资源中心（CSRC）在安全管理方面提供了一些有用的信息。该中心的使命是加强IT漏洞防范意识、研究IT安全和数据保密方法并且提供相关建议，制定IT安全验证计划。该中心通过一系列涵盖最新安全问题的专刊提供有用信息。首席信息官还应当向本部分前文中提到的卡内基梅隆大学的计算机紧急响应小组咨询。最后，第4章中提到的ISO17799标准也提供了IT安全合规指南。

---

① 艾米·舒尔（Amy Schurr），"在是时候引入联邦调查局时"，《网络世界》（2006年8月14日），第8页；来源：2005年美国联邦调查局计算机犯罪调查。
② CMP Media，《IT安全顾问》，第A14页，网址：www.itsecurityconsultant.org。

8.2.5 数据中心管理

数据中心管理包括建立和保持一个安全可靠的物理场所，用于容纳IT部门管理的中央设备。此外还包括选择设施、确定服务器的适当部署、布线以及设备机架的安装。还要确保充分的供电和空调，提供有效的冷却、通风和环境控制装置以及物理安全和消防、火情探测与灭火。

数据中心管理是可靠企业计算服务的重要组成部分，它需要用到各种非IT的技能和知识，因此往往是一个被忽视的领域。数据中心建设和管理职责通常由IT部门承担，而IT部门更熟悉软件和系统硬件，不太熟悉数据中心管理（DCM）。他们通常不熟悉数据中心管理术语，尤其是对于制冷、通风和电力子系统的设计而言。而且所需的知识也不同，设计中还必须要结合许多本地、州和国家的建筑、消防和环保法规。这些法规在各州之间存在显著差异。

建立一座好的数据中心既耗费大量资金和时间，又很困难。需要花费大量的一次性资本支出和持续运营支出。对于大型数据中心（5到8个机架），我们强烈建议采用外包托管解决方案。企业将从专业人员的专业知识获益，供应商比企业IT人员更加熟悉冷却、通风、配电、环境管理、消防灭火、物理安全、守法合规和其他各种要求。

此外，外包可以避免浪费数据中心空间，而且通常很容易获得扩展空间。研究结果表明，大多数数据中心的设计容量都过大，这造成了重大的前期和持续预算影响。70%以上的数据中心与其设计容量相比使用率都不到50%。[1]在外包模式中，IT部门可以在需要时增加数据中心容量。此外，即使存在IT设备按要求增长和服务器整合的变化，IT部门无需再费力的重新规划所有相关的数据中心的设计特征（见图8.6）。

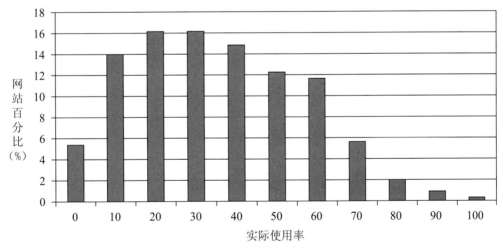

图8.6 典型数据中心的最终使用率

（来源：APC.）

---

① "避免过大的数据中心和网络机房基础设施成本"，APC白皮书rev. 2002-4（2003），第7页。©APC。

在各种情况下，首席信息官都必须了解数据中心设计的关键要素：是建造一间小机房（知识有助于识别和认知适当的捷径），还是建造一座全规模数据中心或是选择设施外包托管。我们将会阐述数据中心有效管理的关键要素，包括物理选址、供电、制冷、通风以及消防与灭火。

在大企业中，数据中心设计往往由IT部门和设施工作组共同决策。如果设施工作组或其他部门承担主要责任，IT部门则应当确保他们的特殊要求在影响供电、空调、制冷、通风和物理安全与消防的设施工程决策中体现出来。

关于数据中心管理和设计问题，以及供电和制冷工程问题，我们强烈推荐APC（www.apc.com）在数据中心大学（www.datacenteruniversity.com）所发布的一系列白皮书。这些白皮书由拥有丰富理论知识和实践经验的专业工程师编制，详细阐述了所有相关主题。

物理选址　在建立数据中心的过程中，第一项决策是选择数据中心的位置。对于内部数据中心，可以将其设置在企业的任何办公室（但是最好选择用户人数最多的办公室、最佳的设施或者企业总部）。如果采用外包数据中心，则存在许多潜在的位置选择。

数据中心的重点是业务的连续性。现场的选择应当尽量降低自然灾害的影响，例如飓风、龙卷风、地震、洪水和恶劣天气。另外还要避免选择可能发生内战或战争的地方。数据中心面临的很大风险是洪水，因此应当对洪水风险进行评估。可以借鉴美国联邦紧急事务管理局（FEMA）的方法。

确定了位置之后，就要选择具体的建筑物。建筑物的年龄会对数据中心的绩效产生重大影响（预防火灾和洪灾的便利性、监控和安全系统的布线、蓝图的可获性以及升级的便利性等）。最好采用新建筑物，新建筑物的内部上下水管道、供电、通风和冷却基础设施的退化程度最低。

最好选择交通和供电便利的建筑物。如果紧急撤离设备或者在紧急事件后部署员工，则交通运输非常关键。靠近应急服务点（警察局、医院和消防站）的场所有助于快速应急。建筑物还应具备防雷设施和适当的接地装置，以应对恶劣的天气。最后，应当评估附近的企业是否友好。

除了避免易发洪水的区域外，建筑物本身还应当采取防洪措施，保证墙壁和屋顶能够防水。尽管设施的防洪能力评估超出了本书的范围，但这一点很重要。在每一种情况下，首席信息官都应当了解相关的建筑法规，而且确定是否达到或者超过了建筑法规的要求。

在建筑物内，数据中心应当设在中心位置，最好没有外墙。如果房间有内墙，那么不应当有窗户。如果有窗户，则用防风雨盖密封，或者通过其他方式密封，防止接触外部。如果建筑物内还有其他租户，数据中心应当远离共用墙壁。同时评估相邻的租户是否可能发生火灾或水灾。数据中心还应远离含有上下水管道的任何墙壁以及上方可能发生水灾的位置（例如，楼上厨房或浴室）。

数据中心的位置应当预留充分的扩展空间，并且尽量减少设备移动和拆除房间的可能性。

在设施内，应当充分保护设备的安全，以防止地震造成的建筑物晃动或者恶劣天气造成的损害。小组应当固定一切物品，避免任何松动和支架出现头重脚轻的情况，将重型设备牢牢固定。所有设备布线和连接都应当留有少量的间隙，以便为地震期间的移动提供空间。

建筑物的物理安全是另外一个考虑因素。建筑物设计必须保障安全访问政策的执行。IT部门应确定有权访问的人员、访问的条件以及可访问的具体设备。访问控制机制应当能够同时确定身份和成本（精确确定身份的成本更高）。可以采用的方法包括敞开大门（不确定身份）、小键盘（需要知道数字）、钥匙（有限范围内分发）、刷卡进入（理论上识别人员的身份）、密码以及生物测定扫描（指纹等，能够实现完全身份认定）。

建筑物设计还应当避免典型的社会工程手段，如捎带（在门口等待授权用户一同进入）或者尾随（紧随授权用户进入）。采用捕人陷阱（两个门之间设置一个只能容纳一人的空间）可以避免这一点的发生。最后，应在设施和服务器机房的入口和出口处安装摄像头。

在极端的情况下，可以在建筑物内安排保安人员。国际保护人员基金会（IFPO）的《安全主管培训手册》提供了设施警卫人员的典型职责的参考信息。应该评估的额外安全因素包括：[1]

> 数据中心大门的位置应确保只有允许进入数据中心的人员才能够靠近数据中心的大门；
> 使用钢门和实心门框，而不是空心门。确保门的折叶无法从外部取下；
> 数据中心的墙壁应采用比用于内墙的典型板岩更坚固的材料。传感器应嵌入到墙壁中，用于探测任何破坏行为；
> 数据中心所在的房间不应与任何外墙对接；
> 为数据中心的保安岗亭或摄像头留出较长的清晰视线；
> 利用障碍物阻挡外界人员窥探入口和其他重要区域。这可以防止他人通过窥探来研究建筑物布局或安全措施；
> 注意通风管道、检修口、通风口、服务电梯和其他可能被用来进入数据中心的开口的位置。应当在所有宽度超过12英寸的开口上安装防窃取格栅，以防止人员进入；
> 避免形成可以用来隐藏人或物的空间。例如，活动地板下的空间可以成为藏身之处。确保不存在潜在的藏身之处；
> 在所有屋顶入口处安装锁和门报警器，从而保安人员能够立即发现试图进入的人员。尽可能避免屋顶上有任何进入点；
> 注意到所有外部上下水管道、布线、暖通空调等设施，并且提供适当的保护。如

---

[1]　苏珊娜·奈尔斯（Suzanne Niles），"关键任务设施的物理安全"，APC白皮书82，rev. 2004-1（2004），第13页。©APC。

果这些设施可以直接被看到或者没有受到保护，非法人员就可以无需破坏安保装置而直接进入数据中心；

➢ 消除设施内的内部线路、上下水管道和通风管道的入口。你可以彻底保障数据中心的安全，但是如果从走廊中走过的人员可以接触到供电线路或数据电缆，数据中心也会受到损害；

➢ 在重新装修现有设施或者在现有建筑物内建造一座新的数据中心时，应考虑数据中心在建筑物内的位置。避免容易被侵入的位置或者人为的风险。例如，避免将数据中心设置在厨房、工厂区域、停车场或者车流或人流量大的任何区域的下方或者附近。厨房起火、汽车炸弹或交通事故都会造成威胁；

➢ 用防弹玻璃保护中央安全监控站；

➢ 如果数据中心设置在所在的建筑物内，应保持建筑物的外表面不存在表明数据中心的标志。不要使用企业名称或者标志等识别标志来暗示数据中心在建筑物内；

➢ 使用混凝土柱或其他障碍物防止外来车辆越过预先确定的警戒线。

环境和安全监控 在数据中心内，IT部门需要实施监控措施来防止意外、无意和有意的物理威胁。数据中心内的主要威胁包括温度、湿度、液体渗漏（水或冷却剂）、人员进入、烟或火以及空气中的危险污染物。[①]市场上有专门的传感器，用于监测、评估每一类威胁，并且可向工作人员发出警报。与所有安全决策一样，设计应符合所有相关法律法规，例如《萨班斯·奥克斯利法》或《健康保险携带性和责任法》。

高级监控包括机架级传感器（机架门，设备振动传感器）、运动传感器、玻璃破碎传感器和带有记录装置的摄像机。与系统监控一样，数据中心监控包括确定威胁级别、安装监控设备、确定每个威胁的适当临界值以及制定针对每一种威胁的报警和上报机制。

紧急断电开关 紧急断电（EPO）开关通过按下一个按钮将数据中心内的所有设备停电。许多国家法律法规和本地规范都要求采用紧急断电开关，最重要的法规就是美国国家防火协会70号法规。如果设施属于IT设施，就需要采用紧急断电开关，同时还要满足其他要求（例如，在活动地板下安装线缆）。[②]紧急断电开关在紧急情况下特别有用，因为消防人员可以通过这个开关，关闭机房的所有供电，避免消防作业期间的人身安全风险。如果特定装置中要求或建议采用紧急断电开关，这就会给敏感设备和应用程序带来显著的突然停电的风险。如果安装紧急断电开关，应将其设置在设施的大门旁。通过一个谨慎标记的盖子保护紧急断电开关，防止开关被意外启动。紧急断电开关也可以连接到监控系统，在触发的情况下发出报警和时间标记。还可以在紧急断电开关周围安装监控摄像头，以防止有人恶意破坏或擅自使用。需要定期测试紧急断电开关，最好是在不影响生产设备的模式中进行测试。

---

① 克里斯汀·考恩（Christian Cowan）和克里斯·加斯金斯（Chris Gaskins），"监控数据中心的物理威胁"，APC白皮书，rev. 2006-0（2006），第6页。©APC。
② 阿肖克·库尔卡尼（Ashok Kulkarni）和斯蒂芬·麦克卢尔（Stephen McCluer），"了解EPO及其停机风险"，APC白皮书 rev. 2005-2（2005），第4页。©APC。

供电　充分的不间断供电显然是任何规模或类型的数据中心的必要条件。电力研究院实施的一项研究表明，美国工业企业和IT企业每年因为停电而损失450多亿美元。[①]然而，商业用电由于各种原因可能发生断电，包括天气、设备故障、交通事故、本地施工、附近耗电量大的企业，甚至是常规维护。在经过正确的选址后，数据中心建设的下一步就是确保获得充足的供电。

首先，首席信息官必须要了解IT设备的功耗范围。这一点通常容易计算，因为制造商以瓦特为单位规定了所有IT设备的功耗。如图8.7中所示，IT设备占到数据中心所有用电量的大约44%。所有IT设备功率的总和乘以2.3就得出了数据中心总功耗的近似值。这个数字可以适当减少，以说明紧急情况下关停的非关键设备。

IT部门必须要将功耗最小化。降低数据中心用电总需求的方法有许多。可以将不再使用的老系统报废，将服务器整合，将当前生产系统转移到新的节能平台上。降低功耗的最重要的途径之一就是确保冷却系统不会被过度工程化——这个话题将在本节后文中阐述。降低功耗也可以通过降低电费而直接降低长期成本，并且通过降低数据中心的冷却需求而间接降低长期成本。降低用电量已经日益引起重视，因为每千瓦时成本在不断增加，而且环保因素也起到了作用。

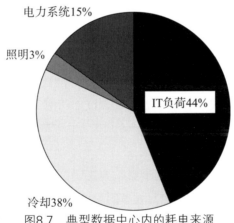

图8.7　典型数据中心内的耗电来源

（来源：APC.）

数据中心的理想位置是容易获取可靠电源的位置。应当评估建筑物配电机制。地上配电更容易受到天气和其他停运的影响，但是也能够更快速的修复。地下供电的特征恰好相反。

为了确保不间断供电，设施应当配备可用的替代电源。这通常通过不间断电源（通常采用电池）和备用发电机的结合来实现，备用发电机采用天然气、汽油或柴油燃料驱动。不间断电源用于应对短期停电（几小时或以下），而发电机则提供长期供电。每一种方案的经济性在停电期间要求的运行时间长度上存在差异。不间断电源需要通过增加电池来延长供电时间，而发电机系统具有相对较高的前期固定成本，安装到位后具有较低的燃料递增成本。

---

① 电力科学研究院"功率干扰对工业和数字经济公司造成的代价"（2001），网址：www.epri.com。

有些情况下，采用发电机作为备用电源可能不可行，原因包括排放或噪音限制、本地法律法规、法令、共用的建筑物或者其他本地限制。这种情况下，应当评估备用电源（例如燃料电池或者微型涡轮机）。这些方案的性价比通常比发电机小，但是可以作为合理的替代方案。

根据数据中心的总负荷，经济切换点可能短至对于12千瓦负荷15分钟，也可能够长至对于2千瓦负荷配备1小时15分钟的余量。[①] 数据中心的总功率负荷越大，外部发电机实现经济性的速度就越快。在极端高负荷情况下，应当只采用不间断电源来满足极短的停电和发电机启动时间的需求，企业几乎要立即采用发电机。对于极小的负荷（小于1千瓦），电池最长可以满足7到12小时的用电需求。

在进行停电规划时，需要做出的主要决策是何时应当从不间断电源切换到发电机供电。小型数据中心可以放弃备用发电机，在长时间停电情况下从容关机。如果数据中心在停电期间继续运行，那么必须还要考虑充分的冷却。高密度设备会在五分钟内因为过热而关机，即使低密度设备在不到半小时内也会过热。[②]

备用供电子系统的实施会产生许多机械设备问题。例如，不间断电源采用各种类型的铅酸电池，以满足具体的应用需求。电池类型（通气孔蓄电池和VRLA/MBC）、建筑规范以及健康和消防安全可能要求对排放的气体采用特定类型的通风措施。IT部门应当参考材料安全数据表并且与设施工程师协商，以确保遵守正确的环境设计。[③]

此外，在美国，大型不间断电源系统的实施可能需要向环保署以及职业安全健康署报告危险材料。如果不正确上报电池中含有的危险材料并且不遵守相关法规（如铅和硫酸），就会遭受重大处罚（民事和刑事处罚）。IT部门应当知晓这些法规并且确定是否上报。可以参考APC提供的由史蒂芬·麦克卢尔（Stephen McCluer）撰写的白皮书《数据中心和网络室的电池技术：环境法规》。

备用发电机的选择和管理还许多因素必须要说明。每个地点都有特定的噪音和振动控制指南。环保机构（美国的环保署）也对设备的允许排放制定了法规。设备选择和安装完毕后，长期维护计划将包括发动机冷却、润滑、空气和燃料过滤器、启动电机以及电池检查。

同样，适当的备用发电机选择将确保发电机的易用性。IT团队必须认真学习发电机运行原理，而且应当随时准备回答以下看似不起眼的问题：[④]

> ➤ IT团队是否能够接触到发电机？

> ➤ 员工是否知道如何启动发电机？

---

① 温迪·托雷尔（Wendy Torell）和维克多·奥拉（Victor Auelar），"确定小型数据中心和网络机房何时需要备用发电机的四个步骤"，APC白皮书52，第11页。©APC。
② 温迪·托雷尔（Wendy Torell）和维克多·奥拉（Victor Auelar），"确定小型数据中心和网络机房何时需要备用发电机的四个步骤"，APC白皮书52，第8页。©APC。
③ 斯蒂芬·麦克卢尔（Steohen McCleur），"数据中心和网络机房的电池技术：通风设备"，APC 白皮书34，rev. 2002-2（2002），第11页。©APC。
④ 卡伊·约翰斯坦德（Kai Johnstand）和马特·利珀特（Matt LePard），"下一代数据中心所必要的备用发电机系统要求"，APC白皮书rev. 2005-0（2005），第4–8页。©APC。

> ➤ 员工是否能够说出发电机何时启动？

> ➤ 发电机是否有指示灯或者读数表明发电机的正常运行或表明任何问题的特征？

> ➤ 发电机是否显示剩余燃料或者更相关的度量指标，即"剩余时间"？

> ➤ 服务记录是否容易阅读和理解？

> ➤ 是否容易联系到服务维护提供商？

> ➤ IT团队是否知道发电机使用的燃料的类型？

> ➤ IT团队是否知道如何采购更多燃料并且为发电机加油？

因为发电机不大可能经常使用，所以应当进行定期测试以确保发电机不仅正常运行，而且IT团队也了解如何使用发电机。最常见的发电机问题与启动有关。如果价格昂贵的发电机被锁在只有设施维护小组能够进入的围栏内，或者如果IT部门不能获得额外的发电机燃料（或者找不到油箱盖子），那么IT团队就面临着措手不及的风险。

另外一个重要的考虑因素就是调节电源以避免设备受损。电气电子工程师协会定义了各种电力扰动，例如瞬态、中断、下降、浪涌、波形扭曲、电压波动和频率变化。许多不间断电源设计都采用了备用电源和功率调节。这些设计的成本、可靠性和供电量存在差异。不间断电源和功率调节系统的选择不在本书的范围内。在每一种情况下，数据中心都必须从知名的供应商那里获得数据中心设计和适当的设备，以解决所有这些电力问题。

与系统停机和损坏的成本有关的功率覆盖和功率调节投资决策（成本效益分析）应当在本章后文以及第17章中描述的投资回报的基础上实施。每一家企业都有不同的停机成本曲线，这个成本曲线是适当的供电设计的主要决定因素。

量化停电成本的一种方法是计算每个员工每小时的收入。表8.3为各个行业停机成本表。[①]

表8.3 各行业的停机成本

行业部门	收入（美元）/员工/小时
银行	130
化工	194
建筑工程	216
消费品	127
电子	74
能源	569
金融	1 079
食品饮料加工	153
医疗	142
酒店与旅游	38
信息技术	184

---

① 温迪·托雷尔（Wendy Torell）和维克多·奥拉（Victor Auelar），"确定小型数据中心和网络机房何时需要备用发电机的四个步骤"，APC白皮书52，第6页。©APC。

续表

行业部门	收入（美元）/员工/小时
保险	370
制造	134
传媒	119
金属/自然资源	153
医药	167
专业服务	99
零售	244
通信	186
运输	107
公用设施	380
平均	205

（数据来源：APC，《网络计算杂志》和META Group.）

冷却 高温对IT设备的运行有害。高温缩短了计算机及外围设备的寿命，增加了硬件故障的概率，而且会产生难以诊断的问题。温度变化也会损坏设备。稳定的温度（和湿度）与低温一样重要。数据中心稳定低温的需求决定了专业化的冷却和通风要求。

数据中心冷却需求在不断增长。高功率服务器和网络设备会消耗更多的能源，因此会产生更多的热量。服务器整合和刀片式服务器的发展趋势增加了数据中心内的设备密度。现有服务器的使用率提高消耗了更多的能源，也产生了更多的热量。

总体而言，一间机房或一排服务器机架上可以放置的设备的最大密度由可用的最大冷却能力和气流决定。低密度数据中心只需采用硬地板和低端空调系统就能够满足需求。但是，中高密度数据中心需要采用复杂的气流设计，例如穿孔瓷砖活动地板，以及专用于服务器机房的空调。在高端方面，存在显著的数理设计，这种设计的结果甚至需要考虑到地板穿孔方式的细节。[①]

冷却对于保持IT设备的正常运行具有重要意义。但是，冷却设备会消耗数据中心功率的大约40%。因为这种消耗率，冷却效率的小幅度改进也能够导致一次性成本和长期成本的显著下降。[②]

在选择冷却系统时，IT部门还必须评估未来需求以及更换空调设备的灵活性。IT设备周转（通常是3到4年寿命期）和冷却设备的低周转率（5到10年的寿命期）意味着冷却设备应当采用模块化和可扩展的型号。

确定冷却需求的第一步就是了解热能输出的常用定义；热能通常用焦耳、BTU、卡

[①] 詹姆斯·范盖尔德（James Vangilder）和罗杰·施密特（Roger Schmidt），"活动地板数据中心的穿孔瓷砖空气流动均匀性"，APC白皮书121。©APC。

[②] 尼尔·拉斯姆森（Neil Rasmussen），"平衡数据中心和网络机房中的冷却性能时可避免的错误"，APC白皮书49（2003），第3页。©APC。

路里、吨或单位时间瓦特数来度量。确定热负荷和匹配的冷却功率过程面临的难点之一就是这些各种各样的术语。最标准的定义是瓦特，大多数行业解决方案都趋向于采用这个定义。[1] 表8.11中给出了常用热负荷指标的转换表。

表8.4　常用热负荷指标之间的转换

给定一个数值	乘以	得到
每小时英热单位	0.293	瓦特
瓦特	3.41	每小时英热单位
吨	3.530	瓦特
瓦特	0.000283	吨

（来源：APC.）

数据中心热输出总量（用瓦特表示）决定了数据中心的冷却需求，不包括环境来源。例如窗户、墙壁和屋顶，后者根据日光量或者收到的外部热量可大可小。

功耗为1瓦特的IT设备需要1瓦特的冷却能力。一些非服务器项目（不间断电源系统、配电系统、照明和人员）不遵循这一规则。一个用于估算冷却总需求的有用的经验法则就是，IT热负荷总量（瓦特）占到冷却总需求量的大约70%（见表8.6）。[2] 将IT热负荷乘以1.3就得到了近似的必要冷却总能力。可能需要额外的冷却系统来提供备用能力。[3]

通风　原冷却功率只是正确的冷却设计的一个组成部分。数据中心内的气流对冷却也产生了同样重要的影响（图8.9）。次优通风会导致企业购买价格昂贵的额外空调设备来解决过热问题，而这种过热问题通过改善空气循环就可以很容易解决。这种治标不治本的冷却方法必然增加了资本支出以及长期电力和维护成本。正确的空气循环可以让现有冷却能力得到有效利用。

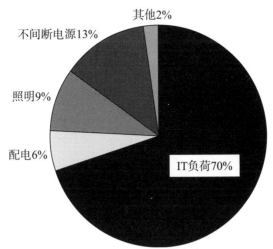

图8.8　数据中心热输出来源

（来源：Neil Rasmussen，"计算数据中心的冷却总需求"©APC白皮书，版本2003-1（2003），第6页）

---

[1] 尼尔·拉斯姆森（Neil Rasmussen），"计算数据中心的总冷却要求"，APC白皮书25，第3页。©APC。

[2] 尼尔·拉斯姆森（Neil Rasmussen），"计算数据中心的总冷却要求"，APC白皮书25，第6页。©APC。

[3] 尼尔·拉斯姆森（Neil Rasmussen），"计算数据中心的总冷却要求"，APC白皮书25，第6页。©APC。.

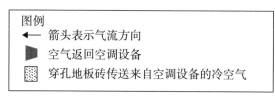

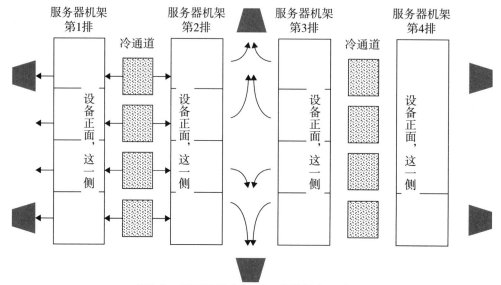

图8.9 用于最优空气循环的数据中心布局

设备正确通风的一些经验法则：

➤ 采用促进空气充分流动的机架配置（封板和服务器密度）：虽然购买促进气流充分流通的机架需要递增前期小额的投资，但是可以降低冷却资本支出和长期支出。堵住进气口可以明显限制气流；未使用的机架空间（允许热空气回到进气口一侧）；如果你没有设备，就采用封板覆盖机架中的所有未使用的位置；

➤ 有组织的设备布线，保持服务器布线的有序性；

➤ 尽量减少灰尘，保持清洁无灰尘（冷却设备上的灰尘会降低冷却的有效性并且滞留热量）；放置空气净化器，如果是活动地板，检查底层地板是否有过多的泥土或灰尘；

➤ 创建高温和低温通道：同样，将机架/设备面朝一个方向，这样一来，机架后排出的热空气就不会直接吹入到其他设备的进气口中。引导整个房间的气流，将热空气从正确定向的设备的后侧抽离，将冷空气吹入到设备的进风口。使用机架上的额外设备，抽离高温废气，将其移动到房间冷却系统的回风入口；

➤ 正确设置空调排气孔的位置。设定空调供气孔和回风孔的位置，将高温通道的高温气体抽离，供应低温通道；

➤ 电缆应当被有效组织，布置到机架的侧面，而不是悬挂在设备后，否则会抑制设备排出的热气流。将电缆切割到适当的长度；

➤ 将机房和地板下的无关设备撤除，这种设备会阻碍气流；

> 确保现有气流系统没有间隙和裂纹——增压室、地板下、管道、导管和回气管。

湿度　数据中心需要控制湿度。过多的水分会损害设备，过少的水分会促使危险的静电释放。大多数IT设备都有制造商推荐的湿度要求。数据中心的理想湿度水平是35%到50%的相对湿度。

数据中心湿度难以保持稳定，因为冷却设备会不断除湿。增加一个加湿器就会导致冷却设备和加湿设备之间的持续平衡。多台空调设备具有不同的湿度水平，而且将彼此工作。

精确冷却设备是数据中心的首选解决方案，这种设备的工作湿度不同于专为人体舒适而设计的空调。这种系统费用昂贵，通常是普通办公空调价格的10倍以上。但是，这种系统能够在高得多的负荷下全年运行，实现对数据中心湿度的适当控制。[①]

最后，数据中心应当设置一个蒸汽屏障，防止水蒸气在机房内外交换。

设备分布　普通IT设备机架的功耗不到2千瓦。高密度机架（受到越来越小的设备、刀片服务器和服务器整合/虚拟化推动）功耗可达到10千瓦或以上。[②]这意味着特殊冷却需求精确输送冷却空气。许多情况下，超高密度机架的功耗和冷却需求无法通过财务或物理方式来轻易满足。通常情况下，最廉价的解决方案就是促使IT部门将功率负荷分散在整个服务器机房，以实现高效率供电和冷却。

数据中心管理的传统思维是，成本的主要驱动因素是占用空间，进而空间决定了系统整合能够降低成本。但是，由于高密度机架的供电和冷却成本不断增加，3千瓦/机架的功率密度之后，设备整合的边际拥有总成本回报率逐渐降低，6～7千瓦/机架的功率密度，回报率为负值。[③]底线是，服务器整合（减少使用的服务器总数）能够带来显著的效益；服务器集中化（在数据中心的一个机架上设置多个高密度服务器）不可能超过服务器整合的收益。

对于极端的高密度设备负荷，一些制造商（APC）提供自洽式独立机架，这种机架将所有冷却设备、供电设备和灭火设备结合在一起。

最新的冷却策略是针对单个的机架和一排设备，而不是传统的整个机房冷却法。这种针对性的策略虽然需要更高的前期投入，但是总体拥有成本会较低，也减轻了整个机房冷却法所存在的气流、冷却、供电和湿度问题。机架冷却法需要特定的设备和设计，但是空调设备总能量的可用能力的百分比显著提高（而且降低了一次性资本支出和长期电力和维护成本）。[④]

防火、火情探测和灭火　数据中心起火会给IT部门和业务造成灾难性的影响，对企业

---

① "关键任务冷却系统如何和为何不同于普通空调"，APC白皮书56，rev. 2003-2，第12页。©APC。
② 尼尔·拉斯姆森（Neil Rasmussen），"超高密度机架和刀片服务器的冷却策略"，APC白皮书46，rev. 2005-4（2005），第3页。©APC。
③ 尼尔·拉斯姆森（Neil Rasmussen），"超高密度机架和刀片服务器的冷却策略"，APC白皮书46，rev. 2005-4（2005），第18-19页。©APC。
④ 凯文·邓拉普（Kevin Dunlap）和尼尔·拉斯姆森（Neil Rasmussen），"面向Row and Rock公司的数据中心冷却架构的优势"，APC白皮书130，rev. 2006-0（2006），第2和15页。©APC。

可能造成致命损害。火灾损失统计数据表明，因为火灾而关闭的企业有40%以上，没有重新开业，恢复营业的企业中有29%在三年内倒闭。[①]

数据中心火灾通常起源于隐藏部位中的供电问题，例如活动地板或墙壁内的供电问题。另外还有可能是因为自然灾害（例如闪电）或恶意破坏甚至纵火。[②]

任何情况下，首席信息官都必须要采取三管齐下的方式杜绝火灾风险，具体如下：

1. 防火：避免容易导致火灾或者产生火灾隐患的情况发生。
2. 火情探测：确保在发生火情时，快速发现火情，避免因火势蔓延而造成重大损失。
3. 灭火：提高灭火能力，在发现火情时及时扑灭。

国家防火协会（NFPA，www.nfpa.org）制定了数据中心防火标准（NFPA75）。该标准规定了防火、火情探测和灭火的最佳实践，在数据中心消防设计中应当采用该标准。

首席信息官可以从各种火情探测方法中做出选择，包括烟感探测器和高温火焰探测器。最有效的设备就是烟感探测器，尤其是在正确布置并且实现完全覆盖的情况下。作为一种特定类型的烟感探测器，及早烟感探测器（VESD）非常敏感，可以区分灰尘颗粒和燃烧颗粒。[③]

虽然大量的灭火系统可以用于建筑物内的一般用途，但是只有几种灭火系统适合用于数据中心。这些系统中的大多数虽然能够有效灭火，但是在灭火过程中会毁坏被保护的设备。数据中心通常采用全淹没灭火系统，这种系统通过消除氧气而达到灭火的目的。系统将一种气体作用物充满整个房间，数据中心通常充分密封并且独立，可以将气体保持足够长的时间，从而实现灭火。气体作用物的另外一个优势就是能够弥漫到数据中心的每个角落。之后可以从房间中排出，不会给设备造成长期影响。

过去，这些系统采用各种形式的卤代烷气体。随着环保法规的颁布，卤代烷被停止使用。包括二氧化碳、Inergen（IG-541）、HFC-23（FE-13）和HFC-227ea（FM-200）在内的许多气体作用物取代了卤代烷。这些作用物在空间要求、有效性、对人员的危害以及成本方面分别具有自己的特点。

最后，数据中心应当供应有充足的灭火器。这些灭火器可以有效灭火，在火势蔓延之前熄灭火焰。此外，数据中心应当在恰当的位置安装报警点，从而当发生火情时在整个数据中心发出警报。

国家防火协会与APC提供的防火、火情探测和灭火最佳实践罗列如下：[④]

➢ 数据中心应远离存在火灾威胁的其他建筑物附近；
➢ 应急程序应当张贴在所有火警报警点处；
➢ 数据中心内应安装排烟系统；

---

① 阿韦拉尔（Avelar），"降低关键任务设置中的火灾风险"，rev. 2003-0（2003），第3页。
② 阿韦拉尔（Avelar），"降低关键任务设置中的火灾风险"，rev. 2003-0（2003），第3页。
③ 阿韦拉尔（Avelar），"降低关键任务设置中的火灾风险"，rev. 2003-0（2003），第6页。
④ 阿韦拉尔（Avelar），"降低关键任务设置中的火灾风险"，rev. 2003-0（2003），第15-16页。

- ➢ 所有电气面板都不应当存放障碍物；
- ➢ 应明确而且部署统一标记的应急停电按钮和火警报警点；
- ➢ 灭火器位置应明确标记，说明灭火器最适合扑灭的火种类型；
- ➢ 数据中心墙壁上的开口应采用获得批准的防火密封剂密封；
- ➢ 所有数据中心出口都应明确张贴应急电话号码；
- ➢ 数据中心应严格执行禁止吸烟政策；
- ➢ 应急断电开关不应被火警启动；
- ➢ 数据中心的所有空气管道中都应安装防火挡板；
- ➢ 当消防系统发出警报时，数据中心空调设备的运行应当获得消防局长的批准。（IT设备在起火期间尤其需要冷却，以降低温度）；
- ➢ 数据中心内应当撤除垃圾桶；
- ➢ 数据中心的所有家具都应采用金属制成（椅子可以带有坐垫）；
- ➢ 现场磁介质应存储在消防等级至少为1小时的防火地下室中；
- ➢ 关键用品（如纸张、磁盘、捆扎带等）应保存在一个完全封闭的金属柜中；
- ➢ 保险商实验室批准的用于连接计算机设备的延长线长度不应超过15英尺；
- ➢ 应当去除用于吸声的隔音材料（如泡沫、织物等）；
- ➢ 在设备、垫子或其他覆盖物下不要布设延长线或其他电源线；
- ➢ 所有穿过活动地板的电缆都应通过在地板开口周围安装边缘装饰来防止磨损。

8.2.6　通信管理

通信管理包括用于企业内的互动沟通的所有电子系统，不包括电话。这种通信包括电子邮件、即时通讯和短信。最重要的系统是电子邮件。

电子邮件系统支持　电子邮件系统支持是一项独特的工作，因为大多数企业都高度依赖电子邮件系统。过去10年里，电子邮件从一种实用应用程序发展成为业务关键性服务。因此，电子邮件应当作为企业应用程序来加以管理，尽管通常是办公与基础设施小组负责电子邮件管理。许多企业认为保持电子邮件系统的运行是一项简单的任务。但是实际上，这项任务很困难。

许多因素使得电子邮件管理具有挑战性，这些因素包括：

- ➢ 电子邮件可以接收世界上能够发送电子邮件的任何人发来的信息。几乎任何人都可以随意促使电子邮件系统消耗资源（网络、CPU、存储和内存）。这就造成了其他应用程序不存在的许多安全问题、容量问题和管理问题；
- ➢ 电子邮件很容易受到来路不明的商业电子邮件（UCE）或垃圾邮件的侵扰。据估计，所有电子邮件通信中的近60%到80%都是垃圾邮件；[①]

① Postini，"管理业务信息：集成信息管理执行指南；安全性、可用性、合规性和可见性"（2005年12月2日），网址：www.postini.com/whitepapers/?WPJD=34。

> ➢ 电子邮件容易受到安全威胁，例如恶意软件、木马和病毒；
> ➢ 电子邮件通常在企业内拥有最多的潜在用户。而大多数其他应用程序的用户人数很有限；
> ➢ 电子邮件往往用于文件存储以及最初设计初衷之外的其他目的；
> ➢ 电子邮件往往是用于涉及到诉讼争议、人力资源、客户合同、保险存档和内部决策的通信记录媒介；
> ➢ 电子邮件最容易集中运行。然而，由于速度和性能的原因，数据往往被分发，从而导致复杂的体系架构，这种体系架构试图解决管理问题和绩效问题；
> ➢ 在大多数企业中，电子邮件全天候使用，意味着电子邮件系统必须要具有最高的可用度；
> ➢ 电子邮件对于出差人员和业务人员具有重要意义，所以必须要能够远程获得电子邮件服务；
> ➢ 电子邮件必须能通过各种装置上的任意数量的客户端软件访问——包括移动应用程序（黑莓）、VPN连接、家庭上网或者网吧计算机；
> ➢ 电子邮件的使用难以管理，而且存在大量的非业务类通信；
> ➢ 一些行业（如金融业、法律或医疗行业）对于电子邮件的使用、控制和保存制定了严格的合规指南。

总之，电子邮件是最难管理的企业应用程序之一，但对它运行的要求却近乎完美。确保电子邮件的有效使用是首席信息官和办公与基础设施团队的重中之重。

电子邮件系统往往根据地理位置的差异而划分和组织，这样特定地域的用户就可以获得电子邮件系统的最高性能。每个地理位置都应当制定一项支持计划，即使是在中央IT部门。电子邮件支持方式类似于应用程序支持（将在第10章中阐述）。然而，由于电子邮件管理的独特方面（如用户管理、安全、防病毒、专用电子邮件服务器以及各种其他独特技术规格），因此本章将电子邮件作为一个主要业务领域进行阐述。这一领域出现了许多最佳实践：

> ➢ 构建电子邮件系统（服务器容量、网络容量和供电），将可靠性、可用性和安全性最大化；
> ➢ 确保电子邮件包含在灾难恢复计划中；
> ➢ 一个电子邮件应用（服务器和客户端）的标准化。不间断地采用电子邮件应用的新版本，以避免出现新版本的任何潜在问题。将新版本的发布推迟6到12个月是一种保守的做法，确保在维护版本中同时解决了大多数关键性的软件错误；
> ➢ 建立专门针对电子邮件系统的系统监控。监控应当覆盖信息队列、长度、用户人数、存储能力、CPU和内存的使用、进出邮件的比率。最佳监控将定期测试系统完成整个对外收发电子邮件过程的能力；
> ➢ 制定企业员工正确使用电子邮件的政策；

> 按照外部法规或企业政策制定电子邮件保存政策（个人保存电子邮件的时间长度、企业保存电子邮件的时间长度）。许多行业（金融业、法律和医疗行业）可能制定了企业通信文件保存和内容的具体要求。如果存在有关电子邮件通信的具体合规问题，则确保电子邮件系统有效收集所有通信。CIO应当与法律顾问合作，确保充分合规。不遵守这些法规的企业将遭受高额的处罚；

> 制定电子邮件收件箱容量政策（电子邮件数量或者占用的总存储空间）。设定可以发送或接收的每个电子邮件的大小限制。提供其他简单的方法用于移动和存储大文件——公共文件夹、FTP访问或用于用户之间大文件传输的网络可访问文件管理系统；

> 通过网络客户端接口提供互联网上的电子邮件访问。这有助于减轻企业内的一些远程计算问题以及服务台的工作量；

> 对于必须确保安全通信的环境，则考虑电子邮件加密。许多第三方系统都提供了这种功能。公共网络上的电子邮件应当被认为是不安全的；

> 在电子邮件系统上安装防病毒应用程序，过滤附件并且探测电子邮件病毒活动；

> 确定企业是否需要采用电子邮件标注免责声明（通常对于律师事务所和金融机构而言），将这些标注自动添加到电子邮件中。与法律顾问协商确定相关要求和确切的措辞；

> 将所有电子邮件的格式标准化，并且为终端用户提供模板；

> 实施能够过滤有害电子邮件（UCE或垃圾邮件）的系统。最佳的过滤系统会产生较少的错误判定、允许个人用户接收来自特定网站或用户的电子邮件、给用户提供已经过滤的电子邮件的定期列表（以便用户可以要求发送电子邮件）、过滤危险的附件以及持续更新用于扫描电子邮件内容的内部引擎。我们不建议采用发信人验证系统，因为这种系统要求用户在发送电子邮件之前进行登记或者需要发送人做出回应；

> 考虑采用两级电子邮件服务器体系架构——第一级应具有一个专用的硬件装置或服务器，这种装置或服务器采用电子邮件管理软件，接受入站电子邮件连接、过滤带有病毒、垃圾邮件或其他危险的电子邮件以及拒绝来自同一服务器的多个重复连接（拒绝服务攻击）。第二级是电子邮件服务器，它从第一级系统接受清洁的电子邮件，在用于入站电子邮件的内部网络之外不能进入第二级上的电子邮件服务器；

> 制定和定期测试严格的备份程序、评估备份工具和系统是否能够恢复整个电子邮件服务器，或者用户电子邮件收件箱；

> 通过运行诊断工具，对电子邮件系统实施定期健康和性能检查。大多数的主要的电子邮件平台都存在一个很大的第三方市场；

> 通过评估前10大用户或前20大用户使用电子邮件的情况（请他们降低存储要求），从而定期降低电子邮件存储要求。

其他通讯 企业使用的其他通讯系统也应当受到IT部门的管控。在过去的几年里，即时通讯（IM）和短信（通常通过手机发送）成为了电话和电子邮件的替代物。根据Radicati集团的估算，全世界拥有超过8.16亿个消费者即时通讯账户。[1]

IT部门必须负责替代通信服务的治理和支持，原因有二：首先，企业网络上使用未经批准的即时通讯系统会让企业遭受病毒和其他攻击的风险。第二，许多企业都制定了政策或规章制度，规定所有内部通信都必须要保存。不能妥善收集信息的流氓系统会给企业造成负债。

8.2.7 通信设备和管理

由于外部服务供应商（本地电话企业、远程服务供应商和设备供应商）的地域性和紧密联系的缘故，通信设备及其管理是一个独特的运营领域。每一个地域一般都有自己的电话系统（关键系统、专用分组交换机（PBX）或其他程控交换机），本地支持计划只需负责管理本区域的通信需求。通信设备的支持和管理因每个组织的规模和员工的区域不同而不同。一些情况下，如果支持规模很小，通信设备的支持由网络管理员或者服务台人员来承担。在大型企业中，或者在组织内流动率很高的情况下，则组织需要更多的人或者独立部门来管理通信变更。组织之所以需要通信支持，目的是保证电话畅通正常，可随时接入并确保系统的电话数量准确。一个拥有大量办公室的企业，在每个办公室的人员不多的情况下，基于工作需要，内部支持人员应当与工作在各个地方的外部供应商协同工作。

- HR对通信用户的管理应当与对系统用户的管理及安全结合起来，并着手开始新的招聘，制定新员工通信设备计划和IT安全策略。
- 与ISP的通信供应商定期谈判。通常通信供应商提供打包的服务、帧中继、ISP、本地电话和远程，因此，这种打包定价和合同谈判流程就非常必要。
- 清楚认识到对电信运营商做出的交易量承诺，在业务发生重大不利变化的情况下能够重新商定价格。
- 避免不同到期日的多个合同。电信运营商会采用非同期的到期日并且结合交易量承诺来使得合同的取消变得困难。对于不同的合同设定不同的到期日，同时对交易量做出总体的承诺，这种做法可以让电信运营商获得极有利的谈判筹码。举个简单例子，一家企业与一家电信供应商合作，在两份单独的合同下提供语音和数据服务，合同的到期日不同，但是总体上约定购买供应商的特定价值的通信服务。当语音合同到期时，数据合同仍然有效，除非语音合同更新，否则总交易量承诺额下降，数据合同价格上涨。因此，重新获得足够的交易量的唯一途径就是重新签署电信服务合同。当数据合同到期时，情况同样如此。结果就是企业不能够更换电信服务商，除非支付高昂的取消费用。

---

[1] 埃琳娜·马尔科娜（Elena Malykhina），"说'不'的文化"（花絮），《信息周刊》（2006年6月26日），第26页；Radicati 集团。

网络电话　该领域一个重要的全新主题就是网络电话。据估算，网络电话使用率显著增长，从2005年的1600万人增长到2009年的5500万人。[①]与传统电信设备相比，网络电话的可管理性和功能性大大提高。网络电话系统与其他IT系统充分整合，提供先进的功能，例如网络会议、视频会议和电话会议。实际上，网络电话在呼叫中心领域的使用率最高，呼叫中心行业通常是电信创新的引路人，因为这个行业从产品改进中可以获得最重大的利益。但是，这种技术也造成了额外的网络管理问题，例如容量管理（产生大量的额外网络流量）和通讯优先（高质量的网络电话需要快速稳定传输网络信息）。网络电话的实施也带来了新的安全风险。

8.2.8　灾难恢复

灾难恢复　灾难恢复计划被认为是任何企业设备运行的关键。灾难通常是指导致系统无法正常运行的事件。制定灾难恢复计划（也称为业务连续性计划），说明发生灾难的情况下需要采取的措施。灾难恢复计划有助于将不利影响最小化，而且快速恢复关键业务职能。企业很有必要制定科学的灾难恢复计划。主要原因是确保业务的连续性。其他因素包括守法合规、保护企业的公众形象、高级管理层的风险管理责任。[②]

美国的所有企业中几乎有一半都未制定业务连续性计划，而约45%的美国企业在一年期间都发生过IT故障。[③]虽然越来越多的企业开始制定灾难恢复计划，但是企业的停机容忍水平发生了更加显著的下降。约75%的被调查者都表示，他们可以接受的最长停机时间是24小时，12%的企业认为不能忍受停机。[④]

灾难恢复计划往往被企业忽视，因为他们认为制定全面的灾难恢复计划是非常复杂的。结果就导致灾难恢复计划被看作是孤注一掷的选择。

中小企业往往认为，由于规模原因，他们没有实力获得合理的灾难恢复计划。Infonetics Research的一项研究表明，中型企业（100到1000名员工）如果发生一次IT停机事件就会遭受平均86.7万美元的损失并且经历140小时的停机等待。[⑤]一项基本的灾难恢复计划加上本章其他部分描述的度量和监测工具可以提供充分保障，大大降低这些损失和停机时间。

我们提倡采用实用的灾备规划方法，这种方法能够带来最大的收益，将资本、时间和经营费用方面的投入最小化。这意味着必须要检查为企业的正常经营而必须持续运行的系统，确保这些系统能够在几个小时内恢复。最简单的灾备计划应包括以下内容：

➤ 具有相同配置的服务器和必要的网络硬件（不一定要像生产设备那样功能强大，

---

① "In-stat 2006年1月研究"，《基线》杂志（2006年3月），第26页。
② CPM集团和Deloitte & Touche，"继续旅程：2005年业务连续性调查"，（第8页），网址：http://www.deliotte.com/dtt /cda/doc/content /us _assur_2005%20BCM%20SURVEY%20REPORT.pdf。
③ KPI的，《智能企业》杂志（2006年5月），第13页，Opensky研究。网址：www.intelligententerprise.com。
④ CPM集团和Deloitte & Touche，"继续旅程：2005年业务连续性调查"，（第9页），网址：http://www.deliotte.com/dtt /cda/doc/content /us _assur_2005%20BCM%20SURVEY%20REPORT.pdf。
⑤ Infonetics研究 （www.infonetics.com），引自《Var商业杂志》（www.varbusiness.com）。

但是操作系统和工具必须采用相同的配置）；

➤ 所有关键应用程序的最新代码库的副本（应当安装在备份服务器上，而且随时准备上线）；

➤ 可载入到备份服务器的应用数据的备份；

➤ 系统切换的时间和方式；

➤ 发生灾难的情况下，用于设备运行和企业经营的一个替代场所。

在糟糕的IT部门中，首席信息官会选择对灾难恢复视而不见，往往借口说缺乏预算或时间。一旦发生像水管破裂导致的服务器机房被淹这样的小灾难，如果不事先购买廉价的备用服务器并且充分备份应用代码和数据，企业就会因此损失惨重。

最有效的灾难恢复途径就是采用充分的冗余基础设施，用于避免灾难发生或者帮助从灾难中快速恢复。如果在现场或其他地点采用了故障保护硬件、备份网络服务和冗余的任务关键性基础设施，系统无缝恢复的几率就会大大增加。但是，灾备计划需要的远不仅仅是冗余硬件和备份程序。灾备计划包含员工为了恢复业务职能而需要采取的步骤和流程。一份好的灾备计划迫使IT部门和商业用户思考他们在每一种预期事件中需要采取的具体措施，从而在发生事件的情况下，他们的重点就可以放在执行和恢复上，而不是规划和思考上。

制定灾备计划 灾备规划过程的第一步应是预测各种可能造成服务中断的事件。这些事件可以是自然灾害（如飓风、地震、龙卷风或洪水）或是人为因素（如暴乱和恐怖主义）或者是电子故障（如停电、冷却系统故障、系统停运或外部网络攻击）。灾备计划应该考虑到所有可能的灾难情景并且确定每一种潜在事件的具体应对措施。灾备计划应当包括意外事件以及处理意外事件的成本。IT指导委员会可以帮助团队评估每一种时间的可能性，通过成本效益分析来确定企业可接受的风险程度。从而决定了IT团队为了确保充分恢复而需要作出的投资。第16章将对风险管理和规划进行详细阐述。

首席信息官和信息技术服务中心（ITSC）应当决定哪些系统必须要立即恢复、哪些系统可以在有限时间内停运，以及哪些系统可以无限期等待。然后，IT部门将设计灾备体系架构，根据优先级提供系统可用性。优先级分为三个级别："热"——立即切换到备用硬件/软件；"温"——延迟故障（通常是4～24小时）以及"冷"（通常是24～100小时）。这些选项中的每个选项都会产生差异很大的投资影响。首席信息官还应当审查应用程序并且与硬件供应商协商，弄清楚系统恢复的潜在额外方案。此外，还应当评估聘请灾备服务提供商的必要性。许多供应商都以订购费或一次性的方式提供设施、问题处理和其他服务。

首席信息官和企业高级管理层需要决定一些与系统灾备无关的事宜，它们包括：

➤ 谁有权宣布各种类型的灾难（现场恢复系统、现场外恢复系统等）；

➤ 内部通信如何进行（电话树、传真、外部托管网站帖子）；

➤ 发生灾难的情况下继续工作的骨干员工（业务员工和IT员工）；

➤ 替代工作场所的识别；

> 灾难期间用于持续经营的电话号码；
> 客户和供应商的通知政策和流程。

灾备计划的IT部分应当重点说明事先如何做好灾难的应对。如果团队知道在灾难期间需要一个装有某个应用程序的正确配置的Linux服务器，那么他们就应当尽早配置好这种服务器，以备不时之需。应评估必要系统的每个组成部分，确定如何将复制或者恢复这些系统所需的工作量最小化。这项工作强调了将设备放置在第三方数据中心的好处，如本章前文所述，我们强烈建议将设备放置在第三方数据中心。

为了有效的实施灾备计划，必须要定期检验灾备计划。至少，应当每年进行一次测试，最好每六个月进行一次。必须要通过实际测试，才能检验灾备计划的有效性以及识别可能妨碍、甚至是拖延灾难恢复工作的微小而关键的细节。如果真正发生灾难时才注意到电缆丢失、灾备室供电不足或者其他一些琐碎（或严重）的问题，且正在妨碍灾难恢复工作，那这时就为时已晚了。团队应当在事后进行总结，将总结结果结合到计划中，并将审核和变更结果报告给IT指导委员会。

必须要将计划形成书面文件，并且将计划的副本保存在现场内外。该计划还应当列明所有管理人员和IT部门骨干员工的姓名及联系方式。

制定计划之后，IT小组面临的一个主要挑战就是保持备份系统和生产系统的同步。系统配置变化、代码库得到更新、应用程序打上补丁，交易数据持续更新。IT小组必须确保备份系统与这些变化同步。

IT部门如果善于变更管理、资产管理、配置管理和规划，就会发现灾备计划是一项非常容易的任务。资产管理和配置管理确保团队知道哪些系统已经到位，而且这些系统如何运行。变更管理有助于确保生产变更反映到备份系统上。IT部门如果在这些领域不起作用就会难以实施灾备计划，而且甚至在停机时面临更严峻的困境。

定期灾备计划审核　首席信息官应确保每六个月审核以下内容并且获得IT指导委员会的批准：

> 灾备计划涵盖了关键的IT应用和服务；
> 按照灾难或事件划分的详细的计划、政策和流程进行审核；
> 测试计划的执行，确保灾备过程受到定期测试；
> 备份程序的审计，确保备份程序和流程正确运行；
> 培训计划，确保IT部门员工和业务员工获得灾备流程的培训；
> 每年或每半年将灾备计划、成本和相关风险汇报给IT指导委员会。

数据保护：实施有效的系统备份解决方案　任何灾备计划的最重要的元素之一就是能够恢复企业使用的系统、应用程序和数据。良好的备份是IT部门的基本任务之一。

为了满足灾备需求和日常数据恢复需求，IT部门应当规定备份所有关键信息的方法。包括：

> 应用程序：每个应用程序的运行所必需的代码、可执行文件、程序库、补丁信息

和配置信息；

> 数据：应用程序使用的所有数据（实体、查询和交易数据）以及终端用户文件，例如电子表格、文件和演示文件；

> 配置：服务器和网络硬件以及操作系统的配置；网络硬件（路由器、交换机和防火墙）；

> 系统工具：IT部门用来执行的信息，包括桌面图像、性能工具、系统监控信息。

应该评估所有这些组成部分。根据访问的容易度以及信息变化的频率，每个领域可能需要采用一种单独的方法。我们在本节中将这些总称为数据。

备份载体　传统意义上，备份的载体一直都采用磁带。磁带备份具有最高的性价比，因为具有较长的使用寿命，磁带拥有很大的第三方供应商和支持市场。虽然这种载体具有很好的成本效益，但是也有许多缺点。首先，磁带上的信息是按顺序访问的，所以部分信息的检索通常必须要按顺序扫描磁带，直到找到想要的数据。磁带的读写速度比磁盘慢很多（通常是后者的十分之一或十几分之一）。磁带系统有更多的转动部件，因此更容易失效，这种载体会因为物理磨损而退化。简单的磁带系统还往往需要操作人员记住每天或每周要更换磁带，所以容易发生人为错误。通常，磁带没有足够的容量来容纳整个系统备份。一个备份包含许多卷磁带，必须要按顺序将这些磁带载入才能够检索所有数据。如果一部分磁带丢失或损坏，往往整个备份都受到影响。磁带还很容易携带。虽然为了灾备的目的，磁带很容易带离现场，但是这也使得磁带容易被偷盗和丢失，从而给企业造成严重的数据安全问题。尽管有这些问题，磁带仍然是大多数IT部门普遍采用的备份方法。

还有一种备份方法是将所有数据映射或者将压缩数据保存在第二套磁盘上。保存数据的实时拷贝是一种昂贵的备份方法，因为需要购买重复存储，而且还需要足够的服务器和网络带宽来保持数据同步。另外一种磁盘媒介方案则是以压缩格式在磁盘上创建备份卷，类似于基于磁带的备份，这种方法降低了空间需求并且将处理转移到非高峰的备份窗口。磁盘备份还适用于用户文件数据，这种数据通常具有简单的备份要求。虽然磁盘的备份比磁带备份速度更快而且更加可靠，但是因为成本更高，所以磁盘的备份通常价格更昂贵。

虚拟磁带库（VTL）是一种磁盘式装置，模拟磁带装置。这种模拟确保任何现有备份程序和软件可以无需任何变更而使用虚拟磁带库。因为虚拟磁带库由磁盘存储组成，它具有磁盘的所有速度和可靠性优势，避免了磁带的许多缺点。它是目前依赖磁带备份的大企业的一个良好选择，因为它可以避免在将备份模式转变为磁盘备份模式时所产生的工作量和费用。磁盘存储的成本日益下降，使得磁盘或虚拟磁带库成为了越来越有吸引力的替代方案。

存储服务提供商（SSP）通过网络提供备份服务。他们通常根据占用的存储空间收取一定费用，在网络上提供存储空间，这种网络保证不会失效，而且建立在可靠性、性能和可用性有保障的企业级系统上。存储服务通常具有灵活性，可以随时增加容量。这些服务的费用昂贵，但是却是中小企业的一个不错的选择。

备份介质轮换 另外一种备份方法就是介质轮换。不论是磁带、磁盘还是虚拟磁带库，IT团队必须要决定需要保存多少备份以及备份的时间长度。理想情况下，IT团队可以恢复到任何时期，然而，不论选择何种载体，做到这一点都需要很高的成本。数据存储时期的决策应当由首席信息官和IT服务中心做出。在变化不大的环境中，每月备份再加上过去一周的每天备份就足以满足需要。在变化较大的环境中，可能需要上一年的每日备份加上几年的每周备份。

磁带的适当轮换方案有许多。其中最常见的轮换方案就是三代备份法。这种备份方法采用三套磁带分别用于每日、每周和每月备份，而且总共需要采用12套磁带。第一套磁带用于每日备份，每周四天（周一到周四）。第二套磁带用于周五的每周备份（每月四次）。最后一套磁带在当月的最后一天完整备份，定期移交（通常是三到四个月）。

另外一种方案就是磁带每周备份。这种方法将同一条磁带用于一周内的每一天的备份，每周五轮换一条磁带（然后可以拿到现场外存档）。这种方法将所需的磁带套数最小化，但是增加了磁带磨损度，而且要求IT部门记住定期从轮换中取出周五的磁带，用于永久存档。

递增备份和完全备份 不论如何轮换，每日备份可以是递增备份，也可以是完全备份。递增备份只备份上一次递增备份或完整备份之后发生变化的数据。这种方法将每日备份所需的时间和容量最小化。定期（通常每周）完全备份确保一次恢复所需的最多递增备份磁带数量为5个或6个。递增备份的缺点在于，它需要通过一个复杂的备份系统来确定哪些数据实际上发生了变化。如果系统出错，那么数据就会丢失。此外，完全恢复需要更长的时间，因为最后一次完全备份必须要被恢复，之后是每一次递增备份，而不是只需恢复最后一次完整备份。

完整备份在介质、时间和处理能力方面是成本最高昂的一种备份方式。但是，这种方式确保所有数据都安全而且最新。

最复杂的备份系统将递增备份更进一步，采用了内容意识。这些系统跟踪了已经备份的所有文件和数据，并且不备份额外的文件拷贝，而是创建之前拷贝的指针。这种方法将备份时间和空间要求最小化。它尤其适用于终端用户备份，因为许多人都有同一个文件的许多副本（例如操作系统文件或者常用电子表格或备忘）。其中只需要一个副本作为所有用户的备份。如果某个用户的文件发生变更，备份系统就会指明，并且为这个用户备份现在定制的文件。

压缩和加密 最复杂的备份系统也会压缩数据，将载体消耗量最小化。为此可以采用各种算法。算法的有效性存在显著差异，需要根据相关数据的类型而定。这些系统还提供加密功能来防止擅自使用备份文件。加密和压缩都会增加数据备份所需的处理能力。此外，加密要求在恢复期间获得密钥，所以灾备程序必须说明这一信息的可获取性。

数据存档　备份策略可以区分备份数据和存档数据。备份数据是操作性数据，用来在发生紧急情况或者文件丢失时实施系统的部分或完全恢复。存档数据用于证明数据保存法规的合规性，是一个时间点的静态快照（通常是年末或月末）。因为系统运行不需要存档数据，所以可以将其放在慢速存取的脱机存储中，例如DVD或磁带。IT服务中心应当确定存档要求。

其他设备　虽然大多数IT备份政策都针对的是中央应用程序和系统服务器，所以大多数企业环境还包含存储在笔记本电脑、台式机和移动设备上的终端用户数据。虽然这些装置上的组织信息的母拷贝的存储是次优存储，但这也是无法避免的。即使是专门为信息集中化而设计的体系架构也为高层管理人员、出差的销售人员或者面临严格保密要求的法务或人力资源工作人员设定了例外情况。

虽然企业往往希望对这些终端用户设备上存储的数据承担责任，但是IT部门不可避免地要承担保存信息的责任。

这些设备的备份很困难，因为它们具有不可预测的网络连接性（旅行中的笔记本电脑），而且往往数量众多，需要大量的存储空间。

存在专门为这些设备提供备份服务的系统，这些系统通常采用计算机上的代理（见本章的配置管理数据库部分中的软件代理的内容）。为避免打扰终端用户，智能代理对可用于备份的带宽的质量和数量要求较高。这些代理会进行递增备份和内容感知备份，这种备份将带宽和存储空间的使用最小化。相关终端用户数据的性质意味着，这种系统具有较高的投资回报率。一名高级经理人的笔记本电脑丢失会给企业造成破坏性的损害，为IT部门增加数十个小时的工作量。

8.2.9　资产管理

IT资产管理是指跟踪和盘点企业的硬件和软件。它还包括这些资产的采购和配置以及资产跟踪与企业的会计系统的整合，以确保原始资本支出的适当折旧金额分配给经营预算。

企业之所以需要系统化的流程来跟踪IT资产，还有其他许多原因，这些原因包括：

> ➤ 企业资产的妥善管理意味着必须始终说明企业资产的去向；
> ➤ 如果发生物品被盗，彻底的记录保存系统是证明所有权的关键；
> ➤ 在包含大量资产的环境中（尤其是移动设备，例如笔记本电脑），全面盘点是确定是否丢失物品的唯一办法；
> ➤ 许多IT资产都是租用的，准确的盘点确保在租赁期满归还物品时能够找到租赁的资产；
> ➤ 通过识别能够重新目的化（而无需重新购买）的设备来降低额外的资本支出；
> ➤ 协助软件许可证的执行；
> ➤ 提供第三方供应商的更好的定价（定价取决于现有资产的数量）；

➢ 帮助确保在资产寿命期结束时妥善处理资产。

资产管理虽然单调乏味，但是不难。最重要的是与设备采购环节的紧密关联。IT部门必须知道何时增加、变更或报废设备。通常，资产清单对于IT部门控制的中央设备（服务器、网络设备、系统软件和中央应用程序）非常准确。企业台式机的清单不太准确，最不准确的清单往往是现场办公设备和便携设备，例如笔记本电脑。设备离得越远、越容易携带而且越廉价，IT清单就越有可能不准确。

如第7章所述，IT部门如果试图严格控制采购流程，往往就会失败。最佳的解决方案是确保采购流程满足企业的需求。不论是采购部门负责执行采购流程，还是IT部门负责采购，采购流程对于终端用户而言必须要容易使用而且快速。否则，终端用户必然会购买自己的设备，资产管理（以及安全和支持）流程会受到损害。

IT资产的一个新的特殊考虑因素是资产处置。计算机硬件、显示器、外围设备、笔记本电脑电池和UPS系统往往含有危险或有毒材料。在美国，环保署制定了有关电子产品中的有毒物质处置的法规和指导准则。其他有关这些物质的处置的法规存在显著的地区差异。我们建议寻找和聘请一家专门的处理企业，以环保而且守法合规的方式处置设备。首席信息官还应通过现场走访或其他方式确认，供应商确实按照承诺的方式处置设备。最后，首席信息官还应当在购买时与硬件供应商协商确定哪些设备没有特殊的处置要求，或者供应商必须协助处置的程序。

第二个重要的处置考虑因素就是数据和系统安全。处置的设备往往包含没有被擦除的或者容易恢复的媒介，这种媒介会泄漏企业数据。甚至网络设备也可能包含有用的配置信息，不法之徒会利用这种信息侵入网络。IT部门必须确保所有用户数据和配置信息在设备报废之前都从设备中不可逆转地擦除。这可能包括硬盘或其他媒介的物理销毁。

IT资产管理的其他重要的考虑因素包括：

➢ 资产管理程序相对简单，可以很容易标准化。设备的任何添加、变更或报废都应采取相应的资产管理措施。主要流程应当形成书面文件、标准化、公布并且由员工严格遵守；

➢ 资产管理跟踪系统可以起到作用，而且简化资产跟踪工作。这些系统往往是财务系统总体实施的一部分，尤其是在拥有大规模ERP系统的企业中。然而，有效的采购和跟踪流程与简单的电子表格相结合，对于小企业而言是一种实用的低成本方案。而且，许多服务台管理系统都有内置的或者可选的IT资产跟踪功能；

➢ 采用条形码或其他容易读取的资产标签来唯一地识别所有属于企业的设备，标签还应当提供IT部门的联系信息；

➢ 创建一个中央数据库（最好是资产管理系统），用于存储每项资产的原始购买证明、购买日期以及其他供应商的相关支持材料。这种信息将简化服务台利用供应商支持维修故障的工作以及丢失或损坏物品的保险索赔；

➢ 建立一个闭环流程，确保所有资产从一个场所进出。这需要将硬件和软件的采购集中化，还需要通过同一个群体处理报废设备或员工离职事宜。可以通过配置管理数据库系统来实施定期盘点，确保逻辑记录的库存与实际库存及地点匹配。第7章详细介绍了IT标准和企业采购的整合；

➤ 与高级管理层一同定期审核存货，审计实际存货和采购流程可以提高流程的遵从性，并且识别改进机会；

➤ 要求用户签署设备责任书，说明他们同意保管设备，确保设备安全退还给IT工作组，尤其是容易运输的设备，例如笔记本电脑；

➤ 考虑实施能够远程擦除易被盗的便携设备（例如笔记本电脑）上终端用户数据的系统。许多第三方供应商都能够在笔记本电脑连接到网络时远程擦除和禁用笔记本电脑；

➤ 资产管理和问题管理流程、配置管理和系统监控之间存在明显的联系。

8.2.10 日常系统运营

日常运营由各项功能组成，例如，批处理排程和监控、管理打印排队、物理打印分配、服务器和打印机硬件维护及IT设备维护。操作员通常负责管理IT机房内的所有活动，包括布线、维护、不间断电源供应（UPS）、环境控制、防火灭火及地板铺设等。操作员要确保日常报告和工作的正常进行，并将报告分送给适当的人员。

8.2.11 变更控制

变更控制是为了将变更（硬件或应用）引进和执行到管理环境的一系列系统的、规范化策略及其流程。对重要业务的产品环境进行变更控制是提供不间断的高质量服务所必需的。由于进行特殊技术变更的内在风险和复杂的企业系统之间的相互依赖性，对变更的控制管理可能就比较棘手。例如，在网络上安装一个新的应用软件可能对其他的应用软件产生不利的影响。一个好的变更控制流程包含将变更引入环境的标准工具和方法，形象地说是一个可以判断什么变更可以引入或不可引入的"看门人"。变更控制对业务的重要性体现于它减少了讨厌的"bug"的数量或者进入产品环境的出错的可能，从而提高了业务的持续性并减少系统中断和停机的风险。

➤ 确保制定变更流程，且获得经理的批准；

➤ 制定要求管理层和终端用户签字的管理需求表，确保高级管理层享有控制时间安排和产品系统变更内容的权利；

➤ IT组负责对基础设施的变更进行影响分析，包括主要应用软件、网络、硬件和操作系统等所有潜在受影响的IT领域；

➤ IT团队内部以及终端用户应当对因变更时间选择和任何系统变更所带来的影响进行广泛的沟通；

➤ 保留文件变更日志，按顺序列出所有变更并且保留每一个变更请求的副本；

> ➤ 应该在测试环境而不是生产环境中进行测试，并且测试应当在生产环境变更被授权之前完成；

> ➤ 生产环境的每一个主要变更应当有适当的回滚计划；

> ➤ 在实施任何大规模的变更之前，应当备份应用数据与配置、硬件配置和其他重要信息；

> ➤ 下班时间（晚上和周末）是实施变更的最佳时间，这样可以尽可能减少因系统中断而对终端用户造成的影响。万一出现意外问题也有额外时间重新进行变更。

8.2.12　需求管理

需求管理由项目运营人员的能力需求管理和业务用户的服务需求管理组成。运营需求管理流程包括设置预期的响应时间、不断采取改进措施以最小化需求及向最需要和重要任务倾斜配置IT资源。此外，IT管理层必须与应用经理合作以考虑为完成这个项目需要的附加资源或技能。

一个恰当正规的需求管理流程有助于IT管理层更好地了解所需要的资源和技能，并且保证资源融入最有价值的活动中。掌握衡量标准（如，每天故障记录的数量，每日用户变更请求的数量及当前人员数量）将有助于决定不同水平人员的配比和确定适当的服务级别。

运营需求管理的一个重要组成部分是，帮助业务用户理解服务级别和成本之间的平衡关系。例如，终端用户要求服务台做出更快的响应，对业务部门领导来说这种平衡关系很容易量化（如，响应时间从4小时缩减为2小时，相应地，当前人员则应当增加一倍，相应年成本也要增加一倍）。执行管理层和业务的领导决定他们是否愿意为了加快响应时间而向这个组增加投资。第16章将讨论如何确定适当的服务级别和管理风险。第17章将详细介绍需求管理概念，并重点关注以应用为导向的项目。

8.3　绩效管理和服务水平协议

所提供服务对关键业务的影响决定了在运营领域进行绩效管理的重要性。大部分企业对其建立的运营基础设施高度依赖。电话、电子邮件、文件和打印容量的使用中断都会对一个企业造成负面影响并削弱其实力。高度信任意味着，要求运营组管理的资产具有极高的可靠性。为了保证应用组提供的服务能够得到适当满足，小组必须使他们的绩效评价标准定量化。建立这些衡量标准的流程需从设定业务需求、决策目标、制定服务水平协议以及详细描述这些目标要求开始。一旦某个服务等级被定义且量化，则需要获得该运营领域的首席信息官和业务领导的签字。当该服务等级获批后，运营团队就要跟踪记录和分析他们的执行情况，在分析的基础上，对每个领域进行调整。

运营组应当在工作流程中依照服务水平协议（SLA）中的执行标准对各个运营分支

进行管理。SLA规定特殊流程也应当在所期望的合理水平内进行运营。例如，规定服务台必须在收到要求的4小时内响应用户的要求。再如，WAN必须保证在99.8%的时间内可用。

SLA对每个领域的流程、程序、策略和目标进行了详细的规定。还规定了IT组要遵守（见第18章）关于IT绩效评价的衡量标准。SLA同时确定了业务部门规定的每个绩效衡量标准的可接受范围。作为IT经理所使用的"仪表盘"（dashboard），衡量标准通常成为被他们用来以简单的方式评判实际执行结果的机制。"仪表盘"通常从SLA中为每个IT流程选择1～2个主要的衡量标准。首席信息官也可以通过由恰当的SLA指标所构成的一张"仪表板"来有效管理每个领域。

为使SLA更有效，在制定SLA时IT部门必须与业务部门进行合作。如果运营部门没有和他们的业务用户一起建立SLA，那么该部门将错失提供优质服务的机会。SLA中还隐含牵涉问题管理、系统监控以及人员水平管理等议题。

8.4 使IT运营标准化的技术

IT运营领域的很多对于业务功能发挥重要作用的任务仍然是常规的、重复的、可以被标准化的任务。对于组织来说，标准化不仅可以提高员工的生产力、工作质量和一致性，而且减少了培训成本，且为设置员工水平和员工评估提供了客观衡量标准。

以下是大量需要标准化的运营任务：

> 员工情况——增加、调换和离职；
> 数据备份流程；
> 系统的关闭或启动；
> 密码重置；
> 大量的打印工作管理（发票、薪资支票）；
> 容量管理；
> 系统升级；
> 变更管理；
> 新台式机部署；
> 供应商发票初次验证。

运营经理应当与他的团队一起工作，找出全套可以标准化的常规任务。然后，团队为任务清单上的每个任务建立标准操作程序（SOP）。这些任务通常是定期任务（每月一次的关闭流程、每晚备份）、异步任务，或者是依事件而定的任务（如新员工的管理、违反安全事件）。作为运营记录流程的一部分，主要的驱动因素（周期或者业务事件）应当被记录下来，且对所有的数量进行估算。一旦一项任务的SOP建立，则团队就能估算完成这项任务的标准时间。然后，SOP工作标准、事件数量和流程一览表的结合能够帮助运营组不断地评估这个流程所需要的资源。本章后续部分将对该流程进行介绍。

对于那些易常规化的任务，实施SOP可以产生很好的效益。甚至在其他以任务为导向的环境中（例如，生产），这几年标准化也已经得到了认可。其中最明显的标准化包括：

> 培训/员工技能：运营领域中核心程序文档化的完成为快速、容易地培训新团队成员或者为团队成员换岗提供了平台。而且，当团队成员因度假或者其他方面的原因不能工作时，应用标准化的流程能够很容易处理好这个问题。

> 员工的生产效率：当员工对需要完成的每项工作任务的子任务有足够了解后，且确保很容易完成时，全体员工的生产效率就会提高。在一次性基础上，完成工作的每一部分所需的"零星"时间就会令人吃惊地变得多起来。

> 工作质量：因为SOP是由理解这项任务的最好"专家"设计并调整的，所以这个流程和相关的检查清单就会产生最好的效果。通过坚持SOP，缺乏经验的团队成员也能够达到与更专业、更有经验的团队成员相同的水平。

> 衡量标准：早在20世纪初，弗雷德里克·泰勒（Fredrick Taylor）就开始了对"时间与行动"的研究，并且从那时起，常规工作任务标准化的思想已经开始活跃起来。相同的概念同样适用于IT部门的任务。建立SOP之后，CIO就能为每项任务设置合理的标准。在运营领域内，这也给经理提供了评价团队成员绩效的另外一种有用工具，以及资源配置的工具。

> 运营的一致性：在任务中运用标准和检查清单可以确保每一项任务同质量同方式的被圆满完成。这提高了团队成员工作结果的一致性，并且通过减少服务的差异性而提高客户的满意度。

图8.10列出了在IT运营领域内识别、编制和执行标准程序的流程。以下将详细介绍每一流程。

SOP的建立和管理综述

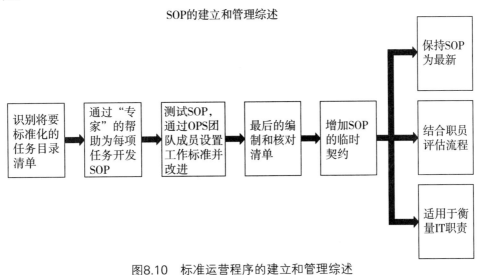

图8.10 标准运营程序的建立和管理综述

8.4.1 建立常规任务的目录清单

建立一组可靠的SOP的第一步是找出全部潜在任务的目录清单。这些任务具有以下特征：清晰界定的范围，在操作员必须做出决策的基础上工作步骤不存在大的变更，完成子任务的合理数量（少于20个）和清楚地定义输入与输出。确定潜在任务的目录清单是一个相对简单的流程，简单到只在IT运营组的一个自由发言会议上就可完成。确定目录清单之后，再根据产生工作量大小或在工作质量或绩效方面影响大小这两个维度，对目录清单进行优先排序。

8.4.2 建立任务标准运营程序

按优先级排出任务后，运营团队就应当开始制定完整的任务运营程序。每项任务应当被分成数量合理的、定义清楚的若干工作步骤。而且每个工作步骤均应当包含通俗易懂的输入输出指令。在进入下一步骤之前，还要能够容易地估算出执行这一任务的员工人数。建立标准工作程序应当利用团队的系统专家（运营经理或高级系统管理员）来建立。

8.4.3 测试标准运营程序

定义任务的主要流程后，应该在实际运营条件下进行测试。理想情况下，由最终负责完成该项任务的成员进行测试。测试流程应当由流程的创建人监督。创建人负责收集反馈意见和进一步精化这个流程，直到初级团队成员能快速而轻松地完成这些工作步骤。

8.4.4 设置任务的工作标准

流程经过测试和提炼后，则进入建立工作标准步骤。该标准应当明确任务要求的工作标准（时间或者其他相关衡量标准）。某些情况下，依据执行该任务人员的技能的不同，一项任务可能存在几个与其相关的标准结果。

8.4.5 建立最终的标准文件和检查清单

定义流程和设置工作标准之后，团队应当建立最终的SOP文件。文件至少包含两部分内容：

（1）任务的简要描述。应当描述任务背景，说明整项任务的输入和输出是什么，不仅描述做什么及怎样做，而且要解释原因或者程序背后的为什么。

（2）当任务完成时，由分析员填写一份检查清单。检查清单项目应当是连续的子任务名单，这个名单可以进行核对且被记录在文件中。

8.4.6 加入SOP主要目录清单及培训

当SOP完成时，把它加入SOP的主要目录（通常由IT运营专业组织加入）。在最后的流程中，应当对负责任务领域的团队成员进行培训，并且开始使用检查清单管理他们的工作。

8.4.7　加入员工评价流程

为使团队成员坚持SOP，并且认识到团队必须严格执行SOP，运营团队应当不断更新对其成员的评价流程，以体现出SOP作为关键度量标准的作用。

8.4.8　用于管理和评价员工

建立工作标准之后，可以把团队坚持SOP以及在合理的工作标准差异内执行SOP作为衡量员工绩效的一种标准。这也是运营经理和首席信息官快速发现员工绩效问题，并且帮助后进员工的一种有效工具。

8.4.9　更新SOP

如其他业务流程一样，运营团队应当对SOP进行定期评价以保证它们的准确性和相关性。SOP应该至少每年评价一次，并根据新的信息进行调整，之后再对受影响的人员进行再培训。

即使再复杂的任务（如发现并修复终端用户故障的服务要求）也能被优化。运营团队可将跨越所有IT支持领域的基本检查与排除故障手段制成流程图，结合检查与排除故障中的有关标准的一系列问题，帮助引导一线支持团队诊断并解决常见问题。比如，团队成员可以采用下面的故障检查方法：

> 设备正常吗？（如果没有，检查电源。）
> 网络指示灯亮着吗？（如果没有，检查网络连接。）
> 网络指示灯是绿的吗？（如果不是，检查电缆或者电源插座。）

这种检查故障的方法能够帮助一线团队做出初次诊断，甚至解决一些易修复的问题。最终，在一线将服务要求传递之前，通过要求一线团队收集额外信息（计算机类型、操作系统配置等），SOP可以提高二线支持团队的生产力。

表8.4为样例程序。

表8.4　程序图表样例

步骤	描述	完成			
		1Q	2Q	3Q	4Q
1	初始化SMS软件发现				
2	准备软件目录清单数据库和配置				
3	在进行本步骤前（确定）硬件目录清单已完成				
4	确认服务器和PC接入网络				
5	检验记录并标记完成				
6	完成每条记录				
7	总结软件资产数据				
8	安排日前的软件目录清单以购买软件许可证				

续表

步骤	描述	完成			
		1Q	2Q	3Q	4Q
9	总结软件许可证差异信息				
	执行日期				
	执行人				
	签名				

8.5 确定人力资源策略

在IT组织运营领域，正确地确定人力资源策略是管理成本和实现与终端用户群签订的SLA目标的一个重要部分。适当的资源水平，意味着从成本-效益角度来看已具备支持业务和IT需求的能力。

评估人员水平的一种方法是根据某个功能（如服务台问题记录的平均数量决定了服务台工作人员人数）所需人员数量确定能力这个主要驱动因素。标准人员比率是描述每个驱动因素下支持这个领域必要的IT人员数的指标。每个领域都需要对这个指标进行确定。因为每一个运营领域（如系统管理、局域网或广域网支持、服务台）行为的驱动因素都是不同的，因此每个区域将有它自己的人员比率。驱动因素通常是终端用户的数量，但也可能是影响工作量的其他因素（例如，服务器的数量）。

对于服务台而言，一般这个比率是每个终端用户所要求的支持人员数。1：100的比率意味着每100个用户要求有一个IT支持人员。如果有1000个用户，则企业将需要10个IT服务台人员。随着业务的变更（如由于兼并和收购活动引起的计算机用户数量的增加或减少或者由于业务复杂性引起的系统数量增加等）确定每一个领域人员配置比率，可以帮助决定工作中的人员水平。这个比率有助于确定IT支持人员的增加或减少，并且可以证明这些变更是正当的。

确保部门内配置适当的资源水平的步骤如下：首先，收集关于过去、当前和规划的工作量信息，然后将这些信息和研究专家（如Gartner集团推荐的支持人员）（见表8.5）与工作量的比率进行比较。服务台需要的人数因业务和IT目标的不同而不同。同时，不同的技术（例如，远程访问和终端用户支持工具）和IT部门所实施的策略也对这个比率有所影响。例如，远程系统管理软件可以增强运营支持领域人员的实力。

该比率包括了所有一、二、三线的支持人员。既然每个组织的需求是不同的，那么每个企业的因素对这个比率的影响也不同。以下描述了计算比率的总流程。这个公式考虑了工作环境中的差异，帮助确定终端用户与支持人员的可能比率。使用这个公式，从一个基值开始，然后增加或减少人员，找出一个适合该环境的对应的比率。

> **开始计算的数值或基准值**

——如果有各种不同的操作系统并且没有硬件标准，则基础支持比率大，约为

45：1。

——如果有单一的操作系统并建立了硬件采购标准，则基础支持比率大，约为70：1。

> **减少**

——如果IT是分布式的，并且允许用户控制和调整他们的设置、软件和外围设备，那么比率降为30：1。

——如果支持人员必须开车或者飞到用户那儿，则远程用户比率除以这一比率（如果1000个用户中的500个是远程用户，则支持比率再降500%）。

> **增加**

——如果IT是集中式的，并且用户桌面被锁定以免除用户对系统设置的控制及安装软件的权利，则增加15：1。

——如果远程控制工具被用来支持桌面及安装软件，则增加2：1。

——如果磁盘镜像和配置都是标准化的，则增加15：1。

——如果存在一个集中式的服务台，则增加15：1。

表8.5　基于业务、IT目标的服务台支持比率

企业类型	推荐比率
竞争前沿的改革企业	25：1或50：1
提供全方位服务和具有整体价值竞争能力的企业	60：1或100：1
在少量的边际成本和可测量性方面有竞争力的企业	125：1或200：1
低	12：1

以上公式为确定所需要的支持人员人数提供了一个总的指导方针。影响人员比率的附加因素包括人员的知识更新水平，标准化水平，环境的复杂性，积压的工作和要求的服务等级。

8.6　流程改善和问题根本原因分析的重要性

如果对问题的根本原因的分析正确，那么就能防止问题的重复发生。在大多数IT运营部门，既然团队每天负责问题的修复，那么解决问题的能力应当都不差。可是，大部分团队并没有追究再次出现问题"幕后"的根本原因。如果发现问题的根本原因并修复之，那么就会避免再次出现同样的问题。

IT部的运营领域是识别问题的根本原因并解决，以减少整个服务台人员负担的最佳场所。实施问题跟踪系统有助于发现问题的趋势。例如，针对一个给定的台式电脑，系统可能发现一个重复出现的问题，IT专家就要判断其问题根本原因是否是此品牌和型号的电脑存在缺陷。可是，通常IT部门每天都像救火员一样被追着解决问题，没有时间评估根本原因并采取补救措施，自然无法减轻他们的整体工作负担。

以下是未能解决系统问题根本原因的几种理由：

> ➤ 当问题到达服务台时，问题是紧急的，要求快速的思考并解决；

> ➤ 服务台解决问题的高压要求有关人员做出快速思考和反应；

> ➤ IT系统分析和支持人员在系统技术方面经过了很好的培训，但缺少问题解决和根本原因分析方面的培训。

我们的一个客户，其运营部门正在苦苦挣扎。它经历了如下事件，这个事件凸显出缺少根本原因分析引发的一系列不当反应。客户的电子邮件服务中断了，IT团队快速地得出结论：中断是由于外部供应商提供的WAN连接的"失败"。提供连接的电信服务供应商在他的系统中提供了一个开放式的连接记录单。截止到通过电信服务供应商的问题跟踪记录系统得到记录单，并且电信服务供应商代表通知IT部门为止，关键的90分钟就这样被耗过去了。与此同时，运营人员没有进行额外的诊断或者测试，而只是等待电信服务供应商的反应。电信服务供应商代表通知内部运营人员互联网连接运行正常，并且说问题一定出在电子邮件系统的其他部分。武断得出的错误结论浪费了很多时间。之后，工作人员匆忙推断为内部路由器表被修改而引起的连接错误。此后，结合这个问题，企业并没有适时地变更管理流程。他们从来没有对一些重要的问题进行过讨论。例如这个表是如何被修改的，谁修改的，以及将来如何防止相同问题再次发生等。

运营经理可以采取两方面措施以最大程度减少潜在问题的重复出现并提高团队解决问题的能力，从而降低未来整体的IT支持成本。第一，开发一个框架（译者注，即问题管理流程，通过它，系统问题必须被分析、校正和记录，这样就可使问题重复出现的次数最小化，并产生重要的洞察力，提高对潜在问题的预知能力和主动管理能力。第二，通过对问题根本原因分析，培训系统管理员和操作员。

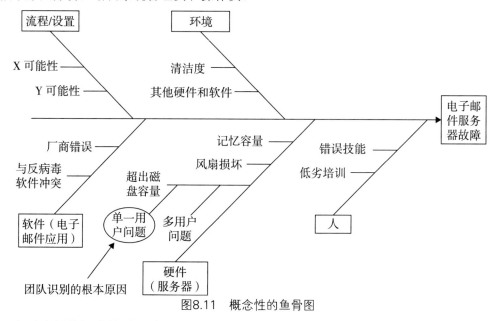

图8.11　概念性的鱼骨图

为了诊断并解决基础设施和运营领域的问题，我们提倡采用传统的根本原因分析方法。它要求：

> ➢ 发现与特殊意外情况相关的问题；
> ➢ 鉴别在这种情况下发生情况的因素（是否存在任何阻碍或控制问题）；
> ➢ 对于每个阻碍和控制问题，识别准许问题存在以及问题为何存在的管理因素；
> ➢ 简要描述每个问题及发现的结论，并建议如何修复问题避免它再次出现。

制定一个问题的根本原因分析框架：

> ➢ 确定适宜进行问题根本原因分析的情况。很自然，消除这些原因一定可以停止那些持续针对表象进行处理的情况。
> ➢ 操作人员建立鱼骨刺图（见图8.11），以解释IT管理问题的根本原因。这保证员工能够严密地思考问题。
> ➢ 长远来说，可采用根本原因框架解决问题，并且利用它调整本章中前面部分所描述的运营检查单和管理规程。
> ➢ 在运营部门内作为持续教育的一部分，要对有关员工进行根本原因分析培训。

长远来看，提高运营团队对问题的根本原因分析能力，能极大地提高服务的可靠性、有效性，降低支持成本。

8.7　宣传IT成功

与终端用户进行恰当的沟通，能够极大地提高客户对IT运营的满意度。如前所述，运营领域为业务提供"看不见"的服务，当运营团队执行得很好时，他们反而被业务部门所忽视。当运营中断时，他们将遭受质疑并接受调查。再加上运营领域对用户的满意度有重大影响，就意味着IT部门必须主动地进行公众关系维护，保证他们的运营努力能被业务团队完全承认和赞赏。IT管理层应当确保IT部门的成功能够得到赞扬。因此，在有些情况下，服务的可获得性成为了获得良好评价的标准。可是，运营团队却倾向于将正常运行时间、系统的可用性或者其他统计指标（例如，服务速度或SLA超额完成）作为评价标准。无论在哪种情况下，运营团队应当选择业务部门真正感兴趣的因素，并能宣扬他们在这些方面的成绩。

同时，还有其他的方式可以确保业务用户的关注一直集中在IT成功（正面影响）的方面。首先，任何主要的应用系统或者硬件的首次发布都应当先有一个沟通计划。告诉用户何时开始、何时完成，以及可能中断他们工作的潜在风险。其次，当响应呼叫时，服务台应该设置用户期望解决问题的目标时间，当问题被成功修复时，服务台应得到用户的确认。

对运营组来说，沟通的努力应当伴随整个工作流程。一点简单的努力就可以使业务部门对IT部门产生不同的印象。例如，当取得一个里程碑式的成就时，运营组通过电子邮件与业务部门沟通，或者通过张贴海报的方式进行沟通。采用的沟通策略包括如下内容：

> ➢ 定期的通信专刊。详细介绍服务级别、主要成就以及与用户有关的即将进行的项目。IT团队应保持通信专刊简洁。

> 系统维护通知至少在维护前5～10天公布，包括网络维护、网站维护、电子邮件系统升级、操作系统升级、计算机硬件首次发布等。通知应当在维护前发出。

> 报告主要项目业绩、基础设施升级，以及这些交付后给用户带来的收益。当它被成功完成时，庆祝胜利，并定期对成功项目进行沟通。

> 定期公布频繁提问的问题目录，包括IT服务台最常见的前10个问题。

> 每月一次（或更短的时间）向高级管理层和IT指导委员会递交一份关于基础设施状况的简洁报告。

> 保证服务台人员和用户之间的沟通是有效的。服务台应当就以下所有内容与用户进行沟通：问题请求记录的收据，解决这个问题的开始时间和预计完成时间。每24小时与用户沟通一次，直到问题被解决。

与业务部门内部沟通可能是IT运营组能做的、影响用户看法的唯一最重要的任务。通过在组织内彰显IT成功可以对IT的看法产生重要正面影响。除了企业范围内的沟通努力外，IT指导委员会也可以为IT管理层的沟通提供便利条件。第14章将讲述确保IT部门与业务部门进行恰当沟通的其他观点。

8.8 评价基础设施投资

基础设施投资是指为支持IT运营领域内的活动而对部门范围或企业范围的技术所做的资本支出。这些投资通常是为取代现有技术或者提高技术水平而投资新项目。投资类型包括：

> 更换某一部门的打印机；

> 将电子邮件服务器与客户端转移到另一个企业范围内；

> 为分支办公室采购专用交换分机（PBX）；

> 升级办公室之间的通信设备或网络连接速度；

> 更换员工的手提电脑或台式电脑；

> 实施新的应用服务器，提供额外的处理能力，支持增加的业务量；

> 实施企业备份存储解决方案。

对基础设施投资进行评价是非常困难的，因为它们具有以下几点特性：

> 相对于工作中的成本而言，初始投资成本高；

> 巨大的无形效益；

> 投资产生的实际收入或成本降低等收益模糊不清；

> 通常作为不依赖于其他投资的独立项目；

> 效益增加体现在企业内的多个组或部门内（如新企业防火墙等共享资源）；

> 效益产生的长期性。

上述特性使得基础设施投资评价区别于第12章和17章所讨论的对软件或者应用开发项目的投资评价。基础设施投资更多地倾向于战术性，并要求更努力地去识别、量化和计算效益及成本。可是，在各种情况下，基础设施投资都必须与战略技术架构计划及第7章中列出的企业系列标准相匹配。这些投资一般被确定为年度计划、IT战略或者IT体系结构的一部分。

为了使企业的资本得到最好利用，投资行为应当经过严格的投资评估流程。幸运的是，大部分评估流程应当与第17章中讨论的项目评估流程相似，包括：

> 评估战略价值；
> 确定财务价值；
> 评估影响优先等级的风险；
> 评价现有基础设施的充分性；
> 决定投资优先级；
> 进行投资优先级排序。

应用项目和基础设施项目之间的主要区别是，很多基础设施投资被认为是相对独立的，因而其依赖性和复杂性都较低。另一个区别是，因为效益是带给整个组织的，通常伴有很多难以量化，并包括在常规分析中的无形效益，因此评估一个基础项目的效益可能是非常困难的。

通常情况下，投资决策经常被分成多个子决策。这种做法使得投资前有更多的时间提供更多的信息以进行子决策。例如，企业无需一次为所有员工采购10 000台新台式电脑，而是根据IT团队的需要，分期分批地进行购买（如每批500台），这样给企业提供了价格谈判和配置变更的机会。

8.8.1　常用方法

实践中有很多常用的评估IT投资的方法，以及每个月由学者和实践者提出的新理论。这些方法有很多是传统资本投资评估方法的子方法和其他专门针对信息技术投资的方法。本章虽未对每一种方法进行全面的评估，但简要描述了当今比较流行的方法的特征及其广泛性。

目前最普遍的是财务方法，不仅局限于IT投资评估，而且在企业的任何资本投入中都会用它。从同一基准上看，这些方法是建立在成本和效益评估概念理解的基础上的。我们可以使用不同的方法量化整个投资生命周期的成本和效益。量化结果通常被综合成单一数字——净现值（NPV），即在整个投资生命周期内采用一个适当的折现率的净现金流。NPV、时间期限和回收期三者常被用来计算项目的投资回报率（ROI）。

我们推荐使用的评估方法主要考虑因素包括速度、易用性以及与不同利益相关者沟通，以保持企业投资是建立在定性分析和定量方法的基础上。这种方法是有效的，因为它能很快实施并给IT组织提供直接的可信性。

建立投资评估流程时，一定要谨记投资评估的目的和目标：

➢ 防止负回报率、高风险的投资；

➢ 保证最优项目得到资金；

➢ 保证组织理解和遵循整个评估流程；

➢ 保证投资项目成本和效益能够被衡量，用以评估筛选流程的价值和效果。

8.8.2　投资评估框架

图8.12中为IT运营领域基础设施投资的流程。其中包括识别、评估、筛选、批准、管理和衡量等流程。

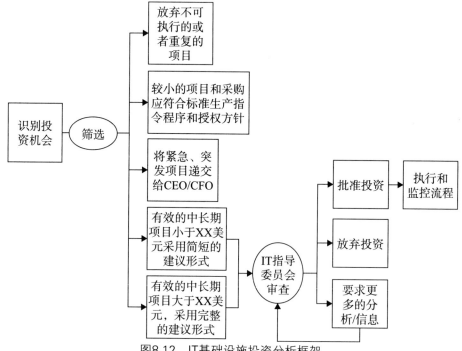

图8.12　IT基础设施投资分析框架

➢ 识别潜在的基础设施投资：该流程贯穿于业务部门递交的正式需求报告、识别IT评估研究中的不足、IT部门的建议、开发和识别已经批准的IT战略文件或者IT体系结构计划中。在准备进行流程评估时，我们应将这些诸如项目描述、成本预算、预期效益和初始财务价值预算等潜在的投资项目提出来。

➢ 筛选潜在方案：在提出完整的建议之前，应当通过一个简单的筛选流程去除掉一些非相关因素（如，已经考虑过的，与组织不相关的，违背企业政策的，不属于经批准的IT标准，或者其他经不起仔细推敲的想法）。

➢ 方案的优先排序：将方案建议按其紧迫性及其带给组织的潜在价值进行优先排序。

➢ 小规模计划：如果是小规模计划，则应当将它转移到组织相应的资源渠道（如集中采购）。

- ➢ 完整建议：如果建议包含物料采购，则应当将它转送给最初的提案者和IT部门，以便形成一个完整的建议。
- ➢ 部分建议：如果建议介于非重要支出和重要支出之间，也应当完成该部分建议书。它需要采用与完整建议书相同的格式，但无需详细的财务价值评估，且只需一个可供选择的推荐方案。
- ➢ 紧急建议：如果投资特别紧急且非常重要（如灾难数据中心需要进行更换），则应当将它递交到CFO或者COO手里，并立即批准一个至少是临时的替代方案。如果有必要，之后再提出长远方案。
- ➢ 由指导委员会进行评价：正如指导委员会对项目建议进行评价一样，基础设施建议也应当由指导委员会进行评价。
- ➢ 投资管理：一旦项目获得批准，则应当对它进行管理，跟踪记录它的整个生命周期，以保证实现所有的预期效益。
- ➢ 持续衡量：任何额外丧失的效益或者获得的超额效益都应当被记录下来，并向IT指导委员会报告。这将有助于证实投资评估流程在正确地发挥作用。

对于财务价值评估来说，应当建立一个计算预期项目财务价值的模型。模型的输入应当包括项目的效益、成本和折现率。第17章将讨论计算既定投资项目的投资财务价值的方法。

特殊项目的效益应当包括这项特殊投资所产生的价值。大卫·查普曼（David Chapman）和巴里·舍弗（Barry Sheehy）的《机智的商业>（Smart Business）一书中提供了详尽的应当被确认并量化的潜在效益的目录。以下内容摘自于上述目录：

- ➢ 提高收入、毛利、加速盈利及利润率；
- ➢ 提高客户产品和服务的质量；
- ➢ 改善所有客户成本；
- ➢ 完善产品和服务；
- ➢ 降低间接费用和服务成本；
- ➢ 规避成本；
- ➢ 置换成本；
- ➢ 增加现金流；
- ➢ 降低IT成本；
- ➢ 降低对技能的要求；
- ➢ 缩短新产品周期；
- ➢ 新知识、经验和机会对改善绩效的加速程度；
- ➢ 提供具有竞争优势的新知识；
- ➢ 减少整体资本支出[1]。

---

[1] 戴夫·L·查普曼（Dave L. Chapman）和巴里·希伊（Barry Sheehy），《智能企业》（Provo, UT：最佳主管，2002年5月1日）。第53–56页。

发现的任何效益，即初始（仅有一次的）效益和一段时间内不断产生的效益，都要进行评估。对于每项效益，都应当进行点估算，并进行概率分布估算来决定项目风险的范围。此外，在建议中应当包括说明用来估算范围或概率分布的数据来源和方法的参考资料。提案者还应当保证在模型中没有重复计算潜在效益。

如果项目中有重要战略价值，但不能通过标准效益发现程序捕捉到，则应当采用实物期权分析法（ROA）来识别，并评价其给组织带来的灵活性。实物期权分析法提供了一种识别并恰当地评估投资中战略特色的方法。

同时，应当像评估效益一样地对投资成本进行仔细的评估。在总拥有成本分析中，这些成本应当被全面仔细地考虑：

> 设备投资资本（如硬件）；
> 软件；
> 管理和计划；
> 安装和测试；
> 培训；
> 连接度；
> 技术支持；
> 维护；
> 要求的升级；
> 增加的间接费用；
> 增加的服务成本；
> 对任何运营变量的负面影响（如毛利、利润率）；
> 对任何能力的负面影响（如为客户服务的能力/速度）。

对于初始成本和将来的运营成本，所有这些变量都应该被考虑。和收益一样，对于每项成本，都应当进行点估算，并进行概率分布来估算项目风险的范围。

应当与企业财务组中的分析员一起，在企业资本加权平均成本和企业已考虑风险的折现率（建议的投资项目与之相似）基础上，计算资本成本。

除了财务评估外，投资建议还应当包括战略评估，在企业的战略框架内，定性地评价建设项目的价值和地位。战略评估中所提的项目包括：

> **战略匹配**：企业的投资怎样支持战略计划？
> **竞争优势**：投资是否将给企业带来新的竞争优势，这些竞争优势有多大意义？
> **管理信息**：投资将如何给组织带来更多的管控？
> **竞争响应**：在企业竞争力没有明显降低的情况下，投资能被延迟多长时间？
> **战略结构**：投资适应企业的IT标准化、策略和企业结构的程度如何？

这些项目应当被定性判断，并提供一个支持该定性评估结论的简短描述。如果愿意的话，为了排序还可以对它们赋予权重并打分。

最后需要有一个概括性的风险评估。前文对输入范围或者分布改变的变量的描述，以及相应的输出变量的范围或者分布情况描述，包括财务价值计算，实际上已经隐含地包括了风险评估。进一步的定性风险评估还应包括：

> **项目和组织风险**：组织的投资能力如何？
> **定义风险**：与投资相关的所有成本和效益存在多大的不确定性？
> **技术风险**：企业实施和利用IT投资的技术储备如何？

8.9 总　　结

IT运营领域受人关注程度虽然少于IT部门应用开发的受关注度，但通常它的花费占部门的一半以上，并给用户提供看得见的工具和基础设施。对于企业的很多用户来说，服务台是仅有的与IT部门接触和沟通的桥梁。因此，运营部门的高效管理对于提供良好的客户服务、运行良好的IT部门印象和客户高满意度水平来说都是非常重要的。通过执行标准运营程序、服务水平协议、流程控制、问题根本原因分析和基础设施投资评估方法，IT经理能够极大地提高运营团队和他们管理的基础设施的绩效。

资　源

操作：

信息技术基础架构库（ITIL），网址：www.itil.co.uk 为信息技术基础架构管理提供最佳实践。

投资金融价值计算：

博迪（Bodie）、兹维（Zvi）、亚历克斯·凯恩（Alex Kane）和艾伦·J·马库斯（Alan J. Marcus），《投资》（纽约：McGraw-Hill /Irwin，1993）。

布里厄利（Brealey）、理查德·A（Richard A.）和斯图尔特·C·迈尔斯（Stewart C. Myers）《公司理财原理》（纽约：McGraw-Hill，2002）。

加德纳（Gardner），克里斯多夫（Christopher），《信息技术估价：战略开发、评估和财务规划指南》（纽约：约翰威立国际出版公司，2000）。

莫斯科维兹·K（Moskowitz.K.）和H·克恩（H. Kern），《将IT作为一种投资进行管理：为成功而合作》（新泽西上萨德尔里弗：普伦蒂斯·霍尔出版社，2002）。

丹·雷曼伊（Remenyi.Dan），"IT投资：创建一个商业案例"，《数字设备》（1999年12月）。

范·克利蒙依坚（Van Grembergen），维姆（Wim），《信息技术评估方法和管理》（Hershey，PA：思想出版集团，2001年3月）。

第9章

IT问题管理

我解决的每个问题都成为之后解决其他问题的方法。

——勒奈·笛卡尔[1]

充分阐述问题等于问题解决了一半[2]。

——查尔斯·凯特灵

本章介绍管理IT服务台职能（也称为问题管理或请求管理）的最佳途径。

9.1 问题管理的重要性

正如第4章所述，问题管理是高效IT部门的主要职责。服务台之所以重要，原因在于：首先，当正确实施问题管理时，它成为一个几乎可以收集所有基线支持问题的平台，为IT管理层提供分析和解决问题的最佳途径；其次，由于在有关问题数量和处理方式方面会形成大量数据，因此它又是IT部门最容易监测和量化绩效的途径；第三，正如上一章所述，IT问题管理是总体客户满意度形成的重要依据。

9.2 问题与请求管理

问题与请求管理是指响应终端用户问题和请求的全面支持，包括基础架构、工具、流程、程序、政策和组织。从密码重置请求到打印机问题处理再到其他事务，问题的类型可谓范围多样，涉及其复杂性和紧迫性。在整个IT部门架构中，问题管理的实施是在服务台、办公与基础设施基线支持和应用支持等领域。

最佳状态下，问题管理流程可分为三个不同的层级，如图9.1所示。每个层级都包含非常具体的工具、流程和程序。

第一层为一级支持，通常由负责接收终端用户请求的服务台人员构成。该层的工作人员会将终端用户的请求记录到故障单跟踪软件中，争取在第一时间解决那些常见的问题。

---

[1] 网址：http://www.quotationspage.com/quote/26952.html（2006年12月3日访问）。
[2] 网址：http://www.quotationspage.com/quote/34282.html（2006年12月3日访问）。

无法立刻解决的，工作人员则会将请求进行分类，连接能够解决相应问题的IT人员，并提供客户全程支持。

第二层支持则由更加专业人员构成，他们包括编程人员（负责应用问题）、网络管理员（负责网络问题）或系统管理员（负责系统或服务器相关问题）。大多数组织中的二级支持同时会负责台式机和笔记本维护以及桌面设备故障/维修支持。如果一级支持无法在给定的期限内或者服务水平协议内解决问题，则工作人员将会把问题上报给二级支持人员。

第三层支持由最高水平的专业技术人员构成，他们可能包括来自外部供应商的专家和支持人员。如果说第二层的支持人员是具有各种技术技能的高级分析师，那么第三层的支持人员则通常是在特定技术领域的专家（如，网络管理、系统管理、信息安全、应用管理）。

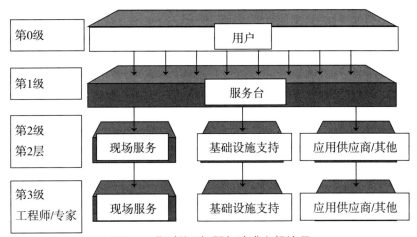

图9.1　典型的IT问题与请求上报流程

综合服务台管理系统是问题报告流程的最有效的管理工具。该应用程序产生与每个终端用户问题有关的故障单，可对问题进行全程跟踪。系统还可以根据问题的紧迫程度确定处理优先级。终端用户通过获得故障单的阅读权限，了解最新动态。

除了为终端用户提供持续的可靠接口之外，综合服务台系统还具有许多其他的内部管理功能。首先，系统提供大量关于IT部门业务请求量的客观数据，这些信息可用于确定IT部门人员配备水平的评估。其次，系统会提供各种客观的IT绩效度量指标（后文阐述），首席信息官可以利用这些指标评估其服务水平。最后，该系统能够发现反复发生的终端用户问题，从而进行服务原因分析（消除问题）或者在某些情况下实现自动化处理。

综合服务平台系统可对IT部门的所有基线支持服务进行统筹管理，因此它是IT部门中综合绩效管理的中枢。由于对第1、2和3级支持服务的管理占到IT部门总工作量的近70%，因此如果不能有效接收用户发来的请求并记录，确定优先次序及确保正确应对，则IT部门就会忙于无效应对各种问题，最后引发终端用户、IT工作人员和高管层的不满。

市场上有综合服务台管理软件，这些软件可以帮助企业顺利建立和运行服务台，而且确保每一个问题都得到处理。表9.1列出了一些常用的服务台管理系统。

表9.1 常用服务台管理系统部分供应商表

服务台管理系统	企业
先进记录系统	Remedy 软件企业
持续支持	GWI 软件企业
热量管理	服务台技术国际企业
魔法管理	Remedy 软件企业
外部跟踪系统	英特意软件

综合服务台管理系统由IT部门运行，由1到3级的支持人员共同使用和更新。

9.3 服务台的有效管理

一级支持的流程和系统管理是实施全面有效的问题管理的基础。服务台之所以重要，原因有许多，主要原因如下：

➢ 用户请求的第一个联络点；

➢ 负责在第一时间解决问题；

➢ 通过问题分类确定优先级；

➢ 针对无法解决的问题确定适当的上报流程；

➢ 是协调性组织，确保问题的最终解决（无论问题最终由哪一级解决）；

➢ 用户希望服务台可靠地记录下有关终端用户的所有问题和请求；

➢ 是大多数终端用户活动的中心点。

服务台在IT有效管理方面起到重要的作用。本节介绍了诸如人员配备、问题上报、度量指标和技术等服务台管理方面的多个问题。

9.3.1 服务台人员配备

服务台的人员配备是一个复杂的组合，它需要达到人员数量、技术技能以及性格之间的平衡，并且妥善地满足用户请求。

在服务台工作意味着工作人员必须有能力应对终端客户对系统提出的任何质疑和问题。服务台坐席人员必须具备能够排查故障的专业技能、适合的性格及耐心（最重要）。

一个真正的合格服务台坐席人员所应具备的素质却远远超过技术本身。坐席人员尽管可以接受特定技术的培训（因为每一个IT部门通常都有自己专门的服务流程），但最重要的软技能则是难以量化和培训的。软技能包括工作人员明确的措辞、耐心、有效的倾听、解决问题的能力、幽默感和面对压力保持冷静的心态以及乐于助人的诚心。服务台协会2005年实践与工资调查显示，98%以上的被调查者认为软技能"非常重要"。技术技能占第二高位，66%的被调查者认为技术技能非常重要[1]。此外，调查还发现，"客户服务技能"是影响服务台工作人员工资水平的首要因素，而对于第2级和第3级工作人员而言，影响其工资水平的首要因素是专业技术知识[2]。

对新员工的技能进行考核和筛选非常重要。有效方法是在考核服务台岗位的工作人员时引入行为测试。服务台经理也可以推荐高技术水平的老员工帮助进行行为评估，从而获得一个较为理想的人员性格概况表，在该概况表的基础上对新员工进行评估和考核。此外，高技术水平的老员工应当在非正式环境（比如集体活动）中对服务台的新员工进行面试，从而对其软技能进行评估。

根据总体职业目标规划，服务台的员工通常分为两类。

一类员工认为在服务台工作可以为未来职业奠定良好的基础。他们认为服务台的工作经验可以成为日后寻求IT部门其他岗位的敲门砖。而事实的确如此，由于这些员工的技术水平与日俱增，并且知道如何与服务台团队有效合作，而那些直接聘用的第2级和第3级的员工往往不具有这些软技能，因此他们日后往往会成为第2级和第3级的"骨干"。

第二类员工则将服务台岗位视为长期职位。他们认为这个岗位具有可预见性，而且很少加班。当他们感到自己具有足够丰富的知识储备来应对大多数的问题时，他们会感到非常满足，且会励志成为企业整个业务中的一名全能专家。他们的存在降低了员工流失率，因为他们的经验、历史视角以及与终端用户长期积累下的良好关系使得整个团队可以保持积极稳定的状态。

因此，服务台的领导层应认识到，对待这两类人员的管理需求是有差异的。前一类对技术培训、认证和发展表示出极大兴趣，同时也最希望他们在服务台的工作经历可以最终为他们带来其他IT岗位的转岗机会。后一类对企业文化、工作环境和奖励更感兴趣，这种奖励是他们努力工作的动力。

9.3.2　员工培训：专业人才和全面的技术人才

在对服务台职能的管理中还需要做出另一个决策，即解决员工构成的问题。我们需要在专业人才和全面的技术人才之间权衡。通过对特定应用或技术的培训可以提高员工处理特定客户来电时的工作效率，有特殊需求的来电会被转接，由服务台的专业人员进行服务。这种专业化流程存在弊端，即当专业人员忙于接听其他电话或者缺勤时，就会产生风险。

另外一种方法是培养全面的技术人才，他们具备的知识可涵盖IT部门支持的大多数应用和技术。该种方法也存在缺点，即他们对任何技术无法做到样样精通，反而导致出现不必要的问题上报流程。

我们建议按照员工的规模采取以下方法对服务台的人员进行配备和交叉培训：

---

[1]　Helpdesk研究所，"2005年实践和薪资调查"，第82页。
[2]　Helpdesk研究所，"2005年实践和薪资调查"，第122页。

> ➢ 1到5名服务台员工——培养全面的技术人才，明确向第二级上报问题的规则。

> ➢ 6到15名服务台员工——培养专业人才，对其进行多专业的交叉培训。

> ➢ 16到25名服务台员工——专业人才，具备全面的技术知识。

> ➢ 25名人员及以上——专业人才，包括10%上下的全面技术人才数量。

确定所需的坐席人员

　　首席信息官应制定服务台的工作时间，进而决定工作台的倒班数。服务台正常应当在工作日时间运行（周一到周五）。除此之外，还可能设置早班和夜班轮班制，每天24小时，提供工作日和周末双支持。事实上，服务台的工作时间应视业务性质和需求量多少而决定。针对国际业务或跨时区办公，可以设置额外的最少工作时间见图9.2。

　　在24小时全天候服务台的非核心工作时间内应当至少配备三个全职工作人员。即，5个工作日，每天闲时16个小时，再加周末48个小时，总计128小时。

　　根据来电数量和来电平均时长确定具体的服务台的最佳坐席人员数。例如，使用行业标准的爱尔朗C模型确定坐席人员数和预期等待时间。该模型利用数学模型见图9.3，通过一系列免费或低成本系统根据覆盖小时数和平均通话时间来最终确定服务台坐席人员的数量。

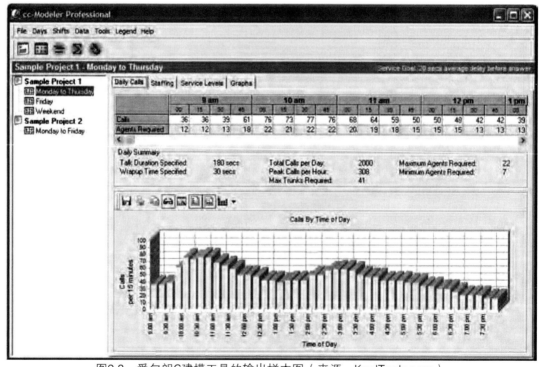

图9.2　爱尔朗C建模工具的输出样本图（来源：KoolToolz.com）

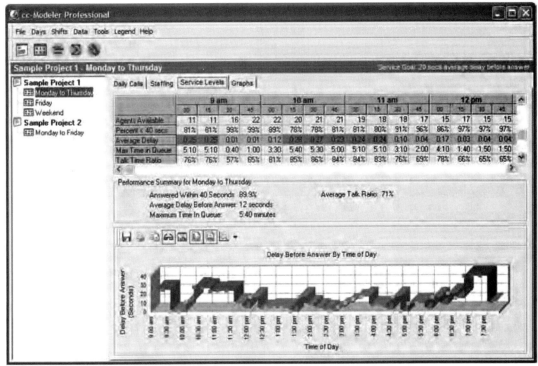

图9.3　爱尔朗C建模工具输出样本（来源：KoolToolz.com）

爱尔朗C模型尽管非常有效，但它还是存在一些局限性。比如，来电通常在队列中等待接听（而不是放弃通话），而且来电是随机分布的。但是，如果出于关键系统故障来电则意味着来电不可能随机分布。那么，此时爱尔朗C模型的局限性就暴露出来了。再比如，一些呼叫中心则采用基于专业技能的来电转接模式（来电被转接给本章前文所述的适当的专业人员），这种做法也降低了爱尔朗C模型的有效性。可提供额外输入参数的爱尔朗C模型工具可以很好地说明这些问题。现在，行业中出现了一种更为先进的系统，这些系统可以根据服务台的实际数据模拟出通话量和员工配备水平。

无论使用哪种估算模型，服务台经理都应在适当服务水平和成本之间寻求平衡，以确定最佳的人员配备。服务水平和成本的对立使得确立人员配备模型存在较高的难度和挑战。

另一个难点在于：通话量存在自然峰值和低谷见图9.4。并且服务台的通话量与日常经营活动相对应，即早上有早高峰期，中午进入到低谷期，午餐后又进入高峰期，一直到工作日结束。

通常，通话量高峰通常来自于启动阶段问题较多的周一以及为解决所有未决问题的周五下班之前。然而，你的努力可能会被员工假期或周五提前离岗而抵消了。一些受季节影响较大的企业可能会发现它们每月或每季度的通话量也存在差异（图9.5）。

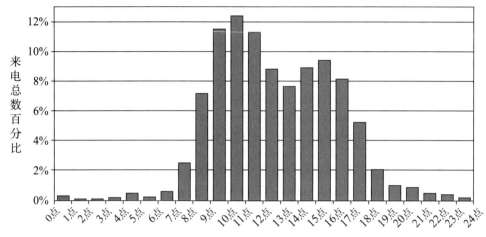

图9.4　各时段的典型故障单数量表

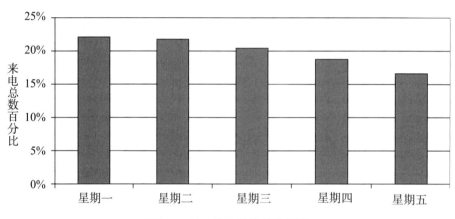

图9.5　各工作日故障单数量表

　　首席信息官应在峰值通话时长的覆盖成本与服务台人员配备成本之间做出权衡。好在大多数IT支持团队的呼叫模式都是一致的。只要IT部门知道周一早上一定会面临通话量峰值，则他们就可以做好相应的准备工作。通常人员配备要满足平均通话量的需求，同时将非紧急的问题从高峰时期转移到闲时。这样，坐席人员在闲时只接受非紧急问题来电并处理这些问题。

9.3.3　员工激励

　　服务台工作的重复性和高压力环境给员工的积极性造成一定的挑战。因此，可根据个人和团队绩效定期给予特殊奖励。这些奖励将激励和保持员工的工作积极性，在绩效和终端用户满意度提升方面获得数倍的回报。

　　可以采用的奖励措施包括餐厅礼品券、MP3播放器、手持视频游戏机、电影票和体育赛事门票、补偿休假、电子产品优惠券和加油卡等。对于自发的奖励而言，可以把奖券放入一个抓阄袋中，坐席人员在出色完成绩效目标后即可从中抓取。绩效目标包括待解决问题的数量、接听的电话数以及客户服务反馈等。

其他有意义的奖励措施还包括每月给最佳坐席人员颁发奖杯，根据绩效指标的完成情况安排集体出游等。

最后，服务台经理应当在部门内部执行一套轻松的着装标准。由于坐席人员与大多数终端用户的互动都是在电话上进行的，因此，服务台经理可以选择不执行适用于整个部门的那些传统的着装标准。这种轻松的着装待遇本身就是一种很好的奖励。

9.3.4 上报服务台问题

服务台问题上报流程指根据问题的不同种类和棘手程度将其派转到相应的支持层级进行处理。但在多数情况下，大多数问题都会在首次联系阶段（即第1层级阶段）得以解决。

对于第1层级工作人员无法解决的问题，则应根据问题的难易及棘手程度向其他层级上报，并保证该上报是可预测的。首先要对服务台的坐席人员进行相关培训，使其具备能够通过快速判断问题的难易及棘手程度对其进行分类，从而迅速获得其他层级的帮助。这就需要IT管理层事先制定出明确的问题分类标准和棘手程度及其相应的上报流程。比如，工作组的打印机墨粉不足与可导致无法进行工资单查验的服务器故障之间其实存在着重大的差异。问题棘手程度表可以确保棘手问题被快速上报和转达，使问题得到最快速地解决。而且同样重要的是，这有助于方便而清晰地向高管层快速上报重大问题。

多数情况下，接听首次来电的服务台坐席人员会建议终端用户参与到判定问题严重性的过程中。最棘手的问题往往不证自明（如多次来电），因此这就更容易辨别其棘手程度。表9.2是按照问题的棘手程度进行分类的矩阵表。

为确保问题被准确地转达和解决，服务台坐席人员应当有能力针对各种不同的问题寻求来自IT及业务人员的帮助（表9.3）。这样就可以降低因沟通不善而造成的风险。问题上报对象应随着问题棘手程度的变化而变化。

IT管理层还应就不同棘手程度的问题展开会诊以确定解决该问题所需的时间。这点很重要，因为它们影响着服务水平协议、人员配备水平、资本投资和系统可用度等。问题解决时间对因大范围故障导致的业务中断更为敏感。

IT部门和服务台团队需要一种可以确定故障单状态变化的工具，这样可对紧急和非紧急的故障单及其状态及时更新。通过预先规划每一个不同严重程度的问题的转达方式，可以有效地减少来自商业用户的致电数量，消除他们的紧张情绪。对于更为棘手的问题（第1级和第2级），IT部门则应利用整个企业范围内的通信资源对其进行定期的状态更新。（比如系统登录信息或头顶扬声器系统）最廉价且最有效的方法之一即是编制简单的"电话树"，其中包括了每一个办公室、工作组或地点的行政团队的联系方式。

表9.2　问题棘手程度矩阵表

棘手程度	定义	举例
1	造成关键业务职能的完全丧失	所有用户无法访问系统。 无法及时进行年终结算。
2	造成关键业务职能或收入的重大损失	一些用户不能访问系统。 不能及时产生关键的业务报告。 不能向应收账款部门产生账单。
3	造成财务风险	不能产生准确的财务报告、发票或支票。
	造成关键业务职能或收入的少量损失	流程失效，但可成功进行重启。
	产生财务风险的可能性	逾期支付供应商的应付款，即不能及时付款。 逾期提供客户发票。 管理报告或统计报告不正确或者不起作用。
	影响IT部门的个人生产力	个人做同一份工作需要付出更大的努力。 个人做同一份工作需要更多的时间。
4	造成非关键业务职能和收入的部分损失	应当自动化完成的简单任务必须要人工完成。 需要调查委员会进行纠正。
	对个人生产力有一定的影响	个人需要付出更多的努力才能够完成相同的任务。 个人需要更多的时间才能完成相同的任务。 个人必须要采取特殊措施才能使系统正确运行。
	增加成本	需要更多的成本履行相同的职能。 需要查询来加速用户验证，因此花在任务上的时间变少了。
	减少收入	向客户提供数据。 系统设置的周转时间给客户关系造成了风险。
	提供"必要"的工具	提供定制或开发使得个人的工作变得简单或快捷。
5	棘手程度尚未确定，或者问题将在适当的时候加以处理，不包含在度量指标中。	首次记录的问题。

　　故障单管理系统可根据问题棘手程度的不同和可用时间的长短自动上报未处理故障单。（表9.4）。大多数系统都具有这种可配置的功能。首席信息官和IT指导委员会应参与创建这些列表，并对其进行最终审批。

　　首席信息官还应以书面形式明确上报程序，每六个月更新一次，同时要对第1、2和3级工作人员定期进行上报程序的强化培训。这样做有助于确保技术人员对问题做出恰当的处理和解决，而且以恰当的速度将问题在工作组内上报。此外，它还确保在发生紧急情况时或者在问题没有得到解决时及时通知对应的业务部门和IT主管。尽管如此，由于员工流失、企业重组和业务流程变更等原因，上报程序往往也会随着时间的变化而过时，因此，我们还应当定期对上报流程进行审核和修订。

表9.3 问题棘手程度-联系人矩阵举例

问题棘手程度	联系人
第1级	来电者 客户部门经理 信息技术组
第2级	来电者 业务部门经理 IT部门支持小组 IT应用开发经理 IT业务经理 IT服务台经理
第3-4级	来电者 IT应用开发经理 IT服务台经理
其他（不能确定）	来电者 IT服务台经理

表9.4 问题棘手程度-传达/解决时间矩阵举例

问题棘手程度	确认来电	生产支持小组响应时间	目标解决时间	状态更新频率
程度1	5分钟	15分钟/15分钟	12小时	每小时
程度2	15分钟	15分钟/60分钟	1-2个工作日	每3个小时
程度3	4小时	4小时/下一工作日	5-10个工作日	每2个工作日一次。
程度4	24小时		按照约定计划	解决完毕后
基本（非重点）服务请求	24小时		2-5个工作日	解决完毕后

故障单状态

为了便于状态传输（以及为了使终端用户了解为其服务的坐席人员的状态），应制定与故障单状态有关的标准。应设置详尽的状态显示，为客户提供除了简单的信息开放或关闭状态之外的更丰富的状态信息。为了使服务台的工作人员和终端用户都能容易地理解问题，建议尽可能少地设置状态代码。表9.5列出我们所建议使用的服务台故障单状态代码。

对服务台进行评估的一个有效方法是通过故障单系统在合理的时间间隔内自动向终端用户发送电子邮件（如每间隔10个或20个故障单发一封电子邮件），这封电子邮件要求客户对坐席人员的服务水平、处理速度和总体满意度进行打分并提供反馈意见。通过上述电子邮件回复方式或简单的网上工具即可实现这一点。

故障单获取

最常见的故障单获取方法是服务台接听来自终端用户的来电。其他方法则包括电子邮件、在线表格、语音邮件、在线聊天室和传真。

表9.5 故障单状态定义举例

状态代码	定义
开放	IT小组已经收到服务请求，但是还没有开始处理服务请求。
过程中	IT小组已经收到服务请求和/或服务请求已经从等待或暂停状态去除，返回给IT小组进行进一步处理。
等待	负责处理该服务请求的人正在积极处理请求，而且需要此人权限之外的某个人采取具体的措施。而且当服务请求处于等待状态时，该请求上的工作被暂停，直到造成等待的原因被查明为止。
暂停	表明服务请求已经暂时从有效队列中去除。
解决	已经对服务请求进行了开发和建议，同时对解决方案进行过验证，解决方案可能正在等待迁移（从推广到生产）或者等待授权商业用户接受。
关闭	服务请求不需要任何进一步的行动。
增强	该状态保留被认为是属于系统功能性变更的问题，而且将会在IT需求管理流程期间作为小项目而分配。

在所有故障单传输方式中，超过60%的都是通过电话进行，20%是通过电子邮件，剩余的20%则通过其他方式。[1]下文有关章节则讨论了对故障单获取技术的使用。

服务台故障单系统与其他办公与基础设施领域有两个重要的关联。

第一个关联是系统监测。因为服务台具有信息随时可获性（往往是全天候），可成为系统问题监测的理想上报点。当实施系统监测工具发现超出预设值的故障时，系统就会自动产生一个故障单，该故障单再由随时待命的服务台工作人员进行评估。服务台视情况处理问题。这个系统监测工具的链接与服务台的人工智能共同创造了一种强大的解决方案，从而确保IT始终都走在系统故障的前面，大大提高监测工具的价值。

第二个关联是与资产管理工具和/或配置管理数据库（CMDB）的关联。由于服务台故障单往往同时分配给用户或设备，因此服务台可自动从与故障单有关的桌面、服务器和网络设备获取最新信息。如果从服务台系统获取配置管理数据库信息越容易，则与故障单有关的问题就越容易解决，如果服务台的坐席人员不需要向终端用户询问系统配置信息，则他们之间的通话时间也会缩短。

确保终端用户获得一个简单快捷的体验是故障单获取过程中需要首先考虑的因素。倘若服务台流程无效，终端用户必然会绕开服务台，直接呼叫第2级和第3级的支持人员，这就会丧失对结构化问题管理流程的功效，降低员工总体效力。虽然可以指示第2和第3级员工忽略这种来电，但是这有违服务的初衷，所以应通过构建绝对可靠且快速响应的服务台的组织和流程来形成一套最佳的且阻力最小的执行机制。

故障单分配

不管问题的棘手程度如何，原则上每一个故障单都应当分配给对应的一个帮助坐席人员。开单系统负责多重责任分配，即每一级有一个人负责。尽管如此，有一个人应当全程跟进和负责故障单的处理——确保故障单能够按规定进行上报和传达。这个人通常是最初

---

[1] Helpdesk研究所，"2005年实践和薪资调查"，第54页。

接收故障单的服务台坐席人员。

服务台所确立的应用程序和基础设施的责任结构决定了故障单如何在各个级别上进行分配。如上所述，服务台坐席人员既可以是专才也可以是通才，或者二者兼有。

何时转递故障单是服务台坐席人员面临的困难选择。事实上，最有效的处理方式就是在首次来电时处理故障单，即在第1级中处理。这种方式对于终端用户而言也是最佳的解决方案。需要通过专业技能解决的问题应当快速上报给第2级或第3级，从而缩短解决问题的总时长。但前提是需要对故障单上报决策做出有效的判断。上报决策不当会导致问题解决时间过长（坐席人员不够快速地上报故障单），或者导致第2级和第3级工作组面临巨大的工作量（坐席人员过于快速地上报故障单）。

通常故障单的复杂程度和问题解决时间是成正比的——即，问题越困难，解决问题所需的时间就越长。故障单的上报工作应当是常规的——解决问题的时间超出了某个特定的临界值（例如15分钟），坐席人员则应当自动将问题上报给第2级人员。

有些问题不符合困难程度和时间的正常对应关系。我们将这些问题分为"1类问题"——困难的但是被快速解决的问题，以及"2类问题"——容易解决但是耗费时间的问题。1类问题通常难以诊断，但是特定领域的专业人员却可以解决。因此，问题一旦诊断，则应当由该专家立即解决。（如，一个应用模块的路由被错误配置或系统路径被错误编码）出现这些问题时，服务台坐席人员将会陷入无休止地故障单处理过程中，但问题却始终无法得到解决。服务台坐席将把IT部门和终端用户的宝贵时间浪费在他们无法解决的问题上。因此，快速识别并且立即上报1类问题是非常重要的。

第2类问题虽然简单，但是耗费时间。典型的第2类问题包括需多次重启以便在台式机上安装新软件。这种情况出现时，虽然不需要第2级或第3级的专业技能，但是我们却将IT资源浪费在了漫长的问题解决过程当中。当到达解决问题的时间上限，问题会自动上报，第2类问题就会被不适当地上报给第2级和第3级人员（图9.6）。

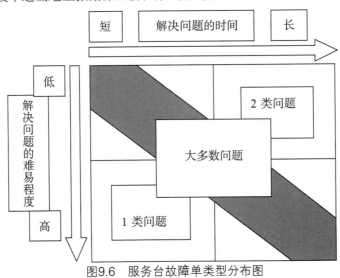

图9.6 服务台故障单类型分布图

在这两种情况下，服务台团队应当通过加强自身培训来认知这两类问题，并且制定相应的处理流程。争取快速上报第1类问题，适当调长上报第2类问题的时间。

9.3.5　服务台评估指标

服务台可以对许多绩效指标进行持续度量和评估，用以识别改进的机会以及业务服务水平的变化，包括：

> 来电量：服务台在特定时间内接到的来电总数；通常按日、周和月来统计。

> 平均等待时间：来电者等待服务台坐席人员回复而花费的平均时间；是衡量服务台终端用户满意度的重要指标之一。

> 平均通话时间：服务台坐席人员在每个来电上所花费的时间。

> 故障单量：服务台接收的故障单总数，包括其来源（大量的来电往往使人们忽视了占到总量20%到40%的来自其他来源的故障单，例如电子邮件或自助服务）。

> 故障单类型：按服务类别划分的故障单的种类，例如应用程序、桌面、电子邮件等等；应对其所需时间进行评估和原因分析。

> 故障单复杂程度：按问题复杂程度而划分的故障单类别；用于恰当确定问题复杂程度的级别以及评估IT部门的总体系统绩效。

> 转接百分比：被转接到第1级的故障单所占总量的百分比（即第1级解决率的倒数）

> 首次来电解决率：故障单在第一次来电时即被处理的百分比。注意，这个概念与第1级处理的故障单不同，因为第1级解决的某些故障单问题可能通过与终端用户进行过多次互动才得以解决（注意与问题转交的差异）。

> 平均解决时间：解决所有故障单所用的平均时间；如按照故障单类型或故障单问题复杂程度来统计，则最能够说明问题；每周或每月对其进行评估。

> 放弃率：在坐席人员接听之前就中断的来电的百分比；放弃的原因包括终端用户认为等待时间过长、认为问题不重要，或者问题在没有得到坐席人员帮助的情况下已经解决等。

> 放弃前的等待时间：来电者在放弃来电之前等待的平均时间。如该时间过长，则表明等待时间过长。

> 员工利用率：服务台团队处理来电问题的时间（处理来电和去电所用的时间，以总可用时间的百分比为准）。

如上所述，首席信息官和服务台经理要与IT指导委员会共同确保服务台的成本及其响应性之间的平衡。

另外，首席信息官和服务台经理还应定期审核统计数据。统计结果也应当作为附件包含在IT指导委员会每次的会议材料中（见图9.7和图9.8）。

图9.9至图9.12展示了服务台协会（www.thinkhdi.com）提供的度量指标设定的指导准

则。服务台经理发现，坐席人员审核度量指标能够发现表现出色的坐席人员以及需要进一步改进的坐席人员。此外，服务台经理还可考虑按照办公室、地理位置、业务、部门或其他具有特定意义的分类方式对统计数据单独进行分析，从而确定是否存在其他需要进一步改进的方面。

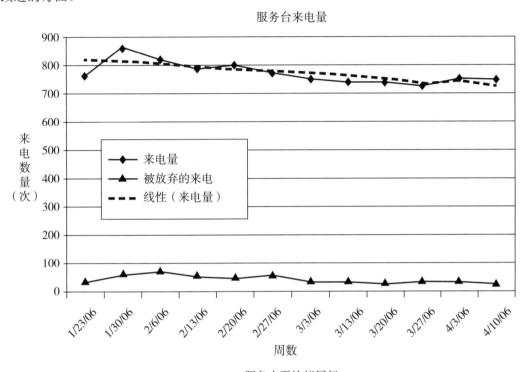

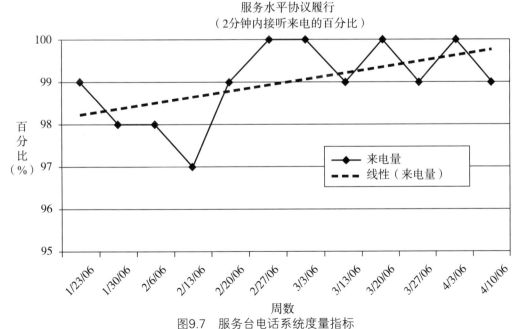

图9.7　服务台电话系统度量指标

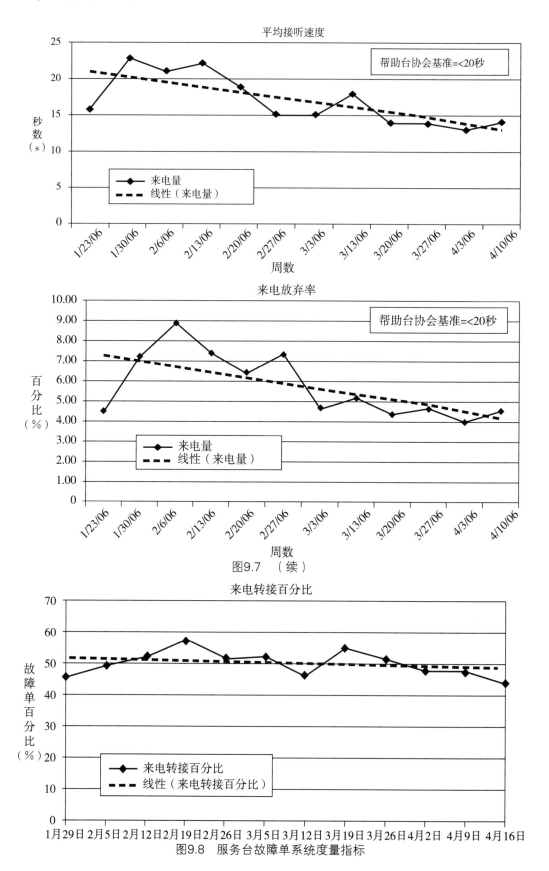

图9.7 （续）

图9.8　服务台故障单系统度量指标

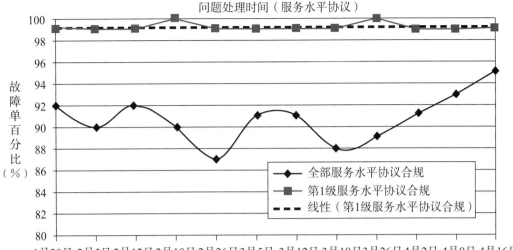

问题处理时间（服务水平协议）

首次来电问题解决率
（1小时内处理的来电百分比）

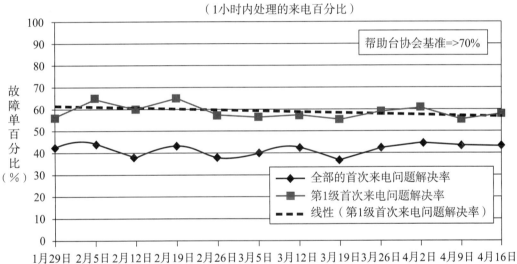

平均问题解决时间

图9.8 （续）

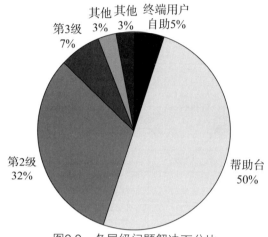

图9.9 各层级问题解决百分比

（来源：HDI。）

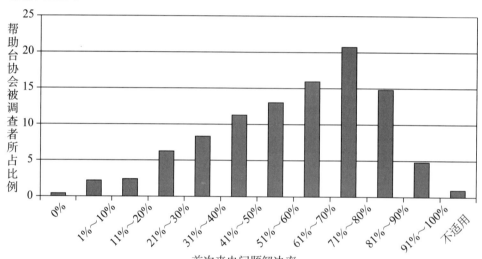

图9.10 首次来电问题解决率

（来源：HDI。）

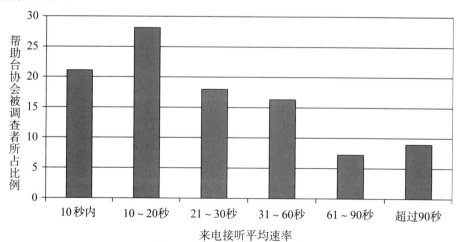

图9.11 来电接听平均速率

（来源：HDI。）

首席信息官办公室和服务台经理办公室内的大屏幕上显示实时来电统计数据可以对团队绩效产生积极的影响。直观的记分牌可以立即反映出团队的绩效，激励和培养员工的工作积极性（图9.13）。

虽然将统计数据整合起来有助于提高服务台的绩效，但是具体的数据点也可以起到促进作用。属于统计异常值的来电或故障单（特别长的等待时间、长时间处理故障单）可以表明绩效问题。此外，服务台经理既专注于异常值，也特别重视解决特定终端用户的问题。首席信息官和服务台经理可以通过平均统计数据和异常数据点来避免对传闻数据做出过度反应。如果99%的来电都得到了妥善的处理，则团队可以避免再对某一个问题来电做出判断。

最后，通过设定度量指标，经理可以将年度奖金或其他员工奖励与服务台度量指标或业务绩效指标挂钩。因为服务台故障单统计数据容易量化和跟踪，业务经理可以根据实际数量为团队设定报酬或其他奖励。

表9.6　服务台通话时间统计数据

通话时间（分钟）	
平均数	中间值
5.4	4

表9.7　服务台来电放弃率

放弃率（%）	
平均数	中间值
5.2	4.0

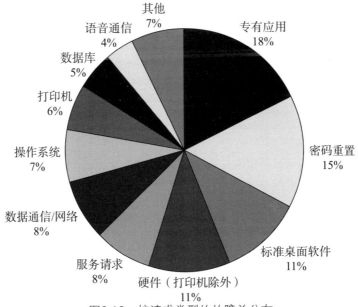

图9.12　按请求类型的故障单分布

9.3.6　服务台技术

服务台在工作中会采用多种技术支持。主要有五类重要的技术：

1. 电话

2. 故障单管理

3. 备选故障单获取

4. 自助服务

5. 远程登录

电话 因为大多数终端用户都通过电话联系服务台，所以服务台坐席所使用的电话系统的质量就非常关键。电话系统应当至少能够支持来电自动分配功能，从而将来电转接给第一个空闲的坐席人员或者队列中的下一个坐席人员。这些自动来电分配（ACD）系统是服务台的标配设备。

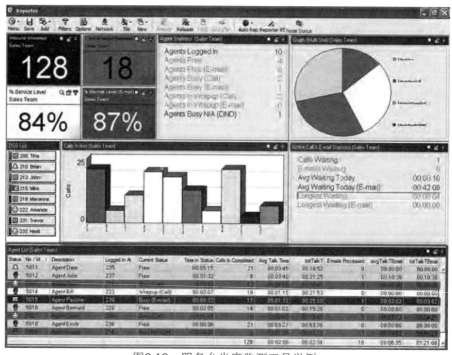

图9.13　服务台坐席监测工具举例

一体化语音应答（IVR）是更先进的技术，该功能要求通过用户互动将来电转接给适当的坐席人员。告知功能并向等待的来电者告知他们在队列中的当前位置以及预计等待时间。与故障单管理系统的整合使得服务台坐席人员可以根据电话号码自动识别来电者，并且打开现有故障单或进行故障单录入过程。

最后，电话系统可以记录每一个来电。这对于培训而言是具有重要意义的，因为它不仅可以评估每个坐席人员的绩效而且对解决终端用户关于故障单处理顺序的争议有一定帮助。

故障单管理 如本节前文所述，系统化的记录、分配、跟踪和解决故障单的方式是关键。有关故障单管理系统的其他考虑因素包括与ACD（自动来电分配系统）、资产管理系统的集成以及提供不同的故障单获取方式。

其他故障单获取方式　虽然电话是获取故障单的首要途径，但电话上的一对一互动却是最昂贵且最耗时的方法。那么对于服务台团队来说，有没有其他的更有效的方法呢？答案是肯定的。其他可能的方法包括电子邮件（大多数故障单管理系统可以根据发送给服务台的电子邮件自动创建故障单）、在线聊天（采用免费软件即时通信系统）或终端用户将故障单信息录入到网络门户中。网络门户比电子邮件系统更有优势，因为这些门户允许终端用户以正确的格式提供一些初步信息（例如故障单棘手程度和故障单类别）。

自助服务　IT部门可以访问在线知识管理系统，这种系统允许终端用户搜索知识库，寻找已知的解决问题的方法。终端用户可以随时找到解决方案，不需要等待坐席人员到位。IT部门则可以避免一些不必要的来电，节约时间和资源。服务台坐席人员还可以使用结构科学的在线知识库。

最优的知识库是由专家创建的，并且保持最新状态以反映系统的变化。IT部门可以选择购买第三方系统，这种系统具有常见通用问题的预设答案，可以进一步通过特定的信息定制创建低成本高效益的服务台。

远程登录　提高IT服务台绩效的另一种技术是远程登录工具。指通过允许服务台坐席人员控制终端用户电脑并完成终端用户问题的解决过程。这种做法节约了大量的通话时间，因为坐席人员可以在屏幕上看到整个问题过程，终端用户无需过多解释。此外，坐席人员可以控制并推动整个问题处理的进程。有许多远程桌面控制软件包可供使用，其中包括一些免费的操作系统内置选项。这种安排具有明显的安全隐患，系统和网络管理小组应当妥善处理（利用事件日志/审计跟踪）。

9.4　服务台外包

服务台是一个完整的业务集成，需要采用复杂的流程、使用技术熟练且积极的工作的人员、遵守严格的度量指标以及引入大量的技术投资。持续的资本投资和招聘要求以及相对独立的处理过程（明确的输入和输出）使得服务台成为理想的外包对象。在外包交易中，IT部门可以从通信、故障单管理和人员培养所需的重大投资中获益。较大规模的外包商具有规模效益，能够以最具成本收益的方式管理服务台。

第12章介绍了厂商合作伙伴的选择过程，第13章介绍了总体外包决策流程。

第10章

应用系统管理

能得到全部信息，不等于能领会真正的含义。

——卡伦海托尔（Cullen Hightower）[①]

    本章概述了企业中应用系统管理的主要流程、关键决策和方法。列举了关于组织和管理应用系统的最佳实践，包括支持、改进和升级、制定方法、组合分析。此外，本章讨论了与业务部门合作设置，管理服务级别定义，并在业务层面说明了应用系统管理方法的重要性。本章还涉及对应用系统整个生命周期演变的阐述，以及应用策略的含义和全部应用架构等内容。

    本章是根据应用系统管理的知识架构来组织的，应用架构既包括论证企业当前和应用前景的方法，也包括创建更为优化的应用流程。应用架构将给企业提供更好的应用集成、全面的功能覆盖、低成本的技术支持等。应用策略包括决策何时终止当前应用，并且依据定制开发、优势组合软件的实施或集成软件包的实施，来决定一个最佳应用的替代。本章还概述应用维护组在应用程序日常运营管理中的责任。最后，本章介绍了开发定制应用程序与购买套装软件系统的有关内容。

10.1 应用管理的重要性

    首席信息官和应用管理团队面临着一个如何安排工作的问题，这就像驾驶一艘有漏洞的独木舟前进。他们必须在排水（应用系统应急响应服务、错误修复）、划船（应用系统的改进和升级）和掌舵（应用策略的制定）之间合理安排自己的工作时间。

    制定应用策略特别重要。首席信息官必须知道支持业务应用的好方法和途径：如何在实施一个新系统和升级现有系统之间做选择，如何在软件包和开发定制系统之间做选择，如何在综合的ERP系统和功能组合软件之间做选择，以及如何做出其他的应用决策。为了做出有效的应用策略和决策，IT人员要深入了解企业的业务。

    即使应用系统运行比较稳定，也需要做很多的工作不断维护应用系统。随着应用程序运行环境的变更（与其他应用程序的接口的变更、软硬件和操作系统的变更、来自使用者

---

① 卡伦·海托华（Cullen Hightower），"Cullen Hightower的选择"，网址：http://www.conservativeforum.org。

或输入端的新数据），即便是运行稳定也需要一个由应用程序开发人员和业务专家组成的专业团队来应对。这些变更包括经常发生的：用户需求增加、所需的应用软件升级、客户和供应商变更、企业兼并、新系统的接口需求，以及其他能够增加应用环境管理复杂度的情形。

10.2　IT架构

建立IT架构的目的是为了定义一个"可填充的"主体架构，这个主体架构能够支撑企业现在和未来的业务发展战略。该架构包括IT架构的构件、组织方式和集成方式。

图10.1描述了IT架构的4个主要构件：业务架构、数据架构、应用架构和技术架构。本章的主要内容是应用架构和应用架构在应用系统管理中的作用。以下简要描述这4个构件。

1. **业务架构：** 主要的业务活动、功能和业务流程。业务架构把业务流程转化成企业的业务需求，这些业务需求可以组成功能模块，并由数据流、软件包和定制应用所支持。

2. **数据架构：** 数据流、数据逻辑关系和实现工具，它们都由业务架构中的业务流程和业务活动定义。

3. **应用架构：** 使业务流程实现自动化与支持业务流程运行的应用系统；应用功能；连接应用系统运行平台；详述支持将来业务运行的应用集；显示内部应用系统之间的连接；显示公司应用系统和应用系统的外包商、供应商及客户之间的连接。

4. **技术架构：** 支持数据架构和应用架构的信息技术基础结构（例如系统软件、硬件、网络）。

管理业务应用和决策应用架构策略的第一步是理解当前系统的配置。

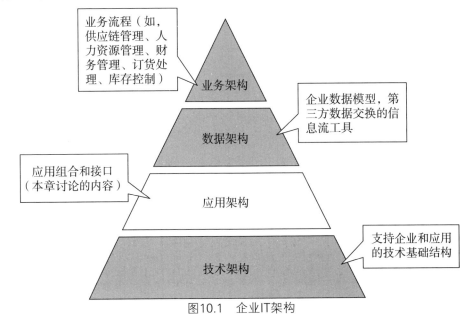

图10.1　企业IT架构

10.2.1　应用架构

应用架构指对所有应用软件以及各软件之间的逻辑关系和接口的总体描述。一般一个组织中有两个结构模型：一个是目标架构，即企业应用系统达到的目标；另一个是实施路线图架构，是企业从现状向目标架构迁移的行动路线和阶段性架构。通过架构规划和实施，使企业逐步实现最佳应用目标（这段时间通常是2～5年）。

因此，应用架构的目标定义和规划、实施路线论证对企业来讲是非常重要的。

- ➢ 它要求应用开发团队在企业整体的应用基础上规划应用系统。应用架构和目标应定义明确、规划完善和实施协调，否则最终可能是建了一个功能重叠，信息不能共享的系统。
- ➢ 它通过一条数据总线，将每个应用模块通过接口连接在一起，形成一个统一的信息系统。
- ➢ 它利用应用系统间的接口和流程为团队成员、客户和供应商提供共享信息和数据交换。
- ➢ 它为企业信息技术投资提供决策依据，为当前应用系统的性能提供评估依据，从而可以快速进行决策和评价。
- ➢ 它可以有效识别应用系统某个模块的变更影响，从而更快地确定变更的难易程度、成本、效率及满足客户需求的方法。
- ➢ 描述应用系统的功能、界面、逻辑与性能。利用该描述可以制定系统管理、改进和更新计划，从而缩减系统开发周期、加快应用系统的升级及降低资源需求。

随着IT应用规模的增大，企业对应用策略的要求也逐渐增强，通常越复杂的业务或应用组合，对应用策略的要求越高。例如，中等规模的服务企业的应用环境可能比较简单：一个统计应用软件包和一个用于主要业务活动的应用程序。功能模块（如借款处理）也比较简单：一个客户数据库，一个电子商务网站和一个与连接供应商的数据交换系统。论证这种简单的结构不需要花费多少精力。相反，如果是一个《财富》500强企业，那么它通常拥有成百上千的独立的、综合的应用系统，这些系统运行在比较复杂的平台上，由多个技术团队负责管理。

在所有的案例中，应用架构定义也是非常重要的，通过它可以了解当前应用组合的性能缺陷，可以归纳出一个标准对照库，为日常服务和应用性能改进提供参考。在后一个案例里，我们可以看出整个应用架构的复杂性和价值。

图10.2列出了应用架构的定义流程。重要的是，它指出了该定义流程是一个持续改进的工作。一般情况下，当技术团队在完成应用系统向目标结构的迁移时，业务需求会有新变更，新的可替代技术也层出不穷，那么新的应用架构定义和新的系统迁移流程也将开始。

10.2.2　应用架构基准

建立应用架构基准是建立应用架构策略的第一步。这个基准是对企业当前应用环境的功能模块的描述。它包括三个关键要素：

（1）按照功能区域分类的应用系统目录；

（2）应用系统与内部和外部系统协调服务的逻辑描述；

（3）每个应用系统及其用途的描述。这些是企业中应用系统的现状。

为了建立基准，技术团队首先根据功能区将所有应用系统进行分类并编制目录。这个应用系统目录提供了企业所有应用系统的全部概要。

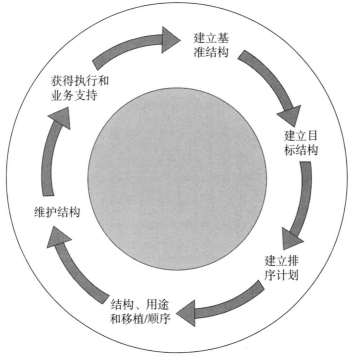

图10.2　应用架构定义流程

图10.3是一个典型的企业应用架构图。在这个例子里，企业拥有许多支持业务的应用系统。这些应用系统按照两种方法进行分类：第一种是根据主要功能进行划分，如财务管理、生产管理和市场管理。大多数企业的业务系统的划分通常不超过12个业务部门或功能类别。第二种是根据应用系统所提供的3个主要功能来对系统进行划分。

1.计划：提供应用系统的参数、资源调度、作业流程设置的一般控制系统。

2.运营：交易驱动的业务系统，例如财务管理、订单管理、生产计划、质量控制、库存管理。

3.决策：对运营系统产生的数据进行统计分析，产生报告和分析结果，为管理层提供运营决策依据。

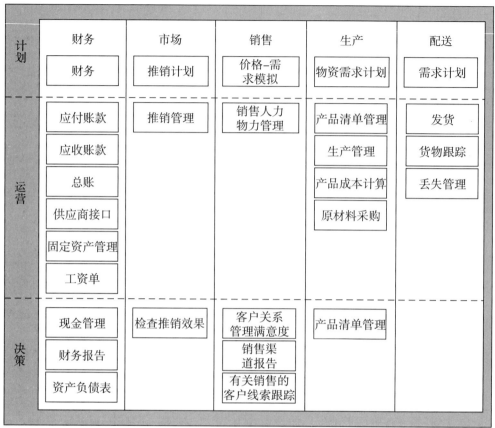

图10.3　应用系统组合实例

　　类别的划分非常重要，因为不同应用系统类别需要不同类型的维护、支持和不同规定的投资标准。而且，对目前（或目标）应用架构的组合分析，可以指出全部应用系统中的薄弱区（例如，不合适的市场业务计划与控制应用系统以及负载过重的人力资源报告分析系统）。

　　在很多情况下，设计和实施企业应用系统时不考虑整体的应用系统组合，而是考虑组织中对某一特定功能的最优化，例如订购处理或库存管理。这种企业的应用系统很可能是由多个专用应用系统堆积而成的，在拥有各种用户基础的多重计算平台上支持组织的应用，除非企业实施了ERP应用系统。

　　在完成对所有应用系统的分类后，团队要分析内部各应用系统之间，以及与外部应用系统之间是如何连接的。这种分析包括了解应用系统连接的业务活动或日程，了解通信量、方法和协议。图10.4所示是一个应用架构图，该图描述了应用组合流程中发现的应用系统间的通用连接，包括：

　　➢　应用系统及其主要功能或应用系统子模块及其主要功能；

　　➢　应用系统或模块之间的连接；

　　➢　应用系统运行的平台/第三方软件的展示。

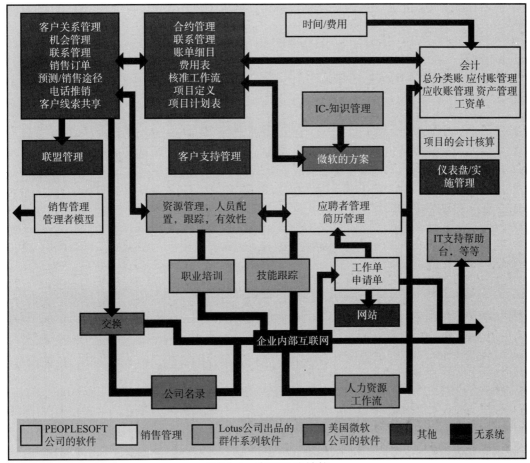

图10.4 应用系统结构

评价结果还应包括孤立的与其他应用系统很少有或没有接口的应用系统的识别，对数据备份区域的识别，对避免手动输入数据的"绿色通道"识别。评价还显示运行环境的复杂化水平，即系统所支持的平台数目和应用系统间相互交叉接口的复杂性。

应用架构的最后一部分是描述应用系统的系统清单，见表10.1。

表10.1 应用系统描述表实例

系统	名称	功能	平台
XYZ-360	管理报告	➢ 维护产品特有信息 ➢ 维护企业产品主文件 ➢ 加载销售数据 ➢ 打印季度销售报告	企业虚拟存储器和辅助虚拟主机
LL-720	终端客户	➢ 输入、维护和传输存货位置文件	客户系统
RPR-328	产品管理	➢ 销售人员把所有交易输入系统（发货、订单、收货、存货清单等）	局部数据库的销售登记
PA-PM	局部销售	➢ 处理局部销售交易 ➢ 产生局部库存的预测 ➢ 与企业的预测系统沟通信息	库存应用

每个应用系统清单应当收集的关键信息包括如下内容：

> 系统：系统的简称。
> 名称：应用系统的描述。
> 功能：应用系统的主要功能。
> 平台：应用系统运行平台和运行级别（例如，部门、企业、工厂、仓库）的描述。

完成应用架构清单后，应用支持团队对支持业务的环境有了清楚的认识，这些分析结果将和评估结果（例如，未执行的计划、运行或报告能力、对扩展的应用系统接口）一起呈交给IT指导委员会。

10.2.3 目标应用架构

目标应用架构是将要实施的应用系统架构，以改善IT对业务的支持。目标应用架构常常被称为"未来的"架构。

为了定义目标应用架构，应用支持团队要按优先级排列评审项目列表，了解什么样的业务活动对应用组合有影响——需要何种新的应用系统、目前的应用系统需要添加哪些新的功能，目前的应用接口需要怎样的变更或改进，需要应用系统有怎样的其他功能。项目列表的创建、定义、区分优先次序的流程在第17章中详细介绍。评审项目集，进而规划整个中期（2～4年）的应用架构。

应用支持团队还要评审当前应用架构，决定当前系统的"去留"。"去留"可以指当前系统的退役。因为企业的业务不再需要它们，所以这些应用系统不再受供应商的支持并且将被其他系统取代，或着应用系统被更新的、被更有效的技术所取代。目标应用架构可以依据项目列表的变更和整个企业信息系统的生命周期来定义。

目标应用架构中最关键的变量，就是决定建立目标应用架构所需的时间（例如，制定计划需要多少时间、实施目标应用架构又需要多少天）。一般情况下，2年时间适合小企业，而3～5年对于一个大组织来说更合适。

记录所需的最终结构、收益、预期费用，可以通过比较与当前模型的不同或者做一系列全新的图表来记录。

10.2.4 迁移计划

迁移计划是详细定义企业从当前基准到目标应用架构迁移的策略性文件。在文件中定义了应用架构向目标演变的活动和时间表。计划中应包括企业所需的资源、预算、工作任务、先后顺序、关联关系和时间限制。在某些情况下，在确定目标应用架构之前，迁移计划中还可能包含有几个中间步骤。

迁移项目的方案、成本和效益应当被记录在案，然后将这些记录作为IT需求管理流程（在第17章中详细讲述）的输入。IT需求管理流程将确保架构迁移项目和其他所有可能发生的IT项目一起处于优先地位。

10.2.5　服务导向型架构

服务导向型架构（SOA）是一种采用网络作为中枢和交互的系统架构。软件服务在网络上"发布"，提供给有权获得这些服务的所有其他系统。"服务"可以实施许多功能。它可以"发布"或者向提出请求的应用程序提供信息（如，发货状态）。它可以与另外一项服务进行业务"交易"（如，接受发票的电子付款）。服务多种多样，而且很有用。服务导向型架构的好处在于，服务可以从内部获取，或者非常透明地与业务合作伙伴开展。软件服务相互独立，从而消除了较老系统普遍存在的瓶颈和严格接口程序。但是，一些既定的行业协议、安全要求则要求保持工作流程的完整性和安全性。架构环境运用网络上的服务和资源，这些服务和资源作为独立组件提供，可以被其他应用程序、设备或服务以独立的方式访问。服务导向型架构中的"网络"包括企业的内部网络（局域网和广域网）以及与企业网络通信的任何其他网络，包括互联网。

这个体系架构与传统的大规模定制开发系统以及ERP应用程序形成鲜明对比，后者采用专属于每家企业或软件包的严格接口程序和协议。传统应用程序可能是一个整体程序，实施企业的所有职能，而且难以与外部应用程序交互。增加第三方传统应用程序时需要对应用程序进行大规模重新设计，而且还需要开发专有接口。数据整合需要进行一对一的非常繁重的开发和数据集成。服务导向型体系架构允许一对多和多对多的关系，而且大大加快了新功能的实施速度。但这并不是说传统应用程序和ERP应用程序不好。ERP应用程序提供商正在改造他们的应用程序，以支持服务导向型架构。

简单地说，信息服务类似于电话请求。例如，你在产品目录企业的客户服务部门工作。一个客户打电话给你确认订单状态。你查询了订单，确定已经通过UPS发货。所以，你给UPS打电话、提供跟踪号码，UPS业务代表提供了包裹的发货状态信息。然后你再打电话给这个客户，告知其订单状态。整个互动类似于SOA模式中的"服务"。即客户打电话索要信息，你要求客户提供订单号码，然后你查询订单状态，需要给另外一家提供商打电话，获取所有信息来满足客户的请求。客户可以通过任何一种电话呼叫你，也许产生的大量信息都与客户的信息请求无关，这都没有关系。如果你要在网络创建一项"服务"来处理这些请求，那么它可以被称为"销售订单状态请求"，你只需将它提供给你的客户。从技术的角度来看，有许多协议可以实现这项服务，其中一些协议在本节的末尾列出。

维基百科将服务导向型架构定义如下："在体系架构设计背景下，服务这个词是指一系列离散定义的连续和自主业务功能或技术功能。不能将这种服务与网络服务混淆，后者只是实施一项给定的业务或技术服务的自动化方面的一条途径。"[①]例如，将业务职能"订单管理"分解为诸如"创建订单"、"履行订单"、"订单发货"、"开具发票"和"取消/更新订单"的多项服务。

---

① 维基百科贡献者，"面向服务的体系结构"，《维基百科，自由百科全书》，网址：http://en.wikipedia.org/wiki /Service-oriented_architecture。

服务导向型架构提供了一种灵活技术架构的开发途径，这种灵活技术架构使得企业能够以组件化方式实施系统，同时比传统大型应用程序更好的整合关键业务流程。此外，体系架构组成部分的技术依赖性较低，这意味着企业在技术上有更多的灵活性和选择（如，采用不同的语言或硬件）。对于企业快速变化的需求，这种模式比大规模整体式计算机程序的定制速度快得多。

最后，通过SOA架构，服务可以更加快速的将信息提供给更多的系统。在上一个例子中，客户服务部可以定制"发货状态请求"程序。制造部或销售部也可以采用相同的程序来索取相同的信息。在传统系统中，提供该种服务需要开发特定的接口（每个往来于UPS的订单都需要开发一个接口）。现在，每个包裹可以采用相同的服务，UPS只需要设定每一个人都可以使用的协议和报文格式。

过去，企业可以在系统之间开发数百个异类接口，这些接口通常未形成充分的书面文件。采用SOA架构并不能减轻企业记录数据交换的压力，反而要求企业通过更多的文件来提醒用户，哪一个服务区域可用、如何与服务进行通信、如何发起呼叫、需要发送什么信息以及期望收到什么样的信息。另外还需要与企业的信息模型建立关联，表明"服务"拥有（创建、更新和删除）什么样的信息、服务引用了哪些信息、哪些信息被其他"服务"拥有，以及服务使用的下游服务列表等。

与SOA相关的基本网络服务标准包括。[1]

➢ XML：一种标记语言，用于以文件格式描述消息有效负载中的数据。

➢ HTTP（或HTTPS）：客户端和服务器之间用于传输或传递信息的请求/响应协议。

➢ SOAP：用于在计算机网络上交换XML报文的协议，通常采用HTTP。

➢ 网络服务描述语言（WSDL）：基于XML的服务描述，描述了公共接口、协议捆绑以及与网络服务互动所需的报文格式。

➢ 统一描述、发现和集成（UDDI）：一个基于XML的注册表，发现并发布服务描述（WSDL）。

需要注意，系统不一定必须使用这些标准中才能够形成"服务导向型"架构。例如，一些服务导向型系统一直以来都采用Corba和Jini实施。[2]

如果你还没有实施SOA架构，那么你需要循序渐进地开始，因为这个任务很困难很复杂。有效的方法就是挑选一个流程或业务职能，将其用于新的体系架构。你可以很容易地定义这一职能或流程提供的服务及其用户和消费者，然后开发一个项目来实施这些服务。一个成功的实施可以促进提供更多的服务。

---

[1] 维基百科贡献者，"面向服务的体系结构"，《维基百科，自由百科全书》，网址：http://en.wikipedia.org/wiki /Service-oriented_architecture。

[2] 维基百科贡献者，"面向服务的体系结构"，《维基百科，自由百科全书》，网址：http://en.wikipedia.org/wiki /Service-oriented_architecture。

10.3 应用策略

定义目标应用架构之后，需要首席信息官来做的最关键的决策之一，就是企业采取什么策略来发展企业各区域所需要的能力。图10.5包含IT管理者为每个应用系统提供的基本决策树。本节其他内容将介绍每一个重要的决策以及影响首席信息官做决策的因素。

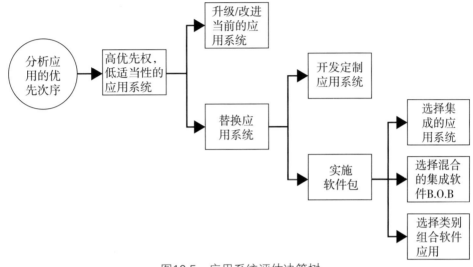

图10.5 应用系统评估决策树

10.3.1 应用系统优先级分析

决定终止应用系统的生命周期很重要，然而IT部门的分析常常忽视这点。这是优先级分析的第一点通过合理化应用组合和终止失去价值的应用系统（特别是那些使用特殊技术和需要过度支持和维护的应用系统），企业能够创造相当大的运营效率，且能节省不少费用。为做决策而进行的这种分析与第17章提出的项目优先级分析相似，IT技术支持团队必须评估当前系统对企业的适用性。如果当前系统不需要做较大的修改，那么企业又能使用这个系统多长时间呢？因此，要基于业界的标准制定一个标准等级（例如，1～10）来评估系统适用性（例如，低等级=3～6个月，中等级=6～24个月，高等级=2～4年）。

优先级分析的第二点就是确定应用系统对于企业的相对价值。第17章列出几种确定项目或应用系统的业务价值的方法，并且重点讲述技术支持团队可能需要考虑的变量。完成当前系统适用性和系统潜在业务价值的确定后，即可进行如图10.6所示的选择了。

如果应用系统的业务价值比较低，则这个系统将会获得较少的新资金或关注，甚至没有。所有业务价值低的应用系统都将是被淘汰的系统。在系统不适合企业的情况下，技术支持团队应当在项目清单中添加项目，这个项目展示了费用的降低程度和淘汰旧系统所产生的其他价值。对于低业务价值的系统，技术支持团队应当调整服务等级和资源中心，减少对系统的新投资和人力的投入。

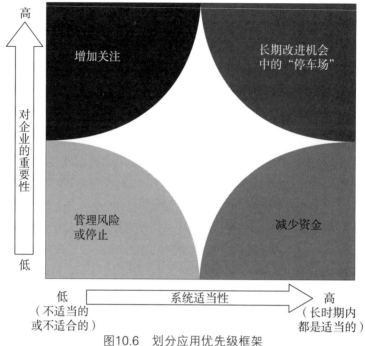

图10.6　划分应用优先级框架

如果应用系统的业务价值高，则行动的方针取决于当前系统对企业的适用性。如果当前系统适合企业，则关于对应用系统增加新投资的决定可以推延6～12个月。同时，技术支持团队应当确保有充分的资源维护系统运行。

对业务价值高、系统适用性低的应用系统进行升级，企业可以在改进当前系统和替换成新系统之间，选择一个更节省成本和更能满足企业需求的方案。

该分析所需的大部分信息均来自第12章所讨论的软件包选择阶段。在分析中对待改进应用系统与对待购买新应用系统是一样的。

10.3.2　升级/改进当前应用系统与替代当前应用系统

对于每个位于划分应用系统优先级分析中"增加关注"象限的应用系统来说，技术支持团队都应制定相应的应用策略。团队部可能选择升级/改进现有的系统或全部替换该系统。系统到底选择升级还是替换取决于以下两个关键标准。

1. 总体成本（整个生命周期或维护一个应用运行的全部费用）：分析应用系统整个使用期限中每项选择的总成本。例如，选择升级当前的订单配置客户系统，则估计成本必须包括程序改进部分源码、实施变更、培训使用者、维护系统的费用。其他的选择也需要进行类似的分析，其他选择可能是开发一个全新的应用系统或实施第三方软件供应商所提供的应用软件包。

2. 功能匹配：正如第12章所讲述的，应用支持团队应当分析并且标准化企业信息系统的需求，评估能够实现系统需求的可供选择的软件包。分析中还要参考一些第12章描述的附加因素。

表10.2显示了在改进现有应用系统和替换应用系统之间的决策。完成上述分析后，团队就能量化每种选择方案的成本平衡，且能判断一个选择方案的附加成本对于它的附加功能和易用性是否值得，以及判断这种选择是否因为增加的功能而导致增加较多的成本。

10.3.3 开发定制应用与实施组合应用

一旦决定替换应用，那么紧接的问题是企业应当购买一个现成的软件包还是应当在内部定制开发软件。第12章提出了评估组合应用软件包的详细方法，这个方法提供确定组合应用软件包成本、效益、功能灵活性的指示图。

表10.2 分析框架：替换现有应用系统或定制——开发应用系统

改进现有应用系统	替代现有应用系统
直接成本	
一次性成本 ➢ 软件：开发或购买现有应用系统改进程序的全部成本 ➢ 软件的支持成本 ➢ 重新部署和转换的实施成本 ➢ 培训：培训成本（全体员工）、费用资金 ➢ 硬件：额外所需硬件的成本（包括，消耗和折旧、租赁费用、升级、备件、供应商）	➢ 软件：选择、新应用系统许可证和开发的全部成本 ➢ 重新部署和转换的实施成本 ➢ 培训：培训成本（全体员工）、费用、资金 ➢ 硬件：额外所需硬件的成本（包括，消耗和折旧、租赁费用、升级、备件、供应商）
运营成本 ➢ 运营：持续的支持和维护费用（包括技术服务、性能调整、二线问题解决、维护工作、操作系统支持，用户管理、系统能力计划、备份、服务台[一线]、数据库管理系统、应用系统的功能和技术支持、流程和计划管理、维护合同） ➢ 管理：监督管理的成本、辅助管理的成本、资产管理的成本、审计成本、购买成本、软件销售商管理成本、IT部门课程开发和培训的成本、终端用户课程开发和培训的成本	➢ 在现有应用基础上添加软件维护的费用
间接成本	
间接成本 ➢ 终端用户操作：支持成本、正式与非正式的学习成本及文件与数据管理成本 ➢ 中断时间（终端用户或IT）	➢ 与"现有应用系统"一样
功能分析	
功能成本 ➢ 评估系统满足关键业务需求的功能一致性（见第12章）	➢ 评估系统满足关键业务需求的功能一致性（见第12章）

一般来说，如果需要选择一种软件包，则企业技术支持团队的工作就是进行选择。选择组合应用软件的好处往往超过其提供的潜在功能。定制开发应用系统需要很大的开发成

本，给企业带来很高的支持负担，因此，对于大部分企业来说，定制开发应用系统其实并不划算。在数十年前，由于缺乏针对特定业务领域的软件，从零开始建立企业的应用系统是唯一的选择。然而，现在涌现出大量应用系统开发企业，这些企业针对业务应用，提供满足日益增加的自动化业务流程需求的软件。现在，几乎所有的应用领域都有第三方软件商提供的应用软件。图10.7罗列了应用软件包的主要优势：

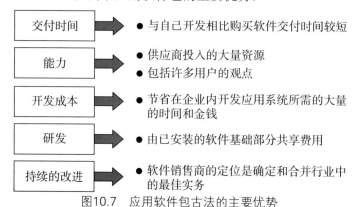

图10.7　应用软件包古法的主要优势

根据表10.3中问题的答案，可以最终决定购买还是自己开发应用系统。表10.3提供了关于选择组合应用软件包可行性的清晰指标。如上所述，选择定制——开发应用系统往往为企业带来负担。只有在极少数的特殊情况下，选择定制——开发应用系统才是替换应用系统的适当方法。

表10.3　选择组合应用软件包可行性的指标

标准（维度）	描述
上市时间	➢ 为了实施方案，需要花费多少时间
系统能力	➢ 健壮性——系统的功能有多完善和丰富 ➢ 质量——解决方案有多少问题/错误 ➢ 弹性——是否容易修改代码来适应需求的变更
成本/投资水平	➢ 开发——开发建立解决法案的初始投资 ➢ 购买——购买解决方案的成本 ➢ 部署/实施——与部署/实施解决方案相关的成本 ➢ 运营时的支持/维护——故障诊断修复/解决方案的技术问题所涉及到的成本 ➢ 研发——保持方案具有先进的技术和功能所需的投资 ➢ 测试——为确保技术和功能质量所涉及到的成本 ➢ 培训（见上一节中培训部分的全部成本）
持续的改进	➢ 最佳实务——把行业中最佳实践引入解决方案 ➢ 优势功能——把前沿功能并入解决方案 ➢ 技术革新/更新——在最有利/最经济的技术平台上运行维护解决方案
风险	➢ 解决方案在多大程度上达不到期望（例如，时间、成本、功能、技术有效性） ➢ 失败的代价是什么 ➢ 软件商提供的技术有多新；如果是内部开发，那么开发环境有多新

10.4　软件即服务

软件即服务（SAAS）。SAAS是一种软件交付模式，软件提供商托管应用程序、维护硬件、提供系统的技术管理、备份数据，并且为用户提供应用程序的一个远程接口（通过互联网或远程桌面）。最有名的SAAS提供商之一是Salesforce.com，该网站通过互联网提供客户关系管理软件。

SAAS可以通过这种交付方法为大中小企业提供应用程序。有许多拥有500名以上销售人员的企业正在使用在线客户关系管理系统。SAAS提供商能够与现有的异构企业数据库对接，从而使得数据整合比以前更加快捷。这个模式通过软件交付以及在幕后提供无需维护的硬件和托管，为企业创造价值。

SAAS在许多方面与应用服务提供商（ASP）存在差异。应用服务提供商通常托管着客户端专用的硬件和应用程序，而且比SAAS更接近数据中心或托管协议，而SAAS负责提供软件，而不作为高端托管提供商。

SAAS提供商和应用程序影响着软件购买和服务决策。在分析所有选项时，SAAS是一个值得考虑的应用模式，也是一种值得考虑的软件交付机制。在选择软件时，可以同时考虑SAAS方案和非SAAS方案。满足业务需求的程度可能是你做决策的一个主要决定因素。 此外，SAAS和非SAAS软件方案的成本核算模型不同，但是可以进行比较。例如，SAAS软件通常需要支付前期定金或入会费、设置费，以及每月每个用户的费用。作为另外一个选择，购买软件包需要支付许可费、购买硬件以及付出劳动来设置、安装和配置应用程序和托管持续维护。 每个方案的成本都可以在执行时间的基础上每月进行比较，以确定在项目寿命期内产生最小成本的那个方案。

SAAS可能是更具功能匹配性而且费用更低的选择，所以应当予以认真的考虑。 但它不可能适用于每一个应用。

主要的SAAS提供商包括路上企业、24-7软件企业、37信号企业、奥匹迪斯企业、艾瑞巴、主干系统、英国电信、思杰在线、服务器授权、通信系统中心、编码器企业、谷歌、财捷集团、旅途x企业、 微软、网速企业、甲骨文、复制子企业、即时科技企业、网络监控服务商、期刊解决方案企业、快速技术企业、检疫商业企业、太阳微系统企业、图恩菲尔德企业、网讯企业。[①]

10.4.1　集成的应用系统与优势组合的软件

如果所做出的替换应用系统的决定是购买软件系统，那么团队面临最后的一个选择，即购买一个优势组合软件还是一个集成的ERP。

① 维基百科贡献者，“软件即服务”，《维基百科，自由百科全书》，网址：http://en.wikipedia.org/wiki/Software_as_a_Service#SaaS_providers。

优势组合是指选择最好的软件包的过程。这些软件包只能提供有限的功能，但对于它所包括的特定功能具有较高专业化和可配置性（如用于市场需求变化快的行业预测系统、用于设计复杂产品的设计系统、用于定制服装的生产计划系统）。同时，优势组合还指选择一个解决方案，这个方案能提供企业对某领域的纵向功能需求中最强的功能组合，也能提供与其他类别软件包的接口，或将整个企业的ERP系统整合成一个企业级解决方案的接口。

按照上述定义，一个财务管理优势组合软件包应当提供一个双赢的解决方案。这个方案具有纵向功能领域中深层次的财务管理功能，具有度量的能力及与企业中其他领域类别软件包组合集成的能力。

企业资源计划应用系统ERP，是一个把企业各种功能和业务紧密结合在一起的企业信息系统的合并。这些系统通常对整合内部企业供应链提供支持（如预测、生产计划、采购、生产管理、运输、配送），也支持人力资源、财务和市场等功能。ERP应用系统软件始创于20世纪80年代，目的是为了满足当时更多企业兼并的需求。现在，这些软件包整合了企业内部业务功能，也整合了外部合作伙伴，如供应商和客户。ERP软件企业（如SAP、 Oracle、PeopleSoft、JD Edwards等企业）提供集成的ERP系统。此外，许多ERP软件商也提供适合特定行业、特定结构的软件包模型。

由于可以提供最丰富的功能、最大的灵活性和新产品进入市场的最短时间，优势组合软件包方法一般都能提供最适合企业特定业务流程的功能。这种单一的、简单集成方法是将必要的应用系统集成。它牵涉较少的供应商，实施风险较小，实施和维护成本也较低。

另一方面，优势组合软件包同样面临挑战。因为优势组合软件包组合方案中的多种应用系统所带来的复杂性导致许多企业选择一种混合方法。这种方法在没有特殊需求的基本功能领域和业务领域中实施核心的ERP系统，然后在一两个具有战略优势的领域或企业的关键领域中使用优势组合软件。

适用优势组合软件的业务和功能领域包括：

➢ 供应链管理；

➢ 产品定价和营销；

➢ 库存管理；

➢ 预测和需求管理；

➢ 存货与供应；

➢ 交货/路线计划；

➢ 订单管理；

➢ 订单配置（对于设计复杂的产品）；

➢ 专业服务管理（客户/时间段跟踪）；

➢ 人力资源人才招聘系统；

➢ 电子商务应用系统（例如，内容管理、网页管理）；

> 客户关系管理软件（CRM）。

判断该方案是否使既定的功能集、目标、成本、整体的应用架构计划有意义，必须对几种基于软件组合的选择方案进行分析。表10.4列出了优势组合软件包与ERP之间的具体特征。表10.5进一步比较和对照这两种方法的核心内容。本章最后三节将更详细地讲述应用系统的维护、用户定制系统的开发、软件组合系统的实施等内容。

表10.4　优势组合软件包与ERP的特点

优势组合软件的特点
● 为最优化一个关键业务流程而建立 ● 必须与其他应用系统融合（造成挑战） ● 能够较好地影响传统环境 ● 可以带来竞争优势（但这并不总是事实） ● 灵活性（提供未来方向的选择方案） ● 较短实施期限（假定有较少的模型） ● 在熟悉应用系统与其他应用系统整个方向，对内部维护人员有较强的依赖性 ● 必须建立去连接其他应用系统的复杂接口 ● 依赖多种并较小的软件商
集成ERP软件的特点
● 具有为大范围功能而交付的核心功能模块 ● 在小范围使用优势组合软件或定制开发系统 ● 包括所有功能 ● 可能有行业特定的解决方案 ● 在软件商规模、用户基础、专有技术和开发软件等方面进行平衡 ● 环境中的更多标准（用户接口、安全、用户管理、平台、数据库） ● 高级别整合（内建数据流程） ● 依赖单一软件商

表10.5　优势组合软件包与ERP的一般指导方

问题	优势组合软件	集成ERP
实施系统花费时间	6~12个月	18~48个月
价值	以业务流程为重点	整个企业范围
投资回收率	12个月投资回收期	2~5年投资回收期
与其他应用系统合成	建立连接其他应用系统的接口	除了与外部应用系统的接口外，其他接口都是内置的
功能灵活性	业务流程范围的灵活性高	依赖于应用范围和软件商
质量	相似的	软件商在研发中投入很大
供应商风险	许多小的软件商	少数几个大的软件商
用户	小功能组	整个企业范围
培训	聚焦的	培训聚焦在功能方面但不是整个企业范围的

10.5 维护当前应用系统

10.5.1 应用系统服务台概念

如第9章所述，几乎所有的IT部门都提供服务台用以处理终端用户的需求。应用系统服务台与IT部门提供的服务台功能类似，负责支持应用系统和解决与应用系统相关的问题。通常服务台作为特定应用团队工作的一部分。

在服务台的支持工作中，重要的是要确保清晰划分IT部门中开发，改进应用系统与维护应用系统之间的责任。在大多数情况下，开发团队不仅处理按时发布新版本的问题，同时，还要处理大量的来自终端用户日常维护的紧急请求。因为团队既要处理正在运行的应用支持问题，同时又要添加新的应用功能，所以导致开发落后，发布新版本时间推后，甚至超出预算。对于大型应用系统，应当把开发团队从应用支持团队中分离出来。

图10.8描述了如果将应用支持团队和开发团队混合在一起后是如何显著延长开发流程的。在这个例子中，如果团队既负责开发又负责支持应用，团队在开发工作上花费40小时，在维护工作上花费24小时。把团队划分成开发和维护两个团队后，开发团队仍然花费40小时，但维护团队却仅需16小时。因此出现了两种现象。一个是划分成两个团队后，开发团队不需要分散精力，所以能提前37%的进度完成开发计划。二是因为维护团队严格地以维护工作为中心，他们能迅速答复这些问题，无需用户等待，并且能优化知识库，因此维护团队可以在较少的时间内完成维护工作。

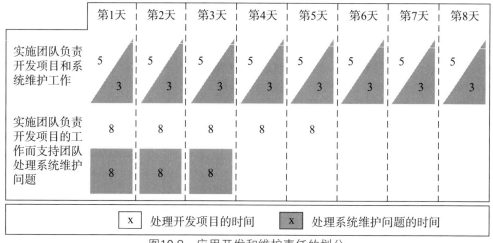

图10.8 应用开发和维护责任的划分

为了有效地管理应用系统服务台的工作流程，我们应当正确安排如下两个流程：

第一个流程，是如第9章所描述的问题处理单跟踪、中断和修复请求的维护流程。第二个是改进需求流程。这里的改进，一般指添加在最初的系统设计说明书中没有的属性或功能。如果应用系统仍处于开发阶段，则改进团队可能就是最初的开发团队。改进工作应当优先于其他开发任务和项目。一般通过以下几种方式提出改进需求：

➢ 用户请求修改或变更;

➢ 通过企业领导者——一般是在月例会或季度例会上提出;

➢ 通过IT部门——服务台或改进团队把应用系统的常见问题分成几类,并拿出一个
长期的改进方案;

➢ 通过IT指导委员会。

任何类型的改进都要受到与开发项目相同的详细审核。改进项目被验收通过后,将被加入到应用系统的临时版本中。一般的沟通流程应该如下所示:

1. 以电子或纸质文档形式完成改进需求的记录;

2. 系统的设计者和业务用户一起审查这个需求或一批需求,一起了解改进要求的环境及其所影响的业务流程和需求改进的目标;

3. 技术支持团队通过细化需求和设计修改方案,估计完成改进所需的工作量;

4. 最后,由业务用户审核系统改进的成本,确保改进的价值。

10.5.2 服务等级协议

与运行维护领域一样,所有的关键业务应用都要设定应用服务等级参数。这样有助于管理支持团队,有助于明确任务和职责,有助于分配资源,也有助于制定IT部门与业务用户的共同目标。需要考虑的参数如下:

➢ 任务和职责(在应用支持团队、技术支持团队、服务台和业务用户之间);

➢ 运行的维护时间;

➢ 系统需求流程(一个显示系统需求处理程序的流程图);

➢ 问题解决流程(怎样处理、跟踪、关闭用户的请求);

➢ 重要级别(指定每个需求的重要级别,指定重要级别不是用户的任务,它是一项共同的决定);

➢ 优先级别(用优先权表示具有相同重要级别的一组服务需求中的一个重要级别);

➢ 状态代码(问题单是否处于未处理状态、已处理状态、正在处理状态、等待用户信息状态、等待供应商信息状态);

➢ 逐步升级流程;

➢ 记录应用维护工作完成情况的主要指标:

——第一次请求就得到解决的平均时间

——第一次请求得到解决的百分比

——解决请求问题的平均时间

——完成改进花费的时间占总时间的百分比

——正确解决问题的百分比

——提出问题的客户的平均满意度(1~5分)

10.5.3　应用系统管理中的关键任务

应用系统管理团队成员需要完成的任务包括：

➢ 排程；

➢ 应用系统的打印管理；

➢ 应用系统启动，关闭；

➢ 应用的数据完整性；

➢ 应用系统生产状况监控；

➢ 检查软件的补丁程序、升级程序、错误修改程序和维护软件包；

➢ 运行软件变更程序、升级程序、维护程序；

➢ 客户化管理和文档化管理；

➢ 程序代码的修改，单元测试和集成测试；

➢ 实施对程序改进和修改的用户验收测试；

➢ 应用系统的性能调整；

➢ 应用系统的安全管理（如果没有负责运行安全的团队）；

➢ 应用系统的服务需求管理；

➢ 应用系统的变更控制；

➢ 应用系统的管理功能（用户ID申请、用户组变更、用户等级配置，列表——如果实施团队不负责处理）。

10.5.4　应用环境管理

为使应用开发管理团队在其产品部署之前拥有开发和测试的能力，需要在软件产品以外建立几个能运行应用程序的系统环境。这些环境可能布署是某个服务器的逻辑分区，或是整个服务器。团队最好要拥有三个环境，分别用于开发、测试和产品。团队还要为特定的目的建立运行环境，例如终端用户或大量检验。确定这三个环境的目的是：

➢ 确保产品环境稳定，把产品的变更风险降到最低，以便安装经过充分测试的应用改进程序；

➢ 在一个单独的开发环境中开发改进程序，避免产品能力问题和工作排程的限制：

➢ 当代码集呈现可测试状态，就将代码置零，并移植到测试环境。这样减少了需移动的程序部件数（测试团队不用考虑日常变更的代码）。此外，在测试团队测试程序的同时，开发团队还可以继续工作。

10.5.5　应用性能管理

保持应用程序的功能性是应用系统生命周期的关键。管理应用程序的性能同样非常重要。应用性能管理（APM）是指长期监测和保持应用程序的性能。性能可以通过应用程序的可用性、处理交易的速度、特定时期处理的交易量来衡量。企业应当明确说明对各个业务流程和应用的性能期望，这样IT部门才能够保证这些度量指标。应用性能管理是跟踪应用程序的长期可靠性和性能的关键，适用于定制软件实施项目和成套软件实施项目。

基本的最佳实践包括：

1. 在运行应用程序的服务器上安装监测软件以确保实时跟踪硬件性能；

2. 配置监测软件，将应用进程包含进来（如，应用程序是否在运行，应用程序是否在正确的处理交易）；

3. 长期监测硬件能力和处理能力的使用情况（如，形成数据趋势，从而知道性能是否在不断退化）；

4. 对应用程序实施定期（如每周、每月或每个季度）维护和标准维护，包括安装补丁以及实施应用数据更新；

5. 跟踪前五大流程的问题列表以及这些流程上实施的任何维护；

6. 确保最关键的业务应用获得应用性能管理的最大程度的重视。

10.5.6　应用版本管理

在管理自定义开发和定制套装软件时，应用版本管理是一个关键职能。它包括规划、跟踪和组织应用程序的变更。在采取不太正式的发布推广的情况下，开发团队或实施团队会实施新的应用程序。他们立即开始接到用户有关功能性问题和故障报告的来电。这些来电和因此产生的工作订单立即开始占用团队更多的时间。项目结束和工作量的下降会导致更多的工作和永无休止的项目。减轻或解决这一问题的最佳途径就是规定新应用进入生产或稳定状态的确定日期。一旦应用的状态从实施转变为常态，就需要建立新的支持结构。与其用户直接呼叫实施团队，不如通过服务台转接来电，并且遵循问题上报程序。应当跟踪所有问题，这样团队可以看清趋势并且消除问题的根本原因。故障和应用增强请求应当由开发团队负责处理，实施版本管理策略。

版本管理需要将故障和增强排列起来，全面看待所有工作并且决定如何确定各个项目的优先级。接下来，给优先表分配资源，然后制定发布日程表。一些企业每周发布补丁和维护更新版本，一些企业按月发布，一些企业按年发布。发布日程表和频率由现有劳动力、应用程序以及问题的严重性决定。

需要安排专人负责版本管理。可以在大企业中或者具有复杂应用的企业中安排一名全职经理。这个全职经理通常被称为发布经理或产品经理，全职经理的职责包括管理、完善和处理故障列表、制定优先级排序标准、监督开发和测试工作以及确定发布日程表。

将该流程标准化带来的好处是，企业可以更加有效地管理重要事务，避免一两个用户以他们认为重要的，但是对于整个企业而言，并不重要的服务请求来占用实施团队的时间，而且团队可以专心处理企业的优先项目。

10.5.7 网站管理

网站开发、管理和维护是应用开发的一个专业领域，原因如下：

➢ 成功创建和持续管理网站需要用到大量的专业技能。

➢ 网站往往面向各种受众，包括客户、内部员工、股东、监管机构、潜在客户，甚至还有竞争者。

➢ 网站可以从外部访问，因此面临第8章所阐述的安全风险与挑战。

➢ 网站可以收到各种各样的不可预测的用户负载，产生容量管理方面的难题。

➢ 网站开发技术、工具和方法一直以来都在快速发展。

➢ 网站是客户的重要信息来源（如，可下载的产品信息），因此减轻了企业的客户服务负担。

➢ 网站可以提供终端客户购买产品的另一个途径，减轻了订单输入工作量（对于非电子商务企业而言）。

➢ 网站根据网络流量的来源、类型和大小为企业提供重要信息来源。

由于存在专业要求，企业网站管理面临的最大挑战之一就是团队需要具备多元化的技能（表10.6）。企业中，对这些岗位的职责划定是一项容易引起混淆的工作。由于这项工作具有专业性，所以往往会聘请外部顾问来提供帮助（如搜索引擎优化）。

表10.6 网站管理人员设置及职责

领域	角色	项目职责举例
管理	➢ 项目经理	➢ 负责项目总体实施以及客户服务。 ➢ 制定和管理工作计划、业务整合和总体团队领导。
技术	➢ 开发人员	➢ 开发应用程序的逻辑和代码。 ➢ 典型技术包括Java和NET。
	➢ DBA/数据建构师	➢ 数据库设计/体系架构 ➢ 数据库实施、调整和数据转换。
	➢ 系统工程师	➢ 技术设置（负载平衡、网络设备、网络服务器、操作系统和数据库安装） ➢ 所有系统的技术配置
常计	➢ 设计师	➢ 为网站创建视觉设计、图像和HTML。 ➢ 专注于将适当统一的视觉形象与终端用户的可用性和简洁性结合起来。 ➢ 有时可以在设计师和终端用户接口专业人员之间分配职责。
	➢ 信息建构师	➢ 根据内容和业务优先级设计需要展示的信息的结构/分级结构。 ➢ 专注于网站导航和内容展示。
常态	➢ 网站管理员	➢ 对登录、内容、流量报告、问题跟踪和解决承担管理责任。 ➢ 内部和外部成员的主要联络点。
	➢ 优化/SEO	➢ 确保网站内容和外部链接将网站推送到主要搜索引擎中的最高排名。 ➢ 持续过程。
	➢ 内容管理专家	➢ 负责持续管理网站内容（内容的添加、删除和增强） ➢ 通常是非IT角色（部门终端用户和内容所有者）。

网站虽然可以被看作是IT部门中的另外一个应用且被加以管理,但是网站管理的一些特征意味着有必要采取独特的管理和维护方法。毋庸置疑的是,由于技术复杂性的原因,网站硬件、网络和数据应当由IT部门或者专业供应商来管理。但到底由谁管理网站的问题,至今仍存争议,而且这方面存在许多选择。这些选择包括网站开发职能、市场部门、销售部门或外部供应商。

IT部门还应当管理网站应用的技术方面,包括支持性代码库的开发和优化。所有技术维护都应由IT部门或者专业供应商实施。应用代码本身也应当由IT部门或者其聘请的专业供应商管理。IT部门因为各种原因而没有完成这项任务是企业IT部门不管理这些技术项目的原因。在这种情况下,其他部门就更有理由接管这项职能。但是,如果IT部门能够成功的管理这一职能,就没有被接管的必要。

关于网站的内容,这个职能必须要委派给企业的其他部门,而且不应当是IT部门的职责。网站应用程序应当允许用户更新自己的内容并且以自己的时间表将内容发布到网站上。如果应用程序不允许用户自己上传或修改内容,最好由其他部门经培训后承担更新。总之,IT部门和其他部门的最大担忧是,他们不清楚另外一个部门何时希望更新网站内容,并且将内容提供给IT部门。另一方面,IT部门放弃了这项职责或者花了太长的时间也没能实现内容变更。因此,解决这个问题的办法是允许适当的用户有权自行变更内容。

10.5.8 应用系统生命周期

应用系统和其他任何技术元件一样都有生命周期。即使在最初的开发工作中投入了很大精力,这些工作也往往是企业对应用系统的伞形投资中很微小的一部分。虽然存在一些使用数十年的"种子"应用系统,但是技术和业务的变更常常导致典型的应用系统仅有3~5年的寿命。图10.9列出了典型应用系统的生命周期。

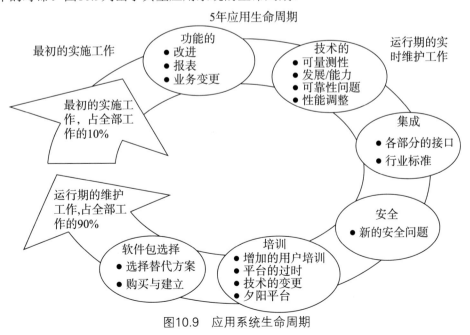

图10.9 应用系统生命周期

10.5.9　应用系统管理最佳实践

现在的架构中有许多最佳管理实践值得借鉴：

➢ 为了将新投资和系统的破坏几率降到最小，应当根据以下的优先级选择新的应用策略：重新使用、购买和建立（定制开发）。

➢ 通常，业务流程的重新制定要先于系统的开发，特别是当需要应用系统提供新功能时。应用系统的需求来自业务流程的再造工作。

➢ 第三方软件商提供的软件包应当包含最近已运行的大部分系统。

➢ 应用支持团队必须主动限制软件包的客户化程度，以减少不被支持的威胁，如不提供升级支持。过分的客户化会分解应用程序软件包本身的效益，并且导致过高的维护成本。

➢ 实施非关键业务流程的应用软件时，可以试着修改业务流程来匹配应用软件。这样做是为了避免应用系统中过量的用户定制和配置工作。

➢ 如果修改业务流程不可行，那么另一个办法是，针对软件缺陷领域使用附加软件包或独立的、严格范围控制的、定制开发的应用软件。

➢ 选择应用运行平台时，要选择那些低成本的设施和技术，也就是长期运行时的维护成本（劳动和维护成本）比较低的平台。

➢ 用中间件通信工具集成企业所有应用系统（企业应用集成EA工具），可以在需要时替换通信子系统，从而不必每当改变应用组合中的某个应用系统时就修改系统间的接口。

10.6　开发新应用系统

全书非常详细地讲述了定制——开发应用系统的整个流程，即从界定范围到获取需求，从技术设计和开发到质量保证、用户验收测试、数据转换和实施。开发应用系统的大部分知识适用于任何行业系统。因此，在此仅简要列出开发应用系统流程中的少数几个关键管理因素。

应用系统开发工作的主要步骤包括：

➢ 计划和评估；

➢ 需求定义；

➢ 系统设计；

➢ 详细设计；

➢ 测试；

➢ 实施；

➢ 维护。

这些步骤中的每一步都要制定详细的计划。每个关键步骤完成时都要对这些计划进行修改。特别是需求定义和系统设计这两步的工作，可能导致关于项目时间选择、效益、成本等设计的改变。

应用团队应对定制开发项目进行重点评估。虽然目前存在多种评估方法，很多时候评估工作还是被忽视或完全忽略。当我们做项目评估时，通常是依据自上而下的原则进行的，这形成对资源、时间选择和完成时间的预测过分乐观。一个好的方法可以为项目确定其工作的关键驱动因素，例如功能、接口、数据表、界面的数量。在这些预测或其他对全部工作的预测基础上，团队可以对完成项目所需的工作再进行可靠评估。

10.6.1 项目结构化

对于大的开发项目，团队需要资源完成下列任务：图表和用户接口设计、功能的专业技术和配置、数据库设计和管理、数据转换、编码、质量保证测试、基础设施的部署和设计。团队应获得业务需求和对系统设计可以提供建议的业务用户的参与。表10.7列出并且描述团队应当至少交付使用的成果。

表10.7 项目阶段、关键工作步骤和交付成果描述

阶段	交付成果	描述
计划和评估	用户业务综述	企业综述——企业生产线、业务组合/范围、组织、业务的关键统计
	业务情况/问题估计	对项目应该处理的业务问题的描述
	成本估计	成本估计
	项目目标和优先级	简明的项目目标和项目优先级
	成功的关键因素	项目面临的具体挑战或困难
需求定义	用户分析	系统可能用户总揽（终端用户、操作人员、管理者等）
	可比较应用系统分析	➤ 可比较的详细目录 ➤ 选择相似的基本业务模型、流程、导航或设计 ➤ 对流程和设计要素的评论 ➤ 整合要素的详细目录
	用户界面设计	➤ 页面颜色、字体、观感 ➤ 设计的合理性，合并用户和可比较应用系统分析得到的信息
	页面模版	➤ 主要用户/管理者的系统接口界面详细目录 ➤ 初步的用户接口设计 ➤ 突出显示主要的用户选择，界面设计元素（选择框、列表框、单选按钮等） ➤ 生成页面所需要的数据 ➤ 页面产生的触发器和数据
	信息构架	➤ 应用系统所有页面的带有简短内容描述的导航图清单 ➤ 父页面——子页面关系和初步的导航链接
	导航设计	➤ 显示顶部按键和侧面链接导航方式的单独页面模版

续表

阶段	交付成果	描述
系统设计	业务流程图	➢ 关键业务活动及其影响的详细目录 ➢ 为了说明人、流程、系统和处理流程所使用的信息而组织的 ➢ 附有规范表
	前后关系框图	➢ 关键业务部分及其相互作用的综述 ➢ 用于为框图的其余部分和系统设计文档设定前后关系和术语 ➢ 所有的组成部分都应和整个前后框图连接起来
	功能需求	➢ 什么应用系统必须完成
	应用构架	➢ 应用系统详细目录 ➢ 根据业务流程和应用系统类型划分的，目的是为了指出重要的区域范围 ➢ 说明应用系统的通信和功能性
	数据结构	➢ 表、字段、数据类型、主键、外键等的综述 ➢ 通过主文件、备份文件和细目文件组织的 ➢ 引用完整性需求和方法
	技术体系结构	➢ 支持应用系统配置使用的技术平台的综述 ➢ 关键要素有服务器、客户机、操作系统、系统软件、网络、应用系统间的接口
	构造阶段工作计划	➢ 整个构造阶段的详细工作计划 ➢ 工作计划内容应该包括： ——主要项目阶段 ——任务/子任务，最后期限 ——资源分配 ——主要里程碑 ——交付成果/交付成果的描述
详细设计	报表设计	➢ 系统产生的所有报表的详细目录：运营报表、系统管理报告 ➢ 报表：格式、需要的数据、触发条件（在线、批处理）、频率
	测试计划	➢ 测试方法的综述——需要测试系统的每个功能组件，测试功能模块间的接口和引用完整性 ➢ 测试案例的目录清单
	移植计划	➢ 移植工作计划、时间需求、可用数据等 ➢ 应该包括旧系统的转换（关闭的时候）转换到新系统的方法（通过配置、划分等） ➢ 服务器、客户端和应用系统配置级别的工作计划和校验表
	用户文档	➢ 用户级别文档：常见问题解答，培训和运营规范
	技术文档	➢ 面向系统技术支持和应用系统开发的技术文档

10.6.2　软件开发工作管理

应用管理人员必须熟悉与大系统的开发工作有关的管理和质量问题。例如：

➢　软件版本控制：目前有多种可用工具，可以帮助团队在整个开发流程中管理软件版本，管理程序代码、目标、可执行程序。

- ➤ 文档管理：文档包括业务流程、需求、数据库模式、软件代码等内容，目前这些领域也有可用工具。对于较小的项目，文档管理工作通过文字处理和电子制表软件很容易完成。

- ➤ 生产率测量：评估开发资源的数量和质量的方法有很多。开发管理人员应当熟悉这些方法并且能在适当地方使用它们。

- ➤ 里程碑：

——评估和制定项目计划的工作步骤；

——坚持项目计划和里程碑，对于向团队灌输遵章守纪意识是极其关键的。对项目逾期视而不见就相当于发出"最后期限"的信号。即使最后期限不是项目的关键期限，项目组也必须认真对待这个问题。项目逾期常常让我们发现潜在的项目问题和找出工作效率低的团队成员。

- ➤ 测试：测试是指模拟真实环境以确保软件具有所设计和所需要的性能。测试工作涉及开发人员和用户。大的项目必须要有一个专门的质保测试团队。测试阶段一般分为四个步骤：

——制定测试计划；

——创建单元和系统测试脚本：

——创建性能测试脚本；

——创建用户验收测试脚本。

- ➤ 维护：当软件开始被使用时，开发团队将很可能成为维护团队。

10.6.3 开发方法

有许多开发方法可用来设计软件开发和进行项目架构。在这里，我们总结了一些最常用的方法。但需要注意的是，每一种方法都存在大量已公布的深层次信息。为了更好的利用这些方法，建议读者参考"资源"部分中的内容，以及其他在线资源。

常用的开发方法包括瀑布法、快速应用开发、敏捷开发和极限编程。

每一种方法都有各自的优缺点及其衍生方法。这些方法有多种变体。实际上，方法论是将概念融合起来，但其本质则来源于已经存在的方法。与大多数技术论题一样，"适当"是IT界热议的一个话题。

虽然方法论改变了软件开发过程中对各种流程和交付成果的重视程度，但是这些方法通常共享了软件开发生命周期（SDLC）的一些要素。软件开发生命周期的总体组成部分通常包括分析（确定需求，即，软件必须做什么）、规格（明确要求）、软件架构（系统设计）、实施编码、测试、文件编制、培训、支持和维护。[1]

---

[1] 维基百科贡献者，"软件开发生命周期"，《维基百科，自由百科全书》，网址：http://en.wikipedia.org/wiki/Software_development_life_cycle（2006年12月31日访问）。

瀑布法 瀑布法或传统软件开发方法由以下步骤组成：

➢ 需求定义：将用户对应用程序的功能要求形成书面文件的过程。这通常通过功能区域或业务流程完成。

➢ 技术设计：确定功能要求并且将其转变为系统技术方面的过程。

➢ 开发：与构造、建造或编码等词语同义。在这一步骤中，计算机编程人员接收设计方案，开始按照要求开发系统。

➢ 测试：通常包括单元测试，开发人员测试他们正在开发的应用程序。开发团队以一体化的统一方式测试构成系统的所有应用程序，就如同系统已经投入生产。用户测试是指用户测试功能要求，并且接受火钳子确认他们测试的系统符合他们的要求。

➢ 集成或实施：实施是指以生产模式安装应用程序、提供培训并且将其推广给用户。

➢ 维护：应用程序从开发团队转交给维护团队的步骤。

所有这些步骤都很重要，但是最关键的步骤（因为所有其他步骤都是下游步骤）是需求定义。如果没有充分的收集和记录需求，就很难将其他步骤正确完成。此外，对于这种方法，文件编制也极其重要，尤其是随着项目规模的扩大或者时间期限的延长。在大型正式项目中，通常要求用户签署文件，表明他们已经阅读了要求并且同意要求的充分性和全面性。

瀑布式方法举例 按顺序完成每个步骤（图10.10）。大型应用开发项目的失败导致衍生方法更具迭代性。它们采用相同的步骤，但需将工作分解为更小的部分，执行多次。（图10.11）

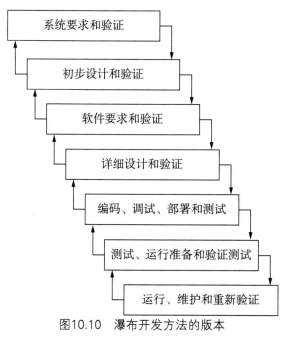

图10.10 瀑布开发方法的版本

（来源：维基百科贡献者，"瀑布"，维基百科：自由百科全书，http://en.wikipedia.org/wiki/Waterfall_model。）

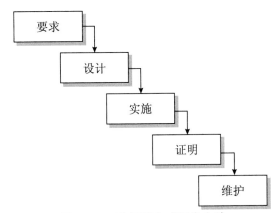

图10.11　选择瀑布式开发方法

（来源：保罗·A.霍德利，"瀑布"，http://en.wikipedia.org/wiki/Waterfall_model。）

瀑布法的好处是，它容易理解，而且结合了所有必要的应用程序开发步骤。最大的缺点则是，人们认为必须通过锁步模式完成这些步骤来完善应用程序。如果项目范围扩大，而且各个步骤之间的时间间隔太长以至于上一步骤的工作在两三个步骤完成之时可能会过期，那么就会出现问题。开发项目的风险就增加了很多倍。通常，大项目应当被分解为多个可管理的小阶段以提高成功几率。瀑布法自20世纪70年代以来一直在使用，而且是最常用的方法之一。如果你决定采用这种方法，一定要确保项目规模和项目时间进度（三到六个月之间）。

快速应用开发　快速应用开发（RAD）是另外一种方法，它涵盖了应用开发的整个生命周期，从设计一直到实施。是为解决瀑布法的内在问题而诞生的。IBM企业的詹姆斯·马丁（James Martin）在20世纪80年代创造了快速应用开发法，并且在1991年出版了一本讲述该方法的图书。[①]

快速应用开发包括：

➢　原型设计

➢　迭代开发

➢　时间限制

➢　团队成员

➢　管理模式

快速应用开发方法的目标是以迭代的方式创建应用程序。最初，团队只是努力创建一个程序原型而已。这种方法给项目分配一个较短的时间期限，团队成员人数较少。高管理层必须参与项目实施。一旦完成最初的原型版本后，就要接着完成后续几轮编程，同时不断增加功能。

快速应用开发法使团队能够更快速的创建应用程序，而且具有一些内置限定的质量目

---

① 维基百科贡献者，"快速应用程序开发"，《维基百科，自由百科全书》，网址：http://en.wikipedia.org/wiki /Rapid_application_development（2006年12月31日访问）。

标。然而，应用程序通常不是最终产品，而是功能有限的产品。大规模应用程序难以使用快速应用开发法，因为这种方法不适用于大规模的开发人员团队。

敏捷开发 敏捷开发法是一种简单的方法，其宗旨是"越简单越好"。这种方法是为了解决瀑布法的复杂性而产生的，因为后者需要严格的文件编制和规划。敏捷法适合那些不喜欢复杂的但又希望采用某种方法的开发人员。虽然敏捷法采用最简单的流程，但其依然十分好用。面对面沟通、开发周期短以及应用程序测试效率高是这种方法的突出特点。维基百科（http://en.wikipedia.org/wiki /Agile_software_development）对该方法有详细描述。由于种种原因，我们认为企业环境中不适合采用敏捷开发法，但是"臭鼬项目"除外，团队规模特别小（少于3人）而且传统方法无法满足时间期限要求的情况也除外。

极限编程 极限编程（XP）是另外一种简洁的方法，它也是为了解决传统瀑布法等方法的复杂性而诞生。极限编程通常在小团队（少于5名开发人员）中使用。开发人员负责设计和编码，另外一名开发人员负责检查代码。实际上开发人员要进行代码交换。极限编程法有许多变化形式，但是与敏捷开发法一样，我们在这里建议极限编程法只适用于规模非常小而且时间非常紧的项目。维基百科提供了极限编程的完整描述（http://en.wikipedia.org/wiki /Extreme_programming）。

同时，还可以考虑其他的方法及其衍生方法。这些方法包括：[①]

➢ 清洁室软件工程
➢ V模型
➢ 合理统一开发流程（RUP）
➢ 螺旋
➢ 迭代
➢ 特性驱动开发
➢ 适应性软件开发
➢ 动态系统开发法（DSDM）

维基百科提供了有关所有这些模式的全面介绍，同时还提供了范例和外部链接。

许多因素可能促使你选择某一种方法。就让我们在这里探讨一下其中的某些因素：

➢ 关键性：应用程序有多么重要？
➢ 开发团队经验：开发团队的经验水平如何？
➢ 要求稳定性：用户要求是否足够明确和稳定？
➢ 开发团队规模：开发团队的规模有多大？
➢ 项目规划文化：企业的项目规划经验是否丰富？
➢ 应用规模：潜在应用的规模有多大？

这些因素有助于确定最适合的方法。在没有确定方法之前不要开始应用开发项目的实施。

---

① 维基百科贡献者，"软件开发生命周期"，《维基百科，自由百科全书》，网址：http://en.wikipedia.org/wiki/Software_development_life _cycle（2006年12月31日访问）。

事实充分证明，项目团队只有在确定了方法以及开发流程的情况下才更有可能取得成功。

一般来说，对于大规模项目，在关键性较高、初级开发人员较多以及用户要求得到明确定义的情况下，瀑布法更适用。

对于小型项目，在期限较短、关键应用较少、高级开发人员有限以及开发人员愿意接受显著变化的情况下，迭代轻量方法更适用。

10.6.4 用于软件的SEI、CMU、CMM

对于承担重大的内部开发责任的企业或IT部门而言，应当使用能力成熟度模型（CMM）或能力成熟度集成模型（CMMI）这样的评估软件。CMMI由卡内基梅隆大学的软件工程研究所开发。它是一组指令，企业可以遵循这些指令，从而更好的控制软件开发流程。[①]

软件工程研究所是一所创立于1984年的由美国国防部资助且由卡内基梅隆大学负责运营的研发中心，在美国和德国设有分支机构。

如第8章所述，软件工程研究所也是计算机紧急响应小组的所在地，后者专门从事计算机安全事件的研究、诊断和报告。第8章提供了有关计算机紧急响应小组的更多信息。

软件工程研究所对企业数据进行统计分析。统计数据表明，采用CMMI模式的企业在开发人员生产力、质量提升、成本降低和节约项目交付时间方面给企业带来了投资回报。

CMMI描述了有效流程的特征，主要用于软件开发环境。CMMI框架将模型、培训资料和在评估方法生成过程中所使用的各个组成部分结合起来。[②]

CMMI包含五个级别，企业通过CMMI认证后可使用这些级别。这五个级别对应企业开发团队在遵循受控流程方面的成熟度以及他们重复这些流程的能力。企业评估涉及到许多主题领域。第1级成熟度实际上意味着不存在标准流程，而第5级成熟度表示可以实现的最高水平，意味着存在标准可重复的流程。

在考虑CMMI之前，评估实施这种模型的回报。http://www.sei.cmu.edu/cmmi/ adoption/ adoption.html提供了大量的相关信息，有助于进行相关分析。需要考虑的因素包括：

➢ 开发团队的规模有多大（规模越大，实现节约的可能性越大）？

➢ 创建的是哪一种应用程序（应用程序越大，团队越大，实现节约的可能性就越大）？

➢ 当前的缺陷率是多少（缺陷率越高，实现节约的可能性越高）？

➢ 你的客户是否持有疑议（开发质量是否影响你的客户）？

CMMI认证流程要求安排一名内部人员负责项目的实施。质保部门或者拥有流程背景的任何人都可以承担这一职责。但需要接受CMMI培训。接下来，企业应当决定哪个开发团队需要获得认证。你可以自己负责培训和实施，也可以聘请咨询企业提供培训和项目。流程结束时，必须聘请一家获得授权的企业对开发团队进行认证。通常，一个级别的认证需要一年的时间去完成。虽然这个项目的成本较高，但实施CMMI认证的企业表示，在认

---

① 软件工程研究所：http://www.sei.cmu.edu/about /index.html。
② 软件工程研究所：http://www.sei.cmu.edu/about /index.html。

证上每花费1美元的成本就可以获得4～5美元的回报。[①]

10.7 实施应用软件包

实施软件的工作步骤类似于开发项目的工作步骤，但开发阶段通常被应用系统配置阶段所代替。实施软件包的通用的工作步骤包括：

- 选择软件包（在第12章讲述）；
- 计划、评估和定义；
- 设计；
- 结构配置和用户定制；
- 测试；
- 部署，实施。

10.7.1 评估

众所周知，评估应用系统的总工作量和总成本的方法有很多。大型软件供应商都有自己的评估方法，这些方法适合于供应商自有的应用。尽管软件供应商的评估工具是有效的，但应用团队也应当开展自己的评估。

评估应当确定用户定制、配置、测试、实施、转换和完成系统工作的关键驱动因素。影响应用软件包实施的典型因素包括：

- 由内部或外部引起企业财务变更的业务活动的数量（如购买订单或发货）；
- 系统功能数——显示在应用程序主要菜单选项的数目；
- 提供配置和用户定制功能所需的客户化水平；
- 数据库中数据表的数目、大小和复杂性；
- 文件的数目、大小和复杂性；
- 开发的接口数目；
- 系统所需的大量输入数目和系统产生的大量输出数目；
- 系统所需的小量输入数目和系统产生的小量输出数目（屏幕和报表）；
- 需要部署的站点数目；
- 从事此项目的人数；
- 可选择的技术方案的数目（多少基础选择方案可以考虑）；
- 被替代的系统和功能模块的数目；
- 完成的测试周期的数目；
- 用户系统测试的数目；

[①] 吉布森（Gibson）、戈登森（Goldenson）和考斯特（Kost），"CMMI的性能结果"，CMU/SEI-2006-TR-004, ESC-TR-2006-004, Copyright 卡耐基梅隆大学。

> ➢ 实施的新功能模块的数目；
> ➢ 需完成的培训期的数目；
> ➢ 培训期的平均长度；
> ➢ 所需地理位置，办公室的数目。

从列表实例出发，经过深思熟虑，软件实施团队能够建立一个关键驱动因素的综合列表。

10.7.2　里程碑

随着应用软件开发工作的完成，里程碑管理对于软件包的成功实施具有关键作用。实施管理必须要求和获得每个里程碑已完成的证明。如果项目进度落后，将迫使团队修改完工日期，迫使团队将里程碑事件推迟。这时，管理者应当文字记录下其根本原因，并且采取保持团队能力的必要措施。软件实施需要的典型里程碑包括：

> ➢ 需求的完成；
> ➢ 业务流程文档的完成；
> ➢ 项目计划的完成；
> ➢ 　差距分析的完成；
> ➢ 安装硬件/软件的完成；
> ➢ 会议室模拟；
> ➢ 配置用户定制软件的完成；
> ➢ 差异和接口开发的完成；
> ➢ 单元测试的完成；
> ➢ 集成测试的完成；
> ➢ 大量检验的完成；
> ➢ 并行测试的完成；
> ➢ 开始使用——上线和最后的数据转换。

为了确保应用软件供应商与实施团队的利益一致，可以根据主要项目的完成情况决定支付供应商的报酬。

10.7.3　会议室模拟

软件实施中的一个关键的但经常被忽略的步骤是会议室模拟（CRP）。这个环节允许团队和终端用户预览整个系统，或允许选择带有企业生产数据的子系统执行企业特定的业务流程。许多应用软件供应商设法劝阻首席信息官不要进行会议室模拟，因为此工作将耗费双方大量的时间。然而，会议室模拟中的环境比供应商平常所做的设计好的演示环境更接近现实环境，这样做有助于最大程度满足业务需求。我们应当在具备关键测试功能流程（端到端）的环境做这个测试。企业数据应当被转换成软件处理流程容易识别的信息，并且要包括所测试的业务用户特定功能。通常，会议室模拟的成功或失败将精确预测项目的成败。

10.7.4　业务流程定义

企业业务流程定义是另一个经常被忽略的环节。如果没有大量的业务流程文档，那么几乎不可能成功开展软件包项目。详细的业务流程文档是为进行详细的差距分析做的准备。通过差距分析可以明确那些需要做软件客户化的区域。第12章将详细讲述业务流程定义和差距分析流程。这个流程是软件包实施的主要部分。应用团队实施软件包时还应当注意如下要点：

> 保证软件包的数据正确和完整。软件包无法自主维持数据的完整性。因此，对于执行关键任务的应用系统，团队应该安排时间定期进行数据备份，以确保系统中数据的完整性。

> 将软件的修改减到最少。一个高度客户化的软件方案会降低商业套装软件的效益。

> 如果必须修改软件包，就要确保这些修改被详细地记录在文档中，并且尽可能少地修改软件模块。这将为以后的升级程序和补丁程序提供方便。在高度客户化的软件环境中实施升级程序和补丁程序是一项具有挑战性的工作。

> 确保在实施期间和实施以后是应用团队，而不是供应商制定工作日程。第13章将讲述供应商管理概念。

> 找到影响应用（软件）供应商开发程序和改进程序优先级的途径。以便新版应用（软件）可以提供对企业有价值的新增功能。

> 不要认为在实施结束时安排一次培训就能满足终端用户的需求。为了确保软件使用效果，达到设计目标，每3~6个月就需要对使用人员进行一次培训。

10.8　质量保证测试

软件开发质保（QA）测试是一个关键的环节，旨在确保代码与设计文件匹配且按照设计的意图运行。质保小组或质保测试人员负责审计应用程序，以确保其满足或超过用户的设计要求。如果软件失败，质保测试人员需要将失效记录下来，并且告知给开发团队。

技术团队往往忽略这样一个事实，即应用程序是为终端用户开发的，而且终端用户决定了应用程序是否满足其要求。开发团队可以严格按照设计文件的要求开发代码，但是设计文件可能没有准确的反映用户要求。或者，开发团队可以单方面的修改要求，以简化编码工作。但是，通常是终端用户将决定这种修改是否有效。测试的目的是为了确定：

> 应用程序是否满足功能要求？

> 应用程序是否满足技术要求？
> 应用程序是否满足客户需求（明确需求和隐性需求）？

应用程序越复杂，出现问题的几率就越大。因此，随着应用程序和项目规模的增大，质保测试的重要性就越来越高。

复杂的软件项目可以通过最小程度的返工和高度的客户满意度完成，但是，必须要事先制定严格的政策、程序和指导准则才能够取得成功。

质保使得用户相信，他们的要求将得到满足。在小型环境中，制定和实施质保流程可以减轻终端用户的担忧，使他们确信应用项目的结果将达到他们的预期。在大型环境中，如果不采用正式的方法以及质保流程和团队，几乎难以完成大规模项目。

在应用开发团队中，实施科学的质保流程带来的好处是节约了资金和提高了生产力。通过以下的全国统计数据，可以发现成本节约或"成本避免"的数量是多么的惊人：

> 修补已发布的代码中的错误需要5～17个小时，而代码审核和检查过程中只需要1～1.5个小时。[1]
> 软件缺陷给美国经济造成的损失为每年595亿美元（2002年）。[2]
> 平均来看，开发人员在每开发1000行代码中会犯100到150个错误。这些统计数据在开发人员、项目以及开发语言之间存在差异。[3]
> 软件缺陷每年给美国经济造成近600亿美元的损失。总开发成本的80%用在了开发人员识别和纠正软件缺陷上。[4]
> 美国因为质量问题而取消的项目造成550亿美元的浪费。[5]

大量数据表明了质保测试的必要性，正确的测试投资带来了积极的投资回报。只有正确的实施测试，才能起到真正的质保作用。在任何测试计划中，都有几种类型的测试值得考虑，包括：

> 功能测试：测试应用程序的功能性（例如，屏幕上是否有"保存"按钮？应用程序是否正确添加到公式中？）。通常由质保测试小组在终端用户的参与下根据用户要求实施测试；
> 单元测试：编程人员在完成一个离散代码（代码"单元"）后完成的测试；（例如，这个代码在完成后是否按照技术设计的要求运行？）
> 集成测试：质保测试小组在开发团队和终端用户的参与下完成的测试。多个编程

---

[1] 美国标准与技术研究院，"软件测试基础设施不足的经济影响"（2002年5月）网址：http://www.nist .gov/public_affairs/releases/n02-10.htm Why Test?
[2] 吉布森（Gibson）、戈登森（Goldenson）和考斯特（Kost），"CMMI的性能结果"，CMU/SEI-2006-TR-004, ESC-TR-2006-004, Copyright 卡耐基梅隆大学。
[3] 美国标准与技术研究院，"软件测试基础设施不足的经济影响"（2002年5月）网址：http://www.nist .gov/public_affairs/releases/n02-10.htm Why Test?
[4] 斯坦迪什集团，问题编年史v3.0（2003年3月）。
[5] 吉布森（Gibson）、戈登森（Goldenson）和考斯特（Kost），"CMMI的性能结果"，CMU/SEI-2006-TR-004, ESC-TR-2006-004, Copyright 卡耐基梅隆大学。

人员完成的所有应用程序是否按照规格要求运行；（例如，五个合作打印工资支票的程序是否来回发送正确的数据并且打印工资支票？）

➢ 回归测试：验证所有功能在应用程序变更后仍然正常运行的测试。（例如，一个数据元素被修改后支持数据输入页面的变更。所有其他依赖这个数据元素的应用程序必须进行回归测试，以确保它们即使在代码没有被修改的情况下仍然起作用）。

➢ 平台测试：必要时，在多个计算机平台上测试应用程序；（例如，应用程序是否在 MS Windows、UNIX和AS400平台上运行？）

➢ 多会话测试：模拟多用户的测试，目的是测试在线页面速度和可扩展性；（例如，应用程序是否能同时支持50个以上的用户？）

➢ 强度/性能测试：模拟大交易量的测试，以确定应用程序的最大交易带宽（例如，应用程序是否能够一天支持1万次交易？）。

测试涉及到许多活动，但是我们主要阐述一些最佳实践：

➢ 有效的需求定义是良好的质保计划的关键。确保以足够的详细度收集终端用户要求信息，并且获得终端用户的最终认可；

➢ 收集完用户要求之后，在完成技术设计的同时立即编写测试情景脚本。在记录设计形成后立即开发测试脚本的做法可以提供最准确的测试脚本；

➢ 确保IT团队的一名成员（或者质保测试经理）负责提前向终端用户群体传达时间表和计划。通过有效的规划，终端用户在收到事先通知后能够在测试当日到场参加测试。项目状态的定期更新也非常关键；

➢ 测试审核应始终包含终端用户；

➢ 确保测试时间表、测试脚本和测试结果得到充分的组织和管理。对于大规模项目，有许多工具可以用于这些项目的组织；

➢ 保存测试绩效的统计数据（例如，测试脚本的数量、失败的次数、成功的次数、每个程序的平均缺陷率或多行代码的平均缺陷率）。这确保了测试进度可见，而且对任何问题事先进行了强调。如果可能，对于每个统计数据设定目标，奖励实现目标的团队；

➢ 应用程序进入到生产阶段并且在实际环境中运行后，制定发布日程表，这样就可以按照规定的日程表（而不是实时）提供漏洞修补和功能服务。这将确保问题得到优先级排序，并且可以制定定期测试计划（例如，测试在每个月的第三周进行）；

➢ 确保质保流程是系统开发生命周期中的每个步骤的一部分。终端用户是否审核并签署了用户需求文件？开发之前是否审核了技术设计？

在大规模应用开发项目实施期间，应当对测试自动化进行评估。通过采用自动化工具将一部分测试工作自动化，能够显著提高测试效率。这样可以组织测试脚本、提高测试实施速度、自动跟踪测试结果并且简化容量和压力测试。

测试自动化适用于大项目、重复性测试任务、大量的数据加载、多平台测试（测试工具可以在多个平台上实施相同的测试），以及涉及到当前开发周期的项目。如果企业正在重复运行测试脚本，就适合采用自动化测试，而且能够带来投资回报。

将质保结合到开发项目中是非常关键的。测试过程在项目之初开始，一直持续到应用程序发布和使用之后很久。与要求可预测的结果的任何项目一样，虽然流程设置的严谨性，以及长期重复这一流程的能力，意味着付出一定的投资，但是事实证明，测试为该投资带来了积极的回报。始终不要忘记最终目标，那就是提供满足或者超过商业用户期望和设计要求的高质量应用程序。毕竟，如果你不能达到设计要求或者项目预算被削减到无法达到设计要求的程度，那么继续实施项目是没有意义的。

10.9　总　　结

企业的应用决策管理是复杂的，需要预先考虑和计划。应用（软件）应当符合全局策略并与相关领域紧密结合。应用管理团队应当定期分析应用组合，发现特定业务领域中计划运营和报表能力不匹配的薄弱区域。根据应用系统的业务价值和当前的适用性定期评价所有的应用（软件）。在一些受关注的应用系统领域（业务价值高，适用性低），应当通过进一步的评价制定改进或替代策略。如果应用系统被替代，则应用管理团队必须依据定制开发、优势组合软件（best of bmed）、ERP软件包的实施或一种混合方法制定相关策略。

在稳定的情况下，应用管理团队需要负责应用支持、开发改进系统以及按用户要求定制当前系统。从理论上来讲，这些任务划分要具体到个人，以便尽快地完成预定的改进工作。应用团队的开发人员还可负责创建新的客户系统以及实施、配置、客户化软件系统。在所有的情况下，有效的项目管理的标准和规范均适用，并且帮助团队成功地计划、建立和管理应用组合。

第11章

IT人力资源

如果你不想参加夺冠比赛，也不想达到最高水平，那么你就不必在这里。因为这正是我想努力取得的，我不愿意被挤出前三名。

我深信，如果你想让别人加入你的团队，共享共同的目标和激情，促使他们达到最高的水平，那么你就要名列前茅。

——比尔帕塞尔斯（Bill ParceUs，NFL教练）[1]

本章介绍负责IT人员招聘管理的人力资源（HR）生命周期。那些必须由首席信息官负责的人力资源和招聘事务对企业人力资源部门来说是一个陌生的领域，因而IT团队必须和人力资源联合起来有效地管理这项事务。IT人力资源的生命周期覆盖首席信息官职责中的大部分内容，包括资源计划、候选人来源、面试、聘用和管理。

本章围绕IT人力资源生命周期的5个主要步骤展开讨论。

步骤1：确定人力需求——确定交付项目和维持服务水平需要的人力资源类型及数量。

步骤2：候选人来源策略——确定最佳的可聘用的候选人来源，决定职位是合同制还是永久制，确定提前筛选候选人程序以减小面试的工作量。

步骤3：有效的面试——最佳面试实践，识别最佳表现者。

步骤4：有效的录用——录用确立后及名单公布前的管理工作。

步骤5：管理劳动力——IT团队管理，包括分配职责、培训及职业发展、人员留用策略和处理员工的离职。

本章概述了人力资源与信息技术和IT部门相关的问题。常见的是，IT部门人员配置的焦点集中在公开职位的候选人面试和特殊项目的管理上。整体而言，这导致了对很重要的人力资源实践问题缺乏关注，例如合同制员工的恰当使用、培训和发展，以及绩效的提高等。本章列出IT管理者所要面对的人力资源管理的整个生命周期，并且强调管理高效的IT部门所需的平衡。

---

[1] 比尔·帕斯尔斯（Bill Parcells），"转型团队的艰难工作"，（《哈佛商业评论》2000年11月/12月）。

11.1　IT人力资源的重要性

劳动力成本占平均IT预算的30%～60%。如果包括外部的合同员工和顾问，劳动力成本可能超过50%。很明显，IT劳动力对企业和他们所在的IT部门来说是一笔巨大的花费。另外，IT部门内部员工的素质对IT运营的效力、使用者的满意度、IT投资整体价值的实现，以及技术的主动使用都有巨大的影响。一个合格的IT团队将成为企业显著的竞争优势，一个差劲的团队则会成为企业的灾难。确定与人员相关的支出规模和IT对企业成功的关键度，以及员工管理方面适当的HR实践是IT管理层的重要技能。

不管整个经济状况如何，高度掌控IT资源，熟练掌握最新技术的IT人员总是具有竞争力的。跟上技术的最新发展，并能实现承诺的有才能的技术专家均有就业优势。尽管近期经济低迷，失业人数增加，对优秀技术人才的需求在接下来的10年仍可能持续增长，聘用并保留最好的人员仍将是IT管理和IT部门成功的重要因素。

相比于普通劳动力，IT专业人员通常拥有高技能，受到良好的教育，他们担任着企业中各式各样的职位，这就增加了IT人力资源管理的复杂性。一般地，他们有不同的职业志向，经常把诸如有吸引力的项目、能够得到培训和在新技术领域工作等因素放在通常像报酬、地位、升职之类的职业要求之前。这给IT领导带来了额外的挑战。

更具挑战的事实是，首席信息官和经理在人力资源管理方面没有特别的经验。另外，他们把实施系统、执行项目、监督网络和其他与技术相关的工作看作是自己的主要职责，因此，这些工作吸引了IT管理层大部分的注意力。

按照本章所讨论的流程去做可为组织带来巨大收益。人员更新成本高，可以达到离职员工薪水的100%～250%。举例来说，在一个有50名员工的中型IT企业里，若淘汰率是10%，即有5名员工离开，他们的平均工资为6万美元，则这家公司将花费25万到50万元，以弥补雇佣新成员、重设项目最终期限、其他人员更新所造成的费用损失。在有数百名员工的大企业里，这个费用更是大得令人吃惊。人力资源生命周期有助于减少并控制人员更新及相关费用。

理解如何优化企业人力资源资产，对成功及运营高效的企业是很重要的。本章讨论IT管理者和顾问如何更有效地聘用、管理员工以建立一个高效的团队。

11.2　IT人力资源介绍

在IT部门中，人力资源管理是一项由寻找、聘用、管理、评估、指导、提拔、培训、发展和解聘员工组成的复杂任务。虽然这些流程同组织中其他部门的人力资源管理相似，但由于技术行业的动态性，IT存在更困难的挑战。由于技术生命周期短，当技术平台改变而员工很难过渡到有新要求的技术平台时，他们的技术很快会变得陈旧。这种现象的证据就是本世纪初，当"千年虫"的补救工作完成后，COBOL程序员的需求急剧减少。许多COBOL程序员难以适应像Java这样的新技术，从而丢掉了自己的工作。这表明，对COBOL程序员重新培训电子商务应用程序有同样的困难，电子商务是当时企业IT花费的重点。当网络时代结束，Java程序员成为弱需求周期的下一个受害者，于是同样的情况又出现了。企业必须不断平衡内部技术及为适应不断变更的业务需求而采用的新技术。同其他如财务、市场或人力资源等职能部门相比，其需要的基本技能体系变更步伐更快一些。在某个特定的企业，任何员工所需的技能都会随时间而发展，但通常比IT的步伐慢。

许多IT经理和总监一直继续其职业道路，这使他们很少有机会培养员工发展及管理技能。IT经理在HR策略、员工聘用、管理、留任和发展方面很少得到培训，经验也很少。IT管理团队升职前，很少接触到他们工作中的非技术领域，这使他们在这些技能方面表现较弱，这些恰好会给部门带来更大的价值。

同样，企业人力资源部门在培训并指导IT专业人员方面通常缺乏经验。掌握新兴技术的IT专业人员的缺乏，与现有员工培训需求和技术淘汰率的结合，给IT经理和HR工作者带来培训和职业发展的挑战。

最后，许多大企业为了获得大批量购买带来的折扣，已经实施集中购买合同和永久员工制。不幸的是，这种安排使IT招聘经理与提供合同制技术专业人员供应商或永久制员工候选人隔离开来。IT部门的特定知识和招聘的高成本及淘汰的重要性，使IT参与招聘新员工和确定候选人来源的流程更为重要。

本章介绍了发现、面试、招聘、留任最佳IT专业人士和有效管理人员的方针、程序及工具。我们通过学习IT人力资源生命周期的各个步骤掌握这些内容。

11.3　IT人力资源生命周期

IT人力资源生命周期，是IT部门内人力资源关键流程的连续循环。它跟随人力资源活动逻辑前进，从识别人力需求开始，然后是聘用、培训和留任员工。第一步，要确定IT部门的实际人力需求。有许多方法可以获得答案，本章将带给大家几个实例。在理解人力资源需求后，第二步把确定候选人来源的策略作为整体，开始识别潜在的新员工。第三步是为识别出来的职位面试候选人。下一步，是聘用流程，它包含若干子步骤，这一步是最容易发生不善管理的领域。因此将突出介绍这一步中的最佳实践。最后，实际上也是最长的一步，就是管理人力资源。我们把注意力集中于管理，因为它明显同HR事务相关。IT人力资源生命周期流程在预定的时间间隔后会不断重复，以确保IT人力资源组织的健康性。图11.1展示IT人力资源生命周期的步骤，IT人力资源生命周期步骤的要点如下所示。

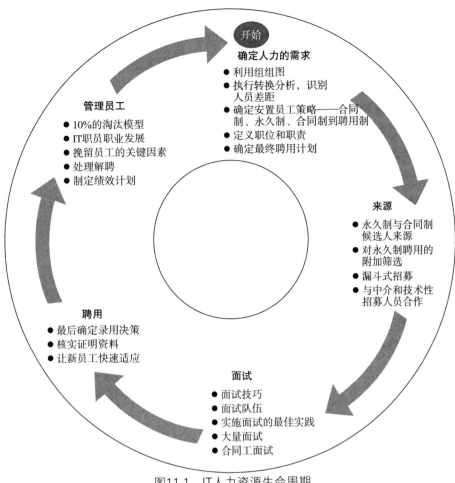

图11.1 IT人力资源生命周期

11.3.1 步骤1——确定人力资源的需求

利用组织圈

首席信息官的职责是联合IT指导委员会，招募为实现IT部门所设立的目标并给企业带来成功机会的团队成员，现阶段的组织图是确定所需队伍结构的出发点。在招聘之前，建立一份清晰的组织图是基础，本书第5章详细列出了最有效的组织结构、组织角色和职责，将其与现有的队伍和组织进行比较，从而识别空缺或重叠的职位。

完成第17章的练习将帮助首席信息官确定合理的资源标准。因为IT部门的劳动力需求是由项目工作推动的，区分优先级的项目目录将决定整个聘用和员工能力计划的大部分内容。

在运营和应用支持领域中已签署的服务等级协议（SLA）将决定这些职能所需员工的水平。

执行转换分析，识别人员差距

转换分析就是对现有人力资源的评价，包括他们的技能以及与前一步中识别的当前工作所要求的技能匹配（支持、项目、服务等级）。如果他们的能力和专业技能与所需无法匹配，则首席信息官必须"转换"重叠，或者用最终产品所需的技能资源来更新不需要的现有资源。必须清除当前人员的现有职位，以空出位置让新人来替代。在某些情况下，当前人员可能被企业解聘，但有时团队成员会被重新培训，以达到新的要求，或者被调到IT内部或者企业其他领域。

转换分析的目的是使首席信息官客观评价现有员工能力与组织要求。对IT部门有新的业务要求，同时又无法达到新技术的所需能力时，当前员工技能与要求技能之间就出现了不相配的情况。转换分析使这些不匹配问题突现出来，确保迅速识别不再需要的技术团队，以便决定他们的去向。转换分析应当在一个小的组织或整个部门来实施。我们建议每个季度进行一次转换分析，或者为了更迅速地改变部门，甚至可以每月进行一次。由于任务的细节性，首次创建转换分析可能很费时，但此后在此基础上的工作量就会小多了。

在一个典型的转换分析中，IT经理可能有一个小的仅由两人组成的应用开发团队，一个有Cold Fusion网络系统开发工具的背景，另一个有微软"·"net程序员的背景。首席信息官要列出他们的整套技能，并评价未来6个月的项目安排。另外，首席信息官决定企业将暂停在Cold Fusion平台上的任何开发，同时，所有的开发都以微软为基础来安排。接下来6个月的程序开发工作需要由两名全职员工（FTE）承担。实施转换分析后，首席信息官决定将Cold Fusion程序员调任到企业其他开发团队或者送去培训学习最新技术，或是被解聘并被需要Cold Fusion的企业聘用，这时团队就需要增加另一个微软开发者。尽管这个例子很简单，但随着人力资源数量的增加，会变得很复杂。然而，组织能力强的首席信息官，事先确定了服务等级、项目计划、应用系统和技术架构定义，这样就会使得人力资源工作变得相当简单。

首席信息官经常被要求在部门内实施成本削减措施。在这种情况下，高级执行团队可能要求减少20%的员工成本。于是首席信息官开始进行转换分析，确定技术重叠的成员，在重叠成员中选择最佳资源，然后计划解聘其他的员工。

图11.2描述了转换分析流程的每个步骤，举例说明如下：

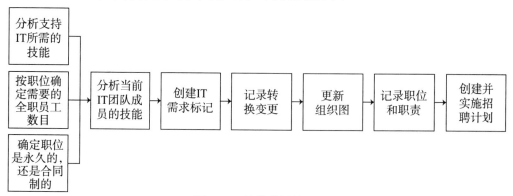

图11.2　转换分析流程

➢ **分析支持IT所需的技能**　图11.3显示的表格，用来列出支持IT业务和项目的所有关键技术，以及部门内每个IT专业人员的相对技术水平。利用现有平台和将来项目信息完成这个表格。

> **按职位确定需要的全职员工数目**　这个信息应当在服务等级协议和项目进度表基础上计算得到。如果是出于削减成本目的，则应当在这些职位上保持满足基础服务的最低员工数目。

> **确定职位是永久的还是合同制的**　本书后续章节将讨论如何在合同制和永久员工之间选择。

> **分析当前IT团队成员的技能**　对比下一年所需技能与当前员工技能。图11.3给出了一个分析实例。员工的名字在第一行列出，所需的技能在垂直方向上列出。对员工的技术要求进行不同等级的评价：空白——无法应用，0——无技能或差劲的技能，1——入门水平的技能，2——平均水平的技能，3——超过平均水平的技能，4——优秀的技能。

> **创建IT需求标记**　依照所需技能和人力资源能力详细清单，确定最佳员工配置所需要的职位和技能。

> **记录转换变更**　记录IT都门内的人员变动情况和从IT部门解聘的人员（没有在新组织内重新任职的人）。当计划从企业彻底解聘某个员工时，与HR和法律部门合作以确保解聘程序有据可依。

> **更新组织图**　反映从先前分析中产生的转换变更。

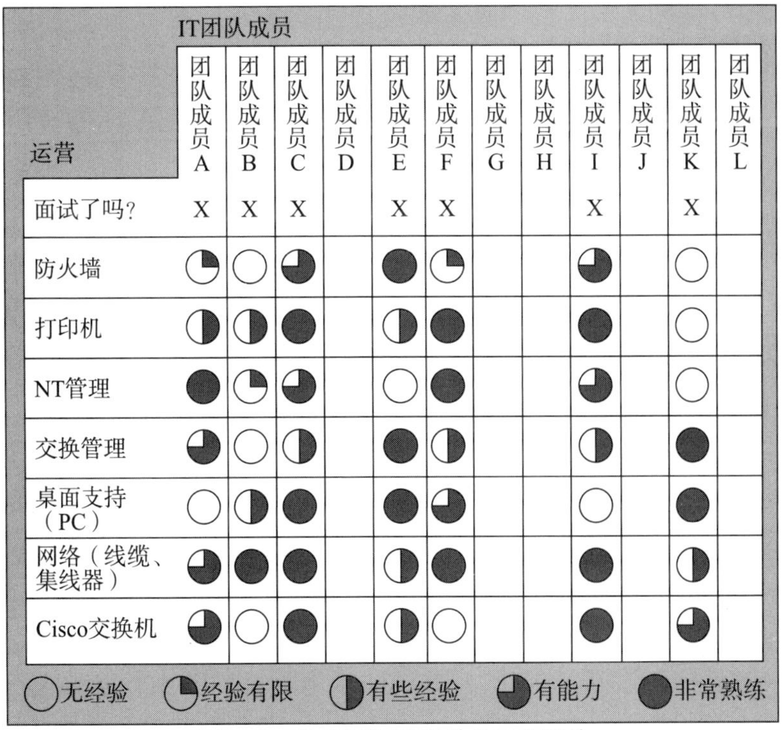

图11.3　技术图和对当前员工的评估

> **记录职位和职责**　为支持IT部门，每个职位和职责都应在新的组织图中列出。第5章列出了IT部门内的常见职位和职责。

> **创建招聘计划**　在给负责经理、HR及企业的招募人员的文件中计划新的职位。每个职位都要详细描述此职位所需的技能、经验和教育背景，还要包含一份理想候选人可能来源的目录。

转换分析完成后，首席信息官就形成了一个新的组织模型和对每个员工的最终部署。四种可能的部署包括，留在原来位置，到新的位置去，换到企业的其他部门及从企业解聘。

确定员工安置策略

接下来，首席信息官要确定某个职位是合同制、试用（合同到聘用）还是永久制的。以下是四种满足IT要求并开展工作的方法。

1. **永久制员工**：被聘用为企业的全职员工，成为IT部门的核心员工。它最适合于持续的、没有大变动的职位。例如，管理职位、分析师职位、不可能有变更的编程职位、基础设施职位，还有企业长期技术架构中部分技术领域的职位。额外的永久员工也适合于有竞争优势或业务信息敏感的领域。使用永久员工的好处在于：

> 永久制员工的薪水和补助金合起来，可能比使用外部承包人便宜10%～30%；

> 保持企业内系统的知识水平；

> 掌握行业和企业特定的系统和接口知识；

> 他们是团队的长期参与者，其注意力更多集中于他们在企业内的工作，有利于围绕企业的最大利益做决定。

2. **合同制员工**：由于他们的特定技能体系，短期签约的临时员工称为合同制员工。合同工应当被使用于3～9个月的大工作量的领域中，项目结束即离开组织。在这段时期内，企业无需聘用全职人员，而且当工作结束后，如果没有额外的工作出现，则企业可立即解聘合同工。合同工也适合于需要特殊技能而企业内部无法提供的领域。使用合同制员工的好处在于：

> 因为合同工能在短时间内出入自由，无需HR干预，所以利于保持人力资源成本的可变性；

> 仅需支付同等劳动的报酬；

> 无需培训；

> 招聘恰好满足所需技能的人员。

3. **试用**：即聘用工作1～3个月的合同人员，如果他们的表现不错就聘用他们为永久制员工。这种"先试后买"的方法，使永久性招聘达不到预期效果的风险最小化，也为企业决定是否长期需要该员工的技能提供了考虑时间。企业与候选人签定合约，他将在合约期限内不予考虑是否转为全职员工的可能性。如果候选人是通过中介或招聘企业签订的合约，则通常在合约期末需支付转换费。对超过6～9个月的合约，签约的企业可能会放弃转换费。

合同制聘用的一个缺点是高水平的候选人更喜欢即时的全职工作录用。如果有大量企业需要他们，则竞价战争爆发，或者另一家企业在签约期中提供给他们永久性录用机会，则IT团队就要冒失去他们的风险。

4. 顾问： 顾问是企业聘用的负责交付整个项目或运营区域的一种人力资源。他们负责交付预期服务等级基础上的最终产品和服务。如果是有明确需求、工作计划及交付要求的3~6个月期限的项目，则雇用咨询企业是很好的选择。同时，对于基础设施或应用程序领域的外包项目，聘请顾问也是个不错的选择。当企业不拥有且很难找到完成项目的专门技术，或者企业想要降低外包成本时，雇用咨询企业是最有利的。如果一个项目有很大的风险，或者业务非常重要，聘用一家有类似经验的咨询企业将有助于降低风险，增加成功的可能性。

根据变更速度、IT部门需求的多样性和目前企业内项目的优先程度，合同制员工可能占到一家企业IT员工的10%~50%。对IT部门和企业来说，最佳的效果是将合同制员工目标比率控制在25%。如果企业遇到经济困难，合同制劳动力成本就能迅速降低。

一般而言，管理者和分析师应当是永久制员工，尤其在关键的领导职位，除非该职位是外包来的。首席信息官应当通过组织图说明哪些职位必须是永久的，哪些职位则可以使用永久制或合同制人力资源。

人员组合的整体目标是使永久员工的生产力最大化，减少人员调整，提高整组的生产率，快速获得特定技能人员，允许成本发生变动，并通过允许永久员工拒绝从事企业内某些没有吸引力的工作来鼓舞员工士气。图11.4列出了按应用类型和聘用风险来确定的人员配置策略架构。该架构中的分析步骤如下所示：

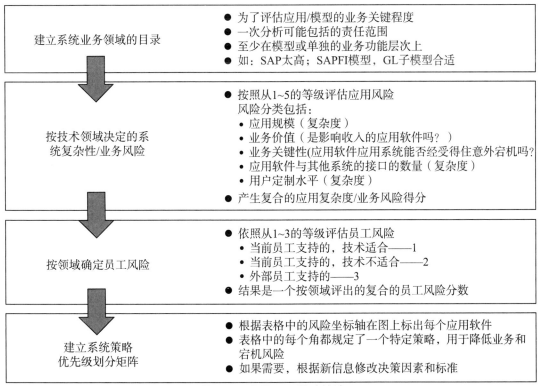

图11.4　人员配置策略综述

➢ 建立系统和应用软件的目录：该步骤包括汇集所需支持的系统以及编制目录。完成本书第10章所描述的活动可使这项工作变得轻而易举。此目录可用来了解技能要求、系统的复杂性和风险。

➢ 确定由技术领域决定的系统复杂性/业务风险：对每个系统或所支持的领域进行1~5（最小风险到最大风险）级的风险评估。风险种类包括系统规模和复杂性、业务价值（如，这是影响收入的应用软件吗？）、业务危险度（如，应用系统能否经受得住意外停机？）、系统与其他系统的接口数量（复杂性）以及用户定制水平（复杂性）。将这些得分相加就得到每个系统或支持领域的系统复杂性或业务风险的分数。

➢ 按领域确定员工风险和要求的技能水平：对于各个系统而言，需要评估员工的流动风险水平及管理和维持系统所需要的技能水平。系统所需的技能在一般劳动力群体中很容易找到。对于员工离职可能性低的相关系统而言，其评价分数较低。而对于员工技能要求高且通常要求奖金的领域，或者导致员工跳槽频率增加的高压力领域，其评价分数较高。

➢ 创建永久制与合同制员工矩阵：依照前一步中确定的应用和员工风险水平，将每个系统显示在图11.5的格子内。

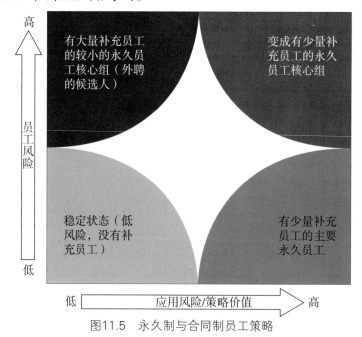

图11.5 永久制与合同制员工策略

该象限图表示减小业务和停工期风险及合理配置该领域员工的特殊策略。

➢ 西北象限表示管理和指导这些系统的永久员工的小的核心组，它有大量的合同制员工作为补充。这些系统的业务风险很低，因此由系统中断引起麻烦的可能性也很低；然而，技能要求很高，使得合同制员工安置模式更吸引人。西北象限的应用或功能也适于外包的候选领域。收到外部企业维护此系统的报价，至少能提供当前成本与外包成本和收益比较的基准数据。

> 东北象限也表示一个拥有合同制员工补充的小的核心组。这种情形与西北象限类似，除了这个象限的系统对企业具有很高的策略价值，这意味着可靠的永久制员工核心体系应当负责监控这些系统。外部合同工或顾问可以对该团队起到补充作用，他们给该领域带来最新的、符合要求的技能，帮助永久制员工跟上技术变更的步伐。

> 东南象限表示大部分都是永久制员工。对实质上是策略性的系统，这个领域内部技能应与技能需求很好地进行匹配。通常，这时员工喜欢他们的工作，不大可能受外部机会的诱惑，在这个领域中组织没有什么理由外包或使用临时员工。在某个需要的基础上，小数量的合同工可以用来补充团队，管理项目或季节性需求中的波峰和波谷。

> 西南象限表示当前员工安置情况没有变化。它适用于业务策略重要性低的应用软件和系统，目前这一领域的永久制员工的技能是适合的。此类别中的系统也可详细研究，以决定它们是否适合外包，这将降低该领域的整体支持成本，使永久制员工专注于更高价值的系统。

定义职位与职责

无论新的还是现存的，IT部门的每个职位都应当明确其所需技能、经验和教育背景，以及一份详细的工作职责说明。该说明文件在IT和HR内完成编制并归档。这给IT队伍在了解首席信息官的期望以及他们的职责方面提供了非常清晰的指导。另外，文件中应当列出每个职位的客观绩效评价标准。以下是对各个职位应该有所了解的内容：

> 职位名称；
> 组织内的角色（组织图中的位置）；
> 汇报关系（该职位管理的直接报告，该职位向谁汇报）；
> 工作要求：技术能力，教育背景，工作经验，企业任期；
> 每日工作职责的文献；
> 职责的优先级；
> 角色成功的主客观评价；
> 提拔标准；
> 成功标准和目标。

作为招聘的详细说明，其中的信息可以被内部或外部的招聘者使用，也可以作为每年员工评估流程的评价标准。

制定最终的招聘计划

首席信息官将得到一份关键人员活动表，一份新的公开招聘职位表和一份有关聘用形式的决定书（合同制或永久制）。步骤1的最终阶段是产生一份招聘计划。表11.1为招聘计划工作表。

表11.1 招聘计划工作表实例

职位名称	职位号	永久制或合同制	经理	招聘人员	职位描述	技术	对象录用日期	对象开始工作日期
顾问—Peoplesoft	2	合同	JD	TL	Y型	Psft软件功能，财务软件AR/AP/GL，V8.0	7月1日	7月15日
网络系统工程师	6	永久	JM	TL	Y型	高级网络CCNA	7月1日	7月15日
程序分析员	2	永久	JD	TL	Y型	Visual C++，SQL Server	7月15日	8月1日
技术分析员	1	合同	SG	TL	N-TBD	3年技术支持经验NT，Windows2000，MSCE	7月15日	8月1日

招聘计划详细说明了以下信息：

➤ 职位名称；

➤ 需要招聘的职位数量；

➤ 人力资源类型（永久制或合同制）；

➤ 负责招聘此职位的IT部门经理；

➤ 负责管理此职位招聘流程的招聘者；

➤ 说明职位描述是否写出，并标有是与否的可用标志；

➤ 对该职位所需技能的高度总结；

➤ 职位的录用目标和开始日期。

首席信息官应与HR部门协作来决定每个职位的目标薪水比例。这个比例应当建立在企业标准、市场比例和IT部门内当前的报酬水平等各方面的综合信息之上。

招聘计划简要地总结了组织当前的招聘需要。它也是IT部门、董事会、HR和内部及外部招聘者之间进行沟通的有用工具。

11.3.2 步骤2——候选人来源策略

确定候选人来源需要在招聘计划完成后，从大量劳动力群体中识别候选人。这个流程按照寻找的紧迫程度、职位类型（永久制、合同制）、所需技能的稀有程度的不同而不同。寻找流程由以下几个步骤组成：

➤ 建立候选人描述文档：表明职位整体要求的详细工作说明。内部或外部的招募者利用这个信息来筛选候选人。该文档可从上一步建立起来的职位和职责文献中得到。

➤ 提前筛选策略：有必要确保花费最小的功夫来剔除低潜力的候选人。需要经过几轮淘汰来剔除候选人。例如，一个普通的淘汰方法是筛选实践经验的年数："如果候选人没有3年的软件专业工作经验，将不予考虑。"另一个典型的提前筛选包括学历要求、地理位置（例如，只考虑本地候选人）和特定行业经验（例如，财政服务、能源、电信等）。

> **适时的重要性**：尽管首席信息官应当面试足够数量的候选人，但他们的时间仍然非常宝贵。因此，他们带领候选者经历筛选、面试和录用的流程完成得越快，管理者就越可能获得想得到的候选人。经历漫长等待的候选人面临很大风险，尤其是在大规模招聘的情况下，要么在等待中得到另一份工作，要么被遗忘。如果在候选人的第一次面试和确定录用之间时间超过三个星期，那么我们说该招聘流程进行得太慢了，这可能导致企业失去合适的候选人。

> **技术测试**：是另外一个有用的筛选（或提前筛选）工具。通过众多在线供应商诸如Brainbench或ProveI进行技术测试来对候选者技术能力水平提供第三方证明。对管理职位来说，还要进行其他像IQ测试或其他非技术技能的测试。

确定永久制和合同制候选人来源

因为招聘周期和应聘者性格的不同，在永久制和合同制员工的招聘之间存在相当大的差异。合同工适合工作在有许多不确定性因素的环境中。他们更乐于接受并自主掌控下次合约签订之前没有工作的风险。

合同制工作的招聘周期一般是5天（面试和录用之间的时间）。永久性工作职位的招聘周期20～30天不等，因为企业和候选人都需要更多的时间搜集信息，在做出决定前双方互相评价。永久性招聘有不同的来源途径。永久性技术候选人的最佳来源如下：

> 运用相同技术和技能的其他企业。

> 现今IT员工的前任雇主。

> 来自现有员工的推荐（这是大部分企业的最大来源）。

> 来自专业的永久员工招聘服务代理机构。电话黄页中可找到很多从事计算机技术招聘或永久员工招聘服务的企业。

> 互联网工作留言板也是一个招聘来源，但它对积极寻找工作的候选人和经常换工作的候选人的用处明显。对永久性招聘来说，许多企业更喜欢"被动的候选人"，他们通过人才中介或内部招募去更好地发现他们想要的人，著名的招聘网站（www.monster.com、www.hotjob.com和www.headhunter.net）上数千万的个人简历和相似的职位数量，使其成为技术性招募的一个重要来源。

> 通过大学、大专、中专和技术培训中心的就业办公室提供候选人。

> 技术联合会或行业联合会在寻找技术候选人中起到关键作用。国家计算机技术咨询业务联合会（NACCB）和美国信息技术协会（ITAA）均对技术市场提供服务。

以下是可对招聘临时技术候选人提供帮助的可用来源。

> 对IT合同制专业人员提供服务的人才中介。本地的电话黄页在技术咨询、计算机——信息技术咨询服务、计算机——临时就业服务或者计算机——技术性招募目录下列出了相关企业。

> 电子招聘信息杂志（www.interbiznet.com/ern）提供合同制和永久制招聘资源。

> Air Directory是www.airsdirectory.com上招募来源的主要目录。

> 针对合同制员工的网站，例如，Dice（www. Dice.com）面向合约的候选人提供服务。

> 项目经理及其同伴介绍的候选人。向你的项目经理以及其他领导者索要他们用来帮助招聘合同制人力资源的企业名单。

> 技术联合会或行业联合会（例如，NACCB和ITAA）也可提供临时人力资源方面的帮助。

两种类型的候选人来源之间的另一个区别在于信息的特殊性。对合同制资源，职位必须是特定的，报酬率设定在某个范围，时间被相关的项目明确框定。这使得合同制招募者在招聘时可迅速且大量地筛选候选人。

永久制聘用的附加筛选

永久性聘用时，IT管理者可以选择进行附加筛选。评价简历时可关注某些附加方面，如，应聘者经历、具有被长期聘用（如，长于18个月）的能力证明和清晰一贯的合理职业发展履历。你可以在招募流程中加入素质证明检查，包括背景测试和行为筛选，这有助于降低招聘到不合适人选的可能性。无论在何种情况下，IT团队都要同HR部门密切合作，制定恰当的永久性候选人筛选标准体系。

招聘过滤量

招聘过滤量指在招募流程的每个步骤中筛减候选人的数量（例如，从每100个潜在的候选人中筛减掉一些人，被保留的人员进行接下来的筛选直至通过所有的流程以至被录用）。对一个给定的职位，经理最少要亲自面试3个经过所有预先筛选和初步电话交谈的候选人。较高的面试比率说明招聘人员没有理解此规范的含义，或者经理过度挑选，或者要求范围太窄，或者以上三者皆有可能。

表11.2显示为一个追踪招聘过滤量方法。图中描述了公开职位招聘流程中每个关键步骤（候选人识别、面试、录用和接收）的活动。团队应确保活动总结表可提供公开职位的追踪和发展状况。

表11.2　招聘流程一览表

职位	招聘人员	照片职位	面试应聘者	未选中的应聘者	提交给经理	录用	拒绝录用	接受录音
1	JP	7	58	35	14	9	3	6
2	JB	6	44	21	21	11	2	9
3	SW	1	52	28	7	17	8	9
4	JK	7	42	24	14	8	3	5
5	WQ	4	15	8	3	0	0	0
6	FD	0	0	0	0	0	0	0
总数		25	211	116	59	45	16	29

另外，某些人可能按职位划分（通常是招聘部门）对每个应聘候选人的筛选流程进行追踪。首席信息官应当索要一份类似于表11.3的显示招聘状况的阶段性报告。

表11.3　应聘者跟踪流程一览表

应聘者姓名	职位	来源	招聘者	经理	筛选	引见	第一次面试	第二次面试	录用	接受	开始工作	后续措施
Jones, Cheryl	网络系统管理员	推荐	JM	JD	1/20/2007	1/20/2007	1/21/2007	1/22/2007	1/23/2007	1/24/2007	2/15/2007	
Smith, Chris	程序分析员	随机	JM	JD	1/20/2007	1/20/2007	1/22/2007	1/23/2007				
Floyd, Terry	咨询顾问	广告	JM	JD	1/20/2007	1/20/2007	1/24/2007					
Jones, Mary	首席技术分析员	推荐	JM	JD	1/20/2007	1/20/2007						

了解招聘过滤量有助于团队监控招聘流程，典型的规则如下：

➤ 招聘人员寻找被动的候选人，打75～100个电话找到一份合格的简历；

➤ 经推荐的候选人能大大提高招聘人员的工作效率；

➤ 10份简历筛选产生一次面试；

➤ 3～5次面试能产生一次录用。

与中介和技术性招聘人员合作

与技术性招聘企业合作，是为公开职位寻找候选人的有用方法。中介能降低识别合格来源的成本，以及负责帮助寻找到IT部门或内部招聘部门尚未找到的候选人。中介有高效的招聘和来源确定流程，企业在这方面很难与其相比。

中介销售人员（猎头）是招聘企业和中介之间的"桥梁"。来自其他首席信息官的推荐是识别潜在猎头的好方法。如果被推荐的候选人不能达到招聘方的要求，则首席信息官有权通知中介并要求同中介总经理谈话。这时，总经理会推荐企业最好的猎头给招聘企业，这个人至少应当有五年的工作经验。总之，要让中介企业清楚，他们必须提供有经验的且最好了解行业知识的猎头。中介筛选中还应考虑问题如下所示：

➤ 规模：与拥有大规模候选人数据库的企业合作。规模的一个指标是全体员工（销售、招聘和技术人员）的数量。拥有10个或以上销售和招聘人员的企业规模是比较合适的。其他的规模指标包括年收入和咨询人员或企业每年安置职位的数量。由于进入人力资源中介服务行业的门槛低，导致这个行业充斥着投资不足的小型竞争者。

➤ 费用安排：对永久性招聘来说，中介费用的范围为候选人起始薪水的10%～35%。当中介为多个职位招聘时，费用会相对降低，但对于特定职位，中介费用通常需要25%～30%。中介企业在候选人开始工作后，收取终端用户的中介费用。中介通常也提供某个特定时期的调换担保，即如果招聘的候选人在担保期内不能工作或签约，那么中介需要免费重新推荐候选人。对于合同工来说，中介费用标准不同。中介不收取合同工单独的费用，而是对每个候选人按小时收费。收费率可通过谈判确定，一般由招聘人员的技能和资源的市场需求情况、合约期限、地理位置和工作类型等因素决定。尽管如此，中介也会提高诸如聘用税、咨询企业利润等的顾问成本，涨幅通常在20%～50%，其按照技能、需求、合约期限和地理位置的不同而不同。

> 预付费：企业一般避免支付中介招聘预付费，除非是寻找最高水平的管理者。与预付费招聘类似的是现场招聘。在这种情形中，企业与中介达成协议，开展现场招聘工作，专门为企业的公开职位招聘。如果企业有大量招聘职位，而且内部招聘支持不够时，这种方法就很经济。

> 营业年数：了解企业的营业年数。人才中介企业所处的环境充满强竞争，因此，一个在该领域运营长达5～10年的人力资源企业应当具有满足客户需求和适应市场变化的能力。

> 前五名客户：询问中介企业总经理，企业的前五名客户是谁。通过这种方式可以了解中介企业的服务能力和相对成功度。同客户保持良好的长期合作，说明中介企业具有良好的招聘能力。

> 数据库规模：询问存档的或在线数据库里有多少份技术候选人的简历。数据库越大，招聘流程越迅速，中介提供最适合资源的能力就越强。

> 招聘者的数目和地理位置：招聘者的数目表明中介企业的规模，以及在新要求下快速开展工作的能力。招聘者所处的地理位置也很重要。招聘基本上是一个本地流程，用本地招聘者更易成功识别合适的候选人。中介的招聘队伍需专注于招聘本身，而不是将销售和招聘混淆。

> 中介的高级技能：了解构成企业核心竞争力的技能体系。举例来说，如果一个中介企业专门招聘网络专业人员，那就不要用其来招聘编程工作人员。通过索要一份过去6～12个月内的技能表格来判断中介企业的资格。

> 推荐人：寻找企业新近的介绍人，至少联系其中一位，确定中介是否成功地向客户推荐人员。

> 筛选流程：中介应事先表明他们预先筛选候选人的方法。同时也可利用技术测试、背景检查、推荐人证明、教育证明或其他证明对候选人进行预筛选。中介还应当提供筛选表格，这些表格是完整的招聘流程的一部分。

> 候选人来源途径：中介应当提供他们寻找候选人资源的途径以及候选人简历的主要来源。好的中介能有效利用他们内部的数据库，通过大量的电话和现有签约人或候选人的推荐，找到被动的候选人。一般的中介只是通过查找工作留言板去寻找候选人，没有付出额外的努力来搜寻其他的来源。

上述方式有助于识别一到两家中介进行合作，可以满足大量的长期招聘需求。不仅如此，IT团队也可采用本书第12章介绍的竞争性投标流程来选择供应商。之前的表格为完整的供应商选择流程提供初始需求体系。

如果企业拥有一个人力资源总部或具有招聘职能，则他们通常持有一份招聘专员或临时人力资源公司的供应商清单；清单所列资源已被证实或已被批准可与其合作。

与人才中介签定职位招聘合同后，企业要确保在合同中加入"禁入条款"，明确中介企业不能从本企业招聘员工。合同从该中介帮助招录的最后一位永久制或合同制候选人开始工作之日算起，一整年内有效。

对那些难以找到合适人选的职位而言，寻求中介帮助是非常必要的。对容易找任职者的低等职位或内部招聘者能成功招聘的职位，则不必要使用中介。

11.3.3　步骤3——有效的面试

在这一节中，讨论面试合格的标准。面试流程着眼于对应聘者是否适合这个职位，是否具有合作精神等方面进行评估，以鉴别应聘者能否胜任这个职位，同时也为应聘者提供一些关于企业、部门及所聘职位的信息。一旦发出聘用邀请，IT团队就会给应聘者提供全面的信息。组织一次成功面试的途径如下所示。

> 组成一个面试小组：由管理者（负责人）——所聘员工的上司，一到两个即将一同工作的小组成员共同组成面试小组。这样做保证了在团队高素质与活力之间的平衡。面试小组对每个面试人员的关注点也各有侧重（例如，技能评价、文化适应性评价、管理经验）。

> 制作一张应聘者的记分卡：面试小组用此卡片记录每个面试者的面试情况，此卡片是基于应聘者的基本资料制作的，而这些资料在IT人力资源生命周期的第一步就已建立。

> 提前准备面试工作：面试人员最常犯的一个错误就是没有很好地准备面试。管理者和IT小组成员工作繁忙，经常要挤出时间进行面试。于是往往当应聘者坐定准备开始面试时，面试人员才开始翻阅简历，很可能由于思考要问的问题而无法专心倾听应聘者说话。因此，要使面试更有成效，面试人员需要至少提前15分钟阅读简历，不放过每个感兴趣的环节，并记下所要提问的具体问题。之后，计划面试的内容及步骤，整理出一份面试清单，以备反复面试使用。

> 增加10~15分钟完成面试：一般面试时间为30~60分钟，分为三部分。第一，应聘者简述背景，清楚地叙述工作经历，解释每一次跳槽的缘由。面试人员还应问清应聘者离开以前的工作单位或打算换工作的原因。第二，面试人员应当为应聘者简单介绍职位的作用、任务、目标等。这样可以为应聘者提供一个表明自己了解该职位，并且运用过去积累的经验能够实现企业目标的机会。通过发给应聘者一个业务案例或问一些相关的技术问题，观察面试者的分析、思考能力。用剩余的5~10分钟回答应聘者提出的问题，讨论接下来的步骤。为了节省一对一面试的时间，有时可以运用先进的视频技术获得简历信息。特别是当企业要招聘多个职

位，需要与许多应聘者交谈时，视频面试就为面试小组减少了大规模面试的工作量，只要通过屏幕即可达到面试目的。

➤ 应聘者自述：80%～90%时间用以应聘者进行自述。这时面试小组成员不应太多地谈论有关职位、工作小组和企业的事情，只有当应聘者面试通过后，才需要这样做。

➤ 面试中，核对关键原则：企业文化适应能力、工作热情、执行力、所需技能、已有业绩或工作表现。

➤ 注重候选人个人成绩：应聘者常常会在面试中大谈特谈集体的成绩，忽略了个人所做的突出贡献。当然，这样可以掩饰他们个人能力的缺陷，但应聘者还是需要强调个人成绩。

➤ 在记分卡上，写出面试评价：以统一标准制作记分卡是很重要的。在面试流程中，给面试小组所有成员发一张记分卡，每面试完一个人，就写下对他的评价，与旁人的意见作对比，通过这些反馈形成聘用意见。这些也有助于将来可以从数据库中调取所需资料。

➤ 候选人测试：可以从中获得应聘者的一些客观信息，尤其关于技术方面的信息。测试结果也可在应聘者之间进行比较，评判谁更适合这个职位。测试包括技术测试、IQ测试或业务职能测试。

➤ 行为测试：心理行为测试能有效地确定成功候选人的个人行为特征。如果事先就有一个成功候选人的个人行为特征标准作为参考的话，那么行为测试会非常有效。

➤ 业务案例面试：这又提供了一个机会来测试应聘者的思维能力。以口头或书面方式向应聘者提出案例，让他们分析解答，要求应聘者提出他们解决此问题的方案。我们会提出诸如"如何根据所收集的事实、数据，来评估你和你的竞争者，评价你中标的可能性？"等业务问题，在大多数案例中，很难有确切的答案，所以应聘者要表现出剖析问题、获取隐含信息、讨论研究及提出解决方案的能力。

➤ 其他方面的背景信息：大量的背景信息有助于我们对应聘者做出取舍，有助于我们在具有同等条件的应聘者中做出选择。企业内的人力资源部、猎头企业或其他中介可以开展一些核实工作，如是否吸过毒、是否有前科、介绍信和教育证明是否属实。因此，在开展核实工作之前，IT部门应与人力资源部门联系，保证两者在企业政策上的一致。

➤ 通过非正式场合了解应聘者：例如，一起吃中饭、晚饭，或在运动场等非正式场合对应聘者的能力做出评估，不仅能了解到应聘者工作之外的性格，也有利于在能力相当的竞争者中进行判断和比较。

大量面试

部门如果要招聘大量员工（大于4、5人），情况就与招聘一个职位大不相同。制作短期工作时间表都需要大量时间，更何况要面试那么多人。因此，最好的方法就是，在每周固定的日子里，腾出一段时间、一个会议室来进行面试。猎头企业也可以为面试小组和应聘者安排时间、地点进行面试，这样大大减少了企业的麻烦，便于企业快速做出聘用决策。这给企业和应聘者提供了很大的方便，企业在短时间内就可以做出决定，应聘者也会及时知道结果。

合同工面试

面试合同工与面试长期员工的流程不同，周期、内容、评估、谈判流程都不一样。以下是面试合同工中所用的问题和技巧。

- 合同工的技能评估：对于几乎具备永久员工的文化适应能力、适当的工作经验的合同工候选人，通常企业都愿意接收。合同工在技术领域的符合度是最重要的，因为这是招聘他们进企业提供特殊专长的根本原因。为了保证聘用员工的质量，合同工要完成技术测试，而且要与专业小组进行技术交流。

- 确认合同工的可靠性和素质：在大项目中，合同工经常需要在短期内充分发挥才智，解决技术难题。如果合同工不可信赖，或者无法提供专业服务的话，那么无论在时间还是在金钱上，企业都将蒙受巨大损失。若是有中介的推荐或合同工有过做项目的经验，这在一定程度上证明合同工有按时、保质保量完成工作的能力。

- 规定合同工工作日价格：不道德的合同工认为项目是短期的，做完后就可以再找下一个项目，所以会偶尔加班，做一些不必要的工作要求支付报酬。询问合同工是否愿意对其工作日时间加以限制（8~10小时），要求加班必须有管理者签字，以避免出现这类情况。

- 了解合同工的聘用身份：合同工与企业不是合为一体的关系，而是为了税收和利益，考虑W-2或1099合同工。每种聘用身份都隐含着特别的含义，可能是某种债务和利益关系。通过中介招聘合同工比直接招聘稍贵一些，可是中介会处理好有关W-2或1099的问题，以及有关合同工加入的问题，减轻客户的责任，不留痕迹地解决诸多问题。如果IT部门要直接招聘合同工，则IT部门领导人或负责招聘的管理者应咨询人力资源部和法律部门，使合同工的身份符合企业的聘用政策。

- 清楚聘用的最终目的：如果一个职位极有可能变成一个长期职位，而某个合同工亦能担当起这个职位的话，就应当使他们了解这个情况。这样，当合同即将到期时，该合同工就不会另找一份工作，而会选择续约。

- 快速做出决定：面试结束后，面试小组应当在2~3天内做出决定，因为合同工可能在此期间另谋高就。他们可能同时有很多选择机会，但通常会接受第一份邀请。只要面试小组有了结果，就应当马上发出供职邀请。

中介能帮助我们进行评估。通过中介，可以从合同工以前的工作单位得到反馈信息和参考意见。

永久员工的面试流程遵循传统的流程和时间框架。从收集资料、挑选候选人面试、发出供职邀请到就职等整个流程需要30天。永久员工要做一个事业上的重大决定，而合同工只签约2～6个月。永久员工需要更多关于一起合作的工作小组的信息，关于工作稳定性的信息，知道企业的策略目标、培训计划，了解文化氛围以及团队的综合实力。

11.3.4　步骤4——有效的聘用

人力资源周期中的第四步，即有效的聘用，但这一步常被忽略。由于我们大部分精力放在收集资料、挑选候选人面试上，因而当招聘工作结束后，大家就可能彻底放松了。我们在这一节中将着重讨论如何让所聘之人接受供职邀请，讲述成功的聘用和不成功的聘用之间的区别。

最终决定录用

面试小组经过讨论研究要及时做出聘用决定，否则应聘者会被其他企业聘走。面试人员常犯的一个严重错误恰恰是想找到一个完美的应聘者。当面试结束且背景资料经核实后，改变聘用决定的新信息出现的可能性就很小了。一旦做出聘用决定，就应尽可能快地通知应聘者，同时附带一封正式聘用通知书。

应聘者被录用后，管理者应当坦率地讲清对其工作的期望，所承担职责、工作时间、工作的灵活性、企业政策和影响应聘者工作的因素。聘用通知书上应当写清具体细节，将口头讲述的工作期望写入通知书中，还要写明具体的工作目标和时间框架（日程安排）。例如，目标可以是，录用者在聘用期开始的3个月内，提出新的票据系统的5个模块；在90天内，汇总资产跟踪数据；还必须在第一年里参加培训，这些都应在录用通知书中说明。这可以让管理者和录用者都事先明白工作的任务和目标，管理者也能及时修正计划。

头45天算适应期，此时，首席信息官和管理者就要与录用者会面，检验预定计划和目标的进展情况，根据实际状况调整方案。

录用者要在通知书及附件上签字，表示他已清楚了企业的期望，而通知书及附件将会进入人力资源部的个人档案及IT管理部门的档案中。

向证明人核实

向证明人（特别是应聘者指明的证明人）核实应聘者的情况较容易实现。有一些规则可以提高核实质量。

> ➤ 向每个应聘者的三个证明人核实，并把谈话和反馈意见记录在案；
> ➤ 至少向一个非应聘者自己提供的证明人核实（如以前的项目经理），并询问谁曾与应聘者一起工作，并向这些人求证。
> ➤ 同时询问证明人，是否愿意再与应聘者一起工作，应聘者有何缺点，应聘者在哪

方面做得好，等等。

> 访问证明人时要仔细倾听他们的意见，证明人一般是正面的、中性的，很少有否定意见。因此，高质量的应聘者，来自所有证明人的反馈都应是高度赞扬的言语。如果不是那样，就可能说明应聘者与前任企业合作得并不愉快，所以我们要通过企业政策和其他方面的考虑来避免重蹈覆辙。

让新员工快速适应

新员工融入团队越快，IT部门的生产效率越高。一般来讲，新员工第一个星期应阅读工作背景，与同事见面，了解企业的更多信息。许多新员希望能在数周内，接手分配的实际工作任务，同时IT部门应当帮助新成员尽快适应新的工作环境。

> 在新员工到来之前，为他们提供工作环境：如办公室，住宿，电脑，音频视频技术装备和其他管理细则；
> 新员工上班前，应联系人力资源部了解薪资和福利情况；
> 在第一天安排与工作小组成员见面，吃顿饭，熟悉彼此；
> 提前给新员工或合同工提供企业的背景资料；
> 事先讲述第一周的工作任务和特定目标；
> 一周后，让新员工详述接下来30天的工作计划并整理成文件，而且进行面对面的交流；
> 如果新员工的主要工作或项目无法立刻实施的话，可先提出次要的工作，或将开始工作的日期延期到主要工作项目可以上马之时。

11.3.5　步骤5——管理员工

对专业IT人员进行管理具有挑战性，市面上有很多关于管理和领导的书籍，指导管理者如何进行管理，如何有效带领IT团队。这一节中，通过几个实例为读者阐述怎样成功管理IT人员。

10%淘汰模型

管理者每年从工作人员中淘汰最后的10%，这使得工作梯队能不断更新，保持活力，这个模型在IT界被广泛应用。有人认为，经过多次循环后，IT小组会变成一个稳定的、拥有高质量的团体，再无必要应用此淘汰模型。然而这只是幻想。虽说采用这种模型付出的代价很大，但与聘用不合格的员工所付出的代价相比是微不足道的。

每年首席信息官会根据具体表现对全体员工进行排名，分为A、B、C、D四个等级，A占前10%，B占中间60%，C占其后20%，D占最后10%。对于一个刚刚起步，正在努力奋斗的IT团队，淘汰D类员工是值得的。尽管要补偿这些并没有为企业创造价值的员工，但这点损失只是"九牛一毛"而已。D类员工或因为个人问题或由于业绩不佳，往往引起管理者的注意，而管理者的精力，应放在如何使项目继续发展，以及如何令企业取得成功上面。现实情况是，管理者和同事对D类员工毫无成效的工作表现采取睁一只眼闭一只眼的态度。最糟的是，D类员工会挤掉A类或B类员工，因为A类或B类员工会质问"我们的工作效率和业绩比D类员工高2倍，为何却拿一样的薪资"？这时，管理者应当想方设法留任A、B类员工，为他们的发展提供环境，将其淘汰率降至0。对于世界级的IT团队而言，淘汰模型和更新梯队是非常有用的工具。

IT员工职业发展

是否能得到培训机会以及事业是否有发展前途是专业技术人士考虑的最重要的两个方面，除了要与顶头上司保持良好关系外，培训和职业发展机遇是专业技术人士选择续约或跳槽的主要原因。

最佳培训计划的特点是：

➢ 相关性：培训应当提供对于专业人员直接有用的技能，以帮助专业人员履行大部分职责（例如，2级员工的系统管理培训，开发人员的需求分析培训）；

➢ 及时性：最佳的培训不仅要看及时性而且要看相关性，在职业生涯的适当时机提供培训给员工，员工此时已拥有足够的经验和知识储备以理解培训的相关内容。尽管如此，尽量尽早提供培训给员工，以便员工能够从培训中获益；

➢ 与推广目标的关联：培训往往会忽略其他目标以及一些不可避免的紧急情况。然而，由于培训是提高员工绩效的有效且重要的途径，首席信息官必须找到各种途径实现此目标，确保实现目标的一条途径就是将标准培训课程与推广目标结合在一起。

技术员工最有希望获得培训的机会，他们重视培训，因为他们喜欢学习新技术。而且他们意识到，与快速发展的技术保持同步，可以使自己得到许多有趣的工作、任务，也可以确保工作的可靠性及安全性。出于对整个企业的利益考虑，下设的各个部门、职位都有自己不同的培训计划，包括不同层次的必修培训和选修培训。完成了必修培训后，有可能得到升职。人力资源部可以与IT部门合作，制定培训程序，并帮助IT部门完成培训，跟踪培训流程，进行审核，以及鉴定非本企业提供的培训。同时，必须与IT员工的利益挂钩，让他们来确认哪些培训对工作有利，哪些培训更具吸引力。例如，那些已经拥有MCSE认证的搞网络支持的员工可能想参加CISCO培训，想拿到其他的网络技术认证。

培训对于企业而言意味着大量时间和金钱，所以IT管理者需要员工给企业一个互惠承诺，即培训后，员工要签署一个培训证明，上面列出培训项目和每个项目的费用。同时再签订一份协议，声明如果在培训结束后的一年内离开企业，将赔偿企业培训费用。这样做有两个好处，第一，标明企业投资在员工培训上的实际费用；第二，降低了员工完成培训后离开企业的风险，减少IT部门由此产生的损失。

员工得到培训后，其市场价值随之增加，可通过更换工作提升自己的价值。为保持员工的工作兴趣和事业心，应为他们提供"攀登高峰"的机会，运用新学的技能，继续学习新技术。即使现在的雇主不提供这些机会，员工也一定可以找到提供这种机会的新雇主。

让员工参加培训，帮助员工发展事业，给员工机会运用新技术。这样一来，员工之间、员工与企业之间就会以忠诚和善意相待。

在某些情况下，有些员工会参加企业以外的培训，他们的市场价值也会增加。如果企业无法提供给他们具有相应难度的项目的话，那么他们可能选择离去，这是高素质人才出于这种处境的必然结果。因此挽留他们亦是关键的问题，企业应给予关注。优秀的IT管理者曾这样描述过："部门不是监牢，而要像个学校。当最优秀的员工离开后，我们会想念他们，如果我们不让他们攀登高峰，他们自己也会寻找机会向前迈进。"给员工上进的机会，也意味着他们最终将回来。

虽然IT部门短期内在员工培训和员工发展上要花费资金，但只有这样才能留住A类员工。不为员工提供技术培训、发展机会的IT企业，恐怕只能留住那些哪儿都找不到工作的人了。

挽留员工的关键因素

关于如何挽留和淘汰IT员工，已有不少研究机构提出了各自的观点。基于这些研究和实践，以下按优先级别列出挽留员工的主要因素。

> 对顶头上司满意：由于天天接触，员工通过对上司的了解来评价企业。若员工与上司没有良好的关系，那么员工有可能离开。反之，员工与上司有着高效的工作关系，则员工辞职的概率会大大降低。为了将淘汰率控制在小范围内，首席信息官必须弄清楚管理者是否能得到员工的尊重。当某个管理者出现问题时，人力资源部可以协助企业领导，审查此管理者指定的人员淘汰计划，以免公报私仇。

> 提供培训机会：企业在培训上的投资是提升IT员工满意度的主要因素。

> 团队、同事间愉快的合作：充满活力的团队与同事可使员工快速进入状态，提高工作效率。当一个非常优秀的团队取得了相当棒的业绩时，我们要找到其成功的原因，且将该成功经验传授给其他团队，使之借鉴。

> 提供职业发展和参与不同项目的机会：首席信息官应当为员工提供在企业范围内流动的机会，可以通过正常的人事调动、晋升、转换工作性质、接手不同工作等方法达到此目的。这也为技术型员工提供了学习所需知识的机会。

> 补偿（提薪）：尽管这不是技术员工选择事业的第一要素，但却是最实际的激励手段。提薪幅度应在市场价格的10%以内。如果员工的提薪幅度远低于10%，则他一定会去寻找更好的工作（或者不再用心工作）。为了避免此类事情发生，首席信息官应当每3～6个月将员工的薪水与市场价格进行比较。提薪幅度应当与员工的工作表现成正比。对于有特殊技能的员工，企业每半年就应当进行薪资水平的市场调查。工资不是涨，就是落，随着市场价格的降低，工资水平也相应地进行下浮调整。

> 晋升的机会：由于身处要职且需要承担责任，所以不是所有员工都愿意升迁。首席信息官要为那些有事业心、进取心的员工提供晋升阶梯。要晋升就要有优秀

表现，就要技高一筹。这样可以避免有能力的员工得不到升职，无能之人却扶摇直上。

挽留机制还会受到某些其他因素的影响，例如，近期在美国及其他地区出现的经济困境。经济危机使得网络企业限制人员流动，这又使得招聘市场变得冷清，企业淘汰率降低。尽管存在这些不利条件，但高技术人员还是有很大市场需求的。只要经济回升，市场又会热闹起来。所以有效的挽留机制能够抵制经济滑坡带来的危害。

薪酬

如上所述，薪酬是员工总体满意度的一个重要元素。研究表明，只要薪酬在员工市场预期的合理范围内，那么其他因素是员工总体职业满意度和工作满意度的更重要的决定因素。然而，如果薪酬不在这个合理范围内，薪酬就成为头号决定因素，不重视薪酬会很快导致骨干员工流失，损害IT部门的凝聚力。

对于IT部门而言，薪酬的设定颇具挑战性。工资和福利通常是IT部门的最大直接成本，因此薪酬支出控制对成本控制将产生重大的影响，而且不具有竞争力的总体薪酬会严重妨碍首席信息官招聘"一流人才"和提供优质服务。

IT部门的优良薪酬实践包括以下内容。

➤ 明确的薪酬计划：确定每个岗位的基本工资、奖金和其他薪酬预期。虽然你可以不对每个级别的员工规定确切的工资水平，但是有必要划定薪酬的范围。

➤ 总体薪酬概念：员工基本工资和其他现金薪酬只是专业服务企业员工费用总支出的一部分。福利、培训和其他形式的薪酬占员工总成本的10%～30%。由于员工在与其他企业的同行比较时往往只考虑直接现金薪酬，因此企业应当为员工确立总体薪酬的概念，并且汇报发生的薪酬和福利成本的总额。

➤ 定期员工薪酬审核：每一名员工的年度薪酬审核。这种审核通常应当与员工的年度绩效评估挂钩。IT部门可以定期实施与绩效评估周期不挂钩的市场调节薪酬审核。

➤ 定期薪酬对标：为了避免员工的薪酬不足，企业应当每隔4～6个月将专业工资和管理工资与市场平均水平进行对标，薪酬审核的年度计划（通常与绩效评估挂钩）就足以满足需要。对于一些需求较大的技能，必须每隔6个月进行一次对标，确保市场没有发生显著的变化。工资调整可以在两个方向上起到作用（即下调和上调）。如果市场水平显著降低，则工资下调，或者重新招聘员工可能是适当的做法。工资下调会大大降低员工的工作积极性，应当尽可能避免此种情况的发生。

➤ 工资和福利对标数据的发布：由于IT员工必然会实施自己的对标研究，所以企业可以通过积极研究适合部门员工的总体薪酬来减轻任何不利影响。基准会随着级别、行业、地理区域和宏观经济状况而变化。这种对标应当用来设定具有竞争力的总体薪酬水平，并且确保员工相信在市场水平评估中采用了客观的标准。

控制解聘率

解聘员工或者减少劳动力（RIFs）是不可避免的，如果董事会或高层决定裁员以降低成本，则首席信息官无可选择。如果由于削减预算而必须裁员，则应当尽量减小所造成的影响。经验告诉我们，人力资源部门或者相关法律部门会事先出台有关政策。

1. 对员工进行分级（如前所述的A、B、C、D四级）。

2. 列出自下而上最有可能遭淘汰的员工名单。

3. 在正式裁员前，要确保剩下的员工能完成关键项目。如果裁员妨碍项目工程的进展，那么不太重要的项目就可能延期或取消。这需要和IT指导委员会协商。

4. 把名单交给人力资源部门和高层过目，确保所裁人员的离去能保护企业的利益。

5. 员工的技术水平决定是否要终止合同，这一般由人力资源部门或执行团队制定标准；在没有固定规则的情况下，首席信息官就要划分技术水平的分界线。这种方式是由高层董事会设定的，亦可以是传统的沿袭。

6. 给每位员工发送一封解约通知书，内容包括员工接受解约后需要做的事情。例如，不能挖墙脚以及保守企业的秘密。许多解约通知书要求员工做出上述承诺，这样才能得到一笔解约金。企业的解聘行为会触碰到一些法律条文，因此，相关部门和法律顾问应当建议企业慎重考虑大量的裁员行为。

7. 选个时间地点，与解约人员会面，简单明了地说清解约的各项事宜。让他们在解约协议上签字，在最后期限前将协议交还给企业。

8. 与解聘员工的交流尽量简短。解聘的决定不是员工可以控制的，当裁员条文下达后，与员工长时间交流是毫无意义的。

9. 会议尽量做到快速而专业。让员工离开得体面些，这样在裁员后企业仍能保持良好的声誉。

10. 不要让员工认为还有改变的余地。缺少经验的管理者常对解聘员工说："其实我不想让你们离开，但我做不了主，不得不让你们走。我会找上级谈谈，看看能否留下你们，等我消息。"这种话不要说，以免解聘人员希望破灭而引发各种问题。

管理辅导

IT员工的专业技能提高大部分来自于他们的工作经验以及终端用户和IT管理层的直接反馈。这种非正式的实时反馈是一种重要的员工培训方式，因此管理者应当知道如何与他们的团队合作并且提供最佳的反馈。

创意执行力中心的罗伯特 S·巴莱（Robert S. Bailey）制定过一个框架，这个框架根据员工的当前绩效，指导管理者提供适当的反馈。该框架强调，适合低绩效员工的管理风格与针对中高等绩效员工的管理风格不同。

员工绩效分布基本上成正态曲线，属于四个象限中的一个象限（图11.6）。每个象限中列出了针对每一类员工的最适当的管理风格。[1]

IT员工需要知道的最后一个管理辅导问题是，员工在从生产者转变为管理者的过程中所面临的挑战。这种转变是一种困难的转变，尤其是在IT部门中，因为IT部门往往重视刚入职的处于职业生涯初期的专业人员的高产出和专业技术能力。这些员工往往习惯了生产者的角色，即使在晋升为经理之后也是如此，他们无法进入角色承担重任，这就使得资源利用和管理专业技能变得非常关键。培训和监督新上任的经理，使之认识到如何有效地通过团队共同实现目标，是帮助新上任的经理取得成功和避免耗竭的关键。

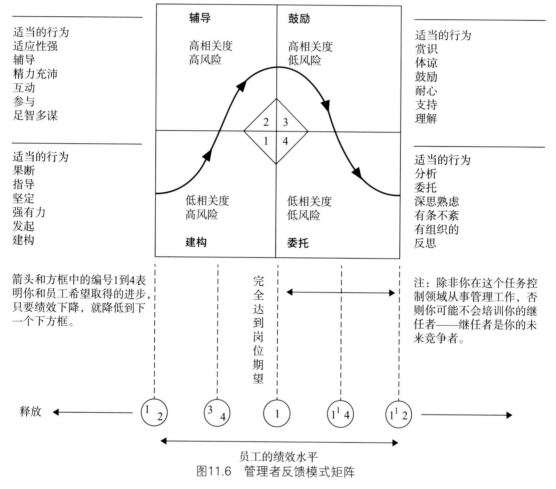

图11.6　管理者反馈模式矩阵

制定工作计划

现在市面上有许多关于如何有效管理劳动力资源的管理书籍。首席信息官要根据自己的风格、特点，有选择地阅读。如何创立高效的工作小组可归结为如下4点。

1. 设定清晰的目标和较高的期望值；

2. 每隔一段时间（按季或年为单位）制定上述目标及期望的执行计划；

---

[1] 约瑟夫・A・焦姆金（Joseph A. Demkin）和美国建筑师学会，《专业实践的建筑师手册》（纽约：约翰威立国际出版企业，2001）。

3. 每月、每季或每年对既定目标执行情况进行检验；

4. 完成步骤3后，将分析结果反馈给员工。反馈形式包括如下4种。

> 正面反馈：将令人振奋的正面反馈传达给员工；

> 负面反馈，但职工有潜力改善工作：此时，首席信息官需要引领员工走回正确的轨道上，可以每周开一次会，指导员工；

> 持续的负面反馈：上述引领工作失败多次后，得出此人能力不够的结论。企业可以安排此人从事一些短期的小项目，观察此人能否提高工作能力；否则，解聘此人；

> 负面反馈，此人的工作能力没有提高：这种情况下，企业和IT小组有责任为企业的利益着想，要么解聘此人，要么把他降职。

11.4　总　　结

IT人力资源周期是一个连续的管理流程，包括IT部门聘用、培训、管理以及留任最好人才的各个方面。因为IT人士对技术管理有着潜意识的偏好，因而首席信息官对这些问题的管理不够，就可能导致部门绩效不高。IT部门的成功，不能仅仅依赖于招聘到或是挽留住优秀的IT员工。此章节中介绍的策略对建立高效团队也是很有帮助的，就像遵循本书中所列出的其他的管理原则一样（IT需求管理或供应商选择），这些策略同样需要被严格制定和执行。

按照此章节的建议有效执行相应步骤，首席信息官会在以下几个方面取得成功。

> 确定如何为企业供给人才，如何计算完成目标所需的人数；

> 解聘C、D类员工，提高整体实力和业绩，成功地完成更多项目，减小预算差额，降低工作中的失误率；

> 高效聘用新员工；

> 使永久员工和短期合同工在IT部门内部和睦相处。

资　源

以下是可能有助于确定雇佣和管理IT工作人员的最佳方式的网站列表：

招聘相关信息

- www.techrepublic.com
- www.airsdirectory.com
- www.recruitersonline.com

在线招聘

- www.monster.com
- hotjobs.yahoo.com

- www.headhunter.net
- www.dice.com （specializes in contingent workforce）
- www.f lipdog.com

技术专业薪水信息

- www.salary.com
- www.payscale.com
- www.itworld.com
- www.salaryexpert.com

第12章

供应商选择

决策的确是一项有难度的工作，所以决策者相对总是比较少。

——亨利·福特（Henry Ford）[①]

本章主要讲外包服务供应商、产品供应商的选择流程，以及供应商管理等内容。即使一个小型IT企业，也会有很多外部服务供应商。供应商提供的产品和服务范围很广，包括电信、网络、咨询、软件和硬件。在某个特定的领域，都会选用大量的供应商。

本章是IT部门经理需要面对的有关供应商问题之一，即选择供应商对象。下一章讲述供应商管理。本书为读者提供了一套全面详细的有关供应商选择的方法和途径。多数情况下，IT部门经理对供应商的选择，主要关注支持业务运行的软件。它决定着提供硬件、服务以及主要软件包分包体系的供应商选择。因此，本章首先关注的是应用软件包的选择，以及相应的产品和服务。

这里所定义的选择途径是指一种完全合格的、全面的方法，是确定"最佳"供应商的一种精确、完整的流程。IT部门经理根据所面对的具体情况可以有重点地执行某些具体步骤。与此书的其他部分一样，常识性经验贯穿其中，并且方法论中的应用部分能适用于随时发生的具体情况。

12.1　供应商选择的重要性

成功选择和管理供应商，对于IT部门来说意义重大，同时也是IT部门有效运行的重要原因之一。成功选择是复杂且漫长的过程，并且需要收集和分析大量信息。供应商提供的技术，构成企业IT部门工作任务的大部分，并且对终端用户的满意度有较大的影响。经深思熟虑后选择的供应商和作为合作伙伴的可靠供应商，均能很大程度地减轻IT部门经理的工作负担。相反，如果供应商选择不好，客户与供应商会经常发生激烈争吵，最终有可能导致项目失败。

由于大多数IT部门的操作系统和应用系统运维主要依赖于外部供应商，因此IT预算中的很大一部分用来划拨给第三方供应商（例如，预算中的30%～60%）。供应商是不可缺

---

① 感谢亨利·福特（HenryFord）。

少的产品和服务的提供者，又是财务花销的重要因素，因此首席信息官绝不会忽视对供应商的选择和管理工作。

不幸的是，供应商的利益和动机并不能和首席信息官恰好保持一致，客户的满意程度是选择供应商的一大因素，其他因素还包括诸如利润、销售回扣、季度收入和市场渗透度等方面的内容。作为供应商销售人员，本质的角色其实是其产品和服务的鼓吹者，因此，这就意味着要使IT部门最有成效地做出选择，首席信息官必须及时跟进，积极监督和管理产品和服务的交付，以确保其交付和执行始终和本组织的预期目标保持一致。

供应商的选择是一项风险性很大的工作。软件或硬件的选择一旦出错，就会导致大量财力浪费及对企业业务的损害，也会导致某些IT员工下岗失业。正如本书第一部分概述的，实施失败导致IT产业前景混乱，在许多成功的大企业内，虽然也由精明的IT部门经理监管，但也有过项目失败的案例。这个事实突显了选择供应商的风险性，即使在最好的条件下也是如此。

实践表明，供应商的选择很关键，且具有风险性，IT部门经理在与供应商的合作过程中，尤其是对供应商的选择仍存在很多困难。一位技术专家很少面临软件包供应商的选择问题，然而面对一些高水平的供应商的销售专家，却很难选择。这些都使得IT部门经理在与供应商的选择和合作上明显处于劣势。

更复杂的情况是，一旦完成供应商选择，再更换通常很难。即便有更好、更合适的供应商，也会因为已支付费用和签订了合同而无法重新选择。供应商选择后，对软件、硬件和服务进行了高投资，因此再想替换供应商的机会会很少。这意味着供应商选择实际上就是一条几乎没有任何退路的单行道，从而使得供应商的选择和管理成为IT部门经理工作中关键的一部分。

12.2　供应商经济学

对软件的选择常常决定对软、硬件供应商的选择。因此，对于IT团队来说，正确掌握选择应用软件是很重要的。

一般来讲，企业把原本用以研发的资金投入用来购买软件包，是希望比实施现成的系统产生更高的效益。软件供应商把新的许可和维护收入的很大一部分投入应用中，为客户提供了改进功能和更清晰的升级方式。为了弥补应用软件包所需标准方法的不足，供应商加班加点地努力工作，从而提供配置选择项和用户定制输入端，以确保软件包大部分变更的功能特性能够很容易地改变。

伴随大市场的出现，一个软件包客户也会从规模利益中受益。需要大量支持的软件包供应商创建一系列标准，允许大量提供附加软件和咨询的第三方选择的出现。软件供应商创建的用于各种各样应用特性——应用接口、技术架构、数据结构和用户界面等的标准，意味着接下来的用户定制和系统集成将变得更加容易，并且执行的成本效率更高。

最后，软件供应商在劳动力市场上提供了一种标准化水平。一家运作PeopleSoft软件的企业，可以补充能在合理的时间内快速发展的PeopleSoft资源。

长期以来，市场已经证明研发基金、第三方成熟服务和熟练劳动力储备带来的综合效益，远远好于实施支持关键业务功能的非定制系统产生的折中办法带来的效益。

12.3 供应商选择方法

12.3.1 方法综述

图12.1描述了本部分所介绍的供应商选择流程综述。本流程想为读者提供一种用于供应商选择流程全面、详尽的方法。

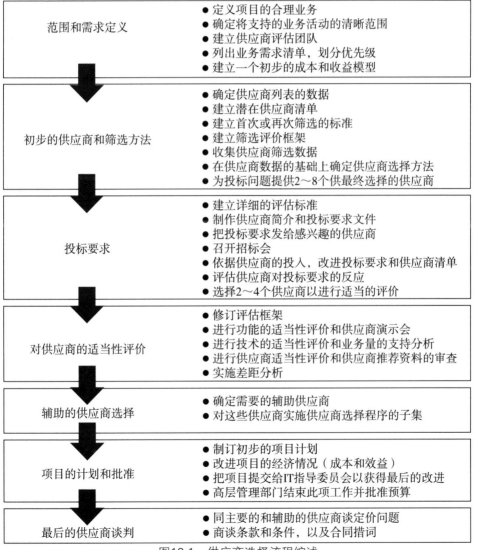

图12.1 供应商选择流程综述

流程从产品的范围定义开始，然后是确定支持选择流程的团队，确定潜在供应商，投标要求的发布，最终供应商的选择，对最终供应商的适当性评价，选择辅助的供应商（如果需要），制订项目计划，以及最终的供应商定价谈判。这些步骤中的每一步都将在以下内容中深入阐述，并附有图表。这些图表突出显示各项子任务、所需的信息和每项子任务的结果。

在整个选择流程中最重要的是，无论何时各项工作均必须由IT部门经理负责管理、组织和控制。顶层供应商销售专家不会处于被动地位，因为供应商在诱导不幸的IT经理技巧方面受过很好的训练。他们想管尽量多的工作，占有并控制经理允许下的尽可能多的工作成果，并在整个流程中处于支配地位。

供应商选择的第二项关键因素是对评估团队在建立、更新、维护分析文档方面的能力要求。把多种不同来源的大量信息组织起来，即使对努力工作的团队来说也是困难的。保持清晰的原始数据、分析和本章所讲述的每一步成果文档，将有助于向外面的旁观者解释决定是如何作出的。更重要的是，可以确保经过每个步骤以精确的、彻底的方式完成分析过程。

供应商选择成功的第三步是为供应商分析流程做准备，进行详细的需求分析，此项工作必须在联络第一个供应商的一段时间之前完成。很久之前，供应商就实现了通过销售来管理客户的需求。如果IT部门经理没有完成提前分析和范围界定的工作，他们将在一种既无法控制又完全不能理解的销售流程中处于被控制的地位。如果人们沉溺于无休止的供应商户外野餐的美味，高尔夫球活动和各种供应商电话及演示会议，那么那些必不可少的目标分析将被遗忘，其得到的最好结果也将是扭曲的、不理想的。我们曾见到过许多软件的选择流程，并见到过来自供应商操纵流程的成功。

12.3.2　范围和需求定义

设定需支持的业务领域范围

IT部门经理应当首先试着搞清楚正在考虑的系统所支持的整个业务活动的范畴。业务、供应商和系统的技术，这些要求全部来自于此范围界定，这就使得此步骤成为整个分析流程中的关键一环。在以后对供应商进行适当的评价时，本阶段的工作就会体现出效果。评估团队可以询问供应商一些清晰的、简明的问题，并能够很好地理解以此范围为基础的一些业务优先问题。

为了完成这一步，IT部门经理必须理解系统创建的业务因素。常见因素包括：

➢ 处于生命周期末期的系统或过时系统的替换或更新；

➢ 改变业务模型（企业的新业务，获取和解除、日益增加的业务量）；

➢ 成本的回收（通过生产力的提高，劳动力资本替代物的出现等）；

➢ 利润的谋取（日益增长的销售量，新市场的出现）；

➢ 其他系统变更的回应（供应商或客户的需求）；

➢ 公平竞争（对初始业务的响应或竞争者以能力为基础的技术提供）。

与其他的初始系统一样，供应商选择的成果有助于企业增加收入、降低成本或控制整个业务。确定系统的范围，应以当前业务需要为基础。系统要有支持业务的能力，覆盖的范围要足够广泛，以便证明支持供应商的选择是有道理的，而不仅仅局限于一个可完成的实施。

应用的范围，一般集中在与其他业务流程有着清晰边界和接口的特定业务功能上。诸如购买、原料需求计划、后勤储备、固定资产和客户服务等。

范围的定义也可通过"否定"定义来完成。例如，范围可被定义为"除了接货、支付和预测之外的所有购买活动"或是"所有的产品购买活动，不包括公用设施"。范围的定义要能分清被替代和支付的业务流程或系统，与受到影响但还未变成项目的一部分业务流程或系统的不同。

关系图表是理解这个范围定义最有效的工具。该关系图表显示与其他业务区域相互作用的业务流程区域，能够清楚地看出什么是属于范围内的，什么是属于范围外的（见图12.2）。

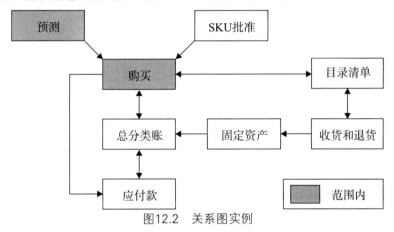

图12.2 关系图实例

在任何情况下，写出一份明确定义范围的详细文档是进行供应商选择流程的第一步。这份文件应尽可能详细地定义这一范围，并要有适当的图表说明。

范围确定环节中的最后一步，就是IT指导委员会宣布此项工作结束。范围内最后的任何模棱两可或不一致的地方，应当在该委员会复核时阐明。这最后一步可能需要多次反复地向委员会提交、询问和回答流程。

建立评估团队

设定范围后，下一步任务是建立评估团队，提供完成选择流程所需的专业技术和流程。范围的定义有助于确定成功评估所需的业务和技术知识。供应商选择是一项劳动密集型工作，需要有一支专业的人力资源队伍，尤其是在覆盖范围很广的情况下。

评估团队应当包括一些来自IT部门外的人员，同时需要获得各个受影响的业务领域的报告（例如会计、市场、制造领域）。这样可以确保专业技术和业务部门或业务功能的特定知识从一开始就纳入需求和评估流程中。此外，业务用户的早期参与，使得供应商选择的结果很快被业务接纳。最后，业务用户应当把握某些IT部门错过的或者意识不到的潜在问题。例如，在能够获得高营业额的情况下替代和培训客户服务代表的时间长短问题。

整个团队的大小随着企业大小、考虑的业务功能范围和投资规模大小的变化而变化。一个较小的供应商选择团队，可能由出自IT部门的专职团队成员、业务部门和受影响的职能组织的团队成员，一些承担控制工作的兼职IT部门经理和来自IT部门及业务部门的非正式参与者组成。据估计，一个大规模的评估选择团队，例如一个全面实施ERP的大的组织可能包括15~25个专职团队成员和多达12个的兼职成员，整体来说大约有50%~70%的IT组织成员，余下的全部来自业务部门的成员。

IT指导委员会的任命是建立评估团队组织的最有效的方法。那些候选团队成员必须经过IT部门经理和委员会的面试，判断他们是否具有必备的技能、知识、兴趣及能力。表12.1演示了团队结构选择案例。

表12.1 选择团队结构的实例

专职团队成员	兼职团队成员
● 团队领导——IT总监 ● 应用管理经理——IT ● 开发商——IT ● 业务分析人员——购买 ● 业务分析人员——制造 ● 业务分析人员——配送	● 数据库管理员——IT部门 ● 开发商 ● 电子数据交换专家——IT部门 ● 系统工程师——IT部门 ● 业务分析人员——财务 ● 公司会计主任（应付款项） ● 业务分析人员——固定资产管理 ● 总监——人力资源部门
IT指导委员会——供应商选择的小组委员会	
● COO ● CFO	● 代理人员——制造部门 ● 代理人员——销售和市场部门

理想情况下，选择团队应当配有专门的办公场所，从而可以方便成员间的交流和保持集中管理。兼职的团队成员也应当在团队里拥有自己专门的办公场所。这样，他们能够容易地重新开始已停止的工作，并且按自己的日程安排融入到团队的工作中。

团队能否获得正确的综合技能、参与水平和良好的环境，对整个选择流程的有效性及其结果有着重大影响。即使是一个小范围的供应商，选择工作也是一件很重要的事情，需要评估团队不间断地付出相当多的努力。

列出业务需求并设定优先级/权重

供应商选择流程中最困难的事情之一，就是真正理解一种软件包（或其他的供应商产品或服务）的匹配度（以及它的缺点在哪里），唯一的方式是，认真、细心、详细地理解业务流程。全面理解业务流程、事件、经历、能力和被考虑领域的策略方针，使团队能迅速精确地评估正在被考虑的系统和确定覆盖系统差异的最佳方法。

不幸的是，计划业务流程、编制需求文件工作中的困难和乏味是不可避免的。然而，它却是供应商选择成功必备的先决条件，是成功执行的基础。如果没有理解所支持的业务流程，团队就不能判断软件匹配的水平、缺点、怎样处理的、业务需求的变更级别、促使系统运转良好的配置和客户的成本等内容。对业务需求的肤浅理解和随之不可避免的较差的分析，是一些大型系统实施项目失败的主要原因。供应商筛选的需求收集非常类似于开发定制系统的需求收集。团队不能仅仅因为考虑一件产品或软件包而忽视这项工作。

比起团队内部无休止地开会讨论（那时的业务流程只是白纸一张，还停留在恼人的细节阶段，这也是经常被忽略的一步），同供应商的"热恋"过程当然就显得非常惬意了。精明的IT部门经理在签订第一份供应商合同之前，就会一直等待，直到已经完成适当数量的工作。

获取业务系统需求的方法有许多，大部分都不错。获取系统需求的最重要因素是，确保已经对细节掌握到一定程度并且形成文档。任何一种方法最常见的失误就是这样一种情况，团队成员往往忽视把劳动成果形成文档，因而漏掉了细节。唯一能够证明对一个业务流程已经形成了完整、令人满意、深刻理解的方法，就是清楚地做出图表和文档。在业务需求的定义流程中，我们常用的句子是"写作就是思考"。讲究效率的IT部门经理，确信他或她的团队通过理解自己的职责范围并且形成文档，可以很好地完成这项工作。图12.3是一个业务流程图实例。

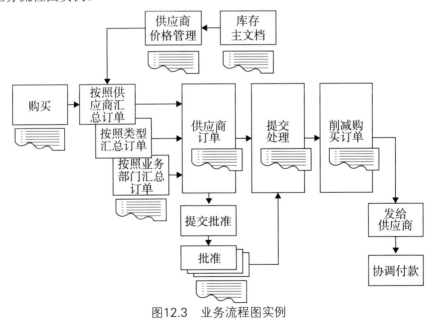

图12.3 业务流程图实例

大部分常见的系统需求收集方法，都把重点放在定制开发上，而不是放在使用效果更好的软件项目的选择上，因为这与软件包所需的信息相似。

文档的开始，要详细设定范围和上下文，以后对业务流程的描述可以渐渐简化。需求分析，应当掌握业务事件和处理该事件的流程。文档不仅应当包括系统做什么，而且应当包括运行该系统的人员各自的职责，影响这个流程的业务策略和实践活动，每一步所需要的以及产生的信息。文档还应当清楚地划分当前业务流程和计划，或将要做的流程之间的区别。经常和业务经理及最终用户会面，是充实文档的一个有效方法。

如果考虑替换一个现有的产品或服务的供应商，那么现有的需求、培训材料、业务流程，或者其他文档均可作为新需求定义的标准。这点尤其适用于选择软件包的情况。目前正在运行的系统最能清楚地表达业务需求，现有系统正在做的事情就是新系统将要做的事情的开始。如此看来，如果现有系统没有文档，团队就必须根据现有系统能力，完成基本需求和文档。从长远利益来看，现有系统资料的基本内容应包括系统接口或者其它受影响系统的清晰定义，整体技术环境的清晰定义，以及早期起始的部署、数据转换和交割计划。

对于选择软件包在需求分析阶段产生的常见交付成果包括：

➤ 业务流程；
➤ 所需的输入、输出、流程、计算、接口、人员介入流程描述；
➤ 业务事件的触发（同步、异步）；
➤ 数据内容（实体、查询、事务）和格式的需求；
➤ 处理日期（每天、每周、每月的事务，处理量、事件、报告）；
➤ 处理流量；
➤ 报表需求；
➤ 用户接口需求；
➤ 安全需求。

选择方法时，我们认为简单的方法就是好方法。如果团队把时间花费在为选用工具而喋喋不休的争吵上时，那么该团队只能得到一个二流的分析结果。理想中的系统设计工具是一张白纸，一个图形程序包，一个电子制表软件和一个文字处理器。

一旦定义以后，就要给业务需求一个初步的重要度或关键权重，以便评价可供选择的供应商，团队也能尽早理解系统中潜在的终止事件的重要性。这一步的原则仍然是简单的，尤其对于初步排序而言。我们建议把每个需求分成"高、中、低"几个等级，同时制定一个目标，高优先级不超过25%、低优先级占30%以上。可以使用任何加权系统，但是超过10分的优先数会失去意义。

需求优先级定义可能是这样的情景，因为合同的约束，定为A的客户供应率要在98.5%以上。系统应当预警客户所定制产品可能库存短缺，这属于高优先级；或者用统计预测补偿人工维护的季节调整因素的季节性，这属于中优先级。

需求定义流程中的倾向是，把所有需求都定义一个高优先级。毕竟如果这些不是需要的，也不会出现在文档中。团队应当对每个需求进行评价。对需求的优先级设定是相对于各个需求来说的，高优先级的需求对选择流程有较大影响，并且促进评价供应商重点工作的开展。因而，在把需求定义成高优先级方面，有一个硬性标准是非常重要的。选出大量的、必不可少的功能需求，通常会导致在以后供应商评价工作中出现麻烦。在这一点上，团队也应当明白，只有功能性需求被定义为高优先级——技术性的和供应商的需求在后续的流程中才会被优先考虑。

根据项目的规模，在业务流程的制定和需求定义流程中，团队可能需要外界的帮助。IT部门经理，应当合理运用这种外在的帮助。如果与选择有关的第三方存在不同于组织的、自己的议事日程和动机，那么就容易产生代理问题。但是由于避开了分析的艰苦工作，供应商选择团队也就失去了完全掌握实质内容和流程所带来的好处。我们建议，最好把第三方当作咨询方，例如在流程中的指导，训练供应商选择团队等。咨询方面做得最好的第三方，在供应商选择或软件选择上有丰富经验，且不必是实施伙伴的候选者。

最后，在对这个业务流程的严格审查过程中，需要识别改进业务流程或者重新设计机会。理想情况是，团队应当形成文档并且开列清单，保存起来以备后续业务分析所用。要做到把业务流程的改进作为分析（或者后来的实施）工作的一部分。但是团队必须明白，改进的同时常伴随着实施改进的义务。试图把主要业务流程的改变作为整个系统实施的一部分，已经导致许多项目失败，应当引起足够的重视。

建立主要的成本-收益模型

随着业务机会的产生，划分了清晰的范围，组成了业务或IT团队，定义了系统需求，设定了需求优先级。这个阶段的最后一步就是形成一个成本-收益的初始模型，预计项目的进度。虽然在系统还没有被精心策划前，这些问题看起来好像不太成熟，但是在这个时候，做出对项目成本-收益最低的数量级估算非常重要。这样对于团队来说能够做的事情很多，首先，帮助开始制作估算模型的记录文档。当新的信息加进来时，这个估算模型可以被修订，并且提供一个通用的假设集，这个假设集在进一步的工作流程中可以被证实或推翻。

其次，对潜在的成本和收益有一个预期，使得选择团队（和企业高层管理团队）心中有数。这个数目可以作为项目其他部分的参考。同时基于对投资回报的最好预测，至少初步确认是否要把项目进行下去。该流程使团队开始寻找能够把项目中软性的、较难估算的收益数量化的方法。之后，它确保团队较早地把注意力放在最重要的工作方面，创造的收益远远超出成本。第15和17章是关于项目估算、IT预算、投资回报的内容，其中详细论述成本-收益估算问题。

在项目进行到这个阶段时，有时IT团队反而在完成成本和收益预算方面犹豫不决，这种现象很常见。因此，无论有多难，也要给出一个数目。至少给出成本和收益的起点，没有什么坏处。只有这么做，之后的讨论才能够围绕这个基数的修订进行。IT行业最忌讳数目不清的情况发生，相反，应当积极把此事定夺下来。在许多企业的高级管理人员眼中，把出错原因解释为出现新情况，比起顽固地拒绝做出成本和收益的数量级预测更容易接受。表12.2是一个关于成本-收益摘要的实例。

这个阶段的最后一步就是把结果呈交给IT指导委员会。这是一个将需求收集结果呈交给IT指导委员会的过程，是确定的范围得到IT指导委员会认可的机会，是显示成本-收益分析最初结果的机会。同时，这也是把所有潜在的业务流程改进的机会，是采取进一步行动的好时机。同时，这也是在促进收益产生方面开始获得高级管理委员会支持的最好时机。有时IT指导委员会可能要求细化职责范围及提出关于项目经济情况方面的问题，在IT指导委员会最终敲定之前，选择团队有两到三次的计划机会。

正如本书多次重复的，我们非常相信，完成项目的主要里程碑事件和流程是必然结果。签署文档的这个重要心理步骤使模糊的思想、不同的意见显现出来，从而得以解决。我们强烈建议所有关键的IT文档都不能遗漏这一步骤。基于同样的原因，IT指导委员会修订、批准文档后，选择团队也会签署文档。

表12.2 某个项目成本-收益分析

项目成本（美元/k）		一次性收益（美元/k）	
硬件	50	获取清单	
软件	150	成本减少量	450
外部资源	225		
内部资源	75		
合计	500		450
一次性的净成本	50		
在稳定阶段成本的改变（美元/k/年）		**持续收益（美元/k/年）**	
附加的IT FTE	60	减少WHSE租金	120
附加的处理器使用	TBD	改进满足率	TBD
持续的SW维护费用	15	减少损失	25
合计	75		145
年净收益	70		
回收期：成功实施大约9个月后，持续收益填补了一次性成本和一次性收益的差距			

12.3.3 最初的供应商筛选

筛选供应商的目的是快速建立一个潜在供应商的全面清单。这些供应商清单是做出最终供应商选择的资源。一个成功的初步筛选，使团队能够快速审视一遍所有的供应商，以保证所有方面都考虑到。但是要尽快将该供应商清单进行筛选细化，以便进行供应商评价工作。图12.4是从数据收集到供应商选择评价的流程综述。以下部分将对该流程进行描述。

初始供应商的确定和筛选

筛选供应商的第一步就是确定全部的潜在供应商。这一步的工作方法是对其提供的产品符合上一步确定的业务流程范围的供应商进行广泛调查。如果确定范围这一步做得好，那么选择哪个供应商参与就相对容易确定了。

为了更好地进行供应商调查，团队应当运用如下各种资源。

➢ 咨询：通常规模大的技术咨询企业，在选择、实施和所咨询的技术管理等方面有完整的专业分工。在这种情况下，他们一般愿意提供免费的、最先进的建议，以换取以后参与用户定制开发和实施的投标机会。

➢ 技术与行业出版物：有许多关注技术行业的可信的、独立的出版物能够提供供应商清单。例如《信息周刊》和《首席信息官杂志》就是其中关于企业技术管理的出版物。如果出版物的内容是关于组织内部竞争行业的，那么它就可以作为与应用于特定行业的技术相关的信息资源。这些出版物对于为特殊行业提供特定的技术的供应商尤其有用（例如，保险业、金融服务业、制造业）。

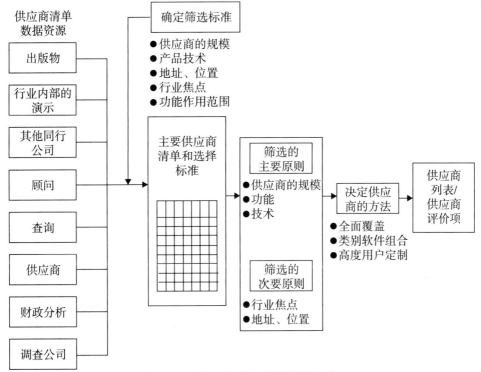

图12.4 初步供应商筛选流程综述

➢ 行业和技术交易展览会：许多特定技术领域的大规模的参与者都会参加技术交易展览会，具有特定行业专业技术方案的供应商也会在行业关注的交易展览会上展示自己。

➢ 其他同行企业：同行企业的技术主管是一个经常被忽视的信息资源，这些信息非常有价值。与同行建立关系可以深入了解同行的决策流程和基本原理，并且可以直接跳到供应商数据收集阶段。那些最近进行过供应商选择的同行主管能够提供非常有用的帮助。

➢ 注意Web搜索：Web搜索有助于发现候选的供应商。搜索应当集中在专业技术站点上，而不是使用一般的搜索引擎。例如：

——CIO杂志，网址www.cio.com；

——CMP媒体，网址www.techweb.com；

——计算机行业纵览，网址www.Cbronline.com；

——E-Week，网址www.eweek.com；

——Tech Republic，网址www.techrepublic.com；

——IT管理者杂志，网址www.itmanagersjounal.com；

——Analyst Views，网址www.Analystviews.com。

➢ 供应商：虽然从众多供应商宣传资料中提供的杂乱的市场信息和网站提供的资料中获取信息很困难，但是一旦确定供应商清单后，供应商提供的信息会非常有用。

➢ 技术研究企业：全面、成熟的行业内技术研究企业致力于帮助企业确定技术方向，了解自身投资应当达到什么样的技术标准。尽管这些企业能够提供高质量的分析报告，但是因为费用高昂，所以只有涉及大的经费支出时才会咨询这些企业。在这个行业中有众多的从业企业，其中的佼佼者如下所示。

——Aberdeen集团

——AMR调研企业

——Forrester调研企业

——Gartner集团

——Standish集团

——International Data Corp（IDC）国际数据集团

——Burton集团

➢ 财务分析专家：大多数的投资银行都有一个或者多个专职的分析专家，他们研究既定的供应商竞争市场。他们能够提供非常有价值的供应商和整个市场方面的信息，同时也能就特殊的产品提出建议。分析专家花费相当多的时间和最终用户谈话，能够提供最新的、毫无偏见的信息源。如果企业已经和银行建立关系，向银行咨询是个不错的选择。如果没有和银行建立关系，由于这些分析专家经常出现在各种各样的因特网论坛中，讨论产品，吸引用户投资，因此可以在那里找到所需信息。

评价团队应当利用这些资源进行调查，以确保建立一个全面的清单。评价团队应当从技术出版物、研究企业的报告、交易展览会的信息入手，同时进一步利用从专家、同行以及供应商那里收集的详细数据。供应商初始名单的顺序为团队和其他相关人员在以后的数据收集工作中提供了初步调查结果。在以前研究的基础上，团队应当能够基于自己之前的研究，向专家或管理者提出有目的、专业性的问题。

当团队评估各种数据资源时，恰当的供应商名单也就形成了。除最特殊的调查之外，团队没有必要为了确定潜在供应商的清单而查遍整个世界。那些在各种资源中多重搜索都很难找到的供应商，不可能是可以合作的供应商，因为好的供应商是很容易找到的。那些无名供应商不能保证工作成功，最好的供应商在搜索中会反复出现。

这一步的结果是，出现少则四个多则十几个的供应商名单。虽然由于其他新信息的发现，新的供应商会加入进来，但是很可能无需这些新加入的供应商，单从原来的供应商名单中，就能够划定获胜的候选人。

建立首次筛选评价体系和权重

当供应商被加入到清单中时，筛选数据的收集应当以利于分析为准。专业信息的收集取决于已完成供应商的选择。收集的信息通常分为几种类型。下面概述这些类型，以及每种类型中收集的潜在信息和赋予每种类型的权重。

（1）供应商的规模

供应商应当有足够大的规模，能够持续在产品上投资，不断吸引客户。能够提供非常专业的产品和服务的小供应商是个例外。

需要收集的潜在信息：

> 供应商的简介；
> 供应商的收益情况；
> 历年收益；
> 员工人数、开发人员人数、产品专家人数；
> 客户人数；
> 最终用户数。

（2）产品技术

需要考虑供应商的选择是否在某种程度上限制了对业务或IT而言十分重要的技术平台的选择？产品与现有的或者计划的技术框架兼容或者协调吗？

需要收集的潜在信息：

> 服务器的技术支持；
> 数据库的技术支持；
> 开发技术；
> 原有产品的技术支持；
> 使用特殊服务器或者数据库平台的用户的百分比。

（3）地理位置的影响

需要考虑供应商有适合的重点销售区域并且有效益吗？供应商是否足够重视对企业而言非常重要的地理布局（美国、欧洲、亚洲及其他地方等地理位置是否影响技术的实施和所提供的支持）？

需要收集的潜在信息：

> 企业总部位置；
> 最近的分支机构；
> 分支机构的数量；
> 分支机构之间的相邻度；
> 主要开发团队的位置。

（4）业务重点

需要考虑供应商拥有足够的、保证开发出最好解决方案的专门技术吗？供应商有产品或者服务人员致力于企业的业务吗？指定业务的专业技术相对它的评估相称吗？

需要收集的潜在信息：

> 对指定业务的额外影响或者对产品的修改；
> 产品的实施情况（实施的数量和用户的数量）；
> 拥有主要的行业客户。

（5）功能覆盖

需要考虑计划或产品是否提供了广泛的功能？

需要收集的潜在信息：

> 软件包或产品支持业务的能力；
> 存在特定功能模型。

信息的类型相对来说比较容易收集，并且能用来很快精简供应商名单。随着信息的收集，团队应当制作一个电子数据表来获取这些信息。

这个流程是查找与审核大量供应商信息的最快速、最省力的方法，也是快速筛选那些不合格供应商的有效方法。这种初始筛选剔除了那些资金匮乏、没有重点或者其他方面不适合的供应商，同时把留下的供应商进行初始排序。团队应当不断问自己一个常识性问题："你能想像出这样一个情景吗？我们将真正挑选、实施并且依赖这些供应商了。"

这一步的工作结果就是，一个市场中参与竞争的全部供应商名单和一个关于相互包含或相互区分的明确的、连续的基本原则。表12.3就是这样的一个图表。

确定初始供应商的方法

审核整个供应商名单，能够帮助团队了解需要把什么样的市场因素综合起来，提供一个涵盖所有问题的解决方案。一般来说，三分之一的供应商方案将弹出水面（特别是对于应用软件的搜索来说）。

> 全覆盖：只要一个供应商就能完成的功能，并且定制的功能最少。
> 优势组合：一个供应商完成大多数功能，一个或者多个辅助供应商提供特殊的、明确定义的功能（例如定价）或者功能区域（例如会计）的应用。
> 高度定制：一个供应商完成多数功能，同时提供一些特殊代码定制的模块或产品客户化。

表12.3 供应商数据收集图

供应商	软件包/系统的名字	供应商的收益（百万美元）	企业总部	最近的分支机构	供应商总数	开发人员数目	产品年限（月）	著名客户	服务的行业	确定的基本客户	数据库支持	服务器平台	确定的基本用户	功能A	功能B	备注
供应商A	系统A	325	英国	本地	599	150	72	ITT Cannon，Dunlop，Bic	所有行业	250	Oracle/SQL Server	NT	25k+	X		
供应商B	系统B	722	加拿大	本地	1397	350	32	ADM，Boeing，Mercedes	制造业	400	Informix/Oracle/IBM	UNIX	45k+		X	
供应商C	系统C	125	美国	没有	217	52	9	Alcatel，Ericsson，Siemens	配送业	75+	SQL Server Supra	NT	10k+	X		
供应商D	系统D	425	以色列	本地	922	190	49	Nike	所有行业	550+	Oracle	NT	100k+	X	X	

潜在的解决方案，可能包括一个或者多个属于上述各种类型的解决方案。团队应超越肤浅的分析，确信已确定的潜在解决方案平台及其各种结合的可能性。一般来说，完全覆盖需求的解决方案是最受欢迎的，因为不需要进行系统整合，只需要一个供应商，并且其在实践中被证明是有效的。在某些情况下，由两个方案带来的特殊功能优势，足以克服其内在不足、成本的增加及整合多个供应商所带来的风险。本章中供应商一词指的是一个供应商或者多个供应商优势组合。

图12.5为应用选择制定的一组最终的供应商解决方案集。供应商筛选流程的结果应当包括最少两个，最多六个供应商方案的列表，三个或四个最佳。多于六个使得招标工作过于繁琐。但是只有一个供应商只能提供有限的选项，不可能进行互相比较。在整个流程中的定价阶段，若只有一个供应商的解决方案，则也会降低团队与单个供应商谈判的能力。

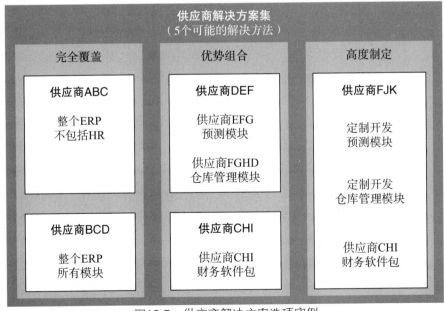

图12.5 供应商解决方案选项实例

随着供应商选择的每一个主要步骤展开，IT指导委员会应当书面确认这个阶段的结果。

如果通过分析不能找到合适的供应商或供应商组合怎么办？

在结束初始筛选供应商流程时，有时没有合适的供应商或供应商组合出现，或者有一个供应商出现，但是在功能定制时，感觉供应商非常吃力。这种情况下，团队应当回到分析阶段，查找在前面描述阶段中的一些失误。

> 范围设定不正确：供应商选择的范围太窄或者太宽。
> 范围界限不清晰：如果缺少清晰的范围界定，就很难评价供应商的能力。
> 没有找到足够的供应商：没有搜索到具有足够数目供应商的数据源，数据源搜索不够深入。
> 供应商数据不正确或者遗漏：团队没有收集到足够的供应商资料，或者供应商资料不正确导致供应商被错误地筛选掉。
> 主要或者次要的筛选标准设置过于严格：供应商筛选标准设置过于严格，就会把合适的供应商筛选出去。
> 需要附加的标准：团队增加额外、权重较大的相关标准，允许可行的供应商通过主要和次要的筛选标准。

团队应当分析这些失误的形成原因，以及整个分析的其他漏洞。如果得出这样一个结论，正确地完成了分析，但是对于所考虑的领域，市场中没有任何供应商参与。这种情况下，团队需要在两种方法中寻求一个解决方法。第一，接近目标的供应商可能有兴趣开发所需要的功能，或者愿意扩展其软件包或产品。团队要接近这样的供应商，同其产品管理部门一起工作，研究增加功能的潜力。第二，团队可能不得不考虑基于需求来定制开发的解决方案。经济情况、效益、计划、建立、实施和定制建立解决方案的管理等是本书其他部分分别讲述的独立课题。这两种情况下，IT指导委员会对于工作怎样进行，就都能够提出有价值的意见。

12.3.4　管理招标的流程

招标（RFP）是一个历史悠久的选择供应商的方法。企业通过这种方法，向一组供应商提供一个机会，让他们演示自己对一系列特定要求和信息需求的满足能力。这需要广泛的信息，产品数据、技术机构、供应商企业财务状况和企业结构、客户的证明、从事相似工作的资格、训练和支持能力，等等。

要求有兴趣的合作供应商对深思熟虑的招标做出反应。对于收集到额外的数据又不增加团队的工作量，且筛选有能力高质量完成工作的供应商来说，这是一个高效的方法。以下列举了进行招标的多种理由。

> 把大量的数据收集工作交给多个供应商，而不是内部团队。
> 如果招标中心表明供应商不是一个好的合作伙伴，允许供应商撤回。

> 将自然选择法则引进流程——不能通过招标流程的供应商，不可能成为可行的长期合作伙伴。

> 担当最少的风险，尽早了解供应商的产品制造能力。如果供应商不能编制出合格的投标书（例如，打字稿、清晰度、是否答非所问、组织），那么他们的产品或者服务中有可能存在同样的问题。

> 在多个供应商解决方案有积极意义的地方，允许供应商自愿结合，提出建议。

> 对所有供应商提供同样公平的工作条件。所有供应商看到同样的招标书并提供同类的回复信息，如果供应商感到这是一个公平的选择流程，对于鼓励供应商参与，促使内部评价团队公平、不带偏见地考虑每一个供应商都有益处。

> 供应商中经验丰富的销售人员和发布人员对招标中的需求和信息的综合分析，能够指出内部人员以前的分析缺点和不连续性。

不是每一个供应商选择过程都要进行完整的招标工作。团队出于各种原因可以选择不进行完整的招标流程。在以下情况中，团队可以直接进行供应商评价工作。

> 在以前的筛选流程中确定的供应商数目很少，才有可能直接进行供应商评价工作。

> 在供应商市场中，目标供应商可能认为招标过于复杂，不愿意参加，他们更愿意寻找很容易赢得的机会。

> 前几个阶段的初始供应商选择工作已搜集到足够信息，可以满足选择团队的要求。

> 需要尽快做出最终决策，没有足够的时间进行整个招标、投标、分析工作。

> 可选择的供应商规模比较小或者投资水平很低，没有资格参与招标。

> 第一供应商与第二供应商之间存在很大的差别，因此在没有竞争对手的情况下确定第一供应商。

建立高质量的投标，团队要有关于供应商、功能和技术需求的广泛、明确的要求。如果对于一个团队来讲组织一个好的招标困难的话，那么很有可能是在前面的步骤中没有清楚确定范围和需求，或者团队没有完全叙述清楚评价目标供应商的优先权和权重。一个好的招标不仅可以减少团队的工作负担，而且可以确保目标供应商的积极参与。

图12.6为招标流程综述，本节剩余部分将详细讲述这一流程。

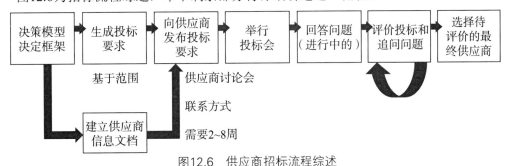

图12.6　供应商招标流程综述

制作招标书

好的招标书包括两部分，一部分是项目综述，综述招标方企业和项目的信息；另一部分是供应商提供的关于企业、性质、功能和其他需要考虑的相关事项等具体问题的一种详细答复。

这一部分描述如何通过建立有效的招标书来引导评估团队。在大企业里，关于供应商选择的问题，该团体应当和企业采购部门商量，以确保与企业的政策相适应，并且获得采购部门关于建立招标书的建议和帮助。采购部门可能在法律或程序方面给予特殊的帮助。

招标书的项目综述部分应当足够详细，以便能够回答大部分潜在供应商的问题，并且给供应商提供一个全面的定位。一个有效的项目综述部分能够最大限度地减少供应商的疑虑，从而最终为评估团队节省大量时间，特别是那些涉及大量供应商的选择项目。综述部分也能通过在相同时间、以相同格式显示所有供应商的相同信息，帮助建立一个竞标的标准。项目综述部分，通过声明企业打算在选择流程采取一种可信、认真的方法来鼓励供应商积极参与投标。

招标书的项目综述包括三个部分，企业信息、流程、决策标准。一般讲，每一部分都包括所有或部分以下内容。

（1）企业信息

➢ 企业的历史；

➢ 企业规模——3～5年的收入历史，企业员工的数量；

➢ 地域范围——总部、分支机构和工厂的位置；

➢ 产品或服务行业综述；

➢ 所服务的主要客户或市场；

➢ 当前技术架构；

➢ 区分企业业务运营的关键点（如分布各地的大量客户，高技术的产品）；

➢ 接收所有问题并响应的电子邮件地址；

（2）项目信息

➢ 针对项目和参与结果的说明；

➢ 预算批准（预算是为这个项目而批准的吗？如不是，何时将得到批准）。

（3）流程信息

➢ RFP发布方法；

➢ 所需标书的数量、格式；

➢ 哪个人（决策者）管理评估团队；

➢ 被邀请参加招标的供应商；

➢ 投标和审核的最后时间限制；

➢ 预期项目开始和完成的时间；

➢ 项目范围；

> 选择标准和相对权重（例如：供应商规模、功能匹配、定价、推荐资料）。

文档的重点是给供应商提供有用信息，也要回答大部分明智的供应商在追求领先之前提出的具有价值的问题。

> 涉及的范围是不是与我的产品或服务很好地匹配？

> 是否到达竞争水准？

> 预算是否获得批准？

> 谁是决策者？

> 评估将花费多少时间？

> 哪些竞争者会参与进来？

> 客户是否清晰地理解他正在做的事情和想要实现目标的流程？

尽管产品和服务的购买者，在评估期间很显然处于控制者地位，但是也需要在这一部分为候选供应商提供正确的信息，确保此次招标对于成功、明智的供应商（正是那种理想的合作伙伴类型）来说是具有吸引力的。

因为招标书中的有关部分经常包含企业内部信息，团队可以考虑让供应商签署保密协议，企业的法律部门或者外聘的法律顾问整理一份简单的保密协议，以便各方参与投标前签署该协议。

招标书第二部分的重点是，从供应商获取详细数据有助于决定哪一个供应商将进入供应商评价阶段。这种信息类似于从初步供应商筛选中得到的数据，但却更有深度。获得这种深层信息是有可能的，因为供应商有充分专业知识来回答问题，并且工作被分配到多个供应商。

在这一部分收集的常见类型的信息包括以下六个方面。

> 供应商：供应商企业的大小、稳定性和资源；

> 功能覆盖：供应商的应用软件、产品或服务对企业所需的全部功能的覆盖；

> 技术：影响产品技术配置的信息，包括可用的硬件、操作系统和数据平台；

> 客户资格：从现存的具有相同需求的客户那里获得主观的推荐信息；

> 项目实施方法：从供应商获得关于实施方法和时间限制的原始信息；

> 经济：供应商列出的价格表，价格驱动因素。

完成范围和需求定义后，这一部分将生成完整的问题列表，这是供应商选择中最有挑战性的任务之一。如果正确完成范围和需求定义，功能覆盖评估应该是相当简单的，然而，为了帮助供应商理解是如何被评估的（在招标结束后为团队提供指导方针），团队必须依照在前面描述的级别，并在这些级别中正确权衡每个分类。

生成问题和权衡流程可能是困难的，因为需要团队超越基于功能匹配的供应商选择，并考虑如供应商实力、资格、技术平台等更广泛的问题。所以，团队应当尽力完成这项工作，以告知各参与供应商招标中的评估是如何进行的。

最易权衡分类的方法是，在5个类别得分中平均分布100分，通常可进行大量分值评估的分类是功能覆盖分类。毕竟，如果讨论的产品或服务不能提供所需的性能，则其他分类也不具有相关性。功能覆盖分类的最初权重，给团队理解这一分类中功能需求的相对重要性增加了压力。需求的优先权（高，中，低）划分在前一步中已完成，并且招标书应当将优先级和功能需求描述一起提供给供应商。

在供应商选择中，依据剩下的分类，对选择团队的依赖性给予不同权重。供应商的稳定和资格是在功能范围之后享有第二优先权的要素。一个拥有大量客户并具有支持和改进产品财力的稳定供应商，是一个好的合作伙伴。同样，供应商可以培训出可靠的代理商。这些代理商可为客户提供参考，并能解决相似环境中的类似业务问题。供应商这种培训依靠代理商的能力，再次提供了供应商成功实现目标的经验能力的证据。

技术架构和项目，实施方法倾向于最低权重分类。最大的供应商，在技术支持方面处于公平竞争的地位，主要的供应商几乎能够支持任何技术平台，这些平台对于终端用户很重要，因此，这个类别没有机会区分它们自己。通常，所有供应商的项目实施方法是相似的，也不可能有区分的机会。偶尔一个供应商在这一分类中拥有独特的或私有的方法，这种情况下则应给予比竞争者相对高的分值。

在每个分类中，关于RFP可能包括的目录信息如下所示。

（1）供应商

➢ 企业综述，包括历史、服务、核心能力、企业地点、管理团队、组织结构；

➢ 招标的联系信息——会计主管、技术销售代理，高级管理层；

➢ 财务——供应商3年～5年的收入情况和赢利历史；

➢ 财务——所考虑的产品或服务的3年～5年的收入情况和赢利历史；

➢ 供应商生产线综述和各生产线的收入分布；

➢ 企业员工数量；

➢ 从事产品研发和定位工作的人员或工程师的数量；

➢ 财务管理方法；（财务人员的组织结构，财务是根据地区、行业还是其他方面进行管理的？）

➢ 客户输入方法——它是如何工作的（客户如何给研发流程提供输入）。

➢ 服务级别——供应商如何衡量他们的交付成果（产品或服务），衡量标准可能是质量、用户满意度、支持请求或其他。信息如何在内部进行传输、多长时间、如何将信息反馈给客户；

➢ 供应商或第三方对最终用户满意度的调查结果和调查时间。

➢ 所涉及产品的服务等级及其意味着什么（通常是金牌、银牌服务或其他分级支持服务）；

➢ 培训——专业人员的数量，课程表（管理人员、最终用户等）；

➢ 供应商认为其竞争优势是什么。

➢ 供应商是否有资格享受非优势业务少数人/女性拥有企业优惠？

（2）功能范围

招标书中应当包含先前在供应商选择流程中确定的每项功能需求的索引列表。

- 供应商应当提供满足功能需求，并特别强调高优先权区域的系统模型或能力；
- 供应商应当将每项需求分为"使用时不需要用户定制"、"使用时需要用户定制"或是"不存在"三类；
- 对于每一类需求，供应商应当提供关于功能所在的简短解释（子模型介绍说明）；
- 关于如何完成产品配置的简短综述；
- 关于如何完成产品用户定制的简短综述（通常与所基于的编程语言有关）。

（3）技术

- 产品的技术架构综述——应用、数据、网络、硬件和其他技术组件；
- 要求或推荐的技术如何在客户当前或计划的技术平台中工作；
- 产品支持的技术（操作系统、硬件、数据库）；
- 产品的版本和产品的补丁历史（日期、增加的功能总和，在每个版本和补丁中的问题修改和改进）；
- 需要运行的第三方产品，产品的详细清单及其作用；
- 证实产品的灵活性，关键区域的负载量（在实验室和在真正的客户端）；
- 接口方法——如何完成产品间的接口；
- 安全——如何管理用户级别的安全，可以进行什么级别的安全管理，是否和其他安全软件包集成在一起？

（4）资格

供应商应当向客户展示对目标环境各个方面最接近的匹配关系。尽管发现一个与目标极匹配的方案是非常困难的，但是供应商至少应当提供一个相似的客户。

- 同样行业或有同样业务模式的客户；
- 使用特定的产品或服务的客户（最新版本）；
- 拥有同样技术平台的客户（现存的或计划中的）；
- 相似规模的客户（可用收入情况、用户数量、职工数量或其他来衡量）；
- 拥有相应地理区域的客户（场所数量，位于同一州、同一国家，同样的语言需求）；
- 有相似业务量和业务模式的客户（季节的影响，订单、发货、库存单位等）；
- 当目标环境需要时（如果可能）连接同样系统的客户；
- 在相似的规格范围内实施产品的客户。

从供应商那里得到相关推荐信息的一种理想方法，是提供一种矩阵，这个矩阵可标记哪个实施方案与招标有功能、行业、技术的或其他相关的联系。表12.4显示了和投标方完全一样的矩阵实例。

供应商也应当有一些相关奖项和第三方的推荐，进而有一些相关的行业认证（ISO、SEI CMM等）。

表12.4　供应商推荐矩阵

	同样行业或有同样业务模式	特定的产品或服务	同样技术平台	相似规模	相应地理区域	相似业务量或业务模式	连接与目标相同的系统	相似规模/范围内的产品实施	全部
客户A	X				X		X	X	4
客户B			X				X		2
客户C	X		X		X	X	X		5
客户D		X		X	X	X	X		5
客户E		X	X		X	X			4

招标书应当表明供应商的投标是完全出于自主选择的，绝不强迫任何供应商直接使项目绕过招标流程。这样可以避免供应商误解，为招标结果令人不满意或招标流程中业务需求发生变化等情况留下退路。

（5）项目实施方法

➤ 实施方法——所需要的任何特定的或私有方法的概要。实施可能需要花费多少时间，实施工作中任何不寻常的要求；

➤ 当前的或目标技术和产品平台（或其他因素，例如厂址、用户数量、业务量）是否规定了某种实施方案；

➤ 实施需付出的努力（时间、成本或其他）。

（6）经济

➤ 什么是决定产品购买价格的主要驱动因素？

➤ 报价目录或者全部的实施费用；

➤ 维护费用条款（购买许可证费用的百分比或其他基本费用）；

➤ 其他相关产品的许可证价格（第三方软件及所需许可证价格）；

➤ 培训的价格和条款；

➤ 其他专业服务的价格和条款。

为了便于以后的比较和分析，招标书应当提供一个清晰的回答问题的格式和结构。招标书也应当确定供应商必须提供的复印件的数量，同时确定所需的电子格式。投标书应当尽可能标准化。阅读大量与正式格式和结构不一致的标书，会给高负荷运转的流程增加相当大额外的工作量。

招标的发布

拟好招标书后，应当将其分发给目标供应商。管理发布流程最好的方法是发送纸制文档和电子文档并交给每个供应商所确定的销售专业人员。同时指定一名团队成员随后给每个供应商打电话，确保供应商收到文档。

为了评估招标的影响，以及为了给供应商提供一个平等提问和答复的机会，在招标发布一到二个星期后，评估团队应当召开一个投标预备会议。在这期间可以确保供应商有足够的时间审核相关信息，并携带准备好的问题出席招标预备会议。邀请书应当将每个供应商的出席人数限制在三个以内或更少。但是，供应商有时为了大规模投标会派出一小队销售人员和技术人员。在我们参加的多个投标会上都有因过参与者太多，以至于投标会被推迟或被转移到其他地方的情况发生。

团队应当要求每位与会者在花名册上签名，这份花名册可以公布给所有的供应商看。应当允许供应商有适当的合伙方（尤其是提供优势组合解决方案的供应商），但是这些供应商必须清楚他们联合投标中各方应承担的义务。

会议的日程安排应当简洁明了。团队管理者介绍选择团队成员，并且提供一个关于招标书中供应商定位部分信息的简要综述，同时强调期望的商业利益和评估流程，在会上允许简短地解释被邀供应商的列表。多数会议对于供应商代表来说，应当设置自由提问和自由回答环节。抄写员需要把提出的问题（和给出的回答）记录在文件里。如果供应商提出的问题是团队没有准备的，则应当记录下来并在以后给予解答。在很多情况下，团队可以简单地选择不回答问题。整个流程大约60～90分钟，这取决于招标的复杂程度和参加会议的供应商数量。

会议结束以后，团队将有一些需要处理的新信息。首先，供应商出席代表应当表达其对RFP的理解水平。如果一些供应商没有参加，可能有以下几个原因，项目范围和供应商的能力不匹配，供应商错误理解了招标，甚至是一个很简单的错误。无论如何，团队应当和决定不参加的供应商联系，征求他们的反馈意见并基于该反馈意见对范围、招标书或招标流程进行修订。

其次，根据供应商提出的问题，团队可能在项目范围、需求收集、招标问题或招标流程中发现自身的漏洞。在这种情况下，团队应当决定是否修订或改进先前的工作。如果需要，还要采取纠正措施。不要因为这些失误而感到失望，除非有特别严重的错误。供应商在搜索和分析招标方面有丰富的经验，毋庸置疑，供应商在会议前同样花费了大量时间进行分析。

在召开会议的几天内，会议期间所有已回答的和未回答的问题都应当通过电子邮件发送给所有供应商代表。随着供应商问题的增加，要把这些问题记录在文件中，并将问题及答案发送给所有供应商。

通常会有一些没有被邀请的企业出现在投标会上。有趣的是，这些企业参加会议一般是为了与潜在投标者的销售和技术团队会面，希望建立联系和形成潜在的分包关系。根据团队成员对投标流程的开放程度，可以选择让参加者带胸卡，或其他供应商能够参会的通行证。

在对供应商分析阶段，团队可能想提供用于收集供应商数据的论坛，包括个别供应商网站访问，允许供应商上网与评估团队成员或其他业务人员及IT人员见面。如果大量关于技术架构、应用架构或其他IT信息是容易获得的、非私有的且对分析有用的，团队则可以建立一个数据库。供应商可以访问这个数据库，做一些其他的研究和数据收集。但要严格控制对数据库的访问，且对于每位供应商来讲利用这个数据库的机会是平等的。

在招标分析流程及随后的供应商适当性评价流程中，团队应当抑制对信息控制的欲望。然而有一些信息的确是不应当被泄露的（如目标项目预算），大部分信息应当与尽可能多的人共享。一个常见的错误观念是，认为不公开信息或模棱两可地回答问题可以通过某种方式改善团队的谈判地位而不会损害流程。事实正好完全相反，大部分供应商都想通过拥有满足客户需求的质量上乘的产品，或解决方案来发挥自己的优势并且赢得交易。与供应商共享尽可能多的信息会促进该流程的完善，确保一个高质量的选择。在通常情况下，团队对与供应商共享信息的忧虑是对团队缺乏信心的表现。

最后，整个招标分析期间，团队可以联系几个供应商，了解为供应商留出充分准备投标的时间是否足够。事实上，每个供应商均要求更多的时间，一些调查问题表明团队所确定的反应期确实不够。在这种情况下，团队应当毫不犹豫地为获得高质量的投标而提供额外的时间。

投标评估

该流程允许供应商在一到四周内规划投标书，要根据产品的复杂性、考虑的投资水平和招标问题的深度来规划投标书。在招标书截止日期前，供应商应当提供投标书的复印件和电子版本。

在评估期间，供应商禁止与评估团有单独的接触，否则可能被剥夺投标资格。如果没有这项要求，那些足智多谋的（或积极进取的）供应商就会无休止地叮扰评估团队（企业内其他人员也可能受到影响）。他们会刨根问底地提出问题，向团队核实情况和请求团队提供额外信息。通过与供应商明确地交流评价流程和设定硬性的决策标准，团队能够满足供应商想了解下一步工作时间的需要。

在投标期间或阅读投标以后，有时团队可能会确定额外的问题或者待收集的数据点。在这种情况下，应当把这些附加的问题集中起来，通过E-mail发给所有供应商，同时对投标规定一个合理的但快速的时间期限。

在实际评价流程中，团队应当随机阅读每一份投标书，并且基于招标发出之前确定的需求和权重给供应商的投标打分。在某些情况下，团队可以让特定功能方面的专家做出评估（生产方面的专家给生产能力打分、财务专家给财务能力打分）。团队成员应当尽量单独对投标书进行审查，以避免偏见互相传染。在单独打分结束后，团队成员应当讨论每个投标书的优点。

投标审查完成后，总结得分情况，按照供应商和分类，由团队分数的平均值算出最终得分，如图12.7所示。

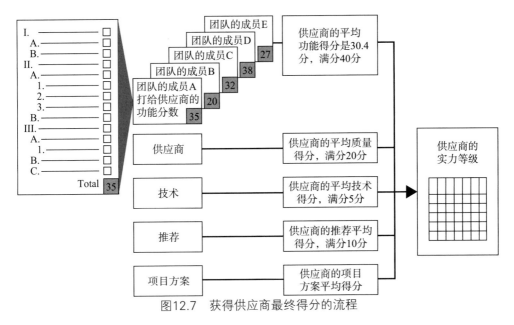

图12.7 获得供应商最终得分的流程

精简供应商名单

按照分类对供应商打分，求平均得分。确定每个供应商的得分后直接按照得分划分供应商的实力等级，如表12.5所示。

表12.5 供应商实力次序队列

	功能方面	质量方面	技术方面	推荐方面	项目方案	全部
供应商A	30.4	20	4	8.9	14.3	77.6
供应商B	35	17.6	4	10	13	79.6
供应商C	32.6	15	3.5	7	14.2	72.3
供应商D	28.9	13.4	5	8.5	12	67.8
供应商E	37.7	19	2	7.2	12.5	78.4

团队应当进行最终讨论，以保证结果可以通过严密的审查，确保每人都对定量分析结果表示赞同。当所有分数不再改变且最终的排名形成后，团队应当决定哪些供应商能够进入接下来的供应商适当性评价流程。团队应当去掉处于实力排队开头部分的供应商，这一部分的供应商分数明显很低。一般应选择两个到四个供应商进行评价，尽管对两个以上的供应商进行适当性评价是一项挑战性的工作。

随着前面重要阶段工作成果的出现，评价团队能够向IT指导委员会初步汇报流程总结结果。在得到IT指导委员会和评价团队的签署后，进入供应商适当性评价阶段。

最终结果出来后，团队应当把结果书面通知每个供应商。在通知中应当感谢他们的参与，如果供应商愿意了解具体信息，则提供联系方式。但是没有必要告诉落选供应商其所得的分数，或者公布那些顺利晋级供应商的名单。一份措词礼貌而专业的通知能够确保将来供应商的再次参与。如果适当性评价流程不能取得令人满意的结果，这份通知就能保证有后备供应商可供选择。如果时间允许，团队应当把反馈信息发给落选的供应商。多数高水平的销售专业人员都有兴趣了解怎样在将来赢得竞争，他们乐意得到反馈信息，并把反馈信息应用到以后的销售生涯中。

12.3.5 对供应商的适当性评价

这个阶段的工作重点是，证实供应商在投标书中的见解如何令团队感到满意。最重要的是了解供应商是怎样满足功能需求的，从技术的角度了解系统将如何运行，与供应商的其他客户交流以了解供应商的服务情况，为以后的信息交流尝试与他们建立关系。要完成这项工作，团队主要依靠与供应商的销售人员合作及测试实际产品功能。

图12.8所示为供应商适当性评价流程。余下章节将详细讨论该部分中的每个步骤。

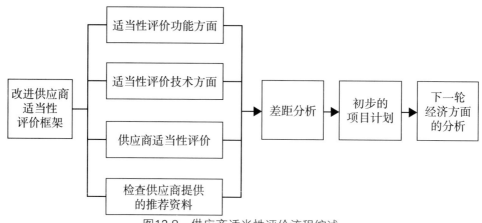

图12.8　供应商适当性评价流程综述

改进适当性评价框架

招标评估包括所需功能的详细列表，技术能力和供应商的推荐资料。适当的评价框架只是反映在前面阶段里确定的原则，即团队在前面两个阶段中评价什么及如何精简等问题。这一部分工作重点是证实供应商在投标书中所提的观点。团队使用的评分表同样可以用于适当性评价，给出的权重和优先级和评分一样可以使用。在实际评价流程中可能需要对框架和评价问题做一些细小调整。

随着工作的向前推进，团队应当把大部分注意力放在了解各个供应商的不同之处，这些不同之处最终决定选择哪一家供应商。例如，如果订单处理是招标方需要的功能，两个供应商对此项的运营方式是相似的，且都能够让团队满意，那么团队就不应当再去关注基于这方面能力的不同之处。同样道理，如果两个供应商都声明支持微软最新的SQL Server数据库，并且可以安装许多终端用户，那么支持SQL Server数据库的能力就不应当成为潜在的不同点。通常因为供应商在许多功能提供方面是竞争对手，所以坚持使用这种方法能大大缩小分析面，而这些分析是评价工作必须做的。这样才能够保证最终供应商的选择工作是基于竞争各方提供的以及真正的不同因素做出的。把工作重点集中在关键业务部分，有助于以后的实施团体避免关键业务部门经常困扰大项目的问题。

如果在供应商选择方面的投入比较少，功能也好理解，或者有一个供应商是明显的胜出者，则团队可以不再强调评价工作的某一部分。这种情况下，团队至少应当调查重点供应商的演示及仔细检查供应商提供的一系列推荐资料。

进行功能方面的适当性评价

功能方面适当性评价的重点是，证明产品或软件包能够通过企业可以接受的方式完成所需的业务功能，以令选择团队满意。最重要的是功能适当性评价部分，因为这是最难评价的，因而这也是在实施流程中最容易出现问题的方面。

这个业务程序所需要知识的深度和对系统检查的详细程度令人咋舌。功能方面的适当性评价流程可能单调乏味，特别是当供应商对理解业务流程有困难时。团队应当下定决心审查所有的演示，不断提出问题，直到找到有意义的、与系统现有做法一致的解决方案。

在我们参与的一个难忘的选择流程中，如果供应商评价我们的选择工作过于注重细节，那么我们应把这样的评价看作高度赞扬。如果参与适当性评价工作的供应商没有抱怨我们注意细节，那么该团队的工作仍然存在有待改善的地方。供应商对工作细节的不满意是促使我们工作得到改善的有效信号。

供应商的产品演示是对功能方面进行适当性评价的主要手段。这对于供应商和客户都是常见的做法，也是供应商推动他们的产品通过相应审查步骤的最好方法之一。

我们建议，每一个参与适当性评价的供应商进行两个独立演示。首先是没有脚本的、公开的演示，这样供应商就能用任何其自愿的议程演示他们的成果。第二步演示是做好充分准备的，用数据和评价团队安排的程序来满足优先级高的需求。

令人难以置信的是，我们观察到许多企业都以供应商演示作为供应商选择的开始。而那些肤浅的、注定不会有好结果的演示，对于有幸被邀请的供应商来说是有好处的。但是最终会导致项目实施失败、企业预算的大大超支。举一个特别惊人的例子，企业高级管理层请求我们帮忙，为一个导致系统不能运行的、已经失败3年的项目提供解决方案。当问起他们最初的选择和实施流程时，我们描述的所有最坏的情况都出现了，包括文档、供应商主导选择失败等。在另一个案例中，一家企业花了2年的时间评价两个供应商，就价格问题进行谈判并且与实施伙伴见面，但是仍然不能得到领导部门的认可。这是由于分析的肤浅、选择团队缺乏对业务需求的理解，导致供应商主导了整个流程，并且供应商拒绝把业务流程和需求形成文档。

供应商演示的顺序很重要，所有供应商，无论正确与否，都认为自己已了解展现产品的最好方法，为供应商提供公开、自由展现产品的舞台是让他们满意的唯一方法，从而使他们有了演示自己能力的机会。让供应商在演示流程中掌握主动权，对于一个团队来说是困难，但是，让供应商按照自己的方式做事却非常重要。第二步的演示，为团队控制进程提供了很好的机会。在总结第一步演示的基础上，团队向供应商提供自己所需功能的详细列表、样本数据和希望在第二步演示中看到的结果。

关键是第二步演示的内容。团队不仅要理解产品如何满足每个关键需求，而且要理解功能是怎样配置的，需要何种水平的定制才能使产品工作。这些问题的答案很难从供应商处获得。许多客户已经被供应商安排好的、让人发晕的演示搞得眼花缭乱。在多数供应商演示流程中，一个常见的有趣现象是，重复地说"我能够做到"，当然事实通常也是这样的。真正的问题是要对默认设置改动多少次才能实现目标。记住，过多的配置和定制，在最终实施阶段将导致相当大的人力成本，团队应当明白满足每个需求所要的大致水平。供应商会被要求做许多附加的演示给团队成员看，好让他们详细理解每个功能是怎样完成的。

除了关键的功能需求，团队可能要评审一下系统面向非事务功能的部分，包括工作流、配置工具、自定义语言、第三方的整合工具、应用程序的接口、数据提取工具、事件时序安排和报告的能力。大部分问题通常包括在第一次的演示中，如果问题仍然突出，那么在第二步演示中，这些问题就应当是深入调查的方面。

为了更好地促进此轮演示的进行、促进技术方面适当评价和客户评价会议的进行，团队应当编制一个适当的评价日程安排表，并分发给所有参与方——团队和供应商。在第一周里，团队为每一个供应商安排首次演示会。在接下来一周，安排第二次演示会。每一个演示会应当计划占用一整天时间。接下来的一到两周里，需要进行客户推荐资料和辅助供应商调查。团队应当在进行下一次演示时把发现的问题记录在文档之中，留出足够的时间。时间安排要紧凑，保证对供应商进行更好的比较。建议在演示会之间留出一天的时间间隔。图12.9显示了在对三个供应商的适当性评价流程中典型的供应商日程。

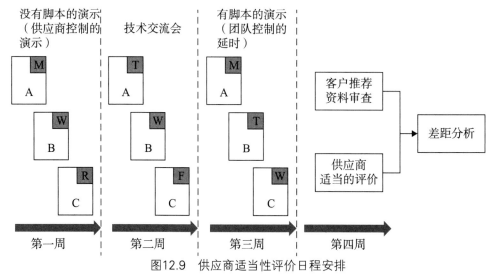

图12.9　供应商适当性评价日程安排

从供应商演示中得到最好结果的主要方式包括：

> 把供应商的期望清楚地写入有脚本和无脚本演示的会议日程中；

> 确保所有参加者都要准时到场并集中精力，团队成员的选择要符合演示会场的严肃性；

> 确保整个会议期间评价团队一直在场并提出问题；

> 要站在供应商的立场上安排演示会，供应商可以做最好的演示，就没有借口说没有合适的技术手段可以使用；

> 给评价团队留出一整天的时间，以免其他事务影响他们出席演示会。

进行技术方面的适当性评价

技术方面适当性评价工作的重点是确保团队了解一整套所需的技术组件，确保当前计划的技术架构的含义是清楚的，并确保已做出安排。技术适当性评价会议要有以下人员参与：供应商技术销售人员、评价团队成员和IT部门技术主管。技术适当性评价的议程应当集中在几个关键区域，以下将讨论这些问题。

技术平台——可选项和需求。技术团队应当解决系统部署中遇到的所有技术问题。对于应用供应商而言，应该确保实施操作系统、硬件和数据库支持。大型应用供应商几乎支持所有的主要平台，但是在某些平台上可能有更多的应用。

团队应当查询目标平台的详细情况。如果一个应用软件供应商选中的目标技术平台的操作系统是Sun Solaris，带有EMC DASD的Sun服务器，而且后台是Oracle，那么供应商应当演示其产品，证明在特定客户的这种目标环境中，应用软件能够正常工作。本章下述部分将介绍处理客户推荐资料流程，即怎样进行详细的技术推荐资料检查。团队还应当检查产品的演化流程。如果产品最初部署在一个特殊的技术平台上，后来被移植到其他平台，那么，这个产品在最初平台上运行得可能会更好。如果有这种情况，团队应当要求供应商给出证据，表明该产品已经实现完全移植。

团队需要找出最低标准、建议标准和所有技术组件的潜在需求。为了使成本最小化，应用软件供应商会把注意力放在减少需求上。潜在需求是最重要的，因为当部署需要新硬件、软件、网络或者其他设备时，满足需求就是成本的主要方面。

在整个适当性评价流程中，团队可能选择调查其他各种技术领域。最重要的结果是，站在技术立场上完全了解可能的成本情况，以便在这个阶段结束时，团队能够做出项目预算。潜在问题是特定选择，即技术人员和评价团队应当事先确定哪个技术问题将影响整个决定，哪个问题影响总成本。以下举出其他可调查领域的实例。

> 首选的技术架构：操作系统、服务器、客户、直接访问存储设备、网络和数据库；

> 所需服务器的类型和数目；

> 整合工具和方法（中间件、批处理、应用程序接口、对象级别或其他项）；

> 运行应用程序所需的第三方程序（中间件、报表和数据库应用程序）；

> ➤ 程序和操作系统的直接访问存储设备需求；
>
> ➤ 客户端的最低要求（基于浏览器或其他）；
>
> ➤ 客户端和服务器端之间的带宽或网络性能需求；
>
> ➤ 负载平衡能力（集群、平衡处理技术）；
>
> ➤ 备份需求和方法；
>
> ➤ 故障排除和恢复能力；
>
> ➤ 启动和关闭步骤；
>
> ➤ 故障排除、开发、测试环境的可能需求和推荐需求；
>
> ➤ 系统安全和审查——用户设置和管理，系统安全能力。

主机配置是应用程序选择团队可能要考虑的另一个问题。许多应用软件供应商和硬件供应商联合起来，把主机配置和数据中心服务器当作出售综合软件包的一部分。许多供应商也开发了ASP项目，来提供整个应用的远程主机配置。

主机外包问题虽然超出了本书的范围，与其他IT方面的决策一样，也要清楚了解外包主机带来的成本和收益。外包主机应当为企业带来明显的投资回收率，即使ASP关系的收益和长期影响尚不能确定，然而多数人认为ASP服务对于非核心的应用是有价值的（例如，销售合同管理、人力资源，招聘管理等）。

测试团队调查的第二个方面是验证系统支持高峰业务处理量的能力和应对未来业务变更的能力。本书第8章已经详细讨论新硬件和软件采购的可量测性方面需考虑的问题。

技术适当性评价团队应当首先查明当前高峰批处理业务和在线用户量。该流程分为三步，首先确定当前高峰处理出现的日期和时间，然后获得高峰处理时刻的实际业务量和用户量。图12.10展示了该流程。

图12.10　计算支持所需的事务处理量能力

正如图12.11所示，应当首先确定每年、每月、每日的使用高峰期，能够解释季节性因素（对于每年的业务处理量总是波动的企业）和每月（如，每月末的情况和财务处理）、每周（如，每周末的订单的变化）的工作，多种因素都能够说明业务量。企业不同，使用的因素可能就不同。图12.11显示了销售量和生产量。具体原因还要由团队决定，会随着行业不同、企业类型不同、客户需求不同、业务的季节性不同及其他因素的不同而变化。

确定每天、每月和每年的高峰量之后，技术团队应当制定一个详细的日处理表，以确定在一天给定的时间段内，哪个用户在线和哪些批处理流程正在运行。图12.12给出了日处理表的样本，表中有在线用户使用高峰和确定的批处理期。因为按照高峰期的工作量设计系统会使成本非常高，所以团队也应当确定平均量、典型量处理日。

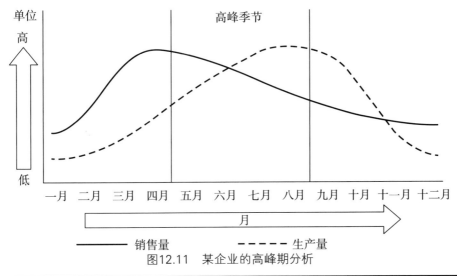

图12.11　某企业的高峰期分析

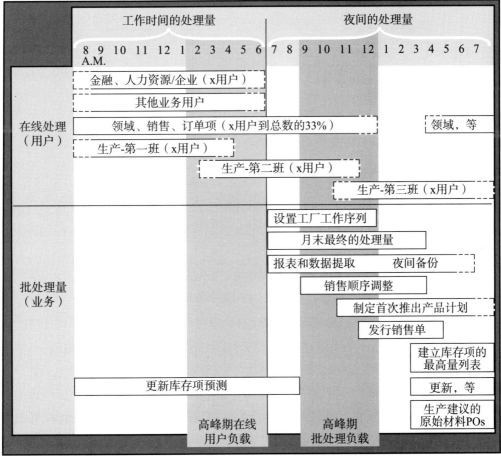

图12.12　某企业的日处理表

随着高峰日和每日处理时间的确定，团队可以估计高峰期和平均期在线用户数量和批处理业务量。同时应当对该信息进行总结，并作为处理量证实流程的一个输入参数。图12.13是对来自图12.12的处理量的汇总。

既然高峰期及平均的用户数和业务需要的处理能力被写入文档，因此团队就可以把他们与所涉及系统的已证明的支持能力做比较。

供应商通常提供两种类型的证明数据，证实系统的批处理能力。第一是从实验室的压力测试中得出证明，该证明显示了在各种技术环境和状况下系统最大的支持能力。第二是在客户实际使用流程中得出的、完全根据经验得到的数据。这些数据对于团队非常重要，特别是在业务流程处理和流量方面，其标准实施是相似的。

批处理业务	高峰期	平均
清单处理	50	35
订单发出	45	25
销售订单到工作单的转换	100	50
运输标签打印	20	5
产生生产计划	125	100
在线用户	高峰期	平均
订单处理	250	90
生产——用量大的	75	25
生产——用量小的	150	110
公司	25	20
财务会计	100	80
其他	50	20
总用户估计	650	345

图12.13　某企业在高峰和平均期的业务量和用户量估计

供应商向客户提供了标准的信息，团队应当随后给客户通个电话，证实这个数目，并取得性能管理方面和系统在高峰期处理能力的反馈。同用户进行深谈，能够得到供应商不愿意提供的（或者不了解的）详细资料。

许多标准都可以被评估，但是底线评估必须至少回答两个问题。

1. 使用高峰期的在线用户能够得到合理的响应次数吗？

2. 系统能够在合理的时间段内处理所有的工作请求吗？（在一个工作日，系统处理能力）

开发环境和途径。技术适当性评价还应当分配一些时间去了解供应商系统，或者产品的技术及开发方法。这两个因素会影响供应商的总体成本结构。有的供应商为了管理开发流程，已经在高度结构化的开发方法（如SDL、CMM）方面进行了投资，这些供应商或者有如ISO质量认证的供应商，其长期成本结构可能较低。技术适当性评价团队通过与认证团队管理者会面、与内部开发人员或使用该方法的研究人员访谈，来验证供应商认证和方法的实施使用水平，或者从颁发这个证书的第三方那里验证其证书资格。

有些供应商使用标准化的开发工具和技术，同样，他们的最终成本结构也会较低。采用的工具包越通用，劳动力的技术可用性越高，劳动力的成本就会越低。因此，由于广泛使用和不断改进，通用工具和技术也能够通过提高开发团队的生产率来减少供应商的成本。团队可以调查供应商使用的技术和标准，以及通过与开发部门或研究部门的领导谈话，收集到详细资料。评价团队也能够和供应商一起做一些基本的验证工作。例如，要求供应商提供开发标准手册。

多数应用软件供应商存在竞争关系，他们支持同样的技术、使用同样的开发工具、提供同样的接口，支持的处理能力同样远远超过预期的或期望的高峰。

技术适当性评价的重点应该是，从硬件和基础设施的角度了解系统部署所涉及的成本，了解分析中出现的任何问题（特别是关键的可量测性和支持平台的问题）。这个工作也能够清楚了解供应商可能的内部成本结构，内部成本结构影响定价、竞争力和长期的运行能力。进一步讲，如果系统部署需要新硬件或者硬件升级，规模测试中则需要了解高峰期和平均期的处理能力。

供应商适当性评价

供应商适当性评价的重点是验证供应商提供的投标书中的数据。因为这些信息大部分都是与事实有关的，这一部分的评价工作应该是一个相当快速的“检查盒子”练习，证实供应商企业位置、历史收入情况和相关生产线方面的信息。这些可以利用网上资源迅速获得。

除了证实投标书中的信息，团队还应当分析供应商提供的产品修订和发行历史。一个产品如果有许多的服务程序或错误修复程序，就可能表明该产品还没有成熟，尚存在大量的错误就发布了。这样的话，供应商在发行大量的服务软件包和补丁程序修订后，要提供一个详细说明。

一般情况下，应用软件供应商每隔12～18个月就有一个主版本发行。供应商如果在超过18个月还没有提供主要版本，或者供应商的发行周期延长，那么供应商可能在产品开发方面存在问题。由于软件的维护费用通常包括产品升级和打补丁的费用，因此在供应商有问题的领域，客户很可能无法获得已支付维护费的应有服务。在这种情况下，团队应当让供应商提交未来的发行计划，对功能和升级方面的计划应当详细描述。供应商不能回避这个问题。毕竟，如果系统开发团队就此展开工作，肯定有一系列的需求。当正常维护和升级中的新增功能及功能改进部分发布新版本时，向客户收取“新产品”的费用，与应用软件供应商采用的通用策略就会冲突。

供应商还应当举例说明收集来自客户的意见是如何变成新需求的，这些新需求是如何在新版本中实现的。评价团队应当联系参加这个流程的客户，以便获得其他人员对供应商工作实施的看法。

最后，衡量供应商所能提供的技术支持。团队或许想给供应商的技术支持部门打一些“神秘的采购”电话，看看得到回应的速度有多快以及自动声讯答复系统如何复杂。另外，团队可能需要接触在线的产品资料库，迅速浏览应用软件的常见问题。

检查供应商提供的资料

进行检查有两个主要好处。第一，能够证实或验证供应商声明的真实性。虽然找出与供应商声明相反信息的机会可能不大，但是进行这项工作的劳动量是中等的，反馈信息的价值却很高。因而，调查应当集中在未揭露的反面证据或没有证实的证据上。任何好的管理专家都赞同"信息的价值与它的可能性成反比"这一说法。如果认为打几个电话就能得到关键信息，那评价团队显得有点目光短浅了。我们的咨询活动正在帮助客户挽救一个特别难实施的工作，这里对一些资料的检查工作可能改变供应商选择的结果。客户的首席执行官这样评价评估团队，评估是重要的，可以在评估上花费200万美元，但是通过电话访问几个人是不重要的。

第二，在寻找供应商推荐材料的流程中，会和其他IT部门建立联系，以后就能够共享调查成果，共享供应商信息，进行其他对双方都有利的信息交流。当项目和同一个特定供应商有关系时，其他客户能够帮助实施团队避免许多他们曾经犯过的错误。长期与其他客户建立这种关系，可以提高企业影响供应商的能力，也可以提供谈判的附加信息。

图12.14是供应商提供的资料总数。对于给定的供应商，有两个客户资料源。第一个是招标流程，供应商提供了不同类型的客户名单，前面已详细讲述有关内容。供应商应当根据企业的规模、类型、技术平台、计划的产品、业务量或地理位置等，对客户证明资料进行排序。评估团队应当调查那些与企业项目最相似的客户资料。

第二个资料源来自于那些供应商提供、被评估团队认可的且不需要供应商协助调查的客户。这是个重要的步骤，因为如果不按照供应商设定、预先计划好的程序进行，那么这样发现反面信息的可能性就会大大提高。确定目标供应商有许多途径，尽管客户可以通过供应商的网站、技术杂志的商贸部分来搜集资料，同时，我们还发现了其他更有效的方法。

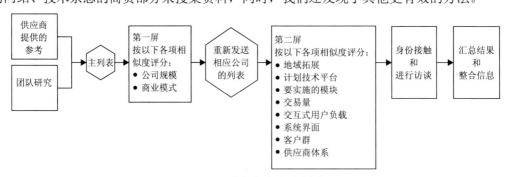

图12.14　外包商参考资料流程

> 网络招聘信息发布栏。浏览人气最旺的招聘栏目，找出正在招聘特定技术系列人员的企业。这方面较好的网站包括：TMP的巨人www.monster.com；EICE www.dice.com；www.computerjobs.com；Careerbuilder www；careerbuilder.com和Hot Jobs www.hotjobs.com.

> 互联网招聘网站简历搜索。如果团队可以在这些网站上获得搜索能力，就可以对相关供应商进行简历扫描。简历通常列出了使用过的技术以及雇主的名称。这样做可以快速识别拥有此类技术的企业，而且能够确定其地理位置、业务类型和项目实施规模。

> 当地人力资源企业。如果团队不能访问招聘网站简历搜索功能，可以向本地人力资源企业求助。这些企业通常愿意为了少量的服务费而开展相关搜索，通常能够很容易地找到所需供应商。

与供应商提供的推荐一样，这些潜在推荐途径应当按照相似性进行优先级打分。

供应商提供的列表以及团队编制的名单构成了推荐人的总名单。根据正在考虑的投资规模以及调查工作的深入性，团队需要计划给每个列表中的2家到8家供应商通电话，供应商提供的名单已列出了联系信息。如果是团队编制的名单，团队应当说明每一家潜在推荐人的首席信息官或IT主管，并且在打电话前发出一封信函或传真，说明来电的意图并且事先提供问题清单。然后，团队应当跟踪每一次来电，进行访谈或者确定首席信息官会指定团队中的哪个人负责接电话。如果可能，团队还应亲自面谈，并且在访谈期间开展一次现场走访。

团队提出问题的列表在各个项目之间存在差异。团队还应当事先编制一份明确的问题清单，但要为推荐人的开放式回答留出时间。最有趣的调查结果中有许多都来自于访谈中即兴发挥的部分。重点是确定供应商如何在销售之前和之后为客户提供服务，以及事先了解实施过程中获得的主要经验教训。

我们在供应商推荐人访谈中发现的一些有效的问题包括：

> 你想把什么产品作为评估的一部分？

> 做出决定的关键原则是什么？

> 怎样完成功能性评估，什么样的业务功能是最重要的？

> 怎样给这些原则分配权重（哪个对于你是重要的）？

> 怎样从系统中得到回报或收益？

> 从系统中得到回报的周期有（将会有）多长？

> 对系统的好处是什么（成本减少或收入增加）？

> 什么时候做出决定？

> 多长时间完成供应商评估？

> 购买、实施什么模块或产品？

> 技术体系是按计划运行的吗？

> 供应商的售后服务如何？

> 完成这项实施工作时有实施合作伙伴吗？

> 你已经投入到产品的开发流程中了吗？

> 你曾经遇到技术支持或用户支持问题吗？供应商的答复如何？为这个解决方案调

整的幅度有多大？

> 系统和技术体系是怎样变化的？

> 有什么意外情况出现（好的、不好的情况）？

> 从选择流程和随后的实施流程中学到什么有价值的东西？

> 你会再次实施外包吗？

差距分析

进行差距分析的目的主要为实现两个目标。首先，差距分析要确认已存在的处理各个需求的方法，特别是高优先级的需求。其次，提供满足每个高优先需求的方法，团队能够估算出弥补这个差距所需的工作量，这些工作的费用是构成实施成本的最大组成部分之一。

团队在前面工作中确定的每个需求都有可能要弥补差距，这主要取决于系统完成功能的方式。为进行差距分析而划分需求的优先级，就是根据每项需求对于业务的重要程度来评价，并且已清楚了应用软件的适用程度。图12.15介绍为进行差距分析而采用的划分需求优先级的方法。

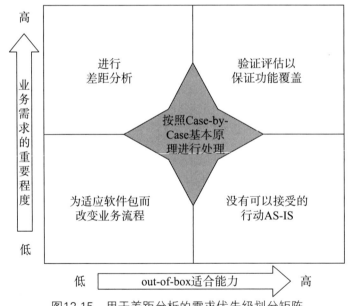

图12.15　用于差距分析的需求优先级划分矩阵

在图12.15中的一个2×2框架中，沿着两个轴的方向，对需求情况进行评估。首先按照出现在图中左上角的需求进行差距分析。出现在其他区域的需求对于业务来说，其重要程度低一些（因而应当参照有效成本来弥补差距），或者以最少的变动来处理差距，使得差距得到弥补。

差距分析的下一个任务是，对满足图12.15中左上角的需求所使用的方法进行详细评估。对于每个需求，使用的方法可能是两个可选项的组合——重新配置或定制产品，或者改变有关的业务流程和需求。多数情况下，需采用两种选项相结合的方法。因为，为满足最关键业务流程中的高优先级需求而制定的解决方案，对业务流程没有影响。表12.6给出一个典型的差距分析表，其中需要审核的关键因素包括优先级、所用方法的描述、估计要付出的努力和配置，或者为缩小差距而进行的业务流程变动等。

表12.6 软件包差距优先次序评估表实例

差距号	需求区	需求号	差距描述	填补差距的方法	咨询	自定义	价格变化	估计所需要的工作量
2.09	预告	7.32	系统必须能够有预见区域管理者对终端市场的信息调整	为了手工合并和发布，增加大家一直认同的预测系统和工作步骤并发行		X		2个FTE工作日
2.10	固定资产管理	5.09	1. 不能根据每周的增加量计算部门的总分类账 2. 只能根据美瑜的增加量计算部门的总分类账	配置、定义系统以便为总分类账的下降而加入每周增加量	X	X		10个FTE工作日
2.11	存货管理	8.21	系统不能允许在SKU水平下用颜色来跟踪产品	1. 必须增加定义代码和变动数据库来协调 2. 业务组进程变动以支持产品配色方案的录入和维护		X	X	57个FTE工作日

该分析流程应当与供应商一起合作完成，它是演示和问答会面时的主要工作成果。这是在实施流程中出现意外情况的另一个主要源头，也是导致劳动力成本增加的地方。因此，评估团队是否尽全力完成这项工作是非常重要的。有句话是这么说的"行动一次，度量两次"。把差距和满足需求的途径写入文档时，团队应当坚持严格按照规则办事。这些文档有助于以后与供应商的谈判（能够帮助解决纠纷）。在实际流程中，发生争论的地方往往集中在产品对先前适当性评价阶段提出的需求的满足能力上。供应商意识到了这些，有时候会拒绝进行差距分析。评估团队必须问一些尖锐的问题，直到对完成关键功能的方式达到完全满意。

差距分析做好以后，应当再次浏览一遍，以理解需要什么水平的配置和定制才能使得系统运行良好并且圆满实现所有的需求。如果定制化水平非常高（超过了总模块的30%或者有些模块主要是定制的），作为软件包，这个应用软件就失去了吸引力。因为定制导致实施和稳定阶段的维护费用大大提高，使得供应商的升级程序和加强功能程序难以安装，与封装式产品的目的相背离。团队应当对需要高度定制的供应商进行重新审查。

12.3.6 辅助供应商选择

当面临选择应用软件供应商或者其他产品需要附加的硬件或专业的辅助服务时，团队可能会用子选择程序决定使用哪一个辅助供应商。

子选择程序应当作为本章所阐述活动的子集来管理。定义范围、整合需求、面试供应商、供应商证明和资料核查会很快依次完成。主要供应商竞争中领先者的出现会很大程度缩小辅助选择的范围。大多数情况下，不需要经过完整的招标流程，而且用于辅助供应商选择的范围和需求很容易从以前完成的工作中得到。例如，处理日程表、技术范围——影响硬件选择、初步项目计划、资源评估——影响专业服务供应商选择等。

辅助供应商选择列表会从供应商推荐电话中得到。供应商推荐电话是适当性评价流程的一部分，推荐方的管理人员一般会透露他们选择的辅助供应商，其中包括关于硬件、辅助软件以及专业服务方面的辅助供应商。在与几个推荐方交谈后，团队会看到多次出现的辅助供应商的名字。

在辅助供应商被选择后，项目计划和经济情况分析需要在新的信息基础上重新修订。

硬件供应商

如果需要选择辅助的硬件供应商，选择团队可能会评估以下几个具体因素。

- ➤ 推荐：寻找有同样配置和业务组合（最高或平均容量）的企业，对于硬件供应商选择而言，配置和业务相似性比业务模型相似性更重要。

- ➤ 版本：硬件供应商有较短的产品周期，推荐理由常常是考虑产品的后一代或两代产品。在这些情况下，供应商应在平台中提供详细清晰的产品升级目录。

- ➤ 可靠性服务：如果正在配置的应用程序是关键任务，硬件应提供适当的可靠依据，包括故障检修和子系统。供应商应当有四个小时的时间修复服务或替代组件。

- ➤ 定价：供应商应提供不同等级的报价。通常专业服务供应商和应用供应商已与硬件供应商签订协议，成为硬件分销商，因此，他们可以获得折扣价格，一次性买方是不能获得这个折扣价格的。在这种情况下，应用和服务供应商将与硬件提供者共同决定价格。

- ➤ 升级方式：如果应用的可测量性需求需要扩展性能的能力，以便以后扩展其应用性能，则硬件供应商应当建议系统提供一个清晰的定义好的升级方式。这个方式使改进成本最低，使实施崩溃的可能性最小。

- ➤ 现有环境：如果硬件必须符合已存在的环境，则应当被证明可以与现有设备和系统兼容。其他客户的意见可以帮助发现任何潜在的整合问题。

- ➤ 销售模式：硬件供应商经常使用间接销售渠道。在这种情况下，硬件供应商可以帮助识别增值分销商（VAR），VAR提供价格和服务。通常，硬件供应商在与VAR的联系中是"辅助销售"，确保调查者的所有问题都可以得到满意回答。

第7章提供了确保以一致的、符合成本效益的方式进行技术购买决策的详细模式。

专业服务供应商

如果需要选择辅助的专业服务供应商，选择团队可能会评估以下几个具体因素。

- ➤ 定价：供应商愿意签署固定价格合同吗？如果评价团队完成了范围和需求定义，并且达到适当的详细程度，随着大多数细节和差异已经被记录在案并且被了解后，供应商应对投标计划进行修改。

> ➤ 绩效担保：供应商愿意将报酬和特定项目里程碑的实施或预计项目效果实现联系在一起吗？供应商愿意签署利益共享协议吗？愿意根据实施效果决定自己的奖励和处罚吗？

> ➤ 基准折扣：供应商会以他的标准为基础给咨询顾问提供折扣率吗？这些咨询顾问是否只有可靠技术而没有实施经验？

> ➤ 推荐和经验：供应商看到相似客户方案的全部实施流程了吗（企业规模，行业，模块实施，方案预算，业务模式）？

> ➤ 工作人员：特定团队成员是否已经建议聘用与供应商员工类似的员工参与项目？供应商愿意提前提供相关人员简历吗？允许客户拥有否决或批准团队成员的权利吗？供应商愿意提供被提议团队的聘用日期吗？有第三方提供给供应商的团队人员吗？

> ➤ 方法：供应商是否有适当的、已被客户证明的针对此类约定的方法？约定的方法是否能减少风险或降低成本或改进结果？供应商是否提供了潜在的工作计划，以证明详细了解了项目的主要问题？供应商是否已实施替代版本系统？

> ➤ 场所：被提议的团队在现场工作吗？那些团队人员的内部工作场所在哪里？供应商关于交通费用和加班的政策是什么？

团队倾向于在整个流程中与供应商共享信息（需求文档化，差距分析），辅助供应商也不例外。通常供应商选择团队对提供信息给供应商很不情愿，这种不情愿会随着流程的推进而显示出来，导致与供应商的沟通缺乏透明度。显而易见，团队不应当将自己的私有信息与供应商共享，这样会损害企业利益，但有声望的供应商通常愿意签署保密协议以换取对流程的清晰了解。

最后，评估团队应当研究获得外部专业服务帮助的顾问聘请与员工引入的方法，顾问通常承担拿出方案的责任并提供给相关人员和管理者。人员引入的方法则可以通过提供拥有专业技术集的实施团队，但项目成果的责任完全由内部团队负责。两种方法都被证明是成功的。一旦方案的可行性得到验证后，团队应当决定如何根据成本、有效性、推荐、内部专业技术水平、项目风险和投资回报率来利用外部资源。

12.3.7 项目计划和批准

建立初步项目计划

团队的下一个任务，就是建立一个初步（first-cut）的项目计划，修订以前的经济分析。弥补差异的劳动力，特别是由外部专业服务企业提供的劳动力，是增加实施成本的最大的因素之一。因此，在差距分析完成后，会出现很多导致项目经济情况发生变更的信息，因此需要对信息进行重新评估。

随着需求收集和分析的进行，如何产生一个高质量的项目计划是本书的另一议题。书中有许多可用的项目计划方法。本书第17章将详细对这个论题进行讨论。以下列出了一些在项目计划中应包括的主要原则。

> 工作任务：完成项目所需任务和子任务的清单。最高级别有5～10个任务，将每一个细节级别再分成5～10个子任务，直到达到项目所需的细节级别数目。

> 先后顺序及从属性：计划应说明任务完成的顺序，计划必须突出哪些任务是后续任务所需的前置任务，哪些任务的结果提供满足后继任务的需要。

> 可交付的成果：计划应该确定文件、功能、子模块和其他每个阶段定义清晰的结果。

> 里程碑：在计划中主要完成点的确认和主要完成点清单及计划中的关键点的确认，以便以后测量计划的进展。

> 任务开始时间和持续时间：应该确定项目的每个主要阶段的开始日期，任务的持续时间以及子任务的时间。

> 资源：包括水平、技术集和完成任务所需的资源数量（例如，需要高级别的SQL Server数据库管理员需要工作四周时间）。这些资源应当再细分出内部资源和外部资源。这些需求会影响项目的全部劳动力成本。

> 实施与移交：计划的实施与移交部分包括系统如何在用户终端运用。实施计划可能根据部门、地理区域、车间位置或其他用户的集合组织进行，以方便培训，并使之对业务的冲击最小。

> 培训：计划应当包括需要培训的终端用户的数量和类型，每个用户所需的培训时间，并制定实施和管理培训流程的计划（供应商提供的内部培训，基础课程等）。

> 交付周期：计划应当决定所要求供应商的交付时间，包括运输、接货、安装和硬件配置、软件配置或其他供应商提供部分的交付时间。团队应进行一次"从右到左"的分析，以便根据交付时间和所需的时间计算订单日期。

> 业务日程表：应当审核开发、实现、配置时间表，确保没有关键事件与业务日程表上的重要事件相冲突。这对高度季节性的业务是相当必要的。

因为这个计划仅仅是一个初步结果，团队应运用从上至下的方法制订计划，但避免制订过于详细复杂的计划。基于这一点，以小时甚至以天来度量工作可能太详细。相反，计划应当安排构成全部工作量的主要工作并以周来衡量。

同样，团队应当避免用过多的项目计划工具使初步计划过于复杂。大量关于项目组织和管理的应用是可用的，特别是对于第一轮的计划，这些工具会使事情更复杂。IT部门经理应当谨防团队深入研究项目计划工具的愿望（和伴随安装、培训和调整等令人分心的事），最初的起草最好保存在电子数据表格和文字处理文档里。一个好计划是坚持自我、不拘一格的。

进行第二轮的经济情况分析

在初步计划完成后，团队应当修改成本——收益模型中的成本部分。整合的新信息来自如下三个阶段。

1. 初步项目计划，提供已对内部和外部修订所提供劳动力的估算，以及资源类型、数量和对每小时成本的估计。

2. 已修订的应用和产品成本——至少，供应商将提供被选择产品的定价单（或谈判前），为产品选择定价，以及对影响定价的主要因素的理解（服务器、处理器或其他）。

3. 硬件、辅助软件初步评估。作为技术适当性评价部分的业务处理日程表和业务处理规模，将为初步评估所需的任何辅助硬件和软件提供足够的信息。与软件成本一起，这些数字都是以供应商输入为根据的及对谈判前的重要程度的估计。

团队应当进行完整的项目经济分析，其组成部分如下。

➢ 项目成本：关于最初获得的所有技术组件，技术组件的配置、定制、集成、实施、培训和部署的所有成本，这些都以初步项目计划为基础。

➢ 供应商维护：估算每年应付给供应商的费用，这是所有技术组件——硬件和软件维护协议的一部分。

➢ 稳定状态成本模型的变更：发生在组织中的任何成本增加（或成本节省）都应当包括在所有的IT预算中。这些成本是由多种成本组成的，包括劳动力（辅助员工、基于新技术不菲的薪水）、消费品、设备和生产能力。

➢ 加速折旧：一些项目会废弃一个现存系统或一套系统。在这些情况下，先前实施系统的资本总量的折旧可能会加速，并且记入新系统的费用。有关这个主题的数量和会计问题由财务部门和首席财务官联合处理。

随着项目计划的完成，可以通过采取从上至下的方法、作假设以及用文件记录信息丢失或不完全的地方的方式简化经济分析。经济分析基于电子表格的内容。该分析将项目成本划分成传统的"硬件、软件和人员"三种类型，并且对于实施后稳定状态时IT成本可能发生的变更采取行动。

通常，评估团队（通常是供应商）不愿意一开始就给项目指定数值。每一轮经济分析都应当被看成一个初步估算。某些时候，团队必须确定一个基准，并且开始讨论这些数值是什么。较早地完成这个分析活动有利于提出主要的假设并检验，并且可以提供与高级管理人员进行所有成本——收益讨论的相关资料。

完成对项目和稳定状态成本的重新评估以后，团队可以重新估算项目的投资回报、回收期和其他相关的成本——收益测量指标。在招标和适当性评价期间确定的任何附加效益都应当加入到这个模型中。

最后，基于该分析，团队可以开始考虑各个供应商在这一点上的一些区别，因为项目的经济情况几乎是任何供应商选择流程的主要因素。如果一个供应商有主要的成本优势（或劣势），团队可以选择将自己的重点转移。

项目提交/批准

此时，评估团队应当将供应商适当性评价、初步项目计划、经济情况分析阶段的结果提交给IT指导委员会。团队还应当基于供应商适当性评价、供应商得分和经济情况分析来确定选择的供应商和辅助供应商。给委员会介绍的软件包，应当包括计划项目确定的除了供应商的最后价格谈判之外的每个因素。

在最后选择供应商和团队与供应商的谈判投入较大精力之前，这是提供给该委员会向流程提供输入的最后一次机会。因为一个完整的供应商选择流程会花费几个月，这期间该委员会可能提出关于业务利益的新信息和改进的需求。

前面的所有步骤完成后，评估团队成员和IT指导委员会应在进入下一步之前签署议案。

12.3.8 供应商谈判

在IT指导委员会批准项目和供应商选择以后，最后的供应商定价谈判就可以开始了。如果供应商知道已经被最高管理层面批准的项目和预算，那么他们将确定这宗交易即将来临，并准备快速获得他们的最好的价格。

供应商谈判是一个复杂的问题。IT部门经理通常会发现他们在谈判中处于劣势，供应商销售专家参与每个单子的谈判。IT部门经理不具备经验优势和充分的信息优势。因此，IT部门经理经常携带顾问，因为他们在供应商定价谈判上经验丰富。最好的顾问是客观的，与那些使用和分销任何产品的没有联系。他们也会在先前的12个月与所考虑的特定供应商进行谈判。大规模投资的高成本，使客户可以获得超过补偿谈判专家的咨询费用数倍的回报。

通常，在结束与供应商的交易之前，IT部门经理对要求折扣有所顾虑。这种顾虑是有很多理由的，包括缺乏定价谈判经验，不了解供应商定价影响因素，或者不愿意强迫供应商销售代表等。不幸的是，这对企业来说，代价可能是昂贵的且会使IT部门经理获得"懦夫"的名声，但至少向供应商提问题不会使IT部门经理损失任何东西。作为一个规定程序，我们往往被邀请为一个新客户审核而准备签署合同，我们给销售经理打电话询问这是否是最好的价格。虽然对方说从来没有人提出过折扣要求，但是他们可以为立即执行的合同提供10%的折扣。一个电话，5分钟，就节省了2万美元。

由于大宗技术购买涉及各种因素，许可证、维护、培训、专业服务、期限和条件等，IT部门经理必须谨慎处理。通常供应商将谈判中一部分的损失转到另一部分，因此，IT部门经理必须了解各个因素，必须用特定策略就每个变数（许可证、支持、财务、外围设备等）进行谈判，同时要锁定谈判流程中已同意的条款。与技术供应商谈判可能是冗长的，但时间长对买方是有利的。IT部门经理应当牢牢控制议程，更重要的是牢牢控制谈判节奏，这会使首席信息官始终处于优势地位，并且获得最好的价格和条件。

我们通过参加大量的软件、硬件和服务供应商谈判，总结了一些经验，下面列出其中的关键点。然而，对于高费用的项目我们强烈推荐大家聘请谈判专家，或者至少通过本参考书目里提到的谈判文章自学。

> ➤ 单独就每一条进行谈判。在整个谈判流程中，供应商通过捆绑或变换单个组成部分的价格获得比较高的总价格。在这方面供应商有丰富经验。如果许可证、硬件、软件、财务、专业服务，培训、未来折旧和一些其他的条款同时谈判，则供

应商使真实的价格变得模糊的机会就很大。反之，买方应当仔细、单独地就每个要点进行谈判，首先谈判涉及成本最大的条款，通常供应商会放弃这一条，并且希望在后面的条款上收回已失去的利益。

➤ 保持在谈判组合中至少有两个供应商。保持存在第二个选择，直到签订最终的合同。如果供应商觉察到他是唯一的选择，则IT部门经理的谈判力量会较大的减弱。一旦一个供应商认为最后的选择已经确定，无论是不是选择了他，谈判就会变得艰难。而且，谈判将可能获得排在第二位的供应商的价格让步，并有可能使排在第二位的供应商变成排在第一位的供应商。

➤ 不要进行单一来源的谈判。因为很多供应商除了他们的应用软件，还提供全套服务，所以他们在项目的建议咨询和培训部分具有天然的优势。团队仍然应当通过考虑服务竞争，确定哪一个供应商会提供更好的价钱或更好的服务。谈判结果是单一来源的实施方法可能是好的，但过早地使用单一来源的方法会减少客户的谈判力量。

➤ 时间就是一切。像任何其他企业一样，软件、硬件、专业服务供应商也有实现每月、每季和每年的目标压力。做一些小调查就会发现所考虑供应商的财务日程表在每个季度末或年末时，购买者的谈判筹码是最大的，因为此时供应商正在努力实现他们的财务目标。

➤ 保持与当前的和预期的客户沟通。来自预期客户的当前数据，可以让你了解供应商更愿意做出让步的领域。在建立正确关系以后，同行企业的IT部门经理将愿意共享关于一个特定供应商的成本和谈判信息。

➤ 不要拿苹果与桔子进行比较。因为一个复杂谈判中包括大量因素，所以通过比较每一项因素来进行完全的供应商比较通常是很困难的。团队应当继续询问，继续分析供应商价格建议，直到能够同时比较供应商的每个因素。

➤ 为团队提前任命一个"坏警察"。团队有时需要某个人向供应商提出一个强硬的标准。如果在谈判中需要一个"坏警察"，企业的首席财务官通常很乐意扮演这个角色。

➤ 确保供应商必须完成交易。确保在整个流程中，供应商投入了相当多的时间。供应商销售团队常会出现只考虑已支付成本的错误，并认为出于先前的大规模投资而必须完成这份交易。这就是改变平衡力量的结果。

➤ 使用"妖怪"迫使相互让步。这是一个通用的谈判策略，先提出一个因素（妖怪），这个因素并不是一个真正的重要因素，然后很快在这一点上向供应商作出让步，从而迫使供应商在其他部分作出相应让步。这是一个有效的策略，但应谨慎使用。如果供应商较早地同意关于一个非重要因素的让步，这个策略会很快产生相反的效果。

➤ 检查合同的责任范围。供应商一般会通过合同，试图将他们的责任限制在与酬金相当的责任范围内，或者试图限制他们应承担的保险范围。这些责任限制通常不是企业实施存在问题时的真正损失（见第1章）。团队应当努力争取以客户风险为基础的责任范围，而不是供应商风险的责任范围。对于特征明显、投资规模大的项目供应商应当向A级或更好的保险商购买"业务技术事故"或错误和遗漏保险（E&Q）。

> 从不预付维护费。有时供应商因为预付维修费或其他条款提供折扣。预付这些费用，就等于IT部门经理放弃以后干涉供应商行为的重要权利。我们已经看到客户预付几年维护费是没用的，由于供应商已经终结了这项业务。然而与明显的折扣相比，预付款导致的风险太高了。

> 知道什么时候离开。如果双方陷入僵局IT部门经理可以"消失"，避免答复供应商的电子邮件和语音邮件。如果供应商的人员察觉这份交易即将溜走，时间优势是站在买方这一边的，信息缺乏将增加供应商的压力。

> 知道什么时候是合适时机。当价格、条款和条件谈判接近结束时，IT经理应当在准备好的条款上至少做出一个最终的让步。供应商通常会给出在约定事项上的最后让步，以便IT部门经理立即签署合同。

> 注意许可证条款。团队应当仔细检查协议中的许可转让权利。通常，应用供应商不允许重新转让许可证。当IT部门经理决定将部分或全部软件维护工作，外包给第三方时，不允许转让许可证就造成了麻烦。如果IT部门经理聘请第三方运营系统，则供应商可能向第三方收费，甚至拒绝第三方运营这个系统。通常供应商合同有条款规定，如果没有交付维护费，可以废除这个许可证。在这种情况下，当IT部门经理认为费用的分配对于发展不合理，或者认为供应商的反映比较慢的时候，IT部门经理就损失了拒付维护费的能力。

表12.7给出应用软件供应商定价谈判会上应当提出的多个关键谈判点。

供应商谈判可能是一种令人沮丧的、困难的和令人精疲力尽的经历。然而，它也是系统选择流程中不可避免的一部分，必须认真对待，以确保得到最好的定价和条款。正如我认识的一个首席信息官曾经所评论的："每个客户会得到他应该得到的系统。"

表12.7　软件包定价谈判的关键谈判点

谈判点	注释	条款
许可证	➤ 除了得到尽可能低的全部价格，还要尽可能拖延付款时间 ➤ 典型的折扣范围是10%~30% ➤ 影响因素包括维修工作，是向供应商直接购买还是通过代销商	➤ 在签署时，通常付50%的费用 ➤ 试图尽可能拖延付款以保持平衡，至少安装满意后90天，由客户决定
未来许可证折扣	➤ 购买者有最大优势时购买的开始时间 ➤ 因此，该在那时谈判关于未来购买的折扣率 ➤ "乐观"估价未来需要会激励供应商更慷慨	➤ 比率——现有的许可证折扣或申请更好的 ➤ 持续时间——谈判确定率应在最初购买后至少一年内有效 ➤ 付款时间——同意未来购买可以延长期限

续表

谈判点	注释	条款
服务层次/服务台支持	➢ 通常的层次是"银牌""金牌""铂金" ➢ 依靠内部支持计划,通常不是高优先级的	➢ 试图免费升级到更高的服务级别
咨询/专业服务	➢ 供应商通常会促进合同中包括一些专业服务以确保"正确的安装" ➢ 依靠实施伙伴,可以不需要专业服务 ➢ 保持最初的协议中的责任较小——它总会在以后增加	➢ 典型费用是150~3 000美元/小时,平均费用是225~250美元/小时 ➢ 当谈判力量增大时,需要重新安排成本,价格应当记录合同中
培训	➢ 通常,供应商有每人的价格,不包括交通和日常消费 ➢ 供应商试图将培训折扣和报名参加培训的人数联系起来 ➢ "培训教师"是管理成本的有效途径	➢ 作为捆绑谈判的一部分,培训价格有时能减少为零 ➢ 如果免费得到培训是不行时,供应商至少能提供10%的折扣 ➢ 当受训人增多时,通过杠杆调节作用,会获得大量的折扣
未来培训	➢ 在最初购买时要对未来培训的折扣率进行谈判	➢ 比率——现有的许可证折扣或申请更好的 ➢ 持续时间——谈判确定率应在最初购买后至少一年内有效
第一年的维护费用	➢ 由于它多次发生的属性,这一部分对所有者成本有较大影响 ➢ 一年一次的付费可以得到免费升级直至将来一个特定的版本出现 ➢ 通常设定为某一个等级("金牌客户"、"珀金客户"等)	➢ 通常占到价格的8%~30% ➢ 谈判已获得以折扣价格为基础的价格,而不是标价 ➢ 也可就支付时间进行谈判,在上一个许可支付周期之后尝试确定下一次的支付日期
运行维护费用	➢ 关键是决定第一年以后每年维护费是以软件的纯价格为基础,还是以软件的标价为基础	➢ 比率——现有的许可证折扣或申请更好的 ➢ 持续时间——谈判确定率应在最初购买后至少一年内有效 ➢ 付款时间——同意未来每年费用的付款期可以延长
需求的辅助软件	➢ 取决于软件包,这可能包括数据库、集成工具(SDK)或第三方附加工具包	➢ 谈判与许可证类似的关键点 ➢ 这些附加条款的高成本可能使买方在许可证价格方面有更大的影响

资 源

需求方法:

海特利(Hatley),德里克·J(Derek J.),彼得·赫鲁施卡(Peter Hruschka)和伊姆蒂亚兹·A·帕布海(Imtiaz A. Pirbhai),《系统架构和需求工程流程》(纽约:多盛大厦,2000)。

海(Hay),大卫·C(David C.)和芭芭拉·冯·哈雷(Barbara Von Halle),《需

求分析：从业务视图到架构》（新泽西上萨德尔里弗：普伦蒂斯·霍尔出版社，2002）。

萨默维尔（Sommerville），伊恩（Ian），皮特·索耶（Pete Sawyer）（投稿人）和安·萨默维尔（Aan Sommerville），《需求工程：优秀实践指南》（纽约：约翰威立国际出版企业，2000）。

项目管理：

查瓦特（Charvat），贾森（Jason），《项目管理一族：新实践IT项目经理的目标—有效的指导、工具、模板和技术！》（纽约：约翰威立国际出版企业，2002）。

默奇（Murch），理查德（Richard），《项目管理：IT专业人员的最佳实践》（新泽西上萨德尔里弗：普伦蒂斯·霍尔出版社，2000）。

菲利普斯（Phillips），约瑟夫（Joseph），《IT项目管理：从始至终的全程跟踪》（纽约：McGraw-Hill Osborne Media，2002）。

项目管理研究所，网址：www.pmi.org。

谈判：

恰尔迪尼（Cialdini），罗伯特·B（Robert B），《营销力：说服术的心理学分析》（纽约：William Morrow/Quill，1993）。

费希尔（Fisher）、罗杰（Roger）和威廉·尤里（William Ury），《谈判力》（纽约：企鹅出版社，1991）。

拉索（Russo）、J·爱德华（J. Edward）和保罗·J·H·舒梅克（Paul J. H. Schoemaker），《决策陷阱：辉煌决策的十大障碍及如何克服这些障碍》（纽约：家庭生活出版社，1990）。

第13章

供应商管理与外包

团结必胜，无论是在攻守防卫的足球场上还是在处理现代社会的复杂问题上。

——文斯·拉伯第（Vince Lombardi）[1]

如果头二十分钟内你还不知道桌子边上哪个人是傻瓜，那么你就是傻瓜。

——无名士

本章概述了保证IT部门管理外部供应商的管理原则，即供应商给企业交付最大的价值以换取付给供应商的报酬，要始终与供应商合作以帮助实现企业和供应商的目的。本章强调了供应商管理的重要性，提供了监督和评估供应商能力的方法。同时包括IT部门对供应商的管理职责，如何管理供应商关系，特别是那些遗留的供应商关系如何处理，以及何时怎样重新竞争（recompete）供应商合同等内容，并且为首席信息官管理混乱或处于经济困境中的供应商提供指导。本章是第12章的姊妹章，第12章中同样包含了许多主要的供应商管理概念。

13.1 外包管理的重要性

几乎没有例外，IT部门均高度信赖各种各样的供应商。外部供应商提供IT部门所需的大部分硬件、系统软件、应用系统、网络和外围设备。如果首席信息官未受过关于管理外部供应商的培训（包括衡量服务等级、选择服务供应商、价格和期限谈判等方面的培训），那么IT部门就会缺乏供应商管理能力。缺乏管理能力将给IT部门带来极大的损害，这不仅因为IT部门依赖于为关键任务提供硬件、软件和服务的供应商，且外部供应商通常占IT预算的20%~40%。因此对这笔高成本支出的不良管理将对IT业务产生直接破坏性。

为了最大限度地利用供应商关系价值，建立合作而友好的关系是十分必要的。同时要运用良好的管理规则，以保证供应商努力达到期望的和约定的服务等级。这可能是极具挑战性的任务。IT部门必须管理许多供应商。通常IT部门通过增加员工，或其他支出来弥补供应商工作的不足，而非通过勇敢面对不履约的供应商以及制定标准的供应商管理流程和程序，首席信息官和员工必须努力让那些没有工作业绩的供应商承担责任。

---

[1] 文斯·隆巴迪（Vince Lombardi），"Vince Lombardi对团队合作的引用"，网址：http://www.vincelombardi.com/quotes/teamwork.html（2002年12月19日）。

与大部分企业一样，供应商最重视那些能够为企业带来最大利润及能够良好表达自己意见的客户。这意味着小企业必须学会积极主动地向供应商提出自己的需求，同时还要学会联合其他小企业去影响供应商的政策和优先权限的分配。这也意味着那些有较大外包支出的大公司应当确保供应商在分配产品或服务开发优先权时，能够适当地考虑他们的需求，而不是仅仅考虑一个能善于表达自己意见的小公司。本章讨论的主题包括：

> 确定供应商管理职责的重要性；

> 如何与供应商有效地合作，以确保充分实现技术投资的价值；

> 如何与供应商建立一个互利的合作关系；

> 如何管理供应商关系；

> 供应商不同合同类型之间的区别；

> 建立新的供应商关系的流程中的重要步骤；

> 管理供应商绩效和服务等级的方法；

> 通过与供应商的其他客户合作来实现价值；

> 何时及如何重新确定供应商合同；

> 管理处于业务困境的供应商的方法。

13.2　合伙式的供应商

最有效的供应商关系，是那种供应商与客户之间建立了紧密合作的供应商关系。然而，这种供应商关系却不是轻易获得的。与IT经理相比，供应商有多种激励和优先权，并且能够发现实现双方目标的互惠工作方法。本章不再重复这些内容，第12章讲述的关于供应商管理的很多技术和方法都和供应商管理有关。

用于实现IT部门和供应商互利的合作方法有很多。为了证明合作关系的价值和成果，我们举一个与软件供应商的合作关系的实例。在合作中，供应商可以给客户带来多种利益，包括：

> 开发团队为客户定制新功能，并且新功能包括在下一个版本中；

> 发布版本前，免费使用较小的应用修改程序；

> 可参与到当前应用的对于新应用和新功能的α测试和β测试；

> 在正式公布前，提前通知较大的企业；

> 获得未来购买的许可证价格优惠；

> 获得维护软件包的折扣；

> 专用的全天候紧急事件技术支持代表；

> 获得未记入文档的应用程序功能和应用程序接口（API）的信息；

> 有机会获得用于配置或深入理解应用架构的源代码；

> 介绍其他拥有相似技术平台的客户。

作为回报，客户应当提供：

> 允许供应商发生极小的关于服务等级协议的违规行为；
> 不进行任何无谓的重新竞争（recompete）；
> 详述错误报告及产品功能和产品改进的反馈；
> 配合供应商销售调查的新闻稿和参考资料；
> 印有供应商销售电话的推荐信；
> 企业与同行业供应商的合同和来自其他专业领域关系的合同。

多数条款均按照最佳方式提供给对方。如上述条款所示，合作中的条款对于双方来说，成本低但是价值巨大。这种关系能够明显增加合同的价值，而无需正常的合同附录。这些合同附录的成本和实施的困难会损害合同的潜在价值。

这种关系存在的时间越长，带给双方的潜在利益越高。对于供应商来说，销售成本实际已经被抵消，并且服务成本一般也随着时间而下降，从而能够长期获得毛利润的增加。对于客户来说，通常，可以通过价格折扣分享供应商成本降低所带来的利益，客户的供应商管理成本也会下降，来自新供应商竞争者的学习成本也会抵消。总之，客户将受益于这样的供应商，即供应商员工充分理解业务并且能为客户提供特定的解决方案。

与供应商建立紧密关系带来的最重要的利益之一，就是有机会影响供应商的产品开发流程，特别是对于应用软件包供应商关系来说更是如此。当然同样适用于硬件和服务供应商，成功的供应商拥有雄厚的财力用于现在的或将来的产品投资。软件供应商通过维保合同可以获得收入流，再将这些收入用于投资软件改进和新系统功能的开发。通过与供应商紧密合作和为新功能或新性能开发的优先级划分流程进行信息输入，客户企业可以影响供应商的研发投资总数，使研发投资总数远远超过专门用于内部开发的投资，客户控制产品方向以实现其最终的利益为宗旨。

一个软件供应商会邀请25个重要的客户来参加企业的产品开发和演示会议，并且这样的活动应当一年至少举办两次。产品经理需要建立一个记录档案，记录下在每年两次的活动中（每次活动为期两天）所提出的所有改进需求、界面建议和功能建议，并且与开发员工一同将众多的意见合并在一起。尽管软件供应商拥有数以千计的客户群以及每年一次的客户会议，但是这25个客户提出的大量的软件改进建议的价值远高于众多的普通客户，同时这25个客户也在与供应商的合作中受益匪浅。

建立合作关系需要考虑这样一个重要事实，即一些供应商最初可能希望合作，然而，如果一旦出现问题，供应商很可能拒绝合作。有许多因素和事件都会引起与供应商合作关系的失败。例如，关键员工的调整，供应商或客户的兼并与收购，供应商或客户策略重心的变更以及任何一方出现财务困难，甚至其他能够提供更大利益且能够吸引供应商注意力和占有供应商资源的客户出现，这些都是能够引发合作关系失败的因素。在这种情况下，最好重新评估合作关系的价值，以确保客户组织继续获得所期望的合作关系。

总之，客户要为产品或服务付费，这自然使客户具有影响力，并使客户最终控制合作关系的条件。当客户付钱给供应商时，从诚信方面讲供应商有义务履行其合同责任。聪明能干的客户最终必须清楚他们才是任何供应商关系中的"老板"，假定要在合作关系和对抗关系之间做选择的话，双方都会选择前者。

13.3 供应商管理职责

IT部门的供应商管理职责对于获取本章所讨论的供应商合作关系的好处来说至关重要。首席信息官和管理报告与供应商关系的建立存在密切关系，供应商管理职责的其他职能应当托付给一个行政管理人员。供应商管理职位所执行的任务包括：

> ➢ 管理所有合同；
> ➢ 帮助IT经理处理新合同；
> ➢ 提供关于供应商工作情况和合同状况的报告以便更好进行管理；
> ➢ 协调内部IT团队和供应商之间的行动；
> ➢ 定义和改进供应商管理的流程和程序；
> ➢ 协助招标及供应商选择管理流程；
> ➢ 制定与各类供应商交流的标准方法；
> ➢ 总结对供应商服务等级的需求；
> ➢ 实施供应商品质调查；
> ➢ 跟踪和报告即将到来的供应商关键任务的完成日期；
> ➢ 维护交付成果签署记录；
> ➢ 报告确定的招标合同进展情况（如质量改进、完成百分比与付款百分比）；
> ➢ 对比行业平均价格，分析供应商的价格；
> ➢ 收集和分发供应商的服务等级报告。

大部分IT部门都常常忽视供应商管理职责，且由于疏忽而分散了所有供应商活动。相反，如果将这些职责集中起来管理，组织通过减少成本、降低风险以及企业与其供应商的更有效沟通来获得利益。供应商管理职责有利于确保企业处于这些关系中的主动地位，而不是被控制。

13.4 供应商管理流程控制

现在有一种可用于控制供应商管理的流程。在很多时候，大部分首席信息官拥有遗留的多种完全不同的供应商关系，这些供应商关系可能表现为不同的健康状态和功效水平。较差的合作关系中的供应商企图利用客户组织IT部门的混乱和变更，仁慈的供应商却仅仅关注最努力管理供应商关系的客户。如果没有对这些关系的有效管理，这两种供应商可能很快都会爆发服务问题。如果管理不到位，粗心的供应商会给IT部门造成严重的损害。IT

管理过渡时期或职位的低效率管理是指这样一段时间，即在这个时期，供应商和客户的日程表存在分歧，且供应商关系应当得到特殊关注和严格地行为管理。图13.1描述供应商审计、清理流程。

图13.1　供应商审计、清理（cleanup）流程

第一个任务是，指派供应商管理任务给某位员工，此人将承担前面所描述的任务，同时负责相关审计、清理流程方面的工作。第二个任务是识别当前所有的供应商关系。这些任务可能存在于多个部门，如IT部门、业务部门、职能单位和不同地理位置的部门。在识别各个供应商关系的过程中，所有的相关法律、财务和运营文档都应当被收集到一个单独的档案库中。首席信息官应当阅读每份合同，并且记录下服务等级承诺、价格、维保合同和评估报告程序。

为IT部门的所有服务供应商找出其实际的合同是困难的，特别是长期存在的合同关系。如果当时签署其合同的经理早已离开，并且原始文档早已丢失，其原始合同就更加难找。一份合同可由物资供应部门、法律部门或人力资源部门分别归档保存。为方便使用，IT部门也可以复制一份。如果不能在企业内部找到合同的原稿或复印件，首席信息官可以向供应商请求获得一份合同复印件。最好的办法是首席信息官与供应商重新谈判并签署一个新合同，用这个合同管理目前存在的关系，不需要改变原始条款。一般情况是，如果不延期，长期存在的合同将终止，但此时仍在继续使用服务或产品。因此，首席信息官有必要重新谈判协议条款。

下一步，首席信息官应当单独会见每个供应商（取决于供应商数量，如果数量太多就要选取一个供应商评审团队），以便更深入地了解供应商，包括其组织、产品和服务、供应商-客户关系的历史情况、合同责任、最新事件和任何突出的问题。通过这种对供应商的审查，可以清楚地知道哪个供应商是IT部门的真正合作伙伴，哪个供应商只是特定产品或服务的正常交易关系。

最后，首席信息官应当建议供应商管理工作人员迅速到岗，以便根据自我报告和审计周期更好的管理供应商关系。通过这种方式，客户会筛选出表现不佳的供应商，并确保把钱支付给那些能给企业带来最大回报的供应商。

13.5　开发与新供应商的关系

与新供应商有一个积极的开始，对项目的成功和整个IT部门的生产力来说都是关键的。确保在已协商确定的开始日期实施时，组织已准备好与供应商合作的流程。我们看到的一个有效的流程是，供应商管理经理实施"准备就绪"的检查。在供应商出现前的一个星期实施"准备就绪"检查，并且让所有有关的内部单位签署"准备就绪"检查清单。这个检查可以确保到约定的日期时，内部团队有时间且已准备好与供应商展开合作。IT部门必须保证使用的硬件和软件已准备好，工作场所已准备好，合同已签署并归档，供应商已再次确认开始日期。如果以上几项中有任何一项没有检查，开始日期就必须推迟。这个流程可以确保在企业准备好之前没有供应商露面，可以减少内部团队和供应商团队出现停工，有助于供应商成本下降，双方之间的合作精神会长期给企业带来利益。

13.6　供应商合同

一个完全合法的协议永远是与供应商保证良好关系的基础。然而合同谈判是令人痛苦的，合同通常要经过双方条款的单独谈判期，曾见到过很多合同谈判存在问题，当这些人离开各自的企业以后，他们的继任者就需要解释那些没有被记录下来但已协商确认的条款。

在任何情况下，合同都应当清楚地阐明条款，即管理关系和详细、明确地定义一方对另一方的责任条款。此外，许多供应商关系合同通常是华而不实、不可理解的和复杂的，例如应用软件供应商合同。出于合同的重要性，建议聘请律师或具有技术资产，服务合同条款谈判经验的企业担任法律顾问，这些专业人员遇见过拙劣谈判签署合同所造成的后果，并且知道从长远来看哪些条款重要，他们能识别合同中通常很隐蔽但重要的条款。

糟糕的合同谈判造成的后果对于客户企业来说通常是有害的，客户企业通常是合同中不明确条款的受害者。例如，一个应用供应商发现了足够的阐述余地，保证其产品的新功能被认为是新产品，而且需要终端客户购买新的许可证，这些功能会包括在一个标准的升级版本里，因此，只为支付维护费的客户免费提供升级服务。

要通过谈判得到供应商合同中的最佳条款，需要了解组织的潜在需求，不仅包括当前的需求，还包括未来的需求。再打个比方，我们曾帮助过一个中等规模的制造企业，当时这家企业的一个子企业要脱离母企业，幸运的是，企业一些有远见的人已就一些条款进行了谈判，这些条款允许经营商务的ERP系统的许可证在企业各实体间进行分配，且当出现子企业分离的情况时允许重新分配。这一条和标准的供应商合同不一致，如果双方没有提前确认好，就很可能给企业带来较大的对于供应商新许可证的支付成本。

还有这样一个客户，决定将技术运营外包给第三方，而应用软件供应商坚决反对第三方运营他们的系统，理由是侵犯了他们的知识产权，坚持他们的许可证不能转让给第三方。因此，客户的一个有预见的谈判应当包括不能撤回的、允许将许可证转让给外包合作的第三方的权利。当然，签署合同时还没有考虑技术部门的外聘问题，但是谈判团队必须确定合同已包括了所有条款。

下面将定义服务、软件和硬件合同中几个重要的谈判条款。

> 保险：许多情况下，客户承担的重大业务风险需要供应商提供业务技术事故保险（通常指错误和遗漏保险【E&Q】）。无论如何，关键供应商必须提供一般的和专业的责任保险证明。另外，客户应当被明确定位供应商保险单的附加被保险者。

> 测试和交付成果的验收：服务或交付的软件成果或硬件的验收可能是最重要的谈判点。这也是需要付款的条款。存在的风险是产品的运行情况不能达到约定的水平或所承诺的服务不能完成。不管供应商的完成情况如何，企业都不得不付款。为了减少这种付款风险，应当制定详细而明确的验收标准。对于服务合同而言，则应当在合同中详述合同执行良好时需要交付的具体成果，包括对交付成果的要求、质量验收标准、成果交付日期以及关键成果。

> 转让的权利：通常，软件和硬件供应商一般希望限制客户的转让特权。然而，这不是为了客户的最大利益。考虑到企业改组和可能的合并与收购行为，客户应当在合同中添加一项条款，即如果出现所有权变更、企业改组、增加子企业和少数股权的情况，则允许权利和合同的转让。

> 许可证和维护费用：许可证购买中最好的情况就是获得一个永久的、已付清所有款项的许可证，这种许可证不需要每年支付授权和维护费用。然而，大部分软件企业都收取维护费，如果不支付每年的维护费，软件企业将不愿提供软件维护或升级支持。因此，应当提前确定将来的维护费用，否则在将来谈判费用时，供应商将获得巨大的优势。只有产品通过验收后才开始付费，而不是在实际交付产品时开始付费。

> 不拉拢条款：在合同期间和随后的一段时间内，一般是指终止合同后的24个月内，规定任何一方都不可以拉拢聘请对方的员工或对方的客户。这一条款对客户和供应商都有好处。此条款可以避免双方互相挖员工和可能出现的代理问题。

> 产品或服务的描述：确保提供的对产品或服务的描述是清楚、无歧义的。对于软件的描述，需要规定应用软件的当前版本号，把将来的版本和可能的、较大的升级包括在产品定义范围内。在下一个较大的升级周期内，供应商会给产品重新命名，客户为了升级软件就必须支付产品额外的授权费用，因此，签署此条款可以减少这种风险。

> 拒绝付款的权利：保证当供应商不能完全提供服务或不能按照约定提供产品升级支持时拒绝付款的权利。

> 灾难恢复：有时，软件供应商的许可证限制运行软件的CPU数量。确保合同规定企业的镜像、热交换、双处理和备份以及恢复的能力，在服务合同中要确定负责开发环节的人员和应用软件产品的备份以及恢复的职责。

> 争论的解决：考虑必要的调解和仲裁的选择，这些选择方案可以减少争论带来的成本，且在诉讼之前需要谈判，需要提前发表可能出现争论的通告。

> 未来的价格：如果产品或服务的未来价格没有详细记录在合同中，则以后谈判时

供应商会获得较大的优势。至少，要规定未来的产品价格不能超过当前列出的价格减去当前的客户折扣百分数后的价格。理想的情况是具体确定未来的价格。

➢ 保障：供应商企图限制支付的费用数所对应的责任。

➢ 责任：责任就是公平地共同分担风险。

➢ 付款期：付款期规定现金支付的时间。对于服务供应商一般是整30天。要考虑到如果供应商不按照约定工作就暂停付款的情况，谈判提前付款应给予的折扣。

➢ 外包：给客户提供转让许可证的权利，允许将许可证转让给外包合作者，事先不用征得供应商的同意，也不用再付费。这可以保证客户可以不需要供应商的同意就能开展外包工作。

➢ 源代码/工作文档：大部分的软件合同应当考虑将应用程序的源代码交由第三方托管商保管。如果供应商失败，由第三方保管源代码就发挥作用了。客户可以获得应用程序的源代码，从而保护客户的利益。由第三方保管的费用是非常合理的。

➢ 保证条款：需要供应商保证自己拥有软件许可证和提供服务的权利。

➢ 培训：有关软件产品的免费培训，并详细记录在合同中。

➢ 服务折扣：提前协商批量购买的折扣，并在合同的定价部分中确认。

与硬件制造商、软件供应商和专业服务企业有关的引人注目的诉讼案件的数量，进一步证实合同谈判和对供应商关系严格管理的重要性。这对于避免可能随之发生的业务中断和诉讼至关重要。卡特联盟（Cutter Consortium）总结了三个主要的诉讼原因，包括产品中缺少功能或性能、错过交付日期或约定日期和导致产品不能使用的产品缺陷。[①]图13.2为卡特联盟（Cutter Consortium）企业研究的技术诉讼案中各种诉讼理由的百分比。通过清晰表达关键条款和避免引起争论的意思含糊的和非正式的陈述，一个可靠的合同有助于建立稳定的关系。

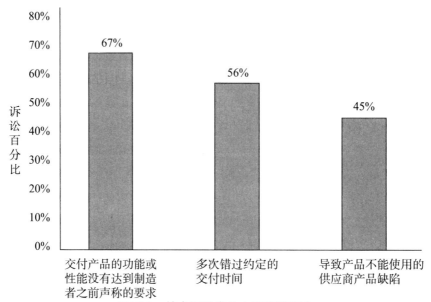

图13.2　技术诉讼案的主要诉讼理由

---

① "78%的IT组织提起诉讼"，《刀口》（卡特财团，2002年4月9日）。

13.7 供应商绩效管理

管理供应商关系的主要部分之一，就是彼此了解合作的预期目标，且确保供应商实现他们的预期目标。通常IT部门中供应商的成功与否依赖于清晰地制定将达到的绩效指标，并按照这些指标执行合同，无能的IT部门很难完成第一步的标准制定工作，在制定好标准以后，他们又不进行供应商绩效的定期评测。

这个流程是基础。要对每个供应商采取一系列的措施，即定义期望的工作结果（可以在合同中清楚记录或不记录），跟踪和监控工作情况，定期报告工作情况，采取措施改进工作或撤走工作能力差的供应商，被任命的供应商管理经理应与首席信息官紧密合作共同管理供应商。

即使再小的IT部门也会有大量的供应商，因此确定测评标准和管理这些标准是个资金密集、高成本的工作。确定如何测评和评估供应商在合同中未规定的交付成果的最有效的方法，就是请供应商提供标准，即他们认为对于供应商和客户的成功来说最重要的决定因素。供应商非常清楚他们的特殊服务，能够快速阐述清楚最主要的3～5个评估标准，如果供应商不能确定如何进行自我评估，则他们不应当成为IT部门的合作供应商，大部分优秀供应商都有内部的测评基准，通过这些基准测评自己的工作绩效，而且他们通常很高兴与提出请求的客户分享这些基准。

供应商制定自己的绩效标准，并将标准加入合同保证条款中，然后，供应商进行自我监控并承担大量监控和测评绩效的工作，为了确保供应商切实实施监控工作，供应商管理经理应当定期随机审计供应商提供和报告的测评标准，如果供应商缺乏真诚，通常随机审计的作用再结合合同上的处罚措施足够消除那些不诚实行为，或者至少将不诚实度降至最低。

对于承担关键任务的供应商，除了前面提到的供应商提供的方法，供应商管理经理和IT团队还应当提出自己的两到三个关键测评标准，并且按照定期测评计划实施供应商测评。有些主要供应商不能实现约定的目标，首席信息官必须及时发现这些供应商，以减轻失败造成的损害程度。供应商管理经理应当将供应商提供的标准，与其他绩效测评标准结合起来，建立一张绩效报告卡。供应商监控正在进行的工作，同时定期填写和复核绩效报告卡，而且要遵守合同规定的服务等级协议（SLA）。如果违反任何服务等级协议，客户可以根据合同规定要求赔偿。换句话说，在理想的合作关系中，客户可以让步以换取其他利益，并且不需要花钱就可以获得这些利益（如前所述）。无论如何，客户应当组织和坚持有力的定期审核机制。如果缺乏这些审核，长期下去就会失去对供应商关系的监控，并且不再关注重大问题，更不能解决这些重大问题。

除了供应商绩效审核，供应商管理经理还应定期复核所有供应商合同，从而确保遵守合同中约定的所有服务条款，或者至少通过坚持约定标准建立商誉。此外，复核合同将确保及早地管理由改变业务要求引起的时间或条件的变化。建议至少每年对所有供应商合同重新检查一次。对于企业非常信赖的供应商，可以一个季度进行一次检查。

IT部门常常忽略定期的合同复核。根据卡特联盟（Cutter Consortium）的一次调查，估计有7%的IT部门从没复核过合同，近一半的企业复核合同的时间间隔超过一年。[①]图13.3显示了这个研究结果。

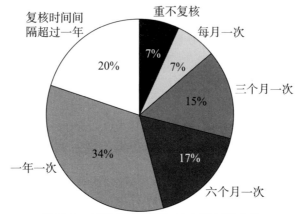

图13.3　被调查的IT部门的合同复核次数

如果供应商违反合同，在任何情况下，客户都应当确保其拒绝支付费用（维护费用或其他费用）的权利。吸引供应商注意力最快速的方法之一，就是拒绝支付应付款，尤其是遇到合同执行问题的供应商。

一旦稳定的应收款被停止支付，供应商高层将以不寻常的速度作出回应。然而这个方法是万不得已才能使用的最后办法，即使它一般都会成功。当采用这个方法仍没有获得成功时，至少可以避免IT部门继续给不能长期合作的供应商支付资金，并将节省资金投资在替代供应商上。

13.8　与供应商的其他客户合作

管理供应商最重要的手段之一，是与供应商的其他客户共享信息。对于市场上有适当规模的用户基础的每一种产品，通常存在已建立好的用户组，这些用户组经常通过在线论坛和网站进行交流，对于一些较大的产品，地方范围内的或全国范围内的用户会议将推动用户间的交流，这些用户组提供了大量信息，例如：

> ➢ 关于供应商的最新消息，供应商提供的便利的服务或产品供应网络；
> ➢ 为未来的补丁和版本计划的特色、功能与改进；
> ➢ 当前软件版本的最佳使用实践；
> ➢ 问题修复和常见问题（或难题）的解决；
> ➢ 常见的维保合同条款和服务等级协议；
> ➢ 有用的内插附件、附属或第三方服务；

---

① "78%的IT组织提起诉讼"，《刀口》（卡特财团，2002年4月9日）。

> ➤ 常见问题的非正式答复；
> ➤ 解决特定问题的想法和直接的答复；
> ➤ 一般的价格和合同条款信息；
> ➤ 共享测评供应商绩效的标准。

　　大多数IT部门通常注意"正式的"由供应商发起的特殊兴趣小组，却常常忽略与同地区或同行业其他客户间的非正式合作，这种合作是影响供应商和定价折扣的有力手段。与供应商发起的公共论坛内共享的信息相比，通过与其他客户更直接的合作，所了解的信息会更深入、更公正。与供应商的其他客户合作可以获得详细的定价信息，明确的服务等级协议，或供应商标准、供应商的法律问题和纠纷，以及其他对于供应商谈判和供应商管理有用的信息。最好的合作客户指那些聘用相同供应商、地理位置相同的但属于不同行业的客户。虽然与同行业客户合作能够提供关于供应商产品或服务中的特定应用软件最高价值的信息，但是竞争会将各方愿意共享的信息降低到最少。首席信息官可能将经理和主管间非正式的定期合作会议看作一个小组织，因为这种会议可以汇集和交换信息，利用这些交换的信息，特别是关于定价的信息或系统开发的需求信息，可以赢得供应商的一些让步或显著影响研发流程，这非常适合供应商的小客户。正如本章开头提到的，小客户通常会发现很难管理供应商日程，通过与其他几个小客户的联合，大大增加他们的优势。小客户在与其他小客户合作时应当采纳本·富兰克林（Ben Franklin）的建议："是的，我们的确必须团结一致，否则我们必将全都暂停工作。"[①]

　　其他的信息源可能包括分析专家、咨询顾问、出版物，甚至是供应商的竞争对手。本书的第7章和第12章中有这些信息源的详细列表，这些图表包括的信息是作为初步供应商选择或标准化流程的一部分来收集的信息源（调查分析专家、互联网站、咨询顾问及其他）也是获取供应商信息最高价值的来源。

　　首席信息官未充分利用的信息资源往往是投资银行的技术行业分析专家。这些专业人员通常负责研究企业以后应当怎样经营，他们研究的最重要因素之一，是当前的看法和客户的经验。因此，分析专家通常非常有兴趣和供应商的客户谈论他们的经验，他们甚至可以收集非正式的调查信息，以便用数值表示用户的看法。这些专家可能成为个别供应商的信息中心，可以提供对供应商运营情况、市场变化、竞争形势的分析情况。通常为了换取客户的观点和看法，他们不但愿意共享关于供应商定位和供应商绩效第三方的观点看法，而且愿意定期公布他们的研究报告。此外，分析专家通常愿意帮助首席信息官认识其他客户，以形成非正式的信息共享小组。

　　总之，我们要通过少量的调查和工作获得关于供应商的众多可用信息。这些信息是管理供应商、设定标准、确保最优价格的关键组成部分之一。

[①]　本杰明·富兰克林（Benjamin Franklin）签署《独立宣言》（1776年7月4日），巴特利特（Bartlett）广为人知的语录，第17版（纽约：小布朗出版社，2002）。

13.9　供应商重新竞争

如果正确实施了供应商选择流程，恰当地对供应商关系进行管理，形成了互惠合作关系，则几乎不需要进行重新竞争。然而，定期重新考察市场对于改进产品、服务和降低价格来说是十分重要的，重新竞争可能不会导致新的供应商选择，但是，它是将新思想引入到当前供应商关系中和介绍给IT部门的起点。曾经有一个长期客户这样评价他的服务供应商："我们非常喜欢你们并且重视与你们的关系，但你们不必通过所谓好的想法来垄断市场。"考虑重新竞争的时机如下所示。

> 长期合同（5年以上）结束的时候。在整个合同期内，产品和服务会有相当大的发展。在一个长期合同结束时，重新考察市场内的价格、产品和服务的变更是适当的。

> 市场内的产品质量或服务质量方面发生较大变更时。当市场成熟时，通常在快速变化的市场内，技术或新技术的可靠性有所提高，且成本迅速降低。

> 能提供更好或更节省成本的产品和服务的另外的供应商出现时。

> 技术发生不连续变化时，需要新的产品或服务。

> 当供应商出现严重的工作问题时，这些问题可能造成客户业务的损害。

> 供应商或客户发生重大的组织变化时（如合并、收购、子企业的脱离）。

> 供应商或客户发生重大的经济问题时。

> IT指导委员会要求调查其他的可选择供应商。

> 过度信赖一个供应商，导致持续的业务风险。

当上述情形中的一项发生后，就要考虑进行重新竞争，但不必完成第12章所讲述的整个供应商选择流程。图13.4显示了一个用于决策是否进行最新竞争的决策树。第一步应当进行经济分析，以确定重新竞争签署合同将创造的预期价值。

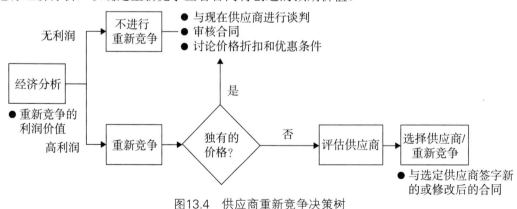

图13.4　供应商重新竞争决策树

将获得的好处包括：

> 新供应商所有预期支出的现值和当前供应商所有预期支出的现值之间的差额；

> 减少其他的内部成本（如，维护、管理和培训）；

> 增加的收入；

    ➢ 增强了对业务的管理（降低了风险）。

很多情况下，替换供应商的成本很大。成本包括与新供应商替换原供应商有关的所有成本。这些成本包括以下几种，但是不仅限于这些。

    ➢ 新供应商选择流程中花费的时间和资源；

    ➢ 当前合同规定的强行终止合同的成本；

    ➢ 新供应商带来的最初的预付成本（如辅助硬件、软件、文档、培训和维保合同）；

    ➢ 管理和实施替换流程的内部资源损失；

    ➢ 替换流程中可能的系统停工期；

    ➢ 替换供应商减少了资产寿命，所以加速了资产贬值；

    ➢ 用于学习新系统的其他运营成本（如管理时间、培训）。

即使替换供应商会带来较大收益，但是成本通常远远超过其收益。供应商非常注意这些替换成本，他们通常能提高给当前供应商的价格，而给新客户提供"大量"优惠，恰恰是因为这些成本的存在。替换成本进一步强调了合同责任和供应商测评的重要性（如前所述）。首席信息官应当了解供应商哪些决定会带来较高的替代成本（如ERP系统、高价的硬件），哪些替代成本较低（如远程通信服务、合同工招聘中介企业），并且首席信息官应当积极管理高替换成本的供应商合同中所包括的绩效标准。

如果经济分析的结果表明收益大大超过成本，就需要继续进行重新竞争的下一步环节。如果进行重新竞争完全是因为价格问题，则通常只需要将分析结果拿给供应商看，即可获得供应商的价格让步。如果重新竞争还有别的原因或当前供应商不愿作出价格让步，则要利用严格的供应商选择标准流程进行重新竞争。供应商选择标准流程在第12章详细介绍过，这一章主要介绍必要的供应商选择流程。

打算重新竞争的合同期限将取决于供应商为了延长期限而可能提供的价格折扣。对于技术合同来说，合同期限不应超过一年，因为技术变化较快，其成本曲线下降也较快（如远程通信服务）。通常新技术合同节省的成本能远远补偿旧技术合同中的期限折扣损失。对于IT部门常常很难或不可能替换掉的供应商来说（如ERP），与他们签署有较大折扣的长期合同更合适。

13.10　离岸外包与外包

外包和离岸外包成为IT部门改善服务和降低管理成本日趋流行的选择。离岸外包利用不同国家之间的劳动力成本差异，由国外企业在劳动力成本低的国家提供服务，外包利用劳动力成本、规模经济、专业知识，或其他因素来实现生产成本优势或能力优势。

外包和离岸外包经常会作为同义词使用，但是两者是不同的，离岸外包通常是外包，然而，外包并不一定必须是离岸外包。海量外包的功能优势并不仅仅基于劳动力成本套利。

几乎所有大型企业都使用国外供应商来执行海外工作，建立一家海外控股企业的典型阈值至少是300到500名员工。

13.10.1 离岸外包

由于服务台电话的回答、密码的重置、功能源代码和项目计划很容易由电子化从一个地方传输到另一个地方，因而IT已经成为离岸外包的一个良好候选。离岸外包可以为重复性任务（例如服务台）或大型项目（自定义代码开发、企业资源计划定制）提供一套有效的解决方案。

离岸外包的经济效益是显而易见的，如果每个输出的平均成本更便宜些，那么总的IT成本会下降。然而，还有如下一些重要因素在决定离岸外包工作时应该计入考量。

摩擦：地理上的距离，语言和翻译的障碍，沟通上的失误和方法的差异在完成离岸外包任务时会造成额外摩擦。该问题的解决方案是加大海内外管理的费用开销。这必要的一步降低了劳动力套利的总价值。

文档：海外项目，尤其是研制开发工作，当有相当明确的要求和流程文档可用时是最有效的。这通常意味着较小的项目和快速开发的项目可能不太适合离岸外包。

首席信息官应与离岸外包供应商合作，来确定合理的大小和文档阀值。

安全性：允许国外的第三方访问敏感客户或牵扯到额外风险的金融数据。过去几年里，客户信息被离岸外包服务提供商损害的大量事件使这个问题更加凸显。首席信息官应当评估合同，以确保敏感数据的妥善处理和所有权问题，以及评估离岸外包供应商的员工筛选、监测和控制。IT指导委员会应当被告知潜在的数据安全风险。

时间：根据时区偏移和团队工作习惯，离岸外包团队可能不和国内员工在同样的时间段工作，这各有利弊。这样每天早上当IT小组抵达评估时，离岸外包小组可能已经完成了一整天的工作。然而，对于需要快速反应的紧急项目，一个团队或其余团队都将需要保持电话通畅或者用正常工作以外的时间来工作。

交通：离岸外包通常是与位于千里之外的供应商完成的。如果有重大问题，需要面对面的接触，那将消耗相当大的费用和时间.

政治环境：根据国家和地区用于外包，可能有政府腐败。腐败程度严重的国家，很难在官方渠道内获得许可及授权。美国的企业如果贿赂外国政府官员可能面临严厉的处罚，与腐败程度严重的国家做生意的企业也面临着竞争的风险贿赂导致妥协的信息或服务。国家通过他们的腐败指数由透明国际（即国际透明组织http://www.transparency.org.）定级其腐败程度。[①]

法律：从事跨国经营能够加大合同的复杂性和成本。由于法律、管理机构和法律程序的不熟悉，在处理合同问题、违反协议问题或其他法律问题时将极大地增加其复杂性，合同应当由牵涉国中有着丰富离岸外包协议经验的法律顾问审查。在最近的一个案例中，一

---

① 维基百科贡献者，"离岸外包"，《维基百科，自由百科全书》，网址为：http://en.wikipedia.org/wiki / offshoring#corruption。

个离岸外包供应商的员工偷了正在开发中的源代码，并试图卖给企业的竞争对手。负责此案件的联邦调查局特工说其保密协议"不值得他们写在纸上"。[①]

形象： 离岸外包受到形象问题的影响。最近对1000名美国人进行的民意研究调查显示，72%的人强烈同意"美国的工作被外包归根到底是企业的贪婪"。[②] 这应当成为离岸外包考虑的一部分。

13.10.2 外包

对于规模不大或在某些领域内部专业知识不足的IT部门来说，外包是一个不错的选择。外部企业可以更有效地提供某些服务，在相同成本甚至更低成本情况下提供更高的质量。外包企业也经常开展离岸外包工作，正如前面所讨论的，来进一步降低成本。

外包以其重复性与咨询区分开来。外包业务的特点是其固定的价格或者非时间和材料费用结构的长期合同。咨询项目都是与特定的最终结果的一次性努力。

最近对超过400家企业进行的一项调查显示，尽管外包安排的主要驱动力是节约成本（65%），但其他因素，其中包括产能柔性、可靠性，降低固定成本，经营专业知识技能，改进支持，可用人才不足，上市速度，IT性能的改进等，也起着一定的作用。[③]这一研究显示，50%的受访者认为他们的外包经历是成功的，33%的受访者认为有利有弊，17%的受访者认为外包是"灾难性的"。[④]大部分合同持续时间在三年以上（42%），剩余的持续时间在一至三年（38%）。[⑤]

对于外包来说，最佳的候选功能是指那些可重复、可测量，并且很容易建立劳动标准的商品功能，同时也是能从规模经济中看到成本最大化降低的功能。IT 部门中最突出的例子是服务台，而这在第9章已经详细叙述了。适于外包的其他职能包括桌面支持、远程办公支持、系统管理、修补程序管理、采购、系统监测和托管。通常外包由单一的供应商提供产品与服务（例如托管和防火墙的管理）来完成其职能。

由此可知，这些活动中很多是面向运营和基础设施，在第8章已经讲过了。这些功能通常是例行的以及被行业（例如信息技术基础架构库）认可的方法。这有助于确定和管理外包协议。协议应包括提前定义好并在设定时间内公布的具体、可衡量的指标。这确保各方能设定正确的期望值，并有助于减轻外包关系的管理负担。

传统的外包安排经由单一的供应商。近期的趋势是开始使用多方采购，由多家供应商

[①] 鲍伯·布朗（Bob Brown），"联邦调查局特工讲述外包恐怖案例"，《网络世界》（2006年5月16日）。

[②] 斯蒂芬妮·奥尔白（Stephanie Overby），"外包的形象问题"，CIO杂志（2005年11月1日）；数据来自民意研究企业。

[③] 保罗·麦克道奇（Paul McDougall），"外包报告：成本意识增强，但更加严苛"，《信息周刊》（2006年6月19日），第49页。

[④] 保罗·麦克道奇（Paul McDougall），"外包报告：成本意识增强，但更加严苛"，《信息周刊》（2006年6月19日），第38页。

[⑤] 保罗·麦克道奇（Paul McDougall），"外包报告：成本意识增强，但更加严苛"，《信息周刊》（2006年6月19日），第40页。

各自提供一个独立的外包功能，避免单一依赖化、寻找某功能的最佳供应商的好处应当与多个供应商管理开销增大之间加以权衡。

外包协议虽然通常解决各方的利益，但企业也应当认识到其相应地在前过渡阶段和预算中会产生额外成本。与外包商合作制度一个时间表，从外包中实现长期成本和服务的改良。

从事外包部分IT功能时，最后要考虑的是IT员工的士气影响，担心饭碗不保的IT员工不大可能富有创造性。关于哪些职能是外包候选，以及如何产生决定来进行清晰直接的沟通将缓解这些问题。

13.11 管理困境中的供应商

鉴于一个IT部门可能有许多供应商，因此出现一个或多个遭遇财务困境的供应商是不可避免的。有先见的首席信息官通常会预判到这些问题，尤其是参加非正式论坛和本章讨论的其他信息收集方式的首席信息官。在这种情况下，对于首席信息官来说，积极保护企业的利益是最关键的。首席信息官要确保存在足够的供应商产品或服务保险，确保供应商带给企业的经济风险最小。

如果存在已建立好、充满竞争的供应商市场，确保有足够的关于供应商失败的保险，应当是一个相对简单的好方法，并且可以作为一个替换成本的流程。如果供应商提供的产品或服务是高度专用的，则IT经理必须进行额外的研究以寻找替代产品、方法或工作领域。通常非正式信息共享小组中的合作客户可以和企业共同分担研究工作。

供应商给企业带来经济风险的原因有多种。预付或部分支付订购设备费用，预付维护费或支付当前应付维护费，或者合同规定的其他金额是最常见的原因。我们曾见到许多受害者，他们在供应商交付产品前，提前支付大量应付款项，然后供应商申请破产，导致客户受损。这样的损害不仅体现在推迟产品交付时间，更重要的是，往往这些为了获取产品而支付的资金就"有去无回"了。首席信息官应当与首席财务官或金融部门合作，将资本损失风险降到最小。同时还应当与供应商合作，以确保合同规定的到期金额可以让客户获得实际的服务。在极端特殊的情况下，企业必须支付给供应商一半的报酬，当供应商拒绝偿还未完成服务的报酬时，企业须向法院申请诉讼以获得赔偿，通常申请诉讼会起到作用，在诉讼解决之前供应商通常不会主动赔偿，而诉讼可促使供应商和企业进行谈判。

曾有这样一个案例，即某位焦虑的首席信息官向我们咨询一个软件供应商，要求他们支付季度维护费用的事。供应商不关心已经正确安装和运行的软件包的稳定性，首席信息官担心如果供应商继续处于困境，则另外支付的维护费将损失。详细的调查表明，供应商确实出现了严重的问题，根据供应商违反的各项合同条款，客户推迟了10万美元维护费用的支付。一个月以后，供应商申请破产，提供额外的软件开发和应用维护的希望就此破灭了。如果为永远不能获得的服务支付10万美元的费用，其后果对于客户的IT预算的危害是毁灭性的。

任何情况下，首席信息官都应当确保IT指导委员会充分清楚处于困境中的供应商带给企业的运行风险和经济风险。IT指导委员会可以帮助降低风险，帮助首席信息官预先编制计划和召开自由讨论会，提出将可能的风险降到最小所需要采取的措施。

13.12　采购管理与供应商管理道德标准

由于IT采购往往涉及大额交易和供应商的选择，而且日常管理过程中经常会出现主观判断上的任意性，因此参与采购者应当坚持最高的道德标准，这样可确保避免不当行为的出现，以及确保该组织获得了其在IT支出投资的最佳价值。每个IT部门应该与外部实体一同建立和发布交易政策。为了避免以后出现任何混淆，这些政策应当被参与该采购决策过程中的所有独立个体认可并签名，虽然每家企业都可以设定自己特定的原则或标准，但全美采购经理人协会和美国供应管理协会已经开始设立一个好的基线（见表13.1）。

另外的一个资源——伊利诺理工大学的职业道德研究中心，已经汇集了数量庞大的道德准则，可从公共网站上查询到的现时数目已经超过了八百五十条（请参见参考资料部分的章节末尾）。这所职业道德研究中心图书馆还涉及道德规范建立的导引和过程，整个网络的资源链接和信息权限。其可搜索的综合性网站为那些有兴趣建立采购道德守则或建立更广泛、更有组织化的道德行为准则提供了第一站。

表13.1　全美采购经理人协会采购实践准则

全美采购经理人协会采购业务准则与标准
1. 在人际关系、行为措施和交流中，避免出现不道德意图和妥协行为。
2. 雇佣者努力遵守雇佣者法律法规，运用合理注意和唯一授权来证明忠实。
3. 阻止任何会在个人与雇佣者之间产生利益争端的私有企业或专业活动。
4. 禁止索取和收受金钱、借条、信用卡、损害性贴现，以及接受礼物、娱乐、恩惠、来自现有或潜在供应商的服务等，似乎有可能影响采购决定的因素。
5. 遵循行为准则并对道德和法律衍生物，以及对政府法规有合理考虑的雇佣者或供应商，管理机密性与专有性信息。
6. 在采购环节的每个阶段通过诚恳和公平推进良好的供应商关系。
7. 控制那些能抑制竞争的互惠条约。
8. 从字面含义和内在精神领域知道并且遵循负责采购职能的法律，并对采购决策产生的法律衍生物保持警觉。
9. 鼓励社会各界有机会参与竞争，并对规模小、处于劣势以及私有企业进行示范支持。
10. 阻止由雇佣者赞助的与其企业业务不相干的采购活动。
11. 通过获取并保持现有的技术知识以及最高标准的道德行为来强化专业采购的水平和声望。

（来源：全美采购经理人协会）

13.13 总 结

正如本章所强调的，供应商管理的良好实施是首席信息官获得成功的关键因素之一。因为费用支出太大，对供应商的依赖性太强，所以首席信息官承担不起由于对供应商管理领域的疏忽而造成的任何代价。经验丰富的首席信息官发现通过供应商自我监控，分担供应商管理任务的方法。这种方法迫使供应商报告他们自己的绩效标准和结果，并且同意接受对评分和绩效的定期随机审计。此外，有经验的首席信息官对供应商的关注与供应商对企业的重要程度成正比。他们会根据供应商的重要性来分配自己对供应商的注意力。这些首席信息官通过管理供应商关系，大大增加了合作关系的价值，同时确保供应商正在交付已约定的价值。最后，首席信息官应当确保他们能从客观的第三方信息源获得稳定的信息，以掌握关键供应商的信息。第三方信息源包括其他客户和行业研究分析专家。

资 源

资源采购来源和过程面向大量外部供应商、联邦、州或地方政府机构，这些组织采购的原材料和成品的制造业企业，其在采购过程中必须遵循都严格的政策。但是，同样的供应商管理原则也适用于专业服务企业的少量采购。部分资源如下：

> 美国管理协会，网址为：http://www.amanet.org，提供研讨会、最佳实践和广泛的管理方面信息，包括采购管理。

> 美国采购协会（APS），网址为：http://www.american-purchasing.com，是一家买家和采购代理的专业协会。要求订阅会员并会提供《专业采购》月刊订阅。APS为采购专员、采购管理师（CPP）和注册职业采购经理（CPPM）授权两个认证。

> 皇家采购与供应学会（CIPS），网址为：http://www.cips.org，是服务采购和供应的专业国际组织。CIP位于英国，向采购经理提供各种最佳实践信息、研讨会和其他服务。

> 政府采购协议，网址为：http://www.nigp.org/index.htm，为公共部门采购代理提供培训、教育、研究和技术援助。

> 全美采购经理人协会，网址为：http://www.napm.org，现在重命名为供应链管理研究所，网址为：www.ism.org，为采购经理提供各种资源，包括研讨会、书籍、谈判建议、在线知识中心和自学课程。NAPM（ISM）为采购专员、认证采购从业者（APP）和认证采购经理（CPM）授权两个认证。

> 加拿大采购管理协会，网址为：http://www.pmac.ca，是一个加拿大组织，为采购经理提供资源和信息。

> 模板和流程：许多政府采购机构（联邦、州和市）在网上公布其采购政策和流程。这些可以成为新采购经理或采购团队的有价值的信息来源。可使用诸如"采

购"、"机构"或"办公室"等关键字在任何互联网搜索引擎上轻松识别。

> 培训和认证：许多大学、学院和其他教育机构提供关于采购或采购管理的课程和认证。阿拉巴马汉茨维尔大学就是其中一家，网址为：http://www.coned.uah.edu/procman.cfm，以及加州理工学院，网址为：http://www.irc.caltech.edu/courses/Strategic_Supplier_Management.htm。可通过快速互联网搜索进行轻松识别。

供应商谈判：包括该主题相关的各种书籍和课程。我们喜欢的一些如下：

巴泽曼（Bazerman）、马克斯·H（Max H.）和玛格丽特·A·尼尔（Margaret A. Neale），《理性谈判》，（纽约：自由出版社，1992）。

恰尔迪尼（Cialdini），罗伯特·B（Robert B），《营销力：说服术的心理学分析》，（纽约：奎尔出版社，1993）。

费希尔（Fisher）、罗杰（Roger）和威廉·尤里（William Ury），《谈判力》，（纽约：企鹅出版社，1991）。

拉索（Russo）、J·爱德华（J. Edward）和保罗·J·H·舒梅克（Paul J. H. Schoemaker），《决策陷阱》，（纽约：家庭生活出版社，1989）。

泰勒（Thaler），理查德·H（Richard H），《赢家的诅咒》，（新泽西普林斯顿大学出版社，1994）。

第三部分
IT深化管理

第14章

业务交流

演出非常成功，但对观众是个灾难。

——奥斯卡·王尔德（Oscar Wilder）[1]

他们说来滑冰，

他们说真好玩。

他们说来滑冰，

已经玩两次了。

他们说来滑冰，

听起来真不错……

我穿上轮滑鞋——

发现这是冰面。

——谢尔·西尔弗斯坦（Shel Silverstein）[2]

这一章是针对IT部门与业务部门在日常工作中频繁出现的不融洽现象而专门编撰的内容。在组织中，任何一个层面都发生过这种不融洽的工作关系，无论是IT部门的管理层到IT部门的员工，还是从高层管理者到系统用户。

14.1　业务交流的重要性

IT部门工作无效的一个关键原因，往往是IT部门的员工没有能力与业务人员协调工作。有时，IT部门领导层和员工无法与业务部门的人员清楚地（或根本无法）沟通，并且极少或根本不去了解，什么对于业务部门来说是最重要的。业务部门的领导开始忽视IT部门，在做一些影响到IT部门的关键决策时，不会听取来自IT部门方面的意见。

这些问题不解决，对业务部门和IT部门而言，会造成很多负面结果。IT部门通常变得更为孤立、更关注IT自身内部问题，甚至从与业务部门建立的有效关系中退出来。与此同时，业务部门和其他职能部门通过聘请自己的IT员工，减少对IT部门的依赖，创建自己内

---

[1]　奥斯卡·王尔德（Oscar Wilde），"奥斯卡·王尔德幽默语录"，网址：http://www.workinghumor.com/quotes/oscar-wilde.shtml（2002年12月20日）。

[2]　谢尔·希尔弗斯坦（Shel Silverstein），"来滑冰"，《阁楼上的光》（纽约：哈珀与罗出版社，1981）。

部的IT部门，补偿IT服务方面的不足。

这往往是IT部门与业务部门关系螺旋下降的开始。IT部门的员工抱怨他们经常在关键的业务决策决定之后才进入项目，新项目开始时他们被业务部门绕过，而后又转过来求助IT部门支持，或被用来"救急"。这些项目采用的应用软件和硬件配置不符合标准，造成令人烦恼的麻烦和吓人的支出。业务部门坚持认为，IT部门既不了解业务的优先权，并利用IT部门的弱点坚持自己的意见。其结果是IT部门无奈地保持着与业务的关系，业务部门却继续任性。这些在第7章中描述的处于困境的企业的主要工作方式之一，其症状在第2章中已描述过。

14.2 改善IT部门与业务部门关系

IT部门与企业其他部门的稳定关系是IT管理成功的关键。为了将IT部门从"阑尾"成本中心，转化成受欢迎的"超级引擎"，建立紧密合作关系是必要的。这种关系带来的收益包括：

> 能够参与高管层级别关于IT和业务范围的事宜；

> IT部门增强了承受困难的能力；

> 具有向业务部门推广技术创新的能力；

> 增强IT员工的满意度、团队意识，提高了团队能力；

> 增强了IT部门的凝聚力；

> 增强了技术创新成功率；

> 增强了IT部门对企业的作用。

融洽的关系可以使企业获得成功运营IT部门需要的大多数能力，因此，可以说改进IT和业务部门关系是成功的必要条件。

这种关系的好坏实际上可以利用几个因素来衡量。

> 可靠性：业务部门对IT部门交付的产品或服务可靠性的信任度（在业务部门期望的时候，开展活动，提供服务）；

> 质量：业务部门对IT部门交付的产品或服务质量的相信任度（需求的满足，专业设计等）；

> 吸引力：从文化和智力角度评价IT员工是否受人爱戴；

> 执行力：IT领导层所具备的远见、业务价值观，以及建立一个高绩效队伍的能力；

> 管理能力：员工对IT管理队伍的尊重程度和他们对项目流程、进程及人员管理的能力；

> 以客户为中心：IT关心用户需求和服务结果，而不是技术，遵守对项目最后期限的承诺；

> 员工质量：IT部门员工总体的能力水平，他们与企业其他部门文化上的适应程

度、沟通技巧和运营能力；

> 财务运营能力：管理预算的能力、限制或杜绝项目费用超支的能力，以及许诺的投资回收率；

> 满意度：业务部门对IT服务的总体满意水平。

不承认上述因素影响IT部门和业务部门的整体关系就很难开展具体的改进创新业务。改进关系的第一步是审查这些因素，给每个因素评级并且给出最低评级底线，然后建立改进这些薄弱点的目标。我们讨论一些特殊条款，这些条款可以通过改进这些薄弱点快速地改善关系。

14.3 如何改进IT与业务部门的关系

2002年3月，Tischelle George在文章"危险的IT流浪情结"（IT's Rodney Dangerfield Complex）中突出描述了许多IT部门与业务部门一起工作时遇到的种种困难。作者曾引用一个案例，即某行业内的一家企业近期提拔了一名首席信息官，该首席信息官察觉到面临的最大挑战是要克服业务部门对IT部门"完全没有敬意"这一事实。实际上，文章还写到，"IT部门被业务流程或与技术相关的讨论遗漏了"。[①]

14.3.1 为每层IT组织设定目标

对每一个IT组织层面而言，需要设定下一执行周期的目标和所需要的活动，将IT组织划分成适合于本单位的各种层次。例如，可以把一个单位划分成如下四个执行层次：

（1）首席信息官总经理级；

（2）高层经理级；

（3）项目经理级；

（4）分析师、操作员、程序员、数据库管理员（DBA）级。

对于每个层次，都应设定明确的"业务部门关系"目标。以首席信息官作为第一层，目标的设定围绕首席信息官能够影响的那些因素，包括执行力、执行力、以客户为中心及财务管理能力。由于首席信息官具有改进这些因素的最大影响力，因此，这些因素的目标应当是确定的。此外，加强IT部门与业务部门联系的活动应当被细化。例如，包括首席信息官每两周与每个业务部门领导单独会面，每月会见IT指导委员会一次，每季走访1个工厂、5个客户、2个供应商、1个职能部门，主办一个IT业务通讯，如此等等。首席信息官的直接下级对内部管理、员工质量，以及项目复查有最大影响力，首席信息官的目标围绕这些因素设定比较合适。例如，这一群体目标可能包括，每年1月和6月实施终端客户满意度调查，每月至少一次与业务部门领导会面，确保项目结束时对项目进行了全面审核等。

---

① "IT的Rodney Dangerfield情结"，《信息周刊》（2002年3月28日），保留所有权利，允许转载。

组织中其他层次也应当进行业务沟通和活动目标的制定。

14.3.2　与业务部门改善关系的互动

IT部门与业务部门沟通中断的主要原因之一是IT团队成员与业务团队成员之间缺乏私人。当缺乏私人关系时，双方互动和信息沟通的交流机会会降得很低。由于缺乏私人关系，使得IT部门在客户感觉失望时，容易成为业务部门攻击的靶子。当IT部门在地理位置上与其他业务部门存在距离，或者IT部门实体与业务部门分开时，这一情况就更容易出现。

促进合作关系的有效方法是促进非正式交流。例如，举行IT部门或其他业务部门的午餐会——学习会议。在进行午餐会时，业务部门成员或IT团队成员提出一个双方都感兴趣的议题，通常该议题与双方工作职能有关。

另一个非常有效的改进沟通的方法是发起IT业务的"座位轮换"活动。IT部门成员，特别是来自程序开发部门和IT支持领域的成员，利用每周一到两天的时间，与业务部门员工坐在一起工作，而不是坐在这些同事原来的位子上工作。虽然，为了解决一些技术问题，IT团队也必须发起"座位轮换"（如需要他们用手提电脑解决问题或其他原因，使得他们必须离开通常的座位工作）。这么做，增进了员工层次的沟通和私人关系，其带来的收益远远大于成本。

管理层之间的关系也必须加以改进。首席信息官必须特别努力发展和改进与其高层管理团队的私人关系。IT指导委员会是完成这个任务的理想媒介，并且可为IT总经理与高层管理团队频繁聚会提供一个正式的机会。IT总经理也应当寻找与高级管理层非正式聚会的机会。

我们的一个客户，其IT部门与业务部门之间存在着无效关系。我们要求该首席信息官制定一个私人聚会的最低次数，每周至少与业务经理共进两次午餐，每月至少与业务经理共进一次晚餐。在过几个星期之后，随着沟通增加和关系的改善，IT部门与业务部门之间表面上难处理的紧张关系开始缓和。

因此，如果必要，制定一个IT部门与业务部门共同活动的日程表，可以促进双方有益互动。

IT总经理应当关注IT部门与业务部门，特别是那些与IT部门在地理位置上存在距离的用户。IT与这些用户之间非正式互动的频率过低会使用户变得与IT部门日益疏远。当经理人意识到这一点时，大半时间已经浪费了。还有一个例子，即我们的一个客户，他们拥有一家距公司总部几小时车程的制造厂，而IT部门在公司总部。在一次对制造厂的访问中，我们向该厂高层管理者询问IT部门最后访问的时间。该业务部门已经不记得了，但可以确定至少是一年以前。与此同时，他们已经聘用了自己的IT支持员工。因此，如果有必要，制定一个IT—业务部门共同活动的月度日程表可以促进双方之间的互动。

14.3.3 口头与书面沟通的技巧

IT员工经常忍受负面的评价，即没有从事有效口头交流的能力，无论事实是否如此。进一步而言，与供应商谈判、说服业务经理、会见业务用户是IT员工工作的关键组成部分，所有上述这些都要求有杰出的口头沟通能力。

理查德・绍尔（Richard Shell），宾夕法尼亚州立大学华盛顿分院研究法律学和管理学的教授，他曾经作过一个关于技术主管沟通技巧的研究。在首席信息官杂志2002年3月刊发的文章中，他展示了研究成果，即技术主管应当如何处理与业务部门的沟通。

> 我曾经对偏向于技术导向的人们作过研究，而他们有这样一个问题，他们认为沟通的目的是坐下来找出正确答案。他们根本不会考虑谁提出建议的重要性，或者在决策中需要妥协。为了让其他人员参与制定解决方案，他们甚至采用妥协方案，尽管不如技术导向的人喜欢的方案那么理想，与其人人抵触理想的方案无法实施，不如采用一个不太理想的方案，却可以实施。这种说服理念和承担义务的观念（不一定正确）却是非常难得的。[1]

我们曾经观察过诸多案例，他们中的技术人士更多偏向于方案内容的好坏，而非表面的形式。事实上，一个方案的外在形式与其内容同样重要，我们需要通过外在的东西去更好地理解其内在。优秀的首席信息官当然深谙这点，他们通常会将一个方案的内容与外在包装完美融合，以轻松实现其既定目标。

最好的首席信息官，将他们的大部分时间用在与企业内部和外部人员的交流沟通上。众所周知，IT部门的人不善于书面沟通，但通常是逻辑能力很强的思考者。IT团队成员经常过于匆忙或着急，以至无法完成一封清楚、适度、书写完好的电子邮件或便条。

关于这种现象最好的例子是一封IT部门处理的电子邮件，这封电子邮件是IT部门经理为答复业务部门经理相对简单的要求而写的。虽然这封电子邮件有些过分，但与那些发自IT部门的电子邮件通信的"规范格式"没有太大偏离。

在下面这封电子邮件的副本中，名字已经被掩盖，以保护当事人，但是格式、语法、拼写、标点符号和内容都保持不变。

发件人 :<Phil Smith---高级副总裁>

发送时间：2002年7月20日，星期四，上午10:47

收件人：IT经理

主题：寻求帮助；优先权解释

John：

我听会计团队说你周五并没有像你之前承诺的那样将所有在科罗拉多的台式机进行更换，而且犹他州的一些台式机也没有更换过来。这到底怎么回事？

---

[1] 丹尼尔・邓恩（Danielle Dunne），"和 Richard Shell对话，如何和你的思想进行交流"，CIO杂志（2002年3月1日）。Copyright © 2002 CXO Media, Inc, 允许转载。

·······················回复·······················

"是的，周五部分机器没有得到更换，没错。最初我承诺的是那四位会计团队的同事可以在周五或周一一早将电脑拿到IT这里，我会更换它们。我和Jane沟通过了，他们那天并不用电脑。星期二12:35新版本就发布了。我很理解在犹他州有些软件问题，大约十分钟之前在芝加哥，Jill已经被告知这个故障。她说她被另一位用户别的问题绊住了，并给Jane打过电话说她在处理别的项目。她处理好这个问题后又说自己仍然在别的项目上（或者说了些别的，类似于我不熟悉如何使用会计制度等）。我们在芝加哥只有四个工作人员，我应当撇下谁的电脑不管？Jane的电脑已经启动并开始运行了，她开始用她的笔记本重建系统。这是投诉吗？你给我的究竟是哪天的信息？我知道今天是星期四，但是没人告诉我哪里还有电脑需要更换。如需要更多软件支持，请联系IT服务台并让我们知道究竟还有谁的机器需要更换，更新或重装。我们很乐意为重装系统效劳。我无论何时何地也要把机器装好。还有，纽约的IT云存储已经在周五从256K升级到768K了，我已经收到Stan良好的反馈，说现在的速度简直太棒了！

对方只问了一个简单的问题，回信从字面上却根本无法理解。不仅内容完全无法看懂，而且，作者没有使用格式和标点符号。这些格式和标点符号至少可以增进回信的可读性。悲哀的是，在IT部门经常发现这样的书面交流。因为最初的要求来自一位高层管理团队成员，我们有理由做这样的假设，案例中的书写代表了收到IT人员回复的最高标准。

由于IT团队成员必须经常发送面向所有用户的电子邮件，或者同时向企业中大多数用户发送电子邮件，因此应对他们进行通信培训。电子邮件通信应当将最重要的消息作为整篇的标题，这一点可以保证那些人将得到信息的最重要部分，并且避免抱怨IT部门信件内容不清。电子邮件还应包括一些附加信息，以避免抱怨IT部门在通信中太唐突。以下是一封较好的电子邮件样例。

至：所有企业用户

主题：明天6月25日9∶00～11∶00，电子邮件存取中断。

企业用户们——

在明天上午9∶00到11∶00，电子邮件系统升级更新。这段时间用户将无法存取或发送电子邮件。有问题可以直接发至IT部门。

为什么我们要这样做？电子邮件系统准备升级到一个新操作系统和服务器上。这样可以显著改进所有用户的使用性能，并且提供更可靠的存取。这项升级任务将包括安装新服务器，存档旧电子邮件数据，将电子邮件账户移到新机器上。之前，我们将对系统做完全备份，以保证不丢失任何电子邮件。不需要用户方做任何特殊准备。一旦流程结束，我们将向全企业用户发送通知邮件。

最后，IT队伍除了改进其邮件通信内容外，还要改进通信次数和通信理由。IT部门经常被指责在紧急情况下，通知用户不及时，或者没有提供足够的、关于系统维护或存储损耗的警告。IT成员应明确他们的行为，对业务用户会造成怎样的影响，明确他们尽可能提前清晰沟通的责任。增强IT人员这方面的意识，将大大改善IT和业务部门的关系。

IT成员应努力确定一个最好的媒介——口头或者书面。所选的沟通渠道将显著影响到接收信息的好坏。"书面通信在改变人们决定方面是很糟的。"Steven Kerr，通用电器企业的副总裁声称，"书写是非常具有诱惑力的媒介……它便宜，你可以让每个人在同一时间得到消息，此时你却回家考虑别的工作。但是，你没有办法知道你的听众是否已得到它，等知道时已经太迟了。"[1]

IT成员应对敏感事件，或者需要亲自口头说服对方的事项进行预先沟通。Kerr继续道："你自己可以立即判断出，你的消息是否正在困扰人们或者引起比你预想更多的争论，因为当你在通话时，你可以看见他们的面部表情。"记录上次谈话的书面通信可以随之进行。[2]

14.3.4　为业务部门承担责任

IT部门员工为业务部门员工承担责任（既包括项目方面又包括建立与IT员工关系方面的责任）似乎违反常规。实际上这么做将改进并加强IT部门与业务部门之间的关系，并且使业务部门更尊重IT部门。明确业务部门员工职责，详细列在项目章程和计划表中，业务部门员工必须对他们职责内的活动和交付成果负责。多数情况下，IT部门不能从业务部门获得帮助。然而，当项目时间被拖延时，受到谴责的一般是项目的IT团队。

因为业务部门员工不是首席信息官的直接下属，发现是业务部门人事的问题后，在极端情况下，首席信息官会与业务部门的领导讨论问题。不管讨论的结果如何，对IT团队而言最重要的是，必须让业务部门知道，什么时候业务部门必须提供必要资源。这些讨论应记录在文件中，并在IT指导委员会上进行讨论。业务部门由于资源不足，项目要么被延期，要么重新划分业务部门项目计划的优先级，以便业务部门员工能够重新安排他们的时间，以满足需求水平和调整计划。至于业务部门资源短缺问题，应当尽快找到该资源的替代物以消除项目风险。

基本上大多数人员愿意承担他们的义务。它说明一个事实，他们的工作是重要和有价值的。对业务部门的资源负责，将使IT部门在更短时间内顺利完成更多项目。在这种管理理念下，业务部门将对项目执行质量的精确和准时而感到高兴。客户对IT的满意水平和尊重将增加。有时这种解决方式会引起不快和冲突，但是最后它能确保关系改善的成功。

---

[1]　克里斯托弗·科契（Christopher Koch），"你的说话方式"，CIO杂志（1996年11月15日）。Copyright © 2002 CXO Media, Inc。允许转载。
[2]　克里斯托弗·科契（Christopher Koch），"你的说话方式"，CIO杂志（1996年11月15日）。Copyright © 2002 CXO Media, Inc。允许转载。

14.3.5　沟通能力评价

一般而言，无法度量的事情就没办法真正管理。这在沟通和建立关系方面也是正确的。IT组织各层人员的个人评价表应该包括建立与业务部门关系的能力和个人沟通能力（书面和口头）的评估部分。首先，依据非常重要的成功标准，评估团队成员个人能力是非常有用的。其次，这两种技能对于出色完成他们的工作是十分必要的，把这两项作为个人评估部分，再次肯定了员工有这种想法的重要性。

14.3.6　从业务部门招聘

一种使IT部门和业务部门互惠的方法是，聘用业务部门员工担任IT部门中的适当职位。这对IT部门而言是双倍受益的。第一，获得了大量先前的工作关系。第二，得到了一位已经在业务部门建立可靠人际关系的员工，并且可以利用这些关系来推进IT部门的工作。在企业外围寻找候选人之前，尝试从业务部门招募明星员工，这些员工拥有适合的能力。最适合业务部门员工的位置是业务分析员，该位置通常由业务部门的分析员和超级用户补充。此外，行政助理、测试员、职能专家（如财务专家）和经理都是适合业务部门员工负责的职位。当然，IT部门不应从业务部门"挖"人员，所以，适当沟通，并获得业务部门领导的同意是必要的。

14.3.7　宣传

宣传IT部门的成就、目标和优势，对于改进企业各利益相关者之间的沟通来说是非常重要的。不要假设企业每个人都了解IT部门的优势、许诺的服务级别，以及以此为基础的执行力。大多数非IT部门员工，甚至根本不了解服务级别的含义或制定的理论基础。

通过多种方法与业务部门交流，包括营销宣传资料、电子邮件、时事通讯和企业网，宣传要有目标。首先确定对象，然后确定与他们沟通的有效媒介，最后利用已确定的媒介传发适宜的内容，实施沟通。许多与我们一起工作的IT部门，向整个企业发送时事通讯。最普遍的错误，是把时事通讯定位在以技术为中心，而不是以客户或业务为中心。时事通讯应表述IT部门如何帮助企业完成目标（如，增加年收入、减少成本）。报告IT部门完成任务的情况，追踪记录它交付的关键项目和SLA，保证定期说明SLA衡量标准的理论基础。

由IT指导委员会决定的通信命令和通信优先级也同样重要。员工也许并不了解IT部门为什么要用财务软件包替代仓库管理系统任务。例如，站在仓库地板上满脸愁容的工人也许会说"当我们一趟发货不能运送多个订单的货物时，为什么他们却整天为了财务软件而瞎忙，一点意义也没有"。如果在时事通讯中通告企业的策略需要加强财务会计流程，因此，IT部门正在运行新软件。与不知情的人沟通，提高企业员工对IT工作的理解。最后，IT部门应像业务部门接到的第三方投标一样，持续不断地自我宣传。正面影响外界对IT部门的理解是一项长期工作。

14.3.8　在线交流机制

对于内部客户，企业网是一个很好的媒介，不仅可以用于发送消息，而且可以用于向内部客户提供服务。如果企业还没有企业网，IT部门可以做个带头部门，建立一个带有消息、公告、员工通信录、项目状态和团队工作空间等专栏的IT网站，既可用于沟通又可增强生产力。首席信息官的目标就是使与IT部门有关的业务尽可能方便、简单地完成。建立移动办公室、电话转接、服务请求、新员工注意事项、项目申请表、整套工作方法说明、在线说明、在线培训等的一站式申请会极大地帮助工作，提高客户满意度，并改善IT与业务部门的关系。

14.4　改变

改变IT部门沟通技巧可能是困难的，但在没有老关系存在的地方建立私人关系会更难。确保IT成员用一种开放、易于沟通的方法与业务部门合作，最好的办法是首席信息官做榜样。如果一位首席信息官能清楚、简洁地进行口头和书面沟通，并与企业IT部门外的经理维持紧密的工作和私人关系，那么这位主管可以作为团队令人佩服的榜样。

首席信息官还制定正式或非正式的培训和发展计划，帮助员工学习和实践必要的沟通技巧。

非正式方法，如关于沟通方面的书和自学课程，是非常易于实现的方法。更多的正式培训可以由各类供应商来提供，如在本地大学的非学分课程。进而，首席信息官应鼓励整个团队参与外界非技术性的交流，如主持人培训。

想成功改变IT部门内主流文化应当说是一个挑战。为了鼓励顺应改变，要向组织发出"沟通"是重要事项的明确信号，首席信息官应将员工口头和书面沟通改进作为员工评价流程必不可少的部分，出色的沟通技巧应作为升职的先决条件。

第15章

IT预算与成本管理

经济学不是为了省钱，而是为了更好地花钱。

——托马斯·亨利（1825～1895）英国生物学家和教育学家[1]

我将不断否决，直至开支可控。

——罗纳德·里根，美国第40任总统，否决为农民扩大20亿美元联邦担保贷款的议案[2]

本章为首席信息官介绍实用的IT预算编制方法和成本控制经验。在编制建立部门预算时，首席信息官应分析大量可变因素，平衡多个相互竞争项目的优先级。设计最佳成本效益原则和交付任务的关键点。预算编制对首席信息官和IT部门的经营有至关重要的影响，因此，编制预算也是首席信息官最重要的工作之一。

本章由以下4部分核心内容组成。

1. 预算组成要素：IT部门预算的关键组成要素和每个组成部分的占比；

2. 预算流程：完成年度预算的两个流程；

3. IT成本驱动因素：简述预算中关键成本驱动因素和成本控制策略；

4. 其它考虑：管理资本支出，成本审计实践，制订意外事件应付计划，管理预算，核算记费机制，租赁决策以及业务部门超预算的请求。

第一节描述了IT预算的关键组成要素，如软件、硬件、劳动力以及首席信息官期望的这些组成要素之间的比例。流程部分介绍了两种编制预算的方法，并比较了它们的评测指标。成本驱动因素部分覆盖了几个关键项，这些关键项影响着每年经营和资本预算的变化。接下来，本章提出了一些减少IT成本的策略，特别是在基础设施和资本支出方面。最后，本章针对IT管理者提出了几个应当深度考虑的关键管理项，如租赁与购买决策、审计和核算制等等。

15.1　IT预算的重要性

在一个基础水平较上，通过部门投资收益比来评价首席信息官，同样的收益，投入越低，绩效越好。有效的资本管理是高层领导和IT管理者首要关注的问题，因此，有效的资

---

① 托马斯·亨利·赫胥黎（Thomas Henry Huxley），《格言与反思》（伦敦：麦克米兰，1907）。

② 艾米·威伦茨（Amy Wilentz），"我将一直反对"，《时代周刊》（1985年3月18日）。

本管理是非常重要的主题。

IT部门的管理成功取决于首席信息官经营财务健康象限的能力，也取决于首席信息官在支出优先顺序方面做出更好的决策，确保支出优先级是符合业务方向的。好的首席信息官还要确保大部分可支配支出集中在满足业务部门需求、支持项目，以及创造收入的创新活动上。

首席信息官可能没有接受过正式的业务和预算管理流程方面的培训或教育，因此，他们需要通过在职培训进行学习。这就使得首席信息官的职责充满挑战，特别是在经济低潮或企业处于成本削减的时期。

更复杂的问题是首席信息官要面对持续的技术要求，快速变化的技术环境，不断变化的供应商市场，所有这些结合在一起将影响IT部门的经济分析和预算决策。

本书第3章阐述了如何建立一个IT支出的基准范围。首席信息官应当以此为指南，审核IT预算。

因为失败的预算过程、预算决策或管理不善的财政职责，造成年度内较高的预算差异这对首席信息官的职业生涯会有重大影响。企业高管层团队、首席执行官、首席财务官、债权人和股东都希望企业要有良好的计划，并且能够如期完成。因为企业的计划收入、现金流需求和资本需求都是建立在预算基础上的。因此，精确地预算、预测，执行过程中主动管理预算是关键。通常向首席财务官提出原计划之外的预算来完成ERP实施，通常是想结束职业生涯。当原预算数量预测不准、管理不善时，IT部门不能失去被信任的条件。当预算数量或资本支出变动开始引起股东或债权人的关注时，IT部门就要准备接受令人不快的审查了。

15.2 预算编制

对于IT管理者来说，特别是新提拔的管理者，预算编制是一次痛苦的经历。虽然期望IT管理者能够预测未来12个月的事件、项目和应急事项，但是往往得不到业务部门关于影响IT预算优先级或计划的指导。

这一章为IT管理者提供了一个指引，以帮助他们成功掌握预算编制流程。我们介绍IT部门成本的关键驱动因素，如所需的服务级别、预期项目、聘用或淘汰员工目标、设备周转、人力资源、硬件、软件和外包服务等。这一章还将概述在预算编制流程中与业务部门合作的方法，以避免年度内的意外发生和预算超支。

15.3 预算编制流程

预算编制是为了促进财务管理和预期支出透明，以便与股东、债权人和其他利益相关者沟通企业的财务目标。编制预算是每年业务计划的一部分。由首席财务官监制的预算是对下一财年组织的损益表的预测。IT预算是整个企业预算的一部分，首席财务官和其他领导要依赖首席信息官提供的IT预算部分。IT预算包括IT经营与资本支出的估算，预算的其他信息通常还包括关键假设，如没有大的收购、业务量保持不变、职工总数增长或下降等。

编制企业与部门预算主要出于以下几点考虑。

> 预算为整个企业和每个部门、每位职能或业务部门的管理者提供目标和竞争性支出需求的决策基础。如果没有，则会出现财务混乱。

> 预算有利于全年费用控制。管理人员将实际结果与预算预测比较，然后解释显著的差异。巨大的预算差异预示经营或管理存在问题，或者仅仅是预算编制的假设条件已经发生改变。在任何情况下，预算差异都会引起调查。

> 预算要提供处理年度内可能发生潜在问题的应急计划。

> 预算编制流程需要多个部门的参与。组织内每个部门或单元负责准备自己部分的预算，然后在整个企业内协调。一旦某单元的计划或项目影响到其他领域的预算，则该单位必须与企业预算进行协调。

> 责任要落实到每个组织单元的管理层。该管理层负责本部门预算编制和接下来的预算执行。

> 预算编制是计划流程的一个组成要素。成功的企业会每年依据财务、定性目标及经营策略等准备年度的业务计划，预算是这个计划的一部分。

> 预算被用于企业财务部门和企业高管层整体预测企业经营指标。
>> ——与投资者交流；
>> ——了解某个阶段需要的资本和现金量；
>> ——管理支持年销售目标需要的支出。

企业管理人员利用预算，编制企业年度损益预算表，计划现金流。从预算中分离出运营费用部分之后，就是资本支出预算，包括固定资产和项目支出。其成本随时间不断折旧。总而言之，企业很多决策和计划编制是基于预算的，而且高管层、业务部门和职能部门经理的报酬也是经常与预算执行联系在一起的。即使在小企业，预算也应非常严格。

15.4　IT支出与IT部门支出

企业IT支出包括：

> 营运支出：在企业预算内IT日常运营支出数额；
> 资本支出：投资在新固定资产和长期项目的支出；
> IT服务和外包：外部技术服务的开支（如IT咨询、研究服务，主机托管）；
> 研发费用：技术创新（新产品孵化，实验费用）；
> 新产品和技术：为新产品和技术实施而支出的研发后的费用；
> 工资和福利：IT员工工资和福利；
> 应用软件费用：推广和加强支持现有业务系统的支出；

> 维护和管理费用：IT员工职能成本加上运行与维护系统的基本支出。

与此相反，IT部门经营预算包括：

> IT运营费用一般包括IT预算内折旧，不包括其他业务部门出资的IT支出（如销售部门聘用一位Visual BASIC语言和Access数据库程序员，开发一个客户关系管理应用系统追踪销售线索）；
> 新应用软件和技术的实施费用（只由IT部门推广的）；
> IT部门支出（如员工工资和福利，软件封装费用，外部服务）；
> 应用软件支持，如应用系统提高和支持费用；
> IT全体员工职能的维护与管理成本加上运营和维护系统基础设施的费用；

IT部门的资本支出预算（遵照财务部门制定的规则）包括：

> 研发费用；
> 应用系统软件的开发和大型软件包的购买费用；
> 在很长时间后才能实现收益的某些项目费用；
> 硬件购买。

企业IT支出和IT预算的主要区别在于，企业IT支出包含企业内所有IT消费，无论是否由IT部门管理或负责，IT预算只包括由IT部门主管直接管理的经营预算和资本预算。

而IT预算只包括由首席信息官直接管理的运营预算和资本预算。

15.5　IT预算的关键组成要素

IT预算由6个关键的部分组成，如表15.1所示。以下将逐一介绍每个组成要素。

表15.1　IT预算组成要素

预算组成要素	描述
硬件	> 包括所有非资本性支出的硬件种类 > 包括硬件资本资产折旧 > 比如，电缆、外围设备、网卡
软件	> 包括所有非资本性支出的软件 > 包括软件资本资产的折旧 > 比如，工具软件，一次性用户的成品软件包
劳动力（内部）	> 包括所有IT员工工资和福利，不包括资本预算（如软件开发费用资本化）
外部服务供应商	> 包括所有外部服务供应商的费用 > 如咨询费，安全审计费，承包费
数据和通信	> 包括网络基础设施服务，WAN连接、LAN管理、T-1接入、ATM连接、手机、IT人员的寻呼机等 > 根据企业，可能包括或不包括这个大类
其他	> 所有不同性质的支出都包括在这个大类 > 如培训、招募费用、法律服务、企业存储空间分配，等等

15.5.1　硬件

购买计算机和系统硬件通常认为是资本支出并且影响资本支出预算。这些资产依据财务部门提供的会计准则和方法处理，一般按3～5年折旧，允许这些支出以适当的比例进入以后每年的运营费用。有些情况，购买低成本的硬件不会资本化。寿命短或成本低的资产可能不够资本化条件，或者不值得资本化，此时应与企业的首席财务官商量形成结果作为资本支出和相关的折旧时间表的说明。

经营预算要包括以前购买硬件的折旧费用。硬件折旧额由会计部门依据以前的资本资产支出计算。这是一个明确的数额，因为影响折旧费的实际决策是几年前就已做出的。在某些情况下，会计准则可以加速资产折旧或延长折旧，这需要对资产寿命的重新认识。在评估项目费用时，由于要实施新项目，所以必须考虑当前的系统或硬件因过时而进行的加速折旧。如果缺乏有效分析和说明，就可能在IT预算中出现"令人吃惊"的折旧额。

项目上的硬件费用预算包括硬件升级、维修和保养，使用周期短的设备，租赁支出，以及计算机系统非套装的各式外围设备（如，一次性购买的鼠标、键盘、软驱和其他小硬件等）。

15.5.2　软件

重要软件开发和应用软件包的投资放在资本支出预算内，按照财务会计部门的会计准则和程序，一般在3～5年内折旧。正如前面提到的，首席财务官可以制定企业的特殊政策。

经营预算包括前期已被资本化的软件折旧费。软件折旧额由会计部门依据之前年份的软件资产资本支出计算。

放在费用预算的项目包括新软件，如实用程序（例如备份程序），非资本化的成品应用软件包（如开发工具）、软件升级、软件维护和支持费用，非资本化的软件新版本升级，一年使用更新的许可证费用。

15.5.3　劳动力

所有内部员工的费用属于这个类别。这些费用包括薪水、福利（如健康保险，假期）、奖金和加班费。有些企业还包括招募和培训费用，有些企业则把这些归纳在其他类别中。

15.5.4　外部服务供应商

这一类别包括所有外部咨询和承包商的费用，他们的服务一般按时间和材料计费。因此，当发票收讫时，这些费用就划归到这一类别。有些情况，外部咨询企业费用可以作为大型项目的一部分而资本化（如ERP系统的实施）。会计部门可以规定特殊环境和企业政策。

此外还包括一些其他的服务，如备份和恢复、离线存储（off-site storage）、来自第三方的数据粉碎和清理服务。

15.5.5　数据通信

在数据通信类中包括以下费用项：

➤ 拨号上网；

➤ 租用数据线路；

➤ ISP/WAN服务；

➤ 广域网；

➤ 远程拨号上网支持。

一般而言，这一类中不包括语音通信。

15.5.6　其他

这一类包括所有不符合前几类的支出，包括：

➤ 旅行和娱乐；

➤ 补给品；

➤ 物理设备（数据中心，家具）；

➤ 法律费用；

➤ 企业其他企业一般管理费用分摊，也属于这一类，如租赁、公用、企业职能预算。这些常常在首席信息官的控制之外，因此，由财务部门规定包含在IT预算中的额度。

公司其他企业一般管理费用分摊，也属于这一类，如租赁、公用、公司职能预算。这些常常在首席信息官的控制之外，因此，由财务部门规定包括在IT预算之内的额度。

IT经理从财务部门那里获得的IT预算清单模板或许并不包含上述项目类别。因此，我们有必要制作一张预算清单表来与之对照。这有助于在行业间和兄弟企业间进行比较，从而帮助识别未来清单中所需的预算项目。

15.5.7　硬件预算

作为预算编制的一部分，IT管理者需要估算下一财年的硬件购买需求。这些估算包括服务器、台式机、笔记本电脑和外围设备（如打印机）。由于计划不周或假设不合适，这个部分预算经常会偏高或偏低。

我们的一个客户收购了一个新的子企业。交易后的6个月，新机构的首席信息官递交了一份购买300台电脑和应用软件的申请，大约50万美元的资本支出。首席财务官收到300台电脑购买申请非常吃惊。在购买尽职调查过程中，首席财务官认为投资将超过18个月，而且可以随时间分阶段进行。首席财务官发现现有的计算机处理能力不足（已用5年）。此外，软件许可证的期限已过，因此，不得不购买可观数量的台式电脑操作系统许可证，这就额外增加了每台计算机的价格。显然，这个结果让每位涉及人员都不愉快（除了硬件供应商），并且如果能较好地进行资本支出计划（对IT平台付出应有的尽职调查），这些问题应当能够避免。

　　按照以下推荐的方法估算硬件需求可降低潜在的风险。

　　1. 审核目前配置的总资产目录。

　　大多数自动服务台软件包都有一份所有台式电脑资产配置的明细清单，这是最难盘点的（企业服务器资产较容易设置和盘点）。如果得不到有效的清查清单，各种实用工具可以用于巡查网络，自动盘点硬件资产。如果企业拥有一个有效的固定资产系统，或者一个集中采购部门，那么财务或采购部门就有能够提供一份所有资产的明细清单。在任何情况下，这项工作应集中在桌面计算机、打印机和笔记本电脑上。因为它们构成了资产的大部分。

　　2. 明确当前库存的详细信息，包括：

> 资产的寿命；

> 资产是租赁还是购买的；

> 如果是租赁设备，应获得租赁信息，例如，支付额和租赁截止日期，期限和偿还条件；

> 设备的所在地；

> 设备的使用者。

　　3. 明确硬件更新的生命周期。

　　建立标准化的设备更新制度，以保持IT资产（特别是台式机和笔记本电脑）主动更新。如果没有更新周期，计算机资产到期后将开始出现恶化（或者是物理损坏，或变得运行新软件时运行能力不足）。随着资产使用年限的增加，支持成本会显著增加。依据业务和IT策略，建议：

> 应用软件最小化策略：如果企业是现金保守模式，IT资产使用更新周期越长越好，对台式机、笔记本电脑或打印机，采用5年的替换周期是合理的预期生命周期；

> 非依赖IT者：对IT处理业务依赖度不高的企业，应采用3～5年的更换周期；

> 拥有相当数量的知识型员工的IT平均花费：采用3年的更新周期；

> 依赖笔记本电脑的专业人士提供的专业服务：采用2年或更长的更新周期。

　　4. 设立企业员工净减的假设条件。增加员工的假设可以从财务部门获得，这也是其他部门编制预算的结果。利用这些数字，决定增减计算机专业的员工数量，以及增减时机。

　　5. 计算设备的周转率。

> 计算为新增员工配备的新计算机数量，如果聘用基数（需要计算机专业的员工）明年增加是50人，就需要增加50台计算机，相反如果明年员工基数预期下降，就没有必要再购买新计算机；

> 计算下一财年需要更新的计算机数量。获得当前计算机的已用年限，并与采用的更新周期进行比较。例如，所采用的更新周期是3年，任何计算机3年后都应被替换掉。还应考虑员工数量下降的情况，如果企业的员工基数下一年是下降的，该部门就可以不需要更新任何计算机，例如，计算决定25台台式电脑应报废，并需

要明年购买，而企业预期明年缩减25名员工，现有的计算机报废，部门也不需要重新购买；

➤ 台式机、笔记本电脑和打印机构成了需要购买的大多数硬件。除此之外，团队还应当估算服务器、工作组打印机、网络设备，以及所有维护设备的报废期。相对台式机设备的分析，应该容易做到。

➤ 这一步获得的数据，用于硬件的资本预算。清点计算机的数量，计算替换的费用，总数用于资本预算。

6. 最后一步，复查维保合同。

➤ 硬件维保合同目录。

➤ 维护费用是多少？维护哪些资产？这些资产还在用吗？

➤ 维保合同可以取消或重新谈判吗？

➤ 什么是自担风险和不更新维保合同风险？给高层领导提供自担风险和免维保选择。

这些步骤适用于通过技术支持记录、固定资产管理系统、购买记录和网络扫描等组合结果识别所有硬件，从而建立一个企业的合理、准确的硬件全景图。

15.5.8　软件预算

作为预算编制的一部分，IT管理者需要估算下一财年的软件需求。这些估算应当包括应用软件包、软件开发项目、工具软件、业务应用软件许可证以及业务所需的各种软件。

在软件预算编制流程中，有两个难以分析的部分。第一个是软件许可。这依赖于购买计算机的方式（有或没有操作系统许可证和办公软件），企业需不需要购买主要操作系统和应用软件的许可证。如果IT部门没有对业务部门的软件使用保持良好控制，他们会发现，即使不是数以百计，也有数十个用户正在使用无许可证的软件。非常不幸的是，在多台计算机上安装同一类拷贝软件是企业的普遍做法。最近几年，供应商监督客户使用软件许可证的力度越来越大。我们建议目前维持现状与购买软件许可证并存，并使用自动台式电脑扫描应用软件，定时盘点业务用户装在计算机上的应用软件。

另一个难以估算的部分是，软件开发和系统实施工作。我们的客户之一，一个中型制造企业的首席信息官，递交了一项50万美元的预算请求用于开发新的订单输入应用软件。3个月后，首席信息官又递交了第二个计划外的50万美元的预算请求，完成同一个软件。虽然这个项目最后完成了，但错误的成本估算导致短期内巨大的预算混乱。不幸的是，这种情况却常常发生。

可按照以下推荐的方法来估算软件需求：

➤ 查看当前企业标准软件配置许可证

——获得软件产品现期许可证的准确数量；

——当前用户的准确数量；

——使用在硬件部分推荐的方法，确定新员工人数及购买新软件许可证的数量。

> ➤ 回答下列关于软件升级的问题

　　——下一年哪些软件需要升级？

　　——升级的业务收益是什么（降低支持费用，淘汰一个项目，降低处理成本的新功能，新的商机）？

　　——不升级的结果（供应商仍然提供紧急情况支持吗？或由IT团队提供）；

　　——什么是升级成本？

　　——如果升级推迟，下一年的成本怎样（下一年成本改变吗？下一年会变得更高吗）？

　　——我们能否通过向新卖家购买或就目前折扣重新谈判，降低升级的费用？

> ➤ 审查重要软件的维保合同

　　——编制软件维保合同目录，特别是前两个到三个目录；

　　——软件的维护成本是多少？

　　——软件都包含了什么？

　　——更新日期？

　　——合同是可以废除或重新谈判的吗？

　　——什么是自担风险与不更新维保合同风险？建议高管层和IT指导委员会选择自担风险。

最后，确定业务部门的软件需求是直接从该部门的预算中支付，还是从IT部门的预算中支付。如果这些将列在IT部门损益表（P&L）上，则安排专门的讨论，预测业务部门的软件需求，并且审核目前已经批复的项目。确信软件需求和资本需求都加入资本预算之中。如果开工项目是经批准的，财务部门可能已将项目包括在资本支出预算计划之中。第12章和第17章还有关于估算项目成本和项目对IT预算影响的内容。

15.5.9　劳动力预算

估算劳动力需求，应从运行基础设施、操作、系统管理和服务台的劳动力需求底线开始。这就变成了劳动力基线。

分析企业当前劳动力基线，并回答下列问题。

> ➤ 这个部门能用更少的劳动力提供相同的服务级别吗？

> ➤ 存在员工冗余问题吗？

> ➤ 这一年中，哪些因素会影响目前的员工配置？

　　——改变运营环境（如新操作系统）；

　　——企业员工的增加或减少。制定一个使业务可以运行自如的支持比率，用这个比率和员工总数确定所需的员工人数，例如，一个低成本的最低限度服务级别也许是每250名员工配1名IT员工；一般平均的服务级别是每120名员工配一名IT支持员工；高成本、高服务级别是每75名员工配一名IT支持员工；

服务和成本的关系；向高管者汇报这些选择；

> 当支持比率确定后，根据员工总数，测算下一年的IT员工需求，同样的经验也可以用于应用支持部分。

开发和项目资源的估算是由积压的项目决定的。第17章会深入探讨这些内容。完成第17章中的各步骤，可以了解项目中的资源需求。第11章包含了评估员工资源需要完成交换分析（swap analysis）的详细内容。如果项目被资本化，这些资源将被转到IT软件（如果已支出）预算上，或者被转到资本预算中。

15.5.10　比较

在完成第一次预算草稿后，首席信息官可以使用一些基线，了解支出是否与行业数据相匹配。表15.2和表15.3列出了按类别、按行业的支出比率的示例，可用于指导实践。按类别预期的花费与行业平均水平不匹配也许是正当的理由。比较并分析其中的不同，是为了确保预算编制流程中避免明显错误，确保与行业标准的主要差异都可以解释。

表15.2　预算费用的典型分布

类别	费用的典型分布（％）
硬件	13
软件	15
内部人员	40
外部服务供应商	19
数据通信	7
其他	6
预算	100
注释：对于语音通信，预算增加10%～15%。	

表15.3　IT员工在总员工中的占比

年收入超过10亿美元的组织	费用的典型分布（％）
教育	1.3
饮食加工	1.7
制造业	2.1
零售	2.1
消费品	2.2
金属/自然资源	2.3
化学品	2.3
电子产品	2.4
建筑工程业	2.5
医疗/旅游	3.5

续表

年收入超过10亿美元的组织	费用的典型分布（%）
专业服务	3.5
信息技术	3.7
制药业	4.0
能源	4.1
政府	4.4
媒体	5.2
公用事业	5.9
交通	5.9
电信	6.7
银行/金融	7.4
健康护理	7.8
保险	10.7
平均数据	4.9

（来源：霍华德·鲁宾和杰德·鲁宾，"2006年全球IT标准服务趋势与发现"，高德纳公司，www.gartner.com/teleconferences/attributes/attr_140228_115.pdf。图中的数据不一定代表高德纳公司的最新观点。）

15.5.11　假设

为了具体描述预算中特定项目估算的理由，应设立假设条件。例如，IT部门假设企业员工下一年新增250名员工，这个假设应该正式提出，以便首席财务官、控制者和IT指导委员会了解该假设。在很多情况下，高层管理团队可以帮助验证假设合理（或不合理），并使预算结果更正确。将假设归档的好处包括：

> ➤ 提供公开的披露和使预算更具参考性；
> ➤ 设定期望值，作为沟通的参考；
> ➤ 形成下一财年预算数据的参考。

如果在年内，支持费用没有按预算进行，基本假设不正确导致的预算差异问题是可以解释的。如果假设没有正式提出，因此，超预算，首席信息官就会有麻烦。

15.6　预算编制

15.6.1　基础

在准备编制预算前，可先收集下列：

> ➤ 上一年的经营、资本和预算差异数据；
> ➤ 企业聘用人数增加与下降情况统计；

> ➢ 下一财年利润与销售预期的测算数据;
>
> ➢ 企业经营策略的变更记录;
>
> ➢ 过去12个月,主要应用软件的变更;
>
> ➢ 已批准的IT项目详细清单和优先级;
>
> ➢ 同行的情况(见第3章);
>
> ➢ IT部门的薪水。

以下是预算流程:

> ➢ 预算编制工作通常是在财务部门准备下一财年时开始。
>
> ➢ 多数情况下,IT管理者会在获得下列信息后开始着手编制预算。
>
> ——前12个月IT支出的详细财务报告;
>
> ——预算电子表模版,包括预算类别和计算公式;
>
> ——IT部门的任务目标。
>
> ➢ 完成第一次草稿——有两种不同的方法来编制预算。
>
> ——零基预算编制;
>
> ——运转预算编制。

这些方法会在这一章的后面详细讲述。第一次草稿合并了所有已知的服务协议信息和已预计的项目(见第9章和第17章)。

> ➢ 与首席财务官和其他部门负责人一起审核草稿;
>
> ➢ 编制和呈交第二稿;
>
> ➢ 合并所有资料,编制最后的草稿;
>
> ➢ 最后的草稿经过IT指导委员会和高管层审批;
>
> ➢ 一旦批准,最后的草稿被送到财务部门作为IT部门"新财年"预算;
>
> ➢ 接下来12个月的活动都将按这个预算进行;
>
> ➢ 考虑到新的信息或情况,可一季度或半年召开一次复审会议,调整预算。

15.6.2 时间

预算一般在9月和11月开始,或是在企业财务年度结束前的1~4个月开始。在大多数情况下,预算需要在财务年度的最后一个月完成。

15.6.3 预算编制方法

方法一:

零基预算编制法。零基预算编制法是一种准备预算的方法,以假设、需要的服务级别和项目信息为基础,一切从零开始编制。在零基预算编制中,每个支出项须根据现时的优先级,定期调整项目支出。这个方法虽然花费时间,却可确保年度预算没有从上年预算中结转任何不良假设,而正在使用的假设会每年重新考虑。零基预算编制在企业经历快速发展的阶段（业务增长、主动创新、兼并或剥离）效果较好，零基预算编制步骤如下：

1. 确定预算构成要素。包括固定的要素（如设备、基础设施、应用维护、数据通信）和那些变动要素（如硬件采购、员工劳动力、培训、软件升级或软件功能增强）。

2. 调整部门固定支出。在当今市场环境下，这笔支出合理吗？该笔支出可以改变吗？记录任何能够降低成本的假设和有贡献的活动。例如，IT部门租赁自己的办公空间，总经理能否今天去房产经纪人那里谈判长期租赁的折扣。影响支出的各种原因。

3. 所有固定支出项汇总。整个固定费用称为预算基线。

4. 书面记录由于成本降低，导致的相关联的服务级别或项目能力的降低情况，并确保在IT指导委员会进行最终审核期间进行答辩。

5. 通过逐项分析建立可变成本项预算（如外包商、新的软件许可），了解可变成本项的关键驱动因素（如项目的数量、员工数、交易量）。为每个项制定假设，并计算可变的成本预算。再次书面记录假设，因为在预算答辩中会用到，并用假设回答有关预算的问题。

6. 整理并准备预算初稿。

方法二：

运转预算编制法。运转预算编制法是基于当前财务年度和当前时间框架为基础的预算编制方法。例如：当前租赁费是每月25 000美元，下个月经营支出可能也是25 000美元。运转预算编制从当前的月平均支出费用比率开始，然后以新假设（例如假设新项目、假设新应用、服务级别变更）为基础调整预算基线。每个预算项都以它当前的支出水平为起始点，根据该项的当前信息，向上或向下调整。运转预算编制法相对而言完成较快，因为可借鉴当前项的数据。由于预算以当前实际数额为基础，所以这个流程也与将来实际预算最接近。运转预算编制适用于业务变更预期较小的情况。

运转预算编制的步骤如下：

1. 用当前的费用支出水平数据或最近12个月的实际支出项编制预算模版。财务部门可以提供所需的这些信息。

2. 审核预算中的每个科目和书面记录的假设，了解支出水平或变化。在假设基础上修改新支出。针对已知新支出科目，按照数量与假设添加。

3. 以当前费用支出比率和变更假设为基础，准备第一稿的预算。

在预算编制的说明中，给高管团队（首席财务官、首席信息官）的关键决策提供建议。例如，编制两份预算，一份基于目前的服务级别，另一份基于服务级别降低的预算。允许高管层想实施成本削减政策时（例如，低水平的服务意味着未来服务台一天的故障处理能力相当于目前4小时的故障处理能力），可以评估选择的代价。另一个是可实施的项目数量，它是一个可调整的变量，可以选择实施前10个项目，还是前5个项目。管理层可以权衡支出与服务。即使管理层不选择降低成本的方案，IT团队也应在高管层和IT指导委员会中，树立节俭形象。

15.7 成本的关键驱动因素

第3章全面概述了IT成本驱动因素。本节列出一些可以逐年影响预算的关键因素和一些在预算编制过程中需要考虑的关键事项（见表15.4）。

表15.4 IT成本的关键驱动因素

驱动因素	描述
基础设施环境复杂性	➤ 基础设施复杂性显著增加了运维费用；由于控制环境的难度增加，也产生了无法预料的费用 ➤ 包括多个不同的平台（如，AS/400、Unix、NT、主机） ➤ 在预算中创立一个风险因素和一笔经费，使不可预见费用合理化
收入增加	➤ 收入增加带动支持业务的成本增加，包括新增的服务器容量，终端用户的支持成本，支持客户和销售创新的新应用软件 ➤ 收入增长越大，对IT需求越高，企业10%以上增长将可以看到超过的10%的IT支出增长
员工基数的上升与下降（如专业人员，办公室员工，PC用户）	➤ 终端用户数上升或下降将对IT预算带来较大的影响 ➤ 员工增长带动PC硬件及相应的打印机和文件服务器容量，终端用户软件许可证支出增加 ➤ 员工减少可以减少相应数量的需求
经济低迷时期	➤ 取决于企业参与竞争的领域，企业或许已感觉到衰退的影响，如销售下降 ➤ 在衰退中，首席信息官应当准备削减预算或支出，建议提前做准备，并主动调整支出和优先级
采购	➤ 如果采购将被整合或集中，IT需求将发生较大变化 ➤ 采购方式变化也可能影响IT系统，终端用户许可证，操作平台标准化等的整合成本

效能与高生产率是IT部门的重要目标。每位首席信息官都试图建立高可靠的基础设施、应用开发和IT组织，为此建议：

➤ 制定基础设施成本基线，在保持持续能力的基础上尽可能降低成本。针对每个基线预算项市况："减少这个数字会引起任何业务服务的改变吗？"如果回答是否定的，成本应尽可能被削减。更大的成本削减驱动因素是环境的标准化。第7章讲述了环境标准化的工作框架。环境标准化可以大大降低IT基线支出。企业在IT基线和维护上平均花费70%的IT资金，创造了显著降低成本的机会。

➤ 只能在部门能按时完成项目下工作。如果超过部门实施能力承担多个项目，会引起双重伤害，使整个部门缺乏效率。如果没有一个业务部门拥有项目主权，并证明项目有恰当的业务理由（基础设施除外），这些项目都不可以启动。第17章内容包含了确保IT项目能够顺利完成的方法。

➤ 建立一套审核流程，审慎评估当前的项目。每个项目都应当有一个状态标志，绿灯（进展顺利），黄灯（警告），红灯（超预算或超期），参见第18章关于项目仪表盘上讨论的IT衡量指标。审核将确保超预算的项目在严重影响预算之前得到处理。

> ➤ 定期与供应商重新谈判合同，以提升企业级规模的折扣。如果企业规模增长了，IT部门通常可以集中支付给少数的供应商，并获得更高的折扣，从而节约IT资金。第12章和第13章包含了供应商谈判和供应商管理；

> ➤ 重新检查服务级别。确认IT部门交付给业务部门的是业务部门实际想要的服务级别。实际上，服务级别往往会定得过高，这意味着业务部门实际上仅需要更低的服务级别，允许更低的成本交付。

> ➤ 严格资产管理。执行一种健全的IT资产管理流程，包括资产目录和实物盘点。严格评价资产需求，确认资产已用于高优先级业务，把低回报领域的资产重新配置到高回报的项目。

15.8　资本支出

资本预算是用于长期支出资产的财务管理，类似硬件和大规模软件应用等资产将在企业中长期使用。会计准则规定了这些资产在整个生命期间的费用支出方式，以便在资产使用中，进行合理摊付。当支付周期较短时，资本预算项会影响现金流和资产负债表。随着时间的推移，资本项会发生折旧并影响损益表和经营预算。资本支出是指为企业财产和设备增值的支出费用，是资本资产的支出而不是负担运营费用或与业务无关的投资上的支出。会计准则规定一些长期项目的总成本（包括劳动力）应处理成资本资产。很多情况下，会计准则也确定某项资产的规定寿命，决定每年的预算应列支多少资产价值。

资本预算编制是企业选择资本资产投资的流程。在做资本投资决策时，企业通常会使用正式的财务标准组合，包括净现值（NPV）、内部收益率（IRR）、投资回报率（ROI）及投资回收期。潜在投资也要评价战略的一致性和风险。资本预算编制流程的目的是通过企业投资的回报大于或等于资本平均成本实现企业价值最大化。

某个实体的资本预算和预算编制流程一般不同于经营预算和经营预算编制流程。这两种预算代表不同的支出，通过不同的流程进行计划并采用不同的评价标准，甚至会涉及不同的负责人。具体支出是基于资本预算的，发起者必须采用正式的商业案例分析方法论证它，包括净现值、内部收益率、投资回报率、回收期限及其他财务指标的分析。如果企业用于资本支出的资金有限，而且资本支出项目是排他性的，则必须对所有资本支出项目进行审核，按同样的财务指标进行比较，只有对企业最有利的支出才可以获得资金支持。

计算机和系统的资产部件通常作为一个单元资本化（例如，CPU、显示器、鼠标、键盘、软件），然而，如果小的部件（如鼠标或键盘）是与系统分开购买的，则它们是费用支出。一般几千美元以上的资产才会考虑资本化。硬件资产的资本化一般在3～5年，软件和所选择的应用开发创新的资本化在3年以上。但是，每个企业的会计部门会以会计准则为基础制定自己的政策，财务与会计部门将按规定执行。

15.8.1 资本支出最小化

使资本支出最小化的建议包括：

➤ 确信所有计算机和软件的资本支出遵从企业标准的资本支出流程，包括获得首席信息官和指导委员会的批准。这个流程确保只有合法的、对企业有显著商业价值的资本支出发生。

➤ 要求所有的资本需求都必须有完整的相关商业案例论证，并由首席信息官签字（对基础设施的要求），如果需要，要有首席信息官和业务部门总经理两人的签字。

➤ 汇总所有需求并定期汇报给IT指导委员会，由IT指导委员会集中会商。

➤ 在完成资本的成本要求时，确保相关人员要用合格的供应商，并执行事前谈好的折扣。

➤ 要求请求者必须提供一到二个可选的建议方案。例如，某个部门需要25台计算机，简单的选择就是同意或不同意。然而，如果团队提供两种选择，购买25台计算机作为A计划，或购买15台新计算机，重新使用10台旧计算机作为B计划，这样同意一个选择即反对另一个，管理层通过评估、权衡就会做出更好的决策。

➤ 在提出硬件资本（如存储器、CPU，内存等）购买需要之前，确信IT部门正在寻找问题的根本原因。第9章包含了执行根本原因分析的详细内容。那些表面上合理的资本需求往往会在分析之后被否决。例如，一套新的备份系统的资本请求会带来规避电子邮件存储配额支出的新政策。

15.9 租赁与购买

租赁与购买决策主要由财务部门执行。首席财务官和财务团队将制定一个完整的企业资本政策。可以用现金购买或者从供应商或通过第三方租赁企业租赁，这个政策将影响到大的资产购买。首席财务官将基于企业的资产负债表、租赁契约、现有现金、预算预测和财务绩效来决策。任何大的资本支出和长期的租赁请求在提交给企业之前，IT团队事先应与财务部门紧密合作。

15.9.1 采购设备

当采购设备时，购买者通常会要求以最低总价购买资产。另外，由于不是所有的供应商都提供租赁选择，因此会针对各种各样的供应商提供不同的采购方式。购买可以资本化的资产将动用资本预算，资产完全归企业所有，并可用于任何计划目的，资产处置权归企业所有。

15.9.2　租赁设备

购买硬件也可以从供应商处购买或第三方租赁，这是通用的行业惯例，并且大型供应商有配套的财务和租赁程序。通常租赁同购买一样，对费用预算有影响，但是对企业的现金和资产负债表的影响却大不相同。另外，供应商通常会提供融资租赁，这将影响资本预算而不是经营预算。

就租赁而言，企业基本上会从第三方租借资产。这种情况，设备会附上相关的附加规则，可能限制其使用和处置。例如，按照合同，企业在未支付末期款项的情况下，不得提前归还租赁的设备。而且租赁这种融资工具会伴有财务成本，首席信息官和财务部门必须评估整个资产成本、资产寿命、融资成本及其他各种变化的视图，以决定哪种选择（租赁还是购买）对企业而言是更好的财务决策。首席信息官应开拓可能的选择上，让会计部门决定更好的价值取向并做出租赁或购买的决策。

15.10　审计IT部门

IT成本控制是严格的细节管理。几千笔小花费加在一起对于IT部门而言就是一大笔支出，数据通信线路的花费就是积少成多的典型案例。每条数据线每月只要40美元，然而，如果部门需要保持100条数据线和潜在的长途电话费，一年基本费用就能达到几十万美元。再如，购买计算机，即使每台桌面电脑只花费几千美元，但一年的合计花费也是巨大的。

首席信息官有责任对供应商发票和员工支出收据进行审计，可指派一个或多个管理者来完成这项工作。被指派者应向IT负责人建议减少支出或减少供应商账单错误的各种方法。一些普通的账单错误和过度支出的情况包括：

> ➢ 数据通信：线路和远程连接。随着企业的扩张或收缩，需要对最初服务条款进行调整。否则，部门每月的收据将包括未使用项目的收费。如果一个企业正在成长，应考虑到折扣。

> ➢ 移动电话：蜂窝计划、手机、寻呼机以及IT部门内部的无线手持对讲机，任何规律性的重复计费应定期审查，以确保企业资产处置和未使用的通信计划都合理。批量采购折扣应当在此充分考虑。

> ➢ 软件和硬件的维保合同：注意是否在为停用的应用支付维护费用。详细盘点所有的维保合同，并确保所有维保合同中的软件仍然处于生产状态，从而证明该维保合同的存在。

每年都要执行一次审计。请会计部门的审计人员或第三方审计人员审核所有的支出、合同和服务，确保其合理，并且可以支持当前的业务。

15.11　应急计划

　　风险在任何假设性分析中都是固有的。因此超过或低于预算的风险和计划，相应地都应当进行评估。了解关键假设是如何影响预算的，哪些关键假设变更对预算的影响最大，综合各种假设变更的概率，对预算实施灵敏度分析。这样有助于识别引起预算变更最大可能和关键风险。

　　预算编制者有时在预算计划中增加一块费用，期望在审批时可以冲抵压缩部分。这样做看似巧妙，其实不是一个明智的做法，因为易引起IT部门和财务部门及高管层之间的不信任。一位有过合作的首席信息官要审批25台笔记本电脑的资金申请。首席信息官说："我们多申请7台，共32台电脑吧。我们需要给会计部门一定压缩的空间，当他们和我们谈判减至25台时，他们会觉得他们干成了一点事情。"很明显，这位首席信息官、首席财务官和IT指导委员会之间建立的信任工作关系存在问题。

15.12　管理预算

　　企业的管理人员、员工和股东都是通过IT经理来完成预算。如果部门预算超支，无论是企业还是员工都可能受到不利影响。企业预算编制流程和其随后的成功是依赖于每个预算参与者的高度负责，才能保证按计划执行。

　　首席信息官可以借助多种方法对预算持续管理：

> ➤ 每月定期安排与首席财务官、管理者或财务分析师的会议，审核对比实际数与预算数的差异。会议期间，应对出现的偏差进行调查，而且首席信息官应制定一系列有效措施改善可能出现的负面变化。会议结束后，抓好落实和惩办。

> ➤ 直接向有关主管（通常是运营和应用的负责人）追报他所负责的预算，并且督促他们负责敲定的数字。

> ➤ 当发生重大差异时，应迅速采取行动，因为那些差异反映在数字上还需要一段时间。例如，如果一个供应商的协议被修改，则可能需要30天来完成该协议，而且再过30天，这些更改才会生效。

> ➤ 决策时犹豫不决、延迟，以及忽略重大差异是产生灾难后果的原因。首席信息官对部门负有受托责任，必须做出必要的更正，并向管理团队其他成员履行承诺。延迟可能导致高层管理人员或IT指导委员会直接做出片面的决定。

> ➤ 当预算出现较大负面偏差时，尽快获得首席财务官的支持来帮助纠正这种情况，并及时向高层管理人员和IT指导委员会作出解释。

15.13　超预算处理

当预算完成时，业务部门经常提出不在计划内的项目请求，正如在第17章中概述的那样，项目应按商业投资原则进行评估，如果批准则执行。如果批准，大型项目有可能冲击资本预算，但不影响经营预算。业务部门的项目请求应有文档记录，并且附有商业案例评价，递交IT指导委员会审核批准。每个新的请求应结合当前的经营预算和资本预算进行综合考虑。可能的结果包括：

> ➤ 项目包括在当前的资本预算中并得到批准。
> ➤ 项目没有包括在当前的资本预算中，但是比其他项目的优先级高。延后未做的项目列表中的第二个项目，由新批准的项目替代。
> ➤ 项目没有包含在当前资本预算内，但它有高优先级，没有其他项目可以替代，必须为IT团队新增资金。因为有充分的商业投资分析，可以批准额外的资金来完成该项目，资本预算差异获得批准（如资本预算增加或其他非技术性投资被替代）。
> ➤ 项目没有排入优先级，投资分析不充分，没有必要提供资金，也没有必要进一步考虑。

15.14　内部核算收费

内部核算把IT成本分摊到每个业务部门，向应用IT系统的业务部门和职能部门收费的预算方法。业务部门常常希望IT部门对服务给予更多的量化说明，高管层希望确保IT成本的合理性。在这种情况下，通常采用IT内部核算收费。

通常，不提倡详细的IT内部核算收费，主要有几个原因。第一，IT内部核算收费将弱化业务收入与客户满意度。第二，IT内部核算收费会使会计部门工作量增大。第三，实行IT内部核算收费的企业常常在公共基础设施项目上疏于投资，每个业务部门只对直接收益的项目感兴趣并批准实施。最后，内部核算收费迫使首席信息官向多个部门的领导和业务部门的负责人汇报。这可能产生管理混乱和IT部门的管理无效。

适合IT内部核算收费的情况是基础设施的成本分摊，有两种选择：

> ➤ 不分摊基础设施：IT预算的基线成本被当作企业费用，不分摊到业务部门。
> ➤ 成本分摊中心：IT预算基线成本被分摊到业务部门，根据使用因素分摊。使用因素可以包括占业务部门收入的百分比、员工数、占利润的百分比、系统资源的使用率等。

实现了IT集中管理的集团性企业，可能被迫采用IT成本分摊的方式。

除基础设施的成本分摊外，企业还需要对IT系统开发、实施和整合，以及应用软件维护等收取费用，有以下几种选择：

> ➤ 业务部门与IT部门就每个项目达成协议，协议包括软件许可证成本、时间和材料的估算、截止日期、项目范围等。业务部门也与IT部门签署关于维护和支持协议。所用时间由时间报告系统跟踪计量，并按实际时间收费。IT部门按照定义好服务级别提供服务。

> ➤ 这种情况，业务部门实际是该项目预算的责任人，IT部门是支持和执行者。

内部核算收费的机制只有在内部核算收费驱动因素处于公平和易于计量的状态下，业务部门有能力影响他们对IT的使用的情况下，才可以成功。否则，内部核算收费可能引起关键基础设施组成投资不足，还会引起明显的内部职能混乱，给会计部门带来巨大的负担。

15.15 总　　结

IT预算编制和成本控制是IT执行力的重要环节。编制预算为管理部门提供了一条应对业务变化和市场变迁的有效途径。此外，分析和预测业务变化的能力，也是评估首席信息官执行力的依据。

本章提到的一些概念，比如自主支出范围的优先顺序和保持优先列表的经济将激励IT负责人快速应对负面预算，确保支持收入产生和面向客户活动所配置的IT资产，这有助于确保预算资金流向最高价值的项目。如果企业IT负责人能够确保完成以上内容，实现IT投资的商业价值，那么企业就能从IT投资中获得更高的生产率和利润率。

资　源

斯特拉斯曼（Strassmann），保罗（Paul）《被浪费的计算机》，新迦南，CT：信息经济学出版社，1997。

第16章

IT风险决策管理

每队都想拥有一个永不滴漏的阀门，并尽一切可能开发它。但是现实世界只能提供了一个漏水的阀门，而你所能决定的是能容忍漏多少。

——阿瑟·鲁道夫 马歇尔太空飞行中心经理[①]

愚蠢地坚持是不动脑筋的怪物。 ——拉尔夫·沃尔多·爱默生[②]

我不需要航天飞机，我只是想去趟杂货店。 ——客户的首席执行官对IT负责人说的话

本章概述并举例说明了一些IT负责人的通病。他们通常只考虑使风险最小化，而把成本控制放在次要位置，为此常常会付出巨大代价。很多IT决策者面对风险会有两种选择——接受或减轻。在控制风险的过程中，同样是决策者，有的对风险视而不见，有的过度担忧而采取高投入来降低所有风险。

研究发现，IT负责人总是通过超额的支出或资源分配来降低关键风险。IT负责人经常会直接递交额外的资本和劳动力需求，而不调查其他的选择。另外，这些需求证明大多数IT组织对业务及经济效益的了解非常有限。我们可以用相关实例来说明这种现象。

本章的目的是要提高对有关IT决策的重大风险的认识。不仅IT负责人，参加IT指导委员会或批准IT预算和支出的高层领导对此都负有责任。IT负责人应提示IT指导委员会需决策的范围，包括成本和风险。指导委员会必须独立提出问题，确保已做尽职调查，确保对影响业务增长或降低风险的支出是合理的。

本章不阐述与风险管理相关的其他主题，如数据冗余计划、正常运行时间管理、灾难恢复、故障切换方法、系统恢复、系统安全和数据保密等问题。这些主题的技术和方法在书籍、杂志和在线刊物上都有详细论述。本章的关键主题就是应用于以上这些领域进行有效的决策、科学地评估成本与风险的方法。

16.1 IT决策风险管理的重要性

IT不起作用，特别是IT超支的主要原因之一就是对风险的不当决策。IT负责人和高管

[①] "阿瑟·鲁道夫的讣告"，《纽约时报》（1996年1月3日）。

[②] 拉尔夫·瓦尔多·爱默生（Ralph Waldo Emerson），《论自立》（纽约州米尼奥拉：多佛出版企业，1993）。

层共同承担着决策的责任。通常IT负责人针对特定的决策不会向高层管理者提供多种选择，仅仅介绍费用最高的且无风险的选择。高管层也未提出能够实现风险最小化与成本最小化的要求。两个截然不同的结果就会出现了，要么高管层批准高成本的请求，要么拒绝。拒绝请求的结果会导致在降低潜在风险方面失去作为，企业风险暴露。还有一些严重后果是，IT负责人可能认为掌握着高管层的把柄，即如果潜在风险发生，以高管层拒绝资本支出为由，把责任推给高管层，因而导致出现严重事故。

IT负责人协助业务部门确定服务级别和期望时，会遇到成本选择困难。如果业务负责人从增加销售的角度考虑一台服务器失效的成本，是否愿意以节省一台服务器的费用，去忍受4小时停机为代价的磁带恢复？这些风险管理问题在IT决策制定流程中一般不会被问及或被检查。这一章介绍了经常影响到决策制定的关键领域，并介绍了几个不同行业IT部门的特定案例。

IT部门在为业务部门提供有偿服务时，常常难以向业务部门量化服务和解释服务的实际费用。很多IT部门通过超额的劳动力支出和资本支出来保证业务部门更高级别的服务，但对整个企业而言却不是最好的资源配置。

IT一般不分摊成本，这会导致两个不好的结果，"代理问题"和"公共悲剧"。"代理问题"显示，来自业务各个方面的无限制的服务请求都涌进IT。"公共悲剧"是因为业务部门缺乏独立使IT部门节省资金的机制，使整个企业支出超额。

16.2　风险管理：平衡能力

风险管理是具有挑战性的工作，它要面对诸多不确定并做出判断和应对。一个风险管理的简化模型（见图16.1）显示了一个专业服务企业风险多少的影响。

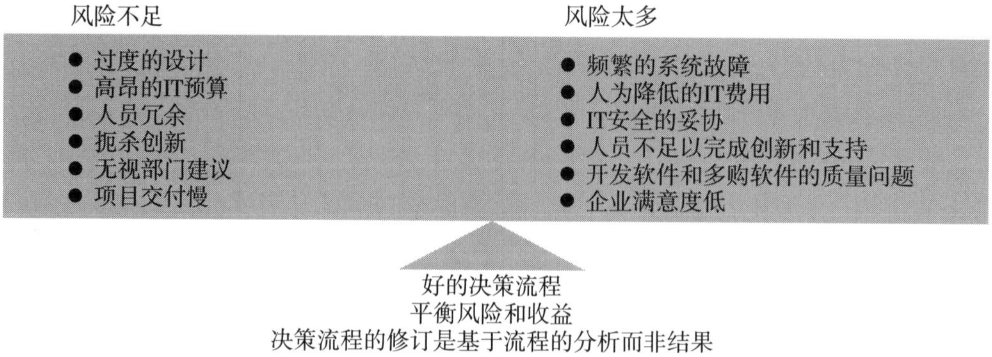

风险不足	风险太多
● 过度的设计	● 频繁的系统故障
● 高昂的IT预算	● 人为降低的IT费用
● 人员冗余	● IT安全的妥协
● 扼杀创新	● 人员不足以完成创新和支持
● 无视部门建议	● 开发软件和多购软件的质量问题
● 项目交付慢	● 企业满意度低

好的决策流程
平衡风险和收益
决策流程的修订是基于流程的分析而非结果

图16.1　IT风险管理中制定良好决策的作用

风险太少会导致所有的IT有效活动停止。在风险完全消除的世界里，合同和项目变得太繁琐，决策和客户跟踪需要很长时间。风险太多同样会使其衰弱，企业陷入频繁的救火模式中，甚至名誉受损。每个企业必须找到风险和收益的适当平衡，这是一个复杂的决策过程，需面对许多变量、项目和决策。研究发现，风险太多或太少对应绩效和满意度都低。

每个企业的情况和每个人的决定都是独一无二的，所以风险管理实质上就是平衡风险和收益，这是一种实用的技术，也是一种高水平的决策能力。

16.3　风险管理中决策的关键作用

良好的风险管理最终取决于良好的决策。良好的决策需要及时、准确、全面的数据和数据模型，以及从过去的决策中总结经验。

过去的二十年里，决策科学领域已经取得了很好的研究成果，如何改善组织决策的大量信息出现在相关学术报告和公众报告之中。芝加哥大学和宾夕法尼亚大学沃顿商学院专门设立了高水平的决策科学专业。在《赢在决策》一书中，爱德华·鲁索和保罗·舒迈克勾勒出了一个良好的决策流程架构。

设计框架： 从决策者角度考虑问题，确定观点，从他们认为重要或不重要的方面设置参数。它就初步确定了一种标准，这种标准会导致他们喜欢一种选择而非另一种。

收集情报： 情报收集者必须寻求可知的事实和选择，并对未知的事实和选择形成合理的预制，从而在面临不确定因素时能够做出决策。

得出结论： 健全的框架和有价值的情报并不能等同于一个明智的决策。单靠本能，即使有权威的数据摆在眼前，人们也不能持续做出正确的决策。系统性方法往往得出更精确的结论。

学习经验： 只有从过去的决策中系统地学习，决策者才能够不断提高自己的决策技能。如果在第一次决策时就已学习早期的决策或实施计划的改进，那么决策的成功和失败就很明确了。[①]

爱德华·鲁索和保罗·舒迈克指出，决策流程最大的一个问题是决策质量往往由结果评判，而不是由生成决策的流程来评判。"很多人认为，好的结果一定意味着用了一个好的流程。而他们会假设反过来同样也是正确的，不好的结果必然预示着不良或不适当的流程"。[②]

很显然，这是不正确的，尤其是相近的结论（55％的机会做出好的决策，45％的机会做出坏的决策），或涉及大量外部机会或运气的情况下更不正确。事实上，好的决策流程也会产生失误，但平均而言，成功的机率比失败的机率要高（见图16.2）。

评估决策方式会影响未来制定决策的方式。因此，除了有科学的决策流程，风险的评估是一个关键的技能。这对组织改进决策是一个重大手段，特别是那些难以作出决策的、涉及风险管理的决策。图16.1展示了一个能够兼顾和平衡各方的风险管理决策的概念模型。

---

① 　J·爱德华·拉索（J. Edward Russo）和保罗·J·H·舒梅克（Paul J. H. Schoemaker），《制胜决策：一次就做对》（纽约：双日出版社，2002），第6页。
② 　J·爱德华·拉索（J. Edward Russo）和保罗·J·H·舒梅克（Paul J. H. Schoemaker），《制胜决策：一次就做对》（纽约：双日出版社，2002），第3页。

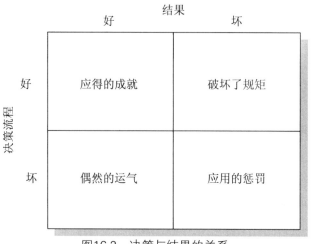

图16.2 决策与结果的关系

（来源《赢在决策》，爱德华·鲁索和保罗·舒迈克著）

16.4 风险与成本的关系

理顺一个令人特别苦恼的IT部门往往给人留下深刻的印象。其中首先执行的一项决策就是，停止所有的资本支出和供应商的费用支出，直至清查出阻碍IT绩效的重大问题为止。经过六周的艰苦努力之后，我们开始审核来自IT部门的支出请求。第一个请求是已用3年的企业文件打印服务器的维保合同。该合同要求每年5万多美元的维护费。在我们说出所了解到的服务器价格，以及这个特殊系统用户的一些情况之后，有以下对话。

我们询问："相对于替换新服务器的成本，如何证明如此一大笔支出是合理的？"

答复是"如果服务器不能工作，我们就不能打印和访问销售部门的网络文件。"

"但是，配置这么老的机器，难道就不能更换新的吗？这种支出费用不到维保合同费用的三分之一？"我们辩论说，

"这可能是真的，甚至我们能够配置一台备份服务器，以防万一系统失败，但是，这就意味着可能有4小时的停工期。"这就是回答。

幸运的是，这次争论出现在IT指导委员会，而且，在争论的关头，一位业务部门负责人按常规说："为节约4万美元，我愿意忍受可能的停工。4万美元至少要花费40万美元的销售额来填平这个缺口。"

对这个案例进一步分析，揭示了其他几个相关的事实，现有服务器过去一直没有停，并且有3年无瑕疵运行的追踪记录。备份服务器实际上已经可以使用，并且可以在某个主服务器失败后不到8小时就可以完成配置，分派使用了。

这个例子说明了IT流程的决策及代理方面的几个主要问题。首先，很多IT部门决策制定中都存在基本代理问题，这正是IT负责人和高层管理团队的责任。IT负责人的动机通常不是以风险的成本效率为导向，高管层未能提出适合的问题，以了解他们花在IT的支出究竟让风险降低了多少？

其次，IT负责人似乎没有理解风险与成本之间的关系，他们认为风险有两种结果。IT经理认为硬件决策或IT员工安置水平要么有风险，要么是安全的，没有其他的可能性。在看到只有二选一时，IT决策流程变得向一边倒，要么推行安全解决方案，要么将业务推向风险。众人皆知，IT部门最不擅长解释决策和结果。他们对业务部门的请求，要么考虑全部风险，要么什么都不考虑，只给业务部门提供一种选择，而不是具有不同风险和成本的多种选择。IT请求与决策通常不会征求业务部门的意见，也不会协助他们理解最佳决策的权衡。如果IT请求仅按一种方式提出，通常会导致IT指导委员会和高层领导只能选择高成本的安全解决方案，让业务部门一点风险也没有，其实这是不负责任。

这些主题上的坦诚对话，会使大家感到意外。IT负责人对业务部门为了节约成本而愿意承受的风险感到意外。高管层对减少风险和购买高成本高级别服务感到意外。这些问题的主要原因是，IT部门与业务部门就风险和服务级别问题缺少必要的沟通。

在IT决策时也会出现激励方向的问题。IT部门以取得业务部门的满意而获得成就感。IT负责人的主要成绩是确保系统运营稳定、执行良好。在IT部门有一个常见的说法，"当一切运行顺利，业务部门没人知道你的存在，仅你知道你自己做得很漂亮"。而当重要系统，比如电子邮件系统中断运行时，IT运营负责人就会收到大量抱怨的负面反馈。如果他们保障电子邮件系统的安全，确保电子邮件系统的正常运行时，他们会得到三方面的好处，一是可以减少他们的支持工作；二是他们可以避免来自业务部门的负面反馈；三是由于耗用了今年的预算，IT部门确保来年的支出有同样的预算。应用于业务部门负责人的正常的损益表（P&L）激发节约成本机制没有IT部门的事。一般而言，IT部门花费越多，日子过得更轻松，因此，正常的激励得不到应用。

这个激励问题虽然很麻烦，但是却被IT负责人没有能力有效平衡风险和成本，以获得最优的组合评价。图16.3显示了很好理解风险和成本之间的正常关系。风险和成本的正常关系可以应用于IT投资和规模的决策。图16.3突出显示要获得风险减少的最后几个百分点时，需要增加巨大成本。

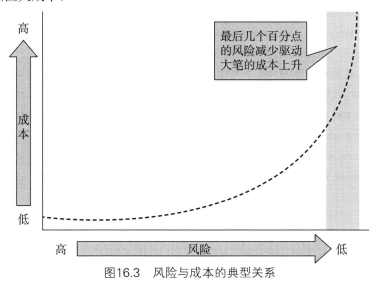

图16.3　风险与成本的典型关系

IT负责人在做决定时，如果不了解风险和成本之间的这种关系。他们就会将决策看成有风险或无风险的二元选择，往往会导致服务级别高，风险级别低。更严重的是造成IT部门的高成本和低水平。图16.4勾画出了这种IT负责人决策时的行为表现。

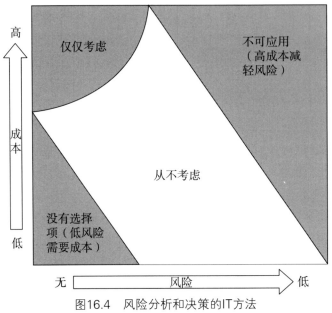

图16.4　风险分析和决策的IT方法

正如图中所示，IT负责人不是将风险视为连续的，随着边际风险减少，边际成本不断增加，而是过分简单化地评价决策只有两种结果，有风险的或没有风险的，高成本的和低成本的。这种制定决策的模式，自然偏向于最小风险和最大支出的决策。

对于这种决策方式，IT管理层应承担一部分责任，高管层和业务部门也应为没有提出强有力的质疑而承担相关责任。当IT提出请求时，业务部门应深入思考，提出有意义的、激发其他选择方案的问题。如果通过苏格拉底式的、多层次的、带有丰富技术信息的提问方式，如"为什么？"其他的选择方案就会随着头脑风暴而出现。当业务负责人依据表面价值接受IT部门的推荐，而没有告知他们愿意接受的风险程度时，他们通常只能得到最小风险和最大成本的解决方案。为了改进决策，高管层必须有从事IT工作的人，真正实现成本节约，不出现停机或中断现象。决策风险应由IT部门、业务部门和高管层共同承担。

研究发现IT决策的四个领域存在过度保障、降低风险的趋势：

➢ 资本支出或特殊费用需求；

➢ IT突发事件/灾难恢复；

➢ 制定或者维持服务级别：

➢ 设定员工和技术的能力水平。

以下实例对上述每一条趋势进行说明。

16.4.1 资本支出和IT费用

IT费用，特别是IT资本支出，通常是决策出问题的部分。在用资本替代劳动力的过程中，IT部门有了一个非常不好的名声，因为他们总是频繁地过度购买"时尚玩具"。的确，对大部分从事技术的人来说，职业的部分吸引力是有机会运用不断出现的新技术。这一点，也有部分业务部门负责人，怀疑IT团队没有必要的购买更多或更好的设备。但是业务部门负责人经常用收入、毛利润、支出，以及付息、纳税、提折旧、摊销之前的盈余等指标来评估资本，因此，这些额外的资本支出并没有引起业务部门负责人的足够重视。

认识到这些问题，能够使IT部门和IT指导委员会分析现象，提出问题，或者证实业务IT支出需求的合理性，或者揭示出其他的可供选择的办法。通过引入第三方参与IT预算和资本支出的审批流程，或许可以做到费用显著降低的同时，风险降至可以接受的程度。如一个企业的IT团队提出过一个未列入计划的年终需求，即在企业的每一台台式机上安装病毒软件，起因是最近经常发生的病毒攻击。这个预料外的支出，不仅引起下月IT预算的巨大变化，而且使IT运营部门承担软件的应用测试任务，并需要额外的费用支持病毒库升级。IT团队的态度是"要么购买这个软件，要么我们处于病毒不断攻击的风险中"。病毒不能在企业内猖狂肆虐的观念已深入高管层的脑海，所以他们立即在申请上签字，但提出请第三方评估一下第三方论证，确定企业系统的病毒只能有三个来源，收到的电子邮件、来自企业以外的软盘，以及从Internet上下载的文件。收到的电子邮件已被强大的杀毒系统杀过毒，清理干净了，该系统已安装并运行在企业的邮件服务器上。因此，这些病毒是"漏网之徒"。通过要求IT团队，对过去一年来病毒侵入的来源实施快速分析后推断，只有5%的病毒入侵来自软盘，没有任何入侵来自下载的文件。鉴于这种低概率水平，第三方建议的替代方法是企业大多数台式机切断软盘连接，无论怎样它很少用于业务目的。这个措施与实际构成的威胁对症，可接受的风险控制水平高，价格便宜且易于实施。

另一个案例是，一个IT部门请求添加一台高性能的、昂贵的服务器，作为现有财务系统服务器的灾难恢复服务器。首先第三方要求IT部门进行更多的研究，在过去的一年中，现有财务系统如何经常故障，什么地方迫切需要灾难恢复服务器。回答非常有趣：零。实际上，该服务器在过去三年中，只失效坏过一次。在那个情况下，当安装好一组新的存储模块后，它很快就恢复了。当然，必须考虑"故障系统完全难以修复是可能发生的"新情况。我们发现，万一出现系统失效后，用磁带恢复，需要4小时的停机时间，这种方法对于不太可能出现系统失效的情况而言，首席财务官认为支付价格和停机时间是可以接受的。没有必要的保证100%运行时间而支付很高成本。

在另一份采购申请审计中，我们作为外审被邀请分析一个为企业系统服务的自动化、高速、高存储量的磁带备份系统。申请采购的业务理由是企业系统的备份工作24小时之内无法完成，而企业的标准强制要求每天对企业的数据进行备份。在申请签字前，我们询问了运营负责人，是什么原因造成了这个备份麻烦？"大部分数据来自我们的电子邮件服务器。"他回答。在对电子邮件系统进行详细分析后，我们发现备份的70%以上数据来自电子邮件系统，50%以上的数据与20%的用户有关。这20%的用户在他们的电子邮件网络文件夹里存储了大量的音乐、视频和其他大容量文件。那位首席财务官说得非常好："你的意思是我们正在买一台磁带自动点唱机，这样这些人可以在上班的时候通过网络观看电影和MTV？"不用说，自动点唱机的采购申请被拒绝了，换成了实施电子邮件存储的政策和程序。

再举个例子，一位企业在其系统灾难计划中，创造性地想出了既简单又便宜的方法。他们已经建立了一个万全的计划，确保备份磁带和服务器处于随时可用状态，并备用无水灭火器以替代有水灭火器。剩下的问题是有水灭火器设备还存在于机房，他们担心，有水灭火器中不断涌出的水会毁掉安装在这里的贵重硬件。出于各种技术原因，中止、移动这些贵重设备非常困难，也是具有破坏性的、成本昂贵的。这个计划是精心策划过的，包括机房的建筑师，建筑物的承包方和蓝图设计。在最后签字阶段的会议上，一位IT部门的初级分析师说道："我讨厌让开动的火车停止，但是我注意到蓝图上，为机房供水的阀门位于机柜的位置。这个机柜正处于保安岗的后边，那里24小时，一年到头都有人。我们能否建立一个安保的流程，如果这里有火灾，第一件事就是关掉阀门？"

有的时候，决策会脱轨，从最好的角度看是作弊，从最坏的角度看是完全的诈骗。在一个企业的合同中，审计发现IT部门的培训和发展记录在过去一年里有几个IT人员参加了冗长而昂贵的Oracle数据库培训。让我们感到震惊是，事实上企业根本没有启用Oracle数据库技术，也没有考虑采用该项技术的迹象。当我们询问经理和参加培训的团队成员培训的真正理由时，他们坦白地承认了事实："我们参加培训，可以加强自己简历的技术背景。"

16.4.2　IT中断和恢复

常常在IT部门会发现一个独特的盲区就是他们对突发事件的反应，当发生关键系统停机时，采取行动的顺序与IT部门显示出的紧急程度似乎没有关联。首先，大多数部门在突发事件发生时，没有按照企业健全的业务持续性计划的规定调用标准程序。相反，基于随叫随到的IT团队的随机性，采取了一系列随机的机动行动。其次，我们也看到，IT部门对业务收入和利润的驱动因素特别不敏感。当关键系统对业务部门的员工无效时，IT部门员工很少会理解其对业务部门的影响。不幸的是，许多企业IT部门缺乏这种理解力。这里提供了三个实际的案例。

当IT部门支持的呼叫系统崩溃时，我们正巧与一位客户在支持业务的呼叫中心现场。这造成几百名坐席无事可做，负责人陷入了惊慌，并积极地寻找IT运营支持团队。在中断1个半小时后，我们最后问IT支持团队估计修复时间是多久。团队的答复是"我们随时可以恢复系统服务。但现在，我们只想看看，是否可以查出故障的原因和责任"。IT团队没有理解，呼叫中心的电话系统中断每分钟的费用是几千美元。

另一个高度依赖在线业务的企业，我们同样目睹了IT团队在工作中对企业的关键性任务不敏感。该企业很特殊，企业网站支持每月大约300万独特的客户交易。有一次，当网站出现故障，负责技术的专业人士全力地、24小时轮班不睡觉地诊断数据库故障来源。当要求实施升级和事件树分析（ETA）时，IT团队负责人回复说："我们可以通过恢复备份，在4小时内恢复网站，但我们更愿意用24～48小时继续诊断原因。"也就是，IT负责人不理解系统中断背后业务的急迫性。如果IT部门真的理解中断对业务部门的影响，团队会立即排除第二个选择，立刻恢复备份，然后再诊断故障原因。更好的做法是，IT团队和高层业务领导们应当在几个月前进行讨论，一旦出现特殊灾难事件时，应采取的具体工作流程并就此意见达成统一。

还有一个案例。一种病毒正在企图攻击企业的电子邮件系统，引起IT部门切断了该系统。和大多数企业一样，这个企业与其客户及供应商的沟通，高度依赖于电子邮件的访问。与完全早有准备的专业人士一样，IT运营团队开始彻底的病毒扫描，并移除整个电子邮件数据库。诊断的结果是，"恢复时间需要6小时"。这个案例里，只有收件人打开感染了的邮件，病毒才会传播。我们建议："难道我们必须恢复备份系统，并通知使用电子邮件和公共地址系统的人不要打开特殊电子邮件吗？毕竟，在最坏的情况下，如果又有人打开了带病毒的电子邮件，我们只能简单地再次关闭系统。最好的方案是，你可以在后台继续扫描和删除病毒，而每个人都能继续使用电子邮件。这种方案不会让我们损失一整天的生产力。"虽然IT团队抵制，但是最后符合逻辑的解决方案获得胜利。系统在当天剩下的时间里运行平稳没有出现意外。此时，病毒扫描和清除流程正在后台工作着。

向IT部门解释清楚系统中断的成本，确保IT团队对成本保持敏感度是IT管理层和高层领导双方的责任。在优先考虑让系统尽快恢复服务这一点上应当不存在疑问。这个优先权很少在整个IT组织内部完全传达，导致恢复服务缓慢，在系统恢复运行之前，IT部门不能在那些问题上纠结。

16.4.3　建立服务级别

另一个决策失败的部分是为业务部门建立服务级别。大多数IT部门已经再三被告知，业务部门是他们的客户。然而，虽然客户的服务级别留给IT部门制定，却常常没有一个现成的成本与利润的标准，来决定构建正常的企业与客户关系的服务级别。在这种情况下，多种业务支持领域的服务级别常常被处理成一个统一标准，没有认识到服务级别间的差异（如，对台式机停机的响应与对主服务器的响应一样）。服务级别不仅一视同仁地对待，而且常常被人为地提高。

例如，一个企业正在经历IT成本的失控。我们作为第三方被邀请去咨询降低成本的途径。在与专业IT运营人员访谈时，他们骄傲地声称："我们可以在一个小时内，把企业内的任何电话分机从一个桌子移到另一个桌子。"虽然这个客户服务级别得到业务部门的赞赏，但他们并不清楚快速移动办公室的业务收益能否支持相关的服务成本。

IT部门构建服务级别的困难之一，也是大多数企业在努力攻克的，就是"公共悲剧"的现象。由于IT部门过高的服务级别，导致其不用承担任何相关成本，而企业用户十分愿意保持这种人为的过高服务级别。增加的成本被企业整体作为一般和行政（G&A）管理预算部分承担下来，但是并没有要求业务部门的负责人就其预算进行更经济的选择。这个现象，再加上这种机制下，IT部门本能地取悦于业务部门，导致全企业内必然存在无法支持的高服务级别和昂贵的服务。

通常，企业会将IT成本分摊到相关的业务部门，以避免这个问题。但要准确做到这一点非常困难，需要IT团队和业务部门花费大量时间去设计完善的分摊机制，而这并没有推动IT和业务部门的改进。一些企业已实施了分摊方法，但独立的业务部门通常想控制自己的IT成本，这样会促使在母企业内建立IT企业机制。实际上IT成本在中期也会增加，因为服务级别协议（SLA）需要协商，依据协商的服务级别评价绩效，需要准备详细的成本分摊说明，并向各业务部门汇报等，这都需要额外开销。随着损益表的变化，负责人会要求降低IT成本，因此，从长远来看IT成本会减少。

虽然由业务部门分摊IT成本不一定会很快见效，但会形成一个很好成本意识。实战中节约成本的决策，可根据特定的、非关键业务选择较低级的服务级别建立。这自然遇到了部分业务部门相当大的阻力。由于IT成本差距很大，就会形成两种选择，一是，保持一样的服务级别，并按收入成比例地分摊IT成本，二是，降低服务级别，并继续将IT成本与一般的行政（G&A）管理费用合并在一起。这样业务部门负责人通常会选择将服务级别降低到合理水平。

16.4.4　建立服务能力水平

研究发现IT决策困难的最后一公里就是建立服务能力水平。对员工能力和评估能力的决策，到确保完成IT激励机制，证明了没有相关成本的压力意味着失败。

IT团队趋向于以最大的潜在需求分配能力，而不是为给定的功能请求平均分配能力。这方面在运营领域体现得尤为真实。在能力不足时，很快会被业务部门的用户注意到，比如电子邮件的中断，应用服务器的宕机，以及台式机或电话不能工作等，这些问题会立即引起业务部门的注意。图16.5显示了典型的运营支持部门的需求变化。当系统运行平稳时，需求会相对较低。紧急情况下，暂时的业务问题，或由于业务周期等会增加临时员工需求。

由于全章都在关注激励问题，IT部门趋向于按最大需求创建能力，而不愿寻求基于员工的平均水平并仍能提供足够服务的创新方法。从图中很容易看到，相比平均能力需求的员工成本是一个"飙升"。

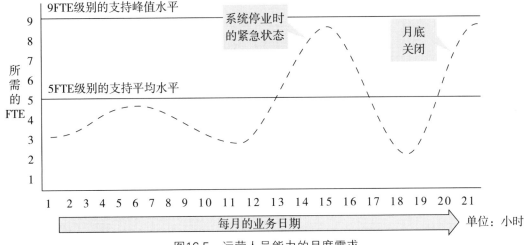

图16.5 运营人员能力的月度需求

有许多方法可以用于解决员工成本"飙升"问题。典型的IT部门沿着两条主线进行组织——应用和运营（见第5章IT组织）。一个处理运营领域能力需求"飙升"的策略，是交叉培训开发人员所需要的技能，为运营团队提供"飙升"能力，而非配备过多员工。通常而言，这对开发团队不是一个被广泛采用的策略，但是，开发人员应有必备的技术能力，以便在紧急情况下可以替代运营团队的员工。因此，允许企业聘用60%~75%的"飙升"员工需求量，而不是100%。而且，在紧急需求"飙升"时，IT部门发现可以用推迟任务支持的底线，有选择地降低服务级别的创新方法。

另一种确保突发事件能有效控制的创新方法是在附近的、有类似技术环境的企业之间提供互利的技术支持能力。找到这些企业并使运营团队每月花一个下午在一起，是确保有一支友好的外部技术顾问大军，费用不高且能快速到位的低成本方法。

因此，最大需求水平的能力确定和最大可能成本，并不限于人员配置。还经常出现在企业系统的采购说明中。从IT观点看，希望尽可能为客户提供最好的服务。因为客户"看得见"服务级别，但直接"感受"不到成本。因此，通过购买与最大需求水平相当的能力，很容易消除来自企业用户抱怨系统慢的风险。图16.6描述了典型的批量处理日程，以系统需求与每日时间为轴绘制。

表面答复虽然是要求增加额外的处理能力，或者要求一套全新的系统，同时，团队有可能找到定位问题的创新方法。但是，在这个具体案例中，对批处理作业流的分析揭示了，非紧急的、非关键路径的批处理作业，正在与高峰处理时间的在线用户所提交的批处理作业进行竞争。团队找到了确保系统自动延迟非紧急的批处理，并直到有处理能力时再处理的方法。

对照其他替代方法，IT指导委员会必须认真权衡额外能力决策的成本。当需要额外的能力时，好的IT组织会尽全力设计一个可扩展的解决方案，以提供一个可选择范围，让业务部门在最初购买的时候，可以购买最小的需求能力，而不是最大的需求能力。但扩展性是指，允许业务部门在需要时扩大能力，使成本成为一个阶梯式的变量，而不是一个非大即小的二元成本。

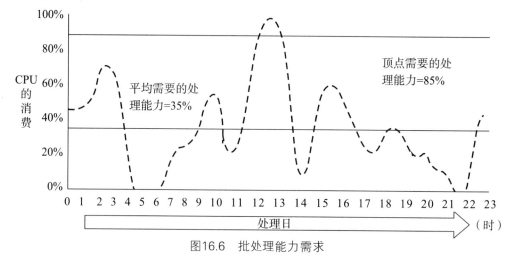

图16.6　批处理能力需求

16.5　风险管理方法

图16.7显示了首席信息官和IT指导委员会在评估潜在IT风险过程中所应用的风险管理流程的方法。

生成风险管理程序的第一步是（在合理范围内）找出可能的不良后果。每个IT部门必须识别出具体的潜在风险。最典型的风险是在第8章介绍的业务连续性风险。

潜在风险被识别并登记后，首席信息官必须明确风险的期望值——风险发生的可能性（概率）和最坏的成本结果。这是很艰难的一步，也是最公开的说明。

众所周知，事件的概率很难估计，成本结果也是如此。事实上，研究表明，低概率的事件更难估计——首席信息官必须警惕的每种灾难场景。当各种低概率事件聚集成概率事件时，个人才有最好的机会估计预期（例如，"估计有可能发生地震，洪水或飓风的概率"与估计每个事件单独发生的可能性的比较）。[1]

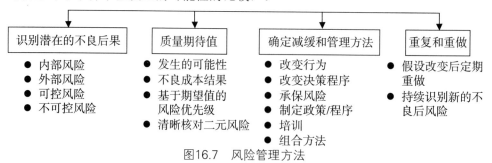

图16.7　风险管理方法

这些研究还表明，当对他们所熟悉的低概率事件评估可能的结果时（例如，"估计数

---

[1]　霍华德・昆鲁斯（Howard Kunreuther）和马克・保利（Mark Pauly），"忽视灾难：不要在小事上斤斤计较"，工作论文集来自：宾夕法尼亚大学沃顿商学院风险管理与决策过程研究中心（2001年10月11日）。

据中心停电的风险对比出现交通事故的风险"[1]），个体更有效一些。更糟的是，类似的研究发现，决策者认为低概率、高影响的事件往往倾向于超额保险，或者假设低概率的事件的复发是不可避免的，或者完全忽略该事件，认为"那不可能发生在我身上"。[2]我们的结论是，概率部分的估计最好由有经验的首席信息官或顾问完成，而且应尝试汇总灾难事件的可能性。

一旦预期值已确定，就可以优先进行风险管理。有些情况下，概率会非常低，但成本非常高（即"帕斯卡赌注"）。这种情况下，常规的优先级和减缓的方法应该更适合。

降低给定的风险可能是行为、政策或决策的一种组合，而不是一种单一的方法。一些典型的选择就是改变行为（"服务室里没有苏打水了"）、改变决策过程（"让我们对新雇用的IT员工实施更好的筛选"）、制定政策或流程（"两个签名需要每个供应商超过一万美元的支票"）、培训（"全体工作人员将参加服务台升级技能研讨会"），或其他程序及政策的变化。

16.6　事件调查

好的决策可以通过对IT关键事件进行事后审查得到增强，一个大型项目的结果，关键供应商的收购（或解雇），完成一次灾难恢复计划的测试。更有意义的事件代表有机会审查什么进展顺利，什么应该改变前进方向，以及更好地理解什么是对的（并且确定它是"偶然的运气"还是"应得的成功"）。虽然这个操作需要额外努力，但是提高的效益比起投资会得到更丰厚的回报。关于事件和项目信息的概念在第19章有详细说明。

企业采用的最有效的降低风险的方法之一，是简单，但有据可查，而且其执行、政策和程序都合理。IT部门越大，通过这些方法把风险降低到合理水平也越发重要。IT策略在第19章还有更详细的阐述。

16.7　风险管理和质量保证的组织责任

最终，适当的风险管理责任落在了企业高层管理者的肩上，特别是首席信息官和IT指导委员会。他们是有经验、有背景和有判断能力的一个群体，在大多数情况下都能确定最佳方案。然而，需要做出正确决策所需的主要信息以及新的想法，通常来自于IT的内部员工。IT部门能够有效管理风险是建立在整个团队负责降低风险的文化理念下，成功取决

---

[1]　霍华德·昆鲁斯（Howard Kunreuther）、内森·诺凡木斯凯（Nathan Novemsky）和丹尼尔·卡尼曼（Daniel Kahneman），"让低概率变得有用"，工作论文集来自：宾夕法尼亚大学沃顿商学院风险管理与决策过程研究中心（2000年12月）。
[2]　霍华德·昆鲁斯（Howard Kunreuther），"保护性决策：害怕还是谨慎？"《沃顿决策论》（纽约：约翰威立国际出版企业，2001），第15章。

于全体人员的参与。IT部门的日常事务过于庞杂多样，需要全体员工的参与才能降低风险和麻烦。

有些IT组织或许会选择任命一个人来负责风险管理。决策科学的研究表明，一定的个性特征在这个角色上可能比其他人更为有效。沙德和昆路德推测"更倾向于担心的人会在直觉上期望带来更高水平的支付意愿来保护自己"。[1]事实上，他们的研究表明对立面有可能是真的。担心的人可能比那些不担心的人做出更多合适的决定。研究人员对比了焦虑（"一种情感"）与担心（"一种认知现象"），担心会导致思考、分析、数据采集和有效的决策框架。通过塔利斯，戴维和卡普佐[2]以前的研究，发现担心会：

> ➢ 作为一种兴奋剂；
> ➢ 清醒思想和专注程度；
> ➢ 提供机会，认清形势，分析出利弊；
> ➢ 补充问题，并因此带来不同的、可能的探索。

这项研究表明"不怎么发愁的人可能不那么在意风险，因此可能不会估算风险的价值、损失和保护的价格"[3]。这表明企业试图改善决策、质量保证和风险管理是明确的。与直觉相反，有效的担心并非倾向焦虑（情绪化的担心成分），有可能是他们的最好资产。

16.8 总　　结

正如之前的案例所述，即使有很好计划的IT部门，仍然可能超出预算的控制。确实，出现这种问题的确实是那些服务承诺最高的IT部门。正如之前所述，提出探索性的问题、评估真实的风险，以及运用常识和创新思维，会帮助IT部门和高层管理者一起努力使风险和成本最小化。

有效的风险管理对IT部门和高层管理者而言，往往是符合常识性的行为，不建议采用临时解决方案的方法维护企业系统。这个领域巨大的错误成本几乎总是使保险成本显得很小。要提醒的是，单一的风险处理方式，甚至没有最粗略的潜在选择调查，是IT部门透支的最主要驱动因素。

高层管理者可以通过确保IT部门向着明智的风险管理和决策制定的有效机制来创造巨大的价值。大多数IT部门都有这样的观点"要不惜一切代价保持系统运营"。高管层应当

---

① 克里斯汀·谢德（Christian Schade）和霍华德·昆鲁斯（Howard Kunreuther），"保护措施的担忧与心理帐户"，工作论文集来自：宾夕法尼亚大学沃顿商学院风险管理与决策过程研究中心（2001年2月20日）。
② F·塔利斯（F. Tallis）、G·C·L·戴维（G.C.L. Davey）和N·卡普佐（N. Capuzzo），"非病理担忧现象：初步调查"，《担忧：理论、评估和治疗》，G·C·L·戴维（G. C. L. Davey）和F·塔利斯（F. Tallis）（英格兰奇切斯特：约翰威立国际出版企业），第77页。
③ 克里斯汀·谢德（Christian Schade）和霍华德·昆鲁斯（Howard Kunreuther），"保护措施的担忧与心理帐户"，工作论文集来自：宾夕法尼亚大学沃顿商学院风险管理与决策过程研究中心（2001年2月20日）。

引导这种观点改变为"系统应当工作在合理的成本上，而且在确保这些成本保持合理的情况下，我们愿意接受系统的一些缺点"。

一个简易决策流程是执行标准的运营流程和检查清单。运营领域不仅要执行标准运营流程，还可以改进决策和流程标准化。其他领域包括资本支出的审批、运营支出的审批、聘用员工和能力决策等，企业依据检查清单上的具体科目和决策类型进行划分。然而，这个方法有助于确保提出适当问题和将风险设在适当的水平。参见第8章的实例和开发标准运营流程的说明。

通过与IT部门合作和制定合理的服务级别期望，企业可以获得能力、服务级别、应急响应，以及"恰当"的支出等收益，近期的一份客户合约说明了这一点。一家制造企业的高管层要求验证来年IT资本预算的合理性，先前的材料可能引导你认为这个客户合同的核心是资本支出的最小化。事实上，合同强调的是，不考虑产出的情况下，理解技术资本支出的真实需求。无论这意味着支出多少，对高管层而言都不太重要，重要的是确保在降低IT风险方面有恰当的支出，确保没有过度的保险。

资　源

决策科学是一个复杂、经详尽研究的课题。涉及这一课题的主要思想家都创建了高度平易近人且实用的指导思想来改进决策过程。此处列出了为IT和高级管理决策者推荐的几本书：

奥古斯汀（Augustine），诺曼（Norman）等，《关于危机管理的哈佛商业评论》，（波士顿：哈佛商学院出版社，2000）。

巴顿（Barton）、托马斯·L（Thomas L.），威廉·G·申科（William G. Shenkir）和保罗·L·沃克（Paul L. Walker），《使企业风险管理取得成功：领先企业如何实施风险管理》。（新泽西萨德尔里弗：金融时报，2002）。

巴泽曼（Bazerman），马克斯·H（Max H），《决策与判断》（纽约：约翰威立国际出版企业，1994）。

芬克（Fink），史蒂文（Steven），《危机管理：无可避免的计划》（www.Backinprint.com，2001）。

哈蒙德（Hammond），约翰·S（John S），拉尔夫·L·基恩（Ralph L. Keeney）和霍华德·雷发（Howard Raiffa），《明智的选择：做出更好决策的实用指南》（波士顿：哈佛商学院出版社，1998）。

哈西特（Hassett）、马修·J（Matthew J.）和唐纳德·斯图尔特（Donald Stewart），《风险管理的可能性》（CT：ACTEX 出版，1999）。

克雷恩多佛（Kleindorfer）、保罗·R（Paul R）和霍华德·昆鲁斯（Howard Kunreuther）（联合主席），风险管理和决策流程中心，宾夕法尼亚大学，沃顿商学院。请参见http://opim.wharton.upenn.edu/risk。

拉姆（Lam），詹姆斯（James），《企业风险管理：从激励到控制》（纽约：约翰威立国际出版企业，2003）。

马奇（March）、詹姆斯·G（James G.）和奇普·希思（Chip Heath），《决策导论：决策如何发生》（纽约：自由出版社，1994年5月）。

莫里森（Marrison），克里斯多夫（Christopher），《风险测量的基本原理》（纽约：麦格劳希尔集团，2002）。

普费弗（Pfeffer）、杰弗里（Jeffrey）和罗伯特·I·萨顿（Robert I. Sutton），《知行差距：明智的企业如何将知识变成行动》（波士顿：哈佛商学院出版社，2000）。

罗伯茨（Roberts）、哈利·V（Harry V）和伯纳德·F·瑟格斯盖特（Bernard F. Sergesketter），《质量是由人来保证的》（纽约：自由出版社，1993）。

拉索（Russo）、J·爱德华（J. Edward）和保罗·J·H·舒梅克（Paul J. H. Schoemaker），《决策陷阱》（纽约：炉边书出版社，1989）。

拉索（Russo）、J·爱德华（J. Edward）、保罗·J·H·舒梅克（Paul J. H. Schoemaker）和马戈·希特曼（Margo Hittleman），《制胜决策：一次就做对》

（纽约：Currency/Double day，2001）。

（Thaler），（Richard H），《赢家的诅咒：经济生活的矛盾和异常》（新泽西普林斯顿：普林斯顿大学出版社，1992）。

泰勒（Wideman），R·马克斯（R. Max, ed.），《项目和项目风险管理：项目风险与机会管理指南》（宾夕法尼亚州新城广场：项目管理协会，1998）。

第17章

需求管理和项目管理

天空、星辰、大地

广阔浩淼

始终错落有序，一脉相承

尺度、顺序、位置、结构

轨迹、比例、形式、功能

不倚不偏

天数难变

——威廉姆·莎士比亚[1]

这一章讲述了适合IT部门所有类型项目的需求管理方法。通常，定义IT需求管理为子项目，是指通过核算项目的经济价值和划分项目的优先级，决定哪个IT项目将被批准并由IT部门实施。项目的优先级是基于项目价值和其他因素，特别是IT部门的能力和全体组织的能力来确定的。IT需求管理流程包括确认流程，为所有正在实施的和已经计划的项目编制财产目录，估计项目完成所需的工作量，决定成本和收益与其他项目的相关性，完成项目的难易程度、风险、技术影响，当前系统功能的匹配情况。该流程的结果是划分项目优先次序的目录，以及企业所确定的可同时实施的项目数量。

需求管理与项目管理所要考虑的事项是截然不同的。在IT部门，需求管理常常被忽视。IT项目管理关注自身明确定义的项目范围、需求、任务、时间安排、里程碑、内部和外部资源、成本、技术、应用架构和数据结构以及其对某个项目的业务影响。IT项目管理在一个或一系列项目被批准后开始执行，IT需求管理与所有项目开始之前哪个项目被批准有着密切的关系。许多的书籍和文章都介绍了关于IT项目管理工作要求，并且收录了成功项目管理的原则，这些记录内容使IT项目管理能够被充分理解。本书详细给出以前的研究范畴，并不只是想详细地论述项目管理，而是要着重关注IT项目优先级的划分。

尽管有大量明确定义的、已证实的项目管理方法，如在第1章中看到的，IT项目仍然经常失败，甚至很多是惊人的教训。经验表明，拙劣的需求管理和不当的优先级划分导致的项目失败数量，等同于项目实施不当导致的失败数量。如果企业没有一套有效的优先级

划分方法，就向IT部门提出项目需求，会被许多目标模糊且经常冲突的矛盾项目所困扰，项目会出现僵持的局面。不管他们如何努力坚持公认的项目管理方法，最后发现所做的项目还是以失败告终。企业如果不能适当地规制IT部门的项目需求，IT无效可能无法避免。当然，拙劣的优先级划分和拙劣的项目运营也绝对不会有项目成功的可能，但是，不适当的需求管理常常是那些运营良好的项目失败的原因。正确管理IT部门的项目需求，可以确保批准的都是好项目，可以确保只允许适当数量的项目同时施行，从而给管理良好的项目创造成功的机会。

尽管这一章主要关注的是IT需求管理，但在本章的结论中，介绍了几个涉及项目管理领域的关键因素。

这一章描述需求管理的概念与粗放型需求管理相关的问题。本章说明性部分围绕划分项目优先级的多重步骤展开，该划分基于已验证的IT需求管理原则。

与本书的其他章节一样，本章描述的理念也是最佳实践，本章描述的概念和想法对于所有情况都适用。一般情况下，应用常识性优先级工作框架，总是可以成功的。

17.1 需求管理与项目管理的重要性

最突出的、常被表扬的、衡量IT部门成功的标准，是所承担的项目在业务上成功，并且是采用及时、符合成本效率的原则完成了项目。因此，适当地选择IT项目、科学地划分优先级，成功地实施IT项目，在很大程度上决定了IT部门的成功。选择哪个项目，允许IT部门日程表包括多少项目，是所选项目全部获得成功的关键性决定因素。

划分项目优先次序是一个复杂的过程，包括不同项目的识别、项目评估，例如战略价值、经济价值、风险、现存系统的兼容性、项目完成时间，组织能力和技术复杂度等因素。基于相关的各种因素，特别是基于经济价值做出这些评估，是为了区分项目列表上的高优先级项目。它们可以准确反映支持业务部门IT项目优先级，而不是IT部门自己确定IT项目优先级。这一章将概述关于这个流程的处理方法。

17.2 需求管理对项目完成的影响

IT项目的成功率是不可预测的。第1章引用的Standish小组的统计结果显示，只有少于16%的IT项目成功完成。[①]

对IT部门不满意的一个主要因素，是IT部门无法按时在预算内完成项目，无法令业务用户满意和达到用户期望。自相矛盾的是，几乎所有IT部门都聘用了工作努力且技术娴熟的专业人员，这些专业人员有着最好的目标，愿意和大多数人一起推动企业发展，并在

---

① 斯坦迪什集团，《问题报告》（马萨诸塞州西雅茅斯：斯坦迪什集团，1994），网址：http://www.standishgroup.com/sample_research/chaos_1994_1.php。

工作上取得成功。尽管，IT部门永远是"处于难以置信的忙碌中"，但是没有获得实际效果，例如完成项目或实现收益。

通常，IT部门有几十个，甚至几百个项目在同时实施。这是一个常见现象，无论企业大小都一样。关于所有项目列表，如果它存在的话，也是由几十个未全部完成的项目零乱堆放而成的，这些未全部完成的项目需求有着错误的、不确定的定义、来源、收益、目标和状态。这个列表由项目在各方面的级别组成，例如复杂级别、规模级别和业务影响度级别，出现了将"修理马总手提电脑"与"实施CRM"列为同级别的情况。更有甚者，项目需求列表有多种依据（有些有详细说明，有些则没有），有内部矛盾、时间安排冲突以及控制权不清，部分属于业务部门，部分属于IT部门。

大多数情况，这些项目列表中的每一个项目都是部分需求完成，它们永远处于一种状态，被IT部门慢慢引领着走向模糊的、难以确定的终点，没有全部被完成的希望。确实，多数IT部门即便没有数以百计的，也有几十个同时间实施的项目，每个项目每周都在向前推进。很多情况下，由于时间的推移、人员的改变、业务的变更，原来清晰合理的项目需求已经变得模糊了，这些因素常常又致使项目变得无关紧要。"xeno"的悖论指出，如果你每一步都能到达距实现目标一半的距离，你将永远无法到达目标。这种普遍进退两难、局面很糟糕的结果，就是对企业的损害，企业将无法完成，甚至无法识别高价值和高优先权的IT项目。

17.3 项目失败的代价

低水平的实施和无法完成的IT项目是企业资源浪费的主要原因。第1章引用Standish小组的研究指出，大多数技术项目都超过了最后期限并且预算超支。除这些失败项目的直接成本之外，企业还失去了减少成本、提高收入的机会，或许也失去了改进那些已失败项目的机会。IT项目的失败对企业而言，在最好的情况下仅是瓶颈，在某些时候则是致命的。曾经读到一位同事对实施状况的评价："你正在做着错误的事情，更坏的是，你做得还很拙劣。"然而不幸的是，现在很多IT部门都有这种情况。

粗放的IT需求和项目管理涉及各种各样的其他成本，同样也降低了IT部门的效率，包括：

> 在高优先权和低优先权项目中平等分配资源，意味着高优先权的项目可能人手不足或根本不被批准；

> 为了给高优先权和低优先权的项目提供平等的员工水平，IT部门经理们聘用了过多的员工；

> 同时实施的项目数过大，使得每个项目监管困难。因此，可能没有注意到较大的返工劳动、超过截止日期、预算超支等问题，每个项目的责任难以跟踪。

> ➤ 多个不相关的项目形成了不同类的IT环境，导致基线支持增加额外的复杂性与成本。第7章详细论述了非标准环境的危险。
>
> ➤ 由于长期解决方案的资源被占用（如快速修复应用绩效问题投入的附加硬件，增加了资本支出），而过早地采纳表面的和昂贵的解决方案。
>
> ➤ 错过了客户需要的关键业务能力的截止日期。
>
> ➤ 业务部门将预算花在分散的IT项目上（在大企业，业务部门可能为建立自己的IT小组支付资金），因为集中的IT部门不能全部按照优先项目实施。
>
> ➤ 招聘流程强调低优先级项目的技能需要，而不是强调高优先级项目的需求。或许也考虑高优先级项目的需要，这导致了招聘不适当的或较弱技能的IT员工解决高级业务问题。为补救这种情况，组织被迫解聘员工，然后重新招聘或投资既昂贵又花时间的培训。
>
> ➤ 缺乏IT项目成功的案例，导致IT员工士气低和人员调整频率高，培训、招聘新人和人员调整的成本增加。

这些隐藏成本全部作为增加的资本支出、IT工资、业务部门预算、基线支持费用、额外的外部供应商开销，出现在企业支出里。

17.4　为什么有良好的项目管理还不够

为什么组织较好地管理了单个项目，整个项目却完成得不理想？解释这个问题的原因和因素有很多。在此，我们把以前描述过的与一系列主要原因、相关的症状和各种成本编成一个目录。

17.4.1　过多的项目

IT员工似乎天生是个"取悦者"，经理们和开发人员大都愿意帮助业务部门，并且通常因为新技术能给某个业务问题带来好处和解决方案而激动。不幸的是，这种情况常常导致IT部门应当对新项目需求说"不"的时候，不能对他们说"不"（或至少"排上队"）。缺乏管理储备项目的明确方法，缺乏划分储备项目优先级的方法，缺乏承包新项目的方法，导致IT部门总是承担多于他们应当承担的任务。结果通常是今天高兴的业务用户3个月后变成生气的用户，因为所做的承诺不能兑现。

IT专业人员花费大力气解决一个项目进程缓慢的问题，却没有足够的时间担心宏观层面项目的缓慢进展，花很多时间谈论项目而不是实施这些项目。当IT部门有大量正在实施的项目并且每个项目的完成时间都很遥远的时候，讨论储备的非入列项目就显得没有任何价值。当完成了现存项目，拥有了有用的项目能力时，应当适当关注新的项目想法，并加到项目储备中。讨论非当前实施的项目是特别有吸引力的，因为它们与实际的工作非常相似。这并不是说高价值的项目不应当考虑，如果确实是高价值的项目，足以用它来说服IT

部门和业务倡议者停止现在实施的项目或推动更多的项目，那么，这个项目值得额外考虑。本章稍后将详述在完成一个项目时，重新划分现存储备项目的优先级，以确保入列的项目总是所知项目中最有价值的。

17.4.2　项目监督人

如果项目没有明确的论证就允许开始实施，正在实施和储备项目的清单列表很快就会变得混乱，进入定义不清的困境。良好的IT需求管理流程在项目清单中增加项目之前进行了严格的需求审核。本章稍后论述增加新项目的流程。简而言之，良好的IT需求管理流程的定义应当包括对成本、业务收益、项目范围，还有明确的业务管理者、工作量及时间安排的清楚说明。项目监督人的责任应落实到项目指导委员会身上。当有可用的项目能力时，项目监督人既要批准项目作为项目储备，又要重新划分储备项目的优先级。

我们曾帮助很多组织制定IT部门的需求管理制度，启动一个项目到底有多难的问题就被提了出来。这种情况下，高管层或许担心我们，可能为证实新项目的可行性而树立了太多的障碍。在这些情况下，我们知道IT需求管理流程的方法正在起作用。确实，保持清晰的项目列表的关键方法之一是这个流程具有取消不良项目的作用。不良项目是指没有什么回报，并且在组织中没有人有足够的激情为之奋斗的项目。"项目进化论"形式的制定创造了一个自然选择流程。这个流程确保只有最高价值的项目可以保存下来，只对好的项目执行优先级划分流程。实际上，基于好项目的明显收益，真正好的项目是不可能被压制的，所以优先级划分流程可以快速使它们通过全部审批流程。

17.4.3　同时实施太多的项目

几乎所有人都认为，同时实施的项目数量应当有一个最高限额。即使在大的IT部门和企业，允许同时实施的项目数量也是有限的。随着同时实施的项目的增加，出现无法预料结果的可能性和系统集成的困难都在增加，这会令IT部门不能集中精力。此外，最实际的是，业务部门或职能部门在一段时间内只能承担有限的变更。允许同时实施的项目数量依赖于企业规模、IT部门的规模以及全部项目的规模。如，同时实施的项目最低不少于3或4个，最高不超过12个。当IT部门试着同时维持几个大项目和多个小项目时，可以看到项目成功的概率显著下降了。

17.4.4　移动的标靶

业务用户经常改变他们的项目目标。这是形成IT部门无法实现项目成功的主要理由。在项目中途改变项目的范围或目标带来的双重损失，可能损害项目本身利益、IT部门的士气和业务用户的信心。在这里IT经理有同样的责任，因为在中途改变项目目标和范围时，他们通常都非常自愿帮忙。当项目偏离既定方向时，他们最终要付出相应的代价。确保IT部门可以产生成功清晰的项目需求，且能提供时间上的灵活性的一个方法，是接受短周期的（少于3个月）或者近期的，不那么野心勃勃的项目。这个方法确保IT可以在短周期内成功，然后在每个项目完成的间隔中改进较长期的目标。

17.4.5　太多流逝的时间

特别长期的项目经常失败，因为在完成流程中太多的时间流逝了。在这段时间里，主要的因素，如商业环境的改变、技术进步、员工的减少、企业高层管理的改变都可能影响项目的生存和项目的价值。将项目划分成较小的子项目有助于确保在条件改变时，明确定义过的子项目易于完成，其价值也容易体现。

17.4.6　过于野心勃勃的目标

目标远大的、大规模的项目自然要承受许多魔难。时间长度、功能复杂性、技术复杂性、工作复杂性，以及难以量化的大项目收益等因素，使得即使是最好的IT队伍也难以完成。将比较大的项目划分成较小的不同阶段，为成功完成提供较好的可能性。

17.4.7　不清楚的目标

目标模糊不清的项目，通常失败率高得惊人。如果业务部门和IT部门都没有提前确定项目的目标，则取得成功的机会几乎没有。虽然这是项目失败较明显的原因之一，但它出现的频率却令人吃惊地高。IT专业人士往往对过度计划的行为抱有偏见，认为过度计划常常会制定出模糊的项目目标。

17.4.8　不清楚的收益

项目可以有明确的目标，但仍然有收益不明确或难以评估的问题。如果是正确实施的关键项目，一旦达到项目目标，就会产生清晰定义的收益。这些通常表现为成本节约，额外的收入机会，或对业务的额外控制等形式。良好的IT需求管理制度，可以确保项目批准之前就有定义明确的目标和收益。

17.4.9　不同种类的技术

正如前几章中论述的，不同种类的技术环境应用过多，增加了项目的成本和复杂性。难以兼容技术、应用功能和数据结构可能会拖垮其他运行良好的项目。

17.4.10　过度自信

缺乏经验的经理，经常计划具有宏大目标和紧迫性的、过于野心勃勃的项目。因为过于自信，他们不能预料到需求管理失当的危险。其结果可以导致陷入如下困境——模糊的目标、过于长期的项目、同时实施过多的项目和第三方的干预。

17.4.11　过度外包

当然IT的前景是与善意的硬件、软件和服务供应商有关的，但外包供应商的目标不是总与终端用户保持一致的。由于简单的误解、狭隘的观点，供应商的经验不足或完全疏忽，第三方会毁掉项目。当允许外包商过多地控制项目，并且允许控制项目全部进程时，项目的风险就会很高。允许外包商管理项目的大部分关键性的决定，对IT经理来说可能是诱人的，同时大多数成功的外包商会积极争取客户允许的最大权利。成功的IT经理会在利用外包商专业能力的同时，保持对整个项目控制权的有效管理。作为帮助项目成功的合作者，所有类型外包商的适当角色都包括在本书关于外包商选择和外包商管理的章节里。

17.4.12　没有个人责任

令人毫不奇怪的是，在无效的IT部门常常是对项目结果的责任缺乏明确定义。例如，一个客户项目完成的能力很差，并且几乎每一个正在实施的项目都有3个来自IT的项目经理，而他们之中没有一个人可以对结果负责。所以，为每个项目指派唯一的责任人，而这个责任人必须向IT指导委员会汇报每周的项目情况，这时项目的完成速度会迅速上升。个人的责任和对项目进展的详细审查是不可替代的。

17.4.13　项目规模

项目规模越大，越难保证完成。正如此处概述的那样，短周期、较小规模、容易确定目标、复杂性最小化的项目比起大规模、难处理、复杂的项目，总是有更高的成功机会。然而大项目不是总能避免的，将他们分成多个小部分，然后依序实施，可以减小复杂性的成本。

17.4.14　过多的不固定部分

即使项目目标不是很远大，项目实施过程中，也可能遇到复杂的问题。系统项目本来就是具有很多微妙的高度复杂的工作，甚至看似简单的项目也可以很快变成复杂的，并常常产生各种意料不到的结果。如果指定的项目涉及太多的供应商、技术、业务处理流程、接口、地理位置或其他"非固定"的部分，它的复杂性会显著上升，成功的几率会相应下降。这种现象适用于所有类型的系统项目的应用、数据库、基础结构的实施。此外，适当的方法就是将项目划分成大小适宜的组成部分，增加近期成功的可能性，缩短任务完成期限。

17.4.15　沟通不利

IT部门经常遇到这样的问题，一个项目被隔墙扔给IT，并且在项目实施期间，IT部门与业务负责人之间很少或基本没有交流。无论是由于项目开始时一些未定义或未说清楚的问题，或是由于整个项目流程中业务的变更，项目的终端产品都必然与终端用户的意图一致。至少，项目经理应当与项目的业务负责人和项目的最终用户每周联系一次。

这些原因中每一个都隐含了自己的解决方案，通常的做法是确保只列入适当数量和类型的、有明确定义、高优先权的项目。IT需求管理可以减少以上这些原因对IT部门完成项目的影响，因为它确保了只允许高价值的、完全定义的、适当数量的项目实施。好的项目管理，同样保证这些项目的成功完成，按计划交付有价值的成果。

17.5 IT需求管理的方法

通过与各行业中不同规模的IT部门一起工作，我们总结了一个避免IT需求管理危险的方法。本章的后面将论述这种方法，包括最优化需求管理的内容。改进项目实施与完成的好处，是依附于严格分析IT需求管理流程的自然结果，该利益已远远超过我们在这里建议的已支付的文件编制和计划成本。图17.1是这个流程的综述。下面详细描述每个步骤。

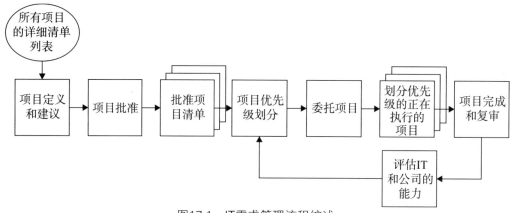

图17.1　IT需求管理流程综述

17.5.1　编制所有项目的清单

需求管理流程的第一步，是编制IT部门承担的所有项目清单。该清单通常是一个长长的列表，编制需要付出相当多的努力。项目产生于分布在整个IT部门和企业的各种各样的需求。

一个好的搜索起点是IT部门的项目登记表。多数IT部门有一个或多个当前正在实施的或正在考虑实施的项目列表。与业务部门的经理、职能部门的领导、高层经理和业务用户会面，将出现其他项目。同时，获得任何来自供应商的当前改进或升级的列表，并整理合并成一份完整的项目清单。

在全部潜在项目列表建立之后，应当通过去掉重复的项目来合理化该列表，还有将相关的小规模项目集合成一个单独的工作项目，或者将大规模项目分成多个独立的项目成分。这种项目合理化（常被称为"项目竞技表演赛"）。它是以建立所有项目的完整清单开始，然后，除去重复的项目、结合的项目，以确保在同一水平上作出定义。这项工作一般可以将项目列表减少60%～70%。多数完成的项目清单也包括没有业务负责人的项目和与企业没有关系的项目，这些废物应从列表中及时删除。IT需求管理的有效宗旨是好的项目会自然地表现它们本身，因为它们具备无须证明的投资回报。IT部门常常会出现这样的现象，努力尽责地保住列表上的所有项目，即使没有人记得他们是怎样出现在表上的。经理应当信任这个观点——真正有价值的项目自己会找到回到列表上的路，即便它们被不小心删除。不好的项目虽然挤在列表上，然而，它们通常经不住真正的详细审查，不能从详细审查中幸存下来。

这个流程的结果就是一份关于所有项目的详细清单，带有每个项目的明确描述。团队应当避免因为使用高效的项目管理工具而过度复杂化该操作。带有每个项目的名称和简单描述的列表，通常只需IT或业务部门负责人用电子数据表或文字处理文件记录就足够了。列表的重点是列表的内容和易理解性，而不是花哨的工具和过分的格式化。项目将在以后的步骤中受到足够的关注，并确保他们在实施前被完全记录进文档。

17.5.2　项目定义和建议

需求管理流程中的第二步是明确定义项目目标，目标定义应达到使IT指导委员会初步批准考虑划分项目优先级的水平。这包括项目的目标和项目工作量、时间安排、成本及收益的初步估计。这些信息快速确定并且帮助提供项目相关价值的第一轮估计。

典型的做法是，IT部门创建一个单页表格，该表格可以简便地获得IT指导委员会理解和评估项目所需的关键信息。这个表格应包括：

> 项目名称；
> 简单的项目描述；
> 申请者；
> 估计的项目持续期间；
> 估计的工作量；
> 目前的状态和进展（如果已经在进行中）；
> 估计对企业的收益（缩减的成本，增加的年收益，更好的控制业务）；
> 业务部门的负责人；
> IT部门的负责人；
> 待分配IT资源的初步估计。

17.5.3　项目审批

任何一个已经在适当的详细程度上定义的项目，应当由业务部门和IT部门的负责人提交给IT指导委员会处理。IT指导委员可能批准、拒绝或退回，并作进一步的解释和定义。

已由IT指导委员会批准的项目，并不意味着该项目将立即开始，仅仅是有资格作详细的分析和参加接下来的项目优先级的划分流程。

审批在流程中是重要的一步，因为每个批准的项目都将纳入项目优先级划分工作。被评估项目的数量是优先级划分流程工作量的主要影响因素，所以项目的批准应当足够严格和严肃，以确保只有合格的项目，才能通过并且进入下一步骤。任何没有明确定义或价值、有疑问的项目都可以被重新评估，以便在以后的IT指导委员会的会议上被批准。

这一步的结果是列出一份已被IT指导委员会复查的项目详细清单，并且被IT指导委员会批准了项目的优先级。此外，采用高级的管理工具对这个流程而言是过度的行为。一般来讲，只要一个带有单页项目描述的合叶夹、批准日期和IT指导委员会的签字就足够了。

这个流程中还有一个问题是，应注意到IT指导委员会可以在任何时间将项目加入到已批准的项目列表上，因为直到执行划分优先级流程，新项目才算开始。由于先前的项目已完成或IT部门增加了新成员，使IT部门有了新的、可用的实施IT项目的工作能力，此时优先级划分流程就将被启动。

17.5.4 划分项目的优先级

项目优先级划分是一个流程。在这个流程里，由IT部门和业务部门的用户与IT指导委员会一起确定，哪一个项目将对企业产生最高的价值，确定在IT部门特定的组织形式和工作能力下，多少个项目可以同时实施。

项目优先级划分流程为IT部门和整个组织带来四项关键的收益：

> IT部门将在最高价值的项目上花费精力——资源自然供给能实现资源最佳利用的项目；

> 这个流程确保在项目开始之前，IT和业务部门对项目的价值和优先权达成一致意见；

> IT部门工作能力分析，确保允许同时实施的项目数量是便于管理的，根据IT部门工作能力和接受变更能力，管理同时实施的项目数量；

> 这个流程确保在项目开始之前，项目的目标和范围已被清晰地定义，并且关系到项目成功的责任人已被指定。

项目优先级划分流程是有效IT需求管理的核心，该流程带给IT部门更多避免风险的机会。本章前面描述过这些风险的内容。在IT指导委员会上，业务代表应具有足够的权威性，因为他们提供的信息对于适当划分优先级是关键的。通常IT指导委员会及其成员可以进行或中断这个流程。第19章详细讲述这个流程。

在初次项目优先级划分完成之后，以下三种情况需要进行项目优先级划分流程。

> 现存的项目完成后IT项目工作能力的可用性；

> 增加新的IT工作能力（或减少工作能力），改变可能同时实施的项目数量；

> 如果有优先于现有工作的高优先级项目出现，可以重新划分项目的优先级，这种情况很少发生，因为完全改变IT项目的成本很高，但是它可能在一些特定情况下发生（如关键客户需要新的能力、政府法律法规，或提高收入或减少成本的新技术）。

因此，划分已批准项目的优先级，不是一次性工作，这是一个持续的流程。在这里概述了一个评估项目和划分项目优先级的定量方法，并提供了划分项目优先级流程常识。该方法提供了充足的空间，用于调整某些收益没有充分并入表中的项目。图17.2概述了划分项目优先级的所有步骤。

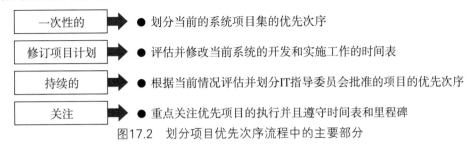

一次性的	● 划分当前的系统项目集的优先次序
修订项目计划	● 评估并修改当前系统的开发和实施工作的时间表
持续的	● 根据当前情况评估并划分IT指导委员会批准的项目的优先次序
关注	● 重点关注优先项目的执行并且遵守时间表和里程碑

图17.2　划分项目优先次序流程中的主要部分

优先级划分流程将IT部门和业务部门领导对主要项目标准和最好想法合并起来。这些标准将影响项目的优先级，经济价值、风险、策略价值、当前系统的兼容性，以及IT工作能力。优先级划分中的分析部分应当由IT部门和业务部门的用户完成，其结果提交IT指导委员会批准签字。大多数情况下，将分析结果第一次呈交IT指导委员会后，再通过问题显示所需的附加信息结果，通常该分析会重复进行几次。

17.5.5　优先级划分流程的主要组成部分

项目优先级划分流程的分析部分可以分解成七个独立的子任务。图17.3显示了所有步骤，在随后的部分将更详细描述所有步骤。

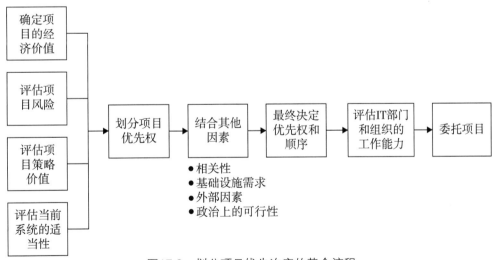

图17.3　划分项目优先次序的整个流程

确定项目经济价值

一般来说，衡量项目价值的唯一标准是基于它带给企业的经济价值。用最简单的术语来说，衡量财务价值是通过收益流的形式来进行的。收益流是指与项目产生那些效益的成本相对照的效益。图17.4显示了整个项目价值评估框架，该评估框架是基于项目相关的经济价值的。

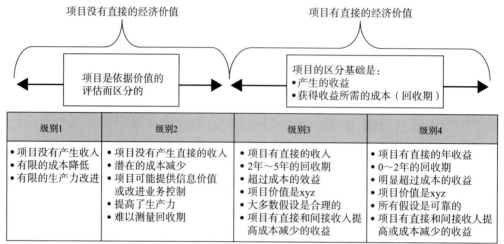

图17.4 项目经济价值记分卡

这里有很多计算项目经济价值的方法，包括投资回报、投资的价值、项目投资回收期、净现值、内部回报率。所有衡量项目回报的方法都是分析项目价值的信息成本和收益。项目成本通常有两种形式，一次性项目成本和运营状态下的成本变更（如基础运营模式的改变）。同样，收益也有一次性和持续性两种形式。通常，成本主要是指一次性成本，收益往往是多次出现的成本节省或收入。

依据企业的要求和IT指导委员会的偏好，可以采用差别很大的成熟模式来衡量项目的经济价值。我们选择的项目价值衡量方法能简单测量成本和收益，并能用文档清晰记录主要成本驱动因素和产生收益的假设。采取简单模式节省的分析时间，可以用于进一步证实成本和收益的假设，因此极大地改进了估计的准确性。对于粗劣的和不完整的假设，即使用成熟的计算手段得到的评估对于指导投资决策一点价值也没有。图17.5介绍了计算项目回报的基本模式。因为该模式被简化了，所以应当特别注意获得收益的时间。推测简单模式的未来收益是相当低的，特别是与今天的真实成本比较。模式背后的假设应当略述重复出现的收益流和收益时间。第12章也提出了估计项目成本和收益的方法。图17.6显示了一个简单的计算项目经济价值的例子。

注意，按照现金流来估计项目的经济价值也很重要。会计准则允许项目、硬件和软件投资资本化，承认跨期费用，项目应在现金流基础上说明净价值，而不必太过着眼于最终的会计处理。

首席财务官和业务部门领导，通常也想了解项目如何影响当前会计年度预算，以便为将发展成项目组成部分的任何变更做好准备。如果项目成本可以资本化，则项目对当前年预算的影响将最小。首席财务官同样希望了解项目的现金支出时间安排，以便有效管理企业的现金储备。同时还要了解项目支出的时间安排，确保需要购买项目的外部资源、硬件和软件时，有可用的资源。

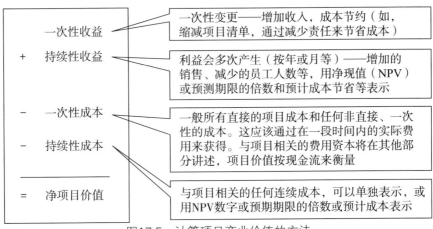

图17.5　计算项目商业价值的方法

	假设	计算
估计每天的单独访问者	1 000	
成员点数		
访问者变成会员（点数）	15%	150
会员得到优惠券	75%	113
访问商店得到优惠券的成员数	50%	56
每天从获得优惠券的会员处得到的收入		美元 56
讨论和调查		
加入讨论的成员	33%	50
因为讨论而访问商店的人数	20	
由于讨论而访问商店		990
每天从商店讨论获得的收人		美元 2 267
当月优惠券		
获得本月折扣优惠券的访问者	5%	50
访问商店获得优惠券的人数	65%	33
每天从优惠券中获得的收入		美元 53
增加的商店访问		
每个单独的访问者每年增加的访问	2	
每天所有参加的访问者		183
每天来自增加的商店访问者的收入		美元 836
每天的总收入		美元 3 213
每年的总收入		美元 1 143 708
产品收人的毛利	90%	美元 1 029 337
网站的估计成本		美元 245 000
成本回收的月份		2.86
产品的平均价格	美元 1.29	
产品提升的平均价格	美元 1.00	

图17.6　项目经济价值计算实例

在评估企业所有项目中技术含量高的项目的利润方面，IT指导委员会是IT团队很好的指导。多数情况下，高管团队希望企业的投资资金花在整个企业内回报最高的项目上，IT指导委员会可以为IT部门提供项目非技术性评估的资料。

评估项目风险

优先级划分流程中的下一个关键步骤，是评估影响企业竞争力的项目风险。项目交付风险对企业实现项目收益的能力有巨大影响。IT项目风险的种类包括项目复杂性、用户准备就绪程度、使用的技术。图17.7的记分卡显示了决定项目价值时要评估的其他风险因素。评估项目风险时，根据所考虑的具体项目，评估队伍也要适当考虑其他因素。如何确定项目的风险等级，由低到高排列。

低 风险水平 高			
等级4	等级3	等级2	等级1
项目复杂性 ●充分理解需求和编制需求文档 ●很好地确定反问	●理解需求 ●有限的区域性的潜在影响或客户差异影响	●没有充分理解应用功能支持的新业务 ●与业务功能有关的经验有限	●主要功能模块定义不清晰 ●未清楚了解IT需求 ●很多未完成的事项
用户准备就绪程度 ●关键资源的可用性和生产能力 ●清晰的权利和责任 ●明确的可度量的目标	●资源可用 ●共享权利和责任 ●跟踪关键事项，了解这些事项的影响	●不清或受限的权利 ●跨越几个领域的责任 ●事项没有追踪，没有理解事项的影响	●关键资源分散在很多项目上 ●没有项目或收益的权利 ●有限的责任 ●很多未完成事项
技术 ●应用功能建立在稳固的、IT有丰富经验的平台上 ●对运营的优先有限	●有足够的时间来测试技术性的环境和培训适当的员工 ●发布的策略容易理解和控制	●为了测试或培训，在有限的时间内重建技术环境 ●发布的策略导致两种或多种版本的产品代码	●第一个在新技术平台上交付的应用功能 ●跨过多技术平台 ●技术有未证明的性能

图17.7 项目风险评估记分卡

评估项目战略价值

项目战略价值被定义成项目对企业外部实体，特别是客户和供应商的影响。项目的战略价值是指项目给企业带来新的能力，以及竞争对手复制这个新能力的难易程度。该新能力会提高企业与项目客户和供应商一起工作的能力。战略价值应通过业务部门的用户数据和战略管理的观点来评估。图17.8显示了用于评估一个项目对于一个企业的战略价值的记分。分析的结果应当给出该项目相对于其竞争项目的战略价值等级，等级由低到高排列。

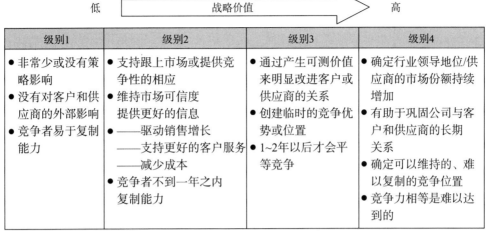

图17.8 项目策略价值记分卡

评价当前系统的适当性

确定项目的价值时，系统的适当性也是一个需要考虑的关键因素。如果系统已经存在，可以为组织提供适当的能力，最小化或减少投资和劳动力投入。我们发现IT队伍中出现的一个趋势是，寻找在现存系统中增加改进功能的机会，而不是抓住可能含有更高价值的创新项目。因此，当前系统适当性是了解整个项目优先级的一个重要的衡量标准。整体能力可以通过两种形式来衡量，系统技术观点和系统流程。

图17.9显示了用于变更适当性水平的系统，即流程记分卡，可以用于判断当前系统的功能覆盖水平。

	低　　　　　　　　系统适当性　　　　　　　　高		
	等级4	**等级3**	**等级2**	**等级1**
系统	• 系统目前没有项目计划的功能 • 当前系统提供的功能不稳定或没有提供所需的功能	• 系统目前具有的功能对于接下来的0~6个月而言是足够的	• 系统目前具有的功能对于接下来的7~12个月而言是足够的	• 系统目前具有的功能对于接下来的1~2年而言是足够的
流程	• 目前没有提供项目计划的功能的流程 • 当前流程提供的功能是不稳定的或没有提供所需的功能	• 当前流程提供的功能对于接下来的0~6个月而言是足够的	• 流程目前具有的功能对于接下来的7~12个月而言是足够的	• 流程目前具有的功能对于接下来的1~2年而言是足够的

图17.9 当前系统适当性记分卡

划分项目优先级

既然用于确定项目价值的四项关键的项目评估指标——经济价值、风险、战略价值、系统适当性都完成了，则可以在上述评估的基础上划分整个项目的优先级，将已批准项目按照前面评估操作中确定的价值划分在2×2的格子里。

第一个评估是基于项目的策略和经济价值进行的比较。战略对经济价值的比较，会显示"有价值的"项目，也就是能给企业带来最大收益的项目。图17.10显示了基于项目策略和经济价值的项目分类。项目有相对最低的策略和经济价值在左下象限，这些项目不可能被考虑列进最高优先级列表，可能也要重新考虑是否将其附加在已批准项目列表上。

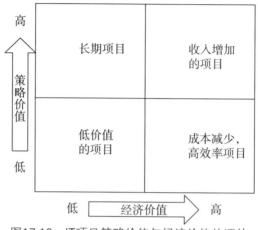

图17.10 IT项目策略价值与经济价值的评估

在筛选出所有低财务、低战略价值（左下象限的项目）的项目后，应当根据当前系统的适当性来估计剩下的项目。图17.11显示了根据经济价值和系统适当性评估项目的2×2矩阵。在任何情况下，每个象限都为本象限的项目提供行动建议。落入左上象限的项目是高价值项目而系统支持能力不适当的。这些项目成为高优先级别项目将受到组织的关注。图17.11也显示了实际项目中的一个典型样本，以及其如何在划分优先级的网格里分布。

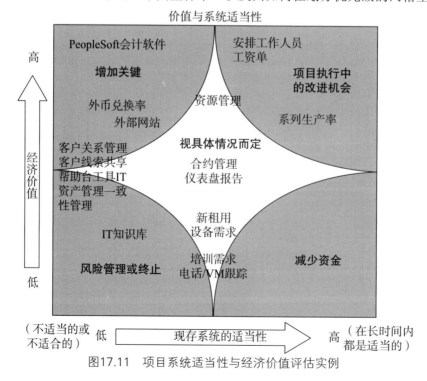

图17.11 项目系统适当性与经济价值评估实例

最后，对于属于左上方象限需增加关注的项目，应当做进一步评估并且按照"可做性"（成本，速度，风险）与经济价值排序。图17.12显示了这个分析结果。这个排序的目的，是确保高价值易完成的项目得到最高的排序。这样可以保证企业尽可能快地享有项目的收益。属于右上象限的项目是精品项目，这些项目易于实现且能提供高经济价值。顶级项目属于这个象限，这个象限是由IT部门确定的最优先的项目组成的。进入这个分析阶段的大部分项目可能是最有价值的项目。这最后的优先级排列提供了项目的实力排序。

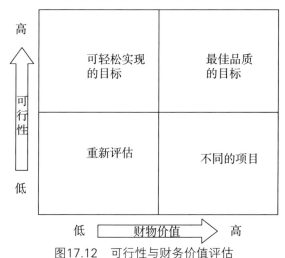

图17.12　可行性与财务价值评估

在每一个实例中，优先级划分的结果应通过"合乎情理"检查。如果分析是扭曲的或结果荒谬，以及对假设的仔细检查没有改变结果，利用常识划分出来的优先顺序胜过由方法生成的优先级。

在基于战略、财务、风险和系统适当性对每个项目的价值进行评估后，每项评估变量的分数应当被记录用于图17.13所显示的项目优先级划分。基于讨论的记分卡，依据项目的评估为每项评估变量记录一个数值分数（一般从1到4）。每个分析阶段的结果都将修改已批准的项目清单。图17.13显示了一个划分项目优先级的例子。计算每个项目的所有分数，并且按照优先权顺序从高到低排列。当加入新项目或有项目完成时，应当对列表和优先权顺序进行周期性的添加和重新评估。

划分项目优先次序图

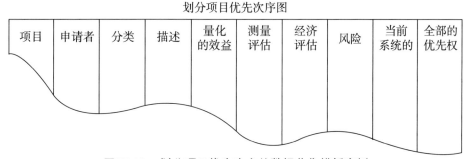

图17.13　划分项目优先次序的数据收集模板实例

结合其他因素

项目优先级划分流程的下一步是评估其他因素。各种因素都可能被团队考虑到，这可以改变整个项目的优先级。这些因素包括如下情况。

> 对其他项目的依赖和其他项目对指定项目的依赖：在这些情况下，项目依赖可能形成相同优先级项目的依次排序。

> 完成项目所需的基础投资：有些项目可能依赖的基础投资或设备能力当前不可行，因此必须延期。

> 项目时间安排：外部因素可以指定项目适合的开始或完成的时间。例如，对于高季节性业务，在业务量大的高峰季节实施新订单系统是不合理的。在接近年底时使用新财务系统，同样也不是好的时间安排。在最后的优先级划分阶段也应当考虑这些外部因素。

> 策略可行性：终端用户和业务决策者必须完全理解项目的目的和项目可能获得的量化收益。项目不管是否有高价值，必须向组织推销一段时间，因此，必须延迟直到策略被接受。

> 技术或系统依赖性：实施新软件之前需要进行系统升级，如扩展文件系统、编码标准化或软件补丁。这些关联性都应当考虑。

最后确定优先权和项目排序

当这些因素全部考虑后，项目可以进行综合排序，并产生一个项目清单，以后按照这个顺序来执行。下一步决定这些项目中，可以同时实施多少个项目，并启动项目。

评价IT部门的能力

完成项目优先级的划分后，团队应评估多少项目可以同时实施。这个数字取决于两个因素，IT部门内的资源能力和企业承担新项目的能力。IT部门的能力取决于各种因素，包括可用的项目经理数量，员工时间在基线支持和项目工作之间的分配，以及该项目所需的特定技术和功能技巧等。每个项目必须有一个项目经理和所需的全套技能的团队。项目进度表取决于该项目工作团队可用时间的总和。

表17.1列举了一个多少时间，可以用于项目工作的工作量图实例。

表17.1　IT组织工作量表

小时/工组	IT程序员	网络支持员工
总的小时数/周	40	40
紧急工作/周	5	5
项目工作/周	30	30
运营/基础支持/周	5	5

复查完成项目所需的时间（按小时计），并且划分给不同的功能领域。表17.2显示项目所需的时间（按小时计）与可用资源的数目。

表17.2 职能组织工作量部署

项目功能区域	剩余的开发工作量（FTE小时）	剩余的配置工作量（FET小时）	剩余的总工作量（FET小时）	当前可用的业务部门和IT部门资源（FET小时）
销售	300	50	350	200BU 100IT
市场	50	20	70	10BU 30IT

在建立项目进度表时，除了IT工作量，项目管理工作量也必须考虑。平均而言，项目经理一般只能同时管理少数几个项目。需要考虑项目的规模和复杂度。应当将大项目分成几个小项目，以三个月为一个阶段。平均而言，在一年内，一个项目经理可以完成4个有三个月期限的子项目。此外，如果项目经理同时管理2个项目，他可以完成8个较小的项目。当考虑确定多少项目可以完成时，应当权衡项目经理的工作量和工作能力与项目重要性的关系，还要权衡每个项目的规模。图17.14显示当前项目经理的适当性与项目的商业价值。

最后，应当评估整个组织或企业同时实施多样项目的能力。这个数字因企业的不同而不同，主要取决于企业规模、文化、地理位置分布和业务周期等因素。虽然数字改变了，但没有企业可以承受与大规模项目相关联的变更和中断。对于中等规模的客户（年收入1亿美元至5亿美元），建议不要多于两个主要项目和同时实施的项目总数不要多于4～7个。对于位居《财富》前1 000名的客户，建议不要多过1个重要的项目计划和5个主要项目。这些主项目的子项目数目变更比较大，但一般情况下数字是1～5。

这一步的结果是决定团队可以执行多少列表上的项目，允许列表上的哪个项目开始。

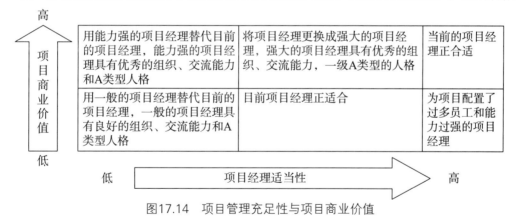

图17.14 项目管理充足性与项目商业价值

17.5.6 启动项目

在完成项目优先级的划分和IT工作量的评估后，就可以启动确定的项目组了。项目总的工作量估计与可用的资源估计相类似，然后可以依据项目清单开始工作流程。

设定一个可用项目资源耗尽的下限，超过这个极限就不能再启动其他新项目，直至出现以下三种情况，（a）项目完成，（b）取消项目，（c）预算增加了IT内部和外部资源。

IT需求管理工作的主要部分到这时已经完成，标准的、用文件详细记录的IT项目管理制度包括范围定义、需求收集、工作计划和最后估计已完成。对于最先确定的项目，每一个负责人都应当在项目启动表上签字，最重要的是，业务所有者和IT团队应确保有项目成功的清楚定义，确保项目的完成可以度量。

17.5.7 项目实施

项目实施时，应严格遵守项目计划制定、实施、报告和工作管理的标准及项目管理制度。从IT需求管理角度来看，影响IT项目获得优先权的假设发生变更时，各方快速沟通是很重要的。预期成本、收益、风险、策略价值或其他影响项目优先级的因素的重大变更，都可能引起项目实施优先权的重新评估。

17.5.8 项目的完成和复审

项目完成时，应当由业务用户和IT指导委员会通过正式的复审并签字，以确认项目的完成。此时对项目成本的最后分析和项目收益的重新估量也应当完成。同样，此时也是总结经验、进行团队员工绩效评价的好机会。

当一个项目完成后，IT部门就可以启动优先级列表上的下一个项目。如果因为事先进行过优先级的划分，新的项目已经加到已批准项目列表中，那么IT部门必须加入项目优先级分析阶段，以便考虑实施这个项目。此外，如果已划分优先级的项目的经济价值、战略价值、现存系统适当性和风险的设想发生了变更，那么这些变更也应当考虑。

17.5.9 项目管理成功的关键因素

介绍了IT需求管理方法之后，本章的剩余内容将简要介绍几个IT项目管理方面有用的实践方法。正如我们观察到的，目前有多种定义清晰的、高效的IT项目管理方法。然而本章不能全面介绍最佳的项目管理组成因素，重点介绍成功的项目管理中的几个关键。

良好的项目管理是有效的IT部门管理的必要补充。项目的有效管理决定了项目的成功或失败，即使项目已经适当地划分了优先权。

主要的项目管理工具中的两个关键组成部分是项目启动文档和项目计划。项目启动文档确定了项目负责人、业务用户的负责人、来自IT部门的项目经理、内部和外部资源、范围、目标、期望的经济利润、预计的资源、硬件和软件成本及签署项目的行政级别。

项目计划应包括以下部分。

- ➢ 定义5～10个完成项目的高级别任务（如动能性评价、经济、ROI分析、参考资料检查）；
- ➢ 确定任务之间的依赖关系，以便实现任务的优先权、时间安排和排列顺序最优化，并且增加同时实施任务的机会；
- ➢ 定义任务确定完成后，必须获得的具体的、交付使用的结果；
- ➢ 非常详细地定义任务，明确必须采取的行动及工作步骤需要的工作量；

> ➤ 确定负责每个任务完成的唯一负责人，然后可以确定参与任务的其他团队成员；

> ➤ 通过坚持不懈地完成关键的里程碑式任务，来促进项目进度，修改计划来反映当前的状态；

> ➤ 利用制定最后期限的方法，使供应商根据项目时间表执行合同；

> ➤ 当截止日期被错过时，与业务负责人和IT指导委员会正式讨论，以便清晰地交流时间不足的原因和制定新的期望日期。

17.5.10　有效地管理资源

项目管理成功的关键因素之一是能够有效地管理项目资源。

当开始一个项目时，首先要做的事情之一就是建立项目的主旨，包括审核项目目标和项目实施期间把其他的议程放在一边。确定主旨同样包括确保明确定义汇报关系和团队内部的责任，项目经理对交付的项目负有责任，因此，项目经理必须是最后的决策者。

当一个项目开始后，应当宣布主要任务审查日期，并且明确记录在文档里。所有团队成员应当知道关键的里程碑任务、进度表和按期完成的关键程度。项目经理应当将任务和子项目分配给团队成员，并且确信他们了解所负责的任务。

在整个项目生命周期，当实现主要任务和庆祝团队完成重大任务时，项目经理应当注意奖励和承认成绩突出的个人。另外，如果实施不符合时间安排和主要任务没有实现，项目经理应当迅速向团队说明缺陷。很多项目经理在这些情况下有忽视未完成任务者的倾向，并希望他们自己解决问题。这种解决方式不仅对与事故有关的人是不利的，而且对整个团队也不利，因为这等于向整个团队发出信号，项目实施不利和错过截止日期是可以容忍的。

在这种情况下，项目经理应当与团队成员一起工作，用优化的、详细的、可以付诸行动的建议来补救。项目经理也应警示进一步失败的后果。与团队成员的谈话应记录在带有明确主要任务和日期的证明文件里，并且项目经理和团队成员应在证明文件上签字，来确保完全清楚。随后每隔一段时间就进行一次团队成员的工作评估，通常是30天。安排对团队成员定期的、标准的审查，是及早发觉这些问题的简单方法，同时提供了一个指出这些问题的机会。

资　源

项目财务价值计算：

博迪（Bodie）、兹维·亚历克斯·凯恩（Zvi Alex Kane）和艾伦·J·马库斯（Alan J. Marcus），《投资》（纽约：McGraw-Hill /Irwin）。

柏莱利·布里厄利·A（BrealeyRichard A.）和斯图尔特·C·迈尔斯（Stewart C. Myers），《企业融资的原则》（纽约：McGraw-Hill）。

加德纳（Gardner），克里斯多夫（Christopher），《信息技术的价值评估：战略发展、价值评估与财务规划指南》（纽约：约翰威立国际出版企业，2000）。

雷门伊（Remenyi）、D·阿瑟·莫尼（D.Arthur Money）、迈克尔·舍伍德·史密斯（Michael Sherwood-Smith）、查希尔·伊拉尼（Zahir Irani）和艾伦·特威特（Alan Twite），《IT成本和收益的有效测量与管理》（波士顿：Butterworth-Heinemann，《每周计算机专业丛书》，2000）。

项目计划：

布鲁克斯（Brooks），弗雷德里克·P（Frederick P），《人月神话》（波士顿：艾迪生韦斯利出版社，1995）。

卡西迪（Cassidy）， 安尼塔（Anita），《信息系统战略规划的实用指南》（佛罗里达州波卡拉顿：CRC出版社，1998）。

项目管理：

贾森·查瓦特（Charvat，Jason），《项目管理一族：新实践IT项目经理的目标—有效的指导、工具、模板和技术！》（纽约：约翰威立国际出版企业，2002）。

默奇（Murch），理查德（Richard），《项目管理：IT专业人员的最佳实践》（新泽西恩格尔伍德克利夫斯：普伦蒂斯·霍尔出版社，2000）。

菲利普斯（Phillips），约瑟夫（Joseph），《IT项目管理：从始至终的全程跟踪》（纽约：McGraw-Hill Osborne Media，2004）。

项目管理协会。网址：www.pmi.org。

团队执行力：

帕索斯（Parcells），比尔（Bill），"转型团队的艰难工作"，《哈佛商业评论》（2000年11月/12月）。

第18章

IT绩效评价

如果你不能评价它，那么你就不能管理它。

——汤姆·彼得[1]

这一章概述完整的IT绩效评价方法，提出最实用的绩效评价方法，并且讨论在组织中实施IT绩效评价的途径。本章涵盖下列重要的论题。

> 绩效评价的价值。
> 建立和管理IT评价项目。
>> ——定义IT监控表；
>> ——实施基线调查；
>> ——建立管理、分析和汇报流程；
>> ——管理评价项目；
>> ——对评价项目进行再评估。
> IT评价指标。
> 授权和管理企业IT运行健康状态检查。

本章介绍实施IT绩效报告的实用观点。

18.1 绩效管理的重要性

今天的首席信息官面临新的责任。这本书将讨论那些责任，战略计划编制、基础设施计划编制、运营管理、人事和其他的责任。此外，管理者常常面对紧急情况，必须立刻集中处理。不幸的是，绩效管理项目排在优先排序表的最后。由于日常紧急事项独占了可用时间，对实施的渴求比绩效评价渴求要强，因此，这种绩效评价被永久耽搁了。推行绩效管理和流程控制，可以极大地增加单位的绩效能力和生产力。但是，为建立绩效管理程序而暂时停止一些活动也是有风险的。

如果能够建立良好的绩效管理，则可以帮助IT组织将工作与关键业务目标结合在一

---

[1] 托马斯·J·彼得斯（Thomas J.Peters）和南希·K·奥斯丁（Nancy K. Austin），《追求卓越》（纽约：华纳图书企业，1986）。

起，并通过客观评价报告和改进绩效，帮助组织获得业务部门的信任。为了有效地与其他高管层沟通，首席信息官应重视绩效评价，定义一个通用语言来解释什么是出色绩效与拙劣绩效。没有通用语言，业务领导者很难建立绩效目标和理解实际IT绩效水平。通常业务领导对描述绩效的主观评价指标不信任。企业里几乎所有其他业务部门和职能部门都已确定了必须达到的目标和评价标准（如存货水平、销售定额等）。令人困惑的是，IT组织不能持续坚持这种严格的评价标准。首席财务官通常是企业评价系统最严格的支持者，但是，通常首席财务官和其他高层管理者没有创立有意义的IT绩效评价系统方面的培训、经验和技术教育背景，并且也没有"被广泛接受"的评价标准做参考。

实施标准的、可重复的绩效评价与跟踪系统，可使首席信息官建立与业务领域沟通的新常态。坚持使用这个系统，可使首席信息官在组织内建立威信。一个绩效管理和报告系统，可以帮助首席执行官和首席财务官跟踪技术投资资本的回报。

很多IT高级管理的沟通程序缺乏标准评价的结果。领导在没有得到每天制造出的一般比率指标时，不会要求工厂经理削减费用或增加生产力，但他们经常在没有任何IT内部流程和绩效的参照物情况下，要求IT去做同样的事情。大多数制造和财务职能部门是由被认可的评价指标进行控制或评价，相对来讲IT缺少可行的评价标准，使IT运营与业务部门结合。IT评价系统可以通过提供统一的框架，直接将IT与业务部门的目标结合，帮助处理这些问题。

实施流程控制和绩效评价的益处是巨大的。能力成熟度模型、软件流程管理认证，越来越多地被有软件开发组的组织所采用。证明每1美元流程规律投入带来的收益是5美元。按照《计算机世界》杂志的说法，由于实施项目评价系统，在过去一年中，通过减少或停止新项目开发，将资金转入更快或更有效的项目，Merrill Lynch已经节省了2 500万到3 000万美元。[①]

另一个案例是Belk企业，一个全美范围的零售商，被迫采用生产力评价标准作为避免毁灭性的系统失败的方法。在1997年，企业用于非计划的维护费用，比预算3 000万美元超支110万美元。Belk的批处理系统挂机次数达到令人吃惊的数字——一个月800次。一年以后，在实施绩效评价后，系统失败次数下降到每月480次，维护费用减少大约80万美元。[②]

最后，实施绩效管理是首席信息官成功的关键。管理本单位的项目绩效显然是首席信息官的责任。没有适当的程序能反映首席信息官对业务管理和技能的理解水平，然而本单位IT绩效水平将最终反映首席信息官的绩效水平。

18.2　评价的价值

评价的价值是通过分析数据、采取行动、改进运营获得的，本单位的运营改善增加了生产力和IT资本投资回报。因为实施评价系统成本不低，但与收益相比成本很小。换句话

---

① 托马斯·霍夫曼（Thomas Hoffman），"IT投资模式成功转型"，《计算机世界》（2002年8月5日）。
② 黛博拉·阿斯布兰德（Deborah Asbrand），"成功的IT指标"，《信息周刊》（1998年8月17日）。

说，不是为了评价本身而评价，而是为了获得更高回报。

评价的预期价值是预期收益（直接或间接）与预期成本之差。这个价值主要来自直接收益，即来自IT部门的日常管理和评价。这些收益包括更优资源的配置，改进系统绩效，降低风险，以及改善的客户服务体验。此外，还有一些"隐蔽的"、非直接的收益，包括绩效文化的建立，增强了IT与业务的融合，增加了IT在整个组织的价值透明度和公允度。

在实施IT评价项目中常犯的一个主要错误是程序过于复杂，需要追踪上百个评价指标。这个错误是追踪每个想得到的评价指标，而不是分辨确实重要的评价目标与确实重要的指标。结果是无关的信息和没有时间意义的数据构成几个庞大的报告。这种方法既耗时也麻烦。这个程序的回报低，一般会缓慢而痛苦地死亡，维护程序的付出比实际数据应用更大，因此，收益是很少的。

例如在图18.1所示，如果建立的评价项目适当，其价值是相当可观的。

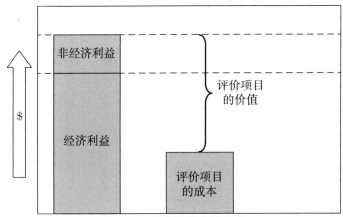

图18.1　IT度量程序的价值

18.2.1　IT评价的收益

从行动中获得的IT评价关键收益反应其产出，它们包括：

➢ 改善客户服务；
➢ 更有效的资源配置；
➢ 提高系统绩效和正常运行时间；
➢ 减少风险和无计划的行动；
➢ 提高人员生产力（开发和支持）；
➢ 推广高绩效水平的文化。

改善客户服务

改善客户服务是服务级别达成一致、满足或超过这些级别的结果。很多收益之间是内部相关的。例如，降低系统无计划的中断期引起的员工工作量的减少，从而改进客户服务。提高人员生产力使项目完成得更快，同时也增加了客户的满意度。

一般而言，向企业客户提供IT服务的真实成本与客户实际支付的服务价格之间没有联系。通常业务部门期望的服务级别与得到的服务级别，以及特定服务的实际支付之间没有相互关联。业务部门并不能直接认识到这一点，因为他们通过特别的管理费用分摊原则支付费用，而不是为不同服务级别支付费用。例如，业务部门A可能不需要30分钟内的桌面支持响应，4小时之内就可以满足，但是IT部门制定了30分钟内响应的硬性规定，这意味着需要更多人力资源和更多的成本。

在1984年以前，唯一出售或租赁电话机的企业是AT&T，其制造的电话机过于机械化了。电话机粗糙地由过重的塑料制成，几乎不易损坏。然而非常昂贵，一台新的电话机要花费100多美元。在电话市场撤销管制以后，新的电话设备制造厂商开始销售20美元的一次性电话机。它们很快流行起来，然后很快每个人都购买用便宜塑料制成的一次性电话机，能使用1~2年。很快，满足消费者对新款电话机的需求带来了行业的巨大增长。AT&T假设每个人都需要同样价格的同样电话机这是一个不正确的假设。

这对未受过培训的IT部门而言同样真实，IT部门在用户希望的服务级别上，不断设定愚昧的假设。IT部门一般将服务级别定在最高的公共标准，然而并不是每个业务部门或职能部门都要求最高的服务级别。大多数IT组织能够在效率方面获得巨大改善，不只是简单地为业务部门提供不同级别的服务，为愿意支付更多的单位提供较高的服务级别，为那些不需要额外服务的单位提供低成本的服务选择。

收益是通过利用客户，对各个服务区域的部门相对绩效的期望与反馈而产生的。这些信息可以突显IT过度投资的区域，以及需要额外资源的区域。这将提供改进客户服务级别，改善资本和运营支出的使用。由于绩效评价项目使IT能够追踪和分析客户服务级别，因而有助于服务级别和绩效的真实讨论。

更有效的资源配置

这些评价指标可使首席信息官将员工派到需要改进服务级别的领域，从已超出服务级别的领域撤出。此外，对项目评价指标的追踪可使资源配置到适当的项目。

提高系统绩效和正常运行时间

另一个值得评价的明显收益是提高系统绩效。系统绩效可以从多个方面评价，包括能力利用的系统可用性和速度。各种系统绩效评价指标的追踪，可以帮助经理很快将问题从还没有变得严重之前分离出来。正如警示性汽车指标，可以帮助司机维护车辆的高性能一样，系统的评价指标可以帮助经理使系统持续处于绩效高峰。

减少风险和无计划的行为

通常情况隐藏收益是减少风险。如果没有任何评价和追踪，对经理而言，了解系统使用趋势、预测潜在问题或未来的升级需要是非常困难的。这会导致在不适当时间，出现主要问题并缠住经理。例如，某企业一个大的服务器出乎预料地中断挂机，这不是因为硬件或病毒的原因，而是因为一大组已招聘的员工开始使用该系统，使得系统超过处理能力而发生中断。IT部门不是用更符合成本效益的方法计划系统升级，而是被迫给供货商打电话连夜运送新硬件。这就引起了额外的、未预料的过度成本。最后，IT部门仍要支付当天的快速修复成本，此外还要支付定期的系统升级费用。这笔费用甚至没有包括该企业9小时系统宕机的成本。这使得出现损失业务、商誉，延误货运的机会成本，以及其他一连串由这个未预料事件引发的其他问题。如果团队在过去的时间里，已经分析系统的评价指标并且做好额外的员工计划，他们应当明白系统正达到能力极限，并能努力避免大的意外费用。

提高员工的生产力（开发和支持）

建立流程并追踪评价指标，可使首席信息官制定人事绩效标准，建立可用于绩效考核的员工绩效"良好"基线。例如，跟踪记录每天员工完成的所有服务台呼叫单，可以根据他们每天完成的呼叫单数量，评价服务台员工的绩效。同时，表现不佳的员工被曝光，并劝告其改进。

高绩效的文化

实施绩效评价将树立以绩效为导向的文化。当然，这种影响不能直接评价，但它对创立评价项目有重要的辅助影响。即使没有必要将激励工资与评价标准联系在一起，建立评价项目也可持续激励员工，并帮助他们建立改善当前工作绩效的创新性计划。在提供的明确目标和持续反馈的环境内，勇于竞争的以目标为导向的员工表现杰出。他们在这种环境中接近于成功，并且交付了出色的成果。借助有效的评价，组织可以建立、鼓励、持续改善绩效文化。随着时间的推移，还可以提高员工的满意度和减少被动的人员调整。

18.2.2　绩效评价的成本

有些收益难以评价，但IT评价项目的成本是相对简单、直接的。成本分成四个主要类别，计划、评价、分析和管理。除了计划阶段，有效的评价项目不应占用很多时间来管理，应被整合到日常的IT流程中，就像日常的系统维护一样。在IT评价项目中，计划成本通常是最显著的，因为它是确保项目既有效果又有效率的关键。计划工作成本要花掉高级经理或首席信息官和一到三名正式员工几周的时间。这些资源用于确定目标，估计潜在的项目收益，选择评价指标，建立评价的流程，确定组织的角色以及用来估计项目的整体价值。

所选的评价指标应相对来说易于观察，且需要最小的资源来获得。这样可使得评价成本最小化。这些成本的主要部分可能是由行政和管理造成的。主观的评价技术如用户调查等不能主动操作，因此，需要更多的资源来实施和管理。

成本分析在项目初创时非常高，随着一般分析任务的自动运行和重复，成本会不断下降。分析包括将评价数据转换为决策信息的所有任务。虽然有些未加工数据可能很有价值，但是如果与有助于提高首席信息官洞察力的背景无关，则其对制定决策也没有任何用处。例如，每位员工所有的IT花费对经理而言没有用，但可以帮助他们洞察与行业标准和历史绩效相关的一些数据。

管理成本包括IT高级管理层了解信息、规划建议行动花费的时间。没有采取任何行动，评价项目将没有价值，所以，当考虑评价项目的成本时，这些成本必须一同考虑。

18.3 实施IT评价项目

成功地实施IT评价项目并不简单，几乎80%的IT评价项目是失败的。为避免一般的失误，如系统过于复杂、追踪太多评价指标，需要很多手工记录、追踪无意义的指标，所有这些失误使首席信息官受挫，延长项目实施时间并且削弱了其真实的目标。

成功的评价项目一般具有以下几个特征。

> 认识到20%的评价指标提供所需的80%相关信息，在推行评价项目之前，对大多数客户企业，我们都帮助他们收集网络统计数据，服务器运行数据和服务台统计数据，但在许多无意义的数据中几乎不能发现有用的信息；

> 除了系统IT评价信息外，应当捕获足够广泛的信息，例如捕获用户满意度；

> 需要很少的努力去追踪和完成；

> 以标准进度表形式与员工和主管沟通结果。

18.3.1 IT仪表盘

我们推荐一个成功的方法是IT仪表盘。这是一个实用简单的IT绩效描述。在概念上与平衡记分卡一样，由罗伯特•小卡普兰和大卫•诺顿开发，但是实施起来并没有那么严格和费力。

仪表盘概念是以机动车仪表盘作比喻产生的，汽车仪表盘实时描述了所有司机安全驾驶汽车时应了解的信息。IT仪表盘起到同样的作用。

IT仪表盘提供一个易于理解的评价，以及追踪揭示IT绩效的评价指标的工作框架。仪表盘提供非技术性的基础，在各组织间共享部门的目标和绩效结果，这是各业务部门建立信誉和获得尊敬的重要步骤。这个框架使得组织内的每一个人了解IT是如何评价的。

仪表盘是被细分成小的部分和评价标准的一个页面。这些评价标准，由3～5个关键的绩效指标（KPI）组成，可以在规范的基础上，快速评价IT绩效。KIP由一个或多个评价指标构成（客观的和主观的），并用一个易于理解的系统将它们标准化。KIP报告的一个有效方法是用绿色、黄色和红色分别代表满意、警告和需要注意的情况。图18.2是一个IT仪表盘的实例。

表18.1　IT仪表盘实例

IT投资	
每个席位的成本	高
成本占收入的百分比	一般
成本占出售、常规性管理开支（SG&A）的百分比	高

投资回报	
获取收益	低
投资回收率	低

设施和操作系统	
台式电脑	一般
数据中心	一般
中等规模	一般
远程通信/网络	一般

项目交付	
完成数量	一般
项目质量	低
增加的价值	低
拖延	高

客户满意度	
整体满意	一般
支持方面	低
应用软件	低

人力资源开发	
层次数量	一般
平均任期	一般
技能的可用性	低

IT仪表盘主要的领域或评价标准包括：

➢ IT投资，例如IT支出，资本投资；

➢ 投资回报；

➢ 基础设施和运营；

➢ 项目交付；

➢ 客户满意；

➢ 员工能力发展。

实施有效的IT评价项目，首席信息官应遵循如下步骤。

➢ 评价并定义对业务而言重要的评价指标；

➢ 定义IT仪表盘分区，将相关的评价指标标注到每个分区；

➢ 为每一个评价指标定义目标绩效；

➢ 建立一个综合的IT仪表盘，如表18.1所示；

➢ 开展基线调查并改进目标；

➢ 制定数据收集、分析、综合及汇报的流程；

➢ 有规律地再评估项目价值，并评价目标、指标及流程。

整体流程概述如图18.2所示。

18.3.2　评价指标

这个流程的关键成功因素是选择一个价值较小的IT评价指标体系来跟踪。这些评价指标选择的工作框架应遵守下列步骤：

➢ 复核关键的业务评价标准。了解由业务和职能部门追踪的关键评价指标，将这些评价指标转化为可以影响IT绩效的IT评价指标。例如，销售成绩按新订单评价，则确定对销售流程成功或失败有影响的IT评价因素。从企业范围收集关键评价信息，然后开始分析IT对那些评价指标的影响。

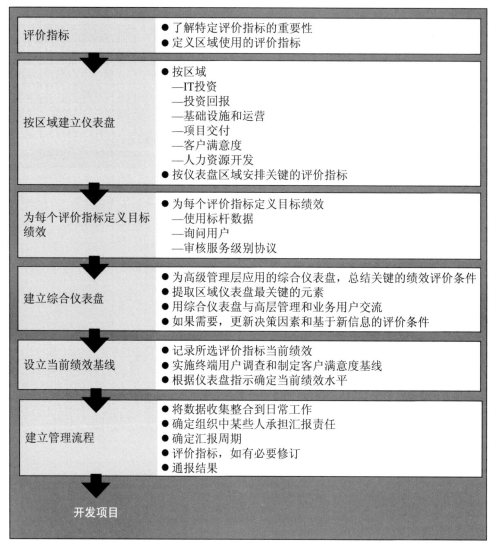

图18.2　IT评价项目的实施

➤ 依次选择每个IT区域，对选择的区域建立仪表盘。这有助于建立特殊评价指标，创立综合仪表盘，以及子领域的日常管理。

下列是对关键仪表盘领域的解释：

➤ IT投资：描述IT组织如何依据预算运营。如三个最重要的评价标准包括：①按预算运营，②按年收入的百分比计提，③按照企业毛利润的百分比计提。其他IT投资的评价标准列在下一节。

➤ 投资回报：汇总来自项目和系统投资的业务收益数据。对于每个业务案例，追踪规定收益和实际收益，汇报这个仪表盘区域的结果，例如，跟踪美元回报与预期美元回报。其他例子是，终端用户接受标准的百分比，用户接受应用的百分比，绿条形码纸使用的数量（在线报告采用情况的指标）和在线订单新系统产生的年收入。

➤ 基础设施和操作系统：基础设施的关键评价标准包括系统和网络的可靠性、支持、安全、病毒保护及其他等。选择关键的业务评价标准，将这些评价标准转换成IT评价标准。对业务部门而言，系统的可用性是关键的。其他基础设施和操作系统的评价标准被列在下一节。

> 项目交付：项目执行总结。项目应按大小分成几个部分。每个IT项目都应按四个标准排序，风险、客户满意度、时间绩效和预算。风险是对项目不确定性水平的评价；客户满意度是衡量满足客户期望的程度；时间绩效是评价团队实施项目时间与进度表切合的程度；预算是评价项目运营中与预算的吻合程度，给每个项目按绿、黄、红排序。绿色代表项目符合进度表和预算，风险极小，且客户满意度分数为80%或更好。黄色代表项目时间进度表和预算在可容忍的（10%~20%）范围内，且有中度风险及50%或更好的客户满意度等级。红色代表项目超出这些容忍度。综合仪表盘可能只显示企业内两个顶级项目，然而各应用组的子仪表盘将显示所有按大小和重要性排序的项目。

> 客户满意度：组织内的客户满意度相对水平。例如，对服务台处理呼叫的满意度，改善步骤，问题的解决，系统增强要求，IT员工的可用性，人员素质，等等。满意度调查通常是客户满意度分数的来源。

> 员工发展：表示组织实施其人员发展计划的程度。应当回答IT组织是如何发展人力资源的。IT组织内是否有实施项目的技术人员？减员水平是一般还是增加的？要建立在当前环境下，对组织而言最重要的评价指标。例如，这个领域里的评价指标包括减员、平均任期，可用性与已用的培训天数，IT员工的平均工资，技能的可用性，可用的资源，本季的人员提升，可获得的奖金以及实现个人绩效目标的人员数目。

18.3.3 按区域建立仪表盘

在每个IT区域建立关键评价指标后，每个区域应有自己的一个单独的仪表盘。这些仪表盘用于管理每个领域（如运营经理接受来自基础设施和操作仪表盘的信息）的人员责任，向团队提供特定的仪表盘，以帮助他们按首席信息官为重要的评价指标调整其工作。

18.3.4 给每个评价指标定义目标绩效

为每一个评价指标定义目标绩效，有几种确定目标绩效的方法。例如，98%的正常运行时间合理呢？还是必须要99%的正常运行时间？有三种方法来确定目标。如果与业务用户的服务级别协议是适当的，这将是一个确定目标的快速方法（它可能仍需要再评估）。基本上，就开始判断在第一次服务级别谈判时双方同意的内容。另一种确定目标的方法是收集关于评价指标的标杆统计数据，确定同类企业中好的绩效。例如，统计显示所有企业正常运行时间平均是99.4%，那99.4%可能就是应当达到的标准水平。第三种确定目标的方法是与用户协商。例如，制造部门可能实际需要99.9%的正常运行时间才能满足业务需要。在IT组织和关键业务部门双方协议的基础上，确定目标与建立服务协议相同。

从研究机构如Gartner集团或Meta集团，收集同行业企业可比较的绩效标杆数据，他们收集整合这些信息。这些标杆能够提供IT部门绩效评估指南，可与同样规模和类型的企业比较。例如，发现IT部门相关绩效明显不如其他企业的领域，认识并注意到差距，确定潜在的原因，然后采取推荐的行动来纠正。在IT部门相关绩效明显高于其他企业的领域，要注意过度绩效，如有降低成本的必要，则可选定这些领域作为降低成本的潜在区域。

18.3.5　建立综合仪表盘

在建立子仪表盘后，每个领域提取前两到三个评价指标来建立综合仪表盘。这个仪表盘要与高管层沟通，见表18.1所示的实例。

18.3.6　当前绩效基线

对于首席信息官而言，下一步是记录当前绩效。客观的指标结果（难于定量的指标）应从最直接的来源收集（如对应于服务台系统的服务台评价指标）。

为充分代表各利益相关集团，主观评价指标应当通过调查来收集，调查包括如下步骤。

- ➢ 调查描述和调查目标；
- ➢ 收集各利益相关集团之间的差异（IT专家与业务部门用户）；
- ➢ 按既定的等级（如1～5）评价每个指标的重要性等级，表明这个主题、服务或评价的指标对利益相关人而言的重要性；
- ➢ 按前面等级，在同样重要性等级基础上，对每个指标评价。

对于主观指标，应对每个指标进行下列特定数据分析。

- ➢ 重要性的平均值：如果高于所有指标的平均重要水平，对利益相关者而言，该评价标准具有相对高的重要性；如果低于所有指标的平均重要水平，对利益相关者而言，该评价标准具有相对低的重要性。
- ➢ 重要性的标准差：标准差低表示整个企业重要性水平一致；相反，标准差高表示各重要性水平差异大。
- ➢ 绩效平均值：如果绩效指标值高于所有指标的平均值，可以认为绩效好于平均水平；如果低于所有指标的平均值，则认为绩效低于平均水平。
- ➢ 绩效标准差：标准差低表示整个企业绩效水平一致；相反，标准差高表示各绩效水平差异大。
- ➢ 重要性差距是评价比较IT员工关于主题、服务或指标的重要性的看法与业务客户的看法。如果差距小，IT部门对客户优先权有较强的理解。相反，差距大，IT部门可能没有完全抓住业务部门的需求。
- ➢ IT专业人员和业务客户之间的绩效差异：如果差异小，IT部门对当前绩效非常了解；相反，如果差距大，IT对绩效的了解与业务部门对其的了解有很大分歧。

在这些分析的基础上，主观绩效指标可按相对重要性和认识到的绩效进行优先排序

（见图18.3）。重要性高和绩效低的领域，表示关键绩效不足并且需要高度关注。低重要性，但绩效高的领域应获得下一级优先权，因为可能存在一些节约成本的潜力。其余的评价指标可以针对个案来阐述。

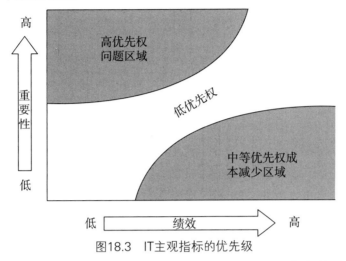

图18.3　IT主观指标的优先级

在划分优先级的基础上，应在最高优先权的问题区域设定指标的绩效目标。这个目标可以是提高的绝对量，提高的绝对百分比，或相对于平均值提高的百分比。除了或高或低的目标外，要为每个指标的低、中、高设定一个特定变更范围，表明绩效的可容忍区域。

18.3.7　为数据收集、分析和报告建立管理流程

应建立与基线调整并行的、用于数据收集、分析和报告的流程，以确保：①评价项目被整合到IT业务流程中；②在数据收集所付出的努力和成本上，评价项目负担没有变得太重；③项目是有效运行的，并向组织的其他部门通告。

对于客观评价指标，记录数据收集流程，并且确定下列情况。

> 收集的方法；
> 收集的频率；
> 执行收集的人员；
> 分析人员的数据转化方法；
> 数据保存期限。

对于主观评价指标，应在基线调查的基础上设计。应小心设计调查问题，确保最适当的问题以最适当的频率提问，使用可用的最好方法来收集准确的回应。调查应比收集所需的时间长，一般5～10分钟，是一个人填写完一张调查表的时间，注意格式和准确性。不准确的回应，最好的情况会妨碍评价努力，最坏的情况则使评价努力完全失败。幸好，经理并不需要统计学或调查设计学的学位，以设计有效的收集方案来回应调查。众多简短论文和书籍针对这个问题从实际的观点出发进行阐述。很多IT研究工作室提供用户反馈调查指导。此外，一些企业也专门为企业作调查设计。

注意调查中普遍存在的错误：

> 没有按所规定的频率重复调查；

> 无法解释调查目的；

> 调查时间太长，太麻烦或过于复杂；

> 无法向利益相关者汇报调查结果；

> 无法利用科学的统计方法来调查。

一个负责领导评价分析和报告的分析者，应连同客观指标一起收集调查结果。他的工作就是核实和验证数据，确保在分析阶段没有发生主要错误。在收集阶段之后，数据需要分析，以便找出决策所需的有用信息。有很多数据分类和汇总方法，然而，最基本、最有效的方法包括差异分析和趋势分析。

分析者使用差异分析法，检查当前绩效和目标绩效之间的绝对差异，依据所定目标，分析者确定每个特定的关键绩效指标是在好的、尚可或不好的状态之内。使用趋势分析法，分析者可根据以前数据调查收集到的数据，识别这种状态是如何随着时间变化的。利用另外的代码和颜色，也可以将趋势反映在IT仪表盘上。

绩效趋势分析时，应当分析下列特定数据，以将所有主观（调查）指标合并成IT人事组和业务客户组。

> 对业务客户而言，重要性和绩效的相互关系：相互关系强，表示客户满意度高。如果这个数据随着时间下降，可能客户需求正在改变，或绩效对于更重要的需求而言，正处于下降状态。

> IT专业人员和业务客户之间重要性的相互关系：相互关系强，表示IT专业人员了解业务客户的需求。如果相互关系随着时间降低，IT部门可能需要进一步了解业务部门需求变更的实质。

此外，分析技术还包括回归分析、因素分析和敏感性分析。这些先进的分析技术可以深入了解因果因素，评价指标之间的关系，问题之间差距等。这些技术需要更进一步培训或在统计、量化评价方面的外部帮助，最好留给更大的机构。这些机构可以收集更广泛的信息，并且判断使用统计人员或为员工进行统计培训来进行这种分析的费用的合理性。

通过分析获得的信息应被输入适当的汇报程序；应表明显著的差距和趋势，并应准备图表，这是个简单、有效的展示评价的方法。

在数据收集和分析完成后，应定期生成报告。依据复杂性和组织需要，数据收集和汇报的周期可以在一周或一季度之间。很多情况，团队会设定一个与标准的会计报告周期相同的时间间隔，大多数组织最少应每半年进行一次绩效评价。

仪表盘的复印件应当贴在IT部门的显著位置，以便每人都注意到IT组织当前的绩效水平。IT仪表盘激励IT部门的员工提高绩效水平，唤起对模范绩效水平的注意。复印件应发放给所有的相关团体，包括：

> IT指导委员会；

➢ IT部门员工；

➢ 高级管理团队；

➢ 业务流程经理；

➢ 完成调查的任一终端用户。

为鼓励在企业内进行与业务相关的技术信息交流，一些关键绩效指标和结果应通过内部通信和市场资料共享。最后，应将一个软件放在企业网上，方便每个员工浏览。第14章包含IT部门与业务部门之间有效交流的其他信息。

18.3.8　项目再评估

对首席信息官而言，通过评价流程，识别组织内需要关注的信息是很重要的；同样重要的是，通过评价流程获得决策流程需要的信息。这些信息应变成证明运营和资本支出的正常基线。毕竟，如果建议的技术投资不能满足特定的业务需求，为什么还要做投资呢？

相反也一样，如果投资是显然要做的，那么投资价值难道不应反映在组织的关键绩效指标上吗？评价项目应当经常调整以确保评价结果反映业务部门的要求，但也不要太频繁，防止其与历史比较变得不实用。不同KPI的历史趋势，对于了解组织变迁过程中业务用户对IT组织各方面重要性及绩效的看法的变化，是很重要的。

评价项目提供整体IT计划编制和管理流程的关键点，但还应提供IT计划编制和预算编制的关键输入信息（见图18.4）。来自定期的计划编制与评价的反馈，可以帮助改善IT组织整体效率。

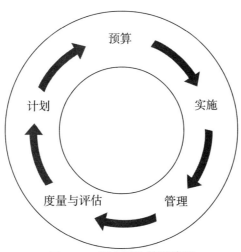

图18.4　IT计划和管理流程

➢ 识别那些从项目开始实施时，优先权发生变动（变高和变低）的项目。

➢ 识别那些项目相关性已经快速降低，以至于最好的选择是取消项目。

➢ 帮助定义适当的服务需求级别。

➢ 帮助为项目及创新制定适当时间线。

> ➢ 在考虑买、建或外包时，提供指导。
>
> ➢ 帮助确定服务于组织中特殊人群的成本，并按有效的服务成本将服务排序。

评价结果的发布有助于指导组织进行周期性的持续改进，包括评价流程自身的改进。当组织成长和改变时，IT部门的各利益相关者的需求也同样改变。为了适应这些改变，再次评价IT绩效评价项目，决定从哪里可以收集新的信息或者发现哪里的评价不适当。

18.3.9 评估和采取行动

首席信息官可以通过以下几个步骤，在评价结果的基础上采取行动，分析绩效数据，按照关键绩效指标建立绩效的简单描述，从预期目标入手分析差距，深入理解绩效驱动因素及因果关系（对过度汇报和疏于汇报而言，进度表是一样的）。

承认和奖励绩效水平良好的个人。通过补救行为解决绩效低下问题。修改策略、计划和预算流程，反映新的信息。提高绩效目标，重新实现新的目标。

18.4 IT指标

依据特殊情况，就提高IT绩效而言，一些指标比另外一些更中肯。本书曾讨论过的仪表盘的关键内容之一，就是选择适当的衡量标准。IT指标可以分成主观指标和客观指标。这一节提供一个选择指标的起点。

18.4.1 客观指标

客观指标是组织可以计量的客观信息，易于观察和计算。这些客观信息可以在相似的组织间进行有意义的比较。评价项目中的这些指标有下列优势。

> ➢ 没有偏见：虽然用户满意度受评价技术和调查的细微差异的影响，但是硬指标，如每个IT用户占有的IT员工数目不会有偏见。
>
> ➢ 易于收集：这些数字通常是会计或管理系统的一部分，容易收集，所以他们一般不需要额外收集的努力和计划。
>
> ➢ 可比性：这些数字大多数方便与其他企业的相似组织比较，或与行业的评价基准进行比较。

易于收集和记录的IT组织的客观指标有许多。虽然很多指标可能很有意义，但实际上对于实现项目的最终目标而言，只有很少指标是有用的。在评价项目的计划编制阶段，关键是经理，应只选择那些可以帮助提高绩效的指标。如果花费时间去收集、分析或汇报对决策制定很有帮助的统计数据，则会严重减弱项目的价值。

某个特定组织的实际指标依赖于IT小组的大小、企业组织结构、行业、增长速度和其他环境变量。然而，通常已经找到在每一种环境都有用的指标。这些指标列在图表18.2到

图表18.7中。

指标	内容
IT支出占年收入的百分比	整个公司IT支出被同期公司年收入除
IT支出占年毛利润的百分比	企业IT总支出被同期企业毛利润除
IT运营支出占IT支出的百分比	IT运营支出被企业整个IT支出除
每位员工的IT支出	这个企业的IT支出按公司员工人数划分
IT员工站全体员工的百分比	总的IT员工加上外部资源用于支持公司的员工加IT外部承包商被全体员工数除
IT资本预算占年收入的百分比	IT资本原酸被公司年收入除
行政管理成本占IT成本的百分比	IT行政管理预算加上业务支持服务，加上服务计划编制成本，除以总的IT预算
IT高级管理范围	IT高级经理人数除以总的IT员工数
职位层级数	IT经理和CIO与IT初来员工之间的职位层级差别
小于12个月经验的员工百分比例	小于12个月员工数除以总的IT员工总数

图18.2　客观管理指标

指标	内容
每个座位的年成本	[台式机支持员工+技术支持员工+网络连接+打印机支持+台式机初始化后交付用户+一次性购买软件许可证+基本台式机维护（许可证支持等）]÷终端用户总数
每位员工的台式机数	总台式机数量÷总员工数
总台式机支持率（每台台式机支持的FTE）	台式机总数÷[帮助台员工总数+总台式机支持、安装、移动/增加/改变(内部或外部资源的)员工总数+技术支持员工总数+局域网管理和行政管理员工总数+资产管理相关员工总数]
每个座位的帮助台员工数	（内部帮助台员工总数+外部资源帮助台员工总数）÷终端用户总数

图18.3　桌面评价指标

评价指标	内容
第一次呼叫解决	在第一次呼叫就解决的百分比
解决故障申请的平均时间	鼓掌申请从初始申请到问题解决的平均时间
等待排队时间	帮助台呼叫的平均等待时间
放弃呼叫的几率	排队的帮助台呼叫放弃的百分比
帮助台呼叫的队列长度	用户花在帮助台上的时间，包括一级和二级的时间
平均响应时间	第一次呼叫或发消息到接通某位在线员工之间的时间

图18.4　服务台评价指标

评价指标	内容
每名员工每年的通信成本	[基本电话服务+设备+劳动力/支持+电话使用（本地/长途）+数据网络]÷员工总数
IT成本中电信所占的比率	[基本电话服务+设备+劳动力/支持+数据网络+电话使用（本地/长途）]÷总的企业IT开销
电信成本占年收入的百分比	[基本电话服务+设备+劳动力/支持+数据网络+电话使用（本地/长途）]÷年收入
网络的可利用性	网络可利用的小时总数÷该期间可利用的小时总数
每个用户每年的数据总成本	（呼叫中心成本+呼叫卡成本+免收费号码的成本+远程存款数据成本）÷终端用户总数
每分钟使用数据网络的成本	通信线路维护、支持÷使用分钟总数

图18.5 网络和电信评价指标

评价指标	内容
每个管理集成平台（MIP）的总成本	[处理器，DASD，磁带，HSM，主机，打印，灾难恢复，专用软件和服务的总成本（硬件，软件，劳动力）+生产计划成本+数据中心运营成本+安全和可利用性成本+主机平台技术成本+资产管理成本]÷总MIP数
每个MIP的主机FTE总数	包括所有操作和系统编程/员工管理的主机FTE总数，包括：生产进度表编制 数据中心运营 安全和可利用 主机平台技术 资产管理 除以主机，MIP总数
每个MIP对应的操作员总数	操作员数目÷管理的MIP
每个MIP对应的系统程序员	系统程序员数量÷管理的MIP数
主机的可利用性	系统可用的总小时数÷同一时期可用小时总数
每兆硬件成本	处理器总成本÷存储空间的总兆数
每张打印页的成本	主机打印的总成本（包括应用软件和终端用户打印）÷总打印页数

图18.6 主机评价指标

评价指标	内容
用户支持比率	用户总数÷中间区域支持的总FTE数
中间区域可用性	系统可用小时总数÷同一时期可用小时总数
每兆中间区域硬件成本	处理器总成本÷存储空间总兆数
每个处理器上的应用软件	应用软件总数÷服务器总数

图18.7 中间区域评价指标

评价指标	内容
IT客户应用成本	应用研发成本与维护成本
全部应用软件的支持百分比	提供应用软件开发和维护服务的IT员工总数除以IT员工总数
应用软件年龄组合	大于3年的应用软件数量（设定期限）除以应用软件数量
应用软件的报废比率	在未来12个月内报废的应用软件数量
在应用软件组合中套装软件所占的百分比	套装软件总数除以软件总数
领导与程序员比率	程序员总数除以团队领导数量
新软件开发支出占应用软件支出总额的百分比	开发新应用程序的成本除以所有软件开发维护的总成本
应用软件提升支出占总应用软件支出的百分比	系统提升的开发成本除以所有软件开发和维护的总成本
应用软件支持和维护占IT总成本的百分比	应用软件支持和维护成本除以企业IT预算总数
应用软件的维护和支持占所有应用软件支出的百分比	应用软件维护成本除以所有应用软件的开发和维护总成本
应用软件维护配给	每个应用软件的维护FTE的集中度
应用软件维护支持比率	应用软件维护员工总数除以应用软件总数

图18.7 应用软件评价指标

18.4.2 主观指标

主观指标是汇总来自企业利益相关者反馈而来的数字。这些指标的大部分用于评价客户满意度，也包括有时被称为IT部门和业务部门联盟的量化信息。使用主观指标来评价IT有下列优点：

> 量化业务需求的能力（如功能性、可靠性、响应速度、系统质量、成本效益）和整个组织不同团队的相对优先权；
> 依据特殊需要将部门绩效量化的能力；
> 对业务的特殊方面进行个性化的评价能力。

使用主观指标的几个缺点如下：

> 不仅主观调查需谨慎计划，而且管理和收集反馈也很费力；
> 因为问题对每个业务都可以是独特的，而且通常高度个性化，因此，没有可靠的方法取得行业内或跨行业的指标标杆。

主观指标总是应当用二维方式评价期望和绩效。任何服务组织的绩效都与其客户的期望相关，从期望和绩效之间的差别可以找出大多数评价值。

我们一般将主观评价按下列分组。

> 适应性、可获得性、可靠性和系统安全；

> 应用软件的功能性；
> 完成项目的效率；
> 服务级别；
> 对业务请求的响应。

这些通常通过仔细设计的问卷评价，由行政人员和第三方管理，并通过各种媒介，如Web互联网、企业网、电话和报纸实施。

18.5 定期的IT健康检查

除了执行日常进行的IT组织绩效的主观和客观评价外，还要每12～18个月进行一次另一个主要组织的健康评价，评估组织的效率和整体适应性。此外，首席信息官应在到岗90天内完成IT健康评价。这个评价应包含每个主要的IT区域，以便识别通过常规的评价或观察无法发现的潜在问题，这些领域包括：

> 组织；
> 基础设施；
> 应用系统；
> 预算成本；
> 供应商协议；
> 操作系统；
> 流程；
> IT需求管理流程；
> 项目管理实践；
> 通信网络；
> IT标准；
> 财务和风险管理实践；
> 评价和质量控制；
> 整体IT计划编制实践。

对每个区域，应评价这些方面：

> 根据客观和主观的标杆，该区域的整体健康状态；
> 当前和未来组织服务的充足性；
> 与行业最好经验相比本单位所处的位置；
> 整体成本效益。

对所有区域，评价应可以提供：

> 改进成本效益的服务机会；
> 成本节约的机会；

> ➢ 改进的建议和行动计划。

一般而言，评价应由有能力、有评价类似规模和范围经验的第三方咨询机构执行。咨询机构应遵循评价实施标准方法，个人访谈、系统审计、检查档案和证明文件，观察部门内职能。制定明确的访谈、分析和交付时间表。交付至少包括如下内容。

> ➢ 工作陈述：解释评价针对的区域、使用的方法、人力、时间进度表及交付等。

> ➢ IT评价：包括涵盖整体健康情况、成本效益、充分性的整体评价、与最佳经验值相比本单位所处的位置。

> ➢ 策略建议：描述服务改进和成本节约的特殊机会及特殊建议，以及在给定时间内利用特定资源实施建议的行动计划。

> ➢ 执行总结：向经理团队、董事会和外部投资者提供整个评估和策略建议的总结。

除了按年度执行这个调研外，还应当在明显将影响到组织结构的重大事件发生之前或之后立即执行。例如，合并、收购、通过资产派生新企业、企业清算、合资、重组，以地理位置为主的扩张，或者影响很多内部系统的重点项目等（CRM或业务流程外包）。

这项研究大概花费3～6周，所需的资源明显多于常规评价所用资源。因此，这类研究，应采用购买任何主要专业服务项目的同样方法来委托。

在项目总结阶段，咨询机构应与IT指导委员会一起进行专题结果和建议讨论。4～6小时的专题讨论会，应使管理团队对IT部门当前效果有更深入的了解，哪些部分是需要的，以及实现未来状态最符合成本效益原则的路径。

报告应当作为管理层中期IT战略计划的基础，这可以影响IT内部每个区域。因此，战略计划应广泛发布与交流。

资 源

高德纳测量服务集团，提供基准数据。

国际质量和生产力中心，网址：www.iqpc.com，提供IT度量实用信息。

卡普兰（Kaplan）、罗伯特·S（Robert S.）和戴维·P·诺顿（David P. Norton）。《平衡计分卡：将战略化为行动》（波士顿：哈佛商学院出版社，1996）。

麦塔集团，提供基准数据。

马尼（Money）、亚瑟·D（Arthur D）、雷曼伊（Remenyi）和艾伦·特威特（Alan Twite），《IT成本和收益的有效测量和管理》第二版（波士顿：Butterworth-Heinemann，2000）。

NetworkSolutions，网址：www.metricnet.com。提供基准数据。

塔纳塞（Tanaszi），玛格丽特（Margaret），《IT价值度量和测量：IT对于企业成功的价值是什么？》（马萨诸塞州弗雷明汉：国际数据企业，2002）。

尤顿（Yourdon），Ed，《IT评估：实用的专家建议、国际功能点用户群体》，（马萨诸塞州，阅读：艾迪生韦斯利出版社，2002）。

第19章

IT治理

意见不同导致争论，观点对立则导致争吵。观点对立意味着想法彼此反向而行。人们可能意见不一致但双方都以对方意见为主，总是能够达成共识；但是观点对立，拒绝以对方意见为主讨论，那将越行越远。 一个自由的社会因意见不同而繁荣，却因观点对立而灭亡。意见不同是民主的生命力，观点对立是民主的癌症。

　　　　　　　　　　——丹尼尔·J. 布尔斯廷（Deniel J. Boorstin），美国历史学家[①]

本章介绍IT指导委员会，它是由首席信息官和高管层组成的，协助IT小组制定影响企业的关键技术决策的机构。IT指导委员会由高层领导和企业所有业务部门、职能部门的代表组成。IT指导委员会定期召开会议，在会议上提供有关IT方面的信息，交流企业业务目标、排除影响IT成功的障碍，批准IT优先权、开支和项目。

本章由四部分组成。第一部分提供IT指导委员会的背景和概念；第二部分解释了该机构的目标；第三部分介绍讨论委员会的适当人选；第四部分讨论委员会的操作。正如本书中讨论的其他工具一样，IT经理应当确定最优化地实现这个概念的方法以及如何调整成员结构，以便高效实现企业的主要目标。

19.1　IT治理的重要性

正如Daniel Boorstin写到"意见不一致是民主的生命力，观点对立是民主的癌症"。

在整本书中，我们都强调低效IT部门的代价——过度开支、失败的项目、异构的高成本环境、不满意的业务部门、IT部门士气低下、运行不良的操作系统和应用软件、企业稀缺资源的不当使用。我们在本书中已经突出介绍处理这些问题最有价值的方法，该方法就是，IT部门与接受IT服务的业务部门之间建立合作关系。IT指导委员会是一个平台，利用它建立和保持IT部门与业务部门之间的交流与合作关系。IT指导委员会提供会晤地点和理由，在这里，IT部门可与企业相关方面交流相关事项、状态、障碍和优先权。与此同时，企业也可确保全部投资流向最高优先级的项目，消除IT部门高效运营的业务障碍。最重要的是，IT指导委员会提倡IT部门与业务部门之间是健康合作的关系，替代了过去经常发生

---

① 　丹尼尔·J·布尔斯廷（Daniel J. Boorstin），《激进主义的衰落：对今日美国的反思》（纽约：兰登书屋，1969）。

的背后诽谤、当面争吵、指责等陷于失常状态的做法。

IT部门一直忍受着别人对他们一成不变的看法，如固执己见、以技术为中心、沟通不畅等，与业务脱离。不管准确与否，这些陈旧的一成不变的看法导致IT部门提高了防范意识，引发了敌对的不合作态度。形成该问题的原因还包括IT业务的性质，只有需要IT时，IT的作用才会被关注。首席信息官和员工常常缺乏一般的业务经验，以及企业业务优先权和业务运营的专项知识。首席信息官常常缺乏企业战略决策权，无法有效代表IT团队向高级领导宣传创新项目，或在IT部门业绩不佳时为IT团队辩护。

另外，销售、市场和其他职能部门和业务部门的员工一般不是技术专家，且常常连学习一点基础知识的兴趣都没有。对非技术部门的员工来说，技术是令人恐惧的，且显得过于复杂。

许多领导仍然需要助手帮他们打印电子邮件，然后再阅读打印好的邮件。当运营复杂的先进系统时，业务部门经常会显得不耐烦。业务部门员工害怕技术的感觉，常常转变成对IT部门的迁怒或没兴趣。

技术和业务优先权的迅速改变，增加了讨论和沟通的要求。因此，很容易理解为什么IT与业务部门关系会变得紧张。

通常，没有建立一个IT部门和业务部门适当沟通的制度。一般而言，首席信息官和首席财务官定期会面，以监督IT实施的计划和进展。也许一年讨论一次预算和战略计划编制，由首席信息官向高管层作报告。不正规、缺少沟通的且沟通范围窄的交流，使IT部门无法参与到"制定业务战略决策"活动中来。业务部门没有了解IT能完成什么工作就决定放弃，更糟的是，将他们的项目委托给业务部门内已重复设置的IT部门。IT指导委员会，通过仔细甄选出来的成员，定期组织计划充分的会议，使IT部门和关键的业务部门将沟通作为日常工作来进行，促使他们适当确定优先权和目标，有效沟通以改善不畅的关系。

如果企业不能成功控制和监督IT投资的决策和运营，就不能成功实现企业的战略目标。因此，也就不能通过IT投入赢得竞争优势。我们在整本书中提出了充实的证据来支持这一论点。贯彻本章的观念可以增强业务部门与IT部门的沟通，以确保业务部门和IT部门共同制定IT项目的优先权和投资水平，其结果将可避免很多前面提到的IT陷阱。

19.2　IT治理

IT治理由企业管理方法和首席信息官策略共同组成，以确保IT部门成功地执行IT战略和经营理念，支持企业的战略和战术目标。IT治理的底线是必须与企业的目标一致，并且通过IT治理来确保企业目标得以有效进行与成功实现。IT治理的定义，即是谁做决定，怎样做出这些决定，何时做出这些决定。除此之外，IT治理还包括了"控制"和审计程序。例如，项目管理办公室（PMO）、软件能力成熟度模型（CMM）、信息技术基础架构库（ITIL）这些实践可以帮助更好地管理IT过程，使IT治理没有那么繁重而麻烦的管理流程。这些实践还带来了额外的利益，可以降低IT失败的风险。适当的IT治理确保了所有高级管理人员和业务部门经理会共同协作和优先考虑对企业有益的方面。

IT治理为首席信息官建立了高效工作机制。首先，提高了业务沟通能力。IT治理鼓励共同协作与共享决策。众多的高管参与整个IT决策的过程，而且每一位都会为决策负责，这是一个共同的承诺。不再有人将满腔愤怒轻易指向首席信息官，或对其他IT部门进行责怪。其次，IT治理确保了适当的审计和控制。对于小企业，审计和控制可能不那么严格。然而对于上市企业，合规的审计则是价值极高的。

IT治理的关键因素：

批准IT战略；

➢ 审核和批准项目组合；

➢ 协助企业董事会做关于IT的咨询；

➢ 审查安全措施和控制；

➢ 确保遵守政策、法规和控制；

➢ IT绩效考核（通过SLAs，绩效管理等进行评估）；

➢ 确保能满足损益表目标。

本书和其他不同学科中都广泛涉及了这些主题，这些主题表明应当齐心协力创造一个全面的IT治理结构。支持IT治理的功能包括项目管理办公室（第17章），战略和规划（第4章）和IT服务管理（第8章和第9章）。控制和审计是另一个约束，是用以确保IT部门和系统符合法律，也是被公认的企业的最佳实践。重要的控制规律和法律本身的良好效果可能有助于上市企业，其中包括安全审计系统、信息系统审计与内部控制、信息及相关技术的控制目标和服务水平协议。

IT治理力求回答以下问题：

➢ 我们需要做的是什么项目？

➢ 对企业目标来说，这些项目是否重要？

➢ 这些项目在计划、预算和实施中存在障碍吗？

➢ 我们有适当的技术架构吗？

➢ 我们正在实施的技术是否符合当前的架构策略？

➢ 是否在实施过程中有适当的控制呢？

➢ 是否采取了适当的安全措施来保护系统和数据？

如果你是一家小企业的首席信息官，还没有实现IT治理，那么你应该尽快开始，首先形成一个IT指导委员会（在本章后面列出）和IT项目管理组合（第17章）。

如果你已经实现了一些形式的IT治理，但还不能回答这些问题，那么你需要执行另外一些与现有治理有差距的治理形式。

由于《萨班斯·奥克斯利法案》的颁布，大多数上市企业都已经实施了某种形式的IT

治理。下一步就是对大多数上市企业的首席信息官来说，将自动化和简化治理流程，以便更加有效地进行IT治理，达到事半功倍的效果。有很多软件应用程序可以帮助简化每个区域的IT治理。IT治理软件应用的重点领域包括项目组合管理、合规管理和变更管理。

19.3 控制和审计

正如《萨班斯·奥克斯利法案》404条款或COBIT等标准一样，控制和审计合规包括企业利用遵守法律的过程和机制。

《萨班斯·奥克斯利法案》（SOX）于2002年通过立法，确保了对上市企业内部控制的有效性。尽管《萨班斯·奥克斯利法案》内容丰富且涉及范围广，仍有很多其他的条款和规定极大地影响了IT部门。第302节（财务报告的认证），第404节（内部控制的认证），第409节（材料事件报告报告）都对IT有着极大的影响。IT治理必须确保IT部门在这些部分是符合规定的（上市企业需要提供）。其主要项目包括确保IT拥有以下这些能力，保证系统安全可靠，合理控制密码保护，访问客户的财务信息和个人信息受到限制，而且整个系统和应用程序有所制衡以确保适当的财务控制。

根据萨班斯奥克斯利法案（SOX）之规定，大多数公司需要获得由外包商提供的能够证明其可以满足客户控制需求的SAS70报告。大多数上市公司都会要求许多领域（包括外包、应用托管和安全管理）的IT服务提供商获得SAS 70。

第4章讨论了一部分COBIT，但有一些内容将在本章中讨论。COBIT是一组最佳实践创造的IT治理，它是由信息系统审计与控制协会（ISACA）和IT治理研究所（ITGI）所研制的。COBIT是广泛的、细节控制目标为主的IT治理过程，它应当确保得到满足。和COBIT一样，其他学科包括CMM（第10章中讨论）和ITIL（第4章中讨论）。

一般来说，越大的企业，这些法规和实践越会较大地影响这个组织。中小型企业管理自己的最佳实践和运行中，只涉及最低限度，例如《萨班斯·奥克斯利法案》。然而上市的世界500强企业可能将不得不解决所有这些项目。问题的关键是，有效落实合规是在这些领域最有效的方式。虽然在合规和遵从性方面也有很好的结果，如果实施了这些不适当的管理，将造成重大的投资浪费。

19.4 支持IT治理的职能部门

我们已经广泛讨论了支持IT治理的主要功能包括项目组合管理、服务水平协议、变更控制和变更管理。然而最重要的功能之一是IT指导委员会。IT指导委员会由资深管理和高级商业领导人定期会晤，讨论，划分优先级并解决IT项目和问题，从而提出策略。利用得当，IT指导委员会可以创建一个高性能IT部门，将是一个最有效的工具。IT指导委员会传达业务优先级给整个IT部门，所以IT管理可以实时实现资源最高价值的业务功能。IT指导委员会提供审批、监督和高级指导的项目，最后基于需求管理分析来确定项目优先级，通过审核提出运营和资本预算，业务服务水平和绩效指标。委员会拥有高管成员和权威人士，增加和促进解决任何障碍的有效性。或许，IT指导委员会最重要的责任是提高沟通能力，以及和关键业务人员、IT经理之间的关系，并更好地促进委员会之外的非正式团队间的交流。本章是十分典型的一章，职责、会员和日常工作构成了IT指导委员会的职能团队。

请注意，这里有一些内部政策。这些内部政策由IT部门的用户、供应商和客户合作伙伴所发布。它们包括：

> 安全策略；
> 数据策略；
> 客户信息的政策；
> 安全事件的政策；
> 密码策略；
> 互联网和邮件服务的政策；
> 即时消息传递的政策；
> 通用计算机的使用（包括台式机或笔记本电脑的注意事项）；
> 机密信息的政策；
> 可接受的使用声明；
> 记录管理政策；
> 培训政策；
> 人力资源政策。

其他几个IT治理的职能包括运行手册、项目总结和事件报告。运行手册是计算机系统的关键记录，这包括登录ID、密码支持信息、库存系统、配置布局和细节、最终用户的联系信息、硬件规格和标准、软件许可证信息、升级程序、补丁和升级历史信息、IP地址（外部）和所有应用程序数据。如果不收集或不正确管理这些信息，那么就没有IT治理或稳定的IT部门。在IT部门的质量流程和管理功能中，智能分类的信息是至关重要的控制依据。第18章讨论了项目总结中的关键因素PMO功能，它是用来了解随着时间的推移，企业是如何做项目管理的。IT治理功能是一个至关重要的信息，它可以用来确定项目估算和项目管理的信心水平。事件报告类似于项目的解剖，它是在基础设施或操作失败期间完成的。事件报告是校正关键基础设施问题的依据。事件报告可以看作是治理功能的信使，能够有效改善基础设施服务。

19.5 IT指导委员会的概念

　　IT指导委员会由IT高层管理人员和业务领导组成。他们按时间表定期会晤，以复查、讨论、划分优先级等方式，对IT项目做决策，解决IT存在的问题以及制定IT策略。如果使用恰当的话，IT指导委员会将是一个最有效的建立高效IT部门的平台。IT指导委员会将业务优先级排序传达给IT部门，以便IT管理层可以实时为实现最高价值的业务功能提供资源。IT指导委员会提供对项目的批准、监督和高级别的指导，并以IT需求管理分析为基础，最后确定项目优先级。IT指导委员会还会审查运营和资本预算提议，IT运营服务级别和IT绩效指标。IT指导委员会有高级的成员和权威，易于解决阻碍IT高效的问题。另外，IT指导委员会最重要的责任是，改进关键业务部门员工和IT经理之间的关系和沟通，促进IT指导委员会以外各部门之间更好的非正式关系和交流。本章概述典型的章程、责任、成员和IT指导委员会日常运营。

　　图19.1表明IT指导委员会的沟通流程和成果。

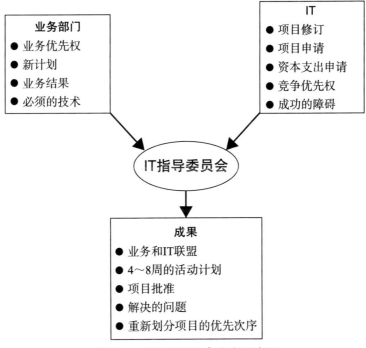

图19.1　IT指导委员会的沟通流程

19.6 IT指导委员会的目的

　　对于业务部门和IT部门双方而言，没有IT指导委员会，可能互动起来比较艰难。对IT部门而言是没有高层的拥护者，而业务部门则要承担一个后果，那就是无法获得由高效的IT部门带来的效益。一般一年重新制定一次IT计划，每一次，首席信息官都要提出未来一年的策略。首席信息官提出部门已完成或将完成的项目，项目列表上乱堆着许多技术项目，一个压着另一个技术项目。"我们必须升级Microsoft Office 2000，我们正在升级服务器，正在实施AR/AP补丁程序"，这些都是作为策略项目列在表上的典型项目。高管层静听一个小时，除非是有争议的应用软件实施，否则一般情况下会议就该结束了；首席信息官离开，然后在下一年再相会。临时的会议只有在极端情况下才会召开，如一个正在实施的收益明显的应用项目，落后于进度表并且超过预算几十万美元。在这些会议上，业务经理们陷入了无止境的技术迷宫里，他们绝望了，要求IT经理在一个月内回来充分解释这一切，解释项目实施中出现错误的所有原因。

此外，IT部门虽然对主管IT的高级执行官负责，但对其他的业务高层却没有任何负责的表现。在一家企业中，IT部门向首席财务官汇报，会计部门受到IT部门高度的关注，而销售和市场部门的副总裁四年只与首席信息官见过三次面，他们无法确定销售部门的IT项目是否由IT部门来控制，或者何时能够完成。

在同一家企业，管理物流的领导认为使用IT部门所提供的系统流程混乱且麻烦。另外，应当为库存管理系统开发和演示新功能和新特色制件，但是除基于原始建立的需求说明外，没有考虑任何来自物流团队的新需求。这就导致了IT部门的重复劳动，因为没有开发出支持库存管理团队的功能。在实施已发布库存管理功能单元时，发现其中几个功能是不用的，开发人员只好重新开始，花几周来纠正功能。IT对企业某些业务部门承担有限的直接责任，业务部门的领导大部分都经历过同样的遭遇。

另一个例子，是一个金融服务供应商，由于IT部门缺少对其想法和技术策略的理解，领导感到失望。IT的沟通缺陷导致大量问题的存在，以后需要开发出什么样的新技术来支持新的客户？行动快速的竞争者为了更好地支持他们的客户或减少成本，正在利用技术做什么？员工应使用什么工具来提高生产力？进行较少的业务与IT策略计划制定会议、缺少主动安排的IT议事程、交流不畅是执行不力的另一个普遍的症状，这些都可通过IT指导委员会良好的执行得到解决。

在另外一个客户企业里，财务会计分析师正设法挑选支持会计业务的商业软件包。分析师与5个供应商会面并让他们完成了RFP，包括相当可观的费用，实施系统演示，提供安装和系统运营维护报价等问题。与此同时，命令IT部门复查替代旧系统的ERP软件包，包括财务和会计应用软件。所有小组都没意识到正在进行的两个软件包选择项目的相互竞争，在我们帮助高管层详细列出整个企业与IT有关的项目后，这种重复、互相无联系的工作才被发觉。

组织IT指导委员会可以帮IT确保他们正在为业务提供最高价值的服务，确保业务部门正在致力于扫清组织内任何影响IT部门成功的障碍。一起工作使得IT与业务部门可以消除上述的及整本书描述的情况。IT指导委员会帮助IT部门完成以下工作。

> 保持IT战略和业务战略的一致性；
> 根据企业的IT目标，对工作进展进行广泛的审查和评估；

> ➤ 促进关于业务活动和项目优先权划分的交流；
> ➤ 建立IT和业务部门的关系；
> ➤ 基于业务的合理性和IT能力，管理业务活动和项目优先级之间的所有问题和平衡关系；
> ➤ 将对立意见转化成不一致意见。

可以在存在IT与业务部门脱离问题的企业内做几个有趣的实验。一个实验包括提交一个设计好的请求给服务台，用于向IT部门请求解决业务中关键系统问题。例如，一个销售员向IT服务台发送打印机不工作的信息，并注明需要快速修复，以便销售人员能够打印出报价，提交给等待的客户。这个实验可以测量IT部门对修复打印机的反应有多快。在这个例子中，就是检查打印机，然后确定打印机没有任何问题。如果回答时间超出4小时，那么企业在IT业务领域存在优先级划分问题。很明显，如果销售人员无法将报价或提议提交给的客户，企业不能产生收入，流失的每一分钟都将导致客户不满意，甚至失去客户。那些清楚中断对组织业务影响的IT部门知道，对客户影响问题的关注是高优先权问题，修复延迟意味着企业收入的损失。

另一个简单的实验是在企业内选择两个业务部门或职能部门，并向这些部门的最高经理提出下列问题。

> ➤ 你与首席信息官多长时间会面一次，并讨论业务部门的优先权问题。
> ➤ 你与首席信息官什么时候有非正式的会晤（午餐、晚餐、茶歇谈话）。
> ➤ 此刻IT正在为你实施多少项目？哪些是顶级的项目？什么时候完成？

对第一个问题的回答应是每年4次以上。此外，在讨论情况和计划的正式会议之外，首席信息官和业务部门的最高经理应当通过频繁的非正式交流来互动。首席信息官也应当回答最后的问题。如果业务部门领导回答的最高价值项目和首席信息官回答的最高价值项目不一致，或者完成目标的日期不一致，那么，在IT部门与业务部门之间就存在一个很明显的沟通问题。

19.6.1 对企业的好处

在企业层面上，建立IT指导委员会的好处是明显的。首先，整个业务部门为IT决策、支出、优先权划分更频繁地、更直接地提供他们的观点。其次，增加的详细审查将促成企业更好地向长期目标迈进。再次，IT指导委员会建立了一个支持IT的、与IT合作的团队，代替了责备和严惩，更重要的，该委员会有助于确保企业人力和资本不会浪费在不重要的项目或硬件投资上。

19.6.2 对业务部门的好处

业务部门和职能部门的用户获得了在IT指导委员会的席位和发言权，确保在制定IT决策时能听到企业全体用户的声音。业务部门也了解IT优先权，以及IT优先权与业务部门或职能部门优先权是如何联系的。他们理解并且帮助正确设定项目优先权，某些对业务部门而言，很重要的项目不能由IT部门单方面地设定优先权。

19.6.3　对IT管理层的好处

首席信息官通过定期获得最重要支持者的直接、清晰的IT运营反馈而受益。此外，首席信息官获得的信息集中在优先权设定上，确保IT团队在为正确的项目和问题工作，同样也减少项目中止的发生。

项目中止现象是业务优先级错误排列的结果。例如，IT部门可以决定实施昂贵的终端服务解决方案。该方案可使应用软件在便宜的台式机存取的中央服务器上运行，因此，可以简化终端用户的台式机支持。IT部门获得内部批准，购买硬件和软件，并安装系统。为获得批准，IT部门使业务客户相信系统会增加计算机的速度和寿命。当系统进行最后配置时，遭遇不可避免的问题。因为IT部门没有适当定义和设定终端用户的目标，第一批用户看到新的产品，试用却不喜欢它，因为其速度比预期慢而且有些功能漏掉了。于是用户向管理人员抱怨，业务管理人员又向高层管理人员抱怨，导致那个可能成功的项目停了下来。

IT指导委员会有助于确保业务部门和IT部门在系统开发中紧密联系在一起，通过提供讨论会，建立IT部门与业务决策者间的良好关系。当遭遇到妨碍项目成功的障碍时，业务部门和IT部门将成为合作伙伴一起来克服障碍。最后，IT指导委员会确保"没有意外"的环境，确保将可能的负面反应降至最小。

19.6.4　对IT部门的好处

对IT部门成员的好处，大多来自更频繁地获得高层对创新项目和服务级别有意义的反馈。IT团队不再因项目结束而沮丧，改进管理环境和反馈方式使项目半途而废减到最小，这使IT部门的每个人受益。IT部门的成员将定期向IT指导委员会提供信息，与以前所获得的机会相比，这为IT部门成员提供更多的向高层领导汇报的机会。IT团队也会因为完成高优先级的、高回报的业务项目，并且给企业带来巨大的影响享有满足感和成就感。最后，IT指导委员会确保IT部门较好地体现企业有权势的高管层的意图。

19.7　客观的IT指导委员会

IT指导委员会的主要责任是提供IT部门的管理环境。在决策制定层次上，IT指导委员会对下列12个关键活动负责。

（1）根据实施情况复查IT策略计划，确保其与整个企业的方向一致。

（2）依据企业规模和企业认可的指导方针，复查（并批准或拒绝）所有成本超过一定额度的信息系统软件包实施或应用系统开发的建议。IT指导委员会规定IT提议所需的格式，业务用到的格式，包括成本、收益分析和项目经济价值估算（详细内容见第17章）。

（3）坚持IT需求管理原则，管理信息系统项目组合，设定业务信息系统开发的优先权，配制必要的资源，依据目标、时间安排和预算监控每个项目的进展。

（4）控制和批准首席信息官支出权限以外的资本支出，依据企业规模和企业经济条件设定支出权限级别。在极端情况下，级别可以设置为零，由IT指导委员会审核所有的资本支出，实际中更常见的是将数字设置为几千美元。有资本支出权的领导赋予委员会资本支出决定权，所以由该委员会来审查1万美元以上的资本支出，给出批准数字和IT指导委员会的建议。详见第15章关于IT预算的内容。

（5）IT指导委员会协助为IT项目分配IT和业务部门的资源。

（6）解决阻碍高优先权项目实施的问题。在会议上讨论阻碍项目进展的关键问题。成员就这个问题进行争论，提出解决方案。如果问题不能在该委员会内解决，关键的股东可以私下开会讨论，提出最新的解决意见。

（7）审批所有业务部门与所有外包商的合作。该委员会应当审核新的技术供应商并进行审批。

（8）对关键项目的进展进行监督（如超过2.5万美元或超过规定期限）。

（9）审核需要1万美元或更多资金的项目需求变更。签署项目变更命令的最终责任由控制IT和有关业务部门或职能部门的领导来承担。

（10）讨论任何可能影响到关键业务的项目。

（11）审批IT部门提议的IT标准（见第7章）。

（12）进行项目实施后评估和IT绩效评价，并且不允许IT部门参与评估；发现的问题和建议与来自IT部门的回复一起交由IT指导委员会复查。

首席信息官应在每次会议前做好下列准备：

（1）准备一个适当的议程，包括将要做的决定等；

（2）为高优先级项目建立项目状态报告，包括进展概况、项目完成百分比与项目预算支出百分比、主要问题、需求变更等；

（3）合计应由IT指导委员会审核的所有IT资本支出，在会议之前将合计结果提交IT指导委员会；

（4）建立将与该委员会成员一起讨论的关键问题或事项的列表；

（5）建立IT需求管理/修订项目优先级划分进度表。

首席信息官在会议期间的管理责任如下：

（1）批准IT项目和所有低于指导委员会管理最低限度的带有IT成分的创新项目；

（2）计算IT资本支出的总量，确保指导委员会考虑可行的支出；

（3）批准和协助给带有IT成分的创新项目分配IT资源；

（4）解决阻碍项目进展的小问题或给项目提供支持；

（5）在送交IT指导委员会之前筛选项目；

（6）评审低于IT指导委员会管理最低限度的需求变更。

19.8 IT指导委员会的成员

IT指导委员会由5～10个企业经理组成，他们可将全企业都关注的最全面的信息提供给IT决策制定流程。委员会应由业务部门经理和主要业务部门的高管领导组成。典型的IT委员会包括下列成员。

> 首席信息官；
> 需要听首席信息官汇报的人（一般是首席财务官、首席运营官或首席执行官），其中之一任IT指导委员会主席；
> 首席执行官或首席运营官（如果和上面的不同）；
> 一到三个业务职能部门的领导或特权用户（财务、人力资源等）；
> 一到三个业务部门主管领导或特权用户（有影响力的业务部门领导和他们的直接上级）。

IT部门的分析人员应当参与会议，以提出对特定项目的修改，但这些分析人员不是IT指导委员会的组成部分。

在某些企业的IT指导委员会会议中，高层管理团队有意不让首席执行官参与，以确保首席执行官不会影响IT指导委员会的决策和建议。在这种情况下，为了最后通过批准，首席执行官通常参加决策建议的总结会。

IT指导委员会的职位和责任在下节中概述。

19.9 IT指导委员会的组织结构

IT指导委员会由主席、秘书长、抄写员和其他成员组成。IT指导委员会主席通常是高层的领导，有权最终控制IT。在大多数中等规模的企业内，IT指导委员会主席就是首席财务官。在大型企业内，他可能是首席运营官和首席执行官。首席信息官都向主席汇报。在一些大型企业，首席信息官可能是与首席财务官同级别的高级领导。如果是这种情况，首席信息官应当担任主席。

随着时间的流逝，根据业务需求和员工的变更，改变日常的成员和成员组成。可以根据主席的决策或多数人的投票，通过和批准事项、建议。组织应当确定，针对他们的特定情况做什么工作最优。

职位和职责

> **主席**：主席是IT指导委员会的领导。

——领导IT指导委员会，选择成员，管理会议议程；

——管理典型的会议职能，召开会议以发布决定，在会议前安排会议记录以便会议后分发，形成大多数人的一致意见，总结结果和决策；

——根据主题，一般是最终的仲裁者，最终决策制定者。

> 秘书长：秘书长担负IT指导委员会的行政管理职责。

——制作会议议程；

——组织会议（确定时间或地点）；

——在主席缺席时是代理主席；

——整理会议备忘录；

——事先准备和分发会议材料；

——会后分发会议记录；

——监督和汇报会议行动事项和公开事项的状态；

——在会议期间管理时间安排。

> 记录员：记录员负责做会议记录（在小型的IT指导委员会中这个职位可以与秘书长职位合并）；通常这个职位由IT部门的行政助理来任职。

> 成员：成员负责就讨论事项给出信息和评价。

——通过在会议以前复查议程、会议资料来准备和参加会议；

——讨论提交的问题和结论；

——参加会议的讨论和决策；

——代表业务部门和职能部门。

平常很繁忙的业务部门经理会要求一个值得信任的代理人作为其在IT指导委员会的代理人。如果可能，尽量避免这样做；为了IT指导委员会有信誉和影响力，为了能很好地代表业务部门，该委员会应由高级企业决策者组成。建议另一个可替代的方法是让业务部门经理授权他们的代理人为代表，让这个人只出席业务经理不可能出席的会议。在各种情况下，首席执行官和首席运营官必须强调坚持出席的问题，以避免上述事项。

19.10　IT指导委员会的运行

IT指导委员会会议按规定的时间表举行，在会议上讨论的内容包含下列主题。

> 审核影响IT生产力的关键事项；

> 审核项目状况；

> 批准新项目申请和资本支出申请；

> 评审IT优先权，在适当时间对已经批准项目的优先级进行重新划分；

> 批准被提议的供应商合作关系。

表19.1是一个会议议程实例。每个议程主题将有更详细的描述。

在开始的时候，IT指导委员会可能需要每周一次频繁地召开会议，以清理待完成事项、延迟项目和进行项目优先级划分工作。经过一段时间后，IT指导委员会不必再频繁地召开会议，最多两周召开一次，但IT指导委员会最少应每月召开一次会议。

表19.1　IT指导委员会议程样例

议程事项	描述
审核事项	IT总监提出的优先权事项
审核项目状态	团队成员陈述的关于项目进展的里程碑事件
批准新项目/资本支出	业务部门提供业务案例 IT总监陈述IT能力
评估优先级	提出相互竞争的目标 适当分配资源
批准提议的供应商合作关系	业务部门或IT部门的理由

19.10.1　复查的关键事项

首先，讨论的内容是阻碍或者牵制IT项目进展的前三项或六项事项。这些事项准备由该委员会考虑，同时考虑潜在的解决方案，考虑IT和业务经理可能采取的特定行动。项目事项包含在下一个议程条款中，所以这些是非项目事项。

例如，事项一：在过去的3个月里，企业已经被第三个电子邮件病毒所困扰了。IT应当花费人力和资金来增强病毒预防吗？让业务部门在该委员会会议上参与这个问题的讨论是很重要的。如果病毒没有对业务引起负面影响，为什么要花费额外的资源来清除所有的病毒呢？另一方面，如果病毒引起实质上的业务中断，那么应当提供资金投入。该委员会可能委托IT部门，研究解决问题的建议。

通常，IT部门建议的问题解决方案，业务部门可能不关心。现在，首席信息官可以了解什么事项正在造成对业务的最大影响。对每个顶级事项希望得到的结果是，①一个解决方案，②一个行动计划，③额外的数据需求。

19.10.2　审核正在实施的项目状态

下一步是审核当前高优先级的IT项目的状态。

> 项目列表。列出所有目前正在实施的项目，包括每个项目下列的属性，优先权、目标完成日期、里程碑事件、已用工作时间占预计总工时的百分比。项目可以分为红（有问题）、黄（小心，警告）或绿（没有问题和进度提前了）几部分。

> 所有红和黄的项目应进行讨论；如果时间允许，该委员会可以审核绿色项目状态的更新情况。

> 如果当前项目的范围相对于原来的项目计划有所变更，需要填写项目变更请求

表。这个表详细说明原有项目设计说明的修改，以确认IT指导委员会对变更是必须的，以及是否可能带来其他后果做出决策。

➤ 现存项目和应用软件应遵循以下变更流程。

——项目发起人（通常是一些业务代表）完成改变申请表的初始部分，然后提交给IT部门。

——IT与项目发起人一起确定项目的范围、高层次的设计、IT需求、进度表和业务合理程度（成本和项目经济价值）。

——将已完成的变更请求表和进度表提交给CIO。

——CIO审核变更需求请求。

——依据最低限制来决定行动。如果移交给委员会处理，在会前委员会成员应独立地审核和调查事项。

——如果CIO已经批准，项目发起人和IT部门可以通过项目变更请求表和相关的材料（项目进度表，项目定义等），将项目提交到该委员会。

——IT指导委员会讨论项目提议和确定行动方案。

➤ 结果：每个关于红色项目的讨论应产生下列结果之一，①为了纠正在下一次IT指导委员会上可能重复出现的问题所要采取的行动；②否决该项目的决定；③单独安排人力来确认和核实该项目事项，并在下一次IT指导委员会上陈述结果。

19.10.3　批准新项目/优先级划分和评估资本支出申请

新的项目提议应当由IT指导委员会完成和审核。关键是划分新项目提议相对于现存项目的优先级，每个提议都应包含下列信息。

➤ 项目发起人（一般是一些业务代表，这些人完成项目变更请求表格的初始部分，并提交给IT部门。）

➤ 项目和范围的描述。对项目的业务理由、成本、团队、时间安排、预计投资回报进行描述。附加事项可以包括高层次的设计、IT需求和项目计划。

使项目提议进入该委员会会议的流程，包括让项目发起人完成项目提议并且提交首席信息官。首席信息官审核提议，可能添加新的需求信息。对于低于一定规模的项目，首席信息官可以预先批准。超过一定最低限制的项目提议则应当提交给IT指导委员会批准。批准后，项目应加到已批准的项目列表上，由委员会进一步划分优先权。

➤ 结果：IT指导委员会应就每个项目的提议做出以下决定之一：①批准并向前推进项目；②拒绝项目；③需要其他信息，在下一次会议上作出决定。

硬件的资本支出申请也由IT指导委员会审核和批准，其流程与项目提议申请是一样的。利用放松或收紧对项目批准的约束，IT能够增加或减少支出水平。由IT指导委员会批准的资本支出，有助于确保IT资金花在产生适当价值的业务投资上。

19.10.4　评审IT优先级

IT指导委员会将定期评估项目的优先权（最少每季度一次）。IT需求管理和优先权划分流程在第17章详细阐述了。在会议的评审阶段，审查更新后的优先级列表，讨论目前具有优先级的事项。

委员会也同样批准建立供应商关系的提议，讨论提议的新供应商，批准前供应商合同或条款的变更。

19.11　总　　结

IT指导委员会是高效IT部门的关键组成部分。本章描述的流程将增强IT部门和业务部门之间的沟通，IT指导委员会将确保业务和高层管理接受具有战略意义的决策和项目。此外，制定规范有助于控制对非必要的技术和IT项目的支出，还有助于将贯穿全书的规则和方法付诸实施。

如果没有正确的组织章程、会员资格（包括人员组成和技能）、有效运行的组织、流程和出席会议的人员，指导委员会可能失败。因此，仅走形式是不够的。IT委员会成员必须全身心地积极投入，以确保IT指导委员会的有效性。

有些时候，"委员会"这个名称给组织带来惊慌，也招致不喜欢这个词的人的冷嘲热讽。如果IT指导委员会在组织内是否定性术语，名字可以变成顾问小组、咨询部、理事会，或任何适当的名称。最重要的是要建立该机构并有效地利用它。

最初的会议可能时间会很长，有大量内容需要讨论。然而，在待办事项清除以后，接下来的会议就可以只关注高优先级别的IT问题和项目上，而且能做到高效。在一段长时间的运行后，IT指导委员会通常能够将会议次数减少到每二周到四周一次。

资　源

K·道蒂（K. Doughty），"审计IT战略计划的实施"，《EDP审计日志》（纽约：Auerbach，1998）。

K·道蒂（K. Doughty），"IS研发的审计项目管理"，《EDP审计、控制和安全通讯》（纽约：Auerbach，1996）。

玛丽·海耶斯（Mary Hayes），"IT成本削减提高生产力"，《信息周刊》（2002年6月17日）。